普通高等教育“十一五”国家级规划教材

高等学校土木工程专业系列教材——桥梁工程

桥梁工程概论

（第三版）

李亚东　主　编

何　畏　姚昌荣　副主编

本书2006年荣获第七届全国高校出版社优秀畅销书二等奖

西南交通大学出版社

·成　都·

图书在版编目（CIP）数据

桥梁工程概论 / 李亚东主编. —3 版. — 成都：西南交通大学出版社，2014.2（2018.1 重印）
高等学校土木工程专业系列教材. 桥梁工程
ISBN 978-7-5643-2908-2

Ⅰ. ①桥… Ⅱ. ①李… Ⅲ. ①桥梁工程－高等学校－教材 Ⅳ. ①U44

中国版本图书馆 CIP 数据核字（2014）第 026052 号

普通高等教育“十一五”国家级规划教材
高等学校土木工程专业系列教材——桥梁工程

桥梁工程概论

（第三版）

李亚东　主编

责任编辑	张　波
封面设计	何东琳设计工作室
出版发行	西南交通大学出版社 （四川省成都市二环路北一段 111 号 西南交通大学创新大厦 21 楼）
发行部电话	028-87600564　028-87600533
邮政编码	610031
网　　址	http://www.xnjdcbs.com
印　　刷	成都蜀通印务有限责任公司
成品尺寸	185 mm × 260 mm
印　　张	20.5
字　　数	512 千字
版　　次	2014 年 2 月第 3 版
印　　次	2018 年 1 月第 18 次
书　　号	ISBN 978-7-5643-2908-2
定　　价	49.00 元

第三版前言

本教材在 2001 年 1 月初版，2006 年再版，后多次重印。2009 年，基于本教材的“桥梁工程概论”和“桥梁工程（网络版）”两门课程被评为国家精品课程；2012 年，本教材入选四川省“十二五”普通高等教育本科规划教材；2013 年，基于本教材的“桥梁工程概论”课程被评为国家精品资源共享课程。

近 10 多年来，我国桥梁工程保持着持续迅猛的发展势头，高铁桥梁的建设日新月异，新结构、新技术、新材料的应用层出不穷，设计新理念以及相关的桥梁技术规范也在更新。在此背景下，有必要对本教材进行修编再版。

在这次修编中，仍保持原教材的基本框架不变，即着重于综合介绍桥梁工程的基本特点、主要构造特征、设计和计算理论要点以及桥梁施工方面的知识，并保持原教材在编排上的三个特点：即在内容上兼容公路和铁路桥梁的知识，在叙述上注重强调基本原理和概念，在信息上注意介绍桥梁工程的最新成果和新技术的应用。

修编内容主要包括：在第一章增加了反映桥梁工程最新进展的信息，在第二章中反映出设计理念的一些变化，在第三章中增加了高铁桥梁所用的活载标准，在第四章中补充了高铁桥梁的桥面构造并对本章的内容编排进行了合理调整，在第六章中较大幅度地补充了一些钢桥的构造。除此之外，对各章习题进行了适当增删，根据最新信息调整了附录，还对全书的文字内容和插图再次进行审核和订正。

本教材的授课学时可采用 34 或 51，教师可根据实际情况对讲授内容进行取舍或增删。对部分专业名词，列出其英文名称，以便对照。每章后附有若干思考题，供学生练习。

参加本次修编的教师有：李亚东（第一章，第二章，第五章，第十章），何畏（第四章，第八章），姚昌荣（第三章，第七章，附录），张清华（第六章）和郑史雄（第九章）。全书由李亚东最后统一定稿。

在教材修编中，参考引用了国内外大量有关桥梁工程的专著、教材和期刊文献中的信息，难以在参考文献中一一列出。借修编再版之际，诚挚地向这些专著、教材和期刊文献的作者们表示敬意和谢意。

由于编者们水平有限，编写时间紧迫，教材中谬误或不当之处在所难免，恳望读者批评指正，以便改正完善。

李 亚 东

2014 年 1 月于西南交通大学东园

Homepage:http://bridge.swjtu.edu.cn

Email:ydli@home.swjtu.edu.cn

再版前言

本教材在2001年1月初版，后多次重印。近年来，随着桥梁工程的迅猛发展，尤其是我国新一代公路桥梁设计规范的颁布，有必要对教材进行适时修订。

再版教材仍着重于综合介绍桥梁工程的基本特点、主要构造特征、设计和计算理论要点以及桥梁施工方面的知识，并保持了原教材在编排上的三个特点：即在内容上兼容公路和铁路桥梁的知识，在叙述上注重强调基本原理和概念，在信息上注意介绍桥梁工程的最新成果和新技术的应用。

主要修订内容包括：在第一章中增加了反映桥梁工程最新进展的信息；按新的公路桥梁设计规范修订了第三章；对调了原第九章与第十章的位置；删除了原教材中的第十一章（计算机辅助桥梁设计）；增加了各类桥梁的跨度排序作为附录。除此之外，还对全书文字内容和插图进行了增删、订正和调整。

本教材的授课学时可采用34或51，教师可根据实际情况对讲授内容进行取舍或增删。对部分专业名词，列出其英文名称，以便对照。每章后附有若干思考题，供学生练习。

在教材编写中，参考引用了国内外大量有关桥梁工程的专著、教材和文献。借修订再版之际，再次向这些专著、教材和文献的作者们表示敬意和谢意。

由于编者水平有限，编写时间紧迫，教材中谬误或不当之处在所难免，恳望读者批评指正，以便今后完善。

李 亚 东

2005年12月于西南交通大学东园

Homepage:http://bridge.swjtu.edu.cn

Email:ydli@home.swjtu.edu.cn

第一版前言

为适应和配合目前进行的专业调整、课程体系和教学内容的修订，结合国家教委在土木类教学改革方面的研究和试点工作，编写了该教材。

“桥梁工程概论”是土木工程专业的一门必修课，是桥梁工程的入门教材。学生在学习了“结构力学”“结构设计原理”等课程的基础上，通过本课程的学习，能达到了解和掌握桥梁工程的基本特点、主要构造特征、设计和计算理论要点以及桥梁施工方面的知识的目的。

本教材在编排上有以下几个特点：一是在内容上包括了公路和铁路桥梁的知识，避免了以往教材偏重于公路或铁路桥梁的情况，并在内容选编上注意公、铁路桥梁的共性与个性的关系；二是因教材篇幅有限，在论述上注重阐述基本原理和概念，避免对规范条文和计算公式作冗长的解释，突出常规桥梁（公、铁路简支梁桥上、下部结构）的设计与施工内容；三是力图较全面地介绍桥梁工程的最新进展和新技术的应用。

本教材共分十一章。在第一章概论中，主要介绍桥梁的组成、分类和结构体系以及桥梁建筑的成就、现状和发展。第二章桥梁的规划与设计包括桥梁设计原则和科学依据、建桥程序、规划设计和初步设计以及桥梁结构的造型和美学观点等内容。这两章内容的学习，可使学生在学习后续内容之前，对桥梁工程有一个全局的、概括的了解。第三章介绍桥梁的设计荷载。第四章讨论桥面构造。第五章、第六章和第七章分别介绍混凝土简支梁桥上部结构、简支钢板梁和钢桁梁桥以及桥梁支座、墩台和基础。这三章从结构类型、构造特点、设计方法以及施工技术等方面介绍了常见简支梁桥的上、下部结构，是学生需要掌握的基础知识。在第八章其他桥型中，简要论述了预应力混凝土连续梁（刚构）桥、拱桥、斜拉桥和悬索桥的一般构造、施工和设计特点。第九章为结构设计理论和桥梁设计规范，结合桥梁工程介绍结构设计方法的演进、结构可靠性理论基础以及桥梁设计规范的主要内容和特点，以帮助学生正确理解和使用规范。在第十章中，简要介绍了桥梁抗震与抗风的基本概念和方法。计算机辅助桥梁设计的内容列在第十一章。书的最后附上主要参考书目和文献，供读者查阅。

本教材初稿的编写人员如下：李亚东（第一章至第三章，第八章第一节，第九章），周厚斌（第四章，第七章），武守信（第五章），唐继舜（第六章），周述华（第八章第二节、第三节，第十章），沈锐利（第八章第四节），唐亮（第十一章）。在教材试用两年后编写此教材，由李亚东担任本书的全面修订工作。

本教材的授课学时可采用 34 或 51，教师可根据实际情况对讲授内容进行取舍或增删。对部分专业名词，列出其英文名称，以便对照。每章后附有若干思考题，供学生练习。

在教材编写中，参考引用了国内外大量有关桥梁工程的专著、教材和文献。在此，谨向这些专著、教材和文献的作者们表示敬意和谢意。

由于编者水平有限，教材中谬误之处在所难免，敬请读者批评指正，以便修订。

编者于西南交通大学

2000 年 12 月

目　录

第一章 绪 论

第一节 桥梁概说

工程（engineering）是指应用科学知识和实践经验，采用指定材料制造出具备某种功能、满足人类需求的产品的科技与生产活动。土木工程是其分支之一。

土木工程（civil engineering）是以桥梁、道路、房屋等工程设施为研究对象的学科，是建造各类工程设施的科学技术的统称。所谓工程设施，指由若干构件组成并固定于地面，能为人们提供服务且能安全承受各种作用（荷载）的结构物。土木工程既指工程设施本身，也指与其相关的各种科技活动。

桥梁工程（bridge engineering）是土木工程的一个分支。“桥梁工程”一词通常有两层含义：一是指桥梁建筑的实体；二是指建造桥梁所需的科技知识，包括桥梁的应用基础理论，以及桥梁的规划、设计、施工、运营、管理和养护维修等专门技术知识。

桥梁（bridge）是供车辆（汽车、列车）和行人等跨越障碍（河流、山谷、海湾或其他线路等）的工程建筑物。简而言之，桥梁就是跨越障碍的通道。“跨越”一词，突出表现出桥梁不同于其他土木建筑的结构特征。

桥梁是服务于线路的。从线路（公路、铁路或城市道路）的角度讲，桥梁就是线路在延伸至上述障碍时的跨越部分或连接部分。近年来修建的高速铁路中，为安全通过既有交通路网、人口稠密地区和地质不良路段，大量采用中小跨度的混凝土高架桥梁结构。这样的桥梁，可视其为高铁轨道系统的支撑结构。

桥梁的起源与人类社会的发展相伴随行。当原始人类尚不知如何造桥时，会利用自然界的物体（天生桥，natural bridge），如天然倒下的树干（梁的雏形）、山体因受自然环境长期侵蚀而形成的拱状物（拱的雏形）、森林里攀缠悬挂的藤萝（索的雏形）等，来帮助他们跨越溪流、山涧和峡谷。人类的生存需求、学习和创造能力，会逐渐促使他们在遇到溪流山涧时自己动手建造简陋的桥梁，例如汀步桥、圆木桥、踏板桥等。**汀步桥**（step-stone bridge）可能是桥梁起源的标志，它是沿河道横向间断摆放的高出水面的一连串的石块，以便帮助人们在水流较小时踏石过河。将未经刨削加工的树干搭放在小溪两岸而成的桥，为**圆木桥**或独木桥（log bridge）。将稍长稍平坦的石板搁放在石堆上，就形成**踏板桥**（clapper bridge）。这些原始桥（primitive bridge）的共同特点是建桥材料不用加工，搭设简便，使用时间不长。

到人类已能够聚族而居、拥有简单生产劳动工具的时候，桥梁也得到发展。根据距今约 6 800 ~ 6 300 年的陕西西安半坡村新石器时代遗址的考古发现，在居住区四周有用于防御的宽 7 ~ 8 m、深 5 ~ 6 m 的大围沟，当时的居民已能用树木搭设房屋，也想必可以搭设方便进出围沟的通道（木梁桥）。在公元前 4000 年左右，阿尔卑斯地区的史前湖上桩屋，大量采用木桩结构。同一时期，生活在两河流域的苏美尔人开始采用泥砖建造墓穴、宫殿和庙宇等，创造出叠涩拱（corbel arch，指用砖石层层堆叠延伸合拢形成的拱状物），其逐渐演变成今天大家熟知的拱形结构。由此可以合理地推断，大约在公元前 4000 年前后，人类就具备了建造简陋的**木桥、石桥**和拱形结构的能力。

以木、石等作为建桥材料，古代桥梁经历了几千年漫长的发展过程。从中国远古时代的浮桥，到古巴比伦的石墩木梁桥；从古罗马时代的拱桥，到中国秦朝的索桥；从欧洲文艺复兴时期的廊桥，到 18 世纪的铁桥；人类创造出了丰富多彩的桥梁遗产。

进入 19 世纪，钢材和混凝土可大量生产，结构分析和设计方法为工程界所掌握，桥梁工程开始进入现代工业的行列。100 多年的现代桥梁史，就是伴随着历史的演进和社会的进步而逐渐发展起来的。综观历史，可以认为，每当一个国家或地区的经济及基础设施建设发展迅猛，每当陆地交通运输工具和运输方式发生重大变化（例如，从步行、马车发展到火车、汽车，从常规公路、铁路发展到高速公路、高速铁路），每当工程材料（从木、石到钢材、混凝土）产生重大进步，就对桥梁在载重、跨度、运营等方面提出了新的要求，便推动了桥梁工程的技术进步。桥梁发展到今天，其基本类型虽仍是梁桥、拱桥和悬索桥，但设计建造更加先进合理，建筑材料更加坚固耐用，结构形式更加丰富多彩，使用功能更加完备齐全。

在当今社会中，大力发展交通运输事业，建立四通八达的公路、铁路交通网，对促进交流、发展经济、提高国力，具有非常重要的意义。在公路、铁路线路中，桥梁以及**涵洞**（culvert）是其重要组成部分。从技术上讲，一座重要的特大跨度桥梁通常会集中体现出一个国家在土木工程设计建造、建筑材料和制造工艺等方面的水平。从数量上讲，一条线路中桥涵的长度通常要占到线路总长度的 5%～10%（视线路地区而变，对山区线路或高速线路，这一比值会更高。例如，我国目前已建的约 1.3 万千米长的高速铁路中，仅桥梁的延长就为 0.5 万千米，约占 40%）。从建筑美学上讲，桥梁不仅仅是满足跨越通行这一实用功能要求的工程结构物，还常作为建筑实体长久地存在于社会生活之中。那些工程宏大、雄伟壮观的大桥，往往成为一座城市的标志和骄傲；那些造型别致、建筑精良的中小桥，往往成为人们日常生活中必不可少的通道和景观。桥梁发展到 21 世纪，已成为跨越承载的工程结构，开放公共的大众建筑，造型多样的人工景观，沟通交流的社会通道。

我国幅员辽阔，大小山脉纵横，江河湖泊众多。至今，我国已建成 70 万余座、延长约 3.7 万千米的公路桥梁，以及 6 万余座、延长约 1.1 万千米的铁路桥梁。随着国家经济建设的进一步发展，仍需要大力加强包括公路、铁路和城市道路在内的基础设施建设，需要新建和管理养护大量的公路、铁路和城市桥梁。

第二节　桥梁的组成、分类和结构体系

一、桥梁的组成

桥梁组成部分的划分与桥梁结构体系有关。常见的简支梁桥（图 1.1），通常由以下几部分组成。

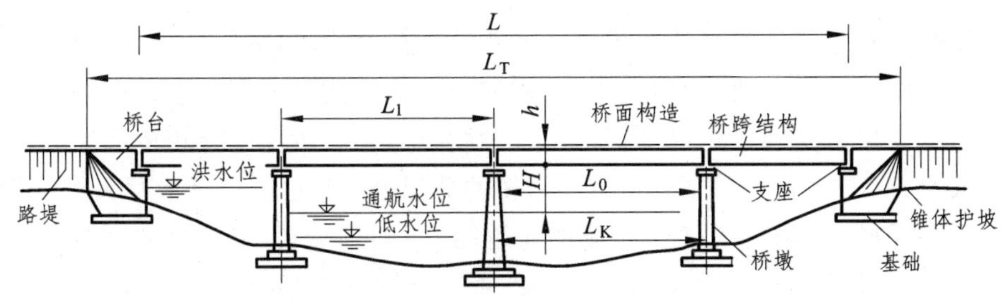

图 1.1　桥梁的基本组成

1. 上部结构

上部结构（superstructure）指桥梁位于支座以上的部分。它包括桥跨结构和桥面构造两部分：前者指桥梁中能直接承受桥上交通荷载的、架空的主体结构部分；后者则指为保证桥跨结构能正常使用而需要建造的桥上各种附属结构或设施。

桥跨结构的型式多样。对梁桥而言，其主体结构是梁；对拱桥而言，其主体结构是拱；对悬索桥而言，其主体结构是缆。详见后述。

桥面构造是指公路桥的行车道铺装，铁路桥的道砟（道床）、桥枕、钢轨，以及伸缩装置，排水防水系统，人行道与栏杆，安全带或安全护栏，路缘石，照明等（见第四章）。

2. 下部结构

下部结构（substructure）指桥梁位于支座以下的部分，也叫支承结构。它包括**桥墩**（pier）、**桥台**（abutment）以及墩台的基础（foundation），是支承上部结构、向下传递荷载的结构物（见第七章）。桥梁墩台的布置需与桥跨结构的布置相对应。桥台分设在桥跨结构的两端，桥墩则设在两桥台之间。对只有一个孔跨的桥梁，则无需设置桥墩。桥台除起到支承和传力作用外，还起到与路堤衔接、防止路堤滑塌的作用。为此，通常需在桥台周围设置锥体护坡（abutment slope protection）。墩台之下需设置基础，其是承受由上至下的全部荷载（包括交通荷载和结构重力）并将荷载传递给地基（subgrade）的结构物。它通常埋入在土层中或构筑在基岩上，时常需要在水中施工。

架空的桥跨结构与支承结构一起，组成**承重结构**（load-bearing structure）。承重结构由梁、墩台、拱、塔、缆、拉索等构件组成，例如由梁、桥墩、桥台组成的梁桥，由塔、缆、锚碇组成的悬索桥等。承重结构承受荷载、跨越障碍并支承在基础之上。承重结构的任何一部分破坏，桥梁就可能发生结构局部或整体破坏；而非承重结构或附属结构的破坏，则不会导致桥梁的彻底破坏。

3. 支　座

在桥跨结构与墩台之间，还需要设置**支座**（bearing），以连接桥跨结构与桥梁墩台，提供荷载传递途径，适应结构变位要求（见第七章）。

支座提供的约束影响着上部结构的受力行为，因此，也可视其为上部结构的一部分。

根据具体情况，与桥梁配套建造的附属结构物或设备可能有：挡墙、护坡、导流堤、检查设备、台阶扶梯、导航装置等。

参照图 1.1，对桥梁工程常用的专业名词和技术术语，择要说明如下。

正桥与引桥 对规模较大的桥梁工程，通常包含**正桥**（bridge proper）与**引桥**（approach）两部分。正桥指桥梁跨越主要障碍物（如通航河道）的结构部分。一般，它采用跨越能力较大的结构体系，需要深基础，是整个桥梁工程中的重点。引桥指连接正桥和路的桥梁区段，其跨度一般较小，基础一般较浅。在正桥和引桥的分界处，有时还会设置桥头建筑（桥头堡）。

跨度 也叫**跨径**（span），其表示桥梁的跨越能力。对多跨桥梁，最大跨度称为**主跨**（main span）。一般而言，跨度是表征桥梁技术水平的重要指标。桥跨结构相邻两支座间的距离 L_1，称为**计算跨径**。桥梁结构的分析计算以计算跨径为准。对梁式桥，设计洪水位线上相邻两桥墩（或桥台）间的水平净距 L_0，称为桥梁的**净跨径**。各孔净跨径之和，称为总跨径，它反映出桥位处泄洪能力的大小。

对公路梁桥，把两桥墩中线间距离或桥墩中线与台背前缘的间距，称为**标准跨径** L_K（也称之为单孔跨径）。当跨径在 50 m 以下时，通常采用标准跨径（从 0.75 m 至 50 m，共 21 级，常用者为 10 m、16 m、20 m、40 m 等）设计。对铁路梁桥，则以计算跨径作为标准跨径（从 4 m 至 168 m，共 18 级，常用者为 20 m、24 m、32 m、48 m、64 m、96 m 等）。采用标准跨径设计，有利于桥梁制造和施工的机械化，也有利于桥梁养护维修和战备需要。

桥长 对梁桥，两桥台侧墙或八字墙尾端之间的距离 L_T，称为桥梁全长。它标志桥梁的长度规模。两桥台台背前缘（对铁路桥，指桥台挡砟前墙）之间的距离 L，称为多孔跨径总长（对公路桥）或桥梁总长（对铁路桥）。它仅作为划分特大桥、大桥、中桥、小桥和涵洞的一个指标，见表 1.1。

表 1.1 桥涵按跨径分类

桥涵分类	公路桥涵		铁路桥涵
	多孔跨径总长 L/m	单孔跨径 L_K/m	桥长 L/m
特大桥	$L>1\,000$	$L_K>150$	$L>500$
大　桥	$100\leqslant L\leqslant 1\,000$	$40\leqslant L_K\leqslant 150$	$100<L\leqslant 500$
中　桥	$30<L<100$	$20\leqslant L_K<40$	$20<L\leqslant 100$
小　桥	$8\leqslant L\leqslant 30$	$5\leqslant L_K<20$	$L\leqslant 20$
涵　洞①	②	$L_K<5$	③

注：① 当公路或铁路线路与沟渠相交时，为使水流从路下通过而修建的跨度较小的结构物，称为涵洞。涵洞的作用与桥类似，构造形式有圆管涵、盖板涵、拱涵、箱涵等，可采用砖石、混凝土、钢筋混凝土等材料建造。

② 对管涵和箱涵，不论孔数多少和跨径大小，均称为涵洞；

③ 一般指 $L<6$ m 且顶上有填土者。

水位 指河流、湖泊等水体的自由水面离某一基本水准面（简称基面）的高程，以米计。我国桥梁设计中通常采用的是黄海基面。经过长时期对桥位处水位（water level）的观测后，可得出该处的最高或最低水位。汛期内因降雨或融雪引起的河流急剧上升的水位，称为洪水位。能保持船舶正常航行时的最高和最低水位，称为通航水位。

桥下净空高度 设计洪水位或设计通航水位对桥跨结构最下缘的高差 H，称为桥下净空（clear opening）高度。桥下净空高度应大于通航及排洪要求所规定者。

桥梁建筑高度与**容许建筑高度** 公路桥面（或铁路桥梁的轨底）至桥跨结构最下缘的垂直高度 h，称为桥梁建筑高度（construction depth）。公路或铁路桥梁线路设计中所确定的桥面（或轨底）高程与通航及排洪要求所规定的净空高程之差，为容许建筑高度。显然，桥梁建筑高度不得大于容许建筑高度。

二、桥梁的分类

桥梁有各种不同的分类方式，每一种分类方式均反映出桥梁在某一方面的特征。

按工程规模划分，有**特大桥、大桥、中桥、小桥**等，见表 1.1。

按桥梁用途划分，有铁路桥、公路桥、公铁两用桥、人行桥，城市桥等。

铁路桥（railway bridge）专供铁路列车行驶，桥的宽度（由线路数决定，多为单线或双线）和跨度有限，其所承受的车辆活载相对较大。由于铁路迂回运输不易实现，铁路桥必须结实耐用且易于修复更换。与铁路桥相比，**公路桥**（highway bridge）的车辆活载相对较小，桥的宽度和跨度布置根据实际需要确定。

公铁两用桥（combined highway & railway bridge）指同时承受公路和铁路车辆荷载的桥。我国早期在长江上建造的主要特大桥（如在武汉、南京、枝城、九江、芜湖等地的大桥）大多如此。**公铁两用桥中通常布置双线铁路，**近年来，随着城际客运专线铁路的迅猛发展，城市区域内的**公铁两用桥的线路数常常达到 4 线**。一般认为：在增加费用不多的情况下（桥的墩台和基础可以共用），将公路桥、铁路桥合建，就可把专为公路建桥的时间大为提前。随着经济发展，公路交通量剧增，专为公路修建特大桥的事现已屡见不鲜。

人行桥（pedestrian bridge，footbridge）指专供行人（有时包括非机动车）使用的桥。它跨越城市繁忙街道处，或市区内河流，或封闭的高速公路，为行人及非机动车提供便利。除高速公（铁）路上的桥梁外，其他桥梁通常提供行人过桥的通道。

相对于公路桥和铁路桥而言，在城市范围内的桥梁（包括立交桥及人行桥，但不包括铁路桥）也被称为**城市桥**（municipal bridge），其设计荷载标准（见第三章）与公路桥者有所差别，桥梁的造型和景观也需适当考虑城市环境因素。

在我国，还曾有**“农桥”**一词，它指在南方水网地区专为农用机械跨越河流沟渠而建的中小规模的桥梁。今天，这一名词已无实用意义。

按桥跨结构所用的材料来划分，有钢桥，钢筋混凝土桥，预应力混凝土桥，结合梁桥，用砖、石、素混凝土块等砌体材料（习称圬工）建造的拱桥，以及木桥等。

由于钢材具有匀质性好、强度高、自重小等优点，钢桥（steel bridge）具有较大的跨越能力，在跨度上处于领先地位。在我国，传统上铁路桥采用钢桥（见第六章）较多。近年来，随着大跨度公路悬索桥、斜拉桥及城市桥梁的发展，公路和城市钢桥的应用也越来越普遍。

钢筋混凝土桥（reinforced concrete bridge）和预应力混凝土桥（prestressed concrete bridge）的建造费用较少，养护维修方便，是目前应用最为广泛的桥梁，在中、小跨度内已逐步取代钢桥，在大跨度范围内也具有较强的竞争力。

结合梁桥（composite bridge）主要指钢梁与钢筋混凝土桥面板组合形成的梁桥或加劲梁。随着桥梁工程的技术发展，桥梁结构的材料组合也有更多的形式，例如，钢梁与混凝土梁连接形成的混合梁，钢管内灌注混凝土形成的钢管混凝土（多用于拱桥），钢塔段与混凝土塔段组合形成的混合塔等。

圬工桥（masonry bridge）主要指石拱桥，其取材方便，构造简单，适用于跨度不大、取材方便的山区拱桥。木桥（timber bridge）多采用梁桥形式，主要用于一些临时性桥梁和林区桥梁。

历史上，还曾先后采用过铸铁（cast iron）和锻铁（wrought iron）作为建桥材料，修建过铸铁拱桥和锻铁梁桥。在结构钢（structural steel）出现之后，这类桥梁就不再修建了。

按结构体系（结构受力特征及立面形状）划分，有**梁桥**（beam bridge，girder bridge）、**拱桥**（arch bridge）、**悬索桥**（suspension bridge）三种基本体系，以及由两种基本体系或一种基本体系与梁、柱、塔及斜索等构件形成的组合体系，如系杆拱桥（tied arch bridge）和**斜拉桥**（cable-stayed bridge）。图 1.2 所示为按结构体系划分的主要桥梁结构类型，详细论述见后续有关章节。

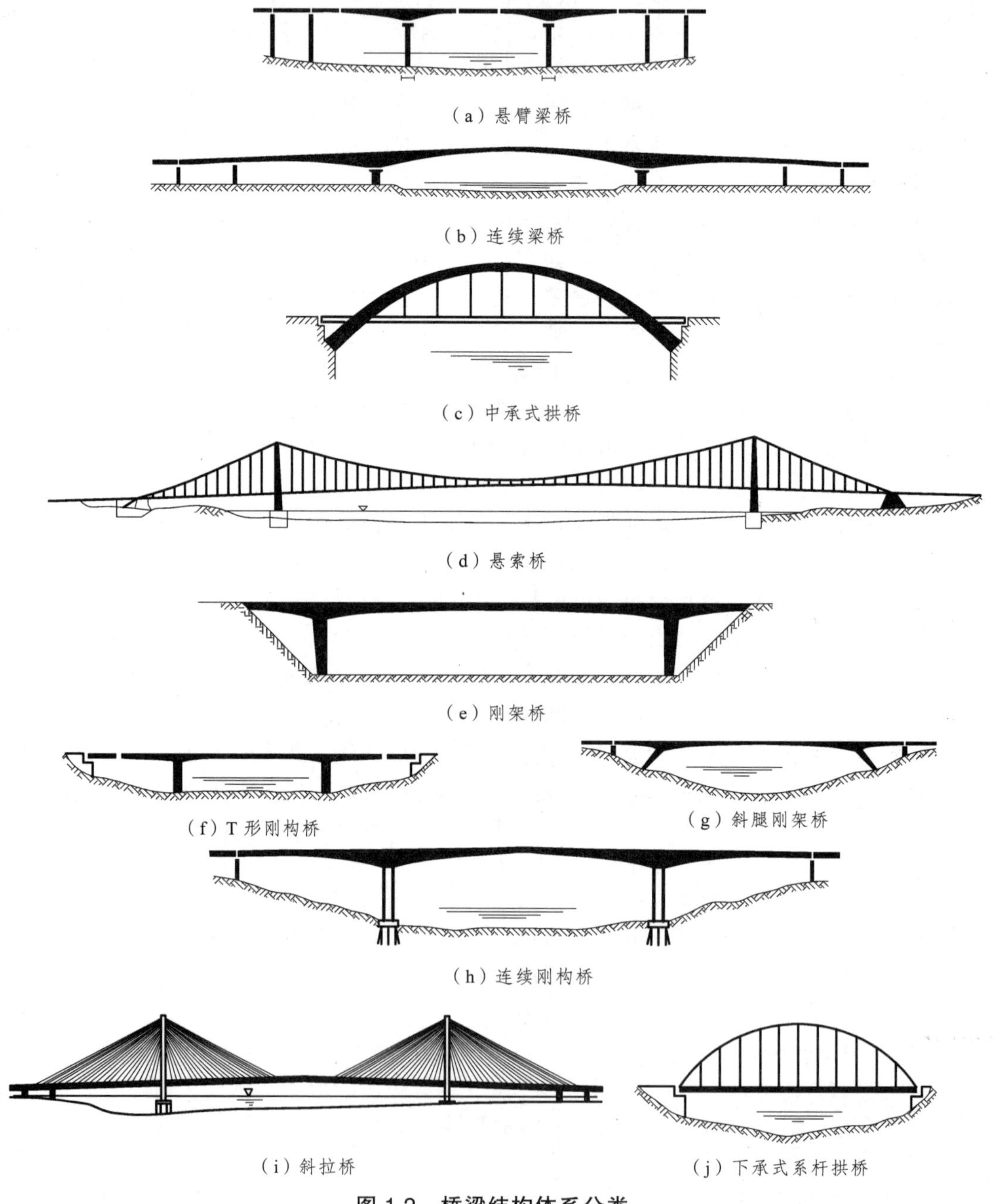

图 1.2　桥梁结构体系分类

按桥跨结构与桥面的上下相对位置划分，有上承式桥、下承式桥和中承式桥。

对梁桥和拱桥，桥面（deck）布置在桥跨结构顶面的，为**上承式桥**（deck bridge）；相应地，布置在底面的称为**下承式桥**（through bridge，如图 1.2（j）所示），布置在中间位置的称为**中承式桥**（half through bridge，如图 1.2（c）所示）。桥面位置的选择与容许建筑高度和实际需要有关。上承式桥被广泛采用，适用于容许建筑高度较大的情况，其特点是上部结构的宽度较小，墩台的材料用量有所节省，桥面视野开阔等。在容许建筑高度很小、布置上承式桥困难时，可采用下承式桥。由于桥跨结构在桥面之上且需要满足桥面净空的要求，故结构横向宽度相对较大，墩台尺寸也相应有所增加。有时因地形限制或结构造型要求，需要把桥面布置在桥跨结构高度的中间部位，形成中承式桥。因承重结构有一部分是位于桥面之上，占用了桥面宽度；为使桥面宽度满足行车要求，需加宽两片拱肋或桁梁的中心距，这将使横梁跨度增加，用料偏多。

另外，在同一座桥中，桥跨结构与桥面的相对位置也可有所变化。

按桥梁所跨越的对象划分，有跨河桥、跨谷桥、跨线桥、立交桥、地道桥、旱桥、跨海桥等。

大部分桥梁是跨越河流的。修建**跨河桥**（river-crossing bridge），不可使河流功能受到损害。为此，必须遵循相关设计规范（如**《铁路工程水文勘测设计规范》《公路工程水文勘测设计规范》**）的要求，使桥的孔径、跨度、桥面高程、基础埋深等的设计既能保证桥在排洪和通航时的安全，又不碍及河流的功能。

跨谷桥（gorge-crossing bridge）指跨越谷地的桥梁。谷地的特点是地形变化大、地质变化大、水流变化大，谷底至桥面较高，不适于采用跨度小、跨数多、高墩多的结构型式。通常，对于较窄的河谷，可考虑采用一跨结构（如拱、斜腿刚架或悬索桥）作为正桥越过，避免修建高桥墩；对于较为开阔平坦的河谷，可考虑采用跨度较大的多跨连续梁（刚构）桥、多塔斜拉桥或悬索桥。

直接跨越其他线路（公路、铁路、城市道路等）的桥称为**跨线桥**（overpass，flyover），其中跨越城市街道的人行桥，也叫天桥（overpass）。当跨线桥还需要与其所跨越的线路互通时，就形成**立交桥**（grade separation bridge）。跨线桥和立交桥多建于城区，囿于桥下净空和桥面高程的要求，容许建筑高度有限，需考虑采用建筑高度较小的桥跨结构。

当桥梁采用下降方式（而不是架空方式），从被跨越线路的下方穿过时，因其主要部分是位于地下，便称为**地道桥**（underpass bridge）。**旱桥**（dry bridge）指建在无水地面的桥。其跨度一般不大，其桥墩截面形状无需适应河流要求。对于引桥的不过水区段，有时用此名称。

跨海桥泛指跨越海峡（straits）、海湾（gulf，bay）或为连接近海岛屿而向海上建造的桥。在通航频繁的海峡或海上航道处，需采用大跨度的悬索桥或斜拉桥作为通航孔桥；对水域宽阔的海面，多采用跨度适中的多跨预应力混凝土梁作为非通航孔桥。跨海桥的长度，从几千米到几十千米，需在自然条件复杂的近海环境中施工，对质量（尤其对材料耐久性和防腐蚀）的要求高，应采用以大吨位预制和浮运架设为主的施工方法，尽量减少海上作业量及对海洋环境的影响。

按桥梁的平面形状划分，有直桥、斜桥、弯桥。绝大部分桥梁为**直桥**或**正交桥**（right bridge），其纵轴线方向同水流方向（或所跨越的线路方向）基本正交。**斜桥**（skew bridge）指水流方向（或所跨越的线路方向）同桥的纵轴线不呈直角相交的桥。由于斜桥所提供的桥下净空的有效宽度比直桥所提供者小，为保证同样的桥下有效宽度，斜桥的跨度就需加大，因此，不宜使桥梁斜交过甚。在水平面上呈曲线状的桥，称为**弯桥**或**曲线桥**（curved bridge）。当桥位于线路的曲线区段、且跨度不大时，可将多跨直梁按折线布置，仅让桥面适应曲线要求；若跨度较大，便应改变梁的平面形状，使桥跨结构本身呈曲线状。

按预计使用时间的长短划分，有永久性桥梁和临时性桥梁。**永久性桥梁**指用钢材、混凝土、石材等耐久材料所修建的桥梁，其设计和施工应该遵照适用的规范办理，期在经济合理，使用寿命在百年左右。**临时性桥梁**也称为**便桥**（detour bridge），指为了使线路早日开通、对使用寿命不作长久打算的桥。建桥材料可用木材、钢材和制式设备（如万能杆件等），孔径和跨度可以基本上不考虑洪水影响；使用时，通常还会对桥上的行车提出一些限制。

绝大部分的桥梁在建成后不可移动，可称为固定式桥梁；在特殊情况下，为兼顾陆路交通要求和河流通航要求，也修建**开启桥**或**活动桥**（movable bridge）。开启桥指一部分桥跨结构（通常为钢梁）可以提升或转动（平转、竖转或其他转动方式）的桥，而提升或转动的目的则是为了让桥下可通过吨位较大的船舶。与固定式桥梁相比，开启桥的桥面高程可降低，桥长可缩短，规模可减小，由此建造费用可节省，但其陆路交通和桥下航运均会受到一定限制，且后期维修管理费用也较高。

专为军事目的而修建的桥，可称之为**军用桥**（military bridge）。军用桥多为临时性桥梁，常用者之一就是**贝雷桥**（Bailey bridge），其由贝雷桁架组成，拆装简便，运输方便，承载力大；另一种就是**浮桥**或**舟桥**（floating bridge，pontoon bridge），其用船或浮箱浮在水面代替桥梁。现代军用桥多采用高强钢材制造，种类繁多，构造各异，可由制式装备载运，具有自行性、装拆快速、承载力大的特点。

伴随着城市交通的发展，需要修建**高架桥**（viaduct）或高架路。其主要目的是让新增线路高出于地面，从而增加通行能力。高架桥也指跨越陆地或地势较平坦的河谷、桥面高程起伏不大的长桥。在山区修建高架桥，主要目的则是为了避开山地灾害（如滑坡，落石，泥石流等）频发区，保护森林植被，减少大面积挖填对自然环境的破坏。

在码头上用于沟通河岸与轮船，以装卸货物或上下旅客的通道，称为**栈桥**（trestle bridge）。传统的栈桥采用木质桩柱与梁形成的小跨度梁柱结构，因其与古代栈道相似而得名。桥梁施工中，为在河岸与水中桥墩之间建立通道，往往也搭建临时性栈桥。

廊桥或风雨桥（covered bridge）是指在桥面之上设有顶盖的人行桥。古代廊桥的顶盖构造各异，起到遮阳避雨、保护结构、彰显传统特色等作用。现代廊桥多采用钢或混凝土梁式结构，作为城市跨街天桥或建筑之间的通道。

为输水而修建的架空渠道称为**渡槽**或**水道桥**（aqueduct），而为通过管道输送天然气、水、电力等而建造的桥，统称为**管线桥**（pipeline bridge）。为让人工运河跨越河流等障碍而修建的桥，称为**运河桥**（canal bridge，water bridge），桥上可行船。

漫水桥（low water crossing）允许洪水从桥面漫过，常修建在低等级公路上，适于洪水持续时间较短、允许交通暂时中断的情况。堤道桥（causeway）越过宽阔水面或湿地，一指跨度较小、桥面尽量接近水面的长桥，也指由路堤加高的线路。摆运桥（transporter bridge, ferry bridge）是一种跨越河流的架空缆车，适于河流不宜摆渡、而建桥投资又较高的情况。

另外，还可根据桥梁的构造特点进行分类，详见后续各章，在此不一一列举。

三、桥梁的结构体系

按结构体系及其受力特点，桥梁可划分为梁、拱、索三种基本体系和组合体系。不同的结构体系具有不同的结构型式和受力特点，简述如下。

1. 梁　桥

梁桥是古老的结构体系之一。梁作为承重结构，主要是以其抗弯能力来承受荷载的。在竖向荷载作用下，其支承反力也是竖直的；简支的梁部结构只受弯、剪，不承受轴向力。

常用的简支梁（simply-supported beam，见图 1.1）的跨越能力有限，例如，预应力混凝土简支梁的跨度通常不超过 40 m；为加大跨度，悬臂梁和连续梁（图 1.2（a）和图 1.2（b））得到发展。它们都是利用增加中间支承以减少跨中正弯矩，更合理地利用材料并分配内力，加大跨越能力。悬臂梁（cantilever beam）采用铰结或一跨简支梁（称为挂孔）来连接其两个悬臂端，结构静定，受力明确，计算简便，但因结构变形在接头处不连续而对行车和桥面养护产生不利影响，近年来已很少采用。连续梁（continuous beam）因桥跨结构连续无断缝，克服了悬臂梁的不足，是目前采用得较多的梁式桥型。

梁桥分实腹式和空腹式。实腹梁的横截面形式多为 T 形、I 字形和箱形等，空腹梁主要指桁架（truss）式桥跨结构。不论实腹式还是空腹式，梁的高度和截面尺寸可在桥长方向保持一致或随之变化。对中小跨度的实腹梁桥，常采用等高度混凝土 T 形梁（见第五章）或 I 形钢梁（见第六章）；跨度较大时，可采用变高度（在中间支承处增大梁高）的箱形截面预应力混凝土连续梁（刚构）桥或钢桁架梁，并配合悬臂法施工（见第八章）。

2. 拱　桥

拱桥（图 1.2（c））的主要承重结构是具有曲线外形的拱圈（arch ring）。在竖向荷载作用下，拱圈主要承受轴向压力，但也受弯、受剪。拱脚（arch springing）处的支承反力除了竖向反力外，还有较大的水平推力（thrust）。根据拱的受力特点，多采用抗压能力较强且经济合算的砌体材料（石材等）和钢筋混凝土来修建拱桥；也因拱是有推力的结构，对地基的要求较高，故通常建在地基良好之处。

拱桥的型式多样，构造各异。其取决于拱桥的建筑材料，拱圈与桥面的相对位置，拱脚是否有推力，拱圈的静力图式、截面型式和拱轴线等。广泛应用的是上承式钢筋混凝土无铰拱桥，大跨度拱桥则多采用钢箱、钢桁架或钢管混凝土构造。详见第八章。

随着施工方法的进步，除了传统的满堂支架或拱架施工方法外，现可采用悬臂施工、大件转移施工等无支架施工新技术，这对拱桥在更大跨度范围内的应用，起到了重要的促进作用。

3. 悬索桥

悬索桥主要由缆（又称索，cable）、塔（pylon, tower）、锚碇（anchorage）、加劲梁（stiffening girder）、吊索（hanger）等组成，见图 1.2（d）示意。对跨度较小（通常小于 300 m）、活载较大且加劲梁较刚劲的悬索桥，可以视其为缆与梁的组合体系。对大跨度悬索桥，其主要承重结构为缆，组合体系的效应可以忽略。在竖向荷载作用下，缆受拉，塔受压，锚碇处会承受较大的竖向力（向上）和水平力（向河心）。大缆通常用高强度钢丝制成，加劲梁多采用钢桁架梁或扁平钢箱梁，桥塔可采用钢筋混凝土或钢或两者。因缆的抗拉性能得以充分发挥且其截面尺寸基本上不受制造限制，故悬索桥的跨越能力一直在各种桥型中名列前茅。不过，由于结构较柔，悬索桥在满足当代重载铁路桥的要求时，难度相对较大一些。

对跨度相对较小（通常不大于 300 m）的悬索桥，当两岸用地受到限制而无法布置锚碇时，或者出于景观需要，可采用自锚式悬索桥（self-anchored suspension bridge）。其特点是：将大缆的两端直接固定在加劲梁的两端，不用修建大体积的锚碇。这样的桥式适于某些特定的桥位环境，但可能会导致桥梁的材料用量和施工难度有所增加。

4. 桥梁组合体系

桥梁组合体系（bridge with combined system）指承重结构采用两种基本体系，或一种基本体系与某些构件（塔、柱、索等）组合在一起的桥。在两种基本体系中，梁经常是其中一种；与梁组合的，则可以是柱、拱、塔与斜索、塔与缆等。

代表性的组合体系有以下几种：

（1）斜拉桥

斜拉桥（cable-stayed bridge，见图 1.2（i））是梁、塔与斜索组成的组合体系，结构型式多样，造型优美壮观。在竖向荷载作用下，梁以受弯为主，塔以受压为主，斜索则承受拉力。梁体被斜索多点扣住，在恒载作用下表现出弹性支承连续梁的特点；这样，梁所承受的恒载弯矩减小，梁高可以降低，自重可以减轻，跨度可以增加；另外，塔与斜索的材料性能也能得到较充分地发挥。因此，斜拉桥的跨越能力仅次于悬索桥，是 20 世纪 50 年代以来发展得最快的一种桥式。

公路斜拉桥中，多采用预应力混凝土箱梁，或扁平钢箱梁，或结合梁作为主梁。大跨度铁路斜拉桥或公铁两用斜拉桥中，因车辆活载相对较大，多采用钢桁架主梁来提高结构刚度。

尽管斜拉桥是一种组合体系，但由于其已得到广泛应用，已成为继梁桥、拱桥、悬索桥三种基本桥型之后的一种常用桥型。

（2）梁-拱组合体系

梁-拱组合体系同时具备梁的受弯和拱的承压特点。依据梁、拱的相对抗弯刚度大小，组合形式可以是刚性拱及水平系杆（称为系杆拱），也可以是柔性拱及刚性梁（见图 1.2（j）），还可以是刚性拱及刚性梁。这类结构的主要优点是：利用水平系杆或梁部受拉（若是混凝土梁部则对其施加预应力）来承受和抵消拱在竖向荷载作用下产生的水平推力。这样，桥跨结构既具有拱的外形和承压特点，但又不存在大的水平推力，可在一般地基条件下修建。相对而言，梁-拱组合体系的施工较为费时。

梁-拱组合体系的布置形式灵活多样，可以是上承式、中承式或下承式，可以是单跨简支或多跨连续。常见的是单跨简支的下承式系杆拱桥。

（3）刚架桥

刚架桥（portal bridge）是梁与立柱（或称为墩柱）的组合体系。刚架桥中的梁与立柱（也可以是桥台）刚性连接，形成刚架，见图 1.2（e）。其主要特点是：立柱具有相当的抗弯刚度，故可有效分担梁部跨中正弯矩，达到降低梁高、增大桥下净空的目的。在竖向荷载作用下，主梁与立柱的连接处会产生负弯矩；主梁、立柱承受弯矩，也承受轴力和剪力；柱底约束处既有竖直反力，也有水平反力。刚架桥多采用立柱直立的、单跨或多跨的门形框架，柱底约束可以是铰结或固结。钢筋混凝土刚架桥适用于中小跨度的、建筑高度要求较严的跨线桥或地道桥。

立柱斜向布置的刚架桥称为斜腿刚架桥（portal bridge with inclined legs，图 1.2（g）），其受力特点与刚架桥大致相同。在竖向荷载作用下，斜腿以承压为主，两斜腿之间的梁部受到一定的轴向力。斜腿底部可采用铰结或固结形式，并受到较大的水平推力。对跨越深沟峡谷、两侧地形不宜建造直立式墩柱的情况，斜腿刚架桥表现出其独特之处。跨越较宽的高速公路的人行桥，为不影响桥下行车并尽量减小跨度，也常采用斜腿刚架桥。除斜腿形式外，墩柱在立面上可呈 V 形布置并与梁部固结，这样的桥梁称为 V 形刚架桥，其在受力上具有连续梁和斜腿刚架的特点。由于 V 形支撑的作用，跨中支点负弯矩及梁高可适当减小，跨度可适当加大，外形也较动感美观。

（4）T 形刚构桥和连续刚构桥

随着预应力技术和悬臂施工方法的发展，具有刚架形式和特点的桥梁可用于跨径更大的情况，如 T 形刚构桥（T-shaped rigid frame bridge），见图 1.2（f）。预应力混凝土 T 形刚构桥是因悬臂施工方法的发展而衍生出来的一种桥型。其桥墩的尺寸及刚度较大，墩顶与梁部固结，墩底与基础固结；与前述悬臂梁桥相同，仍在跨中设铰或挂孔来连接邻近 T 构。它融合了悬臂梁桥和刚架桥的部分特点：因是静定结构，能减少次内力、简化主梁配筋；T 构有利于对称悬臂施工，但粗大的桥墩因承受弯矩较大而费料；桥面线形不连续而影响行车。目前，已很少采用这种桥式。

在连续梁桥的基础上，借助 T 形刚构的立面外观，把主跨内较高、较柔细的桥墩与梁部固结起来，就形成所谓的连续刚构桥（continuous rigid frame bridge，图 1.2（h））。其特点是：桥墩（为独柱墩或双薄壁墩）较为纤细，以承受轴向压力（而不是弯矩）为主，表现出柔性墩（见第七章）的特性，这就使得梁部受力仍然体现出连续梁的受力特点（主跨梁部仅受到较小的轴向力作用）。这种桥式除保持连续梁的受力优点外，还节省了大型支座的费用，减少了桥墩及基础的工程量，改善了结构在水平荷载下的受力性能，简化了施工工序，适用于需要布置大跨、高墩的桥位。近年来，预应力混凝土连续刚构体系在桥梁工程中的应用越来越普遍。

为突出结构外观上的不同，将 T 形刚构桥和连续刚构桥划归为组合体系。但从主要受力特点上看，T 形刚构桥和连续刚构桥仍主要表现出梁的受力特点。字面上，“刚构”一词可以理解为墩-梁刚性连接形成的桥跨结构。

（5）其他组合体系

其他组合体系主要包括：① 矮塔斜拉桥或部分斜拉桥（extradosed prestressing bridge），其为矮塔、斜索与连续梁或连续刚构形成的组合体系。这种桥型本质上将原来置于梁体内的一部分预应力钢筋外置，以便提高预应力效率并减小主梁高度。该桥型外形上与斜拉桥相近，但受力上介于传统梁桥和斜拉桥之间。② 斜拉-悬索组合体系（cable stayed-suspension hybrid bridge），其是在悬索桥的基础上，用斜拉索取代桥塔两侧的一部分吊索而形成的组合结构。③ 斜拉拱桥（cable-stayed arch bridge），其为拱、塔与斜索的组合。在这种桥式中，通常将斜索下端锚于桥面以有效分担荷载。

对结构体系的分类，无一定之规；上述分类也不可能包容式样繁多的桥型。需要强调的是，仅仅对桥梁的结构体系有所了解，还远不能把握住桥梁的结构特点。在结合桥位情况选择某种结构体系的同时，还需要对这一结构体系相适应的建桥材料（钢，混凝土或两者）、结构立面布置（分跨，梁高变化，实腹或空腹等）、结构横截面形状及布置（多主梁，或箱梁，或桁架梁等)、重要构造细节(如预应力配筋，桁架节点处理，塔及索的布置，支座约束方式等)、施工方法(支架法，或悬臂法，或大件转移法等)等进行综合比较、分析和选择。这样，才能设计建造出符合功能要求、具有经济效益的桥梁。

第三节　桥梁建筑的历史、现状及发展

在介绍国内外桥梁建筑的历史、现状及发展之前，有必要论述按时间划分的古代桥梁、现代桥梁和当代桥梁的主要特征。

古代桥梁(ancient bridge)大致指 19 世纪中叶以前所修建的桥梁。这些桥梁的设计和施工完全依靠建造者的经验，没有力学知识的指导。建桥材料以天然的或加工过的木材、石材为主，以及竹索、藤索、铁索、铸铁和锻铁。在桥式方面，有梁、拱和索三大类。当时技术落后，工具简陋，不会修建深水基础，施工周期也长。

现代桥梁(modern bridge)指 19 世纪后期以来，由工程师使用工程力学、设计规范及桥梁工程知识所兴建的桥梁。19 世纪 20 年代，世界上出现铁路。现代桥梁主要是为适应铁路建设的需要，在 19 世纪后期逐步发展起来的。在铁路发展的初期，建桥材料仍是木材、石材、铸铁和锻铁等。后来钢材逐步占据主导地位。20 世纪初，钢筋混凝土也逐渐受到桥梁界重视，开始用于中、小跨度桥梁。建桥工具得到很大发展，出现了蒸汽机、打桩机、电动工具、风动工具、起重机具、铆钉机等。在深水基础方面，可以施工沉井、压气沉箱和大直径的桩。从 20 世纪 30 年代起，随着汽车工业的发展，公路桥梁也开始大力发展。

可以把在 20 世纪 50 年代左右发展起来的、主要为公路、铁路和城市道路交通服务的桥梁称之为当代桥梁(contemporary bridge)。在材料方面，除常规钢材和钢筋混凝土外，还有预应力混凝土、高强螺栓、高强钢丝、低合金钢以及其他新型材料。用于桥梁建造的机具和设备有焊接机、张拉千斤顶、振动打桩机、水上平台、大吨位起重机和浮吊、钻孔机、架桥机等。在桥梁基础方面，可修建高位承台、大直径打入式斜桩和就地灌筑桩、浮运沉井等。在梁、拱和悬索桥等基本桥式的基础上，发展了许多新桥式和构造，如斜拉桥，梁-拱组合体系，连续刚构桥，箱形梁，结合梁，正交异性钢桥面板、整体节点等。结构设计理论得到改进，逐步从容许应力法向极限状态法发展；结构分析也更加注重大跨、柔细结构的振动(地震、风振)问题。施工技术和工艺得到重视，出现了不少新的施工方法，如悬臂施工、顶推施工、转体施工、大吨位浮运架设以及大件吊装等。

一、我国桥梁建筑

我国历史、文化悠久，是世界文明古国之一。就桥梁讲，我们的祖先在世界桥梁建筑史上曾写下光辉灿烂的一页。随着国家经济建设和交通事业的发展，当代的桥梁工作者正在创造桥梁建筑的新篇章。

据史料记载，远在 3 000 余年前的周朝，渭河上就出现过浮桥。鉴于浮桥的架设具有简便快速的特点，常被用于军事。公元前 257 年，在山西蒲津渡建造跨越黄河的第一座浮桥；公元 724 年，改固索木桩为铁牛，易笮索为铁链，对蒲津渡浮桥进行改建；其遗址现已成为

全国重点文物保护单位。汉唐以后，浮桥的运用日趋普遍。

在公元前 550 年左右，汾水上建有木柱木梁桥；秦、汉时期在渭河、灞河上修建的多座木梁桥，史书中均有确凿记载。秦代咸阳渭桥（后称中渭桥）为木梁桥，68 孔，总长 500 余米，桥宽约 14m，在 2013 年初的考古中基本得到证实；汉代又建东渭桥和西渭桥。在灞河上建桥，始于秦；西汉时期建木梁桥，隋唐时期建南北两座灞桥，其中南桥就是著名的“灞桥折柳”之处。这些桥屡毁屡建，多采用木柱木梁或木梁石柱桥式。

在拱式木桥中，宋代虹桥（1032—1033 年）构造奇特。宋代画家张泽端在其名画《清明上河图》中所描绘的是汴京（今河南开封）的虹桥。该桥采用两套木拱（一套由 3 根长木按梯形布置，另一套由 5 根短木组成），并配以横木，形成稳定的拱架，见图 1.3。后来这一桥式传至浙江和福建等地，其结构与虹桥相似但有所改进（在拱架两端增加了形成水平桥面的梁柱构件以利通行，在桥上修建廊屋以保护木结构）。例如，始建于明庆隆四年（1570 年，1745 年重建，1986 年重修）的浙江泰顺县泗溪溪东桥，以及建于 1802 年的浙江云和梅崇桥（跨度为 33.4 m，见图 1.4）等，尽管历经风雨，至今仍基本保持原貌。

图 1.3　宋代木虹桥（1032—1033 年）

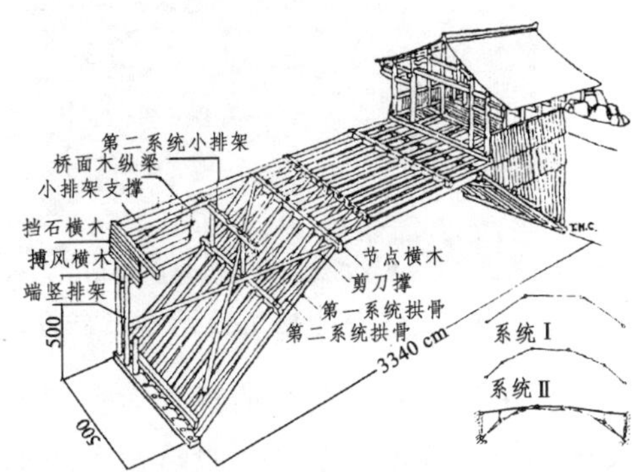

图 1.4　浙江梅崇木廊桥结构示意

古代木桥的另一种形式是伸臂木梁桥，其发源于我国西北地区，散布在甘肃、四川、西藏等地。伸臂木梁桥的构造是由两岸向河心依次悬臂伸出木梁多层（上层比下层长），在中空处再以平置木梁连接两悬臂端。例如，甘肃渭源灞陵桥，始建于明洪武初年，全长约 40 m，跨度约 30 m，从两岸向跨中以四层悬臂梁伸出，形成独特的拱式伸臂木梁桥；兰州握桥（又名卧桥），始建于明永乐年间（1403—1424 年，清代两次重建，1952 年拆除），此桥由两岸向河心斜上伸出重叠的悬臂梁各五层，中接平梁，全长 27 m。

在秦汉时期，我国就已广泛修建石拱桥。在 1957 年出土的东汉画像砖上，刻有石拱桥图形，桥上有车马，桥下有两叶扁舟，证明当时已能修建跨河石拱桥。在隋大业元年（公元 605 年左右），李春在河北赵县修建了赵州石拱桥（又称安济桥，净跨 37.02 m，宽 9 m），见图 1.5。该桥构思巧妙，造型美观，工艺精致，历 1 400 余年而无恙，举世闻名，誉为“国际土木工程里程碑建筑”，为桥梁文物宝库中的精品。江苏苏州的宝带桥，始建于唐元和年间（816—819 年），桥长约 317 m，宽 4.1 m，共 53 孔。桥以长度闻名，远望犹如长龙卧踞，又似玉带浮于水面，显得秀丽精巧。1192 年建成的位于北京西南的卢沟桥，共 11 孔，跨度 11.4 ~ 13.5 m，桥栏上配有栩栩如生的大小石狮 485 个，世所罕见。北京颐和园内的十七孔桥建于清乾隆年间（1736—1795 年），玉带桥建于乾隆十五年（1750 年）；前者的拱洞随桥面的缓和下坡从桥中间向两端逐渐收小，后者则以两端有反弯曲线的玉石穹背高出绿丛。这两座桥都以同环境协调，使湖光山色增辉见称。

古代石梁桥也同样杰出。我国建于宋朝的福建泉州万安桥（又称洛阳桥，1053—1059年）现长 834 m，共 47 孔，位于“波涛汹涌，水深不可址”的洛阳江口上。在建桥时先顺桥向抛投大量块石，在水面上形成一条长堤；然后在块石上放养牡蛎，靠蛎壳与块石相胶结形成的整体筏形基础来抵抗风浪。在这水下长堤上，用大条石纵横叠置（不用灰浆）形成桥墩，再架设石梁。目前世界上最长的石梁桥，是福建泉州安平桥。该桥始建于南宋绍兴八年（1138年），前后历经 13 年建成，长近五华里（俗称五里桥），共 352 孔，现存 2 070 m，被誉为“天下无桥长此桥”，见图 1.6。1237 年建造的福建漳州虎渡桥（长 335 m），其所用的巨型条石尺寸达 1.7 m × 1.9 m × 23.7 m，重量将近 200 t，据记载这些石梁是利用潮水涨落浮运架设的。

图 1.5　赵州桥（公元 605 年左右）

图 1.6　安平桥（公元 1138 年）

我国是世界上公认最早有索桥的国家。据记载，至迟在汉唐时期，我国就从藤索、竹索发展到用铁链建造索桥，而西方直到 16 世纪才开始建造铁索桥。索桥起源于我国西南地区，据史料记载，公元 7 世纪时在云南塔城建有铁索桥。著名的古代索桥有四川灌县（现都江堰市）的竹索桥、云南宝山的霁虹桥和四川泸定的大渡河铁索桥等。灌县竹索桥是世界上最古老的索桥，相传由战国时代著名的水利工程专家李冰所建；最初采用竹子做缆，称为笮桥。现有史料记载该桥建于宋朝（990 年），1803 年仿旧制重建，名安澜桥，桥长 340 m，分为 8 孔，最大跨度 61 m；1975 年仿旧式改为钢丝绳索桥。霁虹桥跨越澜沧江，始建于明成化年间（1476 年），是我国最古老的铁索桥之一。该桥长约 110 m，宽约 3.5 m，由 18 根铁索链悬吊两岸，清康熙年间重修，1986 年被洪水冲毁。大渡河铁索桥建于 1706 年，长约 100 m，宽约 2.8 m，由 13 条锚固于两岸的铁链组成，现作为革命文物保存。

近代中国受腐朽的封建制度统治，1840 年后又屡遭西方帝国列强入侵，国运衰败，战争连年，生产力极为低下。1881 年清政府修建唐（山）胥（各庄）铁路，是在中国有铁路和铁路桥的开端，但大部分桥梁是由外商承建的。1894 年，我国铁路先驱詹天佑先生修建完成滦河铁路大桥（第一次采用气压沉箱基础，全长 670.6 m，17 孔，包括 30.5 m 上承式钢桁梁、61 m 下承式钢桁梁、9.14 m 上承式钢板梁等，已废弃）。1901 年，沙俄承建了哈尔滨松花江铁路桥（19 孔，1 051 m 长，1964 年大修）；1906 年，比利时承建了郑州黄河铁路桥（102 孔，3 015 m 长，1960 年停用，1987 年拆除）；1908 年，法国承建了云南屏边人字桥（单跨，桥长 67 m，现为全国重点文物保护单位）；1936 年，中国修建了原粤汉铁路省界桥（凌鸿勋设计建造，混凝土拱，主跨 40 m，已废弃）等。

在公路和城市道路方面，在 20 世纪 初到 30 年代，也修建过一些钢桥。例如，天津大红桥（1888 年建铁拱桥，跨度约 40 m，1924 年被洪水冲垮，1937 年改建为主跨约 56 m 的钢系杆拱桥），浙江奉化方桥（1907 年建成，德国工程师设计，单孔下承式钢桁梁，85.5 m 长，2007 年被船撞毁），兰州黄河铁桥（1909 年建成，德国人承建，5 孔，233 m 长，1954 年改造加固，2004 年全面维修），广西龙州铁桥（1915 年，法国人设计，黄英承建，单孔跨径 106 m 下承式钢桁梁，1940 年 7 月，为阻遏日军进犯将铁桥炸毁），湘西能滩吊桥（1938 年，周凤九主持设计建造，单孔 80 m 链式钢悬索桥，1970 年停用）等。

1937 年 9 月建成通车的杭州钱塘江大桥（图 1.7），由我国桥梁先驱茅以升先生主持修建，是我国现代桥梁的里程碑建筑。该桥公铁两用，主跨 16 × 65.84 m 钢桁梁，采用气压沉箱基础，浮运法架设钢梁；同年 12 月为阻遏日军进犯将桥炸毁，1947 年 3 月修复。

图 1.7　杭州钱塘江桥（1937 年）

中华人民共和国成立后，桥梁工程得到很大改观和发展。在国民经济恢复时期和第一个五年计划期间，迅速修复并加固了不少旧桥，也新建了不少重要大桥。在 20 世纪 50 ~ 60 年代，修订了桥梁设计规范，编制了桥梁标准设计，逐步培养并形成了一支桥梁工程设计与施工队伍，为桥梁工程的稳步发展，创造了有利条件。

1957 年，武汉长江大桥建成。它使中国的南北铁路网连接起来，结束了我国万里长江无桥的状况，标志着我国钢桥技术提高到新的水平。该桥为公铁两用，大桥正桥为 3×128 m 的连续钢桁架梁，下层为双线铁路，上层为 18 m 宽的公路桥面，全桥总长 1 670.4 m。1969 年，南京长江大桥建成（图 1.8）。这是我国自行设计、制造、施工，并采用国产高强钢材的现代化公铁两用桥。大桥正桥为 3 联 3×160 m 的连续钢桁架梁及 1 孔 128 m 的简支钢桁架梁。下层为双线铁路，全长 6 772 m；上层公路桥总长 4 589 m。因桥址处水深流急，河床地质极为复杂，基础施工非常困难。该桥的建成，标志着我国钢桥建设技术上了一个新台阶。

从 20 世纪 60 ~ 70 年代，我国建造的大跨度桥梁多采用钢桁架梁结构，如宜（宾）珙（县）铁路支线上的金沙江大桥（112 + 176 + 112 m 的三跨连续钢桁梁，1968 年），成（都）昆（明）线金沙江三堆子桥（铁路简支钢桁梁，跨度 192 m，1969 年），枝城大桥（连续钢桁架梁，最大跨度 160 m，公铁桥面处于同一平面，1971 年），山东北镇黄河公路大桥（4 × 112 m 三角形连续钢桁架梁，1972 年）等。1993 年，九江长江大桥（公铁两用桥，见图

1.9）建成，该桥主跨采用 180 + 216 + 180 m 的钢桁架梁加柔性拱，第一次使连续钢梁桥的跨度超过 200 m。

图 1.8　南京长江大桥（1969 年）

图 1.9　九江长江大桥（1993 年）

2000 年 8 月，芜湖长江大桥（图 1.10）顺利合龙。它的建成，表明我国已彻底结束长江上火车轮渡的历史。芜湖长江大桥主跨为连续钢桁架梁加低塔斜拉索加劲的组合体系，分跨为 180 + 312 + 180 m，其余为最大跨度为 144 m 的连续钢桁架梁，主跨基础采用大直径双壁钢围堰钻孔桩。下层铁路桥全长 10.6 km，上层公路桥为 4 车道，宽 18 m，全长 6.08 km。大桥建设体现出钢桥的当代水平，除桥型外，还采用钢筋混凝土桥面板与主桁结合的板桁组合结构、厚板焊接整体节点、大尺寸箱形杆件等。

图 1.10　芜湖长江大桥（2000 年）

我国大跨径铁路（包括公铁两用）桥梁以桁架梁形式为主。材料主要采用低合金钢，结构的连接从早期的铆接过渡到栓焊连接（指杆件或构件在工厂焊接制造，在工地采用高强度螺栓拼接），施工采用伸臂拼装等方法。在 20 世纪 80 年代，我国开始研制钢箱梁和正交异性桥面板结构。1982 年，在陕西安康建成专用线铁路斜腿刚架桥（主跨 176 m，居当时世界同类桥梁首位）。近 20 年来，随着大跨度公路悬索桥、斜拉桥的建设，全焊加劲钢箱梁结构得到较多的应用。进入 21 世纪后，随着我国高铁的发展，钢桁梁桥在新结构、新材料、新工艺、新设备等方面均取得了长足的进步。

钢筋混凝土简支梁在小跨度桥梁中应用较早。从 20 世纪 50 年代起，我国就开始对预应力混凝土桥进行研究和试验。1956 年，建成第一座跨度为 20 m 的公路预应力混凝土简支梁桥（京周公路哑吧河桥）和跨度为 23.8 m 的铁路预应力混凝土简支梁桥（东陇海线新沂河桥）。几十年来，按各种标准跨度、不同截面形式、先张法或后张法、普通高度梁或低高度梁等，逐步形成了系列标准设计，使混凝土简支梁桥在中小跨度范围内得到广泛应用。例如，至今我国干线铁路已建成的桥梁近 6 万座，其中绝大部分是中小跨度的梁桥。跨度较大的预应力混凝土简支梁桥的例子是：浙江瑞安飞云江公路桥（1985 年， 62 m ，T 形梁），洛阳黄河铁路桥（1991 年， 50 m，T 形梁），南昆铁路线打梗大桥和白水河 1 号桥（1995 年，56 m，箱形梁）等。

1965 年，我国采用悬臂施工方法，开始建造预应力混凝土 T 形刚构桥，如江苏盐河公路桥（分跨 16.5 + 33.0 + 16.5 m）和河南五陵卫河窄轨铁路桥（分跨 25 + 50 + 25 m），这为以后修建大跨度预应力混凝土桥提供了有益的经验。1966 年，我国铁路上首次应用悬臂拼装法建成了成昆线旧庄河一号桥（预应力混凝土悬臂梁，分跨 25 + 48 + 25 m）。1968 年，我国公路上首次应用悬臂浇筑法建成广西柳州柳江大桥（T 形刚构，主跨 124 m，挂孔长 25 m）；1971 年建成福建乌龙江公路大桥，主孔跨径为 3 × 144 m；1980 年建成的重庆长江公路大桥为挂孔式 T 构，主跨达 174 m。近年来，单个 T 构的桥式（不设铰或挂孔）得到应用，如宜万铁路马水河大桥（主跨 2 × 117 m，2010 年），雅泸高速公路唐家湾大桥（主跨 2 × 114 m，2012 年）等。

从 20 世纪 80 年代起，采用悬臂法施工的大跨度预应力混凝土连续梁桥以及连续刚构桥得到迅速发展。通常，这类桥型在纵向采用三跨对称布置的变高度变截面梁，在横向采用单箱（或多箱）单室（或多室）的箱形截面，纵横向钢筋采用大吨位钢绞线预应力体系，竖向预应力采用高强度粗钢筋或钢绞线，施工方法为对称悬臂浇筑或拼装。近年来，主要在城市跨线桥、立交桥中，中等跨度的全焊连续钢箱梁桥开始得到应用。

公路预应力混凝土连续梁桥的典型例子是：广东顺德容奇大桥（分跨 73.3 + 3×90.0 + 73.3 m，1983 年），湖北沙洋汉江大桥（分跨 62.4 + 6×111.0 + 62.4 m，1985 年），云南六库怒江大桥（分跨 85 + 154 + 85 m，1990 年，图 1.11）等。1996 年，采用预制悬臂拼装方法，建成了广东佛开高速公路九江桥（分跨 50 + 100 + 2 × 160 + 100 + 50 m）。2000 年后，连续梁桥的跨度有所增长。例如，南京长江二桥北汊桥（分跨 90 + 3 × 165 + 90 m，2001 年），舟山长松大桥（分跨 94 + 170 + 94 m，2007 年），宜宾向家坝金沙江大桥（分跨 70 + 170 + 90 m，2007 年），广州海怡大桥（分跨 95 + 166 + 108 m，2010 年）等。钢箱连续梁桥的典型例子是：2011 年建成的上海崇启大桥，上部结构为 102+4 × 185+102 m 的 6 跨连续变截面钢箱梁，采用两台浮吊进行抬吊架设，吊装长度为 146.8 m，起吊重量 2 100 余吨。

图 1.11　云南六库怒江大桥（1990 年）

在预应力混凝土连续刚构桥方面，1988 年在国内首次建成的广东洛溪公路大桥（双薄壁墩，分跨 65 + 125 + 180 + 110 m，图 1.12），是混凝土梁桥向更大跨度发展的开端，也为这一桥型在国内的发展奠定了坚实基础。在随后的 20 多年里，先后修建了百余座同类桥梁，如黄石长江大桥（主跨 245 m，1995 年），虎门大桥辅助航道桥跨（主跨 270 m，1997 年），重庆嘉陵江黄花园大桥（主跨 250 m，1999 年），四川泸州长江二桥（主跨 252 m，2000 年），福建下白石大桥（主跨 260 m，2003 年），云南元江大桥（主跨 265 m，2003 年），苏通长江大桥辅航道桥（主跨 268 m，2008）等。2006 年建成的重庆石板坡大桥，采用混合梁构造（主跨跨中设置 103 m 长的钢箱），把连续刚构桥的跨度推进到了 330 m。雅泸高速公路上的腊八斤大桥，主跨 200 m，墩高达到 182.5 m，主墩采用新颖的钢管混凝土组合箱形截面。

图 1.12　广东洛溪大桥（1988 年）

近 20 年来，大跨度预应力混凝土连续梁和连续刚构体系也广泛应用于铁路桥梁。1986 年，在广西防城建成茅岭江桥（连续梁，单线，主跨 80 m）。1991 年，在浙江杭州建成钱塘江二桥（连续梁，双线，主跨 80 m；一联长度达 1 340 m；2011 年，又建成跨度和联长相同的四线高速铁路新桥）。1995 年，在四川渡口建成攀钢专用线金沙江桥（连续刚构，单线，主跨 168 m）。1996 年，在南昆线上建成了多座各具特色的预应力混凝土桥，如清水河桥、板其 2 号桥、南盘江桥等。清水河桥采用连续刚构体系，主跨 128 m，墩高 100 m。板其 2 号桥采用曲线连续刚构体系，主跨布置为 44 + 72 + 44 m，曲线半径 $R = 450$ m，是我国铁路上的第一座连续刚构弯梁桥。南盘江桥的主跨是带“V”形支承的连续梁体系，按部分预应力混凝土理论设计。2001 年，建成宁波大榭跨海大桥（连续刚构，主跨 170 m，公路与预留单线铁路合建于同一平面）。2004 年，建成渝怀线黄草乌江双线铁路桥（连续刚构，主跨 168 m）。2009 年，建成襄渝铁路牛角坪双线铁路连续刚构桥，主跨达 192 m。2012 年，建成兰渝铁路重庆朝阳嘉陵江大桥，使单线铁路连续刚构桥的跨度达到 176 m。

我国石拱桥历史悠久。新中国成立以来，修建了大量经济美观的石拱桥。1959 年建成的湖南黄虎港桥，主跨 50 m，首次采用木板拱架技术施工；1961 年建成的洛阳龙门桥，主跨 90 m，采用钢拱架施工；同年建成的云南长虹桥主跨达 112.5 m。1972 年，建成了四川丰都县九溪沟公路大桥，跨度达到 116 m。1990 年，湖南凤凰建成乌巢河桥，跨度达 120 m，见图 1.13。2000 年完成的山西晋城至河南焦作公路线上的丹河大桥，跨度达 146 m。铁路石拱桥的跨度记录为 54 m（成昆铁路一线天桥，1966 年）。

图 1.13　湖南凤凰乌巢河桥（1990 年）

除传统石拱桥外，我国还创造出一些特殊的混凝土和钢筋混凝土拱桥结构。1964 年，公路双曲拱桥开始建于江苏无锡。这种桥在结构上“化整为零”，造型美观，节省钢材，无需大型起吊设备，适宜于小跨轻载；随后这种桥型被推行到干线公路，其最大跨度曾达 150 m（河南嵩县前河桥，1968 年）。但因其构造难以适应大跨度、重载以及软土地基条件，结构耐久性差，现已不再新建。另外，还有钢筋混凝土桁架拱、刚架拱、扁壳拱等，这些桥型在设计上或施工上各具特色，为中小跨度的拱桥建筑做出了贡献。在铁路桥梁方面，1966 年 6 月竣工的丰沙线永定河 7 号桥，采用一孔 150m 跨度的中承装配式钢筋混凝土拱，是当时亚洲跨度最大的钢筋混凝土拱桥。

由于受支架施工方法的限制，采用砌体材料难以建造（也不宜建造）大跨度拱桥。无支架施工方法对推动钢筋混凝土拱桥向大跨度发展起到了重要的作用。目前采用的无支架施工方法主要是借助缆索吊装技术、采用悬臂法（包括斜拉扣挂法和悬臂桁架法，每种方法又可分为悬臂拼装或悬臂浇筑）、大件转移法（包括转体法、顶推法和大件吊装法等）施工。

公路桥梁方面，1988 年，跨度 200 m 的四川涪陵乌江公路大桥建成。该桥拱圈为箱形截面，采用转体法施工。1990 年建成的四川宜宾金沙江中承式公路拱桥的跨度为 240 m，采用斜拉扣挂劲性骨架、然后浇筑拱圈混凝土的施工方法。1996 年建成的广西邕宁邕江公路桥，跨度 312 m，采用上述同一施工技术。1997 年，重庆万州长江公路大桥完工（图 1.14）。该桥跨度达 420 m；主拱圈采用钢管混凝土与劲性骨架组合的钢筋混凝土箱形截面，采用斜拉扣挂方法施工。近年来修建的西攀路白沙沟 1#大桥（主跨 150 m，2007 年）、攀枝花新密地大桥（主跨 182 m，2013 年）等，均采用挂篮悬臂浇筑法施工。铁路桥梁方面，云桂铁路云南境内的南盘江大桥（主跨为 416 m），沪昆高铁贵州境内的北盘江特大桥（主跨 445 m），均采用带劲性骨架动钢筋混凝土拱。两桥均采用斜拉扣挂劲性骨架、然后分段浇筑拱圈混凝土的施工方法。

图 1.14　重庆万州长江大桥（1997 年）

图 1.15　上海卢浦大桥（2003 年）

在 20 世纪 90 年代，钢管混凝土拱在发挥材料性能，降低工程造价，美化结构造型和减少施工设备等方面的优点逐步被桥梁界所重视，钢管混凝土拱桥应运而生。1990 年，建成跨度 115 m 的中国第一座钢管混凝土拱桥——四川旺苍东河大桥。近年来，已修建了百余座这样的公路和铁路拱桥，例如，广东高明桥（2×100 m 中承式拱，1991 年），柳州文惠桥（3×180 m 中承式钢管拱，1994 年），广东三山西桥（中承式钢管混凝土刚架系杆拱，跨度 200 m，1995 年），武汉汉江三桥（跨度最大的下承式钢管混凝土拱，主跨 280 m，2000 年），广州丫髻沙珠江桥（中承式系杆拱，主跨 360 m，转体法施工，2000 年），湖北支井河大桥（上承式，主跨 430 m，2008 年），重庆巫峡长江大桥（中承式，主跨跨径 460 m，2005 年）等。2012 年合龙的四川泸州合江一桥，主跨达 530 m。在铁路桥梁方面，2001 年建成的水柏铁路北盘江大桥（单线），为上承式提篮拱，主跨 236 m，采用转体法施工。2011 年合龙的准朔铁路黄河特大桥，为双线上承式提篮拱，主跨达到 360 m。

进入 21 世纪后，钢拱桥（钢箱拱和钢桁架拱）受到青睐。钢箱拱多采用中承式提篮拱结构，2002 年建成跨度 130 m 的云南小湾大桥，接着又相继建成上海卢浦大桥（主跨 550 m，2003 年，见图 1.15）、厦门钟宅湾大桥（主跨 208 m，2004 年）和重庆菜园坝大桥（主跨 420 m，2007 年）等。2011 年建成的宁波明州大桥，主跨 450 m，采用中承式双肢钢箱系杆提篮钢箱拱结构。2011 年合龙的南广铁路肇庆西江特大桥，是我国首座中承式铁路钢箱提篮拱桥（双线），主跨达 450 m。在钢桁架拱方面，宜万铁路上的万州长江大桥采用单拱连续钢桁架梁结构，主跨达到 360 m，2005 年合龙。2009 年合龙的南京大胜关长江大桥是世界上设计活载（6 线铁路）最大的高速铁路桥，桥型为 6 跨连续钢桁梁拱桥，两连拱的主跨为 2×336 m。广州新光大桥（主跨 428 m，2007 年）采用飞雁式连续中承式三跨钢箱桁架拱结构，部分拱段采用整体提升施工。重庆朝天门大桥为三跨中承式系杆钢桁架拱结构，同时承担城市轨道交通和道路交通，主跨达到创纪录的 552 m，2009 年建成通车。

自 20 世纪 50 年代公路斜拉桥问世以来，这种结构合理、跨越能力大、外形美观的桥型就异军突起，发展迅猛。在 20 世纪 70 年代，我国开始探索和实践斜拉桥，修建了四川云阳汤溪河桥（主跨 76 m，1975 年，已废弃）和上海松江县新五桥（主跨 54 m，1975 年）。至今，我国已成为世界上斜拉桥最多的国家之一，已建成的跨度超过 400 m 的各类斜拉桥近 40 座。

在 80 年代，我国建成的跨度超过 200 m 的公路斜拉桥有：上海泖港大桥（混凝土梁，主跨 200 m，1982 年），济南黄河大桥（混凝土梁，主跨 220 m，1982 年），山东东营黄河桥（钢梁，主跨 288 m，1987 年），天津永和桥（混凝土梁，主跨 260 m，1987 年），重庆石门桥（混凝土梁，独塔，主跨 200 + 230 m，1988 年）等。

进入 90 年代，斜拉桥向更大跨度发展。除混凝土梁和钢梁外，也开始采用结合梁（梁部是钢梁与混凝土桥面板的结合）和混合梁（桥的边跨梁段采用混凝土梁，中跨梁段采用钢梁）。跨度超过 400 m 的桥有：上海南浦大桥（结合梁，主跨 423 m，1991 年），上海杨浦大桥（结合梁，主跨 602 m，1993 年），上海徐浦大桥（混合梁，主跨 590 m，1997 年），郧阳汉江大桥（混凝土梁，主跨 414 m，1993 年），铜陵长江大桥（混凝土梁，主跨 432 m，1995 年），重庆长江二桥（混凝土梁，主跨 444 m，1995 年），武汉长江二桥（混凝土梁，主跨 400 m，1995 年），武汉长江三桥（混合梁，主跨 618 m，2000 年），福建青州闽江大桥（结合梁，主跨 605 m，2000 年），南京长江二桥（钢箱梁，主跨 628 m，2001 年，见图 1.16），荆州长江公路大桥（混凝土梁，主跨 500 m，2002 年），四川宜宾中坝大桥（独塔，混凝土梁，主跨 252 m，2003 年），南京长江三桥（钢箱梁，钢塔，主跨 648 m，2005 年），上海长江大桥（分离式钢梁，主跨 730 m，2009 年），荆岳长江大桥（钢梁，主跨 816 m，2010 年）等。千米级的特大跨度斜拉桥包括：香港昂船州大桥（混合梁，主跨 1 018 m，2009 年）、苏通长江大桥（钢箱梁，主跨 1 088 m，2008 年）和鄂东长江大桥（混合梁，主跨 926 m，

图 1.16　南京长江二桥（1997 年）

2010 年）。这些桥梁的建成，使我国斜拉桥的设计施工水平占据世界领先地位。

由于结构刚度的原因，国内外斜拉桥用于铁路桥的实例很少，但随着桥梁技术的进步，已成功将斜拉桥应用于铁路桥梁。我国早期的铁路斜拉桥是广西红水河桥，混凝土梁，主跨 96 m，单线，1981 年建成。2009 年建成的武汉天兴洲公铁两用桥（钢桁梁，见图 1.17），主桥采用“双塔三索面斜拉桥”方案，主跨 504 m，公路桥面为双向 6 车道，铁路桥面布置两条客运专线和两条货运线。该桥因其独特的设计和特有的施工技术，成为我国公铁两用桥建设史上新的里程碑。2012 年合龙的黄冈长江大桥，集城铁、国铁、高速公路三位一体，主桥为双塔钢桁梁斜拉桥，主跨达 567m，桁梁为上宽下窄的倒梯形，是目前建成的主跨最长的公铁两用桥。在建的合福铁路铜陵长江大桥为主跨 630 m 的公铁两用斜拉桥，4 线铁路，6 车道公路，采用 Y 形塔和板桁组合结构钢桁梁。另外，主跨达 1 092 m 的公铁两用斜拉桥（沪通长江大桥），也在 2013 年开工建设。

图 1.17　天兴洲长江大桥（2009 年）

斜拉桥以其结构形式多样、造型挺拔飘逸而受到人们青睐。目前我国常采用的是双塔双（密）索面（半）漂浮结构体系，主塔材料多采用预应力混凝土，主梁材料为预应力混凝土或钢或两者的组合，主梁截面为双主梁式、箱形、桁架等，采用悬臂方法施工。

在取得了双塔斜拉桥的建设经验、解决了体系刚度和长联的温度影响后，多塔斜拉桥的建设得到发展。1998 年建成的香港汀九桥为不等高三塔结合梁斜拉桥，分跨 127+448+475+127 m。接着，有多座多塔斜拉桥建成或在建，如岳阳洞庭湖大桥（2000 年，三塔，主跨 310 m，混凝土梁），宜昌夷陵长江大桥（2001 年，三塔，主跨 348 m，混凝土梁）等。2012 年通车的武汉二七长江大桥为三塔双索面结合梁斜拉桥，主跨达 616 m。浙江绍嘉大桥为 5 跨 428 m 的独柱式六塔斜拉桥，桥宽 40.5 m，联长达 2 680 m。郴州赤石特大桥为四塔双索面预应力混凝土斜拉桥，最大跨度 380 m，最高主塔达 287.6 m。

尽管悬索桥在我国有悠久的历史，也曾建造过一些悬索桥，如重庆朝阳大桥（双链加劲梁式悬索桥，主跨 186 m，1969 年）和西藏达孜桥（单车道桥，主跨 500 m，1984 年）等，但直到 20 世纪 90 年代，随着交通事业的飞速发展和对特大跨度桥梁的需求，我国才真正开始修建大跨度公路悬索桥。1995 年建成通车的汕头海湾大桥是我国第一座大跨度悬索桥（三跨双铰预应力混凝土加劲梁，主跨 452 m），见图 1.18。该桥的完成具有开创性意义，为随后修建的大跨度悬索桥积累了经验。1996 年，被誉为“神州第一跨”的西陵长江大桥（全焊钢箱加劲梁，主跨 900 m）建成通车。它的建成，促进了三峡工程的建设和三峡地区的经济发展。1997 年，与三峡移民工程有关的四川丰都长江大桥（钢桁架加劲梁，主跨 450 m）和跨越珠江、包含浓郁历史色彩的虎门大桥（钢箱加劲梁，主跨 888 m）先后建成通车。1997 年完工的香港青马大桥（主跨 1 377 m，公铁两用，双层桥面）和 1999 年完工的江阴长江大桥（主跨 1 385 m，钢加劲梁，见图 1.19），已跃居到世界大跨度悬索桥前列。另外，还修建了厦门海沧大桥（三跨连续钢箱加劲梁，主跨 648 m，1999 年），宜昌公路大桥（主跨 960 m，2000 年）等悬索桥。进入 21 世纪后，悬索桥建设继续保持发展势头。先后建成润扬长江公路大桥（钢箱加劲梁，主跨 1 490 m，2005 年），武汉阳逻长江公路大桥（主跨 1 280 m，2007 年）和舟山西堠门大桥（主跨 1 650 m，2009 年）等一批大跨度悬索桥。

图 1.18　汕头海湾大桥（1995 年）

图 1.19　江阴长江大桥（1999 年）

在山区建造悬索桥，需要克服地形陡峻、地质复杂、交通不便等困难。近年来在山区建造的几座大跨悬索桥，如四渡河大桥（2009 年，主跨 900m，单跨钢桁加劲梁）、坝陵河大桥（2009 年，主跨 1 088m，单跨钢桁加劲梁）、矮寨大桥（2012 年，主跨 1 176m，单跨钢桁加劲梁）等，为山区大跨悬索桥的建设积累了成功的经验。

在技术创新方面，2012 年，世界上首座三塔悬索桥——江苏泰州长江大桥（主跨 2×1 080 m，不等高塔，中塔为钢塔）建成通车。同类桥梁的还有马鞍山长江大桥（主跨 2×1 080 m，中塔为钢混叠合塔）和武汉鹦鹉洲长江大桥（主跨 2×850 m，结合梁）。

从 20 世纪 90 年代中期起，我国开始规划超长的跨海桥梁工程。2002 年 6 月，东海跨海大桥开工建设。该桥全长约为 31 km，主通航孔采用主跨 420 m 的双塔双索面结合梁斜拉桥，另设辅通航孔三处，引桥为 50 ~ 70 m 的预应力混凝土连续箱梁，2005 年底建成通车。宁波杭州湾跨海大桥位于同（江）三（亚）国道主干线上，大桥全长 36 km，设南北两个航道，其中北航道桥为主跨 448 m 的双塔双索面钢箱梁斜拉桥，南航道桥为主跨 318 m 的单塔双索面钢箱梁斜拉桥，引桥采用 30 ~ 80 m 的预应力混凝土连续箱梁，2008 年建成通车。2009 年建成通车的金塘大桥是舟山大陆连岛工程的组成部分，大桥全长 26.54 km。主航道桥采用主跨 620 m 的双塔双索面斜拉桥，是外海中已建成的跨度最大的斜拉桥。2011 年建成通车的青岛海湾大桥全长达 35.4 km，整个海湾大桥工程包括三处航道桥（采用斜拉桥、自锚式悬索桥等桥式），海上非通航孔桥和路上引桥等。2011 年开工建设的港珠澳大桥采用桥岛隧组合方案，主体工程长约 29.6 km，桥梁长约 22.9 km，按 120 年使用寿命设计。

桥梁工程主要包括三处航道桥和非通航孔桥等，主要采用钢箱斜拉桥和连续梁结构。

自 1978 年我国实行改革开放政策以来，伴随着国家经济的腾飞和陆地交通事业的持续发展，桥梁工程的建设日新月异，桥梁工程也进入了快速发展时期。30 余年来，我国的桥梁事业经历了从小到大，从弱到强，从“学习与追赶”到“提高与紧跟”的成长壮大过程，正在迈入“创新与超越”的新时期。

二、国外桥梁建筑

如同中国桥梁建筑一样，国外的古代桥梁以木、石为建筑材料，建造梁桥、浮桥、拱桥等；直至 18 世纪，才开始采用铸铁、锻铁建造桥梁。

据记载，公元前 600 年前后，巴比伦曾在幼发拉底河上建造石墩木梁桥，桥长 180m。第一座在罗马跨越台伯河的 Sublicius 桥，采用石墩木梁结构，建于公元前 621 年，毁于公元前 23 年。公元前 480 年，波斯王薛西斯曾在今天土耳其境内的达达尼尔海峡处修建浮桥两座，用于波希战争。在古罗马恺撒所著的《高卢战记》中，记载着曾因行军需要，在莱茵河上修建一座长度超过 300 m 的木排架桥。在瑞士卢塞恩，始建于 1333 年的 Chapel 桥（廊桥）经多次修缮得以保存至今（1993 遭受火灾后重建，见图 1.20）。日本岩国市的 5 孔锦带木拱人行桥(Kintai Bridge)，跨度约 35 m，始建于 1673 年，1950 年重建，为日本著名古桥之一。18 世纪末至 19 世纪初，美国盛行建有屋盖（以保护木结构）的木梁桥。1812 年在宾夕法尼亚州费城建成的 Colosusm 木桥，跨度达到 103.6 m，堪称空前。

图 1.20　瑞士 Chapel 桥（1333 年）

据记载，世界上最古老的石拱桥是现伊拉克境内的 Nimrod 桥（已不复存在），大约建于公元前 1800 年。在希腊，仍保留着公元前 1 300 年建造的石拱桥雏形。现伊朗境内的 Dezful 桥（遗迹），建于公元前 400 ~ 350 年，计 23 孔，跨径 7 m，长 383 m，尖拱，墩处开泄水孔。古罗马人十分善于建造石拱桥，他们发明了石灰砂浆和火山灰水泥，创造出木桩围堰用以建造河中基础。这个时期修建的石拱桥，拱圈呈半圆形，拱石经过细凿，砌缝一般不用砂浆。因当时难以修建深水基础，桥墩过宽，阻水面积过大，所修建的跨河桥多已冲毁。古罗马城外的 Mulvius 桥，建于公元前 109 年，1806 年重建，原有的一部分拱跨（包括疏洪孔）仍保留至今。目前仍在使用的 Fabricius 桥，位于罗马城内，建于公元前 62 年，两跨，桥长 62 m，宽 5.5 m，最大跨度 24.5 m。西班牙境内的阿尔坎塔拉桥（Alcantara，6 孔石拱桥，最大跨度 28.8 m，建于公元 104 ~ 106 年）因大部分桥墩建在岩石上，至今完好。图 1.21 所示的在罗马跨越台伯河的天使桥，始建于公元 134 年，共 5 孔（中间 3 孔为原桥），跨度 18 m；1688 年，在栏杆柱上增加了 10 尊天使雕像，使其成为罗马最优雅美观的古桥。

古罗马时代还修建了不少渡槽，其中最著名的是法国加德（Gard）水道桥，见图 1.22。该桥建于公元前 167 ~ 158 年，呈三层半圆拱结构，最大跨度 24 m；建成后约 400 年，桥两端被战争破坏，1670 年重建。

图 1.21　罗马天使桥（134 A.D.）

图 1.22　法国加德水道桥（167 ~ 158 B.C.）

在中世纪（5 ~ 10 世纪），欧洲桥梁建设曾因封建割据而衰退。11 ~ 12 世纪，源于中亚和埃及的尖拱（拱石加工较粗，砌筑用石灰砂浆，拱弧在顶部往往形成尖角）被引入欧洲，用于教堂和桥梁建筑。在法国阿维尼翁，1177 ~ 1187 年建成的一座跨越罗那河的 20 孔（现只剩 3 孔）石拱桥，跨度 30.8 ~ 33.5 m，曾驰名一时。英国在 1176 ~ 1209 年建成的跨越泰晤士河的伦敦老桥，也使用了 600 余年，直到 1826 年才拆除。这一时期建造的桥梁，习惯在桥上设置教堂、神像、关卡、碉堡、商店、住房等。比较著名的桥梁有：法国卡奥尔的 Valentre 桥（6 跨带箭楼的石拱桥，跨度 16.5 m，总长 138 m，1350 年），意大利佛罗伦萨的老桥（Vecchio，3 跨带桥屋的石拱桥，跨度 29 m，1345 年），捷克布拉格的查尔斯桥（Charles Bridge，带神像雕塑的多跨石拱桥，最大跨度 23.38 m，宽 10 m，长 515 m，1380 年）等。在文艺复兴时期，为使桥面纵坡平缓，以利交通，欧洲城市石拱桥的矢跨比（矢高与拱跨之比）明显降低，拱弧曲线相应改变，石料加工又趋精细。代表性的桥梁有：佛罗伦萨的圣特里尼塔桥（Santa Trinita，分跨 29+32+29 m，矢跨比约 1/7，1569 年），威尼斯的瑞阿尔托桥（Rialto，单孔，跨度 26.6 m，矢跨比约 1/4，1591 年），巴黎新桥（桥长 232 m，桥宽 22 m，跨度 9 ~ 16.4 m，12 孔，1607 年）等。到 18 世纪，欧洲石拱桥达到最高水平。

随着冶炼业的发展，18 世纪中期开始采用铸铁建造桥梁。由于铸铁性脆，受拉强度低而受压强度高，故铸铁主要是用以修建拱桥。第一座铸铁拱桥是英国在 1779 年建造的科尔布鲁克代尔（Coalbrookdale）桥，桥跨 30.5 m，矢高 13.7 m，有 5 片半圆形铸铁拱肋。该桥开创了工业化造桥（工厂制造、工地安装）的先河，曾使用 170 年，现作为文物保存，见图 1.23。之后的几十年间，在英、德、法等国家建造了一些扁平铸铁拱桥，如苏格兰的 Craigellachie 桥（单跨，跨度 50 m，1815 年），英格兰的 Albert Edward 铁路桥（单跨，跨度 61 m，1864 年），巴黎的 Sully 桥（分跨 46+49+46 m，1876 年）等。

19 世纪初，开始使用锻铁建造悬索桥、梁桥和拱桥，并一直延续到 19 世纪末。英国 1820 ~ 1826 年在梅奈（Menai）海峡建造的跨度达 177 m 的锻铁链杆柔式悬索桥，历经风霜而保存至今，见图 1.24。同一时期建造的，还有匈牙利布达佩斯的链桥（Chain Bridge，主跨 202m，1849 年），英格兰的克利夫顿桥（Clifton Bridge，主跨 214 m，1864 年）等。1832 年，英国采用锻铁建造工字形截面梁桥，跨度曾达到 9.6 m；在 1846 ~ 1850 年期间，先后建成 Conwy 桥和 Britannia 桥。这两桥均是采用锻铁建造的铁路箱管桥（tubular bridge），列车从箱中穿过。Britannia 桥为 4 跨箱形结构，分跨 70 + 140 + 140 + 70 m，1970 年毁于火灾。1857 年，波兰建成 6 × 130.88 m 的 Tczew 格构式锻铁桁梁桥，用于铁路和道路（现仅用于公路）交通。由于在兴建这些桥梁的过程中所做的试验证实了实腹梁的可靠性，从 19 世纪后期起，钢板梁桥在小跨度铁路桥中被普遍采用。在锻铁拱桥方面，英国 1849 年建成 Windsor 铁路桥（下承式系杆拱，跨度约 60 m），1862 年在伦敦建成韦斯特特敏斯特桥（Westminster Bridge，7 跨，桥长 250 m，跨度 29 ~ 37 m）；法国艾菲尔设计的 Maria Pia 桥（跨度 160m，1877 年）和 Garabit 桥（跨度 165m，1884 年），均为月牙形两铰桁架铁路拱桥。

图 1.23　英国科尔布鲁克代尔桥（1779 年）

图 1.24　英国梅奈悬索桥（1820 ~ 1826 年）

19 世纪中期，钢材问世，静定钢桁架梁、拱以及悬索桥的内力分析方法逐步被工程界所掌握，各种大跨度钢桥应运而生。1867 年，德国的 H·格贝尔建造了一座主跨 38 m 的静定悬臂桁架梁桥（Hussfurt 桥，称为格贝尔桁架）。1880 ~ 1890 年，英国采用该桥式，建成了跨度空前的福斯铁路桥（Forth Bridge，悬臂桁架梁，主跨 521.2 m，总长 1 620 m，支承处桁高达 110 m，见图 1.25）。该桥被视为现代桥梁的经典代表。1874 年，美国建成世界上第一座钢拱桥——Edas 桥。该桥公铁两用，最大跨度 158.80m，首次采用伸臂法施工。1852 ~ 1855 年，美、加两国共同建造了尼亚加拉瀑布桥（Niagara Falls Bridge），该桥为主跨 251 m 的公铁两用悬索桥，由 J·A·罗伯林设计；1886 年改建，1897 年重建为跨度 167.6 m 的公铁两用钢桁拱桥。1869 ~ 1883 年，J·A·罗伯林及其儿子 W·A·罗伯林设计并建成了至今仍在使用的布鲁克林桥（Brooklyn Bridge，主跨 487 m，见图 1.26），为悬索桥向更大跨度发展开创了先例。

图 1.25 英国福思铁路桥（1880 ~ 1890 年）

图 1.26　美国布鲁克林桥（1869 ~ 1883 年）

从 20 世纪初期至中期，结构力学的弹性内力分析方法普遍用于超静定结构的桥梁设计，这为钢梁、钢拱和悬索桥等桥式向前所未有的跨度发展奠定了有力的科学基础。1916 年，美国纽约建成 Hell Gate 桥（钢桁架拱，主跨 298 m，四线重载铁路，道砟桥面）；1916 年，美国在俄亥俄州建成 Sciotoville 铁路桥（连续钢桁架梁，跨度 236.3 m）；1917 年，在伊利诺伊州建成 Metropolis 桥（简支钢桁架梁，跨度 219.5 m）。1918 年，加拿大采用 Corbel

桁架建成魁北克铁路桥(Quebec Bridge，主跨 548.6 m)。有代表性的公路桥是：美国 Bayonne 桥(1931 年，钢桁架拱，主跨 503.6 m)，澳大利亚悉尼港大桥(Sydney Harbor Bridge，1932 年，钢桁架拱，主跨 503 m)，美国纽约乔治 · 华盛顿大桥(George Washington Bridge，1931 年，跨度 1 066.8 m，世界上第一座跨度超过 1 000 m 的悬索桥)，旧金山金门大桥(Golden Gate Bridge，1937 年，跨度 1 280 m)，印度豪拉大桥(Howrah Bridge，钢悬臂梁，主跨 457.2 m，1943 年) 等。

在 19 世纪初期，混凝土材料就开始在拱桥中得到应用，如法国 1824 年建成的 Souillac 桥(跨度 7 × 22 m)。到 19 世纪中后期，钢筋混凝土材料逐渐受到桥梁界重视，被用于拱桥和梁桥。在 20 世纪上半叶，钢筋混凝土拱桥的跨度记录不断被刷新，从 20 世纪初的 50 m(法国 Hogues 桥，1900 年)，到 40 年代的 264 m(瑞典 Sandö 桥，1943 年)。这一时期的著名桥梁有：建于阿尔卑斯山区的瑞士 Salginatobel 桥(三铰混凝土拱，主跨 90 m，1930 年，图 1.27)，法国 Plougastel 桥(主跨 3 × 188 m，1930 年)，西班牙 Elsa 铁路桥(跨度 210 m，首次采用劲性骨架，1942 年) 等。最早的钢筋混凝土梁桥，是 1875 年法国建成的 Chazelet 桥，跨度 13.8 m。由于受制于材料性能和自重，钢筋混凝土梁的跨度发展不大，主要用于中小跨度桥。

图 1.27 瑞士 Salginatobel 桥(1930 年)

从 20 世纪 50 年代至今，随着公路和城市桥梁的大量兴建，桥梁科技的迅猛发展，新型桥式的广泛采用，施工方法的不断改进等，各种桥型的跨度记录一再被刷新，世界桥梁工程取得长足进步。

在钢悬臂桁架梁桥方面，1974 年，日本港大桥(Minato Bridge) 的主跨达到 510 m；同年美国建成主跨 501 m 的 Commodore Barry 桥。由于结构不连续而对行车不利，近几十年来这种桥型建造很少。2012 年日本建成的 Tokyo Gate 桥，采用钢悬臂桁架-钢箱结构，主跨达到 440 m。在钢桁架连续梁桥方面，1966 年，美国建成的 Astoria 桥的主跨达 376 m，1977 年建成的 Francis Scott Key 桥，主跨达 366 m；1988 年日本在本四联络线上修建的与岛大桥(Yoshima)，为跨度 245 m 的公铁两用曲线连续桁架梁。1991 年日本修建的生月大桥(Ikitsuki) 的主跨达 400 m，见图 1.28。

早在 20 世纪 30 年代，德国、美国就开始研究正交异性钢桥面板(steel orthotropic deck)。这种桥面较轻(节省材料)，且能充当钢梁的上翼缘，这推动了钢梁桥向更大跨度发展，也为后来建造的大跨度悬索桥、斜拉桥提供了经济合理的梁部结构。1946 年，首先在德国科隆莱茵河上的 Deutz 桥(连续钢箱梁，主跨 184.5 m) 上使用；1951 年用于杜塞尔多夫 Cardinal Frings 桥时，钢箱梁主跨达到 206 m；1972 年用于波恩 Konrad Adenauer 桥时，主跨增加至

230 m。1974 年，巴西修建的里约—尼泰罗伊桥（Rio-Niteroi Bridge）的主跨达 300 m，见图 1.29。在 90 年代，跨度超过 200 m 的钢箱梁桥多建于日本，如 Kaita 桥（主跨 250 m，1991 年）和 Namihayai 桥（主跨 250 m，1994 年）等。不过，由于受钢板轧制、构件制造等因素的影响，钢箱梁桥的跨度发展受到一定限制。

图 1.28　日本 Ikitsuki 桥（1991 年）

图 1.29 巴西 Rio-Niteroi 桥（1974 年）

随着高强材料、预应力技术和施工方法的进步，预应力混凝土实腹式梁桥在近几十年内得到迅速发展，在 100 ~ 300 m 跨度范围内具有很强的竞争力。早在 20 世纪 30 ~ 40 年代，巴西、法、德等国家就开始尝试用预应力混凝土建造桥梁。1930 年，巴西第一次采用悬臂浇筑的方法，建造了主跨 68 m 的里约佩希桥（1983 年被洪水冲垮）。1938 年，法国的弗莱西奈（Freyssinet）与德国工程师合作，采用先张法预应力混凝土，建成了一座跨度 38 m 的梁桥。1946 ~ 1950 年，弗莱西奈采用预应力钢筋将预制的梁段串联成整体的方法，建造了跨度为 55 ~ 74 m 的双铰刚架桥多座。1950 年，德国修建的预应力混凝土刚架桥的跨度达到 82.4 m（Gänstor 桥）。1951 年，德国采用悬臂浇筑法，修建了主跨为 62 m 的预应力混凝土桥。在 1952 年及 1964 年，又用同一施工方法建成了 Worms 桥（主跨 114.2 m）和 Bendrof 桥（主跨达 208.0 m，带铰刚构）。从 50 ~ 70 年代，世界上修建了一些大跨 T 形刚构桥，如日本的滨名桥（主跨 240 m，1976 年，5 跨带铰）和巴拉圭的亚松森桥（主跨 270 m，1979 年，多跨带铰）。

1970 年前后，预应力混凝土连续刚构桥首先在瑞士得到应用。1969 年，修建了主跨 104 m 的 Chillon 多跨高架桥，接着建成了 Felsenau 桥（主跨 144 m，1975 年）和 Fegire 桥（主跨 100 m，1979 年）。进入 80 年代后，连续刚构桥在世界范围内得到广泛应用，如澳大利亚门道桥（Gateway Bridge，主跨 260 m，1986 年，见图 1.30，2011 年再建一座），奥地利 Schottwien 桥（主跨 250 m，1989 年），英国的 Skye 桥（主跨 250 m，1995 年），加拿大的联邦大桥（Confederation Bridge，主跨 250 m，1997 年）等。

图 1.30　澳大利亚 Gateway 桥（1986 年，2011 年）

图 1.31　葡萄牙 São João 铁路桥（1991 年）

1991 年，葡萄牙在波尔图港建成了双线铁路连续刚构桥（São João 桥，主跨 250 m，见图 1.31），成为铁路预应力混凝土梁桥的跨度领先者。1998 年，挪威建成 Raftsundet 桥和 Stolmasundet 桥，两桥均为预应力混凝土连续刚构，前者主跨 298 m，后者主跨达到 301 m。为减少墩顶负弯矩，主跨内一定长度的梁段（Raftsundet 桥为 224 m，Stolmasundet 桥为 184 m）采用了细骨料高强轻质混凝土；为保证平衡悬臂施工、加强悬臂状态下结构的稳定性，在主跨两双薄壁墩的靠岸侧各设立一个施工辅助墩，全桥合龙后将其拆除。

类似于钢梁桥的发展过程，钢拱由于自重轻、易于施工、跨越能力大而得到广泛应用。在 20 世纪中期，钢拱桥在西方国家（尤其是美国）得到进一步发展，例如，美国的弗里蒙特桥（系杆拱桥，主跨 382.6 m，1973 年，提升架设施工），英国的 Widnes-Runcorn 桥（主跨 330 m，1961 年），加拿大的曼恩港大桥（主跨 366 m，1964 年）等。1977 年，美国建成新河谷大桥（New River Gorge Bridge，图 1.32），该桥主拱圈为钢桁架，且采用耐候钢以减少养护工作量，跨度 518.2 m，这一拱桥跨度记录一直保持到 2000 年。这一年韩国建成傍花大桥（Banghua Bridge），主跨达到 540 m。

图 1.32　美国 New River Gorge 桥（1977 年）

钢筋混凝土拱桥自重较大，但造价低，养护量小，抗风性能好，使用较广泛。在 20 世纪中期，钢筋混凝土拱桥的跨度徘徊在 300 m 左右，如葡萄牙的 Arrabida 桥（跨度 270 m，1963 年），澳大利亚的 Gladesville 桥（跨度 305 m，1964 年），巴西的 Amizade 桥（跨度 290 m，1965 年）等。到 80 年代，跨度增加到近 400 m。前南斯拉夫在 1980 年建成的克尔克（Krk）I 号桥（图 1.33），跨度达 390 m，采用悬臂桁架法拼装施工。美国 2010 年完工的 Colorado river 桥，主跨 320 m，采用斜拉扣挂法悬臂浇筑施工主拱。目前，世界上跨度超过 200 m 的钢筋混凝土拱桥有 20 余座。普遍采用箱形截面作为主拱圈。

图 1.33　前南斯拉夫 Krk 桥（1980 年）

20 世纪初期，法国建造的 Cassagne 桥（主跨 156 m，1909 年）和 Lézardrieux 桥（主跨 112 m，1925 年） 已经具备斜拉桥的基本形式。当代斜拉桥的建造技术（正交异性板，钢箱梁，斜拉索预应力工艺，施工方法等）发展于德国，建桥材料以钢为主。1955 年，由德国人迪辛格设计的第一座当代钢斜拉桥（Strömsund 桥，分跨 74.7 + 182.6 + 74.7 m）在瑞典建成。1959 年，德国修建了主跨达 302 m 的 Severins 独塔斜拉桥；1969 年，又建成主跨 319 m 的 Knie 独塔斜拉桥。1975 年，法国建成 Saint Nazaire 桥（主跨 404 m），使钢斜拉桥的跨度突破 400 m。1987 年，泰国在湄南河上修建了一座主跨为 450 m 的单索面钢斜拉桥（Rama IX 桥）。从 80 年代中期起，日本接连修建了 10 余座大跨度钢斜拉桥，如名港西大桥（主跨 405 m，1985 年），横滨港桥（主跨 460 m，1989 年），生口桥（主跨 490 m，1991 年），名港中央大桥（主跨 590 m，1997 年）等。1999 年建成的多多罗大桥，将跨度增加到 890 m。2009 年，韩国建成跨度 800 m 的仁川大桥。2012 年，俄罗斯在海参崴建成两座特大跨度斜拉桥——金角湾大桥（Golden Horn Bay Bridge）和俄罗斯岛桥（Russky Island Bridge）。前者跨度 737 m，采用横向外倾的塔柱；后者则以 1 104 m 的主跨，成为目前世界上最大跨度的斜拉桥（图 1.34）。

1962 年在委内瑞拉建成的 Maracaibo（主跨 235 m，1981 年换索）开创了混凝土斜拉桥的先例。20 世纪 70 年代以来，混凝土斜拉桥得到较快发展。杰出的桥例有：意大利的 Polsevera 桥（主跨 206 m，1967 年），美国的 Pasco-Kennewick 桥（主跨 299 m，1974 年）、East Huntington 桥（主跨 274.3 m，独塔，1985 年）和 Dames Point 桥（主跨 396.34 m，1989 年），法国的 Brotonne 桥（主跨 320 m，1977 年），西班牙的 Barrios de Luna 桥（主跨 440 m，1983 年），阿根廷的 Posadas Encarnacion 桥（主跨 330 m，1984 年），挪威 Helgeland 桥（主跨 425 m，1991 年）等。1991 年，挪威修建了 Skarnsundet 桥，把混凝土斜拉桥的跨度提高到 530 m，见图 1.35。

图 1.34　俄罗斯 Russky Island 桥（2012 年）

图 1.35　挪威 Skarnsundet 桥（1991 年）

在结合梁斜拉桥方面，西班牙在 1978 年修建了主跨 400 m 的 Rande 桥，加拿大在 1986 年修建了主跨达 465 m 的 Alex Fraser 桥，印度在 1993 年修建了主跨 457.2 m 的 Hooghly 二桥，美国在 2005 年修建了主跨 471 m 的 Arthur Ravenel 桥。在混合梁斜拉桥方面，1995 年完工的法国 Normandy 桥主跨达到 856 m，见图 1.36。该桥为三跨斜拉桥，边跨为混凝土连续梁，中跨由桥塔两边各 116 m 的混凝土梁和中部 624 m 的钢梁组成。悬出的混凝土梁段对中部钢梁起到加劲作用，改善了结构在风荷载下的动力特性。

图 1.36　法国 Normandy 桥（1995 年）

近年来，多塔斜拉桥得到建筑师和桥梁工程师的青睐。典型的桥例是 2004 年完成的希腊 Rion-Antirion 桥和法国的 Millau 高架桥。前者是 4 塔结合梁斜拉桥，分跨 $286 + 3 \times 560 + 286$ m，悬臂法施工。该桥在解决深水软弱基础，桥梁抗震减振以及抗风和抗船舶撞击等方面取得进展。后者是一座 7 塔钢梁斜拉桥，分跨 $204 + 6 \times 324 + 204$ m；最高的混凝土桥墩达 245 m，钢塔高 90 m；上部结构的施工方法是：顶推主梁就位，桥塔转体就位并张拉斜索。

悬索桥是能够充分发挥大缆钢材的力学性能、跨越能力最大的一种桥型。从 1883 年美国建成布鲁克林桥至今，世界上已建成跨度超过 400 m 的悬索桥 100 座左右。20 世纪 60 年代，美、英等国建造了若干座大跨悬索桥。1964 年，美国纽约市建成主跨 1 298.45 m 的维拉扎诺海峡大桥（Verrazano-Narrows Bridge）；同年英国建成的主跨 1 005.8 m 的福斯公路桥

（Forth road Bridge），成为欧洲第一座跨度超过 1 000 m 的桥。这些桥梁均采用钢桁架作为加劲梁，采用“空中送丝法”现场编制大缆。

1940 年，美国的塔科马桥（Tacoma Narrows Bridge，钢板梁，主跨 853.4 m）因风振致毁，这促使人们对悬索桥结构的空气动力稳定问题进行研究。英国通过对塞文桥（Severn Bridge，主跨 987.55 m）的动力分析和风洞试验，提出以流线型扁平钢箱梁来代替传统的钢桁架（加劲）梁。这种结构不仅具有良好的抗风性能，而且节省大量钢材，外形也显得纤细流畅。1966 年塞文桥建成通车，成为第一座采用梭形扁平钢箱梁作为加劲梁的悬索桥。以后陆续建造的悬索桥，如丹麦的小贝耳特桥（Lillebælt，主跨 600 m，1970 年）、土耳其博斯普鲁斯 I 桥（Bosporus I，主跨 1 074 m，1973 年）和 II 桥（主跨 1 090 m，1988 年）、英国恒比尔桥（Humber Bridge，主跨 1 410 m，三跨不对称结构，1981 年）、瑞典的霍加库斯腾桥（Höga Kusten Bridge，主跨 1 210 m）等，均采用这类加劲梁。

日本的本州-四国联络线中，修建了一批千米级别的悬索桥，如下津井濑户大桥（主跨 940 m，1988 年），南备赞濑户大桥（主跨 1 100 m，1988 年），北备赞濑户大桥（主跨 990 m，1988 年），来岛第二大桥（主跨 1 020 m，1999 年），来岛第三大桥（主跨 1 030 m，1999 年）等。20 世纪 90 年代引人注目的大跨悬索桥是丹麦的大贝耳特桥（Greatbælt，见图 1.37）和日本的明石海峡大桥（Akashi Kaikyo，见图 1.38）。前者主跨长 1 624 m，边跨长 535 m，塔高 254 m。后者是目前世界上跨度最大的桥，达到创纪录的 1 991 m。该桥塔高 280 m，桥面宽 35 m，设 6 车道；两根大缆的直径为 1.222 m。1998 年这两桥的顺利开通，为 20 世纪的桥梁工程建设添上了辉煌的一笔。

图 1.37 丹麦 Greatbælt 桥（1998 年）

图 1.38 日本 Akashi Kaikyo 大桥（1998 年）

在超长跨海（湾，峡）桥方面，1964 年，美国修建了切萨皮克海湾桥隧工程（Chesapeake Bay Bridge-Tunnel）。该桥隧工程全长 28.2 km，由大约 3.22 km 长的堤道和海底隧道、四个人工岛、两座用于通航的大桥以及 19.3 km 长的多跨混凝土梁桥组成。1986 年，在沙特和巴林之间，建成了长达 26 km 的堤道桥。加拿大的联邦大桥跨越诺森伯兰海峡，全桥长 12.9 km，由 63 孔预应力混凝土连续梁（刚构）桥组成，其中 43 孔的跨度为 250 m，1997 建成通车。其他的跨海桥还有：马来西亚的槟城桥（Penang Bridge，全长 13.5 km，1985 年），巴西的里约—尼泰罗伊桥（全长 13.29 km，1974 年），美国的七英里桥（Seven Mile Bridge，全长 11.27 km，1982 年），韩国的仁川桥（Incheon Bridge，全长 12.5km，2009 年）等。

三、桥梁工程展望

从 1890 年英国建成的福思铁路桥算起，现代桥梁已走过 120 余年的发展历程。人类对陆地交通的不断需求、科学与技术的不断进步，是桥梁工程得以发展的强大动力。20 世纪后期，通过对结构型式、工程材料、设计理论、施工设备、制造工艺等的不断研究与创新，使桥梁工程取得了长足的技术进步。纵观中外桥梁近 20 年的发展情况，可以预见：21 世纪的桥梁建设会表现出以下几个特点。

1. 桥跨结构继续向大跨发展

在具有一定承载能力条件下，跨越能力仍然是反映桥梁技术水平的主要指标。为避免修建或少建深水桥墩，加大通航能力，悬索桥、斜拉桥等桥式的跨度记录一再被打破。一方面，为适应陆地交通发展，需要建造跨越能力更大的桥梁；另一方面，建造前所未有的大跨度桥梁，需要渊博的技术知识、卓越的才能和创造性的勇气，是对自然和人类自身的挑战，因此具有极大的吸引力。图 1.39 所示为在过去百年间各类钢桥主跨的增长情况。从图中可以看出：悬索桥的主跨从 19 世纪末期的 500 m 左右增长到 20 世纪末期的近 2 000 m，而斜拉桥主跨从 20 世纪 50 年代的 200 m 左右增长到 21 世纪初期的 1 100 m 左右。各种桥型的跨度排名，见附录。

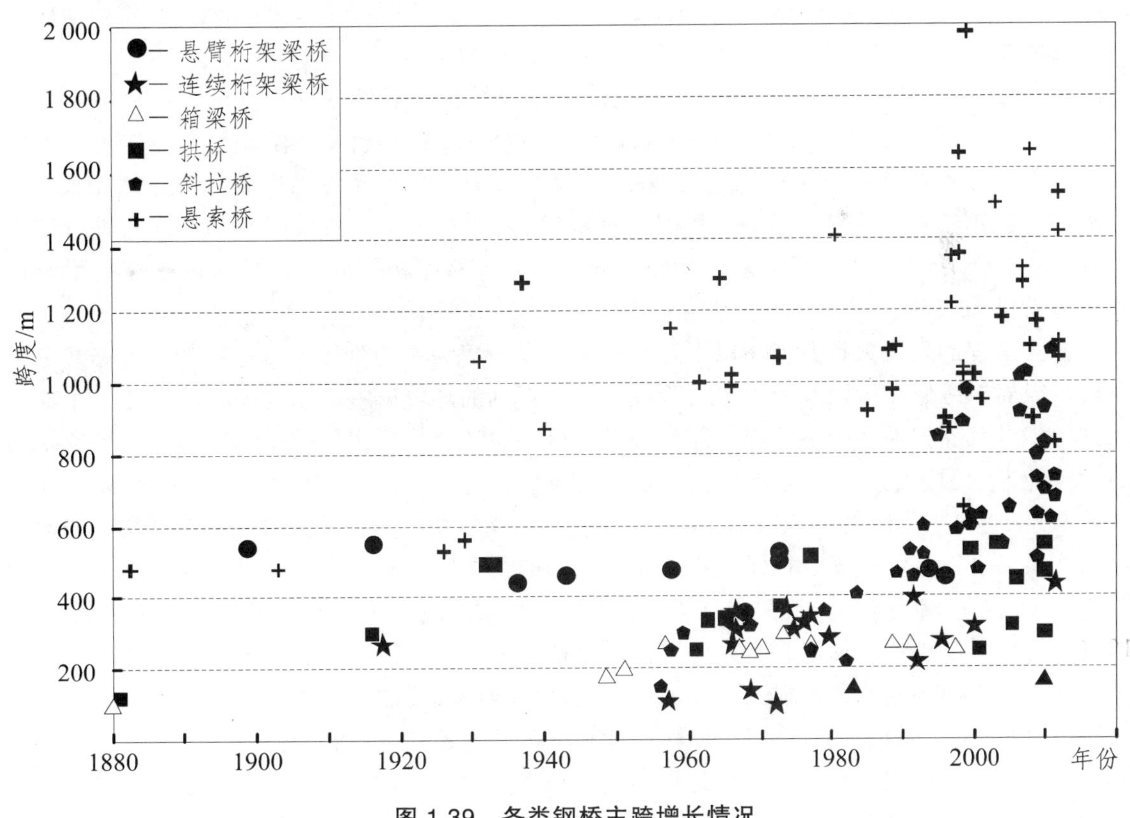

图 1.39 各类钢桥主跨增长情况

修建跨海（湾、峡）桥是促使桥梁向大跨度发展的重要因素之一。意大利墨西拿（Messina）

海峡悬索桥方案（图 1.40），跨度达 3 300 m。印度尼西亚拟在巽他海峡修建 27 km 长的跨海大桥，采用跨度约 3 000 m 的悬索桥跨越主航道。挪威计划在斯图尔峡湾建造跨度 2 300 m 的悬索桥。日本筹划修建的第二国土轴工程（太平洋沿岸高速公路）包括六个跨海峡桥梁工程，其中跨越纪淡海峡大桥的跨度在 2 500 ~ 3 000 m，而跨越丰予海峡及津轻海峡的悬索桥方案的跨度在 3 000 m 以上。在我国，21 世纪的陆地交通工程将有更大规模的发展，需要修建一系列跨海工程和连岛工程。根据国道主干线系统布局规划，自黑龙江同江县至海南省三亚市的一条南北向干线将依次跨越渤海湾、长江口、杭州湾、珠江口和琼州海峡，这就需要建造大跨度、大规模的跨海通道（桥梁，或隧道，或桥隧结合）。

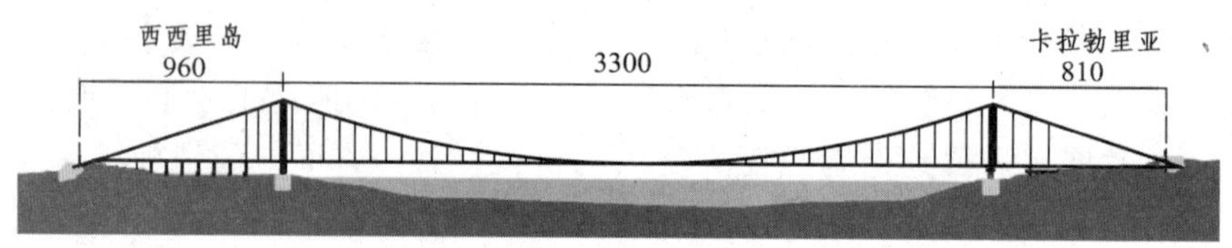

图 1.40　意大利墨西拿（Messina）海峡悬索桥示意（单位：m）

2. 新桥设计理论与旧桥评估理论更趋完善

桥梁设计理论是桥梁工程建设的基石。随着桥跨的增加、建桥环境的变化（如海洋环境、艰险山区环境）、结构体系的多样和复杂，桥梁设计会面临许多新的课题和难题，需要适应桥梁发展的需要，进一步开展设计理论研究，完善设计规范。

20 世纪 70 年代以来，国际上开始逐步采用以结构可靠性理论为基础、以分项系数表达的概率极限状态设计法，如欧洲结构规范 EUROCODE、美国桥梁规范 AASHTO、加拿大桥梁规范 CAN/CSA-S6 等。与过去采用的容许应力设计和破坏强度设计等方法相比，极限状态设计理论更趋完善和合理。我国公路桥梁已从 1985 年开始采用极限状态法进行结构设计，从 2004 年起，逐步颁布新一代设计规范。基于概率极限状态设计法的铁路桥梁设计规范也待颁布实施。

桥梁工程的发展大致要经历以下三个阶段：以新建为主的阶段、新建与养护维修并重的阶段、以养护维修和加固改造为主的阶段。由于不利的环境影响、结构的自然老化、车辆荷载的增加以及养护维修的不足，一部分桥梁不可避免地要暴露出各种结构损伤。这导致结构的承载能力和耐久性降低，运营状况不能完全满足规定。例如，至 2010 年，我国公路存在危桥约 9.3 万座，占当时桥梁总数的 14.1%。如何评估既有桥梁的运营条件和承载能力，如何对已损伤桥梁进行修复加固，是保证线路安全畅通的重要问题。

自 20 世纪 80 年代起，在一些工业发达国家，桥梁工程的重心已逐步转移到其养护维修、监测监控、鉴定评估和加固改造方面。在公路桥梁方面，美、英、加拿大等国家先后颁布了基于结构可靠性理论的评估规范。我国在公路桥涵养护规范的基础上，近年来也相继颁布了公路桥梁技术状况和承载力评定、加固设计和施工等一系列标准和规范。

开展旧桥评估理论和技术的研究和实践，一方面对准确评估桥梁的承载能力、尽量延长桥梁的使用寿命和减少加固替换的高额费用，具有明显的技术意义和经济意义；另一方面，可针对旧桥暴露出来的问题，更新设计理念，完善设计理论和方法。今后的设计规范应在安全、适用、经济、美观的原则基础上，基于全寿命设计思想，考虑桥梁的耐久性，满足环保要求，逐步推动桥梁工程的可持续性。

3. 建桥材料向高强、轻质、多功能方向发展

材料科学的进步是推动桥梁工程发展的重要动力之一。当代桥梁向大跨度发展的趋势，对建桥材料提出了高强、轻质和多功能的更高要求。

在材料强度方面，世界各国都很注重提高建桥材料的强度。国外高强钢的屈服强度标准值达到 960 MPa；我国在建设九江长江大桥时，发展了 15MnVNq 钢；芜湖长江大桥采用的是 14MnNbq 新钢种，其抗拉强度在 550 ~ 600 MPa。近年来我国颁布的低合金高强度结构钢标准中，列入的强度等级已提升到 690 MPa。预应力钢筋是向大直径、高强度、低松弛、耐腐蚀、与混凝土黏结力高、拼接便利的方向发展。目前国外高强钢筋的最大直径约为 ϕ44 mm，抗拉强度为 1 350 MPa；我国预应力钢筋的最大直径为 ϕ32 mm，抗拉强度为 930 MPa。高强度低松弛钢丝及钢绞线在桥梁工程中的应用日趋广泛。为适应斜拉桥斜索和悬索桥主缆的需要，美、德、英、日等国开发了ϕ4 ~ 9 mm 的高强镀锌钢丝，其强度为 1 550 ~ 2 000 MPa。高强混凝土具有强度高、抗冲击性能好、耐久性强等优点。将其应用于桥梁结构，既可减小梁高，又能减轻梁体自重而增大跨度。目前，我国已采用 C80 级混凝土，国外已制成 C200 级混凝土。

轻质材料的应用对减轻结构重力、增加桥梁跨越能力有明显作用。轻质混凝土（密度在 1.6 ~ 2.0 t/m^3）在国外桥梁上时有应用，而在我国还需发展。另外，目前还只用于航天工业的高强度轻质铝合金等也得到桥梁工程界的重视和研究，有些已在国外军用桥上得到应用。这些材料的特点是：重量轻、刚度大、热膨胀系数低、耐疲劳、抗腐蚀等。

在钢材的功能方面，抗腐蚀性能好、结构表面不需油漆的耐候钢（weathering steel）逐步得到应用。美国早在 20 世纪 70 年代就在桥梁上应用耐候钢，1991 年我国采用武钢生产的耐候钢，在京广线巡司河上建成第一座耐候钢桥。在国外，高性能钢（high performance steel）的种类及其应用逐步增加。它不仅保持了较高的强度，而且在材料的抗腐蚀和耐候性能、可焊性、抗脆断和疲劳性能等方面都比传统钢材有明显的提高和改善。其他具备多功能的钢材有：按热力控制加工生产的高质量、高强度的厚钢板（该钢材在 40 ~ 100 mm 厚度内不需要降低标准设计强度），能大幅度减轻焊接时的预热作业的抗裂钢，抗层裂钢，变厚度钢，波纹钢板（用于结合梁桥的腹板），树脂复合型减振钢板等。在混凝土方面，具备高强、早强、缓凝、微膨胀、不离析、自密实等性能的混凝土得到广泛应用；通过掺入高效减水剂及活性矿物掺合料，混凝土的耐久性得到一定改善。

纤维增强复合材料（FRP – Fibre Reinforced Polymer）起源于20世纪70年代。近20年来，在桥梁工程领域的应用越来越多。FRP具有高强、轻质、耐腐蚀、易维护等显著优点，但对其耐久性、蠕变和疲劳、构件连接性能、设计理论等还需继续开展研究。1993年，加拿大将FRP预应力绞线用于Beddington试验桥；1996年，瑞典首次将FRP拉索用于一座悬索桥；20世纪90年代以来，采用FRP桥面板与钢梁或钢筋混凝土梁组合的桥梁结构在中、美等国得到一些应用。在桥梁工程中，FRP短纤维加入混凝土中,可大大提高混凝土的抗裂性、延性和承载力；FRP片材（板或布）可粘贴于钢或混凝土结构表面，用于旧桥的加固补强；在新桥建造中，FRP棒材（筋和索）可用来替代钢筋和预应力索，FRP夹层结构和蜂窝板可用作桥面板。

对抗腐蚀、耐久性要求高的桥面板，采用FRP筋（也包括FRP夹层结构和蜂窝板）可大大减少日常维护费用和改造维修费用。

4. 信息技术在桥梁工程中的应用更趋广泛

进入 21 世纪，随着信息技术和智能材料的广泛应用，桥梁结构会变得“灵敏”和“智能”，其设计、施工和管理也将更为科学合理。在规划和设计方面，可以通过快速仿真分析，优化设计并逼真演示桥梁功能，为决策提供可靠依据。在建造方面，可采用智能化制造系统加工结构构件，遥控技术进行施工控制和管理，GPS 技术进行定位与测量，机器人技术进行结构整体安装或复杂环境下的施工等。在健康监测和管理方面，可综合应用计算机技术（网络及数据库，图像图形技术）、人工智能技术、传感器技术及计算数学、有限元分析等多学科，建立一套桥梁设计、施工及养护维修的科学评价体系（施工控制，运营状态监测，损伤诊断及评估，预警和养护对策等），实时掌握桥梁的健康状况。例如，通过在桥上装配智能传感系统，就可以感知风力、气温等天气状况，并随时获取桥梁的交通状况；通过智能传感器，可随时监测结构的受力行为，预判潜在危险（如应力超限，疲劳裂纹扩展等）并及时发出预报。

5. 日益重视桥梁美学、建筑造型和景观设计

桥梁作为建筑实体，除向社会大众提供使用功能外，还凸现出其作为建筑审美客体的作用。在历史上，许多著名的桥梁建筑，如旧金山海湾大桥、悉尼港大桥、武汉长江大桥等，以其宏大的气势和造型，成为城市或地区的象征。

国家经济的持续发展、大众审美要求的提高，以及社会不断增强的自我标志意识，将会导致桥梁建筑设计理念的逐步改变。桥梁作为可定量计算分析的设计产品，一直是工程师独占的领域。随着设计学科之间的交叉，会有更多的建筑师、艺术家、景观和环境方面的专家参与到桥梁设计中来，通过设计合作，把技术（材料，结构，施工）与美学、造型和景观密切联系起来，共同创造出既保证安全适用，又体现美学魅力的桥。

概括地讲，桥梁建设的基本目标是安全、适用、经济、美观。针对我国近几十年来的桥梁状况，需要更多地关注桥梁耐久和环保。围绕这一基本目标，桥梁技术的发展应表现在：具有较大的跨越能力、承载能力和良好的耐久性能；车辆能安全运行于桥上并使旅客有舒适感；讲求经济效益，力图降低造价；结构造型优美并能较好地与周边环境协调。

今后我国桥梁的发展方向大致有以下几方面：

- 发展大跨度桥梁，进一步研究与之相关的动力和稳定等问题；
- 研究超长跨海（湾，峡）桥的设计、施工和耐久、环保技术；
- 开发中小跨度钢桥、混凝土桥和结合梁桥的新的截面形式，完善桥梁的标准设计；
- 注重施工技术的发展，提高桥梁建造的机械化、自动化、大型化水平；
- 广泛采用以极限状态法和可靠性理论为基础的方法指导桥梁设计与评估；
- 更多地将高强轻质材料和新型材料应用于桥梁工程；
- 建立和完善桥梁健康监测与管理系统，提高既有桥梁的养护、评估和加固水平；
- 开展桥梁美学、建筑造型和景观设计的系统研究；
- 开展桥梁设计与施工风险评估研究，提高桥梁安全水平。

思考题

一、简述简支梁桥的基本组成部分，讨论拱桥、悬索桥和斜拉桥的基本组成部分。

二、比较跨度、主跨、计算跨度的含义。

三、概述桥梁的主要分类。

四、视桥梁由主要受拉、受压、受弯为主的构件组成，总结各类桥梁中的梁、拱、索、墩、塔等构件的主要受力特点。

五、以一座悬索桥为例，分析作用在桥上的车辆荷载是如何传递到地基上去的。

六、桥梁的主要特征是“跨越”，试用一个简单的词汇来描述隧道、建筑结构、公路和铁路、水坝、烟囱的特征。

七、结合材料科学的进步和陆地交通工具的发展过程，讨论桥梁的演变进程。

第二章　桥梁工程的规划与设计

规划与设计是桥梁建设过程中的重要一环。桥梁的合理性与先进性在很大程度上取决于规划与设计的质量。本章简要介绍桥梁设计的基本原则，桥梁总体布置的有关规定，与桥梁工程相关的其他科学知识，以及桥梁工程的建设程序。

第一节　桥梁设计原则和科学依据

一、桥梁设计的基本原则

桥梁结构是土木工程结构的一种，具备土木工程结构的基本属性。这些基本属性包括以下几方面：

① 结构都是用当时常用的建筑材料所建成，各具有特定的型式和构造，能满足一定的功能；结构除了能保持其自身存在外，还应能安全承受自然界和人类活动所施加的各种作用或荷载（参见第三章）。

② 结构所提供的使用功能，对于社会的稳定和有效运行具有很大作用，而结构的损毁或破坏则会使社会受到巨大损失，因此，保证结构安全是十分重要的；可是社会所能为结构支付的人力和物力都是有限的，所以，又必须讲求经济。

③ 结构形体庞大、功能不同、构造各异，固定在地面不同位置，其规划、设计和施工的构思需因时因地而异，逐个进行。

④ 结构散布在社会各处，与人类活动密切相关，且期望的使用寿命长，其是否耐久，是否美观且与周边环境协调，是否环保，就必须受到重视。

因此，桥梁结构的设计应满足结构安全，功能适用，投资经济，造型美观的要求，同时也要注重构造耐久，建造环保。简而言之，应遵守安全、适用、经济、美观的基本原则，并考虑耐久、环保的影响。

桥梁的安全（safety）既包括桥上车辆、行人的安全，也包括桥梁本身的安全。结构在使用年限内，在各种自然力和人为作用荷载下，应具有足够的承载能力，能保持适当的安全度，这是对每一座桥梁的基本要求。

桥梁的适用（serviceability）要求包括：能保证行车的通畅和舒适；桥梁的通行能力既能满足当前需要，也可适当照顾今后发展；对跨越河流的桥梁，考虑地质水文条件，以不妨碍通航或桥下交通为前提，制定出合理跨度；位于或靠近城市、村镇等的桥梁，还应当综合考虑桥头和引桥区段的环境和发展。

在安全、适用的前提下，经济（economy）是衡量设计技术水平和做出方案选择的主要因素。桥梁设计应体现出经济特性。对于重大的桥梁工程，应基于先进的设计理念，开展概念设计和全寿命设计，通过多方案比选，详细研究技术上的可行性和先进性，以及经济上和管养上的合理性。这样，才能对桥梁的建造消耗（材料、机具和劳力）、施工（费用、工期、技术）、技术发展（新结构、新材料、新工艺）和今后使用（养护维修、加固、废弃）等因素进行统筹考虑，得出合理的经济结论。

在安全、适用和经济的前提下，尽可能使桥梁具有优美的造型，并与周边环境相协调，是桥梁建筑美学（aesthetics）的基本要求。合理的结构造型和布局、正确表达力的传递、保持建筑风格与周围环境的协调，是体现桥梁美感的主要因素。对一些特定的桥梁（如位于城市或风景区的桥梁），可适度考虑桥梁建筑的艺术处理，但不应采纳虚假浮华的结构造型，不应追求繁琐浪费的细部装饰。

对桥梁耐久性（durability）的基本要求是：在使用年限内，桥梁一般只需常规养护维修（maintenance）就可保证正常使用。但随着桥龄的增长，耐久性问题会逐步显露出来；因此，需要从设计层面，考虑不同构件的耐久性差异，加强构件的可控性（可检、可养、可强、可换），尽量减少养护维修给日常交通带来的不利影响。

为满足社会的可持续发展要求，环境保护（Environmental protection）正在成为桥梁设计的基本原则之一。在设计层面，需要采用先进的设计理念和方法，优化结构设计，增强耐久性，保护自然和人文环境，以达到节能降耗、延长桥梁使用寿命的目的。

二、桥梁工程的科学依据

桥梁工程涉及较广泛的基础知识和应用学科。现列举其主要内容如下。

数　学　数学（mathematics）是桥梁工程中定性和定量分析的理论基础。在常规计算、测量、绘图等工作中经常要用到解析几何；在解析比较复杂的力学问题（如超静定结构、变截面构件、不规则荷载）时要用到微积分；在处理非线性结构、结构稳定和动力等问题时，要用到微分和偏微分方程；在研究结构可靠度以及数据处理时，需用到概率与数理统计；等等。

力　学　力学（mechanism）是指导桥梁工程进行结构分析、设计和施工的基础，包括理论力学、材料力学、结构力学、结构动力学等。理论力学研究质点和刚体的静力平衡问题和牛顿动力学原理，是解析桥梁静定结构的基本依据。材料力学的研究对象是外力与单个构件内力（弯矩、剪力、轴力、扭矩等）的关系，材料的应力 - 应变关系（弹性、塑性、弹塑性、脆性等），构件受力后的变形，以及确定构件形式和截面尺寸的基本方法等。结构力学以梁和更复杂的结构体系为对象，研究其在固定或移动荷载作用下的力学性能。它引入了单位作用力和影响线的概念来确定移动荷载下结构的最大内力和变形，引入了力法、位移法和有限元法来分析复杂的超静定结构。结构动力学研究桥梁结构（尤其是大跨柔性结构）在变化的（具有一定的频率和波谱的）外力（如车辆、风、地震等）作用下结构的动力响应。主要内容是：动荷载的特性、结构的固有振动特性和结构在动荷载作用下的动力响应。

计算机辅助设计技术　结合数学（如线性方程、矩阵代数等）和力学（如有限元法）知识，依靠计算机技术，编制通用或专门的桥梁结构分析、设计和制图软件，是计算机辅助设计（CAD-Computer Aided Design）的主要内容。该技术能减少设计时间，节省人力，提高设计质量，解析繁杂问题，优化设计结果，在桥梁设计中的应用越来越普遍。但也应强调：计算机辅助设计不能完全代替人的工作。具有清晰的数学和力学概念，能对设计计算结果做出正确的分析评价，能及时处理工程力学问题，仍是桥梁工程师所应具备的基本素质。

近年来发展起来的 BIM（Building Information Modeling，建筑信息模型）技术，是一种应用于工程（包括桥梁）设计、建造和管理的数据化工具。该技术借助计算机软件系统的集成，整合项目相关的各种信息。这些信息可在项目规划、设计、实施和维护的全寿命周期过程中进行共享和传递。

工程材料学 工程材料（engineering material）指建造结构时采用的人工合成材料（如钢材、混凝土等）和加工后的某些天然材料（如石料、砂、木材等）。工程材料学专门研究这些材料的物理、化学性能以及加工（如混凝土拌制）处理（如钢材防腐）等问题。随着材料工程的发展，会有更多的新型材料（如高性能钢或混凝土、碳纤维复合材料、高效防腐材料等）应用于桥梁工程。

工程地质学 地质学是研究地壳形成、构造、组织、成分的一门学科。工程地质（engineering geology）则只涉及与土木工程建造有关的部分。在桥梁工程中，重点研究接触和支承桥梁基础和桥下冲刷影响所触及的地壳表面，包括覆盖土层、上部岩床和地下水；研究它们在桥梁基础建造前后的物理、化学、力学性能等的变化；研究取得这些资料的物理探测方法等。

岩土力学 岩土力学（rock & soil mechanics）研究各类岩石和泥土在外力（包括重力）作用下的状态和响应。它与工程地质学紧密关联。桥上的各种作用力最终通过墩台基础传递到岩土（地基），而基础周围的岩土在外力（如重力、水压、地震等）作用下又会影响到桥梁基础甚至上部结构。解析这些相互作用的力学问题是桥梁工程应用岩土力学的核心部分。

水力学 水力学（hydraulics）研究水在静态、动态或静动态转变时的力学特性，是流体力学的基础。在桥梁工程中，重点是了解开敞渠道内的水流机理和势能动能转变关系，这是计算流量、水压、水流作用力的理论依据。对有压管道内的水流特征也应有所了解，其牵涉到高水头下的涵洞设计。另外，水浮力和浮体稳定对桥梁施工中可能采用的浮式结构（如浮式沉井、浮吊、工作船组等）的设计也十分重要。

水文学 水文学（hydrology）是研究水在自然界或水工建筑物（如桥墩）建筑后的运动规律，以及水对周围环境（如河床、岸滩等）产生作用与变化的一门学科。由于大部分桥梁是跨越河流的，因此，水文学与桥梁工程的关系十分密切。设计桥梁时首先要对所跨越河流的区段流势、河床断面、高程比降及历年变迁有所认识，才能比较不同桥位，把桥梁设置在比较稳定的河流区段内。然后，对桥址处建桥前后的水位、流量、流向、流速、冲淤变化、船舶航道等要做出分析，提出桥长、孔径布置和需要的导流、防护设施方案。对桥下的一般冲刷、墩位冲刷深度、施工冲刷、桥前壅水、浪高、河滩沙洲的可能变化，以及在上下游兴建其他水工建筑物（如堤坝、码头等）对桥梁的影响等，需要做出评估和判断。必要时应进行水工模型试验。这些都是水文学在桥梁工程中的具体应用。

混凝土结构工程 混凝土结构（concrete structure）工程，以及下述的钢结构工程、组合结构工程和基础工程，是桥梁工程的核心和主体，其内容包括设计、施工（安装）和科研三部分。混凝土结构的发展经历了素混凝土（poor concrete）、钢筋混凝土（reinforced concrete）

和预应力混凝土（prestressed concrete）三个阶段。素混凝土可作为砌体材料，获得成型简易、质量均匀的效果。在桥梁工程中，素混凝土常用于以承压为主的结构，如拱圈、墩身和台身、基础和重力式挡土墙等。钢筋混凝土具有钢筋承受拉力而混凝土承受压力的受力特性，能适应梁、柱（墩）、板等构件承受的压弯荷载。若在钢筋混凝土构件的制作过程中，在构件将来的受拉区两端预先施加并保持一对预定数值的压力，就形成预应力混凝土。只要选定的预加力数值合理，就可在各种加载情况下保持截面的材料纤维不出现拉应力（全预应力），或者，把拉应力或裂缝宽度控制在容许范围内（部分预应力）。这样，就可克服钢筋混凝土的不足，改善结构性能，获得经济效益。随着预应力技术和高强材料的出现，也由于新型结构体系以及先进施工方法（如悬臂施工法）的发展，预应力混凝土的理论与实践在桥梁工程中得到了充分体现（见第五章和第八章）。

钢结构工程 钢结构（steel structure）是钢构件和连接件形成的组合体。在桥梁工程中，桥跨结构是应用钢结构最多的部分，通常采用实腹梁（如钢板梁，钢箱梁），或桁架梁。结构的主要构件常采用 I 形、H 形和箱形截面，次要构件也可采用槽形或 T 形截面。构件的原材料是钢厂轧制的钢板和型钢。通常，需要对这些原材料在工厂内进行加工组合以形成构件，然后在工地进行安装以形成结构。构件之间的连接方式有销接（销钉连接）、铆接（铆钉连接）、焊接（电焊连接）和栓接（高强度螺栓连接）等类。目前常用的是后两种。与钢结构工程紧密相关的是材料焊接技术以及材料的疲劳和断裂问题（见第六章）。

组合结构工程 组合结构（composite structure）是指其主体结构的同一截面或各杆件由两种（或两种以上的）材料分别制作并连接形成的结构。组合结构桥梁，则主要指钢与混凝土两种材料制作并连接形成的、共同承受荷载的桥梁结构。组合结构的主要特点是：不同材料的特性不因组合而改变，但组合结构的力学行为却与单一材料形成的结构者不同。构造出合理的组合结构（需重点考虑不同材料构件之间的连接），可有效发挥各自材料的长处，从而改善结构的受力性能、经济效益和施工便易性。桥梁工程中常用的组合结构主要有：钢板梁或开口钢箱梁与混凝土桥面板组合的梁桥，波纹钢腹板或钢构件与混凝土顶、底板组成的梁桥，钢桁架与混凝土桥面板组成的组合桁梁桥、钢管混凝土或型钢混凝土拱桥等。近年来，混合梁、混合塔柱等多种组合结构也逐步得到应用（见第六章）。

基础工程 基础工程（foundation works）与桥梁下部结构有关。在桥梁工程中，常用的基础结构有扩大基础、桩、管柱、沉井等，常用的施工方法有明挖、钻挖、打入、筑岛、围堰等。某种基础的名称常反映出基础主体结构和施工方法的特征，如明挖扩大基础、打入桩、围堰管柱、筑岛沉井等。明挖扩大基础又称为浅置基础，常用于小桥涵、引桥、附属结构或大、中桥中地质适宜的墩台，其设计施工较为简单。其余的基础结构多用于深水或地质不良的墩台基础，设计施工较为复杂。基础工程的设计与施工较多地牵涉到水力学、水文学、地质学和岩土力学等知识，也较多地受到现场情况和不定因素的影响。因此，除计算工作外，依靠基本理论知识，结合实际情况做出合理的推断，也是十分重要的（见第七章）。

铁道、公路工程 桥梁是线路（铁路、公路）的一个重要组成部分，是为线路服务的。因此，线路设计的技术条件会影响到桥梁设计，对此应当有足够的认识。关于这方面的知识，读者可参阅其他有关书籍。

除上述基础知识和应用学科外，桥梁工程还需用到其他基础或专业知识，如工程制图学、测量学、工程机械等，在此不一一论述。

三、桥梁技术规范、工作细则和常用手册

在桥梁的设计、施工中，必须以现行的技术规范为依据；对某些单项或技术复杂的工作，应该遵照有关工作细则进行；借助于常用手册，可使设计、施工工作更为方便和快捷。

以科学的工程知识和成熟的工程经验为基础，全面系统地汇集整理有关桥梁设计、施工、养护的技术要求，形成统一的标准规定，并以此作为桥梁各项工作必须遵循的准则，这种成册的准则条文，就称之为桥梁技术规范（specifications，standard）。在设计方面，就是桥梁设计规范（见第十章）。桥梁技术规范的制订需由工程建设部门主持，并服从国家经济发展政策的宏观指导。为满足桥梁工程技术的发展需要，每隔若干年，应当由主管部门组织对规范进行修订。在特殊情况下需要增补或变动规范条文时，应具备充足的理论和试验依据，报请主管部门审批后，方能生效。

对内容广泛或技术复杂而在规范条文中不便一一纳入的技术文件，通常采用工作细则（regulation，rule，guide）的形式加以补充。例如，设计文件、施工组织和预算的编制方法，混凝土作业、钢结构制造、钢梁安装等施工技术规程，测量、地质钻探工作细则，质量评定验收标准等。在开展相应工作时，应视这些细则与技术规范具有同等效力，必须遵照执行。

为了工作上的方便，汇集与桥梁设计有关的原始资料、规范条款、应用公式、参考数据、计算方法、参数图表、工程实例、施工组织的各项定额、主要机具材料的规格性能等，编成手册（manual，handbook），如桥梁设计通用资料、桥梁施工手册等。这样，可以迅速查解经常遇到的技术问题，提高工作效率。常用手册应是桥梁工程师随时利用的工具。

第二节　桥梁立面、断面和平面布置

一、桥梁立面布置

桥梁立面（elevation）布置包括确定桥梁总长、桥梁孔径布置、桥面高程与桥下净空、桥上及桥头的纵坡设置等。

桥梁的总长一般根据桥渡水文计算确定。一方面，桥梁墩台和桥头路堤会侵入并压缩河床，使桥下过水断面减小，水流流速加大，引起河床冲刷（scouring），因此，桥梁总长必须保证桥下有足够的过洪面积，以避免或减小桥梁墩台基础受到过大的冲刷；另一方面，也不能因为冲刷而过度增加桥梁总长，导致工程投资增大。在确定桥梁总长时，既要依据计算结果，也要结合基础类型、埋置深度等因素来考虑。例如，对于深置基础，可允许有较大冲刷，这样，就可适当压缩桥下过洪面积，以缩短桥梁总长。

在桥梁总长确定后，还需进行孔径布置。对于一座较大规模的桥梁，其孔径布置既与经济、技术、结构体系和桥式等有关，也与通航要求、地形地质以及水文情况有关。往往需要反复细致的比较，才能确定出相对理想的方案。

桥梁的孔径布置与造价有关。通常，跨径越大，孔数和桥墩数量越少，上部结构的造价就越高，施工难度就越大，而下部结构的造价就可适当降低。一般认为，经济的孔径布置就是使上部结构与下部结构的造价相近，这样的跨径称为经济跨径。这样，在桥墩较高或地质不良，基础工程较复杂而造价较高时，桥梁跨径可选得大一些；反之，跨径就可选得小一些。

在采用某种结构体系（如连续梁、连续刚构、斜拉桥）时，为了结构受力合理和用材经济，分跨时要考虑合理的边跨（side span）与中跨（主跨）的比例。在有些情况下，为避免在河中搭设膺架或修建临时墩，可加大跨径，并配合悬臂法施工。在山区或峡谷地区建桥时，多采用大跨径桥梁跨越河流深谷，以避免建造过多的高桥墩。在可能发生泥石流的山区隘口以及在冬季可能产生冰坝、水塞的河湾等处，应使桥梁墩台的布置避开地质险恶区段。

通航河流上的桥梁，当通航净宽大于经济跨径时，通常将通航桥孔的跨径按通航净宽来确定，其余的孔径则可参照经济跨径选用。对于变迁性河流或一个通航桥孔不能满足通航能力或要求的情况，则需要设置若干个通航桥孔。注意在设置通航桥孔的跨度时，需要考虑可能的船舶撞击的影响。

总之，桥梁的孔径布置问题较为复杂。实际采用的孔径，应从经济合理和技术可行等方面综合考虑，合理选择出满足通航、泄洪、地质、环境等要求的孔径布置。由于技术和经济方面的限制，不宜选择过长的跨径（以及过深的基础），这样会导致投资过高、施工困难以及工期过长。那些为追求“第一”而刻意加大跨度的做法，是不可取的。

一般，在线路纵断面（profile）设计中，已初步确定出各桥位处的桥面高程。对大型桥梁，往往可调整线路的局部设计来适应桥梁设计；此时，可根据桥位处的洪水水位、通航净空、结构建筑高度等来确定桥面高程。

非通航桥梁的桥下净空，应根据河流的特征及具体情况确定。其尺寸应能保证洪水、流冰、泥石流、漂流物等顺利通过，避免或减小壅水及冲刷的危害，以及确保桥梁附近路堤稳定。一般，梁底应高出设计洪水水位 0.5 m 以上，支座底面应高出设计洪水水位 0.25 m 以上，见图 2.1 左跨。具体规定可查阅桥梁设计规范中的有关条款。

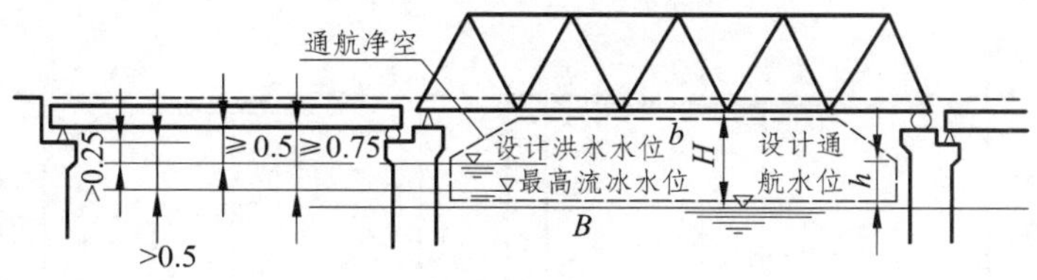

图 2.1　桥梁纵断面（单位：m）

对于通航桥梁，通航孔内自设计通航水位至桥跨结构下缘的高差 H 以及两桥墩之间的宽度 B 应满足通航净空（navigation clearance）的要求，见图 2.1 右跨。桥梁结构的任何部件和附属设备不允许侵入通航净空内。通航净空的尺寸要求与航道等级、驳船吨位、船型尺度、船队尺度以及航道、河流类型等有关，设计时应按国家标准《内河通航标准》（GB50139）和《通航海轮桥梁通航标准》（JTJ311）的规定办理。

对跨越公路或铁路的桥梁，其桥下净空应能满足所跨越线路的通行要求。

在某些情况下，如桥梁跨越平原地区的通航河流时，需要把桥面抬高，设置在坡道上。对公路桥，其桥面纵坡（grade of deck）不宜大于 4%，桥头引道纵坡不宜大于 5%；位于市镇混合交通繁忙处的桥梁，其桥面纵坡和桥头引道纵坡均不得大于 3%；当桥面线形为曲线（竖曲线或缓和曲线）时，其各项技术指标应符合线路布设的规定。

对明桥面和无砟桥面（见第四章）的铁路桥，一般应设在平道上；对跨度大于 40 m 或桥长大于 100 m 的情况，其纵坡不宜超过 4‰；也不应在桥上设置竖向曲线。道砟桥面的桥可设置在线路坡道上，其最大坡度与铁路等级、列车牵引动力类型有关，一般不大于 30‰；对高铁区间正线内的桥梁，其纵坡一般不大于 20‰。

二、桥梁断面布置

桥梁断面（section）布置包括桥面净空、桥面宽度、行车道宽度、机动车道布置和人行道、自行车道布置等。

桥面净空（clearance）应符合公路或铁路建筑限界的要求。建筑限界指为保证车辆安全通行，在与线路中心线垂直的横断面上，在路面（轨面）以上的一定宽度和高度范围内，不允许有任何设施及障碍物侵入的最小尺寸。图 2.2 表示各级公路桥梁的建筑限界，图 2.3 表示常规干线铁路桥梁的建筑限界。为适应高速铁路的行车要求，图 2.3 的建筑限界尺寸有所调整（单线宽度基本相同，而高度和线间距有所增加）；有关规定可参阅《高速铁路设计规范（试行）》（TB10621—2009）。

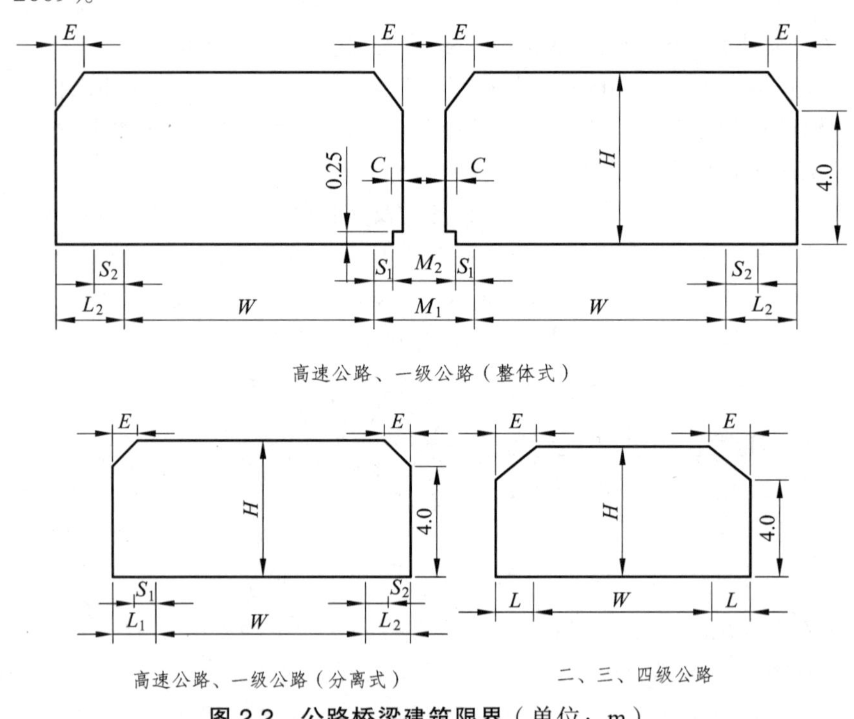

图 2.2 公路桥梁建筑限界（单位：m）

W—行车道宽度，为车道数乘以车道宽度，并计入所设置的加（减）车道、紧急停车道等的宽度；车道宽度与设计（行车）速度有关，见表 2.1；*C*—当设计速度 > 100 km/h 时为 0.5 m，设计速度 ≤ 100 km/h 时为 0.25 m；设计速度与公路等级有关，见表 2.1；S_1—行车道左侧路缘带宽度，按表 2.1 取值；S_2—行车道右侧路缘带宽度，取为 0.5 m；M_1，M_2—分别为中间带及中央分隔带宽度，按表 2.1 取值；*E*—建筑限界顶角宽度，当 $L \leq 1$ m 时，$E = L$；当 $L > 1$ m 时，$E = 1$ m；*H*—净高，高速公路和一、二级公路为 5.0 m，三、四级公路为 4.5 m；L_1，L_2—分别为左侧、右侧路肩宽度，按表 2.1 取值；*L*—侧向宽度，高速公路、一级公路的侧向宽度为路肩宽度（L_1、L_2），二、三、四级公路的侧向宽度为其相应的路肩宽度减去 0.25 m。

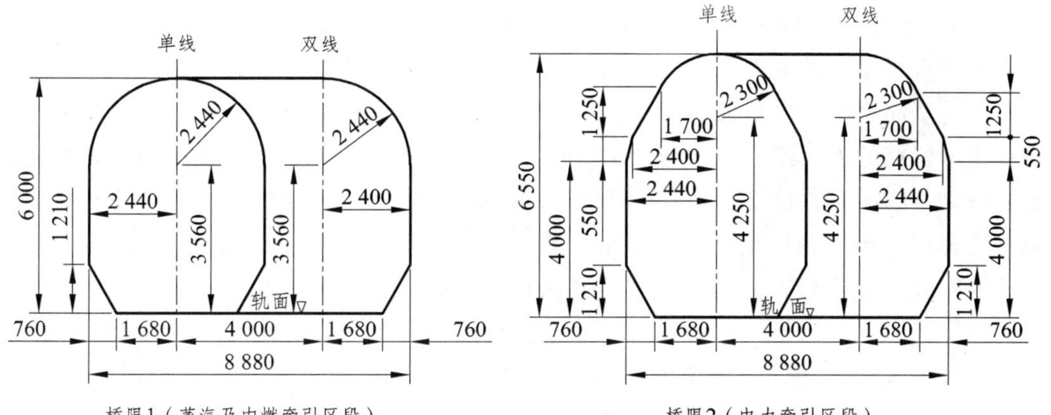

桥限1（蒸汽及内燃牵引区段）　　　　桥限2（电力牵引区段）

图 2.3　铁路桥梁建筑限界（单位：mm）

表 2.1　公路等级、设计速度、车道宽度及路肩、路缘宽度（单位：见图 2.2 说明）

公路等级	高速公路			一级公路			二级公路		三级公路		四级公路
设计速度	120	100	80	100	80	60	80	60	40	30	20
车道宽度	3.75	3.75	3.75	3.75	3.75	3.50	3.50	3.50	3.50	3.50	3.00
L_1	1.25	1.00	0.75	1.00	0.75	0.75					
L_2	3.50 (3.00)	3.00 (2.50)	2.50 (1.50)	3.00 (2.50)	2.50 (1.50)	2.50 (1.50)	1.50 (0.75)	0.75 (0.25)			
M_2	3.00 (2.00)	2.00	2.00 (1.00)	2.00	2.00 (1.00)	2.00 (1.00)	2.00 (1.00)	2.00 (1.00)			
M_1	4.50 (3.50)	3.50 (3.00)	3.00 (2.00)	3.50 (3.00)	3.00 (2.00)	3.00 (2.00)	3.00 (2.00)	3.00 (2.00)			
S_1	0.75	0.75 (0.50)	0.50	0.75 (0.50)	0.50	0.50	0.50	0.50			

注：① 当受地形条件及其他特殊情况限制时，可采用括号内的数值；
② 对设计速度为 20 km/h 的单车道四级公路，车道宽度取 3.5 m。

从表 2.1 可以看出公路等级、设计速度和车道宽度（一条）的关系。一座桥的总的行车道（lane）宽度是车道宽度与车道数的乘积，而桥面宽度的确定，还需在行车道宽度的基础上，根据实际情况考虑分隔带宽度、非机动车道宽度等。铁路桥梁的桥面宽度主要依据建筑限界的要求和线数（单线、双线或多线）决定。例如，对单线道砟桥面的干线铁路桥，要求道砟槽顶面外缘宽不小于 3.9 m。

在弯道上的公路桥，应按线路要求加宽弯道内侧并在弯道外侧设置超高。对铁路桥，通常采用调整道砟或底座混凝土板厚度的办法处理（见第四章）。

对公铁两用桥，可结合结构选型，把公路、铁路行车道分别布置在上、下两平面内或同一平面内。

高速公路上的桥梁应设检修道，不宜设人行道。一般公路桥上人行道和自行车道的设置，应根据需要而定，并与前后线路上的设置协调。人行道的宽度为 0.75 m 或 1.0 m；当大于

1.0 m 时按 0.50 m 的级差增加。一条自行车道的宽度为 1.0 m；当单独设置自行车道时，不宜小于两条自行车道的宽度。非机动车道与行车道之间，应设护栏等分隔装置。

对干线铁路桥梁，明桥面应根据养护需要设置单侧或双侧带栏杆的人行道，道砟桥面应设置双侧带栏杆的人行道。市区内的铁路桥梁，可根据人行交通需求设置专门的人行道。直线上的桥梁，自线路中心至人行道栏杆内侧的净距，对小桥为 2.45 m，对大、中桥为 3.00 m；曲线上的桥梁，该净距应根据限界要求加宽。另外，沿桥梁全长每隔 30 m 左右，应在人行道栏杆外侧设置避车台一处。在考虑养路机械化的特大桥上，应每隔 50 m 左右加大一处避车台，兼作停放养路机械的平台。对高速铁路桥梁，人行检修通道宽 1 m，其内侧距车辆壁的间距（称为风压带跨度）不小于 1.2 m，同时将人行道直接布置在主梁顶板边缘而不采用图 4.23 所示的在主梁外侧加托架的方式。

为便于排水，桥面还需设置横坡，详见第四章。

三、桥梁平面布置

桥梁的平面（plan）布置与线路和河道（或其他线路）两者的相交情况有关，还受到桥址处地形地物的制约。通常的布置方式有正交、斜交、单向曲线和反向曲线等几种，见图 2.4。

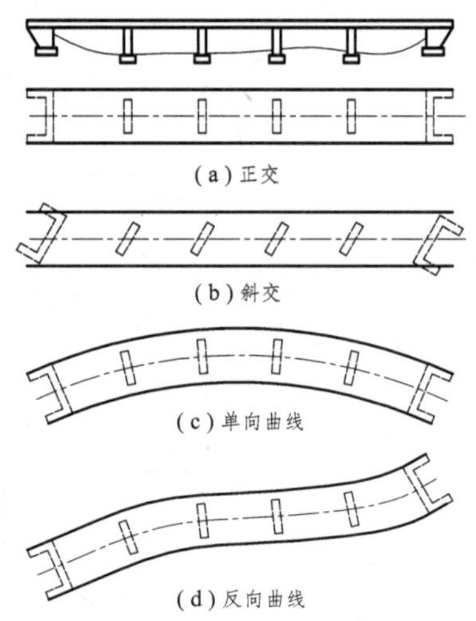

图 2.4　常见平面布置形式

正交桥最为常见，桥梁构造也相对简单，绝大多数桥梁（尤其是大跨度桥梁）的平面布置均采用正交。当桥梁纵轴线方向与河道主流流向不能正交时，需采用斜交方式布置，其斜度（指桥梁纵轴线与表示桥梁正向布置的轴线之间的夹角）一般不大于 45°，在通航河流上不宜大于 5°。

当受到地形限制时，可把桥梁设置在曲线上（多孔跨度不大的直梁布置成折线状，让桥面满足曲线要求）或直接建造弯梁桥（结构本身在平面呈曲线状）。曲线形状多为单向圆曲线和缓和曲线，较少用反向曲线。曲线桥的墩台布置通常沿曲线按径向排列，曲线半径的取值（与车辆的设计行车速度有关）也应符合有关规定。例如，对于平原微丘的一级公路，桥梁曲线半径一般不小于 700 m；对 I 级铁路干线，桥梁最小曲线半径为 400 m。对行车速度在 250 ~ 350 km/h 之间的高铁桥梁，其平面曲线半径通常在 8 000m 左右，最大不超过 12 000 m。

第三节　桥梁设计与建设程序

一、基本内容及程序

大型桥梁的设计工作可分为前期规划与三阶段设计两部分。前期规划工作包括：调研相关资料和信息，开展预可行性研究，提出初步的研究报告或项目建议书；在项目建议书批复后，编制翔实的可行性研究报告，为设计任务书的编制提供重要依据。后续的三阶段设计，包括初步设计、技术设计与施工设计（也称施工图设计）。对常规桥梁，通常采取两阶段（初步设计、施工设计）设计。各个设计阶段都有各自需要包含的内容和深度，以及要达到的目的和需解决的问题。可行性研究报告或设计文件完成后的审批由相关主管部门（建设单位或业主）办理。批准后的文件就是开展下一阶段工作的依据。

桥梁的建设程序包括以下几个阶段：审批项目建议书进行工程立项，审批可行性研究报告确定设计任务书，在初步设计基础上形成招标文件并逐次进行工程设计、施工、监理招标，工程施工等。

设计工作与建设程序所包含的内容及其相互关系，见图 2.5 示意。

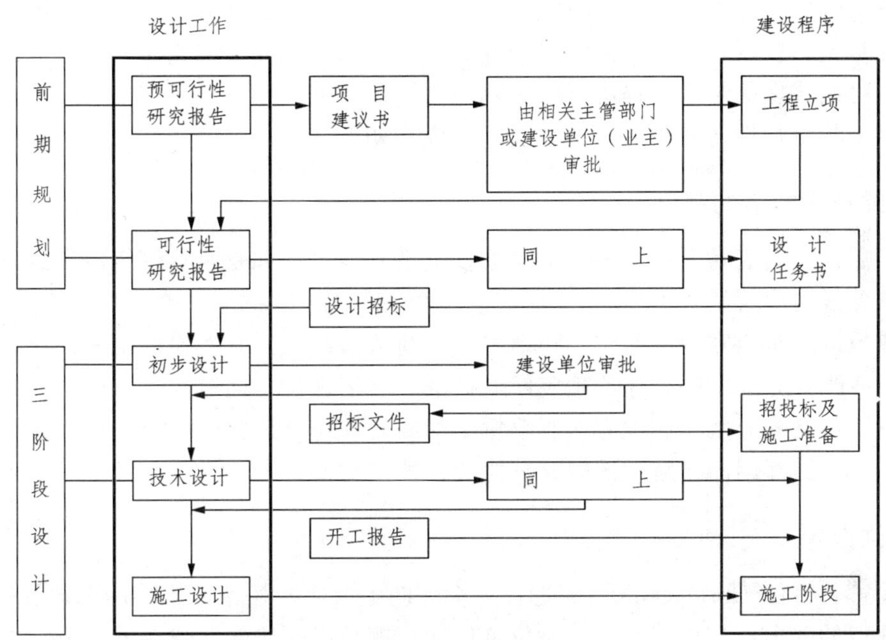

图 2.5　桥梁建设的基本程序示意

现就可行性研究、初步设计、技术设计与施工设计分别说明如下。

二、可行性研究

桥梁建设的前期规划包括预可行性研究与可行性研究（feasibility study）。两者包含的内容及目的是基本一致的，只是研究的深度不同。这部分工作有时也称为桥梁规划设计。预可行性研究是在工程可行的基础上，主要分析工程必要性和合理性，提供立项和投资的决策依据；可行性研究则是在预可行性研究报告得到审批后，着重研究工程上和投资上的可行性。前期规划工作的重点在于论证建桥的必要性和可行性，并确定建桥的地点、规模、标准、投资大小、风险控制等一系列宏观和重大的问题，为项目的科学决策提供依据，避免盲目性及其带来的不良后果。

预可行性研究与可行性研究的对象、收集资料的详细程度以及研究内容的深度有所不同。有些情况下，预可行性研究与可行性研究工作可以合二为一。

桥梁的必要性主要论证是否需要建桥的问题，评估拟修建的桥梁项目在促进区域经济和陆地交通发展中的作用。桥梁是交通土建工程的一部分，有铁路桥、公路桥、城市桥之分，对应的评估方法也有所不同。铁路桥梁一般从属于路网规划，其是以沿线地区经济活动所产生的在近期、远期可能的运量为研究对象。因此，铁路桥本身一般不作单独的必要性研究。公路桥梁有的从属于国家规划干线，有的则从属于区域公路，这些桥梁是否应该修建或何时修建，与公路建设的规划有关，但都是以车辆流量大小为研究对象。城市桥梁则需服从城市交通建设的总体规划，也是以可能通过桥梁的车流量作为决策指标。

桥梁的可行性论证包括工程可行性和经济可行性两部分。工程可行性需要基本确定桥梁设计标准、桥位、桥式等技术问题，而经济可行性则需解决工程投资、资金筹措及偿还等问题。一座桥梁的可行性论证涉及的因素很多，包括区域社会经济分析，交通发展预测，建设方案，工程实施，投资与融资，环境影响等等。只有通过充分的调查研究，通过全面的权衡分析，才能得出合理的结论，提出符合实际的设计任务书。

下面就工程可行性研究中的一些主要问题说明如下。

1. 桥梁技术标准的制订

首先，需调查研究桥上可能通行的交通种类及其要求（如是否有等级以外的特殊荷载，桥上是否需铺设附属管线等），预测交通流量和今后可能发生的增长率，由此确定线路等级、需要的车道数或行车道宽度，非机动车道宽度、荷载等级等。其次要确定容许行车速度、桥梁纵坡和曲线半径等。此外，还要确定航运标准、航运水位、通航净空、船舶吨位以及要求的航道数量及位置等。航运标准直接影响桥梁的高度和跨度设计，是影响桥梁建设规模的主要因素之一。设计部门需与航运部门充分协商，慎重对待。

2. 桥位选择

一般而言，桥位（bridge site）的选择在大方向上应服从桥梁所连接的两端线路的走向，服从路网规划的要求；在小范围内，桥位可作适当挪动以便比较。建在城市范围内的桥梁，其桥位应满足城市道路总体规划的要求。从线路的观点来看，既要降低桥梁的建筑和养护费用，也要避免或减少因车辆绕道而增加的投资和运输费用；而从桥梁的观点出发，应尽可能把桥位选择在河道顺直、河槽固定、水流平稳、河面较窄、地质良好、河床冲淤变化较小、可基本正交跨越的河段，以降低造价、提高桥梁结构的安全性和稳定性。因此，对重要的或在经济上影响较大的桥梁，其桥位选择应通过路桥综合比较后决定。

除路桥比较外，在确定桥位时，还需要对其他因素（如通航条件、地质条件、水文情况、气候条件、建桥与周边环境的关系等）进行比较。一般需提交 2 ~ 3 个桥位，以便进行多方面的综合比较，从中选择出合理桥位。

3. 桥式方案比较

一般情况下，桥式方案比较的目的，在于评估各方案的技术可行性，特别是桥梁基础工程的可行性。为此，应该采取相对比较成熟的方案以提高评估的可信性。在编制桥式方案时，当根据水文、地质及航运条件，研究正桥、引桥的长度及跨度，并以各种结构型式及不同材料的上部结构进行同等深度的比较，并提供各个方案的建造方法和工程材料用量等。以工程量适度、技术先进并且可行的方案作为一个桥位的桥式参选方案。

近十多年来，随着社会的进步发展，桥梁设计理念也在逐步发生变化。这些变化，反映到桥式方案上，主要表现为上部结构方案的确定。对一些位于城市、景区、特殊桥位处的桥梁，所提出的方案除技术可行性以外，还需要更多地考虑桥梁的美学定位，考虑自然环境、社会环境对桥梁美观的要求。

4. 调查工作

上述几项工作应在实地勘测调查的基础上进行，包括：

（1）地形测量

为调查自然条件及周围环境而进行的勘测工作称为草测。一般需要根据 1/10 000 地形图，进行图上定线，在实地桥位两岸设点，用测距仪测得跨河距离加以校正，并进行现场核查。

（2）地质勘探

本阶段的地质工作以收集资料为主，辅以在两岸适当布置钻孔进行验证。要探明覆盖层的性质、岩面高低、岩性及构造，有无大的构造、断层。并从地质角度对各桥位做出初步评价。

（3）水文资料

为确定桥梁的建筑高度、跨径、基础埋置深度等，需要调查和测量河流的水文情况，包括：设计流量，历史最高、最低水位，百年一遇洪水位，常水位情况及流速等资料。在提供这些资料时，要考虑上下游是否有水库及拟建水库的影响。要通过资料或试验，论证河道是否稳定，主河槽的摆动范围，以及桥梁建成后对河段上下游产生的影响（如建桥后形成的壅水是否影响上游防汛水位，上游流速减小是否形成淤积等）。对这些问题，必要时应通过水工模型试验加以论证。

此外，结合桥位，还要对一些特殊水文条件进行研究，如涌潮河段的涌潮问题，沿海地区的潮汐问题，近海环境中的海浪、风暴潮、海雾、海冰等。

（4）外部条件

调查、了解其他与建桥有关的情况，包括：当地的砂、石料、水、电力等的供应情况，当地及附近的运输条件，施工场地的确定及征用（桥头附近是否有足够的施工场地，是否占用农田、有无需拆迁的建筑物），有无文物、古迹或不能拆迁的建筑物，桥梁高度是否在机场航空净空范围以内；附近有无码头、过江电缆、航运锚地等。以上均属要调查清楚的外部条件。对涉及的问题都必须妥善加以处理。

三、初步设计

在桥梁可行性研究报告的基础上，经建设主管部门审查通过，就可确定一座桥梁工程的建设项目并编制设计任务书。建设单位可采用招标或委托设计的方式进行桥梁的初步设计（preliminary design）。设计任务书是进行初步设计的依据。在初步设计阶段，设计单位应根据设计任务书中所确定的桥位、荷载等级、各项技术要求（如桥宽、桥梁建筑高度、通航净空等），按照桥梁设计原则，进行桥梁的方案设计，包括拟定结构型式（桥式、体系、跨度等）及其主要构造尺寸，提出施工方案，估算经济指标（如工程概算、主要建筑材料数量）等。对委托设计情况，被委托方应提交 2 ~ 3 个桥式方案以供比选，并提出推荐方案。对各投标单位的方案设计，需通过由建设单位组织的评审委员会进行评比，中标方案的设计单位可承担后续技术设计和施工设计工作。

初步设计的目的是在设计任务书的技术范围内提交一份建桥项目设计比选文件。通过初步设计，完成以下内容：

① 说明本桥梁工程的特点和要求；

② 提出若干可行的比较方案；

③ 分析各方案所需的费用、工期、技术措施等；

④ 推荐准备采用的较好方案。

初步设计的内容包括：

① 设计任务的来源和要求；

② 桥址处自然条件的基本资料；

③ 技术条件的选定；

④ 桥位方案的比选，上下部结构方案的分析、比较和确定；

⑤ 推荐方案及其理由；

⑥ 推荐方案的指导性施工组织，包括施工方法、进度安排、场地布置、主要机具、材料和劳力配置等；

⑦ 工程概算。

现就桥式方案、水文和勘测工作、工程概算说明如下。

初步设计的重点是在桥式方案和结构总体构思方面。各方案均要求提供桥式布置图（bridge layout），标明桥跨布置，高程布置，上下部结构型式及工程数量。对推荐方案，还要提供上、下部结构的结构布置图，以及一些主要的及特殊部位的细节处理图。各类结构都需经过验算并提出可行的施工方案。

在确定桥式方案时，需对桥梁平面、立面和断面的具体布置以及它们之间的关系进行反复、交互地研究和调整。

1. 平面布置

根据桥址地形平面图，可试定正桥的桥轴线位置。然后在轴线上，研究河岸及堤防情况，拟订两岸边墩（台）位置并布置其他桥墩。进一步，结合通航情况和河床情况，判断各墩位是否满足通航要求；结合地质剖面图，研究各墩位的岩面情况和附近岩层构造；结合水文资料和计算，研究各墩位处的水深、流速、流向等。综合以上情况，就可大致确定上下部结构类型、桥墩处的阻水和冲淤情况、基础类型及其大致的埋置深度等。

结合线路方向、两岸地形和立面布置，可以试选引桥轴线的走向、弯道和坡度。从岸边墩（台）的路面高程，用适当的引桥长和分界点与桥台连接，然后用填土路堤引道，降落到地面附近，与线路连接。

2. 立面布置

从平面轴线布置，结合地形图、地质剖面图、水位高程、计算冲刷线和已确定的上、下部结构，可以绘成沿轴线的桥梁立面图（elevation view）。在立面图上，能够进行上、下部结构和基础的轮廓设计，初步验算桥墩及基础的强度和稳定性；对构造、地质层次、河床、水深、两岸地形和坡道长度、桥面高程、桥下净空等，均可定出较为准确的尺寸和数字；并显示出全桥的结构概貌和轮廓造型。

3. 断面布置

沿桥轴线各关键处，结合选定的结构类型、地形、地质横断面、水位高程和冲淤计算等，可以做出桥梁的断面布置图，显示出上部结构的横断面构造、桥面及桥面净空尺寸、墩台顺流向的轮廓设计（经验算后可确定墩台、基础的全部尺寸）。断面布置表达了桥梁的完整构造，是桥梁立面图的重要补充。

当三个面的布置都能互相配合，满足技术要求时，桥式方案就能成立。

推荐方案必须是经过比选后得出的，要经得起反复推敲。所采用的桥式和跨度必须建立在调查研究和科学合理的基础上，切忌先入为主，或屈从某种主观意志的支配。要防止和反对那种脱离实际、好大喜功、奢侈浪费（不算经济账）、盲目追求跨度第一或造型怪异的浮夸作风。

在桥式方案中首先要慎重确定桥梁跨度，特别是主跨的跨度。采用大跨度对通航有利，也可减少费力费时的基础工程量。但在桥长相同时，大跨度较小跨度造价高、工期长（因较小的跨度可以采用多点施工、平行作业的措施）。通航桥跨应与航道相适应，要能覆盖各种水位时航道可能出现的变化。例如，西陵长江大桥位于三峡大坝下游前沿，在大坝施工期间，要历经三次河道改道。因此，所采用的桥式方案（图 2.6）均采用一跨过江的方案。经比选，第 2 和第 3 方案的桥墩布置对河道通航均有所干扰，最后决定采用跨度更大的第 1 方案。

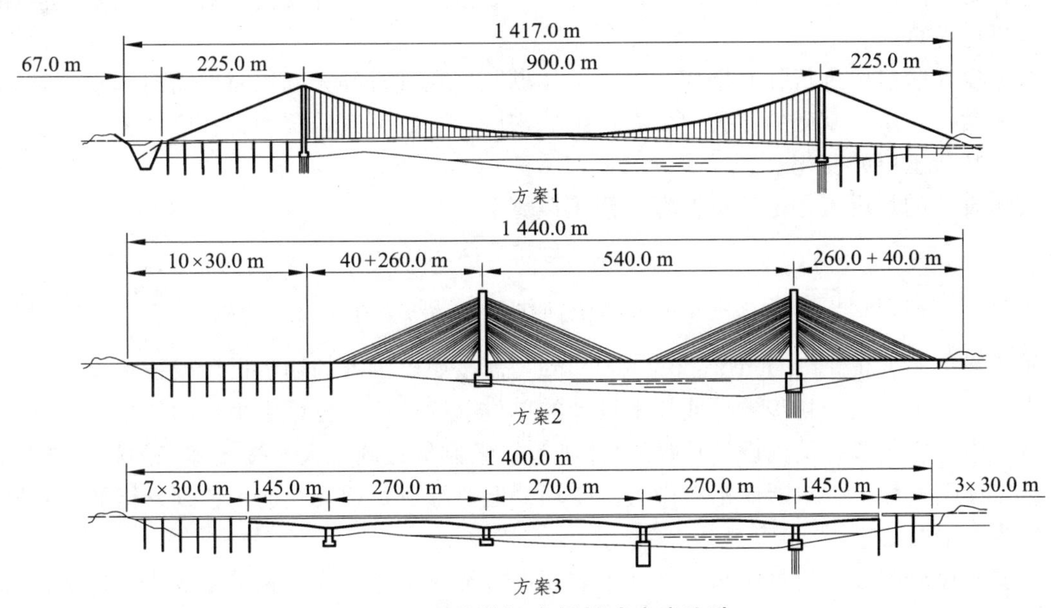

图 2.6　西陵长江大桥桥式方案比选

在初步设计阶段还要进一步开展水文和勘测工作。通过水文工作，提供基础设计、施工所需要的水文资料，如施工期间各月可能的高、低水位和相应的流速，河床可能的最大冲刷和施工时可能的冲刷等。

在初步设计阶段进行的勘测工作称为“初勘”。在初勘中要求建立以桥位中心线为轴线的控制三角网，提供桥址范围内 1/2 000 地形图。勘探工作一般在桥轴线上的陆地及水上布置必要的钻孔。必要时还要在桥轴线的上下游也适当布置一些钻孔，以便能控制住岩层构造情况及其变化。根据钻探取得的资料，确定岩性、强度及基岩风化程度，覆盖层的物理、力学指标，以及地下水位情况等。

根据工程量、施工组织设计以及标准定额编列工程概算。各个桥式方案都要编列相应的概算，以便进行不同方案工程费用的比较。一般，初步设计概算不宜大于前期工作已批准的“估算”的 10%。

另外，在主管部门审批初步设计文件时，如对推荐方案提出修改意见，则需根据审批意见，再行编制“修改初步设计”报送上级审批。

四、技术设计

技术设计（technical design）需按照已批准的初步设计进行。对常规桥梁，通常不需要进行技术设计而直接进行施工设计；对新型、复杂、重要、大型的桥梁结构，需要对初步设计进行细化，以便发现可能存在的问题，进一步优化设计。技术设计阶段的主要内容是基于结构分析和设计，对选定的桥式方案中的各个结构总体的、细部的技术问题作进一步研究解决，提供详尽的结构设计图纸，包括结构断面、配筋、构造细节处理、材料清单及工程量等。

在结构分析中，需要借助专门的桥梁分析软件，针对桥梁在施工及运营阶段的不同工况，详细分析结构的静动力行为；在结构设计中，需要按照现行设计规范，对结构的安全性和适用性等进行检算。

技术设计阶段要进行补充勘探（简称“技勘”）。在进行补充勘探时，需对各水中基础布置必要的钻孔；岸上基础的钻孔也要有一定的密度；基础下到岩层的钻孔应加密；还要通过勘探充分判断土层的变化。

技术设计的最后工作是调整概算（修正概算）。

五、施工设计

施工设计（design for construction drawing）需按照已批准的初步设计或技术设计进行。施工设计一般由原编制初步设计或技术设计的单位继续进行，也可由中标的施工单位进行。施工设计内容主要包括结构设计计算(具体细节),绘制能让施工人员按图施工的施工详图等。绘制施工详图过程中，对断面不宜做大的变动，但对细节处理及配筋，特别是钢筋布置则允许作适当变动。

在施工设计阶段还要进一步根据施工需要进行补充钻探（称“施工钻探”），特别是对于重要的基础。对支承在岩层内的基础要探明岩面高程的变化。

根据施工设计资料，施工单位编制翔实的施工组织设计和工程预算。

在所有设计文件经上级主管部门审批后，即可着手实施桥梁建造的各项工作。

桥梁建成后，通常还需进行成桥荷载试验、质量检查验收及办理交接手续，由接收部门负责今后的桥梁通车运营和养护维修。至此，建桥工作始告完成。

第四节　桥梁建筑美学的基本观点

美学是研究艺术领域（如工艺美术、雕塑、绘画、音乐、戏剧、建筑等）里一般规律的一个专门学科。建筑美学是其中的一种。桥梁是许多建筑种类之一，其建筑既遵循建筑美学的一般规律，也具有它自身的特殊性。

土木工程建筑的普遍特征是具有实用功能、形体庞大、位置固定、少有雷同。桥梁不但具有土木工程建筑的普遍特征，而且还具有其自身特点，主要表现在：① 跨越障碍和承受交通荷载；② 开放性（不封闭）与公平性（无歧视）；③直观性（少修饰，不隐藏）。这些特点决定了桥梁在社会生产生活中的重要地位，决定了其建筑美学处理手段的特殊性，也激发出大众关注和欣赏桥梁的热情。

一座桥梁，尤其是大桥，有实用和观赏两方面功能。从满足使用功能的角度而言，桥梁是工程结构物；但从观赏功能的角度而言，它可视为一件建筑作品。一座工程浩大、造型优美、雄伟壮观的桥梁，既显示出一个国家的先进设计技术与生产工艺水平，更反映出时代精神和当代人们的创造力。

结构的造型和美学处理时常会对桥梁建筑的成败起到关键的作用。因此，桥梁工作者十分有必要了解和掌握桥梁建筑艺术的基本原则和美学观点。本节简要介绍桥梁美学的一些基本原则，详细内容可参阅有关专著。

结合桥梁建筑的特点，建筑美学的基本原则在桥梁工程中的应用，大致可归纳为以下几个方面。

（1）桥梁需与周围环境融合，成为环境整体中的一个协调部分

针对环境条件和桥梁规模，美学处理的方式和程度可有所不同。对特大桥梁，因其本身规模宏大，尺度和体量显著，自然会成为桥位处周边环境的主要景观，此时应当把桥梁本身视为环境主体进行美学处理。若桥梁的结构体量和尺度适中，需要通过与周边环境（尤其是建筑物）的对比，才能为表现出桥梁的独特性；因此，在条件许可时，可适当考虑结构造型。若桥梁规模较小，且当地环境景观业已形成，一般不宜再突出桥梁的造型。注意到因小型桥梁容易就近观察，故桥梁的构造细节及工艺往往更容易引人关注。较为普遍的情况是，采用适当的处理手段，使桥梁与周边自然和人文环境融为一体，自然和谐。

协调中也包含着对比。因此，材料的选择、表面的质感以及色彩的运用也较为重要。一般而言，可采用鲜明的手法，表达出桥梁的特色，突出或烘托桥梁主题的存在；大桥应注意线条轮廓，中桥可考虑结构造型，小桥则着重于质感。

（2）桥梁造型需比例适当，变化有序，匀称和谐

一般而言，符合自然环境条件和力学原理而布置的桥梁，它的结构造型是匀称和谐的。在这方面，可采用的处理手段较多。例如，利用主从与对称法则，在桥梁造型的安排上突出主跨部分以为“主”，边跨部分起衬托作用而为“从”，并以中轴向左右对称布置，达到桥梁造型主次分明、均衡稳重的美感。再比如，可利用统一法则来处理结构局部与整体的关系，避免各局部形成孤立、离散、自成体系的不协调现象。另外，对长桥，也需注意结构的秩序感和韵律感（指建筑体形中有组织的变化和有规律的重复），避免造型上的单调。

（3）桥梁造型应注意结构简洁，力线明快，线条流畅

在这方面，技术手段和美学效果可以得到较好的统一。合理的结构体系，既表达了力的自然传递，也会体现出美的造型。用结构外形正确表现作用力的传递关系，用连续和明暗搭配等手法增强和渲染结构的连续感，可使桥梁具有明快、有力、流畅的美感。那种不考虑环境因素、强调追求造型奇异的做法，往往会带来经济上的浪费和结构安全上的隐患。

（4）桥梁建筑处理应当表现清新雅洁的风格

风格是指设计构思所表现的具有特色或表明特征的建筑形态，是建筑物整体特点的表现，具有鲜明的时代性和民族性。在这方面，既要避免一味追求某种古典格调或民族特色，导致牵强堆砌的藻饰和不必要的投资；也要避免忽略建筑的艺术处理，导致结构的呆板粗陋，割裂了质感与美感的统一。因此，在风格处理上，需与时俱进，需因地制宜；同时，也要注重主体结构的主旋律与细部处理风格的和谐一致。当代桥梁的风格特点主要表现在：结构简洁，较少装饰；造型协调，表现跨越。

在桥梁建筑设计中，西方关于结构艺术（structural art）的概念，值得参考和借鉴。这种观点起源于 20 世纪 80 年代，认为某些工程结构可以归类为结构艺术，只要它们满足 3E 原则——效率（Efficiency）、经济（Economy）和优雅（Elegance）。这概念的一个关键部分是，结构艺术是结构工程师（非建筑师）依靠自身的创造力、好奇心和想象力，在工程要求所规定的限制范围内（包括对结构的安全性和适用性的限制），构造出的一个优雅的结构。

3E 原则的基本含义是：效率——使用最少材料，确保结构安全地执行其功能；经济——避免结构在设计、施工、使用和废弃全过程中的资金成本过高；优雅——基于工程因素驱动、表现工程创造力的结构造型美观。

思考题

一、列举土木工程结构的基本特性，试比较其与其他产品（如电子、机械等）的区别。

二、试述桥梁工程设计应该遵循的基本设计原则，分析各条原则之间的辩证关系。

三、概述建桥基本程序和过程。

四、简述桥梁建筑限界的含义。

五、为什么斜桥的斜交角不宜过大?

六、桥梁立面布置时，需对由不同材料组成的桥跨结构的跨度适用范围有所了解，例如，石料只适合于采用支架施工的中小跨度的拱桥。结合第一章内容，讨论各类钢筋混凝土（包括钢管混凝土）桥、预应力混凝土桥、结合梁桥和钢桥的适用跨度。

七、找几座你认为美的桥梁图片，尝试分析这些桥梁的美感是如何体现的。

八、桥梁设计中的研究对象（包括材料）、力学问题性质、可采用的数学手段以及分析方法之间有着密切关系，见下图所示。试任意选择Ⅰ、Ⅱ、Ⅲ、Ⅳ 轴上所列的一项或两项，分析其他轴上与之相关的项目。例如，研究连续梁的弹性行为，可采用有限元分析方法，其数学手段是线性代数、矩阵分析和计算机程序设计。

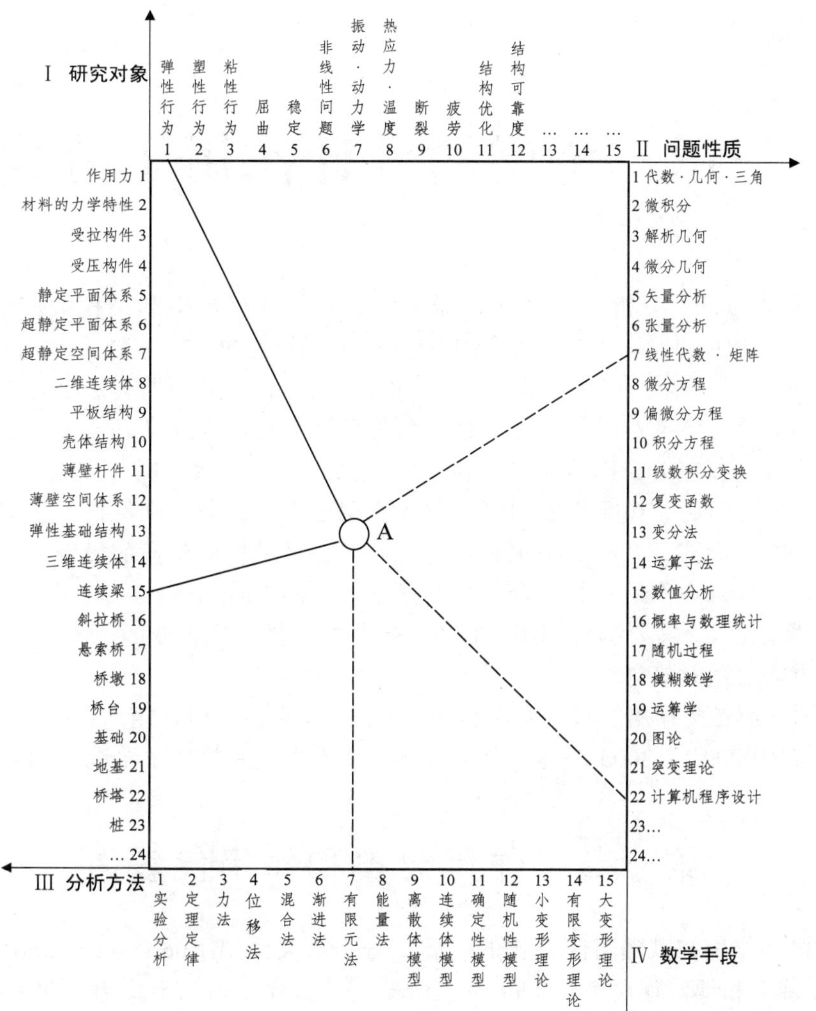

Ⅰ 研究对象
弹性行为 1
塑性行为 2
粘性行为 3
屈曲 4
稳定 5
非线性问题 6
振动·动力学 7
热应力·温度 8
断裂 9
疲劳 10
结构优化 11
结构可靠度 12
… 13
… 14
… 15
Ⅱ 问题性质
作用力 1
材料的力学特性 2
受拉构件 3
受压构件 4
静定平面体系 5
超静定平面体系 6
超静定空间体系 7
二维连续体 8
平板结构 9
壳体结构 10
薄壁杆件 11
薄壁空间体系 12
弹性基础结构 13
三维连续体 14
连续梁 15
斜拉桥 16
悬索桥 17
桥墩 18
桥台 19
基础 20
地基 21
桥塔 22
桩 23
… 24
1 代数·几何·三角
2 微积分
3 解析几何
4 微分几何
5 矢量分析
6 张量分析
7 线性代数·矩阵
8 微分方程
9 偏微分方程
10 积分方程
11 级数积分变换
12 复变函数
13 变分法
14 运算子法
15 数值分析
16 概率与数理统计
17 随机过程
18 模糊数学
19 运筹学
20 图论
21 突变理论
22 计算机程序设计
23…
24…
A
Ⅲ 分析方法
1 实验分析
2 定理定律
3 力法
4 位移法
5 混合法
6 渐进法
7 有限元法
8 能量法
9 离散体模型
10 连续体模型
11 确定性模型
12 随机性模型
13 小变形理论
14 有限变形理论
15 大变形理论
Ⅳ 数学手段

第三章　桥梁的设计作用（荷载）

在对桥梁结构进行分析计算之前，需要明确实际和可能引起结构响应的各种“作用”（action）。按其作用的性质，可把引起结构响应的作用分为两类：一类是直接施加于结构上的外力，如结构重力、车辆、人群等，称为“荷载”（load）；另一类不是以力的形式施加于结构，其产生的效果与结构本身的特性及结构所处环境等有关，如基础变位、混凝土收缩和徐变、温度变化等，习惯上也称其为“荷载”，但这种叫法并不确切，且容易引起误解。因此，目前倾向于将所有引起结构响应的因素统称为作用，而“荷载”则特指上述前一类作用。

作用的种类、形式、大小的确定是否得当，既关系到桥梁建设的投资，也关系到桥梁的安全。因此，合理确定作用及其组合，是桥梁设计中的重要一环。

为规范桥梁设计，需要制订作用的标准，但其并不是一成不变的。随着桥梁工程的发展，作用的标准也需要适时修订。

本章主要介绍各类作用的基本概念和计算方法，实际设计时作用的取值按《铁路桥涵设计基本规范》（TB10002.1—2005）[①] 和《公路桥涵设计通用规范》（JTG D60—2004）的规定办理。

第一节　作用分类和作用代表值

公路桥梁的作用按其随时间变化的性质，分为永久作用（permanent action）、可变作用（variable action）和偶然作用（accidental action）。永久作用习惯上称为恒载（dead load），是指在设计基准期内，其量值不随时间变化，或其变化与平均值相比可忽略不计的作用，如结构重力。可变作用是指在设计基准期内，其量值随时间变化，且其变化与平均值相比有不可忽略的作用，如汽车、人群荷载（习惯上称之为活载，live load）。偶然作用是指在设计基准期内不一定出现，但一旦出现，其值很大且持续时间很短的作用，如地震作用。

铁路桥梁习惯于按作用的性质和发生的几率来进行分类，将桥梁作用分为主力（对应于公路桥的永久作用和一部分可变作用）、附加力（对应于不包含在主力中的其他的可变作用）和特殊荷载（对应于偶然作用）。

我国公路、铁路桥梁的设计作用（荷载）种类分别见表 3.1 和表 3.2。比较两表，尽管公路、铁路规范对各种作用的种类有所不同，但基本上大同小异。需要注意的是，有些作用是设计铁路桥时所特有的，如列车横向摇摆力、牵引力等；有些作用仅在一本规范中列出，如公路规范中的支座摩阻力，但在按另一本规范设计桥梁时，可视情况加以采用。另外，在设计公铁两用桥时，目前的设计实践是：在铁路活载的基础上，增加公路活载的 75%；但对仅承受公路活载的构件，应计及全部公路活载。

① 其中仍以“荷载”统称各类“作用”。

表 3.1　公路桥梁作用分类表

编　号	作 用 分 类	作　用　名　称
1	永久作用	结构重力（包括结构附加重力）
2		预加力
3		土的重力
4		土侧压力
5		混凝土收缩及徐变作用
6		水的浮力
7		基础变位作用
8	可变作用	汽车荷载
9		汽车冲击力
10		汽车离心力
11		汽车引起的土侧压力
12		人群荷载
13		汽车制动力
14		风荷载
15		流水压力
16		冰压力
17		温度（均匀温度和梯度温度）作用
18		支座摩阻力
19	偶然作用	地震作用
20		船舶或漂流物的撞击作用
21		汽车撞击作用

表 3.2　铁路桥涵荷载分类表

编　号	荷 载 分 类		荷　载　名　称
1	主　力	恒　载	结构构件及附属设备自重
2			预加力
3			混凝土收缩和徐变的影响
4			土压力
5			静水压力及水浮力
6			基础变位的影响
7		活　载	列车竖向静活载
8			公路活载（需要时考虑）
9			列车竖向动力作用
10			长钢轨纵向水平力（伸缩力或挠曲力）
11			离心力
12			横向摇摆力
13			活载土压力
14			人行道人行荷载
16	附加力		制动力或牵引力
17			风力
18			流水压力
19			冰压力
20			温度变化的作用
21			冻胀力
22	特殊荷载		列车脱轨荷载
23			船只或排筏撞击力
24			汽车撞击力
25			施工临时荷载
26			地震力
27			长钢轨断轨力

上述作用的类型，需要根据桥梁的实际情况加以调整。例如，对高速铁路桥梁，还需要考虑列车高速运行产生的气动力，以及长钢轨的收缩力和挠曲力对结构的影响。另外，分类也不是绝对的。例如，铁路钢梁桥的水平联结系（见第六章）主要承受风力和制动力，在设计水平联结系时，就该视风力和制动力为活载而非附加力。

除了解作用的分类外，还需要明确其大小。这个代表作用大小的数值就称为作用代表值（representative value of an action）。它采用数理统计的方法或根据工程经验加以确定。在进行桥梁结构或构件设计时，需针对不同设计目的采用规定的各种作用代表值。

作用代表值包括作用标准值、频遇值和准永久值。作用标准值（characteristic value of an action）为各种作用的基本代表值，其值可根据作用在设计基准期内最大值概率分布的某一分位值（如 95%）确定。作用频遇值（frequent value of an action）是可变作用的一种代表值，其可根据在足够长的观测期内作用任意时点概率分布的 0.95 分位值确定。作用准永久值（quasi-permanent value of an action）是可变作用的另一种代表值，其可根据在足够长的观测期内作用任意时点概率分布的 0.5（或略高于 0.5）分位值确定。每个代表值的含义是：实际作用超出其规定的代表值的概率不大于 1 与分位值的差值。例如，对作用频遇值，实际的作用超出频遇值的概率不大于 1 – 0.95 = 0.05。

我国公路桥涵设计基于极限状态法（参见第十章），设计时对不同的作用采用不同的代表值。对永久作用和偶然作用，采用标准值。对可变作用，根据不同的极限状态和组合方式采用标准值、频遇值或准永久值。铁路桥梁设计规范仍基于容许应力法，其各类荷载的代表值相当于上述标准值，没有规定作用的频遇值和准永久值。

在确定作用标准值时，涉及设计基准期（design reference period）。简单地讲，它就是在确定某些作用（这些作用的最大值概率分布与时间有关，如风荷载、车辆活载等）的标准值时需要人为事先规定的一个基准时间参数。对桥梁结构，设计基准期通常取 100 年。可以理解设计基准期是规范给出的桥梁预期或参考使用年限，但不能简单地将其等同于结构的真实使用寿命。

在明确了各种作用（种类、形式和大小）及其代表值后，就可按结构力学方法进行结构分析。结构对所受作用的响应，如构件承受的弯矩、剪力，结构的位移等，统称为作用效应（effect of an action）。

第二节　永 久 作 用

永久作用是指结构永久承受的荷载，即恒载，其作用位置、大小和方向一般是固定不变的。作用于桥梁上部结构的恒载，包括结构重力（习称为一期恒载）、桥面铺装和附属设备等重力（习称为二期恒载）；作用于桥梁下部结构的恒载，包括由支座传递下来的上部结构的重力、墩台自身的重力、墩台可能承受的土压力和水压（浮）力等。

结构重力的标准值，可按结构构件的设计尺寸和材料的重力密度计算确定。常用材料的重力密度可参阅桥梁设计规范。在进行桥梁结构（尤其是新型结构）分析时，往往需要预先估算恒载。通常，当估算的恒载与设计图完成后确定的恒载之间的差异较小（例如，不超过

3%）时，不必修正设计；否则有必要按设计图重新计算恒载，再次进行结构分析。

土压力（earth pressure）按其产生的条件，分为静土压力、主动土压力和被动土压力。桥梁下部结构设计时主要用到前两者。土的侧压力计算涉及结构型式、填料性质、墩台位移和地基变形，也与水文和外加荷载等因素有关。目前采用库伦（楔体极限平衡）理论推导的公式计算土侧压力。具体计算方法可参阅有关规范和设计手册。

水浮力指由地表水或地下水通过地基土壤的孔隙而传递给建筑物基础底面的（由下而上的）水压力，其值等于建筑物所排开的同等体积的水重。一般，位于岩石地基上的基础被认为不渗水的，可不计水浮力；对位于碎石类土、砂类土、黏砂土等透水性地基上的墩台，需在设计中考虑水浮力。

对于预应力混凝土桥梁，在验算结构的使用性能（如混凝土应力）时，预加力应当视为永久作用；在验算结构的承载能力（如抗弯承载能力）时，不计算预加力，而把预应力钢筋视为结构抗力的一部分。

混凝土收缩（shrinkage）及徐变（creep）作用是长期存在的。当混凝土应力较小时，混凝土徐变影响的计算可依据混凝土应力与徐变变形呈线性关系的假定进行分析。混凝土收缩系数和徐变系数的确定，按照《公路钢筋混凝土及预应力混凝土桥涵设计规范》（JTG D62—2004）和《铁路桥涵钢筋混凝土和预应力混凝土结构设计规范》（TB10002.3—2005）中的规定计算。对超静定桥梁结构，墩台基础可能发生不均匀沉降。基础变位对结构的影响也是长期的，其作用效应可依据基础实际情况，按最终沉降量分析计算。

第三节　可 变 作 用

一、车辆活载

车辆活载指桥梁承受的机动荷载。对铁路桥，指列车；对公路桥，主要指汽车。车辆活载的种类繁多，因此，需要对车辆活载进行调查分析和综合概括，并按照安全、适用和经济的原则，制订出设计采用的标准值。

1. 列车活载

对在铁路干线上的桥梁，列车竖向活载应采用中华人民共和国铁道标准活载（简称“中—活载”），见图 3.1。中—活载象征性地模拟列车载重的情况，用普通活载和特种活载表示。普通活载左面的 5 个 220 kN 的集中荷载相当于一台蒸汽机车的重量，其右侧一段 30 m 长的均布荷载则大致与两台煤水车及另一台机车相当；最右侧的均布荷载则表示货车车辆载重，长度不限。特种活载代表列车编组中可能出现的某些较大的集中轴重，对于跨度很短的桥或局部构件，由图 3.1 左边 3 个 250 kN 轴重所组成的特种荷载控制设计。

铁路桥梁标准活载的等级或类型，应根据桥梁所在线路的等级、使用任务、性质和将来的发展等具体情况确定。对标准轨距（1 435 mm）的干线铁路，采用中—活载；对地方窄轨（轨距 762 mm）铁路，规定了与中—活载形状类似但数值大幅减小的活载图式；对专用铁路（如矿区铁路桥梁），其活载图式需结合具体情况确定。

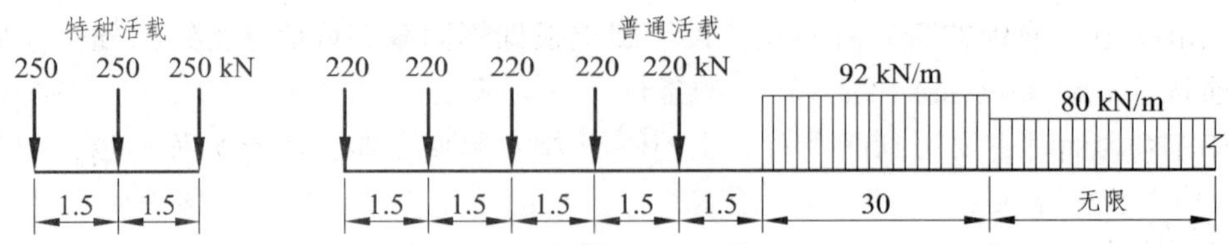

图 3.1 中–活载图式（长度单位以 m 计）

中—活载的机车原型是蒸汽机车。考察我国目前实际运行的列车及其发展趋势，可以发现，1975 年制订的中—活载标准已不适用。原因是：蒸汽机车已于 1990 年停止生产，内燃和电力机车得到广泛应用；货车的重载轴重时常高于机车的轴重。根据这些情况，可以认为，我国新的列车活载标准应向国际铁路联盟（UIC）制订的活载标准（见图 3.2）靠拢。

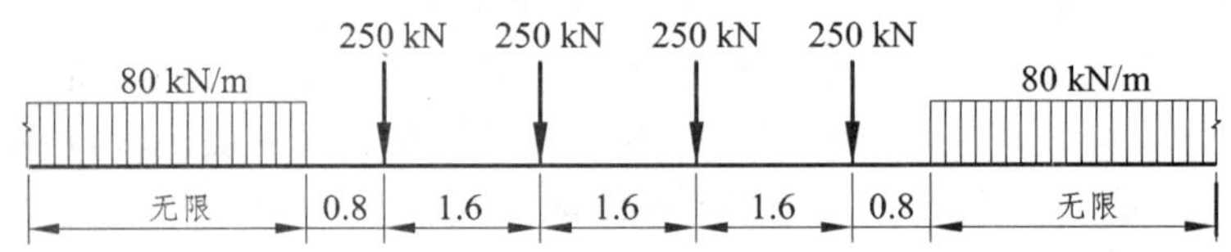

图 3.2 UIC 活载图式（长度单位以 m 计）

目前我国高速铁路（速度在 250 km/h 以上）桥梁设计中采用的 ZK 活载（见图 3.3），其形式与 UIC 活载一致，集中力和均布荷载的取值均为 UIC 活载的 0.8 倍。对于跨度或影响线加载长度等于或小于 6.0 m 的结构，需要采用 UIC 活载才能满足特殊情况下运营货物列车的要求，故将 UIC 活载的集中力部分作为其设计荷载，称之为 ZK 特种荷载。

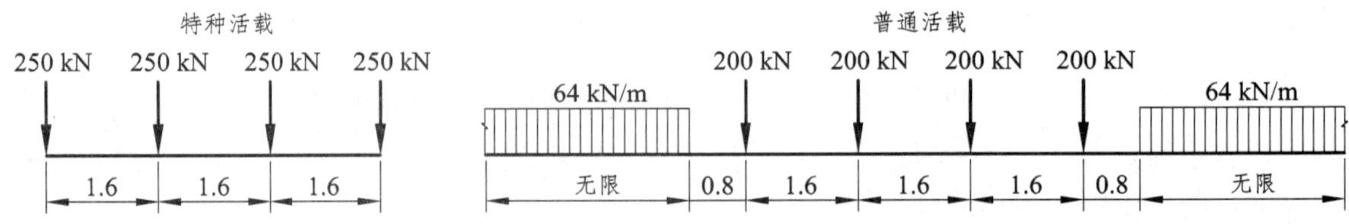

图 3.3 ZK 活载图式（长度单位以 m 计）

对于城际铁路（速度在 250 km/h 以下），其设计活载按 UIC 活载的 0.6 倍取值，称之为 ZC 活载，见图 3.4。

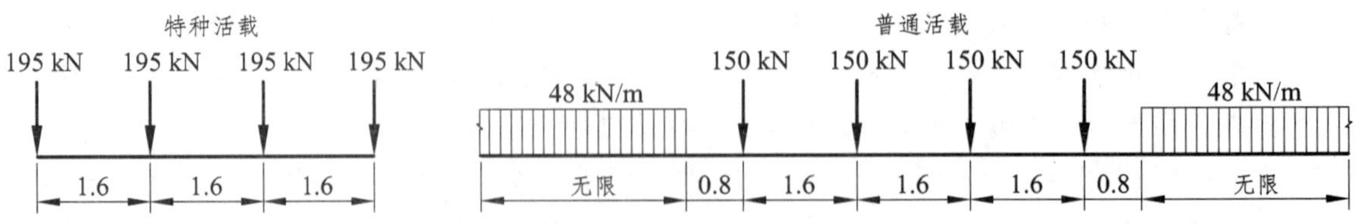

图 3.4 ZC 活载图式（长度单位以 m 计）

对城市轨道交通中的高架桥，其车辆活载需根据不同车型取值。具体标准可参见《城市轨道交通技术规范》GB50490—2009。

对于不包括冲击效应或动力效应（后述）的列车竖向活载，称之为静活载。

2. 汽车荷载

长期以来，公路桥梁设计所采用的车辆活载是一种按实际交通情况（车辆轮轴数目、前后轴间距和轴重、车距，车辆发展趋势等）进行标准化、等级化后的活载。在原规范（1989 年版《公路桥涵设计通用规范》）中，把经常、大量出现的汽车排列成车队作为计算荷载，把偶然、个别出现的平板挂车或履带车作为验算荷载。计算荷载共分 4 个等级，称为汽车-10 级、汽车-15 级、汽车-20 级和汽车-超 20 级；验算荷载也分为 4 个等级，称为履带-50、挂车-80、挂车-100 和挂车-120；两类荷载的等级一一对应，配套采用。其中最高的一个等级见图 3.5 示意。类似于铁路特种荷载，公路验算荷载也只对较小跨径的桥梁或局部构件起控制设计作用。

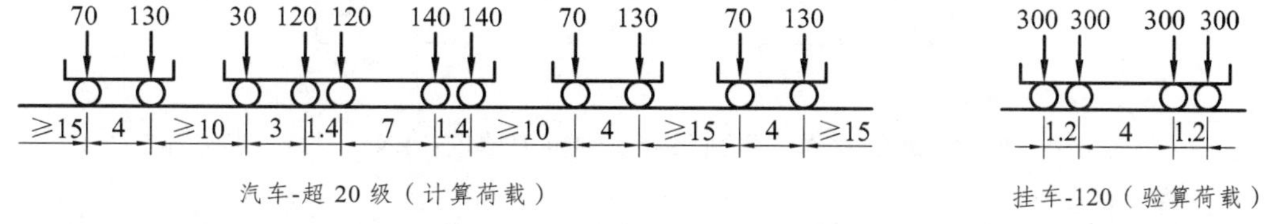

图 3.5 原汽车-超 20 级及挂车-120 的纵向排列（轴重力单位：kN，尺寸单位：m）

由图 3.5 可见，汽车荷载的计算荷载图式由一个车队组成，其中包括一辆加重车（5 轴）和具有规定间距的若干辆标准车（双轴）。设计实践表明：在计算汽车车队荷载产生的作用效应时，无论采用人工加载还是计算机程序加载，均不很方便，而且，计算效应随桥跨方向的变化不连续。据此，在新规范（2004 年版）中制订了既符合当前实际交通现状，也可简化设计过程的新的汽车荷载标准。

新的汽车荷载分为公路—Ⅰ级和公路—Ⅱ级两个等级，其适用范围见表 3.3。当二级公路为干线公路且重型车辆多时，其桥涵设计可采用公路—Ⅰ级汽车荷载；当四级公路重型车辆少时，所采用的公路—Ⅱ级车道荷载的效应可乘以折减系数 0.8，车辆荷载的效应可乘以折减系数 0.7。

表 3.3 各级公路桥涵的汽车荷载等级

公路等级	高速公路	一级公路	二级公路	三级公路	四级公路
汽车荷载等级	公路—Ⅰ级	公路—Ⅰ级	公路—Ⅱ级	公路—Ⅱ级	公路—Ⅱ级

汽车荷载由车道荷载和车辆荷载组成。车道荷载由长度不限的均布荷载和一个集中荷载组成，视其作用在公路桥的一个车道上，计算图式见图 3.6。对公路—Ⅰ级车道荷载，其均布荷载标准值 $q_K = 10.5$ kN/m，集中荷载标准值按以下规定选取：当桥梁计算跨径 $L_K \leqslant 5$ m 时，$P_K = 180$ kN；$L_K \geqslant 50$ m 时，$P_K = 360$ kN；5 m $< L_K <$ 50 m 时，P_K 值采用直线内插法确定。计算剪力效应时，P_K 应乘以系数 1.2。对公路-Ⅱ级车道荷载，其均布荷载标准值 q_K 和集中荷载标准值 P_K 均按公路-Ⅰ级车道荷载的 0.75 倍考虑。

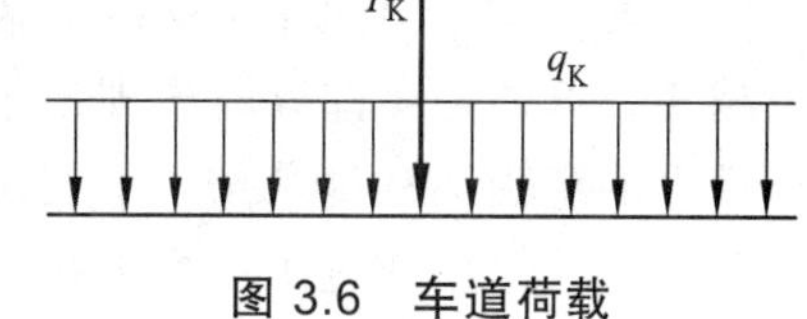

图 3.6 车道荷载

车道荷载是一个基于现场测定及作用效应分析的虚拟荷载，它可以涵盖大部分公路桥涵的车辆活载情况，但不能用来解决结构局部加载、涵洞、桥台和挡土墙土压力等的计算问题。对上述情况，若仍采用车道荷载，其结果将与按原规范计算者相差较大。在制订新规范时，为保证规范的连续性，应避免这种情况。为此，另规定一个单车荷载，即车辆荷载。车辆荷载等同于原规范中汽车—超 20 级中的加重车，见图 3.7 和 3.8。

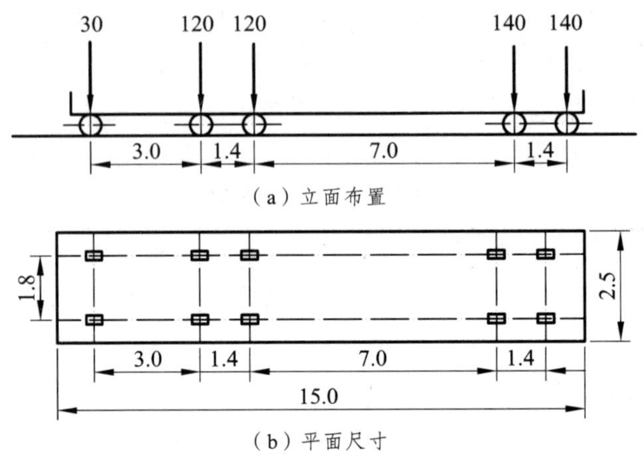

图 3.7 车辆荷载的立面、平面尺寸（轴重力单位：kN，尺寸单位：m）

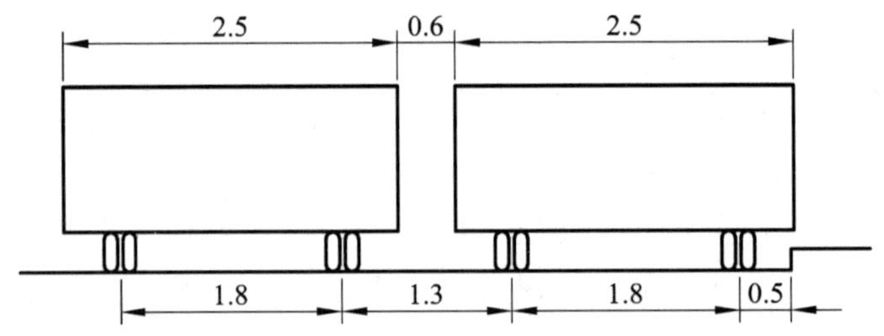

图 3.8 车辆荷载的横向布置（尺寸单位：m）

由图可知：车辆荷载的重力标准值（前、中、后轴重力之和）为 550 kN；其余的技术参数（如轴重、轴距、轮距、外形尺寸、车轮至路缘石最小距离等），也可从图中查出。

公路—Ⅰ级和公路—Ⅱ级汽车荷载采用相同的车辆荷载标准值。注意车辆荷载与车道荷载的作用不得叠加，汽车荷载需考虑其冲击作用。

3. 车辆活载的折减

对双线（及以上）的铁路桥和双车道以上的公路桥，需要考虑车辆活载的多车道横向折减。横向折减的含义是：在多车道（或多线）桥梁上行驶的车辆活载使桥梁结构产生某种最大作用效应时，不同车道上的车辆活载同时处于最不利加载位置的可能性大小。显然，车道数越多，可能性（即同时出现最不利加载的几率）越小。但在桥梁设计中，为方便计，各个车道上的车辆活载都是按最不利位置布置的，因此，就应根据上述可能性的大小对总的车辆活载（或其作用效应）进行折减。

多车道公路桥梁上的汽车荷载按表 3.4 的规定进行横向折减。横向折减系数与设计车道数有关，车道数越多，横向折减系数越小。而设计车道数则根据桥梁的行车道宽度（见表 2.1）和车辆的行驶方向情况（单向或双向）取用，见表 3.5。例如，当车辆单向行驶且 14.0 m≤W<17.5 m，或车辆双向行驶且 14.0 m≤W<21.0 m 时，设计车道数为 4。

表 3.4　横向折减系数

设计车道数	2	3	4	5	6	7	8
横向折减系数	1.00	0.78	0.67	0.60	0.55	0.52	0.50

注：折减后的效应不得小于两条车道荷载产生的效应。

表 3.5　桥涵设计车道数

行车道宽度 W/m		桥涵设计车道数
单向行驶时	车辆双向行驶时	
W<7.0		1
7.0≤W<10.5	6.0≤W<14.0	2
10.5≤W<14.0		3
14.0≤W<17.5	14.0≤W<21.0	4
17.5≤W<21.0		5
21.0≤W<24.5	21.0≤W<28.0	6
24.5≤W<28.0		7
28.0≤W<31.5	28.0≤W<35.0	8

对多线铁路桥梁，也应考虑横向折减。对干线铁路桥梁的主要构件，用于设计的双线活载应取两线标准活载之和的 90%，三线及三线以上者应取各线标准活载之和的 80%；对承受局部活载的构件则不考虑折减。对于高速铁路 ZK 活载和城际铁路 ZC 活载，可查阅相关规定，如《高速铁路设计规范(试行)》（TB10621—2009）。

对于多线多车道的公铁两用桥，或干线铁路与高速（城际）铁路共用一桥的情况，横向折减宜基于规范要求并结合实际情况调研后决定。

除横向折减外，对大跨径公路桥梁上的车道荷载，还应考虑纵向折减。这是因为：在制订车道荷载标准时，采用了自然堵塞的车间间距；在确定荷载大小时，采用了重车居多的调查资料。但对大跨径桥梁，随着跨径的增加，实际通行车辆出现上述情况就会逐步缓解。因此，需对汽车荷载（或其效应）按跨度进行折减。规范规定：当桥梁计算跨径大于 150 m 时，应按表 3.6 进行纵向折减。对多跨连续结构（如连续梁桥），按主跨跨径进行全桥折减。

表 3.6　纵向折减系数

计算跨径 L_0/m	纵向折减系数
150<L_0<400	0.97
400≤L_0<600	0.96
600≤L_0<800	0.95
800≤L_0<1 000	0.94
L_0≥1 000	0.93

4. 车辆活载的加载

加载就是按最不利原则布置标准活载，通过结构分析计算桥梁活载效应（内力、应力和位移、变形等）的最不利值。一般做法是：先计算结构内力及位移影响线，然后布载并加载。对均布荷载，加载为荷载集度与对应影响线区段面积的乘积；对集中荷载，为荷载大小与对应影响线纵坐标值的乘积。

对公路桥梁的车道荷载，布载时，应将其中的均布荷载标准值（任意长度，任意截取）满布于使结构产生最不利效应的同号影响线区段上，而集中荷载标准值只布置在相应影响线区段中的最大影响线峰值处。

对公路桥梁中的车辆荷载和干线铁路桥梁中的中—活载，当采用手工计算时，则使用轮系荷载直接加载并通过试算的方法找出最不利值。直接使用轮系荷载加载较为繁琐，可采用换算均布荷载（铁路桥）或等代荷载（公路桥）取而代之。换算均布或等代荷载与标准活载的加载效应相等，即指对结构或构件的某一单符号影响线，取标准活载按最不利加载求得的数值，等于该影响线的面积与对应的换算均布或等代荷载的乘积。

换算均布荷载和等代荷载的大小与荷载类型、影响线的形状和加载长度有关。具体数值及加载规定可查阅相关规范。

对超大跨度的铁路桥梁，可能会出现列车长度小于桥梁主跨的情况。此时需合理考虑加载长度。

二、冲击力

车辆活载以一定的速度在桥上行驶时，会使桥梁发生振动，产生动力作用（dynamic effect）或冲击作用。这种动力作用（主要沿竖向）会使桥梁的内力和变形较车辆静活载作用时为大。

冲击作用受线路状态（如公路桥面不平顺、列车轨道不平顺等）、车辆类型（如机车的偏心轮作用）以及桥梁构造等因素的综合影响，目前还难以在设计中精确考虑。为简化设计，通常的做法是，在桥梁动载试验和动力特性分析的基础上提出近似计算公式，把动力问题简化成静力问题来处理。

冲击作用的大小用冲击力（impact）加以衡量，其为一个反映动力影响程度的系数 μ 与车辆静活载（现用 P 表示）的乘积 μP。将这一乘积与车辆静活载相加，就得到考虑了动力作用的车辆活载，即 $P+\mu P=(1+\mu)P$。

在铁路桥梁设计规范中，称（$1+\mu$）为“动力系数”（通常大于 1），以此来综合确定包含了动力作用的列车活载；在公路桥梁设计规范中，称 μ 为“冲击系数”（通常远小于 1），以此来单独表示汽车过桥因振动而产生的增量部分。

一般，动力系数可表示为

$$1+\mu=1+\frac{Y_{\mathrm{d\ max}}}{Y_{\mathrm{j\ max}}} \tag{3.1}$$

式中 $Y_{\mathrm{j\ max}}$——在车辆过桥时测得的效应－时间历程曲线上，最大静力效应处量取的最大静力效应值；

$Y_{\mathrm{d\ max}}$——在效应－时间历程曲线上，最大静力效应处量取的最大动力效应值。

铁路桥是基于桥跨结构的刚度来确定包含了动力作用的车辆活载。一般而言，桥梁跨径越大、相对柔度越大，结构对动荷载的缓冲作用越强，即冲击作用越弱。因此，可以近似认为动力系数与计算跨径成反比。此方法计算简便，但不尽合理。

在干线铁路桥梁设计中，动力系数的一般形式是

$$1+\mu=1+\frac{a}{b+L} \tag{3.2}$$

式中　L——桥跨长度或（局部）构件的影响线加载长度；

a、b——常数，随结构体系或构件的不同而取不同值。

例如，对简支的或连续的铁路钢桥跨结构

$$1+\mu=1+\frac{28}{40+L} \tag{3.3}$$

对钢筋混凝土、混凝土、石砌的铁路桥跨结构及涵洞、刚架桥，其顶上填土厚度 $h\geqslant 1$ m（从轨底算起）时不计冲击力，$h<1$ m 时

$$1+\mu=1+\alpha\left(\frac{6}{30+L}\right) \tag{3.4}$$

式中　$\alpha=4(1-h)\leqslant 2$。

ZK 活载作用下的高铁桥跨结构，其动力系数为

$$1+\mu=1+[1.44/(L_{\varphi}^{0.5}-0.2)-0.18] \tag{3.5}$$

ZC 活载作用下的动力系数，按下式计算：

$$1+\mu=\frac{1.639}{\sqrt{L_{\varphi}}-0.2}+0.933 \tag{3.6}$$

式中，L_{φ}——加载长度（m）。

现行公路桥梁设计规范是根据桥梁结构的动力特性来确定冲击力。桥梁结构的自振频率（基频）可综合反映出结构尺寸、类型、材料等动力特性内容，直接表达了冲击系数与桥梁结构之间的关系。无论建桥材料和结构类型、尺寸、跨度是否差别，只要结构的基频相同和荷载条件相同，冲击系数就基本相同。

公路桥梁规范采用结构基频 f（单位：Hz）来计算冲击系数 μ，规定：

$$\begin{cases} \text{当 } f<1.5\text{ Hz 时，} & \mu=0.05 \\ \text{当 } 1.5\text{ Hz}\leqslant f\leqslant 14\text{ Hz 时，} & \mu=0.1767\ln f-0.0157 \\ \text{当 } f>14\text{ Hz 时，} & \mu=0.45 \end{cases} \tag{3.7}$$

通常采用有限元方法计算结构基频。对常规公路桥梁结构，规范给出了基频估算公式。例如，对简支梁桥，竖向弯曲基频 f 的计算公式为

$$f=\frac{\pi}{2l^2}\sqrt{\frac{EI_c}{m_c}} \tag{3.8}$$

$$m_c=G/g$$

式中　l——结构的计算跨径（m）；

E——结构材料的弹性模量（N/m^2）；

I_c——结构跨中截面的截面惯矩（m^4）；

m_c——结构跨中处的单位长度质量（kg/m）；

G——结构跨中处延米结构重力（N/m）；

g——重力加速度（9.81 m/s^2）。

对连续梁桥，估算公式为

$$f_1=\frac{13.616}{2\pi l^2}\sqrt{\frac{EI_c}{m_c}} \tag{3.9}$$

$$f_2=\frac{23.651}{2\pi l^2}\sqrt{\frac{EI_c}{m_c}} \tag{3.10}$$

在计算冲击力引起的连续梁正弯矩效应和剪力效应时，采用f_1；计算负弯矩效应时，采用f_2。

对加载长度的具体取值，以及对桥跨结构以外的墩台、基础、支座等的动力效应计算，需按相关规范办理。

三、人群荷载

铁路桥梁的人行道以通行巡道和维修人员为主，一般行人不多。对明桥面的人行道，考虑到有时需在其上放置轨枕、钢轨和工具，取竖向静活载为 4 kN/m^2。对于道砟桥面，规定距离梁中心 2.45 m 以内的人行道，取 10 kN/m^2；距离梁中心 2.45 m 以外的人行道，取 4 kN/m^2。设计主梁时，人行道竖向静活载不与列车活载同时计算，但对特殊情况（如为城镇居民通行而加宽或专设的人行道），两者需同时考虑，此时人行道活载值可按实际情况确定。

当桥梁计算跨径小于或等于 50 m 时，公路桥梁人群荷载的标准值为 3.0 kN/m^2；当等于或大于 150 m 时，为 2.5 kN/m^2；当在 50～150 m 之间时，按线性内插得到人群荷载标准值。对连续结构，以主跨为准。对位于城镇郊区行人密集地区的公路桥，人群荷载标准值取上述规定值的 1.15 倍。对人行桥，人群荷载标准值为 3.5 kN/m^2。

对预制安装的钢筋混凝土人行道板，还应以 4.0 kN/m^2（公路桥）或 1.5 kN（铁路桥）的荷载进行检算。人群作用于栏杆上的水平推力按 0.75 kN/m 考虑，作用于立柱和扶手的竖向力按 1.0 kN 考虑。

四、离心力

离心力（centrifugal force）系指车辆行驶在曲线线路上时，因方向变化而引起的径向水平力。离心力的大小等于车辆活载（不计冲击力）标准值乘以离心力系数 C。对公路桥，当曲线半径不大于 250m 时，按下式计算 C 值

$$C=\frac{V^2}{127R} \tag{3.11}$$

式中 V——设计行车速度（km/h），采用桥梁所在线路的设计速度；

R——曲线半径（m）。

离心力的着力点在桥面以上 1.2 m 处。计算多车道公路桥梁的离心力时，汽车荷载标准

值应予以横向折减。

对铁路桥，离心力系数仍按式 3.11 计算。考虑到列车高速运行时其车辆轴重比常速时的为小，因此桥梁所受到的离心力也减小。在规范中，采取对列车竖向静活载折减的方式来考虑这种影响。竖向静活载的折减系数 f 为

$$f = 1.00 - \frac{V-120}{1000}\left(\frac{814}{V}+1.75\right)\left(1-\sqrt{\frac{2.88}{L_f}}\right) \tag{3.12}$$

式中 L_f——桥上曲线部分荷载长度（m）。

为提高计算精度，可把作用在桥上曲线部分的荷载按集中荷载和均布荷载分开计算离心力，总的离心力按水平向外作用于轨顶面上 2 m 处（干线铁路）或 1.8 m 处（高速铁路）。

五、风荷载

当风以一定速度运动并受到桥梁阻碍时，桥梁就承受到风压。因此，桥梁结构设计时，应考虑风荷载（wind load）。对大跨度的斜拉桥、悬索桥以及高耸的桥塔和桥墩等，尤其如此。

风压分顺风向和横风向。顺风向的风压可视其为平均风压或脉动风压。采用静力学方法简化计算平均风压对结构的影响，是桥梁设计的常规做法；对脉动风压，往往需按结构（随机）振动理论进行分析。

以公路桥为例，简要说明横桥向风荷载标准值的确定。

横桥向风荷载的大小是风压与结构迎风面积的乘积。但风压与风速及空气重力密度有关，而风速受到地理位置、地形条件、地面粗糙程度、高度等因素的影响。

规范规定：取平坦空旷地面、离地面 10 m 高、重现期为 100 年的 10 min 平均最大风速，为桥梁所在地区的设计基本风速，记为 V_{10}（单位：m/s），该风速可按规范取值并经实地调查核实后采用。注意 V_{10} 是根据离地面 10 m 高处的数据经统计得到的，在实用中，还应考虑桥梁各计算部位距地面或水面的高度 Z（m），高度 Z 处的设计基准风速记为 V_d（m/s），其与 V_{10} 的关系如下：

$$V_\mathrm{d} = k_2 k_5 V_{10} \tag{3.13}$$

式中 k_2——考虑地面粗糙度类别和梯度风的风速高度变化修正系数；按地表状况，地面粗糙度分为 A、B、C、D 四类（例如，B 类对应的地表状况为田野、乡村、丛林及低层建筑物稀少地区，对山间盆地、谷地或峡谷、山口等特殊地形，也按 B 类取值），梯度风则反映出风速随高度变化的特征；由于受地面摩擦的影响，气流贴近地面运动时的速度会降低，离地面越高，受影响越小，故 k_2 随离地面高度的增加而增大；

k_5——阵风风速系数，对 A、B 类地表，其取值为 1.38；对 C、D 类地表为 1.70。

基本风速 V_{10} 与基本风压 W_0 的关系为

$$W_0 = \frac{\gamma V_{10}^2}{2g} \quad (\mathrm{kN/m2}) \tag{3.14}$$

式中 γ——空气重力密度，$\gamma = \rho \times g = 0.012017\mathrm{e}^{-0.0001Z}$（$\mathrm{kN/m^3}$）；其中 ρ 为空气密度，g 为

重力加速度；W_0应按规范取值并经实地调查核实后采用。

设计基准风压 W_d 与式（3.14）类似，按下式计算

$$W_d = \frac{\gamma V_d^2}{2g} \quad (\text{kN/m2}) \tag{3.15}$$

根据式 3.13 ~ 3.15 确定 W_d，然后按下式计算，就得到风荷载标准值 F_{wh}：

$$F_{wh} = k_0 k_1 k_3 W_d A_{wh} \ (\text{kN}) \tag{3.16}$$

式中 A_{wh}——横向迎风面积（m^2），其按桥跨结构的实际尺寸计算；

k_0——设计风速重现期换算系数，因重现期长短与基本风压有关，故该系数体现出结构的重要性；对于单孔跨径指标为特大桥和大桥的桥梁（见表 1.1），取 1.0；对其他桥梁，取 0.90；对正在施工的桥梁，取 0.75；当桥梁位于台风多发地区时，可根据实际情况适当提高 k_0 值；

k_1——风载阻力系数，该系数反映出风压与结构本身的体型、尺寸比的关系；其值主要随构件（桁架、桥墩和桥塔）的截面类型和尺寸等而变；

k_3——地形、地理条件系数；该系数反映出风压随地形、地理条件的不同而变化的特征；对一般地区，取 1.00；对山间盆地或谷地，取 0.75 ~ 0.85；对峡谷口或山口，取 1.20 ~ 1.40。

对于顺桥向的风荷载，规定如下：对下承式桁架桥，风荷载标准值按其横桥向风压的 40% 乘以桁架迎风面积计算；对桥墩，按其横桥向风压的 70% 乘以桥墩迎风面积计算；对于斜拉桥、悬索桥的桥塔，按其横桥向风压乘以桥塔迎风面积计算。

对比上述计算，铁路桥梁的风荷载计算大体相同，但相对简单。具体计算方法，按《铁路桥涵设计基本规范》（TB10002.1—2005）办理。

六、车辆制动力和（列车）牵引力

车辆制动力是指车辆在刹车时为克服车辆的惯性力而在路面（或轨道）与车轮之间发生的滑动摩擦力，而车辆牵引力则是指车辆在启动时为克服车辆的阻力而在路面（或轨道）与车轮之间发生的滑动摩擦力。制动力和牵引力是墩台设计的重要荷载，是作用在桥上的纵向水平力，但两者的作用方向恰好相反。

车辆制动力（braking force）或牵引力（tractive force）的传递与分布规律，还是尚待深入研究的问题。目前仍采用简化办法进行计算。

对铁路桥，规定列车制动力或牵引力按作用在桥跨范围内的列车竖向静活载的 10% 计算，但当其与离心力或冲击力同时计算时，则按列车竖向静活载的 7% 取值。对双线桥，只采用一线的制动力或牵引力；对三线或三线以上的桥，只采用两线的制动力或牵引力；对多线桥，在计算制动力或牵引力时不考虑列车活载的横向折减。采用特种活载时，不计算制动力或牵引力。

列车产生的制动力或牵引力的作用点一般在轨顶以上 2 m 处，但视情况可下移至轨顶处或支座中心处，不计因此而产生的竖向力或力矩。

公路桥只考虑制动力。汽车荷载制动力按同向行驶的汽车荷载（不计冲击力）计算，并

考虑纵向折减，以使桥梁墩台产生最不利纵向力的方式进行加载。

一个车道上的制动力标准值按加载长度范围内车道荷载总重力的 10% 计算，但公路—Ⅰ级汽车荷载的制动力标准值不得小于 165 kN；公路—Ⅱ级者不得小于 90 kN。当车道增多时，也需要采用类似于横向折减的办法，对制动力进行折减。对同向行驶双车道桥（包括双向 4 车道桥），制动力标准值为按一个设计车道计算结果的两倍；同向行驶三车道者为一个设计车道的 2.34 倍；同向行驶四车道者为一个设计车道的 2.68 倍。

关于制动力在支座或墩台间的传递与分配，规范制订出若干具体规定。基本原则是：对刚性墩台，制动力全部由固定支座承担；对设有板式橡胶支座的刚性墩台，按跨径两端支座的抗推刚度进行分配；对设有板式橡胶支座的柔性墩台，按支座与墩台刚度集成方法进行传递和分配。关于支座和墩台，详见第七章。

汽车产生的制动力的作用点在桥面以上 1.2 m 处，但视情况可下移至桥面或支座处，不计因此而产生的竖向力或力矩。

七、温度作用

桥梁结构处于自然环境中，时刻受到大气温度作用的影响。温度作用指因温度的变化而引起的结构变形及其附加力。温度的变化可分为（年平均）均匀温度变化和梯度温度（温差）两种情况：前者表示结构整体在一年中的温度变化；后者表示任一时刻结构截面上的不同点或不同材料之间的温度差异，即沿横截面竖向、横向的温度梯度。

对静定结构，均匀温度作用通常只会导致结构的伸长或缩短，不产生温度附加力；在超静定结构中，由于气温变化引起的变形受到约束，会导致结构中产生相应的附加力。由日照、骤冷等天气情况引起的温差，则对静定或超静定的桥梁结构，均可能产生附加力。例如，由于材料导热性的差异，在由混凝土桥面板和钢梁组成的简支结合梁中，会因温差在截面上产生附加应力。

均匀温度的取值，可按桥梁所在地区的气温条件（一般取当地最高和最低月平均气温）确定；均匀温度的变化值，应自结构合龙时的温度算起。例如，若桥位处最高和最低月平均气温分别为 + 40 °C 和 0 °C，而架梁或结构合龙时的温度为 + 20 °C，则均匀温度的变化幅度为 40 °C，而用于计算温度作用效应的均匀温度值为 ±20 °C。

对公路桥，计算桥梁结构由温度梯度引起的温度作用效应时，可采用图 3.9 所示的竖向温度梯度曲线（考虑到结构两侧腹板外的悬臂板较长，腹板受太阳直接辐射较少，梁底始终不受日照，故可忽略横向温度梯度作用）。图中 T_1 表示桥面板表面的温度，T_2 表示桥面板表面下 100 mm 处的温度，它们的取值依据桥面铺装类型（见第四章）而定；例如，对混凝土铺装层，取 $T_1 = 25$ °C，$T_2 = 6.7$ °C；对 100 mm 厚的沥青混凝土铺装层，取 $T_1 = 14$ °C，$T_2 = 5.5$ °C。H 为梁高，A 为对应温度梯度曲线上零点与 T_2 间的结构高度（按结构类型及梁高取值，例如，当混凝土结构的梁高 H 大于或等于 400 mm 时，取 $A = 300$ mm），t 为结合梁中混凝土桥面板的厚度。图 3.9 所示的为结构表面正温差（升温）的情况，将其乘以 – 0.5，就得到负温差（降温）时的竖向温度梯度曲线。

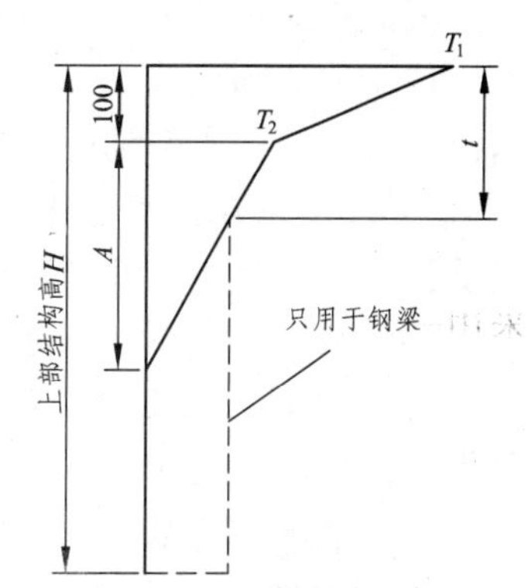

图 3.9 竖向梯度温度
（尺寸单位：mm）

铁路桥关于温度计算的规定与公路桥大体相同。在 2005 年版《铁路桥涵设计基本规范》和《铁路桥涵钢筋混凝土和预应力混凝土结构设计规范》中，分别给出了“钢筋混凝土、混凝土、砌石矩形截面杆件计算温度图解”和“混凝土箱梁温差应力计算”，用以确定构件的计算温度和竖向、横向两个方向的梯度温度引起的应力。

各种材料的线膨胀系数，按设计规范采用。对钢，取 0.000 012；对混凝土（包括钢筋混凝土和预应力混凝土），取 0.000 010。

八、列车横向摇摆力

由于轨道不平顺、机车各部分产生的动力不对称、轨道及车轮存在磨耗损伤等原因的影响，列车在行进中会发生左右摇摆（蛇行运动），导致轨面受到来自于车轮的横向摇摆力（swaying force）。这种水平力较难准确计算，现简单规定取横向摇摆力为一个 100 kN 的集中荷载，取最不利位置，以水平方向垂直线路中心线作用于钢轨顶面。

对多线桥梁，只计算任一线上的横向摇摆力。空车时应考虑横向摇摆力。

九、流水压力和冰压力

位于河流中的桥墩会受到流水压力的作用。通常，桥墩上游迎水一侧会形成高压区，下游一侧会形成低压区。这种前后压力差便构成水流对桥墩的压力。流水压力标准值与桥墩的截面形状、表面粗糙率、水流流速和形态等有关，其计算公式为

$$F_{\mathrm{w}} = KA\frac{\gamma V^2}{2g} \quad (\mathrm{kN}) \tag{3.17}$$

式中 γ——水的重力密度（$\mathrm{kN/m^3}$）；

V——设计流速（m/s）；

A——桥墩阻水面积（$\mathrm{m^2}$），通常计算至一般冲刷线处；

g——重力加速度，取 9.81 $\mathrm{m/s^2}$；

K——由实验测得的桥墩形状系数，例如，对矩形桥墩（长边与水流平行），$K = 1.33$；对圆形桥墩，$K = 0.8$。

因流水压力的分布可近似假定为倒三角形，故其着力点在设计水位以下 1/3 水深处。

位于冰凌河流或水库的桥梁墩台，应根据当地冰凌的具体条件及墩台的结构型式，考虑冰荷载的作用。冰荷载可分为以下几种：① 河流流冰（因顺流而下、撞击桥墩而）产生的动压力；② 由于风及水流作用于（常在水库内形成的）大面积冰层产生的静压力；③ 冰覆盖层受温度影响膨胀（且受到约束）时产生的静压力；④ 冰堆整体推移产生的静压力（与大面积冰层的情况类似）；⑤ 冰层因水位升降产生的竖向作用力。

桥梁结构受冰部位宜采用实体结构。对位于强烈流冰河流中的桥墩，其迎冰面宜做成圆弧形、多边形或尖角。

因影响冰压力的自然因素众多且试验资料欠缺，在援引国内外各种计算方法确定冰压力时，应结合具体工点情况进行分析研究。具体计算方法可参见《公路桥涵设计通用规范》。

十、支座摩阻力

支座上的摩阻力是因上部结构由温度、制动力、顺桥向风力、混凝土收缩等引起的变位而产生的，其作用方向与上部结构的变位方向相反，作用点在支座处，计算公式为

$$F = \mu W \tag{3.18}$$

式中 W——作用于活动支座上由上部结构重力产生的效应（对直桥，指竖向反力；对弯桥，还包括径向反力）；

μ——支座的摩擦系数，其根据支座种类（见第七章）取值；例如，对直接与混凝土面接触的板式橡胶支座，$\mu = 0.30$。

第四节　偶然作用

一、地震作用

修建位于地震区内的桥梁时，必须考虑地震力（earthquake force）。如何计算地震力并考虑其对桥梁的影响，涉及地震学、结构动力学、工程地质等多方面的知识。详细计算方法和结构抗震设计可参见相关规范，如《公路桥梁抗震设计细则》和《铁路工程抗震设计规范》等，本节只就地震力问题作一简要论述。

由于地震波在土中传播，使震区发生地面运动；桥梁基础首先受到外加的强迫运动，并导致整个桥梁的振动。所谓地震力，主要指强烈的地面运动引起的结构自身的惯性力（地面水平运动加速度与结构质量的乘积）。它不仅与地面运动的强烈程度有关，也与结构的动力特性（频率和振型）有关，还与桥址处的地质情况有关。

地震烈度是对地震强弱程度的一种等级描述。它是根据水平地震系数 k_h（地面最大水平加速度的统计平均值与重力加速度 g 的比值）加以划分的。抗震设计中所采用的地震烈度，称为设计烈度，其取决于建桥地区的基本烈度、桥梁的重要性、遭破坏后进行修复的难易程度等。一般认为，烈度小于 7 度的地震影响在桥梁设计中可不予考虑。桥梁抗震设计规范只适用于设计烈度为 7 度、8 度和 9 度的情况。对设计烈度高于 9 度或有特殊抗震要求的建筑物及新型结构，应进行专门的抗震研究和设计。

根据 2001 年版《中国地震动参数区划图》（GB18306），采用地震动峰值加速度系数取代地震基本烈度的概念，两者之间的关系见表 3.7。抗震设防的基本要求表述为：位于地震动峰值加速度为 $0.10g$、$0.15g$、$0.20g$ 和 $0.30g$ 地区的桥涵工程，应进行抗震设计；地震动峰值加速度大于或等于 $0.40g$ 者，应进行专门的抗震研究和设计；地震动峰值加速度小于或等于 $0.05g$ 者，一般可采用简易设防。

表 3.7　地震基本烈度与地震动峰值加速度系数的对应关系

地震动峰值加速度系数（g）	<0.05	0.05	0.10	0.15	0.20	0.30	≥0.40
地震基本烈度	<Ⅵ	Ⅵ	Ⅶ	Ⅶ	Ⅷ	Ⅷ	Ⅸ

关于桥梁抗震设计的更多内容，参阅第九章。

二、船舶或漂流物的撞击作用

在通行船舶或有漂流物的河流中，河中桥墩需要考虑船舶或漂流物的撞击力（collision impact）。船舶或漂流物与桥梁结构的碰撞过程十分复杂，其与碰撞时的环境因素（风浪、气候、水流等）、船舶特性（类型、尺寸、速度、装载情况、船体强度和刚度等）、桥梁结构特性（尺寸、形状、材料、质量和抗力等）等有关。因此，精确分析船舶或漂流物与桥梁的相互作用十分困难。

根据通航航道的特点及通行船舶的特性，可将需要考虑撞击作用的河流分为内河和通行海轮的近海（包括海湾海峡）两大类。前者的代表船型为内河驳船货船队，后者的代表船型为海轮，两者与桥梁结构发生撞击的机理有所不同。

对内河驳船货船队，现采用“静力法”近似计算撞击力 F，该方法假定船舶作用于桥墩上的有效动能全部转化为撞击力所做的静力功。铁路桥梁规范中给出的近似计算公式如下

$$F = v \cdot V \cdot \sin\alpha \sqrt{\frac{W}{C_1 + C_2}} \tag{3.19}$$

式中 F——撞击力（kN）；

v——动能折减系数（$s/m^{1/2}$），斜向撞击时可取 0.2；正向撞击时可取 0.3；

V——船舶或漂流物撞击墩台的速度（m/s）；

α——船舶或漂流物驶近方向与墩台撞击点处切线所形成的夹角；

W——船舶或漂流物重（kN）；

C_1、C_2——船舶或漂流物的弹性变形系数和桥墩（砌体材料）的弹性变形系数（m/kN），缺乏资料时一般假定 $C_1 + C_2 = 0.000\,5$。

撞击力的作用高度，应根据具体情况确定，缺乏资料时，可采用通航水位的高度。

公路桥梁规范按照“静力法”，并依据 2004 年版《内河通航标准》（GB50139），给出了一至七级内河航道上（对应的船舶吨级从 3 000 t 降至 50 t）、不同吨位的船舶可能产生的横桥向和顺桥向撞击作用标准值。对近海通行海轮区域的船舶（吨级从 3 000 ~ 50 000 t）产生的横桥向和顺桥向撞击作用标准值，则是根据国内外研究成果，并经综合分析比较确定的。当桥墩配置了防撞设施时，可不计撞击作用。

另外，规范对漂流物横桥向撞击力标准值，给出了计算公式；对内河船舶和漂流物的撞击作用点，给出了明确规定。

三、汽车撞击作用

公路桥梁的某些结构构件（如防撞护栏，跨线桥的桥墩等）必要时可考虑汽车的撞击作用。汽车撞击力标准值在车辆行驶方向取 1 000 kN，在车辆行驶（水平）垂直方向取 500 kN，两个方向的撞击力不得同时考虑，撞击力作用于行车道以上 1.2 m 处。

对于设有防撞设施的结构构件，可视防撞设施的防撞能力，对汽车撞击标准值予以折减，但折减后的撞击力不应低于上述规定值的 1/6。

铁路桥梁墩柱设计时，对汽车撞击作用的规定与公路桥者基本相同。

四、施工荷载

在桥梁设计中，需考虑到结构或构件在制造、运输、架设安装等阶段可能遇到的各种临时荷载，如施工人员、架桥机、挂篮、起吊机具和其他材料或设备的重力。这些施工荷载（site load）的数值及其对结构的影响可视具体情况分析。

第五节　作用效应组合

在确定出各种作用（荷载）后，就可采用结构力学方法，计算出作用效应。还需要根据作用的特性、桥梁结构的特性、施工方法以及桥位处的环境等因素，针对结构的不同状况、不同安全等级、不同设计或验算内容，确定各种作用效应的取舍以及各种作用效应对结构的共同效果（叠加值），这就是作用效应组合（combination of action effects）。作用效应组合应只涉及结构上可能同时出现的作用效应，并按桥梁在施工或运营时可能处于最不利受力状态为原则进行取舍。

对铁路桥和公路桥，由于目前所采用的设计方法不同，故作用效应组合的表达形式也不同。不同之处主要表现在：对铁路桥，仍采用单一系数综合考虑荷载效应和构件抗力的变异性及结构的可靠度；对公路桥，则采用多个分项系数（荷载分项系数、抗力分项系数、荷载组合系数等）来共同考虑变异性和可靠度。参见第十章。

铁路桥设计仍采用容许应力法。基本的组合方式有三种：

主力：　　　　　　表 3.2 中的恒载与活载的组合；

主力 + 附加力：　　表 3.2 中的恒载、活载及附加力的组合；

主力 + 特殊荷载：表 3.2 中的恒载、活载及特殊荷载的组合。

注意：① 组合中的恒载等并不是表中所列的所有恒载项，而是其中需要参加组合的一项或几项；对活载、附加力、特殊荷载，也是如此。② 仅考虑主力与一个方向（横桥向或顺桥向）的附加力组合。③ 铁路桥的荷载组合是各项荷载效应的直接叠加。上述 ①、② 也适用于公路桥。

在表 3.1 及表 3.2 所列的各种作用中，有些作用是不会或不考虑其同时发生的。基于最不利原则，当某项可变作用对结构产生有利影响时，该项作用不参与组合。例如，对铁路桥梁，流水压力不与冰压力组合，两者也不与制动力或牵引力组合；船只或排筏的撞击力、汽车撞击力以及长钢轨断轨力，只计算其中的一种荷载与主力相组合，不与其他附力组合；等等。

公路桥采用基于结构可靠性理论的极限状态设计方法。设计时应考虑结构可能同时出现的作用，分别按承载能力极限状态和正常使用极限状态进行作用效应组合，取其最不利效应组合结果进行设计。

公路桥根据不同种类的作用及其对桥涵的影响、桥涵所处的环境条件，考虑以下三种设计状况：

持久状况 指桥涵使用过程中长期承受结构重力、汽车荷载等作用的状况。在该状况下，要求对设想的结构所有功能进行设计，即应进行承载能力极限状态和正常使用极限状态设计。

短暂状况 指桥涵施工过程中承受临时性作用的状况。在该状况下，仅要求进行承载能力极限状态设计，必要时才进行正常使用极限状态设计。

偶然状况 指桥涵使用过程中可能偶然遭受的地震等状况。在该状况下，仅要求进行承载能力极限状态设计，不需要进行正常使用极限状态设计。

持久状况下的承载能力极限状态设计，是直接与桥梁结构的安全密切相关的。因此，按照结构可能破坏的严重程度，将公路桥涵划分为三个设计安全等级，见表 3.8。同一座桥梁的不同构件宜取相同的安全等级。表 3.8 中所列的桥涵结构分类系按表 1.1 中的单孔跨径确定，对跨度不等的多跨桥，取其主跨者；表中冠以“重要”的大桥和小桥，系指高速公路和一级公路、国防公路及城市附近交通繁忙公路上的桥梁。

表 3.8 公路桥涵结构的设计安全等级及结构重要性系数

设计安全等级	桥涵结构分类	结构重要性系数 γ_0
一级	特大桥，重要大桥	1.1
二级	大桥，中桥，重要小桥	1.0
三级	小桥，涵洞	0.9

根据不同等级，将表 3.8 中规定的结构重要性系数与作用效应组合值相乘。

一、承载能力极限状态下的组合

按承载能力极限状态设计时，采用以下两种作用效应组合。

1. 基本组合

基本组合指永久作用的设计值效应与可变作用的设计值效应相组合（相当于铁路桥的主力组合）。这种组合用于结构的常规设计，是所有公路桥涵结构都应该考虑的。基本组合的表达式为

$$\gamma_0 S_{ud} = \gamma_0\left(\sum_{i=1}^{m}\gamma_{Gi}S_{Gik} + \gamma_{Q1}S_{Q1k} + \phi_c\sum_{j=2}^{n}\gamma_{Qj}S_{Qjk}\right) \quad (3.20)$$

或

$$\gamma_0 S_{ud} = \gamma_0\left(\sum_{i=1}^{m}S_{Gid} + S_{Q1d} + \phi_c\sum_{j=2}^{n}S_{Qjd}\right) \quad (3.21)$$

式中 S_{ud}——承载能力极限状态下基本组合的作用效应组合设计值；所谓“设计值”，指作用标准值效应与分项系数（partial safety factor）的乘积；分项系数指在设计表达式中采用的各种系数，可分为三类：一类用于作用（如 γ，但不包括 γ_0），一类用于抗力（列在各本具体设计规范中），一类用于作用效应组合（ϕ）；基

于数理统计和结构可靠性分析，调整这些系数的大小，可保证所设计的结构具有不小于规定的可靠度；

γ_0——结构重要性系数，见表 3.8；

γ_{Gi}——第 i 个永久作用效应的分项系数；

S_{Gik}、S_{Gid}——分别为第 i 个永久作用效应的标准值和设计值；

γ_{Q1}——汽车荷载效应（含冲击力、离心力）的分项系数；

S_{Q1k}、S_{Q1d}——分别为汽车荷载效应（含冲击力、离心力）的标准值和设计值；

γ_{Qj}——除汽车荷载效应（含冲击力、离心力）、风荷载外的其他第 j 个可变作用效应的分项系数；

S_{Qjk}、S_{Qjd}——除汽车荷载效应（含冲击力、离心力）外的其他第 j 个可变作用效应的标准值和设计值；

ϕ_c——除汽车荷载效应（含冲击力、离心力）外的其他可变作用效应的组合分项系数；由于若干个独立可变作用效应同时出现的概率较小，故采用这一系数对这些作用效应的组合予以折减，它随着可变作用项数的增加而减少。

2. 偶然组合

偶然组合指永久作用标准值、可变作用代表值和一种偶然作用标准值的效应组合（相当于铁路桥的主力 + 特殊荷载组合）。偶然组合中各作用效应的分项系数均取 1.0，即组合是各作用效应的直接叠加。视具体情况，也可不考虑可变作用参与组合；若其参与组合，可根据观测资料和工程经验取用其适当的代表值。该组合用于结构在特殊情况下（如地震）的设计，不是所有公路桥梁都要采用的。当组合中包括地震作用时，其作用代表值及其表达式按现行《公路工程抗震设计规范》规定采用。

承载能力极限状态组合涉及结构或构件的抗弯（剪、拉、压、扭）承载力以及结构的稳定性（必要时还包括倾覆和滑移）验算。

二、正常使用极限状态下的组合

按正常使用极限状态设计时，应根据不同的设计要求，采用以下两种作用效应组合。

1. 作用短期效应组合

作用短期效应组合指永久作用的标准值效应与可变作用的频遇值效应相组合，其组合表达式为

$$S_{sd}=\sum_{i=1}^{m}S_{Gik}+\sum_{j=1}^{n}\phi_{1j}S_{Qjk} \tag{3.22}$$

式中 S_{sd}——作用短期效应组合设计值；

ϕ_{1j}——第 j 个可变作用效应的频遇值系数；

$\phi_{1j}S_{Qjk}$——第 j 个可变作用效应的频遇值。

2. 作用长期效应组合

作用长期效应组合指永久作用的标准值效应与可变作用的准永久值效应相组合，其组合表达式为

$$S_{\mathrm{ld}} = \sum_{i=1}^{m} S_{\mathrm{G}i\mathrm{k}} + \sum_{j=1}^{n} \phi_{2j} S_{\mathrm{Q}j\mathrm{k}} \tag{3.23}$$

式中 S_{ld}——作用长期效应组合设计值；

ϕ_{2j}——第 j 个可变作用效应的准永久值系数；

$\phi_{2j}S_{\mathrm{Q}j\mathrm{k}}$——第 j 个可变作用效应的准永久值。

正常使用极限状态组合仅涉及结构挠度和混凝土构件的抗裂、裂缝宽度验算，其结构可靠度要求比承载能力极限状态为低。在以前的正常使用极限状态设计中，可变作用的代表值取为标准值（结构在使用期内的最大值，其适用于承载能力极限状态设计），这显然导致按正常使用极限状态的设计过于保守。因此，参照国际惯例，在上述两种组合中采用频遇值或准永久值作为可变作用的代表值。

上述各种组合中的各分项系数的取值，见《公路桥涵设计通用规范》（JTG D60－2004）。

当需对结构构件进行持久状况和短暂状况下的截面混凝土或钢筋应力计算时，需要进行强度计算组合。除特别指明外，该组合中各作用效应（应力）的分项系数应取为 1.0，即取参与组合的各作用的标准值计算应力。各项应力限值则按各设计规范的相应规定采用。

进行作用效应组合的最终目的，是为了将作用效应组合值与桥梁结构或构件的抗力设计值 R 比较，验算结构的安全性（对应于承载能力极限状态）或适用性（对应于正常使用极限状态）。例如，对承载能力极限状态下的基本组合，要求

$$\gamma_0 S_{ud} \leqslant R_{ud} \tag{3.24}$$

思考题

一、作用的分类有什么特点？

二、公路车道荷载需要进行横向和纵向折减，为什么？

三、解释冲击力及冲击系数的含义。这种“化动为静”的做法，出于何种考虑？

四、分析温度变化在桥梁静定结构和超静定结构中引起的变位和内力。对一座三跨箱形截面连续梁桥，当桥面升温时，画出结构的变位和温差产生的弯矩示意图。

五、简述影响静风荷载取值的各因素。

六、某公路桥主跨 500 m，按 6 车道设计，试确定其车道荷载的取值。

七、解释作用、作用标准值、作用效应、作用效应组合等专业名词的含义。

八、作用效应组合的基本原则是什么？

九、在近海环境中的桥梁，除本章所涉及的作用外，还需要考虑哪些作用？

十、见下表，填写出在两种不同的极限状态下，作用类型、作用效应和作用效应组合的名称，并标注出在不同的设计状况下的应用情况。

作用效应组合的不同方式及与设计状况的关系

<table>
<tr><th rowspan="2">结构极限状态</th><th rowspan="2">作用效应组合名称</th><th colspan="3">作用类型及作用效应</th><th colspan="3">设计状况</th></tr>
<tr><th></th><th></th><th></th><th></th><th></th><th></th></tr>
<tr><td rowspan="2">承载能力极限状态</td><td></td><td></td><td></td><td></td><td></td><td></td><td></td></tr>
<tr><td></td><td></td><td></td><td></td><td></td><td></td><td></td></tr>
<tr><td rowspan="3">正常使用极限状态</td><td></td><td></td><td></td><td></td><td></td><td></td><td></td></tr>
<tr><td></td><td></td><td></td><td></td><td></td><td></td><td></td></tr>
<tr><td></td><td></td><td></td><td></td><td></td><td></td><td></td></tr>
</table>

第四章 桥面构造

公路、铁路桥梁的桥面（deck）构造是指直接与车辆、行人接触的部分，它直接承受轮载的作用，对桥梁的承重结构，以及桥上的车辆、行人起到保护作用，并满足桥梁的使用、养修和美观要求。

第一节 桥面组成

公路桥面构造包括桥面铺装、排水防水系统、人行道（或安全带）、路缘石、栏杆、灯柱、安全护栏和伸缩装置等。图 4.1 给出了一个典型的公路桥梁横断面布置，除伸缩装置和灯柱以外的主要桥面构造均能在图中反映出来。

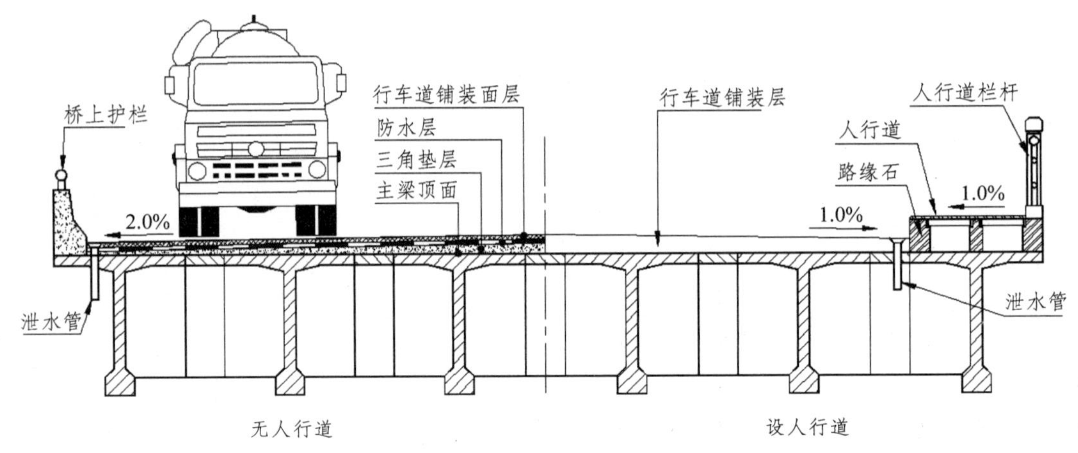

图 4.1 公路桥面一般构造

干线铁路桥面构造通常包括钢轨、护轨、桥枕、道砟、挡砟墙、泄水管、人行道、栏杆和钢轨伸缩调节器等，如图 4.2 所示。铺设道砟的桥面称为道砟桥面（ballasted deck），多采用预制混凝土桥枕；常用的钢板梁和钢桁梁桥（见第六章）的桥面则通常不铺道砟，而是将桥枕（木枕）直接铺在主梁上或桥面系上，称为明桥面（open deck）。

木枕的自重轻，同时具有较好的弹性，尺寸通常为 20 ×24 ×300 cm（宽×高×长）。将枕下刻槽，搁置于主梁上，用钩螺栓与主梁上翼缘扣紧，以免行车时跳动。枕间净距不宜超过 21 cm，这是为了防止当列车在桥上掉道时，车轮不致卡于两枕之间，还能在枕上继续滚动。正轨提供了列车正常运行轨道，除正轨外，还设有护轨。护轨两端应延伸到桥台以外一段距离，并弯向轨道中心。护轨的作用就是当列车掉道后，用以控制车轮前进的方向，避免发生翻车事故。在木枕两端设有护木，用螺栓与木枕连牢，护木的作用是固定木枕之间的相对位置。一旦车轮脱轨并越出护轨后，护木还可以起到第二道护轨的作用。

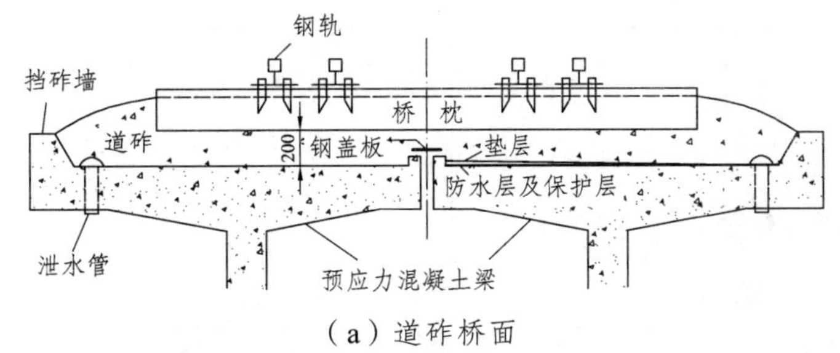

（a）道砟桥面

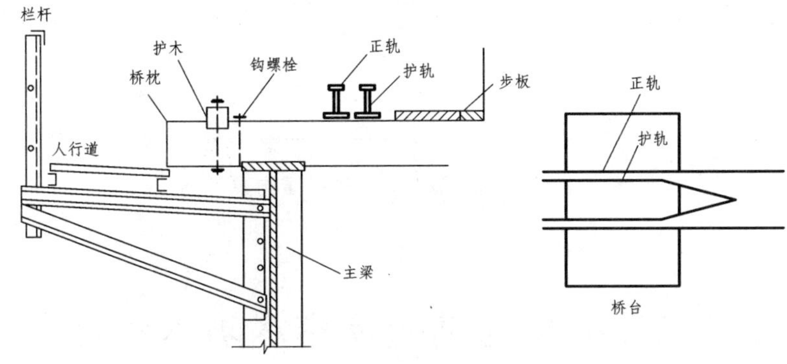

（b）明桥面

图 4.2　干线铁路桥面一般构造

我国高速铁路桥梁多采用双线整体桥面。桥面由轨道基础结构（道床）和桥面附属构造共同组成。道床分有砟和无砟两种，桥面也因此分为有砟桥面和无砟桥面，见图 4.3 和图 4.4 示意。桥面附属构造主要包括人行道（用于检修）及栏杆、防排水体系、轨枕或轨道板、挡砟墙或防撞墙、电缆槽、接触网支柱等。特殊情况下，桥梁上还需设置声屏障或风屏障。

道床是高速铁路轨道系统的重要组成部分。图 4.3 所示的有砟道床构造与图 4.2（a）类似，只是前者无需设置护轨。图 4.4 所示的无砟道床也叫整体道床，其基本构造是：将预制轨道板通过水泥沥青砂浆调整层，铺设在现场浇筑的钢筋混凝土底座上。我国高速铁路采用的整体道床，已发展出 CRTS（China Railway Track Slab）系列。

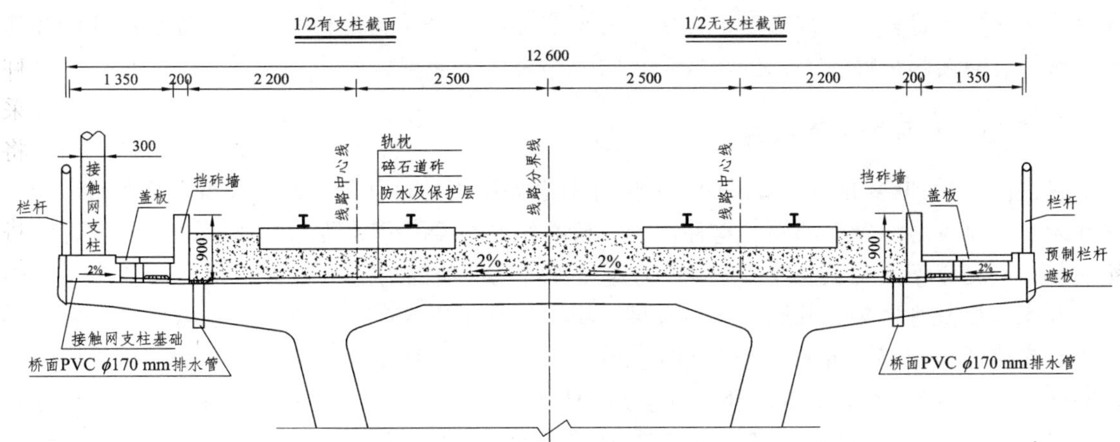

图 4.3　高速铁路桥梁有砟桥面构造示意

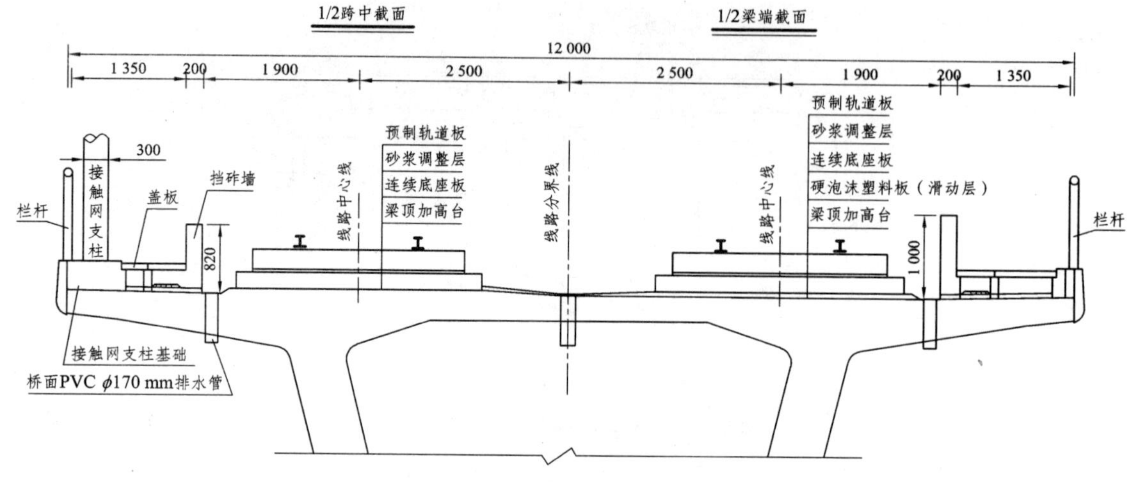

图 4.4　高速铁路桥梁无砟桥面构造示意

第二节　桥面铺装及排水防水系统

一、桥面铺装

公路桥面铺装（也称行车道铺装，或称桥面保护层）设置在桥梁的行车道范围内，是直接与车轮相接触的桥面构造。桥面铺装（deck surfacing，wearing surface）的功能在于：防止车辆轮胎直接磨耗属于承重结构的行车道板（即主梁上翼缘），保护主梁免受雨水侵蚀，并对车辆轮重的集中荷载起到一定的扩散作用。因此，对桥面铺装材料及构造，要求有一定的强度，不易开裂，并耐磨。

公路桥面铺装有多种型式，如水泥混凝土（包括纤维混凝土）、沥青混凝土、沥青表面处治和泥结碎石等。水泥混凝土和沥青混凝土桥面铺装能满足各项要求，使用较为广泛。水泥混凝土铺装的造价低，耐磨性能好，适合重载交通，但养生期长，日后修补比较麻烦。沥青混凝土铺装重量较轻，维修养护方便，通车速度快，但易老化和变形。沥青表面处治和泥结碎石桥面铺装耐久性较差，仅在低等级的公路桥梁上使用。

1. 混凝土桥面的桥面铺装

在混凝土桥和钢-混结合梁桥中，承担行车道板作用的桥面受力结构（桥面板）通常为钢筋混凝土或预应力混凝土结构。这种情况下桥面铺装主要采用水泥混凝土铺装，或沥青混凝土铺装，或混合型混凝土铺装。图 4.5 为这几种常见铺装的构造示意图。

对水泥混凝土铺装，其厚度（不含调平层）不宜小于 80 mm，混凝土强度等级不宜小于 C40。为使铺装层具有足够的强度和良好的整体性，应配置直径 $\phi 8 \sim 12$ mm、间距 $100 \sim 150$ mm 的方形钢筋网。混凝土桥面板上应预埋竖向锚固钢筋，方便钢筋网的定位，保障铺装层混凝土与桥面板的良好结合。根据需要，还可在混凝土中加入钢纤维（或聚丙烯纤维），形成纤维混凝土铺装。纤维的加入可进一步提高铺装层的耐磨性和抗裂性。

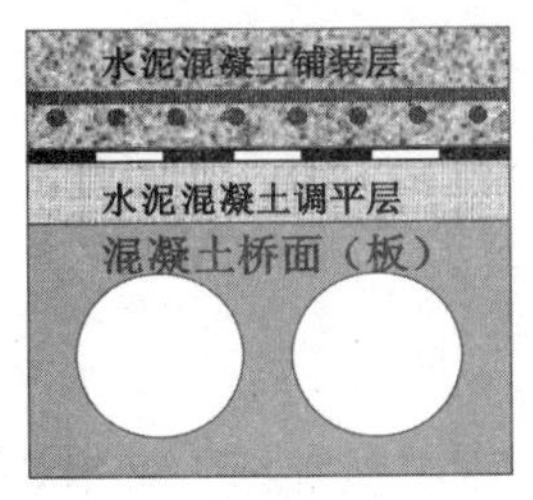

（a）水泥混凝土铺装

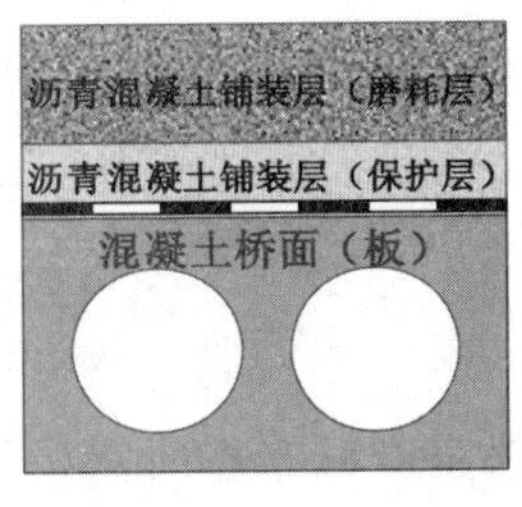

（b）沥青混凝土铺装

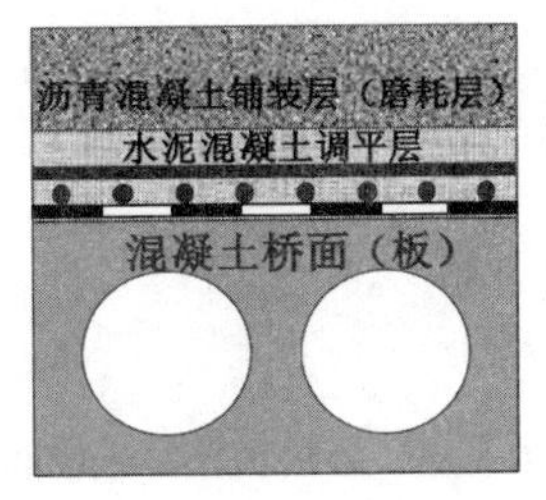

（c）混合型混凝土铺装

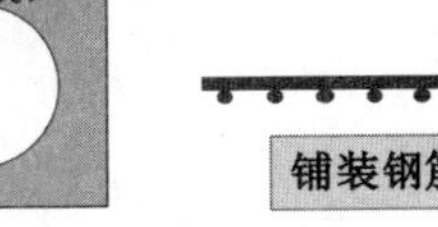

图 4.5　典型的混凝土桥面铺装

通常，桥面铺装不作为承重结构考虑，若能确保铺装层与行车道板紧密结合，则一定厚度的水泥混凝土铺装层还可以计入在行车道板的厚度内，并视其与行车道板共同受力。

沥青混凝土铺装一般由防水（粘结）层、保护层及磨耗层组成，适宜于高等级公路桥梁、特大桥和大桥。多数的沥青混凝土铺装采用如图 4.5（b）中所示的双层式构造（也可设置成单层式或三层式）。上层（磨耗层）一般采用 30 ~ 40 mm 厚的细粒式或中粒式沥青混凝土，下层（保护层）一般采用 40 ~ 70 mm 厚的中粒式沥青混凝土。

混合型混凝土铺装是指面层采用沥青混凝土、底层采用水泥混凝土的组合型式，参见图 4.5（c）。在底层水泥混凝土中，可根据需要设置钢筋网。沥青混凝土面层以及水泥混凝土底层的厚度和材料，可参考相应的铺装层构造进行设计。

混凝土桥面的铺装型式宜与桥梁所在的公路路面相协调，符合现行《公路沥青路面设计规范》和《公路水泥混凝土路面设计规范》的有关规定。

2. 钢桥面的桥面铺装

钢桥的桥面铺装一般采用构造较复杂的沥青混凝土体系。考虑到钢桥面的防腐以及钢与沥青混凝土的粘结，将沥青混凝土铺装用于钢桥面时，铺装材料及构造应根据桥梁结构受力状态、桥面板构造、当地气象与环境条件、铺装材料性能等因素综合确定。

典型的沥青混凝土体系包括高温拌和式沥青混凝土、沥青玛蹄脂混合料、改性沥青（沥青玛蹄脂碎石混合料）、环氧树脂沥青等几类。钢桥面沥青铺装层厚度为一般为 40 ~ 100 mm。图 4.6 为一个典型的钢桥面铺装构成及一个双层改性沥青铺装的实例。

（a）典型的钢桥面铺装结构

磨耗层（铺装面层）	40mm SMA（改性沥青）
底涂层（粘层）	改性乳化沥青
保护层（铺装下层）	40mm SMA（改性沥青）
缓冲层	橡胶沥青砂或橡胶沥青应力吸收层
防水层	AMP100二阶反应性防水粘结材料
防腐层	环氧富锌漆
钢板	喷砂除锈

（b）一个钢桥面铺装方案实例

图 4.6　典型的钢桥面铺装结构及实例

在铁路桥梁中，列车车轮直接与钢轨接触，通过轨枕、道床将载荷传递到梁顶，故仅在梁顶设置防水铺装层和保护层。

二、桥面纵、横坡

前已述及，桥面上设置纵坡，一方面是桥梁立面布置所需，另一方面则有利于排水，保证行车安全。在平原地区的通航河流上建桥时，为满足桥下通航要求，需要抬高通航孔的桥面高程；在两岸，则需要将桥面尽快降至地面，以减少桥头引道土方量，缩短桥长，从而节省工程费用。这样，就形成纵坡。桥面的纵坡，一般都做成双向纵坡，并通常在桥中心（或主跨内）设置竖曲线。

公路桥面横坡（lateral slope of deck，见图 4.7）有两种：一是双向横坡（又称为人字形横坡），其可起到汇水和排水的作用，防止或减少雨水对铺装层的渗透；二是单向横坡，其可实现曲线段桥面上的横向超高设置。另外，人行道上也需要设置 1.0% ~ 1.5%的单向横坡。

公路桥面的横坡，一般为 1.5% ~ 3 %。对双向横坡，通常有三种设置方式。

① 对于板桥（矩形板或空心板）或就地浇筑的肋板式梁桥（见第五章），为节省铺装材料并减轻桥面恒载重力，可以将横坡直接设在墩台顶部，或通过调整支承垫石高度来形成横坡，而使桥梁上部结构形成双向倾斜，此时，铺装层在整个桥宽上做成等厚的，分别如图 4.7（a）、（c）所示。

② 在装配式肋板式梁桥中，为使主梁构造简单、架设和拼装方便，通常将横坡直接设在行车道板上。先铺设一层厚度变化的混凝土三角形垫层，形成双向倾斜，再铺设等厚的混凝土铺装层，如图 4.7（b）所示。

③ 对宽度较大的桥梁，用三角垫层设置横坡将使混凝土用量或桥面二期恒载重力增加太多。为此，可将行车道板做成倾斜面而形成横坡，见图 4.7（d）。

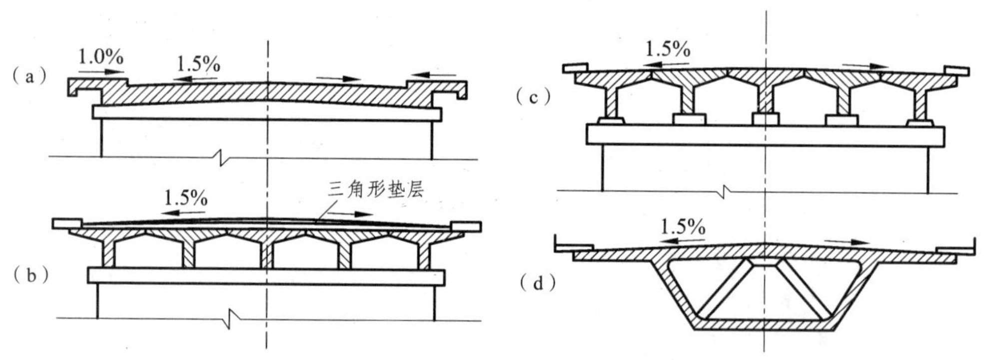

图 4.7 公路桥面横坡的设置

对干线铁路桥，桥面宽度有限，一般是在道砟槽板顶部铺设防水层和保护层，并形成单向或双向的排水横坡。对高速铁路桥梁，则需根据梁体构造、道床类型、线路股数等，并结合泄水管布设，采用人字坡（参见图 4.3）或 V 字坡（参见图 4.4）等排水横坡方式。

另外，由于铁路桥梁的纵坡小而不利用汇水排水，故除设置排水横坡外，还应根据需要在纵向泄水管之间设置 0.3% 左右的汇水纵坡，形成双向汇水面。

三、桥面防水

对于混凝土桥面板，如果侵蚀物质（如雨水）进入混凝土内部，会导致钢筋锈蚀，进而降低混凝土桥面板的使用寿命；为提高结构的耐久性，通常需要在桥面板的顶面敷设专门的防水层或涂刷防水剂等。对于钢桥面板，由于钢材本身更容易产生锈蚀，钢桥面板与桥面铺装层之间更需要设置专门的防腐和防水层。

我国早期桥梁设计中对混凝土桥面防水没有严格要求，只是建议根据桥址处的气温和雨量、桥梁结构、桥面铺装形式等具体情况来确定是否设置桥面防水层。随着对结构耐久性问题的日益重视，现行桥梁设计规范要求桥面铺装应设防水层。

常规的桥面防水层设置在桥梁行车道板的顶面，三角垫层（或调平层）之上，铺装面层之下，其作用是将透过桥面铺装层渗下的雨水汇集到排水设备（泄水管）排出。防水层要求不透水，有较高的强度、弹性和韧性，耐高温、低温，腐蚀和老化，与沥青混凝土和水泥混凝土的亲和性好，施工安全、简便、快速。

公路桥面常用的贴式防水层，其由两层防水卷材（如油毛毡）和三层黏结材（沥青胶砂）相间组合而成，一般厚 1 ~ 2 cm，参见图 4.8（a）。其他的防水措施有，在三角垫层上设防水涂层（柔性防水层，参见图 4.8（b）），或在铺装层上加铺一层沥青混凝土，或直接用防水混凝土做铺装层。近年来开发的新型防水涂层（或卷材）较多，如聚合物沥青桥面防水涂料、PC 橡胶防水卷材等。

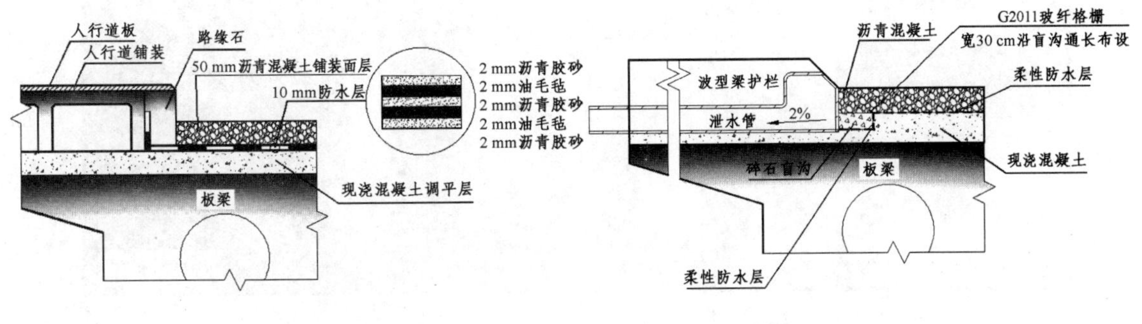

（a）粘贴式防水层（卷材式）　　（b）柔性防水层（涂敷式）

图 4.8　桥面防水层设置示例

防水层在桥面伸缩缝处应连续铺设，不可切断；沿纵向应铺过桥台背，沿横向则应伸过缘石底面从人行道与缘石砌缝里向上叠起 10 cm。对用砌体材料建造的拱桥（见第八章第二节），桥台背面及拱桥拱圈与填料间应设置防水层，并设盲沟排水。

铁路桥梁上，现多采用由氯化聚乙烯防水卷材和聚氨酯防水涂料共同构成的防水层。以铁路混凝土桥面 TQF-I 型防水层结构为例，其防水层从底到顶的构成为：桥面基层处理-防水涂料-防水卷材-防水涂料-防水卷材-保护层（厚度不小于 40 ~ 60 mm 的 C40 纤维混凝土，其上设排水坡度）。除此之外，也可采用高聚物改性沥青型防水层，其由基层处理剂和两层高聚物改性沥青卷材（热熔）构成，可用于高速铁路无砟桥面防护墙内和有砟桥面道砟槽内的防水。

四、桥面排水系统

为防止雨水积滞于桥面并渗入梁体而影响桥的耐久性，除在桥面铺装内设置防水层外，还应使桥上的雨水被迅速引导排出桥外，为此需设计一个完整的排水系统。排水系统的设置应满足环保和安全的要求。

桥梁中使用的排水系统包括自然排水、泄水管排水和强制排水三种情况。

通常，当公路桥桥面纵坡大于 2%，而桥长小于 50 m 时，一般能保证通过桥头引道自然排水，桥上就可不设泄水管。此时，可在引道两侧设置流水槽，以免雨水冲刷引道路基。

当桥面纵坡大于 2%，桥长大于 50 m 时，除桥面纵横坡排水外，还需要设置泄水管排水。泄水管可沿行车道两侧左右对称排列，也可交错排列，一般每隔 12 ~ 15 m 长度设置一个；当桥面纵坡小于 2% 时，泄水管就需要设置更密一些，一般每隔 6 ~ 8 m 设置一个。通常，每平方米的桥面宜设置面积为 300 mm^2 左右泄水管。在高速公路和一级公路中，一般采用直径 150 mm 的泄水管，间距在 4 ~ 5 m 之间。泄水管的具体布置位置，可参见前述各图。

在城市地道桥中，桥梁路面的纵向曲线处于竖曲线的凹点，雨水从地道桥的两头向桥梁中点汇集，如果雨水汇流较多，或自然排水受制时，就需要设置专门的雨水泵站，将汇集的雨水强制排到城市雨水管道中。

泄水管分为铸铁泄水管、PVC（聚氯乙烯）泄水管等不同型式。图 4.9 所示为铸铁泄水管和 PVC 泄水管实物。

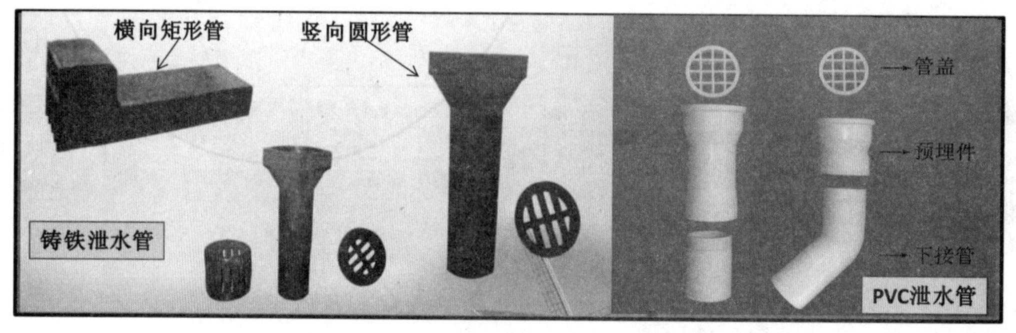

图 4.9　铸铁泄水管和 PVC 泄水管

铸铁泄水管分竖向圆形管和横向矩形管。圆形管（竖向布置）的内径一般为 10 ~ 15 cm，矩形管（横向布置）的静尺寸一般在 8× 20 cm 左右。PVC 泄水管是以聚氯乙烯为主要原料，经挤出或注塑成型的塑料制品，主要由管盖、预埋件和下接管组成。PVC 管材的型号多样，种类齐全，具有防腐蚀、抗老化、耐候性好、便于运输安装等诸多特点。

泄水管的布置有以下几种形式：① 竖向布置，即通过泄水管直接排水到桥面以下。采用竖向排水时，泄水管应伸出结构物底面不小于 30 mm。② 横向布置，即通过泄水管直接排水到桥面以外，这种方式也要求泄水管管口需伸出构件最外侧 30 mm 以上，以便滴水。横向布置的泄水管容易产生淤堵，影响排水效果，只适宜于小型桥梁。③ 封闭式排水系统，即设置完整封闭的排水系统，将排水管道沿墩台接至地面排水系统。对于跨越城市道路、公路、铁路及通航河流的桥梁，为避免桥面排水对桥下交通环境的影响，尤须如此。

第三节　桥梁伸缩装置

桥跨结构在气温变化、活载作用、混凝土收缩和徐变等影响下将会发生伸缩变形。为满足结构按照设计的计算图式变形，同时桥面又能保证车辆平顺通过，就要在相邻两梁端之间，或梁端与桥台之间，或梁的铰接位置处（这些位置的结构间的间隙称为伸缩缝，expansion joint）的桥面设置伸缩装置（expansion installation）。简而言之，伸缩缝指为适应材料胀缩变形对结构的影响、在桥跨结构的两端设置的间隙；伸缩装置指为使车辆平稳通过桥面并满足桥面变形的需要，在伸缩缝处设置的各种装置的总称。

伸缩装置的构造应满足下列要求：① 在平行、垂直于桥梁轴线的两个方向，均能自由伸缩；② 装置本身及其与结构的连接牢固可靠；③ 车辆驶过时应平顺、无突跳与噪声；④ 可防止雨水和垃圾泥土渗入阻塞；⑤ 安装、检查、养护、清污均简易方便。

需要强调的是，在设置伸缩装置处，栏杆、路缘石与桥面铺装都需要断开。

伸缩装置是桥梁的薄弱位置，因为微小的不平整就会使它承受较大的冲击作用，因此常常遭到损坏（主要表现为接缝处错台而导致桥面破坏和跳车，影响行车平稳性和舒适性）而需要养护、更换。造成伸缩装置普遍破损的原因，除了交通流量增大、重型车辆增多（冲击作用明显增大）外，设计、施工和养护方面的失误也不容忽视。因此，对于伸缩装置的设计和构造处理绝不能简单行事。

一、伸缩量计算

伸缩装置多为定型产品，选用时需要计算出满足结构自由变形的伸缩量。

伸缩装置类型的选用，主要取决于桥梁的伸缩量 Δl，它包括以设置伸缩装置时为基准的气温上升引起的梁体伸长量 Δl_t^+ 和气温下降引起的缩短量 Δl_t^-，混凝土收缩引起的梁体缩短量 Δl_s^-，混凝土徐变引起的梁体缩短量 Δl_c^- 以及计入梁的制造与安装误差的余量 Δl_e。因此伸缩量为

$$\Delta l = \Delta l_t^+ + \Delta l_t^- + \Delta l_s^- + \Delta l_c^- + \Delta l_e$$

对于大跨度桥梁，还应计入因荷载作用及梁体温差等引起的梁端转角伸缩变形量。

注意上式是取各项的绝对值之和，不是代数和。

二、公路桥梁伸缩装置

公路桥梁的伸缩装置种类繁多，并得到不断改进。依据伸缩装置的伸缩方式及其构造特点，可以把它们分为五类，即对接式、钢制支承式、橡胶组合剪切式、模数支承式、无缝式伸缩装置（含桥面连续构造）。

1. 对接式伸缩装置

对接式伸缩装置，根据其构造型式和受力特点的不同，可分为填塞对接型和嵌固对接型两种。填塞对接型伸缩装置是以沥青、木板、麻絮、橡胶等材料填塞缝隙，伸缩体在任何情

况下都处于受压状态。该类伸缩装置一般用于伸缩量在 40 mm 以下的低等级公路桥梁上，但容易破损失效，目前已少用。

嵌固对接型伸缩装置利用不同形状的钢构件将不同形状（如 W 形、M 形、箱形、鸟形等）的橡胶条（带）嵌牢固定，并以橡胶条（带）的拉压变形来适应梁体的变位。该类伸缩装置被广泛应用于伸缩量在 80 mm 及以下的桥梁中。图 4.10 所示为国产 GQF—C 型伸缩装置，它采用热轧整体成型的“C”字钢为主要构件，嵌固防水密封橡胶带为伸缩体，配以锚固系统所组成。

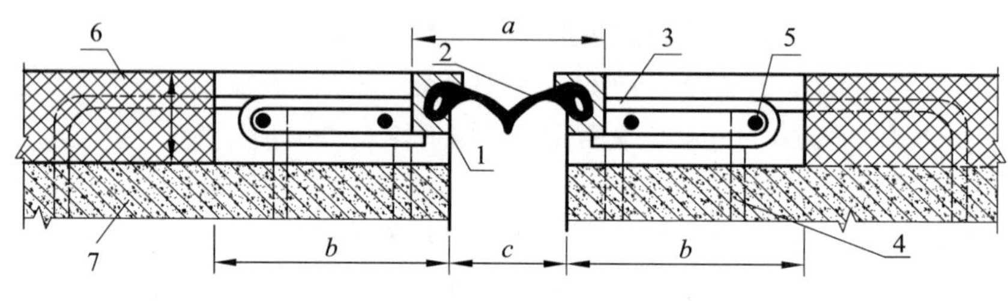

图 4.10　GQF—C 型伸缩装置构造

1—C 形异型钢；2—密封橡胶带；3—锚固钢筋；4—预埋钢筋；5—水平加强钢筋；6—桥面铺装；7—梁体

2. 钢制支承式伸缩装置

钢制式的伸缩装置是用钢材装配制成的、能直接承受车轮荷载的一种构造。以前这种伸缩装置多用于钢桥，现也用于混凝土桥梁。钢制支承式伸缩装置的形状、尺寸和种类较多。国内常见的有钢板叠合式伸缩装置和钢梳形板伸缩装置。

钢板叠合式伸缩装置是一种用于中小跨度桥梁的伸缩装置，伸缩量一般为 70 mm 以下。这种伸缩装置构造主要是通过在伸缩缝端结构处预埋角钢，在角钢上设置一块跨缝钢盖板，其一端与角钢焊接固定，另一端则直接搭在另一侧的角钢上，利用上下叠合的钢构件间的滑动适应伸缩变形，利用跨缝钢板来直接承担车轮荷载。见图 4.11。因容易受到冲击、振动影响，这种伸缩装置的钢板焊缝容易破坏，钢板容易发生变形而损坏、脱落。

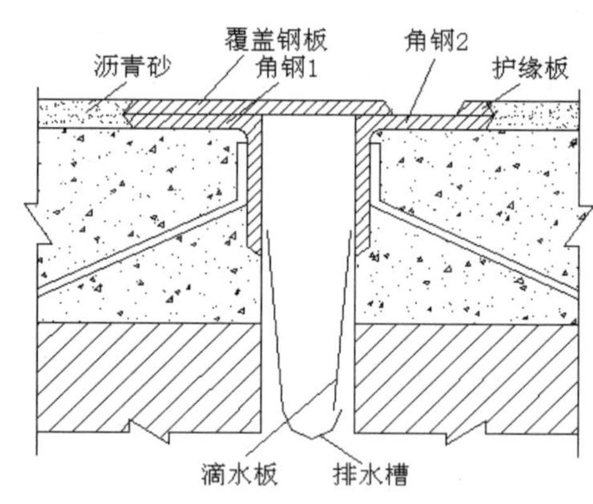

图 4.11　钢梳形板伸缩装置构造（尺寸单位：mm）

图 4.12 为 SF 型钢梳形板伸缩装置的构造示例，这种伸缩装置的伸缩体采用一对钢制梳齿板组合而成。交错的梳齿部分通常设置的结构伸缩缝的一侧，而跨越断缝的部分仍维持完整的钢板，以便承受车轮荷载；为便于滑动，面层的梳齿钢板下面与结构层顶面敷设不锈钢板；为便于防水，在梁体顶面设置橡胶防水层。该类伸缩装置由于其自身刚度大、抗冲击性能好，建筑高度低，伸缩量大（最大 420 mm），可应用于公路、铁路的钢桥或混凝土桥梁。为便于更换，采用高强螺栓将梳齿钢板锚固于梁体，且在沿伸缩缝方向设置为多块单元板。

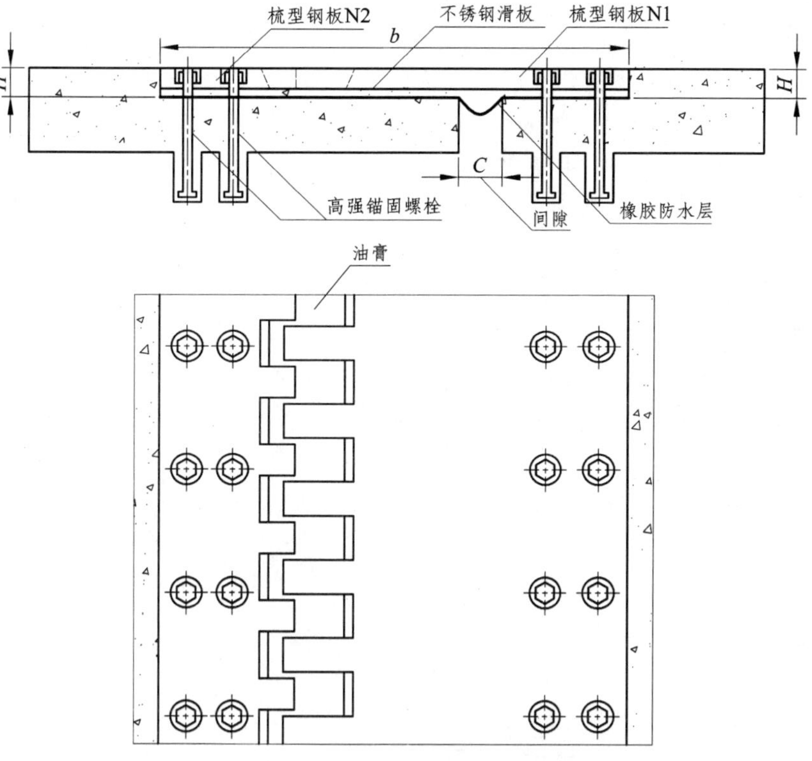

图 4.12　钢梳形板伸缩装置构造

3. 板式橡胶伸缩装置

板式橡胶伸缩装置是利用橡胶剪切模量低的原理设计制造而成。橡胶板上设有上下凹槽或“W”型褶皱槽，依靠凹槽间的橡胶体剪切与拉压变形来适应结构变位。

普通的板式橡胶伸缩装置中，需要在橡胶板内预埋加强钢板以提高橡胶的承载能力，适用于伸缩量小于 60 mm 的桥梁，见图 4.13。如果在橡胶板下方设置一层梳齿式钢托板，就可以形成组合式橡胶伸缩装置。这种伸缩装置中，伸缩体由橡胶板和钢托板共同构成，而钢托板可以更好地承担竖向车轮荷载，因此其伸缩适应范围可以提高到不大于 150 mm 的桥梁，见图 4.14。

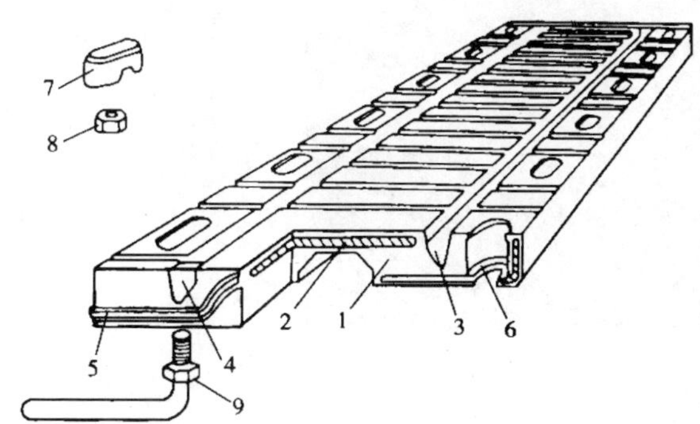

图 4.13　普通板式橡胶伸缩装置一般构造

1—橡胶；2—加强钢板；3—伸缩用槽；4—止水块；5—嵌合部；6—螺帽垫板；7—腰形盖帽；8—螺帽；9—螺栓

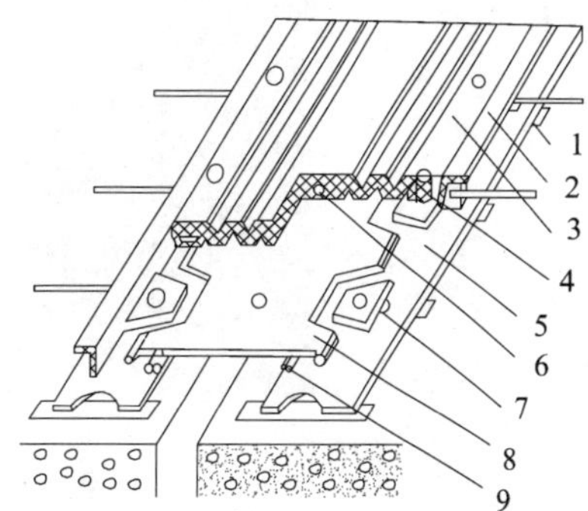

图 4.14　组合式橡胶伸缩装置一般构造

1—预埋铁；2—边角铁；3—橡胶伸缩装置；4—内六角螺栓；5—底钢板；6—螺栓；7—固定齿板；8—托板；9—限位块

4. 模数支承式伸缩装置

模数支承式伸缩装置是主要用于高等级、大跨度公路桥梁上采用的一种伸缩装置，其伸缩量大（可达 2000mm），功能比较完善，但结构较为复杂。它的主要部分是由异型钢与橡胶条（各种截面型式）组成的犹如手风琴式的伸缩体，配上横梁、位移控制系统以及弹簧支承系统。每个伸缩体的伸缩量为 60 ~ 100 mm。需要伸缩量更大时，可以用两个以上的伸缩体，中间用若干根横桥向布置的中梁隔开。中梁支承在其下的顺桥向横梁上。为了保证伸缩时各中梁始终处于正确位置并作同步水平位移，应将中梁底部连接在连杆式或弹簧式的控制系统上。模数式伸缩装置的最大特点是橡胶伸缩体与钢件可定型生产，并可根据伸缩量需求进行模数组合设计。当伸缩体做成 60 mm、80 mm、100 mm 三种型号时，视中梁根数不同，可以组合成宽度为 60 mm、80 mm、100 mm 倍数的各种伸缩装置。

图 4.15 为德国毛勒（Maurer）模数式伸缩装置鸟形构造，它采用 Z 形边梁和工字形中梁与鸟形橡胶带的组合构造。图 4.16 为南京长江第二大桥（主跨 628 m 的钢箱梁斜拉桥）中使用的模数式伸缩装置实例图片。

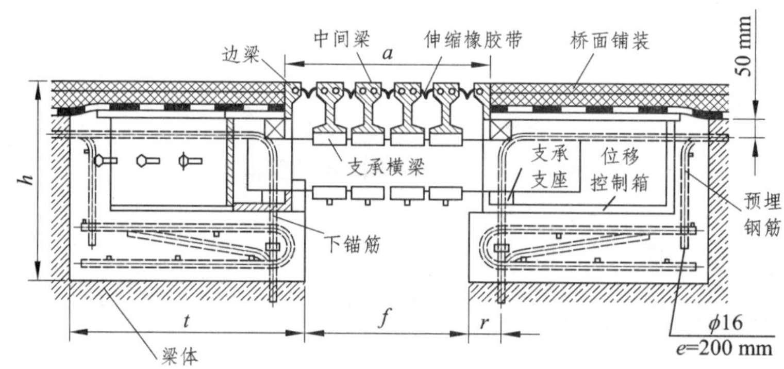

图 4.15　毛勒模数式伸缩装置

图 4.16　模数式伸缩装置实例

5. 无缝式（暗缝式）伸缩装置

无缝型伸缩装置是在伸缩缝处的桥面处填入专用弹塑性粘结材料，利用该材料的拉压变形来适应伸缩要求的一种构造措施。由于伸缩体与桥面铺装整体连续，外观上不存在伸缩装置的缝槽，故称之为无缝式或暗缝式伸缩装置。

该构造的基本工艺是：在梁端部的伸缩缝间隙中填入弹性材料并铺上防水材料，然后在桥面铺装层中铺筑一窄条的弹塑性粘结材料。该材料可以吸收温度和车辆荷载产生的结构位移，保证伸缩体不开裂损坏，适用于桥梁上部构造的小量伸缩变形和转动变形。主要特点是：行车平顺，不致产生冲击振动；在寒冷地区，易于机械化除雪养护；施工简便等。图 4.17 所示为 TST 弹塑体（高分子聚合物与沥青混合，并添加防老化剂等多种配剂）与碎石填充型伸缩装置的构造，适用于伸缩量 50 mm 以下的情况。

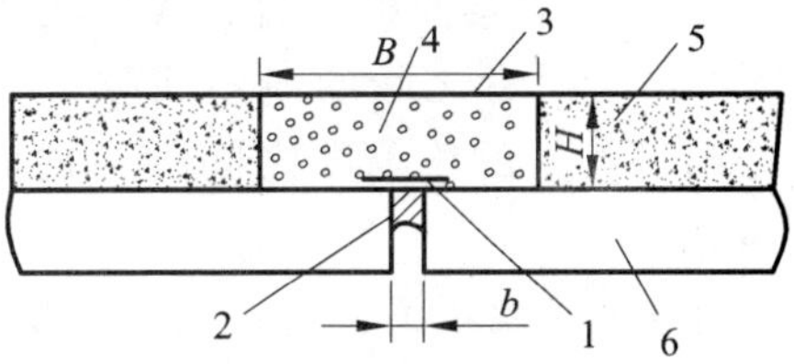

图 4.17　TST 碎石填充伸缩装置构造

1—跨缝板；2—海绵体；3—TST 弹塑体；4—碎石；5—桥面铺装层；6—梁体

从桥面铺装连续的角度看，桥面连续构造也可视为无缝式伸缩装置的一种特殊形式。为提高行车舒适度，减少伸缩装置的数量和养护工作量，桥面连续构造在高等级公路的小跨径多孔简支梁（板）桥中广泛采用。对多孔（通常 3 ~ 5 孔）简支梁，在相邻梁体处梁缝上的桥面铺装层连续敷设；通过构造措施，使该处的铺装层能释放梁体间的相对转角，形成类似铰缝的构造。这样，对采用桥面连续构造的多孔简支梁，在竖向荷载作用下的受力状态可按简支体系考虑，而在纵向水平力作用下则按连续体系考虑。实际工程中桥面连续构造有多种型式，图 4.18 所示为其中一种。

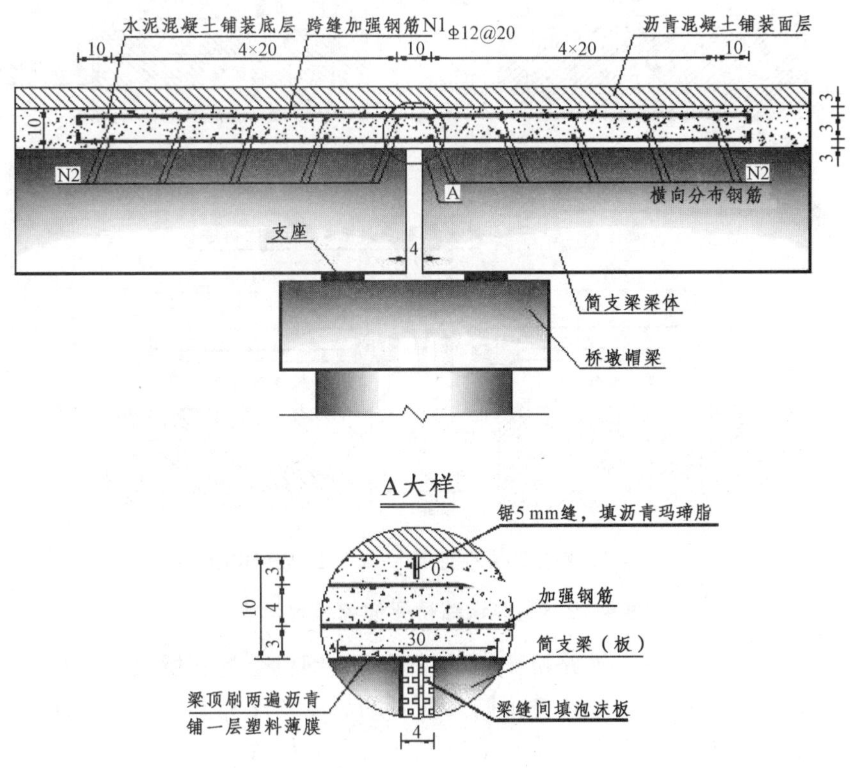

图 4.18　桥面连续构造（尺寸单位：cm）

三、铁路桥梁伸缩装置

在铁路桥梁中，为适应结构纵向变形释放需求，需要在桥梁上部结构上设置伸缩缝。对于道砟桥面，由于列车只是在桥面的轨道上运行，当桥梁纵向伸缩量较小时，不需要设置专门的桥梁伸缩装置，仅需要对结构伸缩缝处进行挡砟处理。在简支梁桥的梁与梁之间、梁与桥台之间的横向间隙，或者是装配式简支梁（至少由两片梁组成单线铁路桥，参见第五章）的梁与梁之间的纵向间隙，均可采用铺设在结构顶面的钢或混凝土盖板进行挡砟。

对高速铁路桥梁，需设置轨道及结构的伸缩装置，以适应桥梁结构的纵向位移。依据高速铁路的特点，桥梁伸缩装置的设计应满足以下要求：① 计算伸缩量时，除应考虑混凝土徐变、收缩、温度变化力的影响外，还应考虑牵引力、制动力等因素的影响；② 伸缩装置应能方便进行部分或整体更换；③ 伸缩缝处应有良好的防、排水措施。图 4.19 为适用于常规跨度的高速铁路客运专线梁桥采用的 TSSF 耐候型伸缩装置示意图。

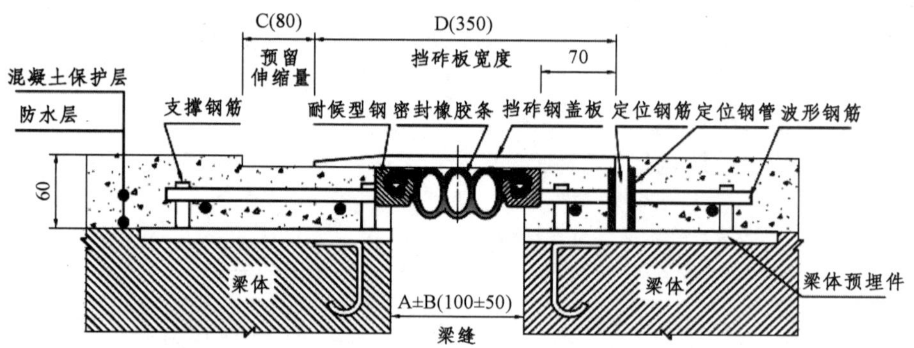

（a）有砟轨道梁耐候型伸缩装置（TSSF-100 型）

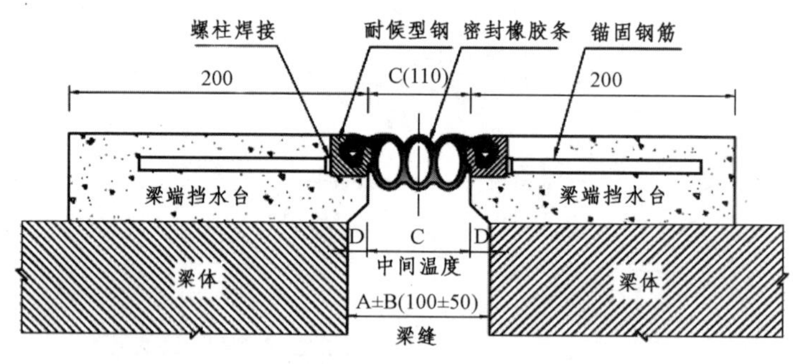

（b）无砟轨道梁耐候型伸缩装置（TSSF-100 型）

图 4.19 高速铁路桥梁伸缩装置示意

在荷载与温度变化影响下，铁路桥梁上的（无缝）钢轨会随同桥梁一起伸长或缩短。但由于钢轨与梁体沿线路纵向的约束条件不同，两者的温度变化和温度系数有所不同，就导致两者的伸缩长度有异；同时，由于钢轨与梁体之间的相对位移受到约束，进而产生相互作用力，这种附加纵向力对墩台和轨道的安全是不利的。因此，桥梁设计规范要求连续长度大于 100 m 的桥梁，必须在梁端伸缩缝处或桥面其他合适位置设置钢轨伸缩调节器，其既用来减小相对位移和相互作用力，也可保证车轮在连续的而不是断开的轨道上滚动。

钢轨伸缩调节器的种类有限，构造也较简单。图 4.20 为单向钢轨伸缩调节器的示意图。若将图中的尖轨做成两端一样，就成为双向钢轨伸缩调节器。这种钢轨伸缩调节器只需将原来对接的两根钢轨分别向内、外侧稍加弯曲，并平行地伸至对方一段距离。内侧钢轨的内缘磨削成尖状，使两根钢轨的内缘处在同一直线上，以便车轮通过。尖轨与外侧钢轨用弹簧抵紧，使钢轨伸缩时尖轨始终贴紧在外侧钢轨上，轨尖处不致出现缝隙。

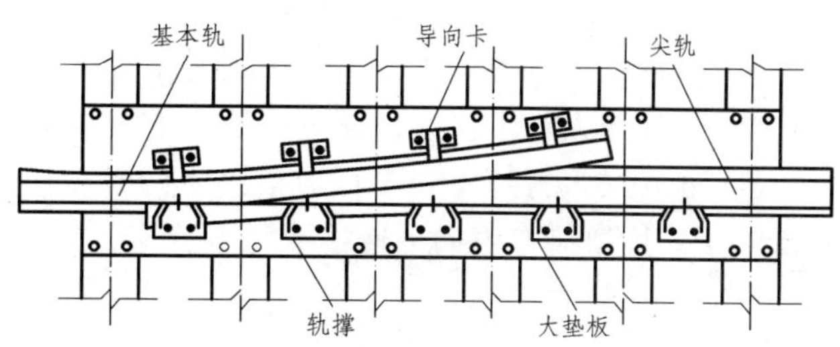

图 4.20 铁路桥梁单向钢轨伸缩调节器

第四节 其它桥面构造

在桥面构造中，除了行车道板上的桥面铺装及其防排水构造、梁端的伸缩装置外，还有一些用于保障行车、行人安全的其它桥面构造，如安全带、人行道、人行道栏杆、车行道护栏、桥上照明系统等。

对于城市桥梁，除了具有和公路桥梁相同的桥面构造外，还需要注重桥面构造（如栏杆、灯柱等）的造型与色彩，体现除结构与环境相协调、与文化相融合的美学需求。

一、人行道与栏杆

1. 人行道

对位于城镇和近郊的公路桥梁以及城市桥梁，均应设置人行道（sidewalk）。人行道是桥面构造中用于行人通行的部分，其一般设置在桥面的两侧，宽度由人行交通流量决定。单侧人行道的最小宽度一般为 0.75 m 或 1.0 m，大于 1.0 m 时宽度按 0.5 m 的倍数递增。

为确保行人安全，人行道通常高于行车道 0.25 ~ 0.35 m。人行道与车行道衔接处通常设置与人行道等高的路缘石（curb）。城市桥梁中，经常会借用人行道板下的空间布设管线（电力、通讯、给水等）。

人行道的设置方式和构造措施多种多样，具体设计时需要结合桥梁用途、桥梁结构形式和人行需求加以考虑。按人行道的施工方法，主要可以分为以下几种形式：

① 就地浇筑式：人行道构造与桥梁承重结构联为整体，通过在主体结构侧边现浇抬高的悬臂板，再敷设人行道铺装层形成人行道。参见图 4.21（a）。

② 预制装配式：将人行道做成预制块件安装，预制块件可以为整体人行道预制件，也可以为分块式的人行道块件。参见图 4.22 和图 4.23。

③ 部分现浇部分装配式：将人行道的路缘石、栏杆基座垫石、人行道板下垫块在桥面上直接现浇，再安装预制人行道板，形成架空的人行道构造。这是目前桥梁中较多采用的人行道构造，类似于图 4.21（c）所示。

按人行道在桥面上安装时与桥面主体结构的相对关系可以划分为以下几种形式：

① 搁置式人行道：人行道结构搁置于主体结构之上（图 4.22）。

② 悬臂式人行道：人行道结构的一部分悬出主体结构以外（图 4.23）。

③ 分离式人行道：在车行道梁外专门设置用于承受人行道荷载的人行道桥跨结构。车行道梁于人行道梁在横向可连接或完全分离，参见图 4.21（b）。

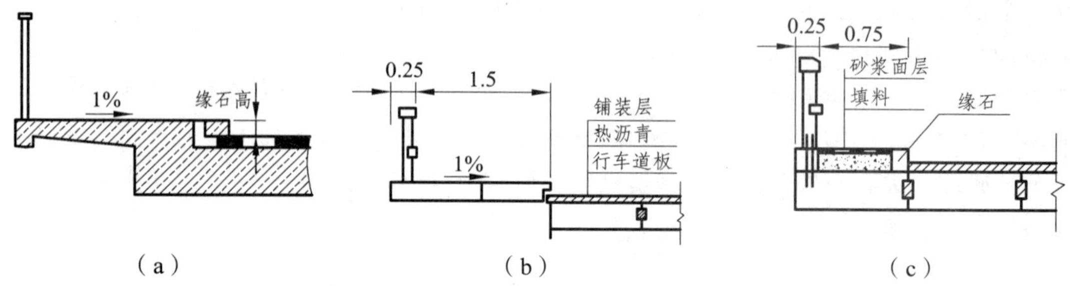

图 4.21　人行道的布置方式（尺寸单位：m）

图 4.22 为一整体搁置式预制人行道的构造型式，截面呈肋板式。人行道与行车道板之间无需联结，人行道板下可放置过桥的管线。图 4.23 是一种分块悬臂式人行道的构造型式。人行道由人行道板、人行道梁、支撑梁及路缘石组成。人行道梁搁在行车道的主梁上，一端悬臂挑出，另一端则通过预埋在人行道梁上的钢板与主梁预留的锚固钢筋焊接加以固定。

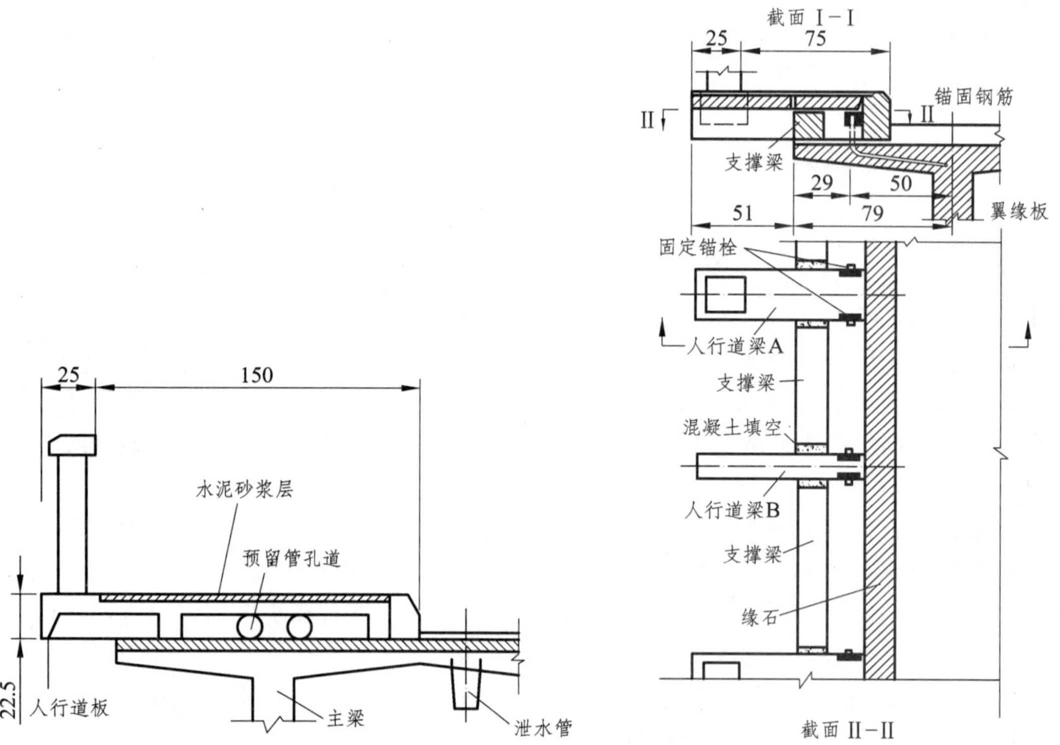

图 4.22　搁置式人行道构造（尺寸单位：cm）　　**图 4.23　预制装臂式人行道构造**（尺寸单位：cm）

人行道板顶面一般铺设 20 mm 厚的水泥或沥青砂浆作为面层，也可镶砌彩色面砖，并做成 1% 左右的内倾排水横坡。

对常规铁路桥梁，人行道主要供养护维修人员通行及临时堆放材料（道砟、枕木、钢轨等）。明桥面应在轨道中心铺设步行板，并根据养护需要设置单侧或双侧人行道。道砟桥面应设置双侧人行道。对装配式混凝土梁桥，人行道（包括栏杆）的标准构造如图 4.24 所示。在挡砟墙内，预埋了供安装人行道钢支架的 U 形螺栓。人行道支架、栏杆、扶手多采用型钢，人行道板系用钢筋混凝土制成。对于采用道砟桥面的箱梁桥，宜直接在整体桥面板上设置人行道。

高速铁路桥梁中的人行道为检修作业专门通道。人行道设置在桥面两侧，宽度不小于 0.8 m。为确保作业人员不受高速列车通行时带来的风压危害，要求人行通道栏杆内侧距线路中心线有一定的安全距离。图 4.25 为一个典型的高速铁路桥梁人行道（包括栏杆）布置情况，它包括了防撞墙（对有砟道床则为挡砟墙）、人行道板、竖墙、遮板、人行道栏杆等。人行道的大部分构件可采用 C40 混凝土制作。

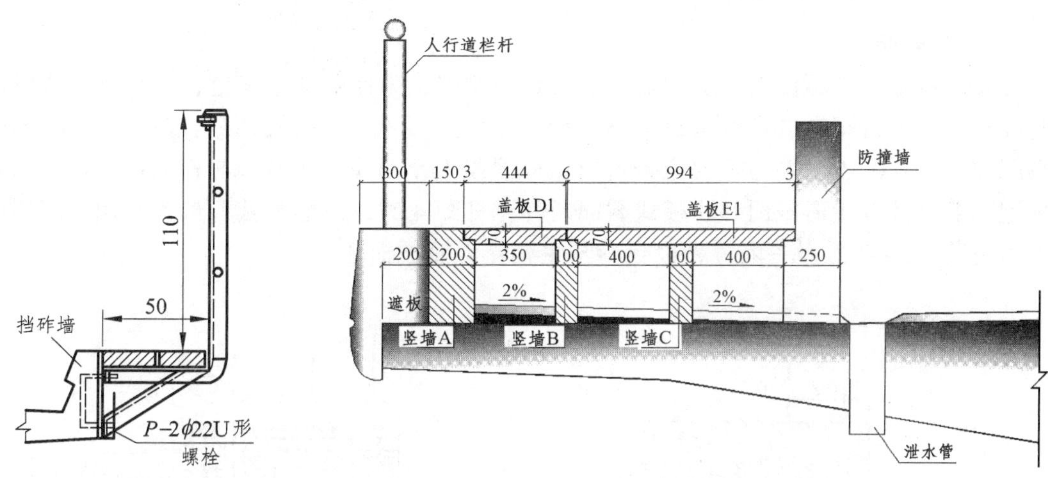

图 4.24 铁路桥梁人行道栏杆布置图（尺寸单位：cm）

图 4.25 高速铁路桥梁桥面人行道示意

2. 栏杆

栏杆（parapet）是桥上保护行人安全的设施，要求坚固耐用；同时，栏杆又是适于表现桥梁美观的构造。传统上，栏杆的基本构成包括扶手、栏杆柱、横挡（或栏板），参见图 4.24 示意。扶手是承担行人倚靠的水平构件，栏杆柱承受和传递行人作用的水平荷载。横挡是实现遮挡功能的主要构件。随着栏杆形式的多样化发展，上述构件的区分已不十分清晰，通常相互融合以共同实现安全与美观功能。

在外观形式上，栏杆可分为节间式与连续式，见图 4.26。节间式的构成如前所述，连续式无需栏杆柱，由连续的扶手、栏杆板及底座组成。节间式栏杆便于预制安装，能配合灯柱设计，但对跨度不等的桥，在划分上较为困难。连续式栏杆有规则的栏杆板，富有节奏感，较简洁明快。

建造栏杆的材料多样，可以采用混凝土、石材、木材、铸铁、不锈钢等材料，也可混合使用上述材料。栏杆的设计首先要考虑结构安全可靠，栏杆柱或栏杆底座要与桥面板结构牢固连接，同时也要考虑经济适用，美观大方，施工简单，互换方便。一般，栏杆高度不应小于 1.1 m，栏杆柱的间距大致在 2.5 m 左右。

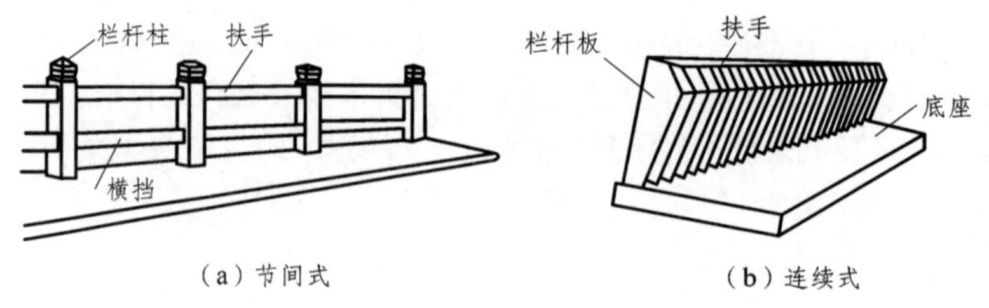

（a）节间式　　（b）连续式

图 4.26　栏杆构造示意图式

在桥面伸缩缝竖面内，人行道（包括路缘石、栏杆）必须断开，避免与结构共同受力而破坏。

二、安全带与安全护栏

1. 安全带

安全带是指在不设人行道的低等级公路桥梁中，为保障交通安全，在行车道边缘沿桥纵向设置的高出行车道的带状构造物。安全带与栏杆一并设置。一般，安全带宽度不小于 0.25 m，高度在 0.25 ~ 0.35 m 左右。安全带可以做成混凝土预制块件拼装或与桥面铺装层一起现浇。预制的安全带有矩形截面和肋板式截面两种，见图 4.27，以矩形截面最为常用。现浇的安全带需每隔 2.5 ~ 3 m 做一断缝，以免参与主梁受力而被损坏。

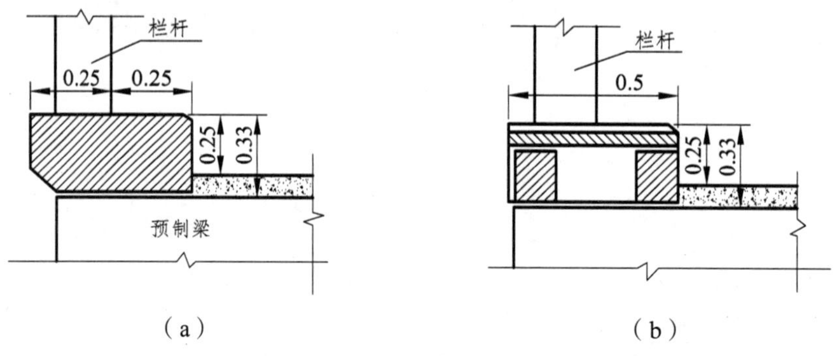

（a）　　（b）

图 4.27　矩形和肋板式安全带（尺寸单位：m）

2. 安全护栏

在桥梁上设置各种型式的安全护栏（guardrail），可以在一定程度上防止和减轻交通事故对车辆和人员的伤害。对高速公路和干线一级公路上的桥梁，须设置路侧护栏及中央分隔带护栏；对二级公路和跨越深沟峡谷、江河湖泊的三、四级公路上的桥梁，须设置路侧护栏；对其它路段的桥梁，可视情况决定是否需要设置护栏。

护栏型式多种多样。按构造特征，桥梁安全护栏可分为（金属或混凝土）梁柱式护栏、钢筋混凝土墙式护栏和组合式护栏；按护栏碰撞变形性能，可分为刚性护栏、半刚性护栏和柔性护栏；参见图 4.28 ~ 4.30。钢筋混凝土墙式护栏为刚性护栏，其通过失控车辆碰撞后爬高并转向来吸收碰撞能量。波形梁护栏为半刚性护栏，其具有一定的强度和刚度，利用立柱和波形钢板的变形来吸收能量。缆索护栏是一种具有较大缓冲能力的柔性护栏结构，其由数根施加初拉力的缆索固定于端柱上而形成。桥梁上多用刚性护栏和半刚性护栏。

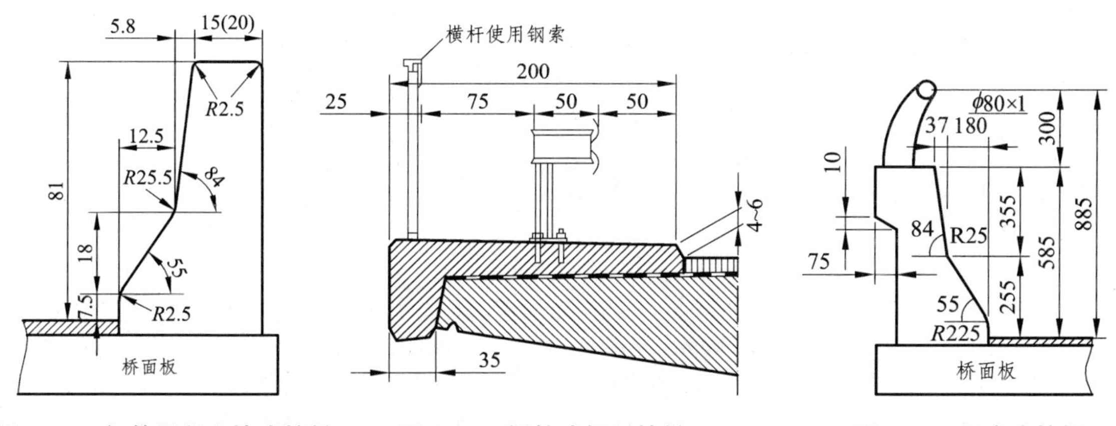

图 4.28 钢筋混凝土墙式护栏（尺寸单位：cm）

图 4.29 梁柱式钢制护栏（尺寸单位：cm）

图 4.30 组合式护栏（尺寸单位：mm）

应根据护栏的防撞性能、受碰撞后的护栏变形程度、环境和景观要求、护栏的全寿命成本等综合考虑护栏型式。防撞性能是护栏选用中的最关键指标。根据护栏的防撞性能差异，可划分为不同的等级。目前我国公路桥梁路侧护栏由低到高分为 B、A、SB、SA、SS 五级，中央分隔带护栏由低到高分为 Am、SBm、SAm 三级。设计速度越快，车辆越出桥外造成二次交通事故的可能性越大，要求桥梁护栏的防撞等级越高。具体设计要求，可按《公路交通安全设施设计规范》《公路交通安全设施设计细则》等文件办理。

为避免与桥梁结构共同承受竖向荷载，钢筋混凝土墙式护栏需要按一定间距设置结构断缝。在跨越伸缩缝时，各类护栏均应设置能适应或释放伸缩变形的构造。

三、桥面照明

在城市内及城郊行人和车辆较多的桥梁上需要设置照明设备，一般采用灯柱在桥梁上实现照明。灯柱的设计需要考虑设置间距、照度要求、安全防护要求等，并与桥面安全可靠地锚固连接。灯柱及照明设备的设计要经济合理，其选型也要注意美观协调。灯柱可设置在路缘石上或人行道上，也可以利用栏杆立柱；对于有中央分隔带的桥面，灯柱可以布置在中央分隔带内。照明用灯一般高出桥面 5 m 左右。

在城市桥梁中，除采用灯柱照明外，还可根据需要，应用多样化的光源（如护栏、栏杆照明，结构表面照明等）形成桥梁景观照明系统。

思考题

一、试述公路桥面构造的组成及其作用。

二、铁路桥面有哪两种基本类型？

三、设置桥面纵、横坡的原因和目的是什么？

四、简述伸缩装置的作用，选择伸缩装置的依据是什么？

五、为什么人行道的路缘石、栏杆、混凝土护栏等每隔一定长度需要断开？

第五章　混凝土简支梁桥

简支梁桥（simply-supported beam bridge）属于静定结构，它受力明确，构造简单，施工方便，是中小跨度桥梁中应用最广泛的桥型。简支梁桥的结构尺寸易于设计成系列化和标准化，这就有利于在工厂内或工地上广泛采用工业化制造，组织大规模预制（precast）生产，并利用起重设备或架桥机进行架设。采用预制装配式的施工方法，可以节约模板及支架材料，降低劳动强度，提高质量，缩短工期，显著加快建桥速度。因此，国内外中小跨径的桥梁，绝大部分采用装配式的简支混凝土梁、钢梁或结合梁。

第一节　混凝土简支梁桥的设计与构造特点

一、截面形式

从梁的截面（section）形式来区分，混凝土简支梁桥可以分为三种类型：板桥、肋板式桥和箱梁桥。其中肋板式桥的横截面形式又主要有 Π 形 和 T 形两种基本形式。

1. 板　桥

板桥（slab bridge）的承重结构就是矩形截面的钢筋混凝土或预应力混凝土板，其主要特点是构造简单，施工方便，而且建筑高度较小。从力学性能上分析，位于受拉区的混凝土材料不但不能发挥作用，反而增大了结构的自重，当跨度稍大时就显得笨重而不经济，故简支板桥的跨径一般不大，通常在 10 m 左右。

图 5.1（a）表示整体式板桥的横截面，这种板在车辆荷载作用下除了沿跨径方向引起弯曲受力外，在横向也发生挠曲变形，因此它是一块双向受力的弹性薄板，其受力钢筋需沿纵、横两个方向布置。有时为了减轻结构重力，也可做成留有圆洞的空心板（voided slab）桥或将受拉区稍加挖空的矮肋式板桥（图 5.1（b））。图 5.1（c）所示为在小跨径（一般不超过 8 m）梁桥中广泛使用的装配式板桥。它由几块预制的实心板条拼连而成。从结构受力性能上分析，在荷载作用下，它不是双向受力的整体宽板，而是一系列单向受力的窄板式梁，板与板之间凭借企口缝（板与板之间的连接构造，参见图 5.14）传递剪力而共同受力。对于每块窄板而言，它主要沿跨径方向承受弯曲与扭转。装配式板桥也可做成在横截面中性轴附近被显著挖空的空心板桥（图 5.1（d）），以达到减轻自重和加大跨径的目的。图 5.1（e）是一种装配—整体组合式板桥，它利用一些小型预制构件安装就位后作为底模，在其上再浇筑混凝土结合成整体。在缺乏起重设备的情况下，这种板桥能收到较好的效果，但应用十分有限。

图 5.2 为干线铁路板式简支梁桥的横截面图。一般在跨度 6 m 以下采用。由于板底的支承面很宽，每片都不致发生侧向倾覆，因而两片板之间不需要任何横向联结。

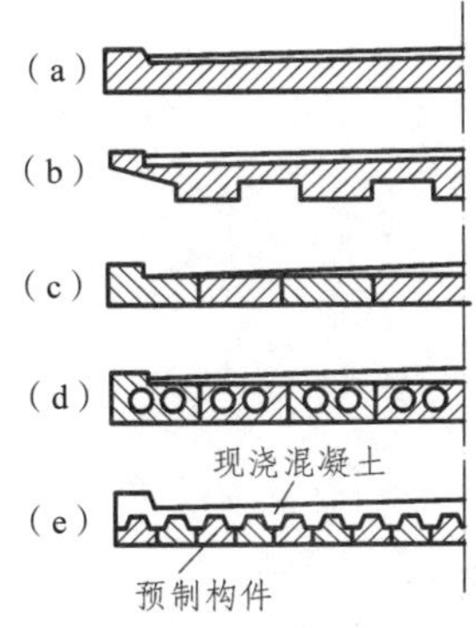

图 5.1　公路板桥横截面图

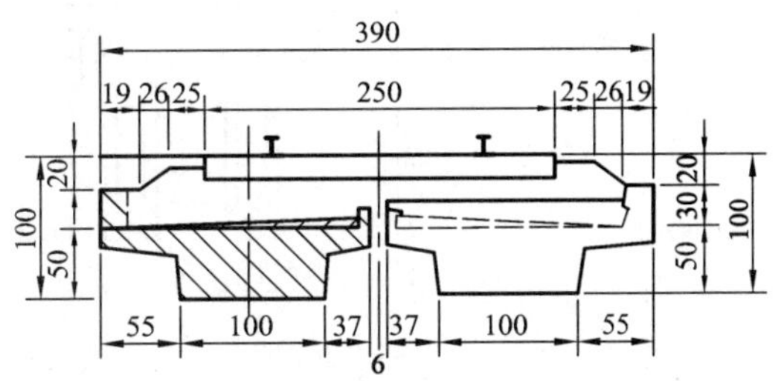

图 5.2　铁路板桥横截面（尺寸单位：cm）

2. 肋板式梁桥

在横截面内形成明显肋状结构的梁桥称为肋板式梁桥，或简称肋梁桥。这类桥以梁肋（或称腹板）与顶部的钢筋混凝土桥面板结合在一起作为承重结构。由于肋与肋之间处于受拉区的混凝土得到很大程度的挖空，结构重力显著减轻。特别对于仅承受正弯矩作用的简支梁来说，这既充分利用了扩展的混凝土桥面板的抗压能力，又有效地发挥了集中布置在梁肋下部的受拉钢筋的作用，从而使结构构造与受力性能达到较理想的配合。与板桥相比，对于梁肋较高的肋梁桥来说，由于混凝土抗压和钢筋受拉所形成的力偶臂较大，因而肋梁桥也具有更大的抵抗荷载弯矩的能力。目前，中等跨径（20 ~ 40 m）的梁桥，通常采用肋板式梁桥。

肋板式梁桥的横截面又分为 Π 形和 T 形两种基本类型。

（1）Π 形截面

图 5.3 所示为公路 Π 形梁桥横截面。其特点是：截面形状稳定，横向抗弯刚度大，梁的堆放、装卸和安装都方便，各Π 形梁之间用穿过腹板的螺栓连接。但这种构件的制造较复杂；梁肋被分成两片薄的腹板，通常用钢筋网来配筋，难以做成刚度较大的钢筋骨架。设计经验证明，跨度较大时 Π形梁桥的混凝土和钢筋用量都比下述的 T 形梁桥的大，而且构件也重。故 Π 形梁桥一般只用于 $l = 6 \sim 12$ m 的小跨径桥梁，应用有限。

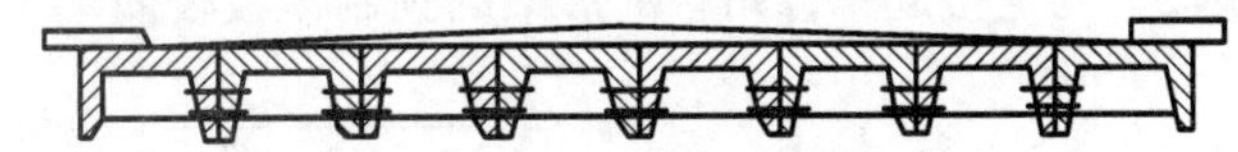

图 5.3　公路 Π 形梁桥横截面

图 5.4 所示 为干线铁路 Π 形梁跨中截面（左）及梁端面（右）。每个Π 形梁的两肋间设有横隔板（或称为横隔梁，cross diaphragm）。由于在列车活载作用下每片梁可各自保证不发生侧向倾覆，因此安装就位后两片梁之间不必再加横向联结，这是其主要优点。但这种梁所费钢筋和混凝土均较多，制造也较麻烦，而且每片梁需用四个支座。安装时稍不留意，很可能造成个别支座悬空。在列车通过时，悬空的支座会承受反复发生锤击作用而使结构受损，并且会使整个梁部产生斜弯曲或扭转，从而可能导致梁肋、横隔板与道砟槽板的损坏。此外，

这种梁的梁肋数目较多，梁底宽度也较大，因而增加了桥跨结构本身以及墩台和基础的材料用量。基于上述原因，目前已较少采用这种截面。

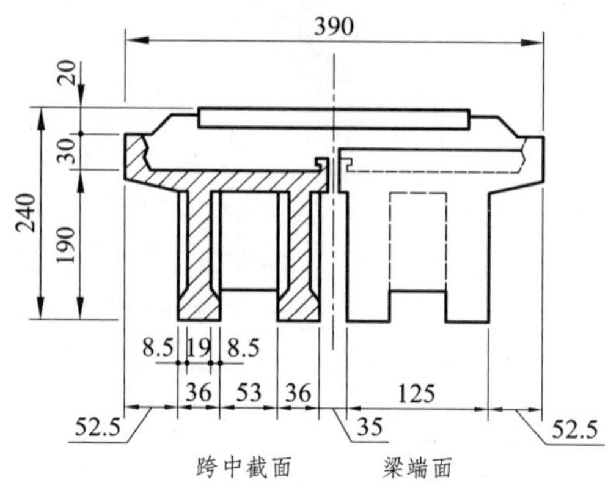

图 5.4 铁路 Π 形梁横截面（尺寸单位：cm）

（2）T 形截面

由若干个 T 形截面梁组成的桥，统称为 T（形）梁桥（T-girder）。图 5.5（a）为采用现浇方法施工的整体式 T 梁桥的横截面形状。在设计整体式 T 梁桥时，鉴于梁肋尺寸不受起重安装机具的限制，故可以根据钢筋混凝土体积最小的经济原则来确定截面尺寸。对于桥面不宽的双车道的公路桥梁，只要建筑高度不受限制，往往以建造双主梁桥（图 5.5（b））较为合理，主梁的间距可按桥梁全宽的 0.55 ~ 0.60 布置。有时为减小桥面板的跨径，还可在两主梁之间增设内小纵梁。

考虑到起重设备的能力和预制安装的方便，装配式肋梁桥一般采用主梁间距在 2.0 m 以内的多梁式结构。图 5.5（c）是目前我国最常用的装配式 T 梁桥的横截面。通常，在每一预制 T 梁上沿纵向设置若干（等 T 梁架设就位后再相互连接用的）横隔板。

图 5.6 为我国干线铁路钢筋混凝土 T 形梁横截面。梁高 190 cm，道砟槽板（即桥面板）为梁的上翼缘，跨中部分梁肋宽（也称梗宽或腹板厚）30 cm，梁的端部由于受到较大的剪力，肋宽增加到 49 cm。梁肋下缘，则因布置受拉钢筋的构造需要而增宽到 70 cm。这种梁也是分为两片预制，每片梁为单肋。由于单片梁易于侧向倾覆，储运时需在两侧加临时支撑。在工地架设就位后，两片梁要用横隔板连接成整体。横隔板的两半分别与每一片梁预制在一起。因此，在工地只要将横隔板在接头处连接起来即可。T 形梁的预制模板较简单，施工也较方便。

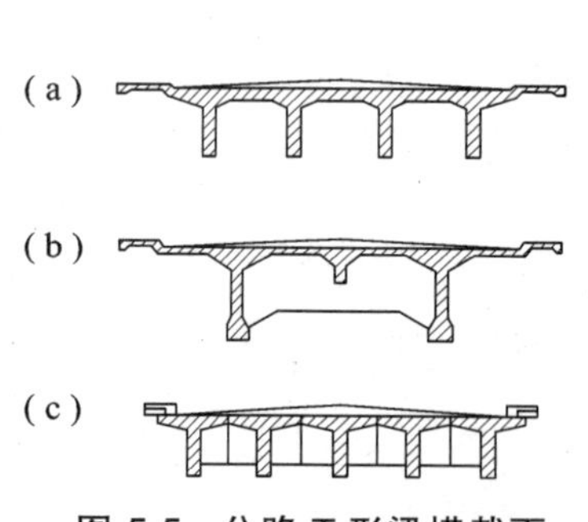

图 5.5 公路 T 形梁横截面

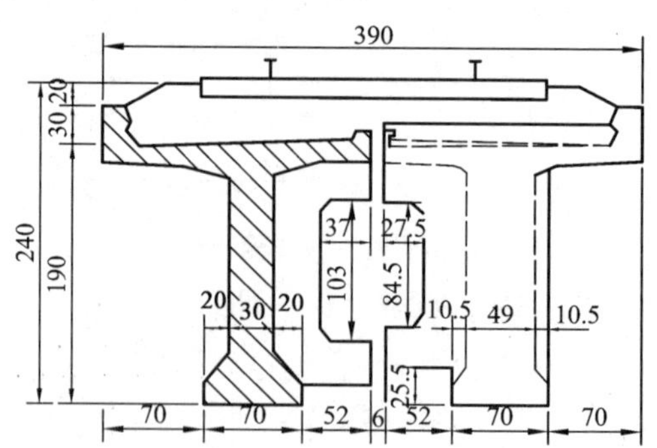

图 5.6 铁路 T 形梁横截面（尺寸单位：cm）

3. 箱形截面

横截面呈一个或几个封闭箱形的梁桥称为箱形梁桥（box girder bridge）。这种结构除了梁肋和上部翼缘板外，在底部尚有扩展的底板，因此它能提供承受正、负弯矩的混凝土受压区。箱形梁桥的另一重要特点是，在一定的截面面积下能获得较大的抗弯惯矩，而且抗扭刚度也特别大，在偏心活载作用下各梁肋的受力比较均匀。因此，箱形截面能适用于较大跨径的悬臂梁桥和连续梁桥，也可用于全截面均参与受力的预应力混凝土简支梁桥。显然，对于普通钢筋混凝土的简支梁桥来说，底板除徒然增加重力外并无其他益处，故不宜采用。

图 5.7（a）和（b）所示为常用的单箱单室和单箱多室的整体式箱形梁桥的横截面。图 5.8 为跨度 40 m 的某双线铁路特大桥的横截面。

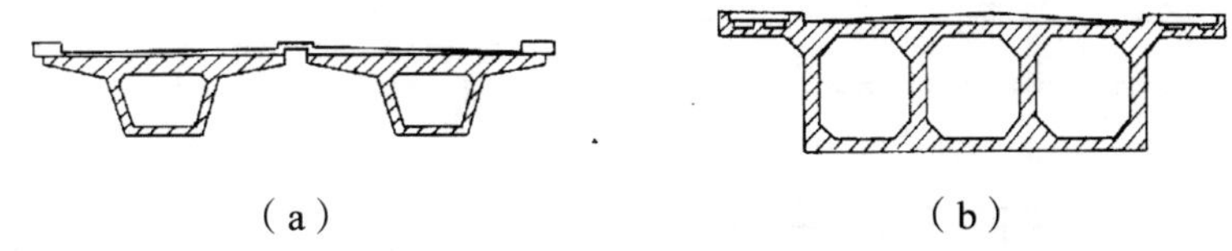

图 5.7　公路箱形梁截面

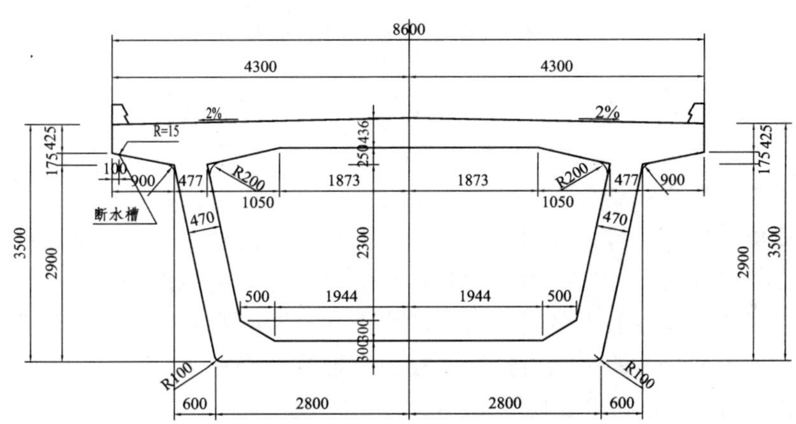

图 5.8　铁路箱形梁横截面（尺寸单位：mm）

为满足高速列车安全运行和旅客乘坐舒适度的要求，高速铁路桥梁结构应具有足够的刚度，以及良好的动力性能和耐久性。基于上述要求，桥梁上部结构一般采用预应力混凝土结构，应用最多的是双线铁路混凝土简支箱梁桥，参见第四章图 4.3 和图 4.4。

图 5.9 给出了美国中小跨度公路梁桥的常用截面形式。图 5.9（a）的承重结构为 I 形钢板梁，上铺现浇或预制的混凝土桥面板；图（b）的为钢箱或预制混凝土箱与现浇混凝土桥面板；图（c）的为槽形钢梁或预制混凝土梁与现浇混凝土桥面板；图（d）的为整体现浇混凝土多箱室；图（e）的为整体现浇混凝土 T 梁；图（f）的为空心或多室混凝土箱带桥面铺装；图（g）的为预制的多室混凝土箱，配横向后张（post-tensioned）预应力；图（h）的为预制混凝土Π形截面带桥面铺装；图（i）的为预制混凝土双 T 截面（即 Π 形），配横向后张预应力；图（j）的为预制混凝土 T 形截面，配横向后张预应力。在所有钢梁与混凝土桥面板结合形成的梁桥中，都需采用剪力连接器或剪力键（shear key），保证钢-混凝土之间的可靠连接，参见第六章。

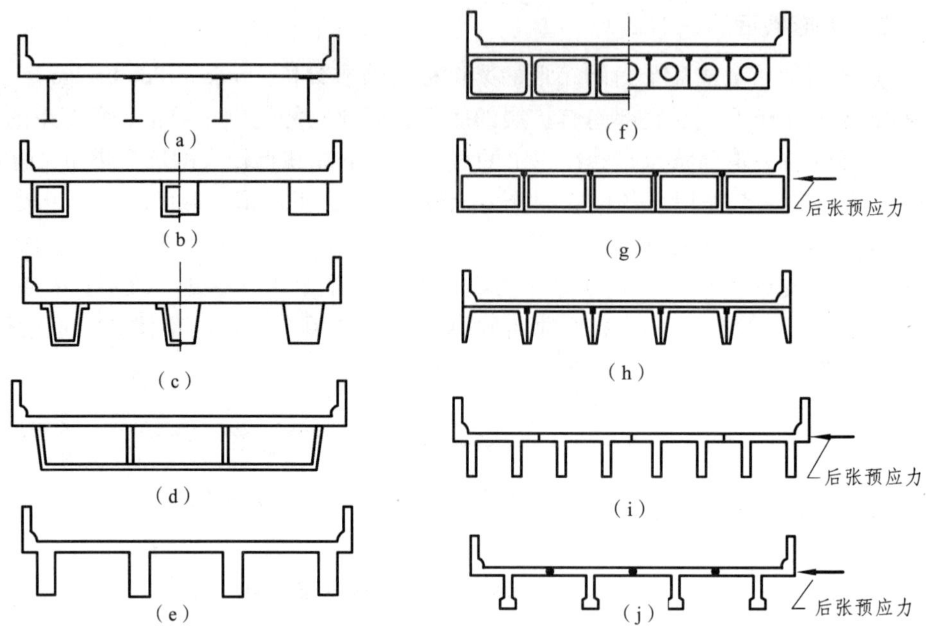

图 5.9　美国中小跨度公路梁桥的常用截面

二、分块方式

装配式梁桥按何种方式划分成预制拼装单元，是直接影响到结构受力、构件预制、运输和架设以及拼装接头的施工等许多因素的问题，而且这些因素往往又彼此影响、相互矛盾。例如，要加大安装构件的尺寸以减少接头数量并增强结构的整体性，就会要求很大的运输、起重能力；而为了减小构件的重量，就会增加构件和接头的数目，或增加现浇混凝土的工作量等。同时，块件的划分方式也与所选用的横截面形式紧密相关。

在装配式梁桥设计中，块件的划分应遵循以下一般原则：

① 块件的重量应当符合当地现有的运输工具和起吊设备的承载能力，而块件的尺寸及运输则应满足建筑限界的要求；

② 结构的构造应当简单，并且尽可能少用接头。接头必须耐久可靠，具有足够的刚度以保证结构的整体性；

③ 为了便于制造以及日后的更换，块件形状和尺寸应力求标准化。

钢筋混凝土和预应力混凝土梁桥常用的分块方式有纵向竖缝划分、纵向水平缝划分和纵、横向竖缝划分三种方式。

1. 纵向竖缝划分

这种划分方式在简支梁桥中应用最为普遍。在这种结构中，作为主要承重构件的各片主梁，包括相应行车道板，都是整体预制的，接头和接缝仅布置在次要构件——横隔梁（板）和行车道板（或道砟槽板）内（如图 5.5（c），图 5.6，图 5.7（a）和图 5.9）。结构部分均为预制拼装，不需要现浇混凝土。这种划分方法使主梁受力可靠，施工也方便；不足之处是构件的尺寸和重量往往都很大，可能会增加运输与安装上的困难。

2. 纵向水平缝划分

为了进一步减轻拼装构件的起吊重量和尺寸，便于集中预制和运输吊装，还可以用纵向水平缝将桥梁的全部梁肋与桥面板分割开来，再借助纵横向的竖缝将板划分成平面呈矩形的预制构件。施工时先架设梁肋，再安装预制板，最后在接缝内或连同在板上现浇一部分混凝土使结构连成整体，这样的装配式梁桥通常称为组合式梁桥。其横截面形式如图 5.10 所示。

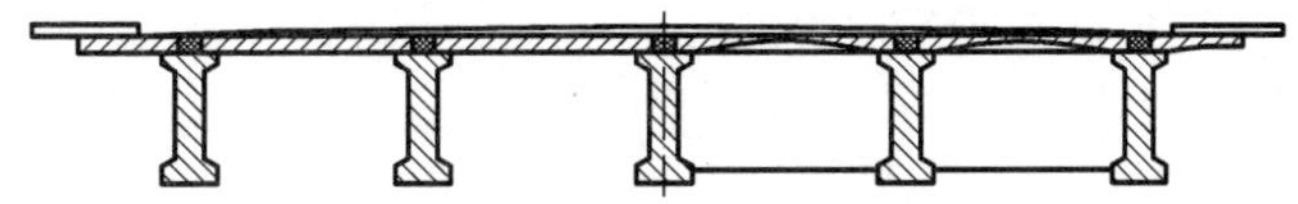

图 5.10 组合式梁桥横截面

组合式梁桥由于在主要承重结构的梁肋与翼板之间存在有混凝土施工接缝，故会削弱梁板之间抵抗弯曲剪应力的能力。因此，为了使组合式梁可靠地整体受力，必须保证结合面的抗剪强度。通常以适当加大肋顶宽度和借助肋内的伸出钢筋来达到。施工时，结合面应按规定作接缝处理。

3. 纵横向竖缝划分

为使装配式梁的预制块件进一步减小尺寸和减轻重量，可将用纵向竖缝划分的主梁再通过横向竖缝划分成较小的梁段，如图 5.11 所示。显然，对于这样的预制梁段，由于没有普通钢筋穿过接缝，就必须对架设就位后的梁段用预应力钢筋串连，通过施加预应力来保证所有接缝具有足够的连接强度，使梁整体受力。这种横向分段预制的装配式梁也称串连梁。

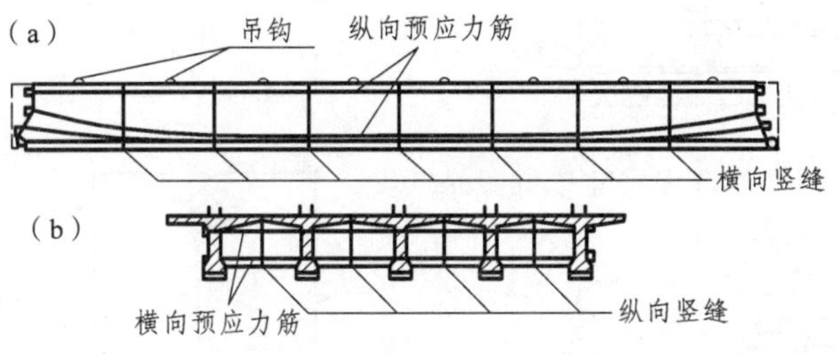

图 5.11 横向分段装配式梁

串连梁的主要优点是块件尺寸小、重量轻，可以成批预制后运至桥位处。不足之处是施工麻烦，梁段就位时需要落地支架或架空托架。图 5.12 所示为各种横向分段的块件类型，在预制时均应按预应力钢筋设计位置留出孔道，图（b）的工字形块件还示出了为横向预应力钢筋留置的孔道。施工时，将梁段在工地组拼台上或在桥位处支架上正确就位，并在梁段接触面上涂上薄层（厚度通常在 1 mm 以下）环氧树脂，待逐段拼装完成后便穿入预应力钢筋进行张拉，使梁连成整体。图（c）表示箱形截面的梁段，其分段方式常用于预制拼装的大跨度预应力混凝土连续梁桥或连续刚构桥中。

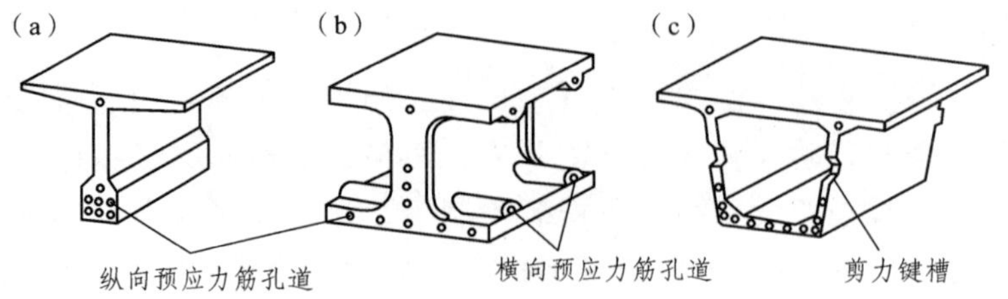

图 5.12　横向分段块件

三、结构布置

1. 板　桥

（1）整体式板桥

如前所述，整体式板桥的横截面一般都设计成等厚度的矩形截面，有时为了减轻自重也可将受拉区稍加挖空做成矮肋式板桥。对于修建在城市内的宽桥，为了防止因温度变化和混凝土收缩而引起的纵向裂缝，以及减小活载产生过大的横向弯矩，也可以将板沿桥中轴线断开，将一桥设计为并列的两桥。为了减小墩台的宽度，可将人行道做成悬臂形式从板的两侧挑出（参见图 4.21（a））。

（2）装配式板桥

装配式板桥的横截面形式主要有实心板和空心板两种。实心板的截面构造如图 5.13 所示。为了使装配式板块组成整体，共同承受车辆荷载，在板件之间必须具有横向联结的构造，常用的联结方法有企口混凝土铰结和钢板焊接联结，如图 5.14 和图 5.15 所示。通常，钢筋混凝土空心板的适用跨度在 10 m 左右，预应力混凝土空心板桥的在 20 m 左右。图 5.16 为常用的空心板截面形式。

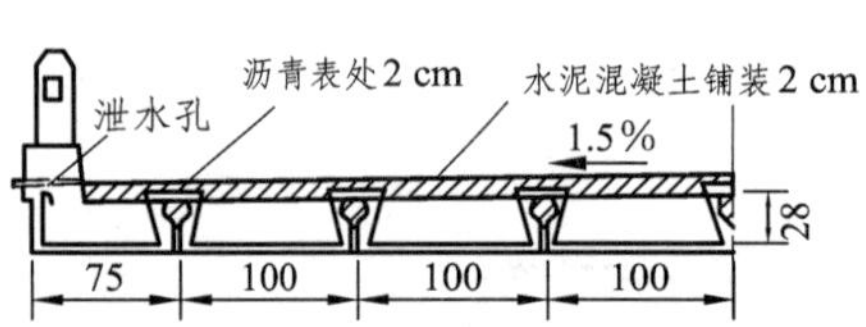

图 5.13　装配式实心板桥构造（尺寸单位：cm）

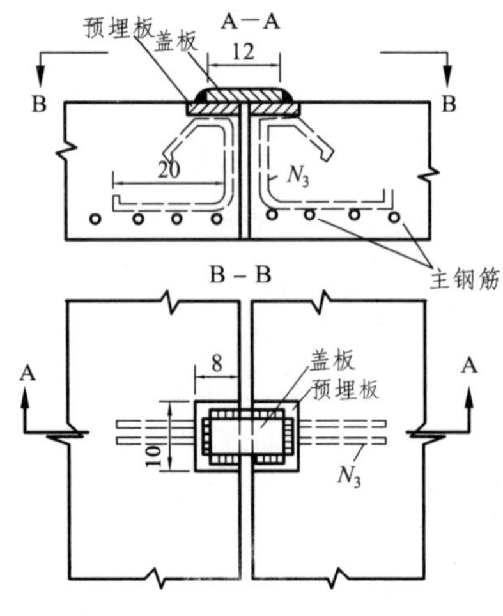

图 5.15　钢板联结构造

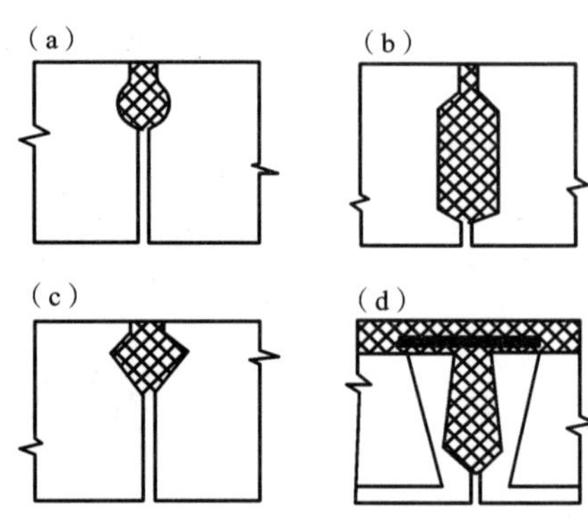

图 5.14　企口式混凝土铰

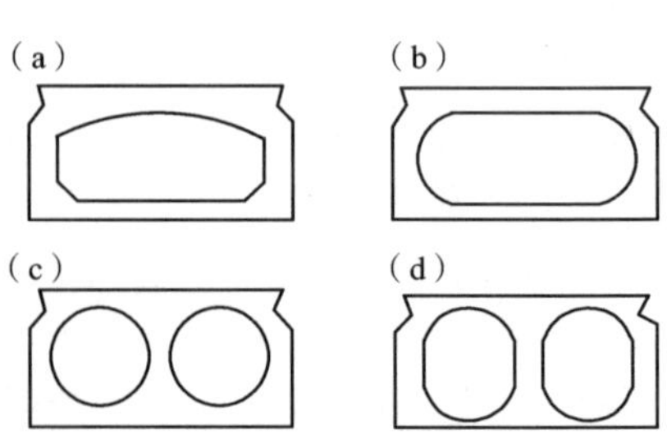

图 5.16　空心板截面形式

2. 肋板式桥

（1）铁路桥

对干线铁路钢筋混凝土 T 梁桥，我国已制订了标准跨径分别为 4 m、5 m、6 m、10 m 和 20 m 的标准设计。图 5.17 为计算跨度 16 m 的铁路钢筋混凝土梁桥概图。

梁全长 16.5 m。主梁在纵向分成两片，每片梁为单肋 T 形截面。主梁高度 190 cm，约为跨度的 1/8.42，两片梁中心距为 180 cm，跨中部分腹板厚 30 cm，靠近梁端部分增厚为 49 cm，以适应腹板中剪力的变化。下翼缘加宽至 70 cm，以满足主筋之间的净距和混凝土保护层（concrete cover）厚度的要求。在梁端以及距梁端 525 cm 处，设有横隔板（和梁一道浇筑）。两片梁架好后，应先将横隔板连接好。中间横隔板厚 16 cm，端部横隔板加固得十分强大，厚达 46 cm。这样做是为了在维修或更换支座时，可在端横隔板下设置千斤顶而将整孔梁顶起。所以，端横隔板又叫“顶梁”。横隔板中部留有矩形孔。中间横隔板的孔洞尺寸为 80 cm × 103 cm；端横隔板则为 61 cm × 76.5 cm。

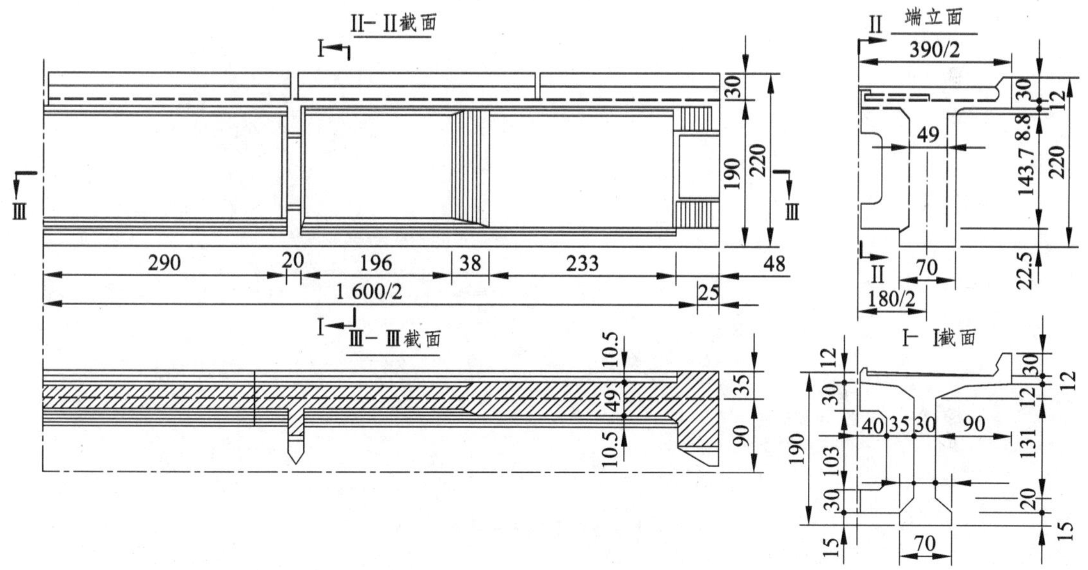

图 5.17　铁路钢筋混凝土梁概图（$l = 16$ m）（尺寸单位：cm）

横隔板的作用不仅在于使两片梁连接后能保持横向稳定性，更重要的是使两片梁在列车荷载作用下能共同分担荷载和防止梁受扭转。从第四章图 4.2（a）可知，钢轨并不是正好位于梁肋之上，而是在梁肋内侧。这样，如果两片梁没有联成整体，那么在列车通过时，梁便要受扭；若联成整体，则在直线线路上，由于线路中线与已联成整体的桥梁中心线重合（或基本重合），梁就不会受扭或仅稍稍受扭。对于在曲线上的桥梁，由于存在离心力并且列车荷载也不是均匀分配在两片梁上，因此就更有设置横隔板的必要。

（2）公路桥

对公路钢筋混凝土 T 形梁桥，我国已制订了标准跨径分别为 10 m、13 m、16 m 和 20 m 的标准设计。图 5.18 所示就是典型的公路装配式 T 梁桥概图。它由若干片 T 形截面的主梁并列在一起装配连接而成。T 形梁的顶部翼板构成行车道板，与主梁梁肋相连的横隔梁的下部以及 T 梁翼板的边缘，均设焊接钢板联结构造将各主梁联成整体，这样就能使作用在行车道板上的局部荷载分布给各片主梁共同承受。这样的桥可称为多主梁桥（multi-girder bridge）。

① 主梁的布置。当桥面宽度（含行车道宽度和人行道宽度）已知后，选定主梁的间距是主要的问题，它与材料用量以及构件吊装重量有关。一般，若建筑高度不受限制，则适当加大主梁间距（减少主梁片数），钢筋混凝土的用量会少些；但此时桥面板的跨径增大，悬臂翼缘板端部的荷载挠度较大，可能引起桥面接缝处产生纵向裂缝；同时，构件重量和尺寸的增大也使运输和架设工作难度加大。

根据跨度、桥宽、荷载等，并考虑尺寸模数化的要求，通过分析比较，可得知主梁间距一般选择在 1.5 ~ 2.2 m 之间，是较为合适的。常用的五梁式设计（见图 5.18），主梁间距取为 1.60 m 。

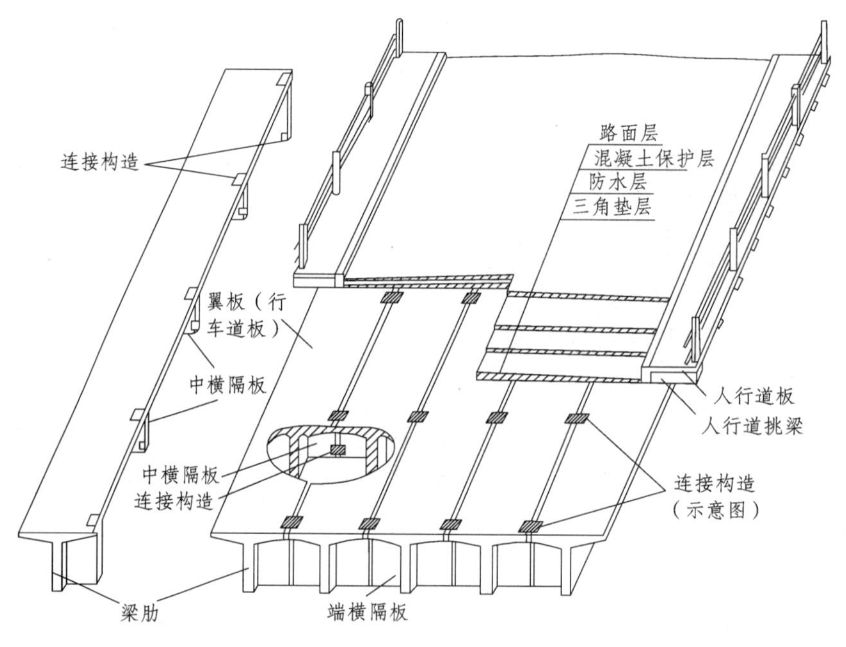

图 5.18 公路装配式 T 梁桥概图

② 横隔梁布置。横隔梁在装配式 T 形梁桥中起着保证各片主梁相互联成整体的作用。它的刚度越大，桥梁的整体性越好，在荷载作用下各主梁就能更好地共同工作。然而，设置横隔梁使主梁模板工作稍趋复杂，完成横隔梁的焊接接头又往往需要在桥下搭设支架，施工比较麻烦。

图 5.19 所示为常用的主梁中横隔梁的联结构造。在横隔梁靠近下部边缘的两侧和顶部的翼缘板内，均预埋有焊接钢板；将焊接钢板预先与横隔梁内的受力钢筋焊接，以固定其位置。当 T 梁安装就位后，在预埋钢板上再加焊盖接钢板，将各 T 梁联成整体。为了简化接头的现场施工，也可不采用焊接方式而改用螺栓接头，为此预埋钢板和盖接钢板上需预制螺栓孔。这种接头具有拼装迅速的优点，但也存在螺栓容易松动的不足。

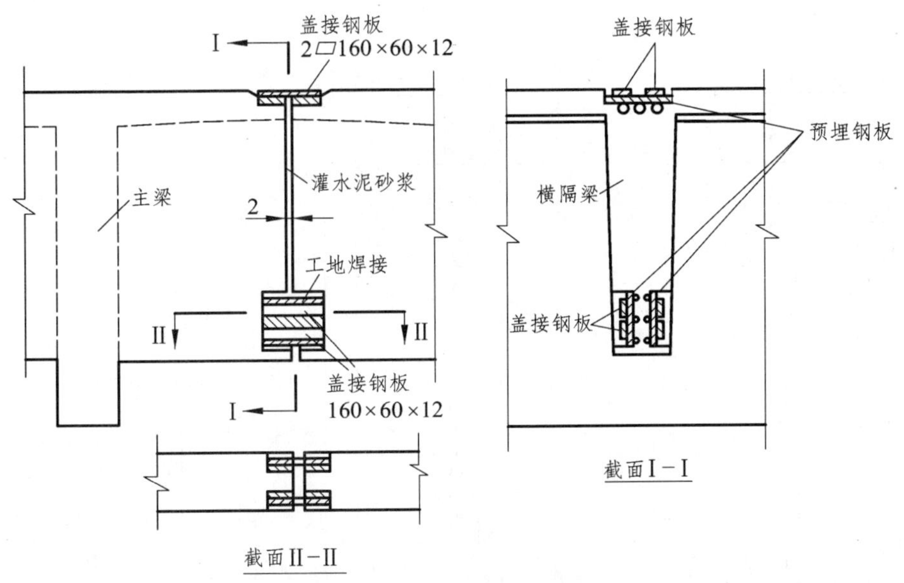

图 5.19　公路装配式 T 形梁桥横隔梁接头构造

3. 预应力混凝土简支梁的构造特点

当混凝土简支梁桥跨度增加时，就需要采用预应力混凝土梁。与钢筋混凝土梁相比，预应力混凝土梁主要有以下优点：

① 采用高强度钢筋，可节约一定的普通钢筋；

② 预加压应力可大幅度提高梁体的抗裂性，并增加了梁的耐久性；

③ 由于利用高标号混凝土，截面尺寸减小，梁体自重减轻，可以增大跨越能力，也有利于运输和架设；

④ 混凝土全截面受压，充分发挥了混凝土抗压性能的优势，也提高了梁的刚度。

在结构布置上，预应力混凝土简支梁与普通钢筋混凝土简支梁并无大的不同。预应力混凝土梁的截面形式通常也有板式、Π 形、T 形和箱形，其块件划分方式也与钢筋混凝土梁相同。与同等跨度的钢筋混凝土梁相比，预应力混凝土梁的主要不同之处是：截面尺寸减小；高跨比减小；为了满足预应力钢筋的布置和承压要求，梁肋下部通常加宽做成马蹄形；在靠近支点处腹板也要加厚至与马蹄同宽。

对干线铁路预应力混凝土 T 形梁桥，我国已制订了标准跨径分别为 16 m、20 m、24 m、32 m、40 m 和 48 m 的标准设计。对高速铁路，制订了标准跨径分别为 12m、16 m 的 T 梁标准设计，以及标准跨径分别为 20 m、24 m、32 m、40 m 的简支箱梁桥标准设计。对公路预应力混凝土 T 形梁桥，我国已为 25 m、30 m、35 m 和 40 m 跨径编制了标准设计（后张法）。图 5.20 是一高速铁路道砟桥面 32 m 后张法预应力混凝土双线简支箱梁构造概图。图 5.21 是一公路预应力混凝土简支梁构造图。

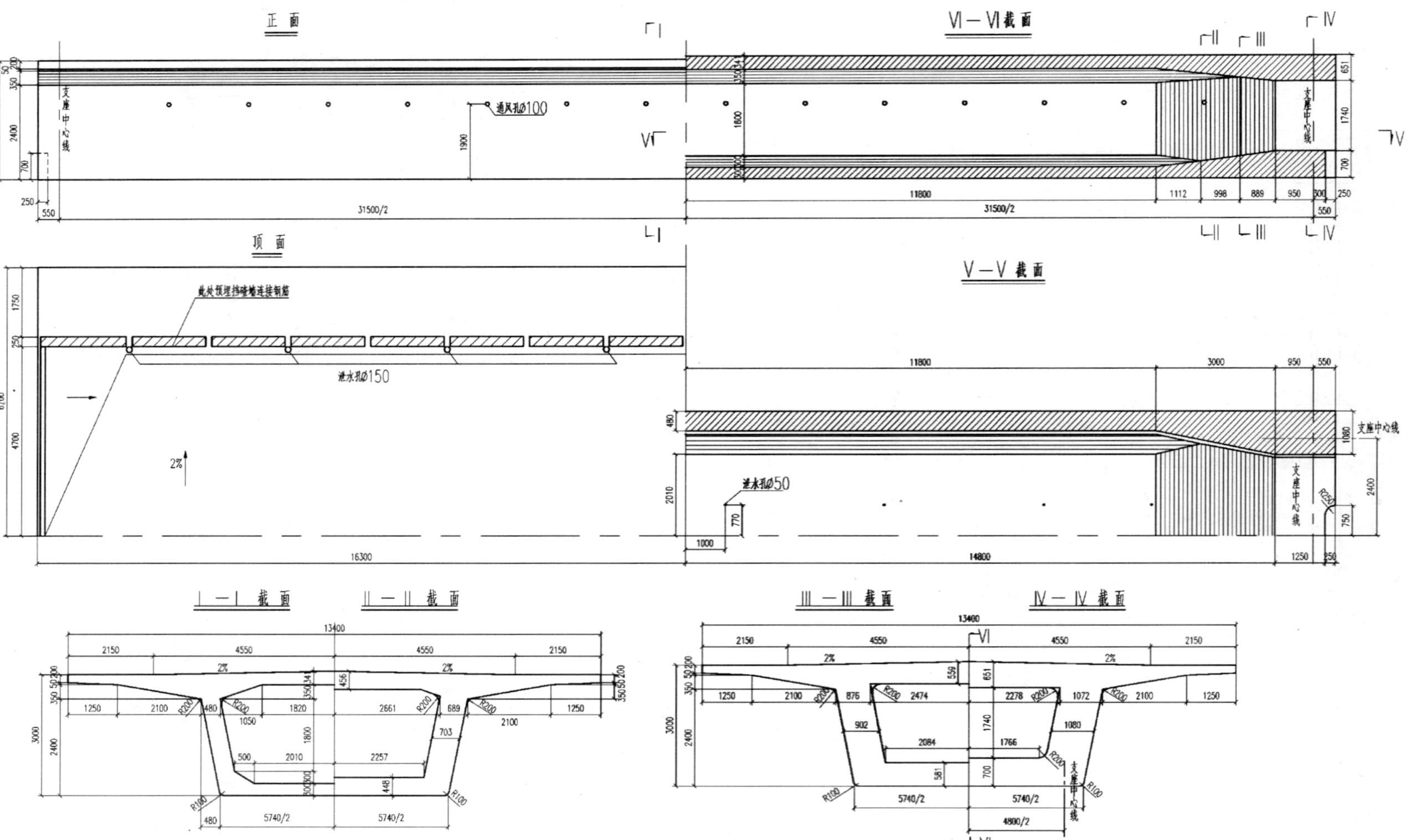

图 5.20 道砟桥面后张法预应力混凝土简支梁构造概图（$l = 32.0$ m）（尺寸单位：mm）

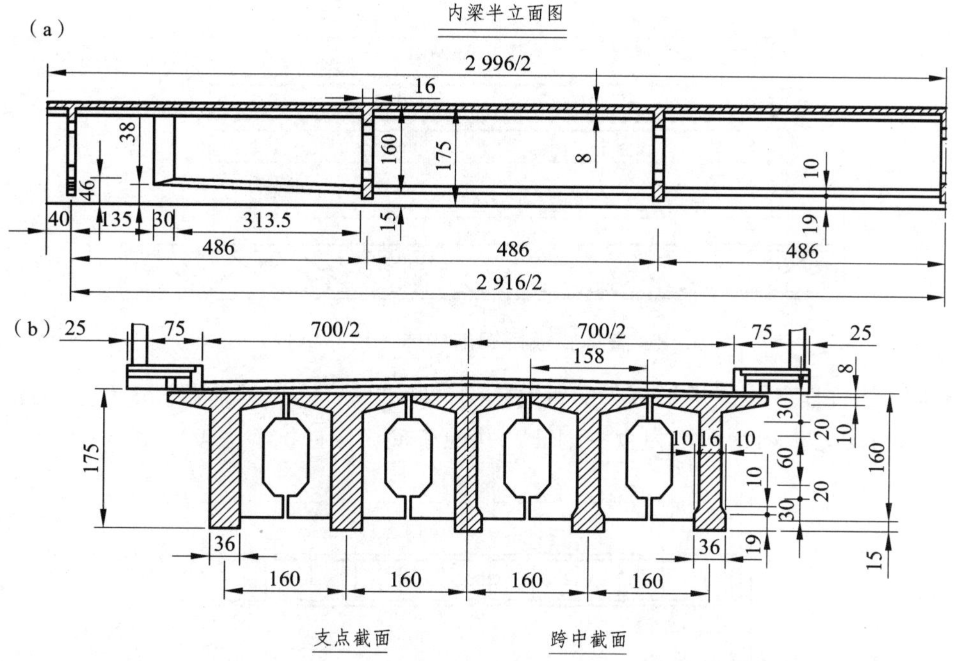

图 5.21　公路预应力混凝土梁构造图（l = 29.16 m）（尺寸单位：cm）

四、钢筋构造

1. 钢筋类型

对于钢筋混凝土梁而言，梁内钢筋（reinforcing bar）可分为两大类：

① 根据受力要求，通过计算确定的“受力钢筋”，主要指沿梁轴方向布置的、承受弯曲拉应力的主筋，以及承受腹板内主拉应力的斜筋和箍筋（stirrups，或称蹬筋）；

② 根据构造要求布置的钢筋，称为“构造钢筋”，其中包括制造时为便于钢筋骨架绑扎成型和固定主要钢筋位置的“架立筋”，以及难以通过计算确定而凭经验设置的辅助筋。

2. 公路钢筋混凝土简支梁钢筋构造实例

（1）板　桥

图 5.22 所示为标准跨径 6 m（计算跨径为 5.69 m）、桥面净宽为 8.5 m 、板厚 32 cm 的整体式简支板桥的钢筋构造。两边安全带宽 0.25 m，按原设计规范中的汽 – 15，挂 – 80 荷载标准设计。纵向主筋采用 ϕ20 mm 的 II 级钢筋。主筋在两端 1/6 ~ 1/4 跨径范围内呈 30° 弯起，分布钢筋按单位板宽主筋面积的 15% 配置，直径为 10 mm。

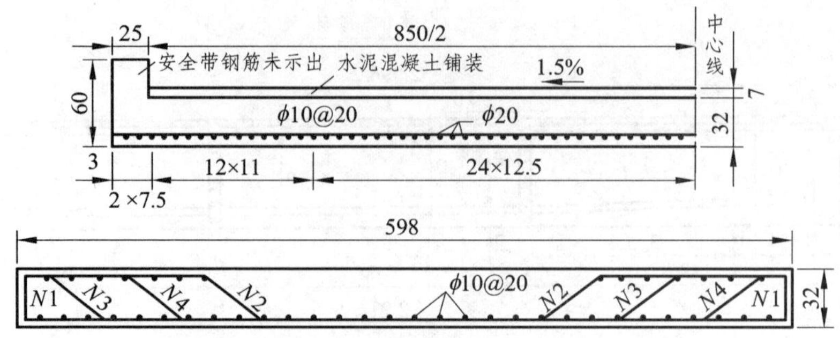

图 5.22　整体式板桥钢筋构造（尺寸单位：cm）

图 5.23 为一座装配式矩形板桥的钢筋构造。标准跨径与设计荷载同上例。桥面行车道宽 7 m，无人行道，板内钢筋均为直线钢筋，并配有箍筋保证抗剪强度。

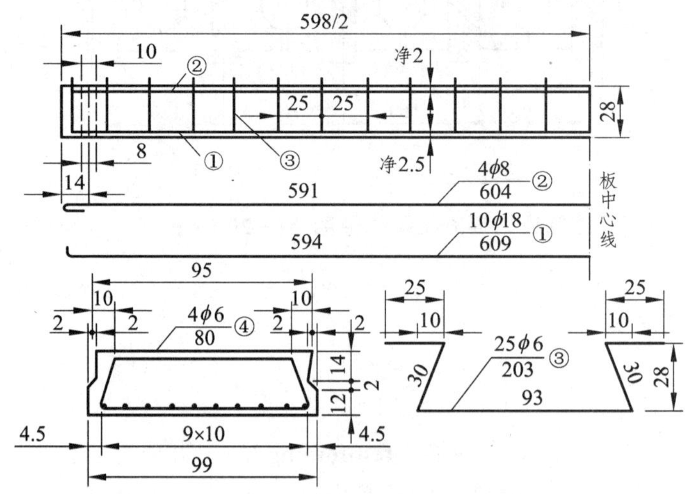

图 5.23　装配式矩形板桥钢筋构造（尺寸单位：cm）

（2）装配式 T 梁桥

图 5.24 为一标准跨径 20 m 的公路装配式 T 梁的钢筋构造。设计荷载为原设计规范中的汽 - 15 级，挂 - 80 标准。梁全长 19.96 m，支座中心距主梁梁端为 0.23 m。

每片梁内总共配置了 8 根直径为 32 mm 和 2 根直径为 16 mm 的纵向受力钢筋，编号分别为 N1、N2、N3、N4 和 N5，其中最下一层的 2 根 N1（占主筋截面的 20% 以上）通过梁端支承中心，其余 8 根则沿跨长按梁的弯矩图在一定位置弯起。

设于梁顶部的 N6 为架立钢筋，也采用 ϕ32 mm，它在梁端向下弯折并与伸出支承中心的主筋 N1 相焊接。箍筋 N12 采用普通光面圆钢筋，直径为 ϕ8 mm，间距为 24 cm，由于靠近支点处剪力较大和支座钢板锚筋的影响，故采用了四肢式箍筋（截面Ⅰ－Ⅰ），在跨中部分则用双肢箍筋（截面Ⅱ－Ⅱ）。N11 为 ϕ8 mm 的防裂分布钢筋，靠近梁下缘部分布置得较密，向上则布置得较稀。附加短斜筋 N7、N8、N9 和 N10 采用 ϕ16 mm 钢筋，按梁内抗剪要求布置。

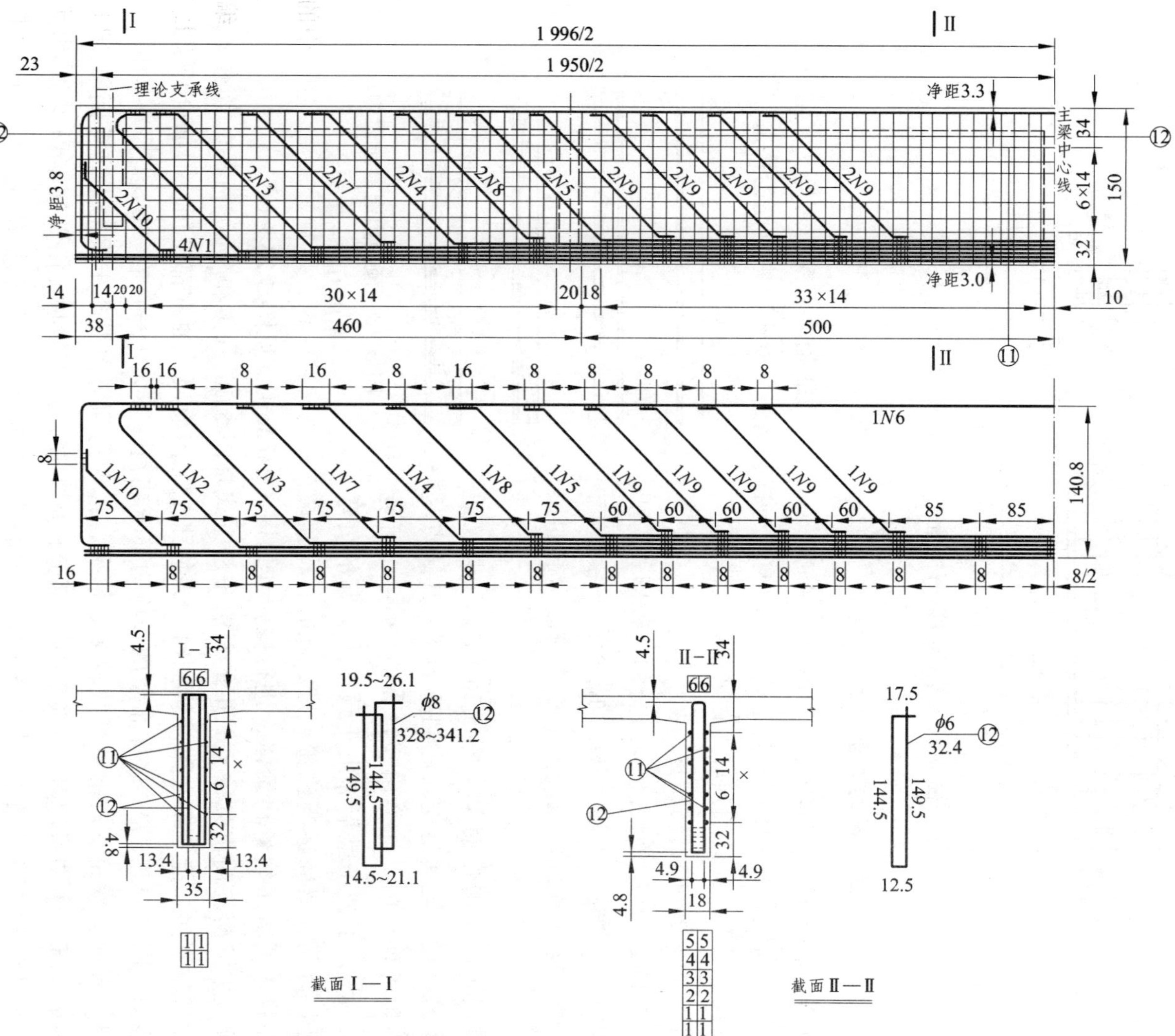

图 5.24 标准跨径 20 m 的装配式 T 梁钢筋构造（尺寸单位：cm）

横隔梁的钢筋构造见图 5.25。

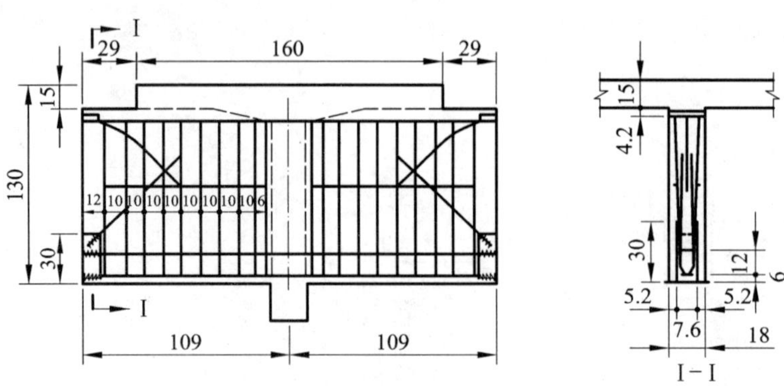

图 5.25　横隔梁钢筋构造（尺寸单位：cm）

3. 预应力混凝土梁的钢筋构造特点

预应力混凝土梁内钢筋可分为预应力钢筋（tendon）和非预应力钢筋两类。非预应力钢筋（包括非预应力受力钢筋和构造钢筋）的构造与普通钢筋混凝土梁中钢筋的构造相同，此处不赘述。以下主要说明预应力钢筋的构造特点。

（1）预应力筋的纵向布置

图 5.26 是预应力钢筋纵向布置的几种形式。所有形式的共同之处是主筋在跨中均靠近梁下缘布置，以对混凝土梁下缘施加压应力来抵消荷载引起的拉应力。

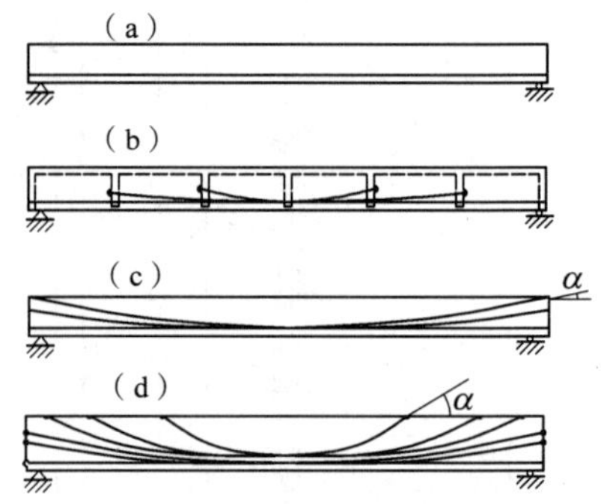

图 5.26　预应力混凝土梁中预应力筋布置方式

直线布筋构造最简单（图 5.26（a）），但仅适用于小跨度梁，尤其是先张法制造的梁。其缺点是在支点附近处梁的上缘会出现过高的拉应力，可能导致开裂。为了减小梁端部由于预加力引起的负弯矩，可将力筋在梁间适当位置截断，此时，将预应力筋在横隔梁处平缓弯出梁体，进行张拉和锚固（anchor），见图 5.26（b）。

预应力混凝土简支梁桥上采用最多的布筋方式是图 5.26（c）和（d）两种。当预应力钢束的根数不多，能全部在梁端锚固时，为使张拉工序简便，通常都将预应力筋全部引至梁端锚固（图 5.26（c））。这样布置的预应力筋弯起角 α 不大（一般在 20° 以下），对减小摩阻损失有利。然而，对钢束根数较多的情况，或者当预应力混凝土梁的梁高受到限制，以致不能全部在梁端锚固时，就必须将一部分预应力筋锚固于梁顶（图 5.26（d））。这样的布置方式使张拉作业的操作稍趋繁复，预应力筋的弯起角 α 也较大（达 25°～30°），增大了摩阻引起的预应力损失（prestressing loss），但能缩短力筋长度，节约钢材，也有利于提高梁的抗剪能力。

在实际设计中，考虑到梁在跨中区段弯矩变化平缓且剪力也不大，故通常在跨度的三分点到四分点之间开始将预应力筋弯起。起弯的曲线形状可以采用圆弧形、抛物线或悬链线。在曲线的矢跨比不大时，三者的形状很接近。圆弧线施工放样简便，弯起角度较大，可得到较大的预剪力，故通常都在梁中部保持一段水平直线后并按圆弧弯起；悬链线的预应力筋（或制孔器）可利用其自重下垂达到规定线形，定位方便，但它在端部的起弯角度较小。预应力筋弯起的曲率半径，当采用钢丝束、钢绞线时一般不小于 4 m。

（2）预应力筋的锚固

在先张法预应力混凝土梁中，预应力筋靠混凝土的握裹力锚固在梁体内；而在后张法梁中，则通过各类锚具锚固在梁端。

混凝土梁桥中常用后张法。在后张法锚固区，锚具垫板对混凝土作用有很大的压力，因承压面积不大，应力非常集中。锚板下的混凝土块不仅承受很大的压应力，还承受较大的拉应力（在与锚板平行的面内）。因此，为防止锚板下混凝土劈裂，必须配置足够的钢筋予以加强。锚具在梁端的布置应遵循“分散”、“均匀”的原则，尽量减小局部应力。一般而言，集中、过大的锚具可能不如分散、小型的有利。此外，锚具应在梁端对称于竖轴布置，锚具之间应留有足够的净距，能安装张拉设备，方便对称施工作业。

后张预应力混凝土梁锚固区构造见图 5.27 示意。

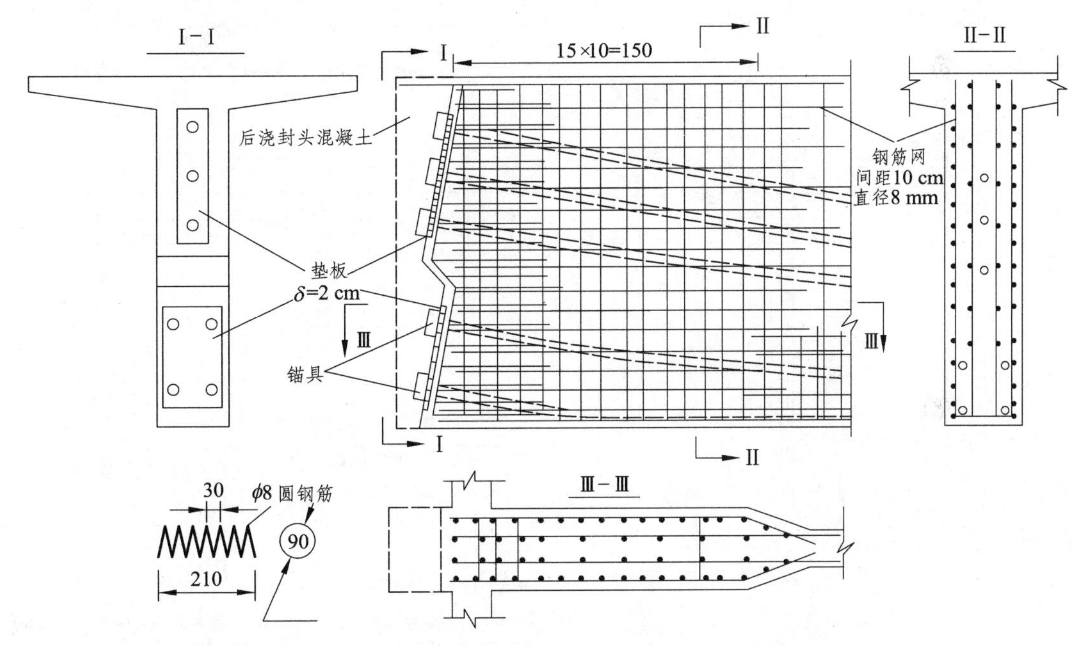

图 5.27　预应力混凝土梁（后张法）锚固区构造

4. 预应力混凝土梁钢筋构造举例

图 5.28 为一跨度 $l = 24.0$ m 的传统的干线铁路后张法预应力混凝土简支梁钢筋构造图。直线梁每片主钢筋为 14 束高强钢丝束，曲线梁每片 16 束，每束为 21 根 $\phi 5$ mm 冷拔碳素钢丝。为了承受荷载剪力，并避免由于预应力偏心过大而使梁端部上翼缘出现拉应力，钢丝束应向梁端逐渐弯起。为布置锚具方便，也要求钢丝束在端部逐渐散开。

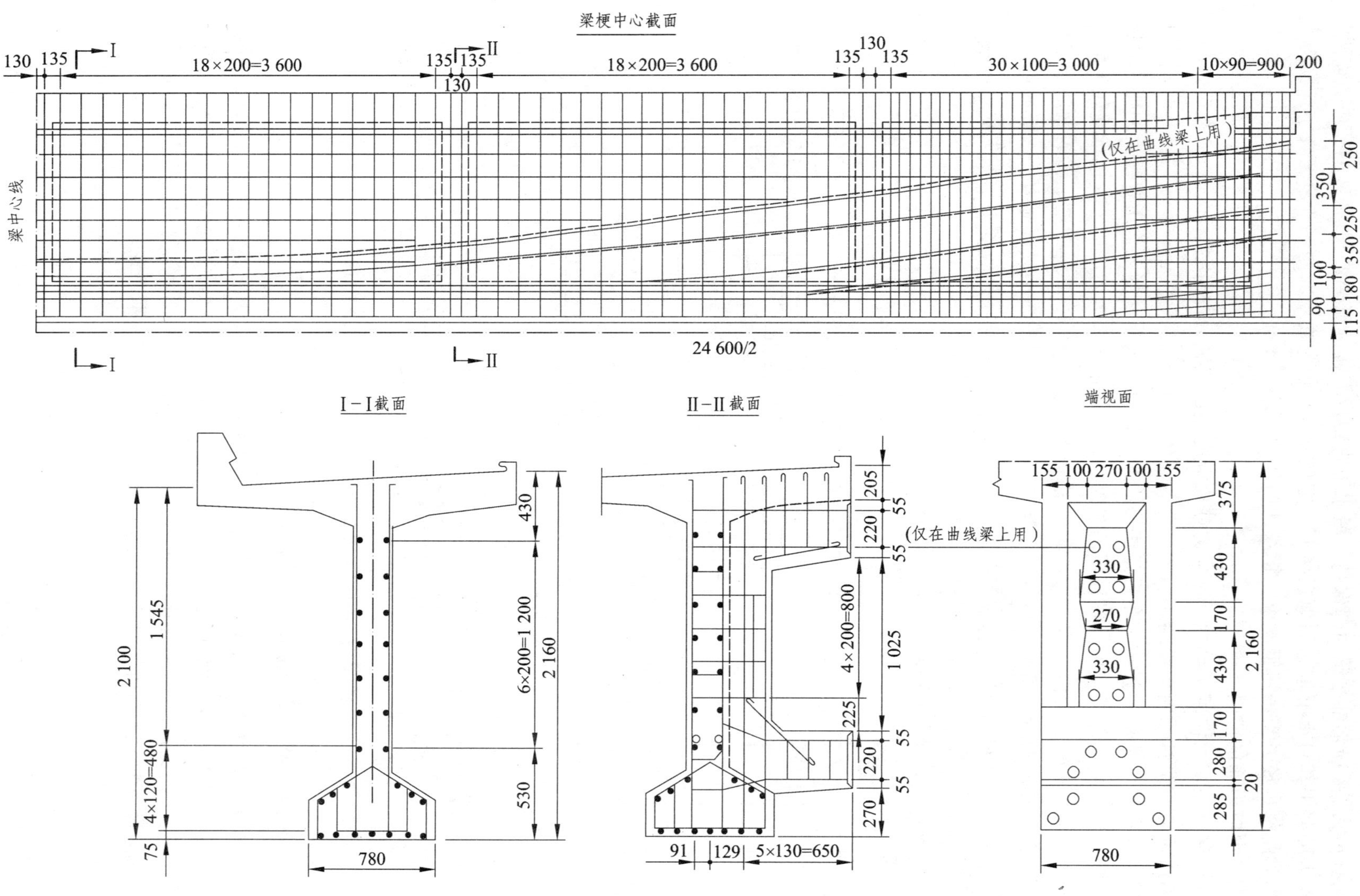

图 5.28　铁路后张法预应力混凝土梁钢筋布置图（跨度 l = 24.0 m，尺寸单位：mm）

锚具采用钢制锥销式锚具。钢锚用优质钢制成，其锥角为 5° 左右，为增加钢丝与锥销间的摩阻力，锥销表面要求做成横向螺纹，锥销中间有一个直径 15.5 mm 的压浆孔，端部并有螺纹以连接灰浆泵管。箍筋用 16Mn 钢筋，直径 ϕ10 mm，其跨中部分间距为 20 cm，端部加密至 10 cm。在下翼缘和腹板中还有纵向水平钢筋，采用 A3 钢筋，直径 ϕ8 mm，以防止温度和收缩裂缝。为了提高下翼缘抵抗预加应力能力，避免纵向裂缝，在梁的下翼缘中设有封闭形箍筋，箍筋直径 ϕ8 mm，间距 10 cm。在梁端锚具下设置有厚度 16 mm 的钢垫板，并在锚下梁体内设有 21 cm 长的弹簧圈，圈径 75 mm，由直径 ϕ3 mm 高强度钢丝制成，以利加强锚下混凝土的局部承压能力。

五、T 梁截面尺寸的选定

在确定了主梁分块方式和截面形式之后，就需要拟订梁的截面尺寸。截面尺寸包括梁高、梁肋厚度、下翼缘尺寸以及主梁翼板尺寸等。

1. 梁　高

梁高（depth）的确定应通过多方面的比较，它取决于经济、梁重、建筑高度以及运输条件等因素，标准设计还要考虑梁的标准化，提高互换性。

对铁路普通高度钢筋混凝土梁，梁高与跨度之比约为 1/9 ~ 1/6，而预应力混凝土梁的高跨比则为 1/11 ~ 1/10，跨度越大，比值越小。公路普通钢筋混凝土梁高跨比的经济范围大约为 1/16 ~ 1/11；预应力混凝土梁的高跨比为 1/25 ~ 1/15，通常随跨度增大而取较小值。对于建筑高度受严格限制的情况，主梁高度就要适当减小。

2. 梁肋厚度

梁肋厚度取决于最大主拉应力和主筋布置要求。由于支座处剪力比跨中大，故由主拉应力决定梁肋厚度时，跨中区段可以减薄。梁肋变截面位置可由主拉应力小于容许值及斜筋布置要求加以确定。为了减轻构件重量，在满足受力要求的情况下，梁肋应尽量做得薄一些，但需保证梁肋屈曲稳定条件，也不致使混凝土发生振捣困难。

铁路钢筋混凝土简支梁的梁肋厚度，一般可采用 20 cm（跨中区）~ 60 cm（端部区）。预应力混凝土梁的梁肋厚度一般不得小于 14 cm。公路混凝土桥常用的梁肋厚度为 15 ~ 18 cm，视梁内主筋的直径和钢筋骨架的片数而定。

3. 上翼缘板尺寸

主梁上翼缘板宽度视主梁间距而定，在实际预制公路 T 梁时，上翼缘板宽度应比设计的主梁中距小 2 cm 左右，以便在安装过程中调整 T 梁的位置和制作上的误差。干线铁路桥梁道砟槽顶宽不应小于 3.9 m，以此确定上翼缘板宽。考虑到两片梁之间留有 6 cm 空隙，以便架梁时吊索穿过，故每片梁上翼缘板宽 192 cm。

翼板的厚度应满足强度和构造最小尺寸的要求。根据受力特点，翼板通常都做成变厚度的，即端部较薄，向根部逐渐加厚。为了保证翼板与梁肋联结的整体性，翼板与梁肋衔接处的厚度应不小于主梁高度的 1/12。对铁路桥梁，板与梗腋相交处之板厚不得小于梁高的 1/10（当梗腋斜坡不大于 1：3 时）。

4. 下翼缘尺寸

对于预应力混凝土 T 梁，下翼缘尺寸主要取决于预应力筋的布置。为了获得最大偏心距，预应力筋应尽量排列在下翼缘内，要求紧凑而且对称于梁截面竖轴，混凝土保护层和钢束管道净距应符合有关构造规定。同时还应考虑到张拉端锚头的布置以及在运输和架设过程中移梁的稳定要求。

第二节 混凝土简支梁桥的制造和施工方法

一、概 述

混凝土简支梁桥的施工方法可以分成就地浇筑和预制安装两类。

就地浇筑（cast-in-place）法无需预制场地，并且不需要大型吊运设备，梁体的主筋也不中断。但是，工期较长，需要支架，施工质量不如预制容易控制；而且，由于收缩和徐变引起的预应力损失也较大。

预制安装法施工的优点是：上、下部结构可平行施工，工期较短；混凝土收缩和徐变的影响小，质量易于控制；有利于组织文明生产。但是这种方法需要设置预制场地和拥有必要的运输和吊装设备，预制块件之间需要作连接或接缝处理。

随着吊运设备能力的不断提高、预应力工艺的逐步完善，预制安装的施工方法已在国内外得到了普遍推广。对于采用标准设计的中、小跨径的简支梁桥，现已广泛采取整片（梁）预制和整片架设的制造和施工方法。

二、混凝土简支梁桥的制造

1. 模板和支架

模板（formwork）是用于浇筑混凝土、形成结构形状和尺寸的临时性板件，而支架（也叫膺架，falsework）是用于在现浇施工过程中支承梁体重力的临时性结构。模板和支架不仅控制梁体尺寸精度，影响施工进度和混凝土浇筑质量，还影响施工安全。因此模板和支架应满足以下要求：

① 具有足够的强度、刚度和稳定性，能可靠地承受施工过程中可能产生的各种荷载；

② 可保证被浇筑结构的设计形状、尺寸及各部分相对位置的准确性；

③ 构造和制作力求简单，装拆既要方便又要尽量减少对构件的损伤，以提高装、拆、运的速度和增加周转使用的次数。

（1）模板的类型和构造

按制作材料划分，桥梁施工常用的模板有木模板、钢木结合模板、钢模板。按模板的装拆方法划分，有零拼式模板、分片装拆式模板、整体装拆式模板等。

木模板通常采用零拼式或分片装拆式，其周转使用率不高，耗费木材，不宜大量采用。如果将零拼的木板用埋头螺栓连接在型钢支架上，在木板上再钉一层薄铁皮，就形成钢木结合模板，这种模板可节约木材，降低成本，而且具有较大的刚度和紧密稳固性，可用于对外观要求不太高的混凝土结构。

为保证混凝土造型和外观质量，分片装拆式和整体装拆式钢模板的应用越来越普遍。图5.29所示为一种分片装拆式钢模板的结构组成。侧模由厚度一般为4～8 mm的钢板、角钢做成的水平肋和竖向肋、支托竖向肋的支撑、斜撑、固定侧模用的顶横杆和底部拉杆以及安装在钢板上的振捣架等构成。底模通常用12～16 mm的钢板制成，它通过垫木支承在底部钢横梁上。在拼装钢模板时，所有紧贴混凝土的接缝内都用止浆垫使接缝密闭不漏浆，止浆垫一般采用柔软、耐用和弹性大的5～8 mm橡胶板或厚10 mm左右的泡沫塑料。

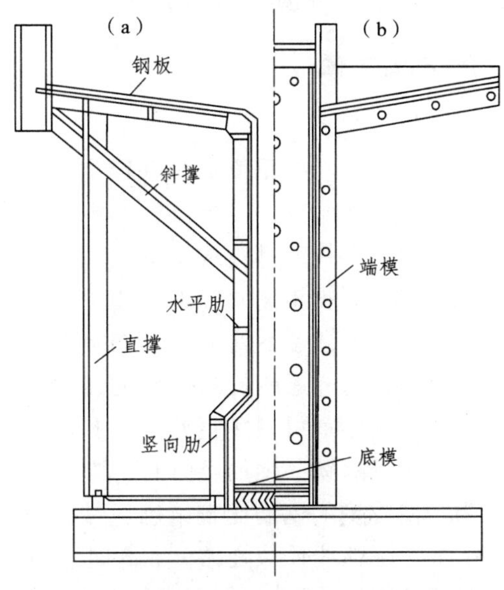

图5.29　钢模板构造

近年来，在较大跨度的整孔箱梁预制中，为提高生产效率、保证混凝土浇筑质量和减轻劳动强度，开始采用整体装拆式液压钢模板系统。箱梁的内外模板采用折臂伸缩技术，拆、装及定位采用液压技术，内模板可在底模上自动走行。图5.30所示为某高速铁路双线箱梁拟采用的液压内模结构。

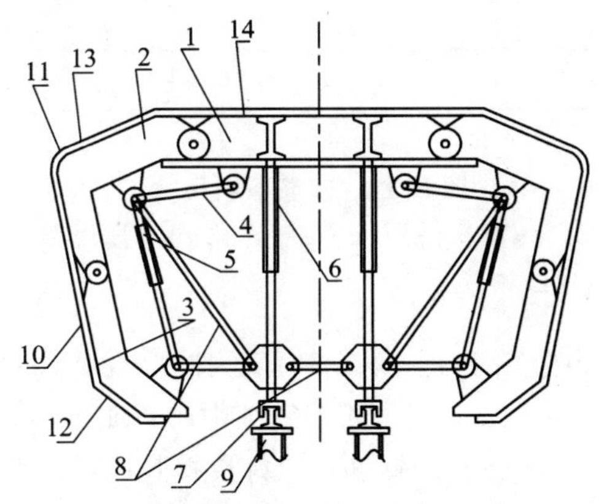

图5.30　箱梁液压钢内模结构示意

1—固定支架；2—二级活动臂；3—一级活动臂；4—二级伸缩油顶；5—一级伸缩油顶；6—支架升降油顶；7—行走轮；8—支撑丝杠；9—支撑钢管；10—内侧模板；11—内侧圆弧模板；12—内下模板；13—内上侧模板；14—内上模板

在模板就位前，应在模板内面涂刷脱模剂；拆模后应及时进行清理。

（2）临时支架

就地浇筑梁桥时，需要在梁下搭设临时支架来支承模板、浇筑的结构重力以及其他施工荷载。对于装配式的桥梁施工，有时也需要搭设简易支架或支墩作为吊装过程中的临时支承结构。

图 8.12（a）为一临时立柱式支架，立柱在顺桥方向间距一般采用 3 ~ 5 m，靠墩台的立柱可设在墩台基础的襟边上；在横桥方向，立柱一般设在梁肋下。临时支架可采用木结构，也可采用工具式钢结构拼装，如贝雷梁、万能杆件、工具式钢管脚手架等。关于支架的更多论述见第八章。

2. 钢筋工作

（1）钢筋整备

首先应对进场的钢筋通过抽样试验进行质量鉴定，合格的才能使用。抽样试验主要作抗拉极限强度、屈服点和冷弯试验。钢筋工作的特点是加工工序多，包括钢筋整直除锈、下料切断、弯制、焊接或绑扎成型等。

钢筋整直根据钢筋直径的大小可采用不同的方法。对于直径在 10 mm 以上的钢筋一般用锤打整直，对于直径不到 10 mm 的钢筋，常用电动铰车或钢筋调直机通过冷拉整直（伸长率不大于 1%），这样还能提高钢筋的强度和清除铁锈。

经整直的钢筋可借用钢筋冷拉和钢丝调直过程中除锈，或采用机械方法（钢丝刷或喷砂枪喷砂）进行除锈。钢筋经整直、除锈后，即可按图纸要求进行划线下料工作。

为了使成型的钢筋比较精确地符合设计要求，在下料前应计算图纸上所标明的折线尺寸与弯折处实际弧线尺寸之差值，同时还应计算钢筋在冷弯折过程中的伸长量。图 5.31（a）示出通常设计图纸中标明的折线尺寸。图中（b）表示了实际弧线的展直尺寸，最后图（c）为扣除了加工伸长量的实际下料尺寸。

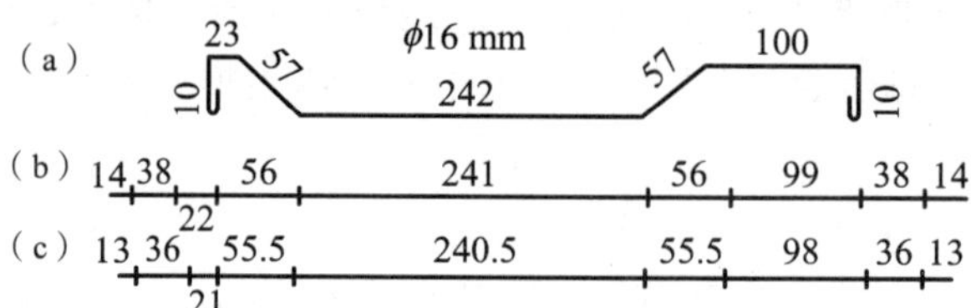

图 5.31　钢筋下料尺寸

（a）钢筋设计图；（b）展直尺寸；（c）下料尺寸

（2）钢筋弯制和接头

下料后钢筋可在工作平台上用手工或电动弯筋器按规定的弯曲半径弯制成型，钢筋的两端亦应按图纸弯成所需的标准弯钩（hook）。如钢筋图中对弯曲半径未作规定时，则宜按钢筋直径的 15 倍为半径进行弯制。对于较长的钢筋，最好在接长以后再弯制，这样较易控制尺寸。

钢筋的主要连接方法有：搭接法、闪光接触对焊、电弧焊（如搭接焊、帮条焊、坡口焊、熔槽焊等）、电渣压力焊、气压对焊、套管法等。搭接法现较少采用，焊接接头的传力性能较好，且省钢料，应用较多。除焊接外，还可采用机械连接方式，如套筒挤压、锥螺纹、镦粗或滚轧直螺纹套管接头等。

钢筋接头在构件截面内应尽量错开布置，且受拉主钢筋的接头截面积不得超过受力钢筋总截面积的 50%。装配式构件连接处受力钢筋的焊接头可不受此限制。

（3）钢筋骨架的成型

装配式 T 梁的焊接钢筋骨架应在坚固的焊接工作台上进行。骨架的焊接一般采用电弧焊，先焊成单片平面骨架，再将它组拼成立体骨架。组拼后的骨架需有足够的刚性，焊缝需有足够的强度，以便在搬运、安装和浇筑混凝土过程中不致变形、松散。

实践表明，装配式简支梁焊接钢筋骨架在焊接后在骨架平面内还会发生两端上翘的焊接变形。为此，尚应结合骨架在安装时可能产生的挠度，事先将骨架拼成具有一定的预拱度，再行施焊。

对于绑扎钢筋的安装，应事先拟订安装顺序。对梁肋内钢筋，一般先放箍筋，再装下排主筋，后装上排钢筋。在钢筋安装工作中，为了保证达到设计及构造要求，应注意下列几点：

① 钢筋的接头应按规定要求错开布置。

② 钢筋的交叉点应用铁丝绑扎结实，必要时，亦可用焊接。

③ 除设计有特殊规定者外，梁中箍筋应与主筋垂直。箍筋弯钩的叠合处，在梁中应沿纵向置于上面并交错布置。

④ 为了保证混凝土保护层的厚度，应在钢筋与模板间间隔、错开设置水泥浆块、混凝土垫块、塑料垫块或钢筋头垫块。

⑤ 为保证及固定钢筋相互间的横向净距，两排钢筋之间可使用混凝土分隔块，或用短钢筋扎结固定。

⑥ 为保证钢筋骨架有足够的刚度，必要时可以增加装配钢筋。

3. 混凝土工作

混凝土工作包括混凝土配制、运送、浇筑、养护和拆模。

（1）混凝土的配制

混凝土一般应采用机械搅拌，上料的顺序，一般是先石子、次水泥、后砂子。人工搅拌只用于方量不大的塑性混凝土或半干硬性混凝土。不管采用机械或人工搅拌，都应使石子表面砂浆饱满，拌和料混合均匀、颜色一致。人工拌和应在铁板或其他不渗水的平板上进行，先将水泥和细骨料拌匀，再加入石子和水，拌至材料均匀、颜色一致为止。如需掺入添加剂，应先将添加剂调成溶液（对可溶性添加剂），再加入拌和水中，与其他材料拌匀。在整个施工过程中，要注意随时检查和校正混凝土的流动性或工作度（又叫坍落度），严格控制水灰比（water-cement ratio），不得任意增加用水量。

混凝土添加剂（外加剂）指是能明显改善混凝土的物理化学性能，提高混凝土的强度和耐久性的外加制品，其种类较多，适用情况各异。例如，为提高干硬或半干硬性混凝土的和易性，减少混凝土的单位用水量，提高混凝土强度并且节约水泥用量，可在混凝土中掺加高效早强减水剂；为延缓混凝土的初凝时间，可掺加缓凝型减水剂；为提高泵送混凝土的流动性，可掺加泵送剂。还有其他用于防水、防冻、抗碱等的添加剂。

（2）混凝土的运送

混凝土应以最少的转运次数、最短的距离迅速从搅拌地点运至浇筑位置。当采用车辆运送时，要防止道路不平整导致混凝土因颠簸振动而发生离析、泌水和灰浆流失现象，一经发现，必须在浇筑前再次搅拌。

采用泵送混凝土时，输送管道的定位及接头应牢固可靠，防止“爆管”。当输送距离较远时，需注意管道两端混凝土坍落度的变化。夏季或冬季施工时，管道应有降温或保暖措施，防止“堵管”。

（3）混凝土的浇筑

混凝土的浇筑（casting）方法直接影响到混凝土的密实性和整体性，对混凝土的质量影响很大。因此，必须根据混凝土的拌制能力、运距、浇筑速度、气温及振捣能力等因素，认真制订混凝土的浇筑工艺。

当构件的体积较大，一次连续浇筑不能完成时，需预定结合缝，分次浇筑。在一次连续浇筑中，当构件的高度较大时，为了保证混凝土能振捣密实，应采用分层浇筑法。浇筑层的厚度与混凝土的坍落度及振捣方式有关，在常规情况下，用插入式振捣器振捣时，浇筑层厚度为振捣器作用部分长度的 1.25 倍；用平板式振捣器振捣时，浇筑厚度不超过 20 cm。薄腹 T 梁或箱梁的梁肋，当用侧向附着式振捣器振捣时，浇筑层厚度一般为 30 ~ 40 cm。采用人工捣固时，视钢筋疏密程度，通常取浇筑厚度为 15 ~ 25 cm。

分层浇筑时，应在下层混凝土开始凝结之前，将上层混凝土浇筑捣实完毕。在此情况下，上下层浇筑时间间隔不宜超过 1 ~ 1.5 h，也可由试验资料来确定容许的间隔时间。如果在浇筑上层混凝土时下层混凝土已经凝结，则要待下层混凝土具有不小于 1.2 MPa 强度时，经将结合面凿毛处理后才可继续浇筑上层混凝土；当要求结合面具有不渗水性时，应在前层混凝土强度达到 2.5 MPa 后，再浇筑新混凝土。

对大体积（各向尺寸大致在 2 m 以上）混凝土，在制订浇筑方案时应注意混凝土水化热的不利影响。水化热会产生混凝土内外温差，这可能导致较大的温度应力并引起混凝土开裂。施工中可以采取的技术措施包括：选择优质混凝土原材料，优化混凝土配合比，选择合理的结构型式和分缝分块方式，采用水管冷却（在混凝土内埋设水管，通过低温水循环排出混凝土内部热量）等方法降低混凝土温度，或采用外部保温方式减少混凝土内外温差。

（4）混凝土的养护和拆模

混凝土中水泥的水化作用过程，就是混凝土凝固、硬化和强度发育的过程。它与周围环境的温度、湿度有着密切的关系。当温度低于 15 °C 时，混凝土的硬化速度减慢；而当温度降至 − 2 °C 以下时，硬化基本上停止；在干燥的气候下，混凝土中的水分迅速蒸发，一方面使混凝土表面剧烈收缩而导致开裂，另一方面当游离水分全部蒸发后，水泥水化作用也就停止，混凝土即停止硬化。因此，混凝土浇筑后即需进行适当的养护（curing），以保持混凝土硬化发育所需要的温度和湿度。

目前在桥梁施工中采用最多的是在自然气温条件下（5 °C 以上）的自然养护方法。此法是在混凝土终凝时，在构件上覆盖塑料薄膜、草袋、麻袋等，定时洒水，以保持构件经常处于湿润状态。自然养护法的养护时间与水泥品种以及是否掺用外加剂有关。一般情况下，用普通硅酸盐水泥的混凝土为 7 d 以上；用矿渣水泥、火山灰质水泥的为 14 d 以上。每天浇水的次数，以能使混凝土保持充分潮湿为度。在一般气候条件下，当温度高于 15 °C 时，前三天内白天每隔 1 ~ 2 h 浇水一次，夜间至少浇水 2 ~ 4 次，在以后的养护期间内可酌情减少。在干燥的气候条件下，或在大风天气中，应适当增加浇水的次数。

自然养护法比较经济，但混凝土强度增长较慢、模板占用时间也长，特别在低温下（5 °C 以下）不能采用。为了加速模板周转和施工进度，在预制工厂内，可采用蒸汽法养护混凝土；在现场，可添加早强剂（通长 3 ~ 4 d 养护后即可拆模）。

混凝土经过养护，当强度达到设计强度的 50% 时，即可拆除梁的侧模；达到设计吊装强度并不低于设计标号的 70% 时，就可移梁或进行下道工序，如施加预应力。

4. 预应力工作

现简要介绍与后张法施加预应力有关的材料、设备和工艺过程。

（1）预应力技术的材料和设备

预应力技术指预应力的锚固张拉体系。一种体系只适合于一种或两种预应力钢筋，并配有专门的张拉设备、接长装置（连接器）和孔道成型方式。

预应力钢筋主要包括钢绞线（常用者为 7 丝）、钢丝（光面钢丝、螺旋肋钢丝和刻痕钢丝）和精轧螺纹钢筋。7 丝钢绞线的抗拉强度最大值可达 1 860 MPa，各类钢丝的在 1 470 ~ 1 770 MPa 之间，精轧螺纹钢筋的最大值可用到 930 MPa。

锚具、夹具是锚固预应力钢筋的装置。在后张法结构中，为保持预加力并将其传递给混凝土的永久性锚固装置，称为锚具；在施加预应力过程中，能将千斤顶（或其他张拉设备）的张拉力传递给预应力钢筋的临时或永久性锚固装置，称为夹具。对大多数预应力体系而言，两者并无本质区别。

国外主要的预应力体系包括：① 法国 Freyssinet 体系，主要生产可锚固 12 根钢丝或钢绞线的锥形锚系列，锚固多根钢绞线的群锚系列；② 瑞士 VSL 体系，主要生产钢绞线群锚系列；③ 德国 Dywidag 体系，为粗钢筋预应力体系；④ 瑞士 BBRV 体系，主要生产钢丝束镦头锚系列。

国内生产的预应力张拉锚固体系包括：① 粗钢筋预应力体系，有冷轧螺纹锚（轧丝锚）和精轧螺纹钢筋张拉锚固体系；② 镦头锚体系，有 DM 型、LM 型系列；③ 锥形锚体系，有可锚固 12 ~ 24 丝 7 mm 钢丝的钢质锥形锚系列；④ 钢绞线群锚体系，有 XM 型、QM 型、OVM 型、YM 型、XYM 型、B&S 型、TM 型、STM 型等。

在后张预应力混凝土梁桥中，钢绞线群锚体系应用广泛，图 5.32 所示为锚具结构及张拉过程示意。

（2）孔道成型

在现浇或预制后张预应力混凝土主梁时，需先按照设计图纸位置，预留出预应力孔道，待混凝土浇筑完毕并达到规定强度后，再穿束张拉。形成孔道的材料，可采用铁皮管、橡胶棒、金属波纹管和塑料波纹管。

早期使用的铁皮管用白铁皮卷制而成，其刚度小，施工中容易压瘪和穿孔。将橡胶棒放置在设计位置，在混凝土未完全凝固前将其抽出，就形成孔道；但橡胶棒不易拔出，容易拉断而堵孔，且孔道的摩阻系数大。金属波纹管是采用约 0.3 mm 厚、30 mm 宽的钢带，用卷管机在现场制作的圆管或扁管（与扁平锚配合使用）。这种管子的抗渗漏、耐压、强度、柔韧性等指标优于铁皮管，一度在桥梁工程中普遍采用。目前采用较多的是塑料波纹管，其是由高密度聚乙烯材料挤出成型的单壁波纹管（圆管及扁管），在实际使用中需辅以各类塑料连接件。与传统的金属波纹管相比，其具有良好的耐腐蚀性和密封性，强度高刚度大，抗冲击抗渗透，摩阻系数小等优点。

在高速铁路预应力混凝土简支梁读预制中，现多采用橡胶棒成孔。

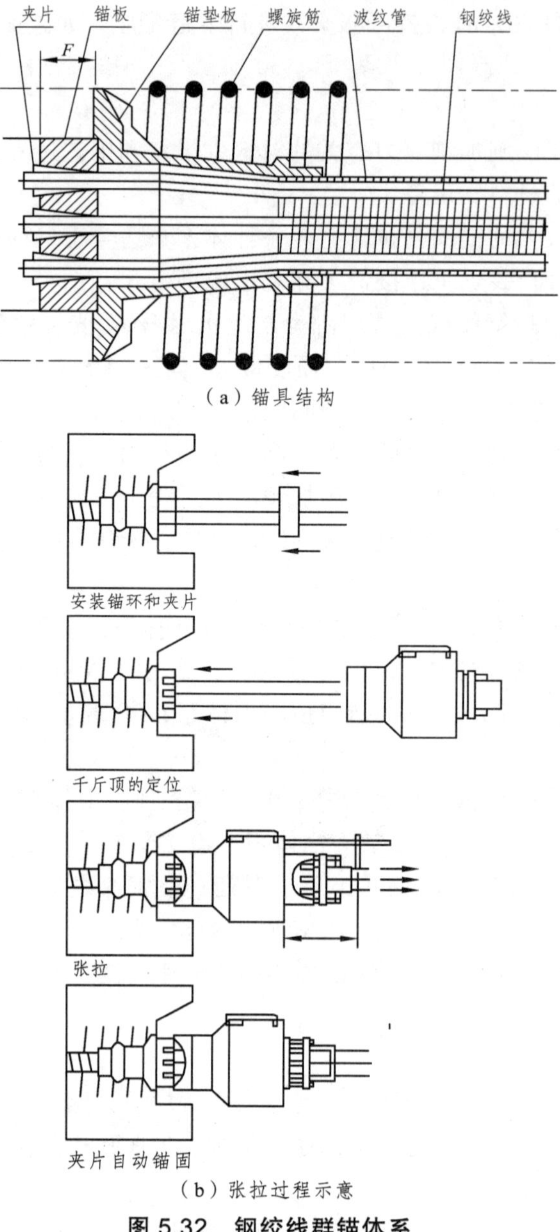

（a）锚具结构

（b）张拉过程示意

图 5.32　钢绞线群锚体系

（3）张拉

在预应力张拉前，需完成以下工作：① 用压力水清孔，并观察孔道有无串孔现象（防止漏浆或造成其他孔道的堵孔），吹干孔道内水分。② 对较短的钢束，可用人工直接穿束；对较长的钢束，可用卷扬机牵引穿束或采用钢绞线穿束机穿束。③ 按施工规范的要求检查千斤顶和油泵，标定配套使用的千斤顶和油压表，保证张拉质量和精度。

预应力张拉是预应力梁施工中的关键工序，必须严格遵循有关施工规范和操作规程。所采用的千斤顶等设备、张拉程序以及具体操作方法与预应力体系（预应力钢筋和锚具类型）有关。这里仅对图 5.32（b）所示的张拉过程作一简要说明。

钢绞线群锚体系的张拉过程分为以下几步：① 张拉前的准备，包括清理锚垫板和钢绞线表面，安装锚环和夹片；② 安装张拉设备，包括千斤顶定位，顶紧位于千斤顶后方的工具夹片；③ 张拉，即向千斤顶张拉缸供油直至设计油压，并测量钢绞线伸长量；④ 锚固，张拉缸回油，位于锚环内的工作夹片自动锚固。在张拉完成后，即可封锚（包括卸除千斤顶，切除多余钢绞线，孔道压浆，锚固端用混凝土封平）。

（4）压浆

压浆就是用灰浆填满孔道内的所有空隙，其目的是防止预应力钢筋锈蚀，保证预应力钢筋与混凝土的握裹力，减少预应力损失。灰浆材料的水泥、水灰比、强度等应符合有关规范的要求。压浆所用设备为压浆泵，水泥浆自调制至压入孔道的间隔时间不得大于 40 min，压浆速度应平缓而不中断，压力控制在 0.7 MPa 以下。

压浆工艺有一次压浆法（用于不长的直线孔道）和二次压浆法（用于较长的孔道或曲线形孔道）。所谓二次压浆，就是按规定从一端完成一次压浆后，保持灰浆压力 30 min，再从另一端重复一次压浆。从目前的过程实践看，常规的压浆工艺，很难达到使孔道密实、饱满的要求。近年来发展的塑料波纹管及真空压浆新技术，较好地解决了这一问题。其基本原理是：在塑料波纹管孔道的一端采用真空泵对孔道进行抽真空，使之产生 – 0.1 MPa 左右的真空度，然后用压浆泵将水泥浆从孔道的另一端压入，直至充满整个孔道，并施加不小于 0.7 MPa 的正压力，以确保预应力孔道灌浆的饱满度和密实度。

三、简支梁的架设

简支梁（板）的架设，有起吊、纵移、横移、落梁等工序。从架梁的工艺类别来分，有陆地架梁法、浮吊架梁法和架桥机架梁法等；每一类架设工艺中，按起重、吊装机具等的不同，又可分成各具特色的架设方法。土木建筑行业中工业化和机械化程度的不断提高，架桥新工艺、新设备的不断涌现，推动了桥梁施工技术的进步。

1. 陆地架梁法

（1）自行式吊车架梁

在桥面不高、且场内可设置行车便道的情况下，用自行式吊车（汽车吊或履带吊）架设中小跨径的桥梁十分方便（图 5.33（a））。此法视吊装重量不同，可分单吊（一台吊车）或双吊（两台吊车）两种。其特点是机动性好，不需要动力设备，不需要准备作业，架梁速度快。

（2）门式吊车架梁

对于桥面不太高，架桥孔数又多，沿桥墩两侧设轨道不困难的情况，可以采用一台或两台门式吊车来架梁（图 5.33（b））。此时，除了吊车行走轨道外，在其内侧尚应铺设运梁轨道，或者设便道用拖车运梁。梁运到后，就用门式吊车起吊、横移，并安装在预定位置。当一孔架完后，吊车前移，再架设下一孔。

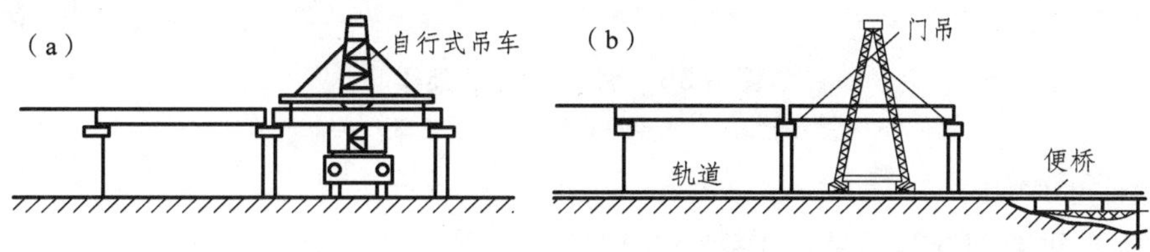

图 5.33 陆地架梁法

2. 浮吊架梁法

在海上和深水大河上修建桥梁时，采用可回转的伸臂式浮吊（floating crane）架梁比较方便（图 5.34）。这种架梁方法，高空作业较少，施工比较安全，吊装能力也大，工效也高，但需要大型浮吊。浮吊架梁时需在岸边设置临时码头来移运预制梁，鉴于浮吊船来回运梁航行时间长，可采取用装梁船储梁后成批一起架设的方法。架梁时，浮吊船需要锚固定位。

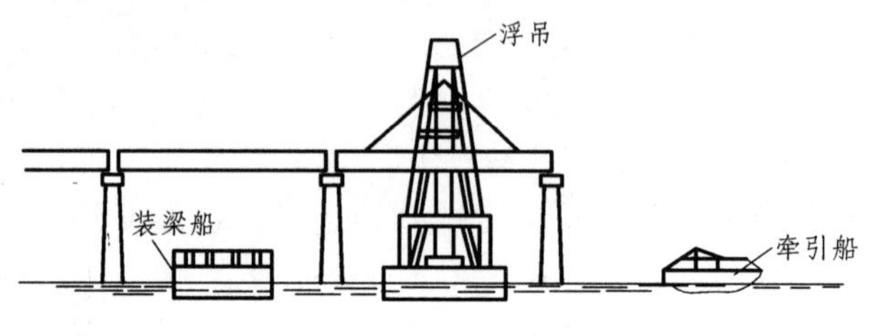

图 5.34 浮吊架梁法

在近海环境中建造的非通航孔长桥，多采用中等跨度的混凝土梁桥，此时，采用浮吊逐孔架设梁跨结构，是最为合理的选择。例如，在东海大桥的施工中，采用了自带动力的（无需牵引船）、起吊能力达 2 500 t 的巨型浮吊，架设跨度 50 ~ 70 m、重 1 600 ~ 2 200 t 的混凝土箱梁。

3. 架桥机架梁法

架桥机（erecting crane）架梁法适合于中小跨径多跨简支梁桥，因其安置在桥墩上，故不受墩高和水深的影响，在施工过程中不影响桥下通航（或通车）。现以联合架桥机为例，简要介绍其架设方法。

联合架桥机由一根两跨长的钢导梁、两套门式吊机和一个托架（又称蝴蝶架）三部分组成（图 5.35）。导梁顶面铺设运梁平车和托架行走的轨道。门式吊车顶横梁上设有吊梁用的行走小车；为了不影响架梁的净空位置，其立柱底部还可做成在横向内倾斜的小斜腿，这样的吊车俗称拐脚龙门架。

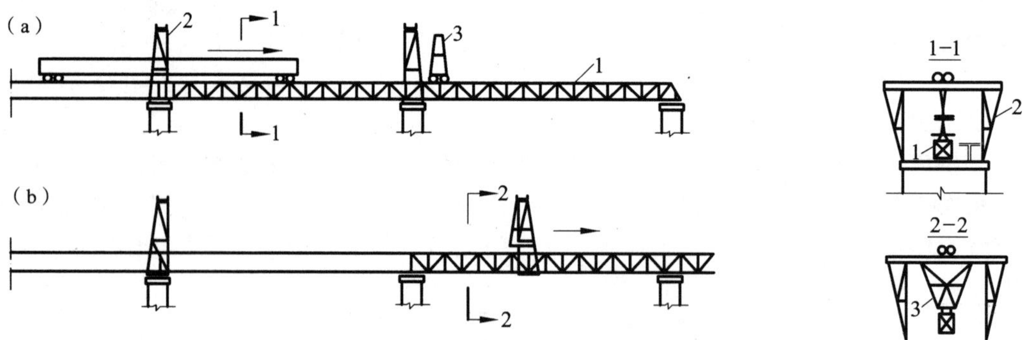

图 5.35 联合架桥机架梁

1—钢导梁；2—门式吊车；3—托架（运送门式吊车）

架梁操作工序如下：

① 在桥头拼装钢导梁，铺设钢轨，并用绞车纵向拖拉导梁就位；

② 拼装蝴蝶架和门式吊机，用蝴蝶架将两个门式吊机移运至架梁孔的桥墩（台）上；

③ 由平车轨道运送预制梁至架梁孔位，将导梁两侧可以安装的预制梁用两个门式吊机起吊、横移并落梁就位（图 5.35（a））；

④ 将导梁所占位置的预制梁临时安放在已架设的梁上；

⑤ 用绞车纵向拖拉导梁至下一孔后，将临时安放的梁架设完毕；

⑥ 在已架设的梁上铺接钢轨后，用蝴蝶架顺次将两个门式吊车托起并运至前一孔的桥墩上（图 5.35（b））。

如此反复，直至将各孔梁全部架设好为止。

架桥机的构造有许多不同的类型。除了联合架桥机外，尚有闸门式架桥机、穿巷式架桥机等。我国高速铁路梁桥（24 m、32 m 双线和单线单箱整孔预制箱梁）运架设备有履式架桥机、下导梁式架桥机、运架一体式架桥机等，最大起吊能力可达 900 t。在实际工程中，还可根据梁的构造、施工单位的现有材料自行设计制造架梁设备。图 5.36 为采用单简支梁式架桥机架设铁路预应力混凝土梁的情形。

图 5.36　架桥机架设铁路简支梁

必须强调指出，桥梁架设既是高空作业又需要使用大型机具设备，在操作中如何确保施工人员的安全和杜绝工程事故，这是工程技术人员的重要职责。因此，在施工前应研究制订周到而妥善的安装方案，详细分析和计算承力设备的受力情况，采取周密的安全措施。在施工中并应加强安全教育，严格执行操作规程和加强施工管理工作。

第三节　混凝土简支梁桥的设计计算

一、概　述

在桥梁设计中，一般总是先根据使用要求、跨径大小、桥面布置、荷载等级、施工条件等基本资料，运用对结构物的构造知识，并参考已有桥梁的设计经验，来拟订结构物各构件的截面形式和细部尺寸，估算结构的自重；然后根据作用在结构上的荷载，用熟知的数学、力学方法计算出结构各部分可能产生的最不利的内力；再由已求得的内力并依据设计规范进行强度、刚度和稳定性的验算，以此来判断原先拟订的细部尺寸是否符合要求。如果验算结果不能满足要求，或者尺寸选得过大，则需修正原来所拟订的尺寸再进行验算，直至满意为止。

简支梁桥设计计算的项目一般有主梁、横隔梁、桥面板和支座等。主梁是主要承重构件，无论从结构的安全或材料消耗上来看，它都是梁桥的重要部分。桥面板（或称行车道板）直接承受车辆的集中荷载，通常又是主梁的受压翼缘，它的工作状态不但影响到行车质量，而且还涉及主梁的受力。桥面板刚度不足或存在裂缝，将对行车路面的维护带来麻烦。横隔梁主要增强梁桥的横向刚性，起分布荷载的作用。在具体进行设计计算时，习惯上常从主梁开始，其次再设计横隔梁、桥面板和支座。当然，也可以先设计桥面板，然后再设计主梁和其他构件。

本节主要介绍行车道板（包括铁路桥的道砟槽板）的计算、主梁荷载横向分布计算及其内力计算方法。关于构件截面设计和验算的问题则属于“结构设计原理”的内容，本节不再重复。

二、行车道板的计算

1. 车辆活载在板上的分布

（1）公路汽车荷载

公路汽车车轮压力通过桥面铺装层扩散到钢筋混凝土桥面板上，由于板的计算跨径相对于轮压分布宽度不是很大，故在计算中将轮压作为均布荷载来处理。

弹性的充气车轮与桥面的接触面实际上接近于椭圆，而且荷载又要通过铺装层扩散分布，故车轮压力在桥面板上的实际分布形状是很复杂的。为方便计算起见，通常可近似地把车轮与桥面的接触面看作是 $a_1 \times b_1$ 的矩形面积，此处 a_1 是车轮沿行车方向的着地长度，b_1 为车轮沿桥宽方向的着地宽度，如图 5.37 所示。对车辆荷载（参见第三章图 3.8），其前轮的 $a_1 \times b_1$ 为 0.2 m × 0.3 m，后轮的 $a_1 \times b_1$ 为 0.2 m × 0.6 m。荷载在铺装层内沿纵、横两个方向的扩散分布，根据试验研究，对于混凝土或沥青面层，可以偏安全地假定呈 45° 角扩散。这样，作用于钢筋混凝土桥面板顶面的矩形均布荷载压力面的边长为

$$\left.\begin{aligned} &\text{沿纵向} \quad a_2 = a_1 + 2h \\ &\text{沿横向} \quad b_2 = b_1 + 2h \end{aligned}\right\} \tag{5.1}$$

式中 h——铺装层的厚度。

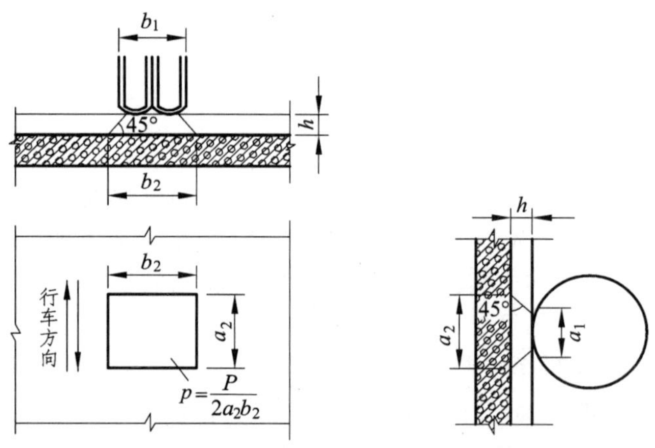

图 5.37 公路桥面板上车轮荷载的扩散

应取车辆荷载的最大轴重（即后轴）作为计算荷载。据此，桥面板所承受的局部均布荷载集度为

$$p = \frac{P}{2a_2b_2}$$

式中 P——车辆荷载后轴的轴重。

（2）铁路列车活载

铁路混凝土简支梁设计中，道砟槽板承受的列车活载取特种活载计算。特种活载轴重经钢轨、桥枕、道砟分布到道砟槽板顶上，分布方式如图 5.38 所示。

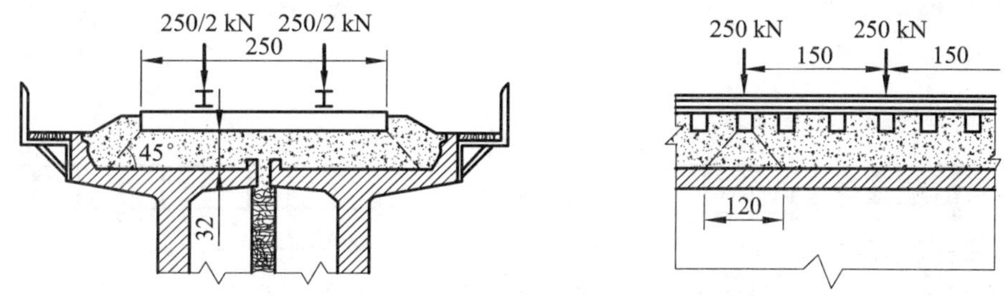

图 5.38　铁路道砟槽板上活载的扩散（尺寸单位：cm）

假定特种活载轴重（250 kN）自桥枕底面向下按 45° 角扩散，由于钢轨分载作用，顺梁方向的分布长度取为 1.2 m。对道砟桥面，桥枕（假定为枕木）长度 取 2.5 m，枕下道砟厚度为 0.32 m，则横向的分布长度为 2.5 + 2 × 0.32 = 3.14 m，则分布面积为

$$S = 1.2 \times 3.14 = 3.77 \quad (\mathrm{m}^2)$$

均布活载集度为

$$p = (1+\mu)\frac{250}{3.77} = 66.4(1+\mu)\ (\mathrm{kN/m^2})$$

式中，（1 + μ）为列车活载动力系数。

外侧的道砟槽板还应计算人行道的恒载和活载。人行道恒载包括人行道支架栏杆和步行板重量；人行道活载，在距离桥中心 2.45 m 以内的一段考虑养护上翻修道床时堆放道砟，按 10 kPa 计算，在距离桥中心 2.45 m 以外的一段，按 4 kPa 计算。

2. 行车道板分类

混凝土肋板式梁桥的行车道板在构造上与主梁梁肋和横隔梁（横隔板）联结在一起，形成复杂的梁格体系（图 5.39）。按其周边支承情况，行车道板可以有单边支承（如铁路梁道砟槽板外边板）、两边支承（如整体浇筑无横隔板的梁桥内板）、三边支承（如铁路梁道砟槽板内板）和四边支承（如整体浇筑的带横隔板的梁桥内板，见图 5.39（a））等四种情况。

从受力特点来看，在一块矩形的四边支承板（长边 l_a，短边 l_b）中央作用一竖向车轮荷载 $P/2$ 时，虽然荷载 $P/2$ 要向相互垂直的两对支承边传递，但由于板沿 l_a 和 l_b 跨径的相对刚度不同，因此传递的荷载也不相等。根据对弹性薄板的研究，对于四边简支的板，只要板的长边与短边之比 $l_a/l_b \geqslant 2$，则荷载的绝大部分会沿短边方向传递，而沿长边方向传递的荷载将不足 6 %，l_a/l_b 之比值越大，向 l_a 跨度方向传递的荷载也越少。因此，通常可把 $l_a/l_b \geqslant 2$ 的周边支承板当作仅由短跨承受荷载的单向受力板（简称单向板）来设计，而在长跨方向只需适当配置一些构造钢筋。对于长宽比 $l_a/l_b \leqslant 2$ 的板，则称为双向板，需按两个方向分别配置受力钢筋。

对于常见的 $l_a/l_b \geq 2$ 的装配式 T 形梁桥，板的支承有两种情况：对翼缘板的端边是自由边、另三边由主梁及横隔梁支承的板（图 5.39（c）），可以像边主梁外侧的翼缘板一样，视为沿短跨一端嵌固而另一端为自由端的悬臂板来分析；对相邻翼缘板在板的端部互相形成铰结接缝的情况（图 5.39（d）），则行车道板应按一端嵌固、一端铰结的悬臂板进行计算。

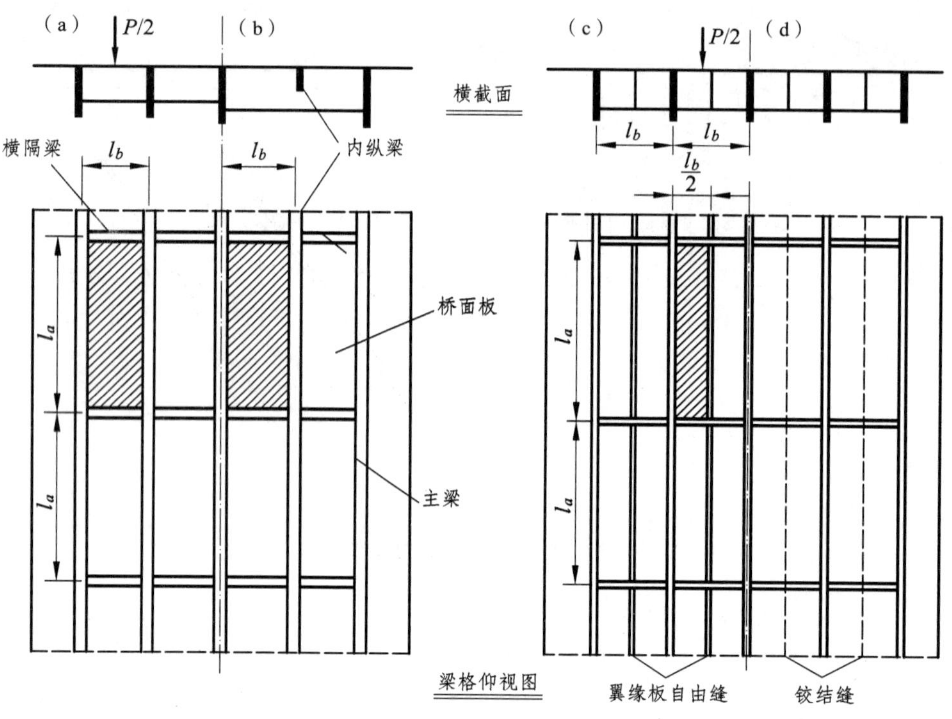

图 5.39　行车道板的支承情况

总之，按受力情况，实际工程中最常见的行车道板可以分为：单向板、悬臂板和铰结悬臂板。以下介绍它们的计算方法。

3. 板的有效工作宽度

严格地讲，板在垂直于板面的局部均布荷载作用下的内力和变形的计算，属于空间计算问题。板的精确内力分析十分复杂，在实际工程设计中并无必要。对于单向板，可将其简化为短跨方向的（平面的）梁来设计，也就是取单位板条（沿梁纵向取单位宽度）为对象，按最不利工况进行设计，设计结果适用于整个桥面板。

为了求得单位板条所承受的荷载集度并进行板的内力分析，需要引入板的有效工作宽度或荷载有效分布宽度的概念。

（1）单向板

现考察一块两边固结、跨径为 l、宽度较大的梁式行车道板的受力状态（图 5.40）。当荷载以 $a_2 \times b_2$ 的分布面积均匀作用在板上时，板除了沿计算跨径 x 方向产生挠曲变形 w_x 外，在沿垂直于计算跨径的 y 方向也必然发生挠曲变形 w_y（图 5.40（b））。这说明在荷载作用下，不仅承压宽度为 a_2 的板条直接受力，其邻近的板也参与工作，共同承受车轮荷载。图 5.40（a）

中右侧表示板的跨中沿 y 方向的弯矩 m_x 的分布图。

那么，在计算中究竟以多大的板宽来承受车轮荷载产生的总弯矩呢？从图中可见，跨中弯矩 m_x 的实际图形呈曲线，在荷载中心处达到最大值 $m_{x\max}$，离荷载越远的板条所承受的弯矩越小。若设想以 $a\times m_{x\max}$ 的矩形来替代此曲线图形，即有

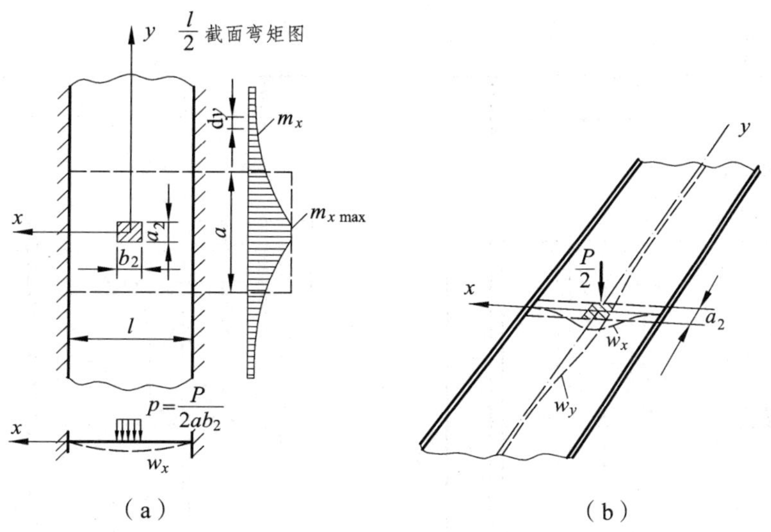

图 5.40 行车道板的受力和变形状态

$$a\times m_{x\max}=\int m_x\mathrm{d}y=M$$

由此，则得弯矩图形的换算宽度为

$$a=\frac{M}{m_{x\max}}$$

式中 M——车轮荷载产生的板的跨中截面总弯矩；

$m_{x\max}$——荷载中心处的最大弯矩值，可按弹性薄板理论分析求解。

上式中的 a 就定义为板的有效工作宽度或荷载有效分布宽度。对板而言，其含义是：假定仅以宽度为 a 的板来承受车轮荷载产生的总弯矩，这样既可满足弯矩最大值的要求，计算起来也简单方便；对荷载而言，其含义是：假定荷载只在 a 范围内有效，且均匀分布。这样，一旦确定了 a 值，就可推算作用在 $a\times b_2$ 范围内的等效的荷载集度 p；随后，就可按图 5.40（a）下侧所示的单位板条来计算板的内力。

通过对不同支承条件、不同荷载性质以及不同荷载位置情况下，随承压面大小变化的板的有效工作宽度与跨径的比值 a/l 的分析，可知两边固结的板的有效工作宽度要比两边简支者小 30%～40% 左右，全跨满布的条形荷载的有效分布宽度也比局部分布荷载的小些。另外，荷载越靠近支承边时，其有效工作宽度也越小。

在现行《公路钢筋混凝土及预应力混凝土桥涵设计规范》中，对于单向板的荷载有效分布宽度作如下规定：

① 车轮荷载在板跨中间。对于单独一个荷载（图 5.41（a）），应满足

$$a=a_2+\frac{l}{3}=(a_1+2h)+\frac{l}{3}\geqslant\frac{2}{3}l$$

式中　l——板的计算跨径。

对于多个相同车轮荷载作用在跨中，当按上式计算的荷载有效分布宽度发生重叠时，则按所有车轮荷载一起计算其有效分布宽度（图 5.41（b））

$$a = a_2 + d + \frac{l}{3} = (a_1 + 2h) + d + \frac{l}{3} \geqslant \frac{2}{3}l + d$$

式中　d——最外两个车轮荷载的中心距离。

如果只有两个车轮荷载，d 往往就是车辆荷载的轴距。

② 车轮荷载在板的支承处（图 5.41（c））。

$$a = a' = a_2 + t = (a_1 + 2h) + t$$

式中　t——板的厚度。

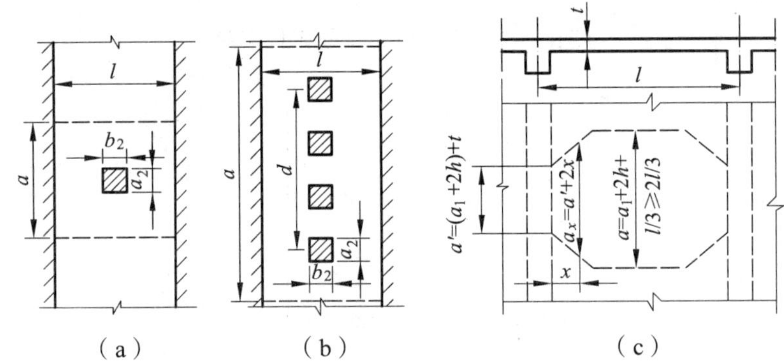

图 5.41　单向板的荷载有效分布宽度

③ 车轮荷载靠近板的支承处（图 5.41（c））。

$$a = a_x = (a_1 + 2h) + t + 2x$$

式中　x——荷载离支承边缘的距离。

可见，当荷载由支承处向跨中移动时，相应的有效分布宽度是按 45° 线增加的。

按①～③计算的所有分布宽度，均不得大于板的全宽。根据以上所述，车轮荷载作用在不同位置时，单向板的有效分布宽度图形如图 5.41（c）所示。

（2）悬臂板

悬臂板在荷载作用下除了直接受载的板条（宽度为 a_2）外，相邻板条也发生挠曲变形而承受部分弯矩，通过与上述单向板类似的分析可知，悬臂板的有效工作宽度接近于两倍悬臂长度，也就是说，荷载可近似按 45° 角向悬臂板支承处分布。

现行公路桥规中对悬臂板的荷载有效分布宽度规定为（图 5.42）

$$a = a_2 + 2c = (a_1 + 2h) + 2c$$

式中　c——悬臂板上荷载压力面外侧边缘至悬臂根部的距离。

对于分布荷载靠近板边的最不利情况（图 5.42（a）），c 就等于悬臂板的跨径 l_0，于是

$$a = a_2 + 2l_0 = (a_1 + 2h) + 2l_0$$

上两式仅适用于 $c \leqslant 2.5$ m 的情况，若 $c > 2.5$ m，则按此计算的悬臂根部负弯矩需适度放大 1.15～1.30 倍。

对于桥上可能出现的履带式荷载，因其与桥面的接触面较长，通常忽略荷载压力面以外的板条参与工作，无论在跨中还是支点处，均取单位宽板条（1 m），按实际荷载集度进行计算（图 5.43）。

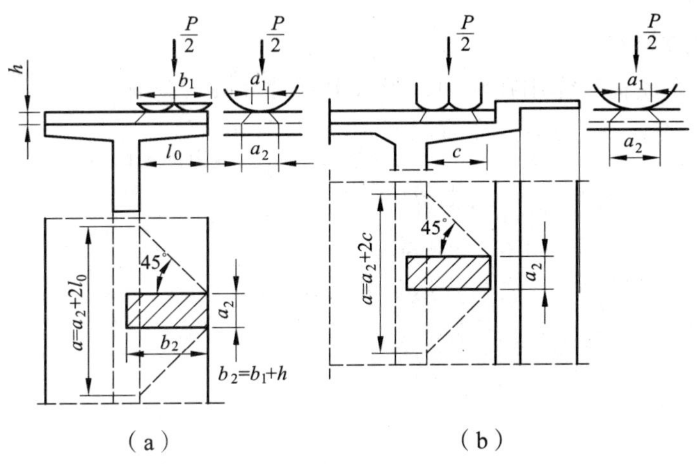

图 5.42　悬臂板的有效工作宽度

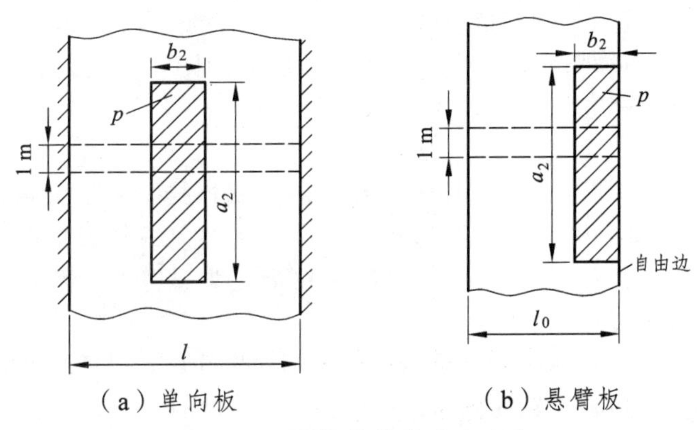

图 5.43　履带荷载的分布宽度

如前所述，铁路桥梁道砟槽板的工作宽度通常取一个特种活载轴重经钢轨、桥枕和道砟分布至板上的实际长度，求出分布范围内单位面积的荷载集度，然后取 1 m 宽板带进行计算。这样做是偏于安全的。

4. 行车道板内力计算

行车道板通常由弯矩控制设计。计算时，取单位宽板条来进行计算。由板的有效工作宽度，可得到板条上的荷载集度及其内力。下面阐述两种行车道板的内力计算方法。

（1）连续单向板的内力

从构造上看，行车道板与主梁梁肋是整体连接在一起的，因此，当板上有荷载作用而变形时，主梁也发生相应的变形，而这种变形反过来又会影响到板的内力。若主梁的抗扭刚度（torsional stiffness，可视其为对板变形的约束能力）极大，板的行为就接近于固端梁（图 5.44（a））；反之，若主梁抗扭刚度极小，板与梁肋的连接就接近于自由转动的铰结，板的受力就如同多跨连续梁体系（图 5.44（c））。实际上，行车道板和主梁梁肋的连接情况，既不是固结，也不是铰结，而应该考虑为弹性固结，如图 5.44（b）所示。

鉴于连续行车道板的受力情况比较复杂，影响的因素比较多，精确计算板的内力有一定困难，通常采用简便的近似方法。对于弯矩，先算出一个跨度相同的简支板的跨中荷载（恒载、活载及其组合）弯矩 M_0，然后再根据实验及理论分析的数据加以修正。弯矩修正系数可视板厚 t 与梁肋高度 H 的比值来确定。

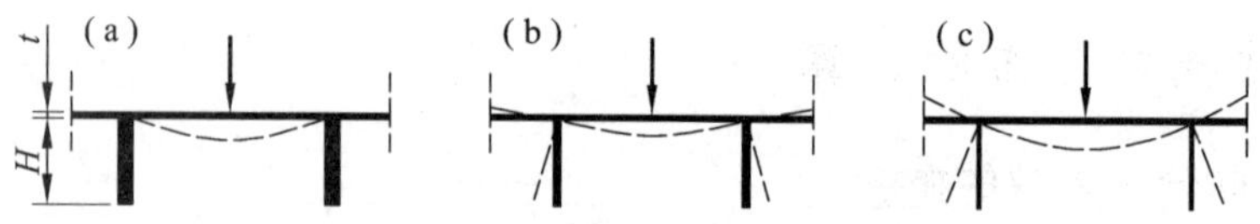

图 5.44 主梁扭转刚度对行车道板的影响

当 $t/H<1/4$ 时（即主梁抗扭能力大者）

$$\left.\begin{aligned}&\text{跨中弯矩}\quad M_{中}=+0.5M_0\\&\text{支点弯矩}\quad M_{支}=-0.7M_0\end{aligned}\right\}\tag{5.2}$$

当 $t/H\geqslant 1/4$ 时（即主梁抗扭能力小者）

$$\left.\begin{aligned}&\text{跨中弯矩}\quad M_{中}=+0.7M_0\\&\text{支点弯矩}\quad M_{支}=-0.7M_0\end{aligned}\right\}\tag{5.3}$$

图 5.45（a）为一个车轮位于板跨中时，求算 M_0 的计算图式。

计算与梁肋整体连接的单向板的支点剪力时，可不考虑板和主梁的弹性固结作用，此时荷载必须尽量靠近梁肋边缘布置，计算跨径可取两肋间净距。考虑了相应的有效工作宽度后，每米板宽承受的分布荷载如图 5.45（b）所示。

（2）悬臂板内力

构造上，各片 T 梁的翼缘板端往往采用铰结的方式连接，其最大弯矩发生在悬臂根部。根据计算分析可知，计算悬臂根部活载弯矩时，最不利的荷载位置是把车轮荷载集度对称布置在铰结处，这时铰内的剪力为零，铰结悬臂板可简化为悬臂板，两相邻悬臂板各承受半个车轮荷载，即 $P/4$，如图 5.46（a）所示。

板的悬臂根部的剪力可以偏安全地按悬臂板的图式来计算。对于沿纵缝不相连接的悬臂板，在计算悬臂根部弯矩时，应将车轮荷载靠板的边缘布置，此时 $b_2=b_1+t$，如图 5.46（b）所示。

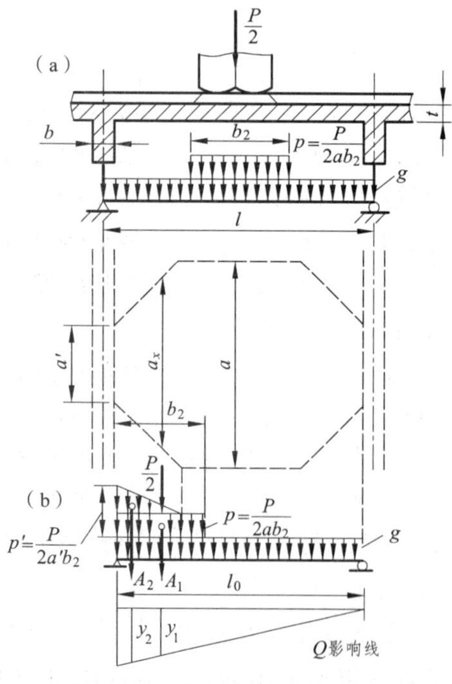

图 5.45 单向板计算图式

（a）求跨中弯矩；（b）求支点剪力

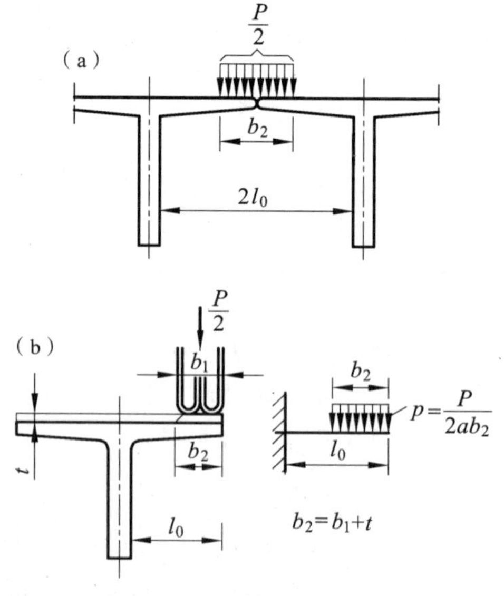

图 5.46 悬臂板的计算图式

三、荷载横向分布的计算

1. 荷载横向分布系数的概念

对多主梁桥，荷载横向分布（live load lateral distribution）指作用在桥上的车辆荷载如何在各主梁间进行分配，或者说各主梁如何共同分担车辆活载。

干线铁路的简支梁通常由两片主梁组成，线路轨道对称于桥中心布置，桥上恒载也对称于桥中心，因此，在主梁内力计算中，可以将桥梁恒载和桥上列车活载平均分摊给两片主梁。在计算主梁最大内力时，只需考虑活载沿跨度方向的最不利位置，主梁的内力计算可以简化成平面问题。

在公路梁桥结构中，由于桥面较宽，主梁片数较多并与桥面板和横隔板联结在一起。当桥上车队处于横向不同位置时，各主梁参与受力的程度不同，由于结构受力和变形的空间性，精确求解这种结构的内力需借助空间计算理论。

由于实际结构的复杂性，对这种空间计算问题进行精确求解是很困难的。目前广泛采用的方法是将复杂的空间问题合理地简化成简单的平面问题来求解。

如图 5.47（b）结构中某片主梁上 a 点的截面内力或挠度，可以借助空间理论分析所得的影响面。若采用双值函数 $\eta(x,y)$ 来表示结构上 a 点截面的内力影响面，则该截面的内力值 S 可表示为荷载与相应影响面竖标值（沿 z 轴的数值）的乘积：

$$S = P \cdot \eta(x,y)$$

假若将影响面函数 $\eta(x,y)$ 近似分解成两个单值函数的乘积，即 $\eta_1(x)\eta_2(y)$，则对某根主梁的某一截面的内力值就可近似表示为

$$S = P \cdot \eta(x,y) \approx P \cdot \eta_2(y) \cdot \eta_1(x) \tag{5.4}$$

式中，$\eta_1(x)$ 表示平面意义上的某一片梁的某一截面的内力影响线，若将 $\eta_2(y)$ 看作是单位荷载沿横向作用在不同位置时对某梁所分配的荷载比值的变化曲线（也称作对某梁的荷载横向分布影响线），则当 P 作用在 $a(x,y)$ 点时，沿横向分配给该梁的荷载为 $P' = P \cdot \eta_2(y)$。这样，就可完全像图 5.47（a）所示平面问题一样，求得某梁上某截面的内力值。将空间问题简化成平面问题，将相互横向连接的主梁体系离散为单梁，并引入荷载横向分布影响线推算各梁分担的荷载，这就是利用荷载横向分布来计算多主梁结构内力的基本原理。

下面进一步阐述荷载横向分布系数的概念。图 5.48（a）表示桥上作用有一辆前、后轴各重 P_1 和 P_2 的汽车荷载，相应的轮重为 $P_1/2$ 和 $P_2/2$。如欲求③号梁 k 点的截面内力，则可先借助③号梁的荷载横向分布影响线 $\eta_2(y)$（计算方法见后述），按最不利加载原则求出横向各轮重分配给该梁的总荷载（对前、后轴重分别进行）；然后借助单梁 k 点截面的内力影响线 $\eta_1(x)$，用各个总荷载来计算 ③号梁该截面的最大内力值。在设计中，通常用一个表征和量化荷载横向分布程度的系数 m 与轴重 P_i 的乘积来表示计算的总荷载，因此，前、后两排轴重分配给 ③号梁的总荷载可分别表示为 m_1P_1 和 m_2P_2（图 5.48（b））。这个 m 就称为荷载横向分布系数，它表示某片主梁所分担的总荷载与轴重 P_i 的比值（通常小于 1）。

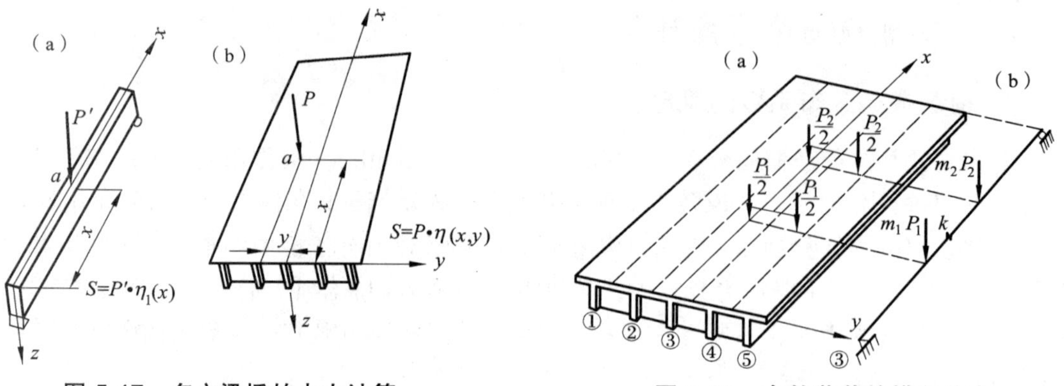

图 5.47　多主梁桥的内力计算

（a）单片梁内力；（b）多片梁内力

图 5.48　车轮荷载的横向分布

荷载横向分布系数与各主梁之间的横向联系有直接关系。图 5.49 表示由 5 片主梁组成的梁桥在跨中承受荷载 P 的横截面。图 5.49（a）表示主梁与主梁间没有任何横向联系，此时若中梁承受集中力 P 作用，则全桥只有直接承载的中梁受力，其他各主梁不受力，也就是说，中梁的荷载横向分布系数 $m=1$，其他各梁的 $m=0$。

再看图 5.49（c）的情况。如果借助于横隔梁将各主梁相互刚性连接，并且设想横隔梁的刚度趋于无穷大（$EI_H \to \infty$），则在同样的荷载 P 作用下，由于横隔梁无挠曲变形，因此所有 5 片主梁将共同参与受力。此时各梁的挠度均相等，荷载 P 将由各梁均匀分担，每梁只承受 $P/5$，也就是说，各梁 $m=1/5$。

通常，对于钢筋混凝土或预应力混凝土多主梁桥，实际构造情况是：各梁虽通过横向结构连为整体，但是横向结构的刚度并非无穷大。因此，在荷载 P 作用下，各片主梁将按照某种规律变形（如图 5.49（b）），此时中梁的挠度 w_b 必然小于 w_a、而大于 w_c。设中梁所受的荷载为 mP，则其荷载横向分布系数 m 也必然小于 1 而大于 1/5。

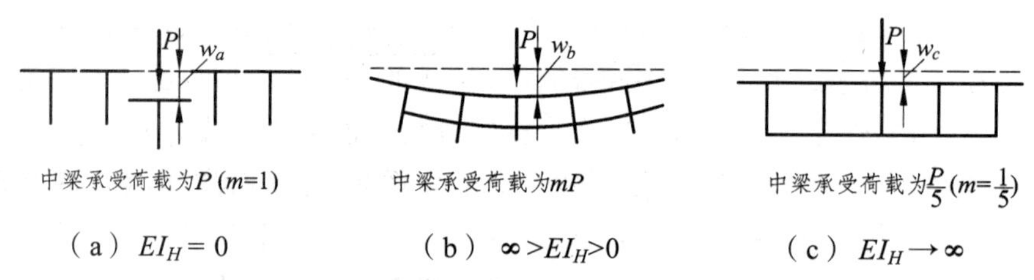

（a）$EI_H=0$　　（b）$\infty > EI_H > 0$　　（c）$EI_H \to \infty$

图 5.49　不同横向刚度下主梁的受力和变形

由此可见，多主梁桥荷载横向分布的规律与结构的横向连接刚度有着密切关系，横向连接刚度越大，荷载横向分布作用越显著，各主梁所分担的荷载也越趋于均匀。

2. 荷载横向分布的计算方法

为了使荷载横向分布的计算结果能更好地反映横向结构不同的梁桥的实际内力分布，就需要针对不同的横向结构，采用不同的简化模型和相应的计算方法。常用的荷载横向分布计算方法有：

- 杠杆原理法；
- 刚性横梁法；

- 修正的刚性横梁法；
- 铰结板（梁）法；
- 刚结板（梁）法；
- 比拟正交异性板法（又称 G－M 法）。

上述各种实用计算方法所具有的共同特点是：从分析荷载在桥上的横向分布出发，求得各梁的荷载横向分布影响线，再通过横向最不利加载来计算荷载横向分布系数 m。

限于篇幅，这里主要介绍杠杆原理法和刚性横梁法。掌握了这两种方法，读者就可以进行常规的中、小跨度简支梁桥的荷载横向分布计算，并且从中了解在梁桥荷载横向分布计算中需要注意的问题。关于其他方法，读者可参阅有关书籍。

（1）杠杆原理法

杠杆原理法的基本假定是：忽略主梁之间横向结构的联系，并假设桥面板在主梁上断开，把桥面板视作横向支承在主梁上的简支板或带悬臂的简支板。

图 5.50（a）所示为桥面板直接搁置在 I 形主梁上的装配式桥梁。当桥上有车辆荷载作用时，作用在左边带悬臂的简支板上的轮重 $P_1/2$ 只传递至①号和②号梁，作用在中间简支板上的轮重 $P_1/2$ 只传递给②号和③号梁（见图 5.50（b））；这也就是说，各主梁相当于板的支承，板上的轮重 $P_1/2$ 各按计算简支梁反力的方式分配给左右两片主梁；而反力 R_i 的大小只需利用静力平衡条件即可求出，即通常所说的“杠杆原理”。如果主梁所支承的相邻两块板上都有轮重作用，则该梁所分配的荷载是相邻两块板上所有轮重产生的支承反力之和，如图 5.50（b）中②号梁所分担的荷载为 $R_2 = R_2' + R_2''$。

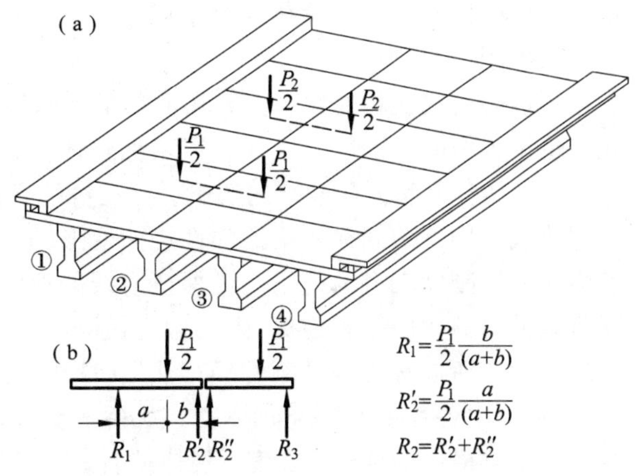

图 5.50 杠杆原理法的计算图式

为了求主梁所承受的总荷载，需先确定荷载横向分布影响线，对图 5.50 所示情况，它也就是各主梁的反力影响线。在确定了各片主梁由单位荷载产生的荷载横向分布影响线后，就可按最不利原则布置各种单位活载（如车辆荷载、人群），求得相应的横向分布系数 m_{0q} 和 m_{0r}，如图 5.51（a）中所示。各横向分布系数的计算公式为

$$\text{汽车：}\quad m_{0q} = \frac{1}{2}\sum_i \eta_{qi}$$

$$\text{人群：}\quad m_{0r} = \eta_r \tag{5.5}$$

式中 η——与轮载或人群荷载的线集度对应的影响线竖标值。

采用杠杆原理法计算时，应当计算几片主梁的横向分布系数，以便确定分配荷载最大的主梁，以其计算内力作为设计依据。

对于图 5.51（b）所示的双主梁桥，采用杠杆原理法计算荷载的横向分布是足够精确的。

铁路桥梁设计中，将活载平均分摊给两片主梁承担，实际上就是采用杠杆原理法计算荷

载横向分布。

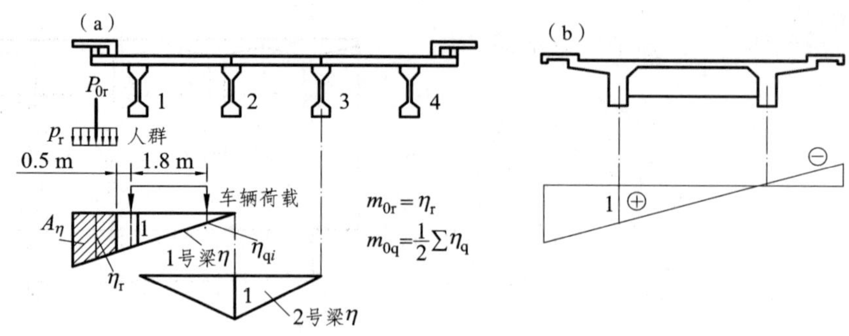

图 5.51 按杠杆原理法计算荷载横向分布系数

对于常规的 T 梁桥，不论跨度内有无中间横隔梁，当桥上荷载沿桥轴方向作用在靠近梁端支点处时（例如在计算梁端剪力时），荷载的绝大部分将通过相邻的主梁直接传至墩台。从集中荷载直接作用在端横隔梁上的情形来看，尽管端横隔梁将几片主梁连为一体，但由于可不考虑支座的弹性压缩和主梁本身的微小压缩变形，显然荷载将主要传至两个相邻的主梁支座，即连续横隔梁的支点反力与多跨简支梁的反力相差不多。因此，在实践中人们习惯偏于安全地用杠杆原理法计算荷载位于靠近主梁支点时的横向分布系数。

（2）刚性横梁法

在混凝土简支桥跨结构上，除了在梁的两端设置横隔梁外，通常在跨中，甚至跨度的 1/4 处，也设置中间横隔梁，这样可以增加整体性，加大结构的横向刚度。根据试验结果和理论分析，在具有可靠横向联结的桥上，且在桥的宽跨比 B/l 小于 0.5 的情况时（一般称为窄桥），车辆荷载作用下中间横隔梁的弹性挠曲变形同主梁的变形相比微不足道。也就是说，中间横隔梁像一根刚度无穷大的梁一样保持直线的形状，如图 5.52 所示。这就是采用刚性横梁法计算荷载横向分布的基本前提，因为假定横隔梁无限刚性，所以称之为“刚性横梁法”。图中 w_i 表示跨中各片主梁的竖向挠度。从桥上受载后各主梁横向的变形（挠度）规律来看，它类似于材料力学中杆件偏心受压时截面应力的分布情况。

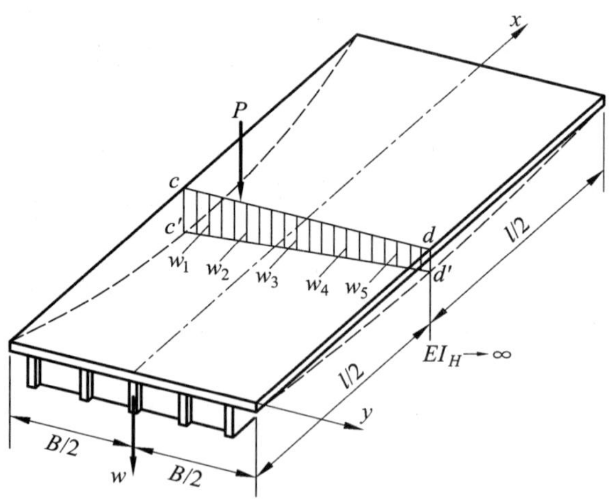

图 5.52 具有刚性横梁的梁桥变形

以下根据上述前提和假定，分析作用在跨中的集中荷载对各片主梁的横向分布情况。

① 偏心荷载 P 作用下各片主梁所分担的荷载。从图 5.52 中可见，在偏心荷载 P 作用下，由于各片梁的挠曲变形，刚性的中间横隔梁从原来的 cd 位置变位于 $c'd'$ 位置，呈一根倾斜的直线；靠近 P 的 1 号边梁的跨中挠度 w_1 最大，远离 P 的 5 号边梁的 w_5 最小（也可能出现负值），其他各梁的跨中挠度均按 $c'd'$ 线呈直线规律分布。在弹性范围内，某片主梁所分担到的荷载 R_i 是与该荷载所产生的弹性挠度 w_i 成正比的，所以，1 号边梁分担的荷载最大，5 号边梁分担的荷载最小（也

可能承受反向荷载）。由此可以得出结论：在中间横隔梁刚度相当大的窄桥上，在沿横向偏心布置的活载作用下，总是靠近活载一侧的边梁受载最大。

为了计算 1 号边梁所分担的荷载，现在考察图 5.53 所示的单位偏心荷载 P=1（偏心距为 e，即 P=1 至截面中心点 o 的距离）作用在跨中左边 1 号边梁梁轴上时的荷载分布情况。假定各片主梁的抗弯惯性矩 I_i 是不相等的。显然，对于具有近似刚性中间横隔梁的结构，图 5.53（a）的荷载可以用中心荷载 $P=1$ 和偏心力矩 $M=1\cdot e$ 来替代，如图 5.53（b）所示。因此，只要分别求出上述两种荷载作用下（图 5.53（c）和（d））对于各主梁的作用力，并将其叠加，便可得到偏心荷载 $P=1$ 对各片主梁的荷载横向分布。

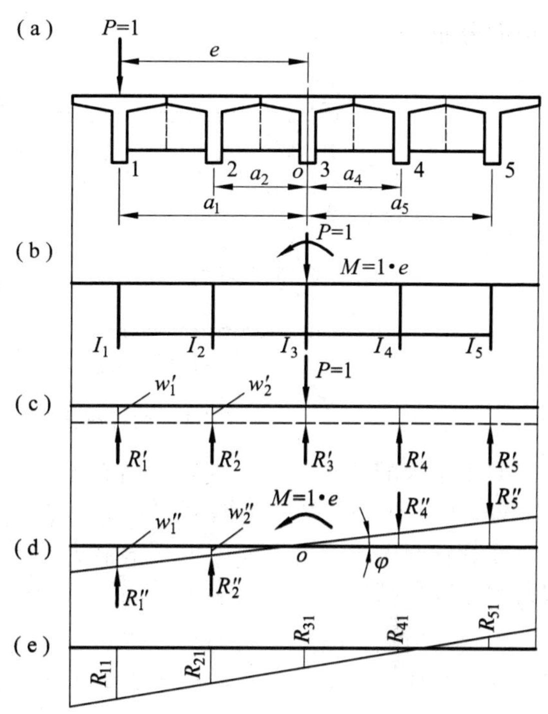

图 5.53　偏心荷载 $P=1$ 作用下各主梁分担的荷载

i）中心荷载 $P=1$ 的作用。

假定中间横隔梁是刚性的，且横截面对称于桥中线，这样各片主梁就应产生同样的挠度（图 5.53（c）），即

$$w_1' = w_2' = \cdots\cdots = w_n'$$

根据材料力学，作用于各简支梁跨中的荷载（即主梁所分担的荷载）与挠度的关系为

$$w_i' = \frac{R_i' l^3}{48EI_i} \quad 或 \quad R_i' = \alpha I_i w_i' \tag{5.6}$$

式中　$\alpha = \dfrac{48E}{l^3}$ = 常数，E 为梁体材料的弹性模量。

由静力平衡条件，并考虑式（5.6），可得

$$\sum_{i=1}^{n} R_i' = \alpha w_i' \sum_{i=1}^{n} I_i = 1$$

故

$$\alpha w_i' = \frac{1}{\sum\limits_{i=1}^{n} I_i} \tag{5.7}$$

将上式回代到式（5.6），即得中心荷载 $P=1$ 在各主梁间的荷载分布为

$$R_i' = \frac{I_i}{\sum\limits_{i=1}^{n} I_i} \tag{5.8}$$

式中　I_i——i 号梁的抗弯惯性矩；

$\sum_{i=1}^{n} I_i$——桥梁横截面内所有主梁抗弯惯性矩的总和，对于已经确定的桥梁横断面，它是一常数。

例如，对于 1 号边梁：

$$R_1' = \frac{I_1}{\sum_{i=1}^{n} I_i}$$

如果各主梁的截面均相同，则得到与图 5.49（c）相同的结果

$$R_1' = R_2' = \cdots = R_n' = \frac{1}{n} \tag{5.9}$$

式中 n——主梁片数。

ii）偏心力矩 $M = 1 \cdot e$ 的作用。

在偏心力矩 $M = 1 \cdot e$ 的作用下，桥的横截面会产生绕中心点 o 的转角 φ（图 5.53（d）)，因此各片主梁产生的竖向挠度 w_i'' 可近似表示为

$$w_i'' = a_i \tan\varphi \tag{5.10}$$

式中 a_i——各梁轴至截面中心点 o 的距离。

类似于式（5.6)，主梁所分担的荷载与挠度的关系为

$$R_i'' = \alpha I_i w_i'' \tag{5.6'}$$

将式（5.10）代入上式，即得

$$R_i'' = \alpha \tan\varphi\, a_i I_i = \beta\, a_i I_i \quad (\beta = \alpha \tan\varphi) \tag{5.11}$$

从图 5.53(d）中可知，R_i'' 对桥的截面中心点 o 所形成的反力矩之和应与外力矩 $M = 1 \cdot e$ 平衡，故据此平衡条件并利用式（5.11）可得

$$\sum_{i=1}^{n} R_i'' \cdot a_i = \beta \sum_{i=1}^{n} a_i^2 I_i = 1 \cdot e$$

则

$$\beta = \frac{e}{\sum_{i=1}^{n} a_i^2 I_i} \tag{5.12}$$

式中 $\sum_{i=1}^{n} a_i^2 I_i = a_1^2 I_1 + a_2^2 I_2 + \cdots + a_n^2 I_n$，对于已经确定的桥梁截面，它是一常数。

将式（5.12）回代到式（5.11)，即得偏心力矩 $M = 1 \cdot e$ 作用下各主梁所分配的荷载，为

$$R_i'' = \frac{e a_i I_i}{\sum_{i=1}^{n} a_i^2 I_i} \tag{5.13}$$

注意，上式中的荷载偏心位置 e 和表示梁轴位置的 a_i 是具有共同中心点 o 的横坐标值，

因此在取值时应当计入正、负号。为保证力矩平衡条件的成立，当 e 和 a_i 位于中心点 o 同一侧时两者的乘积取正号，反之应取负号。例如，当单位荷载作用在 1 号梁轴上、求偏心力矩 $M=1 \cdot e$ 作用下 1 号梁所分配的荷载时，以 $e=a_1$ 代入上式，就有

$$R''_{11}=\frac{a_1^2 I_1}{\sum_{i=1}^{n} a_i^2 I_i} \tag{5.14}$$

如果各片主梁的截面均相同，则

$$R''_{11}=\frac{a_1^2}{\sum_{i=1}^{n} a_i^2} \tag{5.14′}$$

当单位荷载作用在 4 号梁轴上、求偏心力矩 $M=1 \cdot e$ 作用下 1 号梁所分配的荷载时，以 $e=-a_4$ 代入上式，就有

$$R''_{14}=-\frac{a_4 a_1 I_1}{\sum_{i=1}^{n} a_i^2 I_i} \tag{5.15}$$

式中，R''_{11} 和 R''_{14} 的第一个下标表示梁号，第二个下标则表示荷载作用位置。

iii）偏心荷载 $P=1$ 对各主梁的总作用

将式（5.8）和式（5.13）叠加，并设单位荷载 $P=1$ 作用于 k 号梁轴上（$e=a_k$），则可写出任意 i 号主梁所分担荷载的一般公式，为

$$R_{ik}=\frac{I_i}{\sum_{i=1}^{n} I_i}+\frac{a_k a_i I_i}{\sum_{i=1}^{n} a_i^2 I_i} \tag{5.16}$$

例如，对于图 5.53 的情况，欲求 $P=1$ 作用在 1 号边梁轴线上时两片边主梁（1 号和 5 号梁）各自所分担的总荷载，只要在式（5.16）中，将 a_k 分别代以 a_1 和 a_5，将 $a_i I_i$ 分别代以 $a_1 I_1$ 和 $a_5 I_5$，并注意到 $I_5=I_1$ 和 $a_5=-a_1$，则得

$$\left.\begin{aligned}R_{11}&=\frac{I_1}{\sum_{i=1}^{n} I_i}+\frac{a_1^2 I_1}{\sum_{i=1}^{n} a_i^2 I_i}\\R_{51}&=\frac{I_1}{\sum_{i=1}^{n} I_i}-\frac{a_1^2 I_1}{\sum_{i=1}^{n} a_i^2 I_i}\end{aligned}\right\} \tag{5.17}$$

求得了各片梁所受的荷载 R_{11}，R_{21}，…，R_{n1}，就可绘出 $P=1$ 作用在 1 号梁上时对各主梁的荷载分布图式，如图 5.53（e）所示。由于刚性横梁的假定，R_{ik} 图形呈直线分布，实际上只要计算两片边梁的荷载 R_{11} 和 R_{51} 即可。

基于结构力学中的反力互等关系，可以认为 $P=1$ 作用在 k 号梁轴上时分配给 i 号主梁的荷载 R_{ik} 等于 $P=1$ 作用在 i 号梁轴上时分配给 k 号主梁的荷载 R_{ki} 与两片主梁抗弯惯性矩比值

的乘积，即

$$R_{ik}=R_{ki}\frac{I_i}{I_k} \tag{5.18}$$

② 利用荷载横向分布影响线求主梁的 m。

以上论述的是沿桥横向只有一个集中荷载作用在 k 号梁轴上时，任意 i 号主梁所分担的荷载的情况。实际上，沿桥宽作用的车轮荷载不止一个，且作用位置横向可变，为方便计算起见，通常需要利用荷载横向分布影响线来考虑横向一排（几个）荷载对某片主梁的总的影响。

前已述及，当单位荷载 $P=1$ 作用在 k 号主梁轴线上时，分配给各片主梁的荷载为 R_{ik}，见式（5.16）；但利用式（5.18）表示的反力互等关系，就可得到荷载 $P=1$ 逐个作用在 i 号（$i=1$，2，⋯，n）主梁轴线上时，k 号主梁所分担荷载的变化曲线，即荷载横向分布影响线

$$R_{ki}=R_{ik}\cdot\frac{I_k}{I_i} \tag{5.19}$$

这就是 k 号主梁的荷载横向分布影响线在各梁轴处的竖标值，现改用符号 η_{ki} 以示区别。如果各片主梁的截面尺寸相同，则有

$$\eta_{ki}=R_{ki}=R_{ik} \tag{5.20}$$

仍以 1 号边梁为例，当荷载 $P=1$ 分别作用在 1 号和 5 号边梁轴线上时，1 号边梁的荷载横向分布影响线的两个控制竖标值是

$$\left.\begin{aligned}\eta_{11}=R_{11}=\frac{I_1}{\sum\limits_{i=1}^{n}I_i}+\frac{a_1^2I_1}{\sum\limits_{i=1}^{n}a_i^2I_i}\\ \eta_{15}=R_{15}=\frac{I_1}{\sum\limits_{i=1}^{n}I_i}-\frac{a_1^2I_1}{\sum\limits_{i=1}^{n}a_i^2I_i}\end{aligned}\right\} \tag{5.21}$$

将式（5.21）与式（5.17）相比可知，尽管等式右边的列式相同，但由于等式左边符号的下标变化，公式的含义已发生变化。

若各主梁的截面均相同，上式可简化成

$$\left.\begin{aligned}\eta_{11}=\frac{1}{n}+\frac{a_1^2}{\sum\limits_{i=1}^{n}a_i^2}\\ \eta_{15}=\frac{1}{n}-\frac{a_1^2}{\sum\limits_{i=1}^{n}a_i^2}\end{aligned}\right\} \tag{5.21$'$}$$

在确定了各主梁的荷载横向分布影响线后，就可以根据荷载沿横向的最不利位置，按式（5.5）来计算相应的横向分布系数 m_c（用下标 c 表示其仅为桥跨结构跨中截面的荷载横向分

布系数），从而确定各主梁所分担的最大荷载。除荷载横向分布影响线外，计算过程及计算公式与前述杠杆原理法相同。

计算中需要注意以下几点：① 当横截面沿桥纵轴线对称时，只需取一半主梁（包括位于桥纵轴线上的主梁）作为计算对象；② 车轮荷载沿横向的布置（车轮至路缘石的距离，车轮横向间距，各车横向间距等）应满足有关规定（见第三章图 3.8）；③ 车辆及人群荷载沿横向的布置及取舍按最不利原则进行，即所求出的 m 应为最大值；④ 对多车道桥梁，车辆荷载加载时应以轴重（而不是轮重）为单位，即一辆车横向的两个轮重应同时加载或同时不加载。

（3）荷载横向分布计算的其他方法简介

① 修正的刚性横梁法。在刚性横梁法中，假定横隔梁绝对刚性，并且忽略了主梁的扭转效应，这种简化导致边梁计算值偏大。实际结构在偏心荷载作用下，主梁总会发生一定扭转。为了使荷载横向分布计算更符合实际，又不失刚性横梁法在计算上的优点，可以对刚性横梁法进行修正，即将式（5.16）中的第二项乘以一个小于 1 的抗扭修正系数，以考虑主梁的扭转刚度，这就是修正的刚性横梁法。

② 铰结板（梁）法。对用现浇混凝土纵向企口缝连接的装配式板桥，以及仅在翼板间用焊接钢板或伸出交叉钢筋连接的无中间横隔梁的装配式 T 形梁桥，由于桥面板之间有一定的横向连接构造，但连接刚性又较薄弱，就可采用铰结板（梁）法来计算横向分布系数。其基本假定是：（a）结合缝（铰结缝）仅传递竖向剪力；（b）桥上的荷载近似地采用一个沿桥跨方向分布的正弦荷载，并且作用于主梁轴线上。由此假定，根据力的平衡条件和变形协调条件，可以导出荷载在横向的分布值，算出横向分布影响线坐标，从而求出横向分布系数。

③ 刚结板（梁）法。刚结板（梁）法是在铰结板（梁）法计算理论的基础上，在结合缝处补充引入冗余弯矩，得到考虑了板的横向刚性连接特点的变形协调方程，从而求解各梁荷载横向分布的方法。该方法视梁系为超静定结构，用力法求解，主要适用于翼缘板之间是刚性连接的肋梁桥。

④ 比拟正交异性板法。对于由主梁、连续桥面板及多片横隔梁组成的混凝土梁桥，当其宽度与跨度之比大于 1/2 时，可以采用比拟正交异性板法（或称 G－M 法）。其特点是：将主梁和横隔梁的刚度换算成双向刚度不同的比拟弹性平板，按古典弹性理论来分析求解其各点的内力值，并由实用的曲线图表进行荷载横向分布计算。

比拟正交异性板法的最大优点就是能利用编制好的计算图表得出比较精确的结果。它概念明确，计算方便快捷，对于各种桥面净空和多种荷载组合的情况，可以很快求出各片主梁的相应内力值。

3. 荷载在顺桥跨不同位置时主梁荷载横向分布系数的取值

由前面的推导和分析可知，当荷载位于跨中时，由于桥面板和横隔梁的传力作用，所有主梁均参与受力；但当荷载作用在梁端支点处的某主梁上时，如果不考虑支座弹性变形的影响，荷载就直接由该主梁传至相邻支座，其他主梁基本上不参与受力。因此，荷载在桥跨纵向作用的位置不同，则荷载横向分布的效果也不同。

在各种荷载横向分布计算方法中，通常用“杠杆原理法”计算荷载在支点处的横向分布系数 m_0，其他各方法均适用于计算荷载位于跨中的横向分布系数 m_c。那么荷载位于桥跨纵向其他位置时，该如何确定横向分布系数 m 呢？显然，要精确计算 m 值沿桥跨方向的连续变化规律是相当繁杂的，而且也会导致后续的主梁内力计算相当麻烦。因此，目前在设计实践中习惯采用图 5.54 所示的实用处理方法。

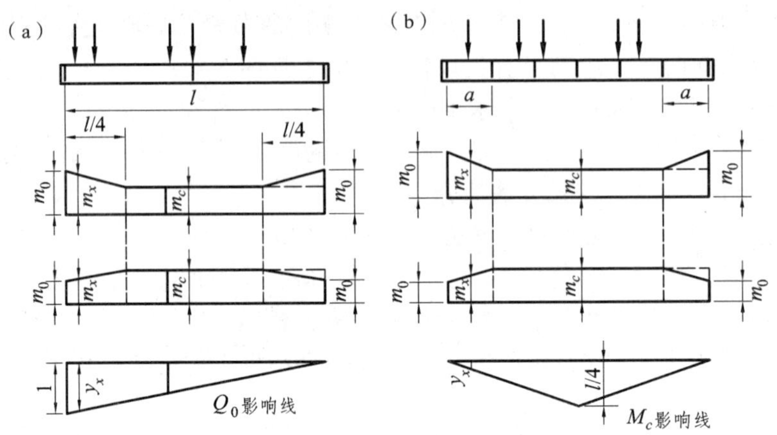

图 5.54 顺跨度方向 m 值的变化

对于无中间横隔梁或仅有一片中横隔梁的情况，跨中部分采用不变的 m_c，从离支点 $l/4$ 处起至支点的区段 m_x 呈直线过渡（图 5.54（a））；对于有多片内横隔梁的情况，m_c 从第一片内横隔梁起向梁端 m_0 直线过渡（图 5.54（b））。图中 m_0 可能大于 m_c，也可能小于 m_c。

为进一步简化，当计算简支梁最大弯矩时，由于跨度内横向分布系数变化不大，一般可取全梁不变的 m_c 进行计算；对于其他截面弯矩计算，通常也可取不变的 m_c。在计算主梁的最大剪力（梁端截面）时，鉴于主要荷载位于 m 的变化区段内，而且相对应的剪力影响线竖标值均接近最大值（见图 5.54（a）），故应考虑该区段内横向分布系数变化的影响。对靠近梁远端的荷载，鉴于相应剪力影响线坐标值的显著减小，则可近似取不变的 m_c 来简化计算。

四、主梁的计算

对于每一片主梁（当主梁片数不很多时，可只取其中受力最大的主梁来进行设计，以便简化设计、制造和施工），根据作用在其上的恒载和通过荷载横向分布系数求得的计算活载，按结构力学的方法计算各主梁的截面内力。截面内力主要包括弯矩和剪力。计算出截面内力后，就可采用混凝土结构设计原理进行主梁各截面的配筋设计，以及结构强度、刚度、稳定性和抗裂性的验算。

对小跨径简支梁，一般只需计算跨中截面最大弯矩和支点截面以及跨中截面最大剪力；对于较大跨径的简支梁，通常还计算跨径的 1/4、1/8 和 3/8 截面的内力；如果主梁顺桥跨方向截面形状和尺寸有变化，如腹板厚度或梁高有所变化，还要计算变截面处的弯矩和剪力。

1. 恒载内力计算

在铁路混凝土梁桥设计中，活载在全部荷载中占较大比重，恒载所占比重相对较小；而在公路混凝土梁桥设计中，恒载却占较大比重。因此，设计中应正确合理地确定作用于梁上的计算恒载。

在确定计算恒载时，为了简化起见，习惯上往往将沿桥跨分隔布置的横隔梁的重量、沿桥横向变厚度分布的铺装层重量，以及作用于两侧的人行道和栏杆等重量，均匀分摊给各主梁承受。因此，对于等截面梁桥的主梁，其计算恒载是简单的均布荷载。若为了计算精确，也可根据施工安装情况，将人行道、栏杆、灯柱和管道等重量像活载计算那样，按荷载横向分布的规律进行分配。

对于预应力混凝土简支梁桥，在施加预应力阶段，往往要利用梁体自重（或称先期恒载）来抵消预张力在梁体上翼缘产生的拉应力。在此情况下，需将恒载分成两个阶段（即先期恒载和后期恒载）来进行分析。在特殊情况下，恒载可能要分成更多的阶段来考虑。

2. 活载内力计算

对公路混凝土简支梁，当计算出每片主梁的活载横向分布系数以后，就可以具体确定一片主梁所承担的活载，然后用结构力学中的方法计算主梁各截面的活载内力。

（1）车辆荷载

车辆荷载指由若干车轮轴重组成的荷载。对公路桥，车辆荷载图式见图 3.7（a）。主梁截面由汽车车辆荷载产生的内力计算，可采用公式

$$S=(1+\mu)\cdot\xi\cdot\ \max\left\{\sum_{\mathrm{i}}(m_i P_i y_i)\right\} \tag{5.22}$$

式中 S——所求截面的弯矩或剪力；

$1+\mu$——考虑了冲击效应的系数，其中冲击系数 μ 按公路桥规的规定取值；

ξ——多车道横向折减系数，见第三章表 3.4；

m_i——沿桥纵向与车辆荷载位置对应的荷载横向分布系数，参见图 5.54；

P_i——车辆荷载的各轴重；

y_i——沿桥纵向与车辆荷载各轴重位置对应的内力影响线竖标值；

max——表示大括号内的结果是按照最不利加载位置得到的最大内力值。

对于干线铁路混凝土简支梁，由于每片主梁分担的中－活载为轴重的 1/2，所以上式中 $m_i=1/2$，多线桥涵情况下，通常各线单独设计，故ξ=1，因此，上式可简化成

$$S=\frac{1}{2}(1+\mu)\max\left\{\sum_{\mathrm{i}}(P_i y_i)\right\} \tag{5.22′}$$

其中的 $1+\mu$ 为动力系数，按铁路桥规的规定取值。

（2）车道荷载

对公路桥，车道荷载图式见图 3.6。如前所述，当计算简支梁各截面的最大弯矩时，可以近似取不变的跨中横向分布系数 m_c，这样，就可方便地利用车道荷载来计算内力。

对车道荷载中的均布荷载 q_k，计算公式可为

$$S=(1+\mu)\cdot\xi\cdot m_c\cdot q_k\cdot\Omega \tag{5.23}$$

式中 Ω——同符号弯矩或剪力影响线的面积。

对铁路简支梁，当采用换算均布荷载加载时，取 $\xi=1$，$m_c=1/2$，上式变为

$$S=\frac{1}{2}(1+\mu)q_k\Omega \tag{5.23′}$$

当计算人群荷载的内力时，用纵向每延米人群荷载的集度代替上式中的 q_k。

对公路车道荷载中的集中力 P_k，在计算跨中弯矩时将其布置在跨中（见图 5.55），按式 5.22 计算。当采用车道荷载计算梁端剪力时，将 P_k 布置在梁端，并计入由于荷载横向分布系数在梁端区段内的变化所产生的影响（见图 5.56）。对布置在荷载横向分布系数过渡段 a 范围内的一个或多个车轮荷载 P_i，按式 5.22 计算剪力；需要注意的是：对于 m_0 明显小于 m_c 的情况，按剪力影响线的最不利位置布载，不一定得出最不利剪力值。此时最不利位置需经试算确定。

车道荷载的横向分布系数，按桥梁的设计车道数按图 3.8 布置车辆荷载进行计算。

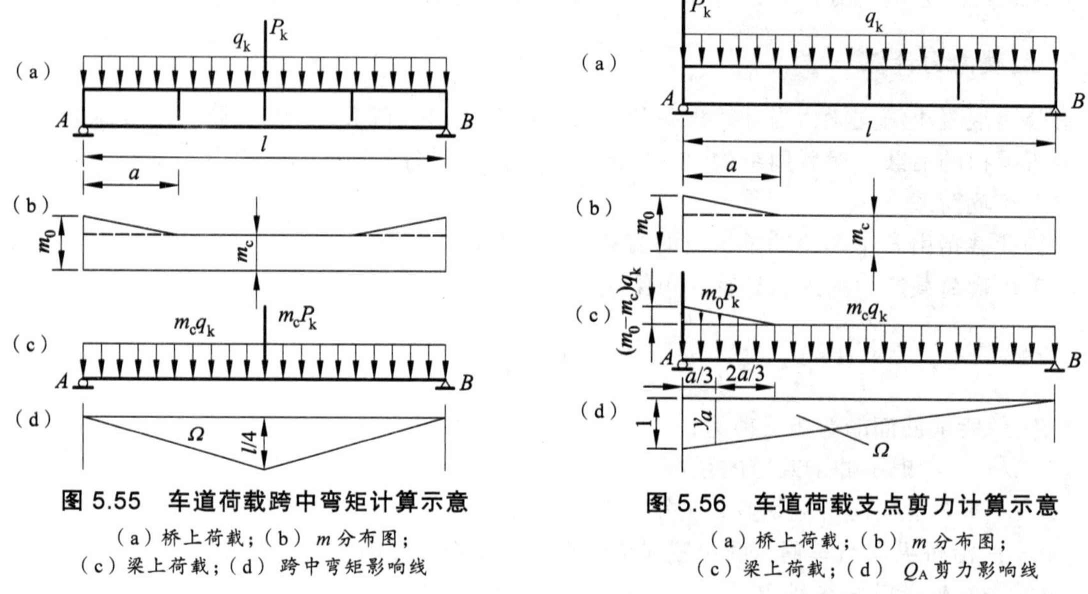

图 5.55 车道荷载跨中弯矩计算示意

（a）桥上荷载；（b）m 分布图；（c）梁上荷载；（d）跨中弯矩影响线

图 5.56 车道荷载支点剪力计算示意

（a）桥上荷载；（b）m 分布图；（c）梁上荷载；（d）Q_A 剪力影响线

对均布荷载 q_k（或人群荷载），其在横向分布系数变化区段所产生的三角形荷载对剪力的影响（见图 5.56c），可用下式计算

$$\Delta Q_A = \frac{a}{2}(m_0 - m_c)q_k y_a \tag{5.24}$$

式中 y_a —— 对应于附加三角形荷载重心位置的剪力影响线竖标值（见图 5.56（d））。

在上述计算中，当 $m_0 < m_c$ 时 ΔQ_A 为负值，这意味着剪力反而减小了。

3. 内力组合和内力包络图

为了进行主梁的配筋计算和截面验算，需要确定主梁顺桥跨方向各截面的计算内力 S_j，它是将所有荷载引起的最不利内力分别乘以相应的荷载分项系数，按荷载组合规定进行组合得到的内力值。

（1）铁路简支梁桥的荷载组合

《铁路桥涵钢筋混凝土和预应力混凝土结构设计规规》（TB10002.3—99）是以容许应力法为基础的。采用此规范设计铁路梁桥时，结构的安全系数集中反映在材料的容许应力取值上（对不同的荷载组合，材料容许应力有所不同），而用于荷载的名义上的分项系数为 1。因此，在进行铁路桥梁的内力组合时，将各截面恒载内力与活载产生的最大内力进行直接相加，即为计算内力。

（2）公路简支梁桥的荷载组合

《公路钢筋混凝土及预应力混凝土桥涵设计规规》（JTG D62—2004）是以极限状态法为基础的，采用此规范设计公路桥时，根据不同的极限状态采用不同的荷载安全系数进行荷载组合，参见第三章。

对仅考虑结构重力效应 S_G、汽车荷载效应 S_Q 和人群荷载效应 S_R 的简单情况，各种组合如下。

对承载能力极限状态下的基本组合，当结构重力对结构的承载能力不利（即恒载与活载产生同号内力）时

$$\gamma_0 S_{ud} = \gamma_0 (1.2S_G + 1.4S_Q + 0.8 \times 1.4S_R)$$

当结构重力对结构的承载能力有利（即恒载与活载产生异号内力，简支梁不存在这种情况）时

$$\gamma_0 S_{ud} = \gamma_0 (1.0S_G + 1.4S_Q + 0.8 \times 1.4S_R)$$

对正常使用极限状态下的作用短期效应组合

$$S_{sd} = 1.0S_G + 0.7S_Q + 1.0S_R$$

对正常使用极限状态下的作用长期效应组合

$$S_{sd} = 1.0S_G + 0.4S_Q + 0.4S_R$$

在正常使用极限状态的两种组合中，汽车荷载不计冲击力，组合结果用于结构变形计算、抗裂性计算，以及预应力混凝土梁的应力计算等。

（3）内力包络图的绘制

对简支梁，如果沿梁轴的各个截面处，将控制设计的计算内力值按适当的比例尺绘成竖标值（其中右半跨的弯矩值对称于左半跨，右半跨的剪力值反对称于左半跨），连接这些标点而绘成的曲线，就称为内力包络图（envelope），如图 5.57 所示。对于小跨径梁，若仅计算 $M_{1/2}$ 以及 $Q_{1/2}$，则弯矩包络图可绘成二次抛物线，而剪力包络图绘成直线形。

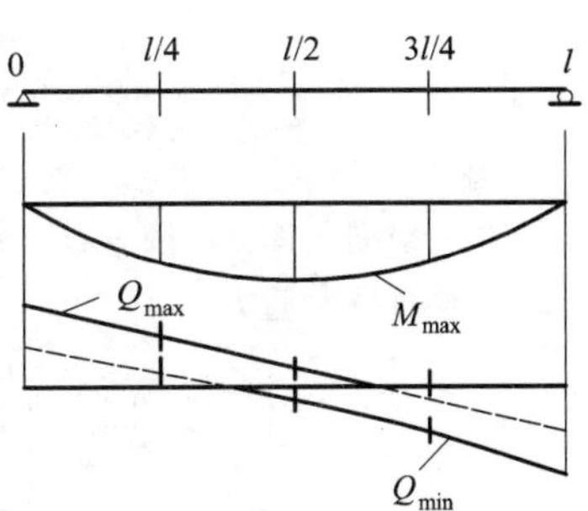

图 5.57　主梁内力包络图

4. 结构的配筋和验算

已知主梁在各种荷载组合下各截面的计算内力和内力包络图，就可以应用混凝土结构设计原理和方法进行主梁内纵向主筋、腹筋和箍筋的设计，并配置构造钢筋，然后依据规范进行主梁的强度、应力、刚度（变形）、稳定性和抗裂性（裂缝宽度）的验算。具体验算方法和内容按照有关设计规范的规定办理。

思 考 题

一、比较公路、铁路简支梁桥在截面形式上的不同。

二、简述公路装配式 T 形梁桥的基本构成。

三、简述钢筋混凝土和预应力混凝土梁桥内的钢筋分类及其作用。

四、单向板与双向板在受力上有何不同？按桥面板的支承情况，单向板可分为哪几种？

五、在单向板的分析设计中，引入板的有效工作宽度的目的是什么？

六、简述荷载横向分布的概念和横向分布系数计算的基本原理。

七、附图 1 所示为一座桥面板为铰结的 T 形截面简支梁桥，桥面铺装厚度为 0.1 m，净跨径为 1.4 m，试计算桥面板根部在公路-I 级汽车车辆荷载（参见图 3.7 和 3.8，中后轮着地宽度和长度分别为 $b_1 = 0.6$ m 和 $a_1 = 0.2$ m）作用下的活载弯矩。

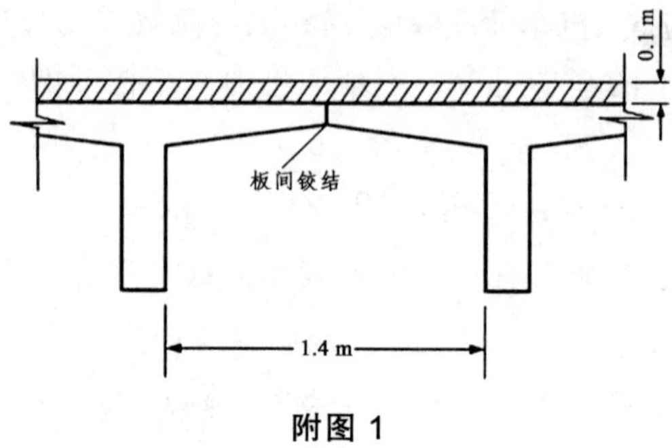

附图 1

八、一公路混凝土简支梁桥横截面如附图 2。各梁横截面相同。（1）车辆荷载位于梁端支点处时，按杠杆原理法计算 2# 主梁的对应于车辆荷载和人群荷载的横向分布系数 m_{0q}，m_{0r}；（2）荷载位于跨中时，按刚性横梁法计算 2# 主梁的对应于车辆荷载和人群荷载的横向分布系数 m_{cq}，m_{cr}。

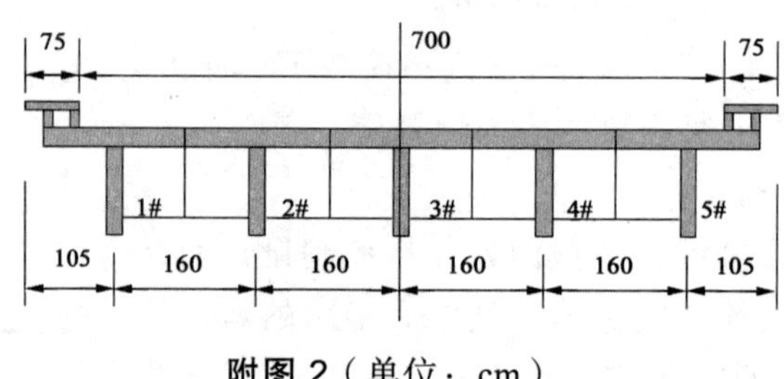

附图 2（单位：cm）

九、根据附图 3，按 $m_0 = 2\,m_c/3$，不计梁 B 端荷载横向分布系数的变化影响，推算车辆荷载在梁 A 端产生的最大剪力。

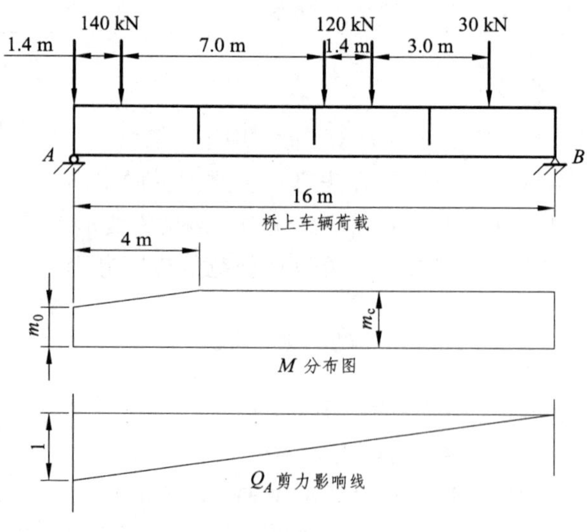

附图 3

第六章　简支钢板梁和钢桁梁桥

第一节　钢 桥 概 述

一般，把桥跨结构用钢制成的桥梁（不论桥梁墩台用什么材料建造）称之为钢桥（steel bridge）。在各种建筑材料中，钢材的抗拉、抗压和抗剪强度均较高（这可使所需的受力截面尺寸较小，重量较轻，建筑高度较小），材质较为均匀（屈服强度变异性不大，这可使容许应力较高），有一明显的屈服台阶（这使结构在破坏前发生显著变形，发出预警，可提供时间用于抢修）。因此，钢桥具有很大的跨越能力和良好的使用功能。当要建造的桥梁跨度特别大，采用其他建筑材料建桥有困难时，常采用钢桥。

钢桥的基本特点是：

① 材料力学性能良好，与混凝土相比自重小（通常采用重量强度比表示不同材料在结构意义上的相对轻重），适用于梁桥、拱桥、悬索桥和斜拉桥等所有桥式；

② 材料可加工性能好，构件特别适合用工业化方法来制造，便于运输，工地架设或安装（erection）速度快，建造工期较短；

③ 材料延性好，可提高结构的抗震性能；在受到损伤后，易于修复和更换；

④ 旧桥可回收，资源可再利用，有利于环保；

⑤ 普通钢材的耐候性差、易锈蚀，后期维护费用较高；铁路钢桥采用明桥面时噪声大；材料价格相对较高。

我国中小跨度的铁路桥，曾较多采用上承或下承式简支钢板梁；对较大跨度，则采用上承或下承式简支（或连续）钢桁架梁；近年来大跨度铁路钢拱桥和钢斜拉桥得到迅速发展。在公路桥方面，随着跨度的不断增大，大跨度钢梁桥、钢拱桥和钢斜拉桥的应用越来越普遍，而特大跨度的悬索桥只能采用钢材（主缆采用高强钢丝编制而成，加劲梁采用钢桁架或扁平箱梁，参见第八章第四节）。近年来，为加快建造速度、满足对建筑高度的要求、减少对交通的干扰，一些城市桥梁也逐步采用中小跨度的钢板梁或钢箱梁桥。

一、钢桥所用的材料

钢桥所用的钢种主要是低碳钢和低合金钢两类。低碳钢是指含碳量为 0.03% ~ 0.25% 的钢，其易于加工；低合金钢是指在低碳钢基础上，加入少量合金元素且各种合金元素总含量不超过 3% 的钢，其韧性高于低碳钢，同时具有良好的焊接性能和耐蚀性能。

用于钢桥的钢材主要是板材（plate, sheet）及型材（shape steel），其他的管材（如空心圆钢）、棒材（如方钢、扁钢等）和线材（如钢筋、钢丝、钢绞线等）在钢桥上部结构中的应用有限。钢板按厚度分为薄板、中板、厚板和特厚板（钢材的强度、韧性会随板厚的增加而下降），桥梁用钢板一般按厚度16 ~ 100mm，宽度1.5 ~ 4.0m，长度3.0 ~ 18.0m供货。型材通常采用轧制的H型钢、工字钢、角钢、T 型钢、槽钢等。钢桥的主要构件多用板材加工而成，次要构件可采用型钢。除钢板和型钢外，建造钢桥的材料还包括高强螺栓、焊接材料、锻钢和铸钢（用于制作钢支座）等。

用来制造钢桥的钢又称桥梁钢（bridge steel），可视其为结构钢（structural steel）的一种，其冶金技术标准从相关的结构钢标准中选用。

用钢材制造钢桥，要经过机械加工和连接，制成的钢桥要承受很大的静力荷载与冲击荷载。因此，所选用的钢材，既要能适应制造工艺要求，又要能满足使用要求。

为了满足钢桥的制造和使用需要，对用来造桥的钢的化学成分和力学性能都有严格的规定。钢的化学成分是指钢中的各种合金元素的多少。合金元素除锰、硅基本元素外，强度较高的钢还包含微量元素铬、镍、钒、铌、氮等。有害杂质硫、磷的含量则须加以限制。钢的主要力学性能指标有强度、延伸率、断面收缩率、冷弯和冲击韧性。表 6.1 所列为我国部分铁路桥梁钢的力学性能。

表 6.1　桥 梁 钢 力 学 性 能

钢　号		屈服点 σ_s / MPa	抗拉强度 σ_s / MPa	延伸率 δ_5 / %	冲击韧性值（J/cm^2）		冷弯 180°（a 为板厚）
					− 40°C	应变时效	
16q		>225.4	>372.4	>26	—	>34.3	d = 1.5a 不裂
16Mnq		392 ~ 441	490 ~ 529.2	19 ~ 21	≥29.4	≥29.4	d = (2 ~ 3)a 不裂
14MnNbq		340 ~ 370	490 ~ 685	19 ~ 20	≥40.0	≥40.0	d = (2 ~ 3)a 不裂
15MnVNq	A	400 ~ 450	540 ~ 600	17 ~ 18	≥30	≥30	d =3a 不裂
	B	420 ~ 430	560 ~ 580	≥19	≥40	≥40	d =3a 不裂
	C	420 ~ 4306	560 ~ 580	≥19	≥70	≥70	d =3a 不裂

（1）强　度

钢的强度（strength）表示钢对塑性变形及破坏的抵抗能力。强度可通过拉力试件来确定。描述强度的指标是弹性极限 σ_e、屈服强度（或屈服点）σ_s 和抗拉强度 σ_b。目前，我国公路和铁路桥梁设计时，将钢材的容许应力作为重要的设计依据之一。容许应力一般根据钢材的屈服强度 σ_s 除以安全系数 k，并考虑结构的应力状态、板厚、板件局部稳定等多种因素综合确定。

（2）变　形

除强度要求外，钢桥在使用时也不允许产生过大的变形（deformation）。钢的弹性极限及屈服点越高，表示钢对变形的抵抗能力越大，在不发生塑性变形的条件下能承受的应力也越大。钢的塑性变形能力表现在延伸率、断面收缩率、冷弯几个指标上。在钢试件被拉断后，一定标距的伸长与其初始标距的百分比，称为延伸率；颈缩处横截面积的最大缩减量与初始横截面积的百分比，称为断面收缩率。延伸率和断面收缩率高的钢材，其通过塑性变形使应力重新分布，可避免结构的局部破坏。冷弯是检查钢材承受规定弯曲程度的弯曲变形性能，并能显示钢板中是否存在制造缺陷（夹渣、分层等）。冷弯性能好的材料，有利于制造。因此，冷弯既是一项工艺指标，同时也是一项质量指标。

（3）韧 性

钢材的韧性（toughness）包括冲击韧性和断裂韧性，其指钢材在塑性变形和断裂全过程中吸收能量的能力，是钢材强度和塑性指标的综合表现。韧性不好的钢材，在低温或快速加载等不利的条件下，容易使钢材发生脆性断裂（brittle fracture，指在静力或加载次数不多的动荷载作用下发生突然断裂，断裂前构件变形很小，裂缝开展速度很快）。因此，常用低温冲击韧性来判断钢材的抗脆性断裂性能。冲击韧性值的大小是通过冲击试验得到的。将冲击韧性值与冲击试验时的温度画在纵、横坐标图上（图 6.1），可以发现钢材的冲击韧性值在低于一定温度后急剧下降。这个温度就是转脆温度。转脆温度对应的冲击值是桥梁用钢的低温冲击要求标准值。

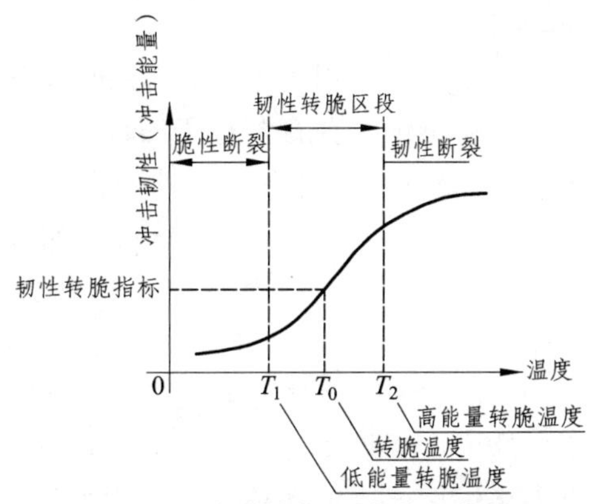

图 6.1 冲击值与温度关系曲线

（4）疲 劳

钢桥的疲劳（fatigue）性能十分重要。桥梁承受的动荷载（如车辆，风等）是随时间变化而重复作用的荷载。这种荷载产生的应力虽然低于结构的名义容许应力，但由于构件材料（包括连接，如焊缝）中可能存在微小的缺陷而导致局部的应力集中，这些潜在的缺陷处（即裂源点）容易产生塑性变形而萌生裂纹。随着外力作用次数的增加，裂纹会逐渐扩展，最后导致钢桥的断裂。这种现象称为疲劳。结构出现肉眼可以看得见的裂纹前能承受荷载循环作用的次数（通常要求不少于 200 万次），工程上称为结构或材料的疲劳寿命。影响钢桥疲劳寿命的因素很多，材质是重要的影响因素之一。

关于我国结构钢和桥梁钢的标准，简述如下。

传统上，我国铁路桥梁用钢系列按屈服点大致分成三级。屈服点在 240 MPa 一级的有 3 号钢（A3q）、16 桥（16q）；在 340 MPa 一级的有 16 锰桥（16 Mnq）、14 锰铌桥（14 MnNbq）；420 MPa 一级的有 15 锰钒氮桥（15 MnVNq-A，-B，-C）。它们的物理性能见表 6.1。A3 和 15MnVNq-A 不作焊接用；15MnVNq-B 用于焊接受压部件；板厚 32 mm 及以下的 16Mnq，板厚 50 mm 及以下的 14MnNbq，板厚 56 mm 及以下的 15MnVNq-C 可用于受压、受拉或受疲劳控制的焊接部件。

对于碳素钢，按其质地软硬程度，从 1 ~ 7 分为 7 个号，号码越大者越硬。就结构钢讲，3 号是典型低碳钢，使用最广。在这些数字号码之外，还按供货条件，其只保证机械性能者用 A 表示，只保证化学成分者用 B 表示，对机械性能和化学成分均需保证者用 C 表示。对于桥梁钢，还可以在钢号后加一个 q（或桥）字。于是，一般钢结构习惯于用 A3，钢桥习惯于用 A3q。对于低合金钢，是先列平均含碳量（以 0.01%为单位），然后依次列出其主要合金元素。若某合金元素平均含量不大于 1.5%，在该元素之后就不加数字，若某合金元素平均含量是 1.5% ~ 2.5%，就在该元素之后加注 2 字。

按现行标准，我国碳素结构钢（GB700—2006）和低合金高强度结构钢（GB/T1591—2008）的牌号表达方式为：以代表屈服强度的拼音字母“Q”开头，后接屈服强度（以 MPa 为单位），再接表示质量等级、脱氧方法等的符号。对低碳钢，计有 Q195、Q215、Q235 及 Q275 共 4 种，常用者是 Q235（即 A3 钢）。质量等级从低到高分为 A、B、C、D 共 4 级。对于 A 级，无韧性要求；对于 B、C、D，均需用夏比 V 形缺口（Charpy V-notch）试件做冲击试验。对低合金高强度结构钢，计有 Q345、Q390、Q420、Q460、Q500 、Q550 等共 8 种；常用者是 Q345（即 16Mn 钢）。质量分为 A、B、C、D、E 共 5 级。对于 A 级，无韧性要求；对于 B、C、D、E，均需用夏比（V 形缺口）试件做试验。

对桥梁钢，另行制订了国标《桥梁用结构钢》(GB/T714—2000)，分为 Q235q、Q345q、Q370q、Q425q 共 4 种，每种分为 C、D、E 三个等级。与老牌号的对应关系为：Q235q 对应于 16q，Q345q 对应于 16 Mnq、Q370q 对应于 14MnNbq，Q425q 对应于 15MnVNq。

美、日、英、德等国家用于钢桥的低合金高强度钢（High Strength Steel，简称 HSS），其屈服强度达到 700 MPa。另外，耐候钢（weathering steel）和高性能钢（High Performance Steel，简称 HPS）也得到持续开发和应用。普通钢材不能抵抗锈蚀，在使用过程中需定期油漆，这大大增加了养护费用。采用含铜、镁、钼、铝等元素的耐候钢，其表面能逐渐形成一层因锈蚀而产生的保护膜，其附着性强，可阻止水和氧气的持续渗入，从而阻碍和减缓了钢材锈蚀。高性能钢则是一种综合优化了材料的力学性能、便于加工制造、适于低温和腐蚀环境、具备较高性价比的桥梁结构用钢。它不仅保持了较高的强度，而且在材料的抗腐蚀和耐候性能、可焊性、抗断裂和疲劳性能等方面都比传统钢材有明显的提高和改善。

二、钢桥的连接

钢桥由各种杆件或部件连接而形成整体结构，而这些杆件或部件又都是由钢板及各种型钢连接形成的。因此，连接在钢桥中占有重要地位，并直接影响其制造安装、经济指标和使用性能。钢桥的连接既包括将型钢、钢板组合成杆件与部件，也包括将杆件及部件接成钢桥整体。进行连接设计时应遵循安全可靠、节约材料、构造简单、制造安装方便、便于维护等原则。钢桥所用的连接主要有铆接、焊接和高强度螺栓连接（栓接）三种。

1. 铆接（rivet connection）

铆钉种类繁多，应用广泛。在桥梁工程领域，铆接是钢桥连接的传统方式，其传力可靠，整体性好，连接变形小，使用历史很长。钢桥铆接是指在工地将半成品铆钉加热到 1 050 ~ 1 150 °C，塞入钉孔，利用铆钉枪将钉身镦粗，填满钉孔，并将另一端打成钉头（图 6.2）；或在工厂将铆钉加热至 650 ~ 750 °C，用铆钉机铆合。这种连接传力可靠，但费时（既要钻孔又要铆合）、费料、费力（工人在操作中消耗体力大），而且，技术要求较严，工作环境不好（噪声大）。因此，这一连接方式目前在钢桥中已极少采用。

常用铆钉直径为 22 mm 及 24 mm，比孔径小 1 ~ 1.5 mm。材料为 ML（铆螺）2 号钢或 ML3 号钢，其钢质较软，便于顶锻加工。

在使用铆接前，还曾经在早期的链杆悬索桥和钢桁梁桥中用过销接（pin connection），即在链杆连接处或桁架的节点处，只用一个大直径的钢销，贯穿于所有交汇杆件的端部，在节点处形成一个铰（hinge）。销接的缺点是销子和销孔要求嵌配精密，制造加工很费事；且当销孔因反复磨耗而扩大后，在动荷载作用下，桥梁的变形加大。因此，销接方式很快被铆接所代替，现只作为钢构件的临时定位，或在一些临时性结构（如挂篮、贝雷梁等）上采用。

2. 焊接（welding）

早在20世纪20年代末，美国和波兰就建造了全焊钢桥，但直到20世纪50年代，钢梁制造才全面引进焊接技术。焊接结构的板面上无孔削弱，无需附加连接板、连接角钢等零件，比铆接结构省料；工厂作业方便，且可改善工作环境（但在野外恶劣天气下作业时受到一定的限制）。

金属的焊接方法多种多样，分为熔焊、压焊和钎焊三大类。熔焊是指通过电能将被焊钢材连接面和焊接材料熔化，形成一条把两个部件连接在一起的焊缝。焊接材料有焊丝、焊条、熔剂，不同的钢材要选用不同的焊接材料。焊接时所采用的电流、电压的大小，焊接速度的快慢，也随焊接钢材的不同而有所不同。

钢桥焊接主要采用熔焊中的电弧焊，包括自动或半自动的电弧焊、埋弧焊和气体保护焊等。钢桥采用的接头形式有对接、T形接和角接等，焊缝型式主要有熔透的对接焊缝和不熔透的贴角焊缝，见图6.3。焊接前，需要在一个或两个部件的连接处加工出不同型式的坡口，如K形，X形、V形、U形等。按照施焊姿态，可分为平焊、横焊、立焊和仰焊。在钢桥的工厂焊接作业中，大量采用自动焊和半自动焊。

由于焊接时的高温作用，焊缝部位的材质可能变脆；由于不均匀加热与冷却，焊件中会产生焊接残余应力和变形；同时，焊接还可能产生咬边、气孔、夹渣、弧坑裂纹等焊接缺陷。因此，对钢桥的重要构件，焊后通常需要消除残余应力，矫正焊接变形。另外，须严格控制和及时处理焊接缺陷，要求焊缝的力学性能不低于母材。

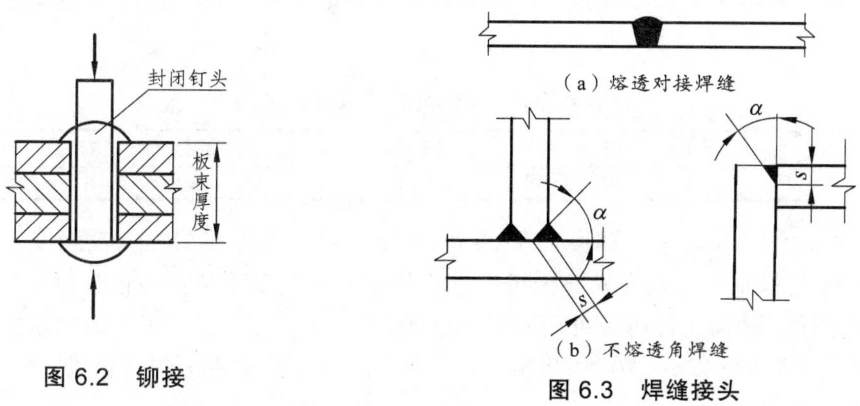

图6.2　铆接

图6.3　焊缝接头

3. 栓接（bolted connection）

焊接技术在钢桥制造中广泛应用的同时，高强度螺栓（high-strength bolt）连接技术（简称栓接）也得到发展。1951年，美国旧金山金门大桥加固时，首次采用高强度螺栓代替铆钉。目前，栓接技术已广泛用于钢桥构件的连接。

栓接指将已成型的杆件与连接用部件（拼接板，如桁梁桥的节点板），用高强度螺栓拼装成钢桥整体。从材料上划分，螺栓分为普通螺栓和高强螺栓。普通螺栓是通过螺杆受剪和板件孔壁承压传力或螺杆受拉传力，而高强度螺栓则是通过板件接触面的摩擦力传力或板件间的预压力传力。

钢桥上常用的是高强度摩擦型螺栓。看图6.4，杆件内力 N 通过钢板与拼接板表面的摩擦力来传递，而这一摩擦力则是由于高强度螺栓拧紧后，对钢板束施加了强大的夹紧力 P 产生的。只有当外力 N 超过了抵抗滑动的摩擦力之后，板层才会产生相对滑动（即失效）。抵抗滑动的摩擦力是夹紧力 P 与钢板表面摩擦系数的乘积。

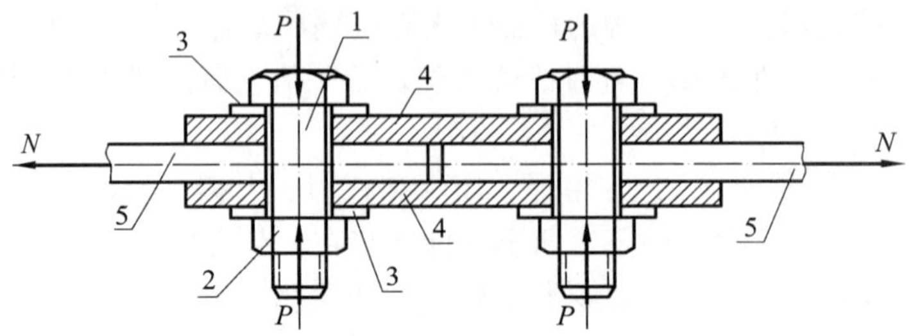

图 6.4　高强度螺栓连接示意图

1—高强度螺栓；2—高强度螺母；3—高强度垫圈；4—拼接板；5—杆件

高强度螺栓、螺母、垫圈（合称为连接副）的形式、尺寸及技术条件在相应国家标准中有详细规定。直径规格从 M12 ~ M36，长度从 35 ~ 300 mm，材料采用 40 硼钢（40B）或 20 锰钛硼（20MnTiB）钢。在钢桥中常用的为 M22、M24、M27，芜湖长江公铁两用桥采用的是 M30。根据材料及性能，高强度螺栓主要有 12.9 级、10.9 级和 8.8 级。螺母及垫圈也随螺栓的级别不同采用不同的级别。10.9 级螺栓强度较高，在钢桥中广为采用。

高强度螺栓的常用安装方法是扭矩法拧紧工艺，即利用安装时施加在螺母上的扭矩来控制螺栓的预紧力。高强度螺栓的一项工艺技术指标是扭矩系数。根据扭矩系数、螺栓直径和设计的预紧力就可以计算出施拧时所要施加的扭矩的大小。10.9 级高强度螺栓的设计预紧力见表 6.2。

表 6.2　高强度螺栓设计预紧力 P

规　格	M22	M24	M27	M30
P/kN	200	230	300	370

我国早期的钢桥均采用铆接。在 20 世纪 50 年代，开始了焊接和高强度螺栓连接的应用研究，1965 年起正式大量在铁路钢桥中推广使用，并逐步形成了目前广泛采用的栓焊钢桥。所谓栓焊钢桥，是指工厂内板件之间的连接采用焊接，工地上杆件之间的连接采用高强度螺栓。20 世纪 90 年代以后，在大跨斜拉桥、悬索桥中开始采用全焊钢箱梁。

三、钢桥的结构型式

钢桥的结构型式多种多样。各种桥式均可采用钢作为建桥材料。一座钢桥采用哪种结构型式，主要根据桥梁技术要求和桥址的水文、地形和地质情况来决定。

在铁路桥的发展初期，多采用钢作为建桥材料，桥的结构型式主要是梁。在 20 世纪 50 ~ 60 年代，我国铁路桥梁多采用上承式简支钢板梁桥，跨度在 20 ~ 32 m 之间。在 60 年代，从节约钢材出发，我国铁路曾经让跨度不大于 32 m 的新建梁桥都采用钢筋混凝土与预应力混凝土梁。当桥址处的地形和河流水文条件要求降低桥梁的建筑高度时，对于跨度在 20 ~ 40 m 的铁路桥，可采用下承式简支钢板梁桥。对于较大跨度（56 ~ 80 m）的钢桥，在 80 年代及其以前，我国铁路桥均采用简支或连续钢桁梁桥。对大跨度的铁路桥和公铁两用桥，均采用连续钢桁梁，如武汉长江大桥、南京长江大桥等，所用材料和连接方式从开始的低碳钢和铆接逐步改为低合金钢和栓焊连接。从 80 年代中期开始，随着大跨度预应力混凝土连续梁的发展，对于跨度在百米左右的桥梁，倾向于采用混凝土梁代替钢桁架梁。

在铁路钢桥的发展过程中，也曾采用过简支箱梁（如架设在北京西北环线上的整孔焊接箱梁，跨度 40 m，1979 年）、斜腿刚架（安康汉江专用线，跨度 176 m，薄壁箱梁结构，1983 年）等结构型式。

近 20 年来，更大跨度的铁路桥和公铁两用桥得到快速发展，结构形式也更加丰富多彩。90 年代修建的九江长江大桥、芜湖长江大桥等，发展出梁-拱组合体系和矮塔加劲连续梁等体系；近年来修建的钢桥，则有桁架拱或钢箱拱、钢桁架斜拉桥等。

在 20 世纪 80 年代及以前，受材料供应和造价的限制，公路钢桥的数量十分有限。近 30 年来，公路钢桥得到迅猛发展，主要结构型式是钢箱拱桥、钢箱斜拉桥以及采用钢箱或桁架作为加劲梁的悬索桥。近年来，中小跨度的钢板梁和钢箱梁桥也逐步得到应用。

第二节　钢 板 梁 桥

钢板梁桥（plate girder bridge）是指由两片或多片 I 形梁为主要承重结构的桥梁。I 形梁多由钢板焊接而成，称为主梁（main girder）或主纵梁。各主梁顺桥轴横向间隔并列，其间需要设置横向布置的桁式或板式构件，以连接各主梁而形成稳定的整体承重结构。在承重结构之上，布设桥面系（桥面传力体系）或桥面板。

钢板梁桥有多种分类方法。根据支承条件和受力特点，分为简支钢板梁桥、连续钢板梁桥和悬臂钢板梁桥；按桥面板材料，分为钢筋混凝土桥面板梁桥（也称结合梁桥）和钢桥面板梁桥；按车行道布置，分为上承式钢板梁桥和下承式钢板梁桥；按连接方式，分为铆接板梁、全焊板梁和栓焊板梁（常用者）等。本节主要介绍简支钢板梁桥。

钢板梁桥构造简单，设计便捷，制造简单，架设方便，适用于中、小跨度的铁路桥和公路桥，其构造形式也可用于其他钢桥；因此，钢板梁桥的构造和计算是钢桥设计的基础。

一、钢板梁桥的常用构造

1. 上承式钢板梁桥

（1）铁路桥

干线铁路上的上承式钢板梁桥的上部结构主要由两片 I 形梁、联结系和桥面组成，如图 6.5 所示。主梁由上、下两块翼缘板（flange）和一块腹板（web）焊接而成。为防止腹板失稳，需视情况设置竖向加劲肋（stiffener）和水平向加劲肋。主梁是钢板梁桥的主要承重结构，其主要作用在于把桥面和联结系传来的荷载传递到支座，并通过支座传至墩台。当跨度较小时，主梁一般采用等截面梁，跨度较大时可采用变截面梁（增加翼缘厚度，或改变翼缘宽度）。

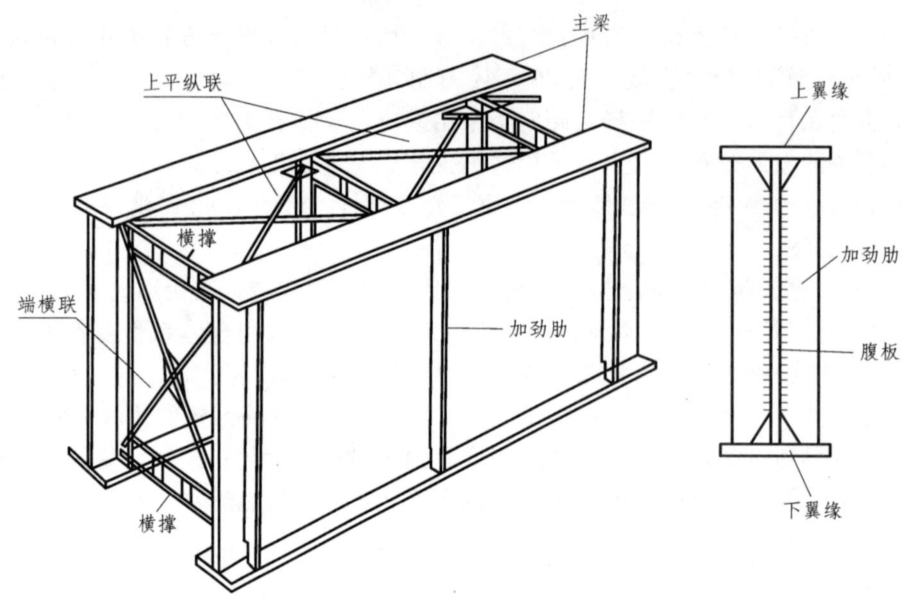

图 6.5　单线铁路上承式钢板梁桥组成及主梁横断面示意（未示桥面）

联结系（bracing）将主梁联结成稳定的空间结构，并承受各种横向荷载（例如，风力，列车横向摇摆力等）。联结系分为横向联结系和纵向联结系两种。横向联结系（sway bracing）是由横撑（strut）、竖向交叉杆、主梁加劲肋和一部分腹板组成的一个平面结构，垂直于主梁腹板，简称为“横联”。横联中位于主梁跨间者称为“中间横联”，位于主梁两端者称为“端横联”。横向联结系使得各主梁受力较均匀，并增强了结构的抗扭刚度，防止主梁侧向失稳。

纵向联结系（lateral bracing）是由横撑、水平交叉杆、主梁翼缘组成的一个平面桁架结构，设置在主梁上、下翼缘板面内。布置在顶面的，称为上水平纵向联结系，简称“上平纵联”；在底面的则简称为“下平纵联”。一般，跨度小于 16m 的上承式钢板梁，可不设下平纵联。纵向联结系增强了结构的整体稳定性，并与横向联结系共同承担横向水平力及其扭矩作用，制约主梁翼缘的侧向变形和横向振动。

桥面采用明桥面构造，无需另行设置桥面系。明桥面主要由桥枕、护木、正轨、护轨等组成（参见第四章图 4.2），其提供桥梁的行车部分，同时把列车荷载向下传递。

当跨度小于 40 m 时，铁路钢板梁桥比钢桁梁桥经济，故小跨度的钢桥常用板梁桥。

（2）公路桥

公路上承式钢板梁桥主要由主梁、联结系和桥面板等组成。与铁路桥相比，主要不同之处在于桥面板构造及其上面的桥面铺装。根据桥面宽度，公路上承式钢板梁桥可以设置双主梁（见图 6.6）或多片主梁（见图 6.7），横联的构造可采用空腹桁架式（横联）或实腹梁式（横梁）。因钢板梁桥的多片主梁和横梁在平面上呈格子状，故也称其为梁格体系。

对公路钢板梁桥，主梁之间可设置横联或横梁，或不设置；对双主梁桥，当主梁间距较大时，还可设置小纵梁搁置在横梁上（见图 6.6）。

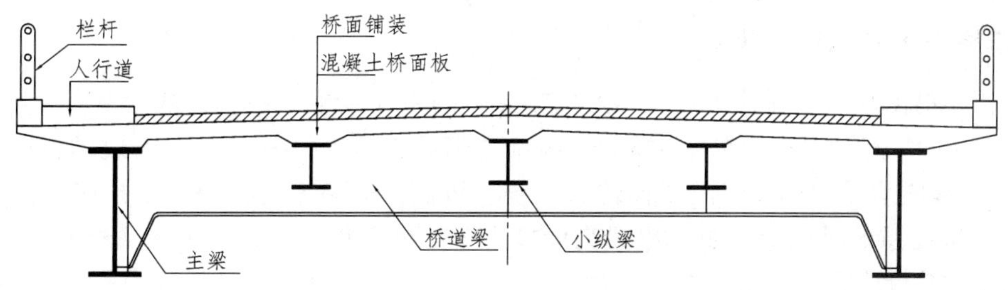

图 6.6　公路上承式双主梁桥横断面示意

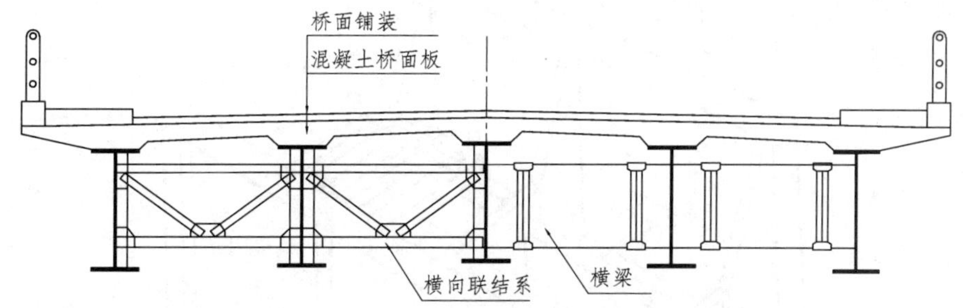

图 6.7　公路上承式多主梁桥横断面示意

公路上承式钢板梁桥的桥面板，按照材料分为混凝土板和钢板两类。采用混凝土板者，习称为结合梁桥。常用的钢桥面板由面板以及焊接于板底面的纵向加劲肋（纵肋）和横梁（横肋）组成，顶板同时充当主梁的上翼缘，见图 6.8（a）。在这种构造中，桥面板纵、横两个方向的刚度不同，受力特性表现为各向异性，故称其为正交异性板（orthotropic plate）。试验和理论证明，正交异性板具有很高的承载能力，同时可显著减轻钢梁的自重。

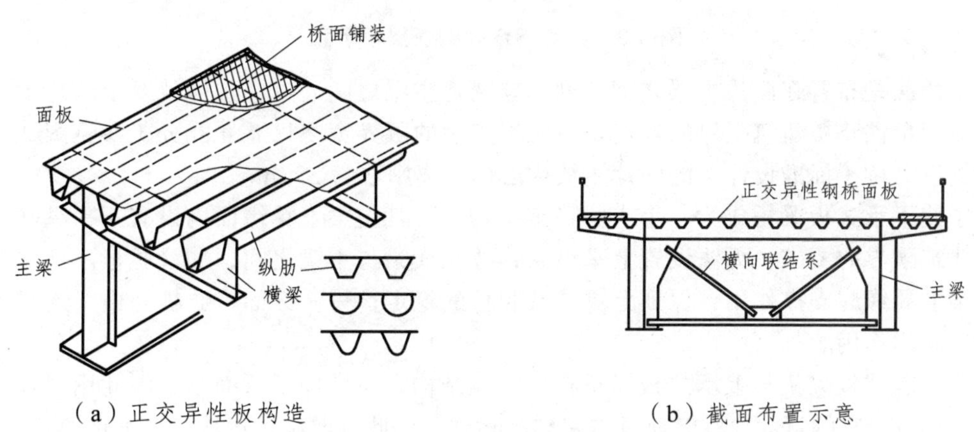

（a）正交异性板构造　　　　（b）截面布置示意

图 6.8　采用正交异性板构造的上承式板梁桥示意

正交异性板中的顶板，一般采用厚度 12 ~ 14 mm 的钢板。纵肋平行于桥轴方向布置，间距较小，有开口截面纵肋（如 L 形、倒 T 形等）和闭口截面纵肋（如梯形、U 形、V 形等，见图 6.8（a））。横梁垂直于桥轴方向布置，多采用倒 T 形截面，间距较大，尺寸也较大，起到联结各主梁、支撑顶板、提高桥梁的整体刚度的作用。沿桥轴方向，视需要可间隔设置横向联结系，见图 6.8（b）。

2. 铁路下承式钢板梁桥

铁路下承式（也叫半穿式）钢板梁桥（图 6.9）的主要承重结构也是两片 I 形截面的主梁。在两片主梁之间，需设置有由纵梁、横梁及纵梁之间的联结系（图中未示）组成的桥面系（floor system），以形成承受列车荷载的桥面传力系统。桥面（通常为明桥面）不是搁置在主梁上，而是搁置在桥面系的纵梁上。由于纵梁高度较主梁高度小得多，这样就大大缩小了建筑高度（自轨底至梁底）。

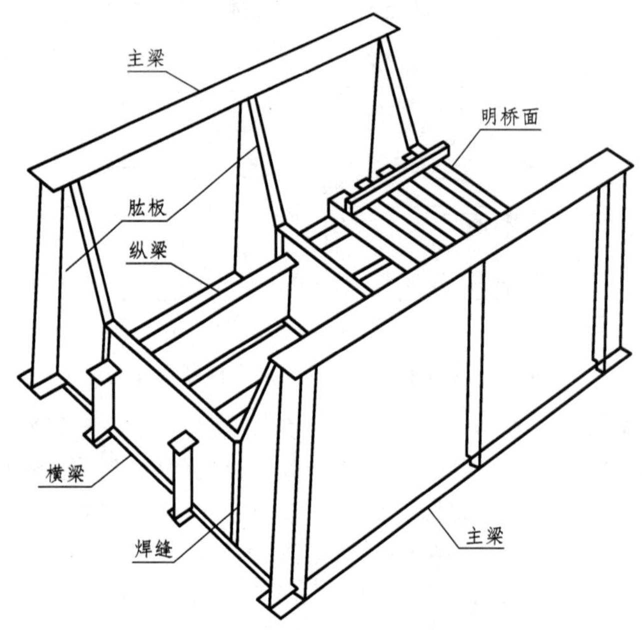

图 6.9　铁路下承式钢板梁桥示意

由于桥面是布置在两片主梁之间，列车在两片主梁之间通过，这样就要求两片主梁之间的净宽能满足铁路桥建筑限界的规定。单线铁路桥的限界宽度只需 4.88 m（参见图 2.3），而下承式钢板梁桥（标准设计）的两片主梁**中心**的距离则取为 5.4 m。

为了使下承式板梁桥成为一个空间稳定结构，在其主梁下翼缘面内设有下平纵联。由于要满足建筑限界的要求，无法设置上平纵联，故在横梁与主梁之间，加设肱板。一方面，肱板对主梁上翼缘起支撑作用，保证上翼缘及腹板的稳定；另一方面，肱板与横梁连成一片，可起到横联的作用。

铁路下承式板梁桥与上承式板梁桥相比，在结构方面增加了桥面系，因此用料较多，制造也费工；由于它的宽大，不能通过铁路整孔运送，因此，增添了运输与架梁的难度。所以，当铁路桥梁采用钢板梁桥时，应尽可能不采用下承式。但是，由于下承式板梁桥具有较小的建筑高度，在某些条件下仍是需要的。

公路桥因桥面较宽，一般情况下，宜避免采用下承式钢板梁桥。

3. 结合梁桥

所谓结合（或组合）梁桥（composite beam bridge），主要指的是用剪力键（shear connector）或其他方法将混凝土桥面板与钢板梁、钢箱梁、钢桁梁等梁式结构组合成一体。结合梁可按结构体系、构造方式、连接刚度、施工方法等分为多种类型，其中最常用的是简支钢-混凝土结合板（箱、桁）梁。为保证钢-混凝土两者的共同工作，钢梁与混凝土板之间须可靠结合。因为混凝土桥面板参与钢板梁上翼缘受压，提高了桥梁的抗弯能力，从而可以节省用钢量或降低建筑高度。与钢板梁桥相比，结合梁桥具有截面刚度大、行车噪音小、坡度和超高设置容易等优点。试验证明，结合梁承受超载的潜力比钢梁要大。鉴于此因，在中小跨度的梁桥中，结合梁桥已获得较广泛的应用。

（1）铁路桥

我国在 20 世纪 60 年代前后开始修建铁路结合梁桥。当时采用预制的钢筋混凝土道砟槽板与钢板梁相结合的结构形式，见图 6.10。建造方法为：在钢板梁上翼缘板面上设置剪力键（或剪力连接件），在道砟槽板上设有预留孔；将上翼缘板表面处理干净，垫上砂浆，再将预制的道砟槽板铺放在板梁上，用膨胀水泥砂浆填入预留孔。

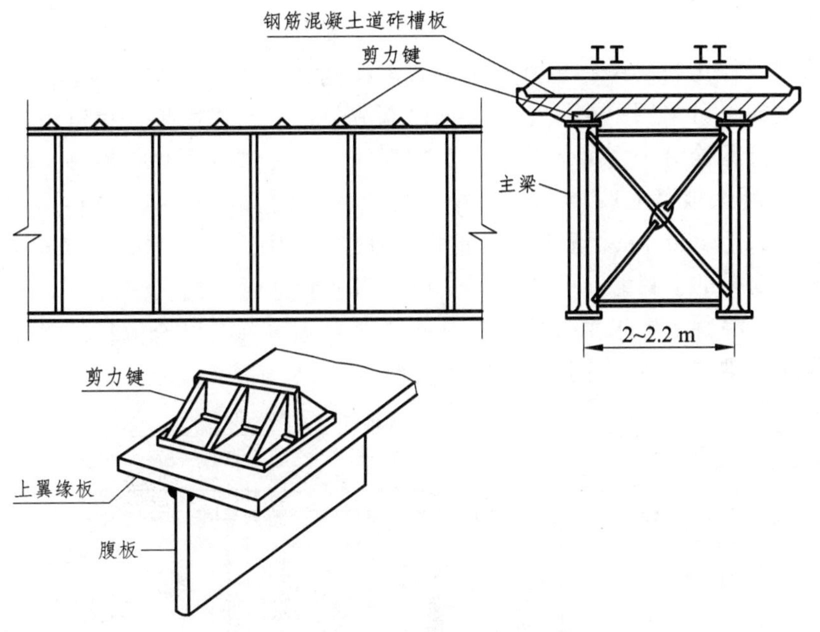

图 6.10　传统的铁路结合梁桥示意

传统的铁路结合梁桥并不比具有明桥面的上承式板梁桥节省钢料，且施工架设较繁琐费时。因此，当能用明桥面的上承式板梁桥时，不宜使用结合梁桥。然而，当桥上线路坡陡弯急，如果仍采用明桥面，将使桥上线路的铺设及养护增添不少困难，这时宜用道砟桥面的结合梁桥或混凝土梁桥。

近 10 年来，在高速铁路和客运专线上，钢-混凝土结合梁桥得到了一些应用。当施工条件受到严格限制、或者需要设置非标准孔跨进行调跨、或者需要中等跨度（50 m 左右）的桥来跨越河流和线路时，就较适于采用简支或连续的结合梁桥。目前常用的有两大类：一类是钢板梁配混凝土桥面板，一类是钢箱（两个单箱，其间设横梁）配现浇混凝土板。图 6.11 所示为某双线高速铁路上的钢—混结合连续板梁桥（分跨 32+40+32 m）的截面示意。

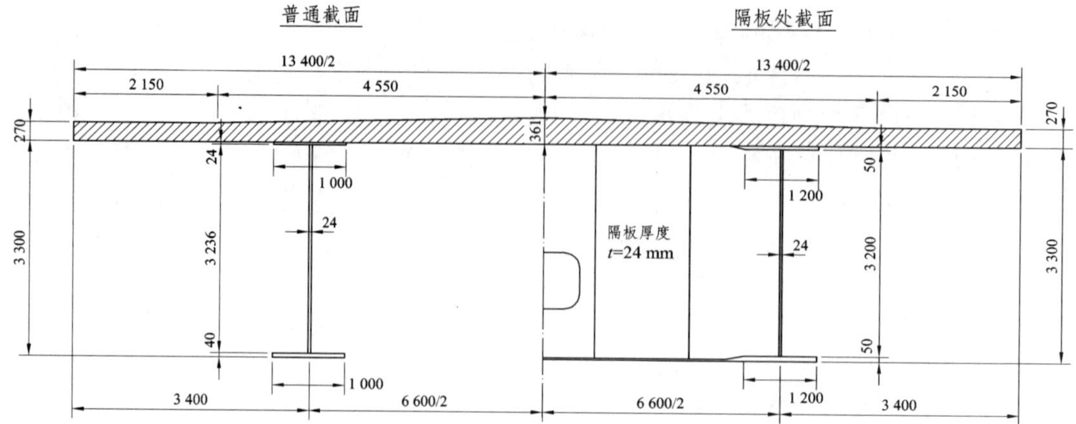

图 6.11 高速铁路结合梁桥截面示意

（2）公路桥

在公路桥梁及城市桥梁中，也修建了型式多样的结合梁桥。在公路结合梁桥中，剪力键的形式多样。例如，可采用一小段型钢或钢筋制成的锚环，横向焊接于钢板梁的上翼缘上。还可采用特制的抗剪栓钉，俗称大头栓，形如螺栓，但无螺纹，竖直焊接，朝上一端有一圆头，用以阻止混凝土板竖向脱离钢板翼缘。常用栓钉的直径为 19 ~ 22 mm，长度为 50 ~ 100 mm，间距不大于 600 mm。近年来发展的剪力键为 PBL 键，其构造是带圆孔的条状钢板，钢板垂直焊接于钢梁的上翼缘，孔内沿梁的横向可放置适量钢筋；浇筑桥面板混凝土后，靠孔内形成的一系列混凝土榫来抵抗剪力。图 6.12 为京秦高速某结合梁桥的横断面布置，采用两个单箱加箱间横梁的构造，连接件为抗剪栓钉。

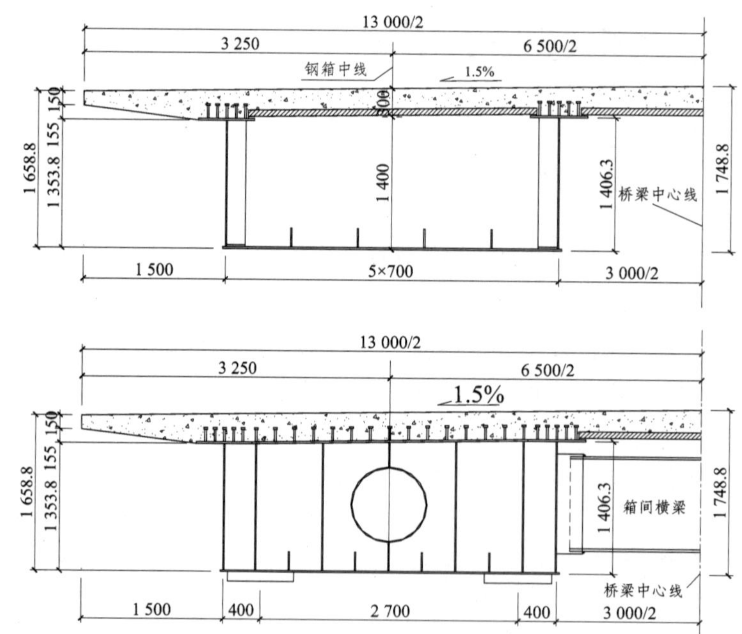

图 6.12 某公路结合梁桥横断面布置示例

二、钢板梁桥设计概要

钢板梁桥的设计就是根据我国钢桥及钢结构设计规范，确定其合理的构造布置，拟定各组成部分尺寸，然后进行结构分析和结构验算。目前，我国钢桥的设计仍在沿用容许应力法，基于极限状态设计法的规范修订正在进行之中。现以干线铁路上承式钢板梁桥为例，简要介绍其设计内容。有关公路钢板梁桥的设计内容，读者可参阅相关书籍。

如前所述，铁路上承式钢板梁桥是由主梁、上平纵联和下平纵联、端横联和中间横联等组成的空间结构。作用荷载主要有：竖向荷载（恒载和活载）和横向荷载（包括风力、列车摇摆力，在弯道上的桥还承受离心力）。在荷载作用下，桥跨结构整体受力。

将桥跨结构作为空间结构来进行内力分析在技术上是可行的，但是比较繁杂。在设计实践中，可采用简化的计算方法，即把桥跨结构划分为若干个平面结构，每个平面结构只承受作用在该平面内的荷载。

根据这一简化，竖向荷载由两片主梁承受，并经支座传给墩台；横向荷载则由上、下平纵联承受。计算时将上平纵联视作一个简支的水平桁架，两端支承在端横联上。主梁上翼缘是该桁架的弦杆，平纵联的斜杆和横撑是该桁架的腹杆。作用在该桁架平面内的横向力包括：列车、桥面、主梁上半部所受的风力及列车摇摆力等（列车摇摆力不与风力同时计算）。同时把下平纵联也看作一个简支的水平桁架，它是由主梁的下翼缘和平纵联的斜杆及横撑所组成。作用在该桁架平面内的横向力只有主梁下半部所承受的风力。由下平纵联传至主梁两端的横向反力将直接传给支座。由上平纵联传到梁两端的横向反力 H_W 将通过端横联再传给支座，见图 6.13。

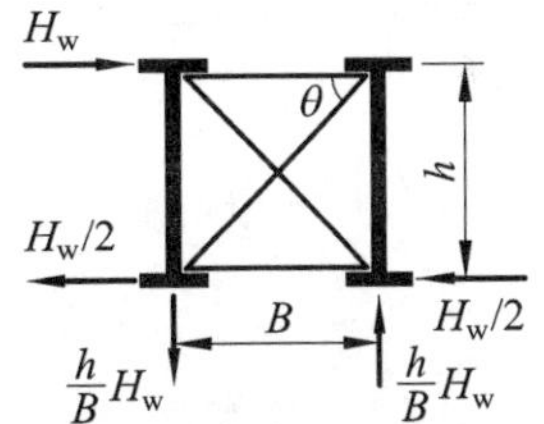

图 6.13　横向荷载分解简图

1. 板梁桥主要尺寸的拟定

板梁桥的主要尺寸包括：计算跨度、主梁高度和主梁中心距。设计时应首先确定这几个主要尺寸。

（1）计算跨度

铁路桥梁设计规范对简支梁桥的跨度规定了标准值。对钢板梁桥而言，常用的标准（计算）跨度是 20 m、24 m、32 m、40 m 等几种。

（2）主梁高度

主梁高度 h 根据下列条件来决定：

① 用钢量最省；

② 主梁的竖向刚度（跨中挠度）应满足《铁路桥梁钢结构设计规范》的要求；

③ 在可能条件下，应使腹板宽度小于供货方便的钢板宽度，以避免不必要的拼接或裁切；

④ 桥跨的建筑高度（从轨底至梁底的高度）尽可能减小；

⑤ 梁的总尺寸在铁路运输限界之内。

从用料经济方面考虑，根据理论推导并总结过去的设计资料，基于应力控制的主梁的经济高度可用下式推算

$$h=\sqrt{\frac{\alpha\cdot M}{[\sigma_w]\cdot\delta_f}} \tag{6.1}$$

式中　α——系数，可取 2.5 ~ 2.7；

M——计算弯矩；

$[\sigma_w]$——弯曲容许应力（其值较基本容许应力$[\sigma]$大 5%，若板梁采用明桥面，则取$[\sigma]$）；

δ_f——腹板厚度。

从上式可见，钢材强度越高，所需的梁高越小。

除考虑应力外，还需要考虑主梁的刚度。按目前的设计规范，在静活载（不计冲击效应）作用下，板梁跨中的最大挠度与计算跨度 l 之比不得超过 1/900。基于刚度控制的主梁的最小高度 $h_{\min}$ 可参考下式推算

$$h_{\min}=\frac{5}{27}\cdot\frac{[\sigma_w]}{E}\cdot\frac{l}{\left[\frac{f}{l}\right]}\cdot\frac{1}{1+\mu+\frac{p}{k}} \tag{6.2}$$

式中　$[\sigma_w]$——弯曲容许应力；

E——钢材的弹性模量；

l——计算跨度；

$\left[\frac{f}{l}\right]$——板梁容许挠度与跨度之比；

$1+\mu$——动力系数；

p、k——分别为梁上的均布恒载和活载集度。

从上式可以看出，主梁的最小高度 $h_{\min}$ 与钢材强度和容许刚度有关。在主梁达到规范所要求的刚度$[f/l]$，且其截面应力达到容许值$[\sigma_w]$的条件下，钢材强度越高，梁高越大。

对铁路桥而言，通常刚度条件决定了主梁所需的最小高度，而容许的建筑高度决定了主梁可能的最大高度。在这个范围内，可参考已有的设计资料，最后确定梁高。对公路桥而言，除钢材强度和板梁刚度要求因素外，梁高的合理确定还涉及荷载等级、荷载横向分布等。

现行铁路规范规定，钢板梁的材质宜采用 Q235qD 钢，其对公路钢板梁也是总体适用的。

（3）主梁中心距

确定主梁中心距 B 时应考虑下列几个方面的问题：

① 桥枕的合理跨度。桥枕直接放在主梁上，主梁中心距就是桥枕跨度。若其跨度太小，则钢轨几乎位于主梁上方，很难利用桥枕受载时发生的弹性弯曲来减轻列车的冲击作用；若其太大，则将使桥枕横截面过大。桥枕的合理跨度大致在 2.0 ~ 2.5 m。

② 为避免桥跨结构在水平力作用下产生横向倾覆，且具有必要的横向刚度，要求主梁中心距不能太小。

③ 应考虑用铁路架桥机整孔架设的可能性。

考虑上述几方面的因素，并根据近年来干线铁路提速后某些已建成的钢板梁的横向刚度不足的情况，设计规范将原来规定的宽跨比（两主梁中心距与跨度之比）从 1/20 改为 1/15，

相应地，将钢板梁桥的最小主梁中心距从 2.0 m 增大到 2.2 m。

2. 主梁计算

主梁计算包括：内力计算、截面的选择和验算、加劲肋设计等。在选定主梁截面时，需要考虑强度、稳定（板的局部稳定和梁的总体稳定）和刚度三个方面的问题。

（1）主梁内力计算

沿梁纵向选取若干截面，算出各截面处因恒载和活载产生的最大弯矩 M 和最大剪力 Q。

对恒载，可参照现有设计资料，拟定桥跨（不包括桥面）沿跨度每延米的结构自重 p_1 以及桥面重 p_2。每片主梁所受恒载 $p=(p_1+p_2)/2$。对活载，按主梁各截面影响线顶点位置及加载长度，从规范中查表求得中—活载的换算均布活载 k，并乘上相应动力系数。

在确定主梁每延米的恒载和活载后，即可按影响线面积法分别求出各截面因恒载和活载产生的 M 和 Q 的最大值，然后按规定进行内力组合，即得梁的计算内力。

对公路桥，需按照荷载横向分布的方法，确定各主梁的横向分布系数，进而确定主梁内力。参见第五章。

（2）主梁截面选择

主梁截面选择包括确定腹板和翼缘板的尺寸。按主梁主要尺寸拟定的原则，选定梁高 h 及腹板高度 h_f。腹板高度 h_f 大约比梁高 h 小 8～12 cm，腹板厚度 δ_f 一般可选用 10 mm 或 12 mm，按照规范，主要构件所用钢板厚度不宜小于 10 mm，以免锈蚀后对截面削弱过大；对跨度等于或大于 16 m 的焊接板梁，腹板厚度不宜小于 12 mm，以减小焊接所引起的变形。

所需翼缘截面积 A_{Yi} 可按下式估算

$$A_{Yi}=\frac{M}{[\sigma_w]}\cdot\frac{1}{h}-\frac{1}{6}\delta_f h \tag{6.3}$$

式中　h——梁高，其余符号含义同前。

求出所需翼缘面积后，即可决定翼缘板的尺寸。翼缘板伸出肢的宽度和厚度之比，应不大于 10，以保证受压翼缘板的局部稳定并减小焊接变形。若桥枕直接铺放在翼缘板上，则根据桥枕承压强度的要求，翼缘板宽度应不小于 240 mm。

（3）截面应力验算

按上述步骤所选定的主梁截面尺寸只是初步的，尚需进行较精细的应力验算。内容包括主梁弯曲应力、剪应力、换算应力的验算和疲劳强度的验算。关于应力验算（包括下面提及的稳定性验算、刚度验算、焊缝计算等）的详细内容，读者可参阅有关规范和书籍。

（4）变截面梁

板梁桥的主梁截面可随弯矩的变化而加以变化，借以节约钢材。对跨度不大的板梁，若采用变截面，所省的钢料有限，却增加制造工作量，故通常不改变主梁的截面。

对于只用一块钢板组成翼缘板的板梁，可减小翼缘板的宽度或厚度来改变梁的截面。根据经济分析，变截面点选在离支座约 1/6 跨度处，可节省钢料约 10%～12%。当翼缘板上设有盖板（cover plate）时，可采用改变盖板宽度的方法来改变梁的截面。理论切断点的位置可由计算确定。为减小应力集中，自理论切断点向梁端以不大于 1∶4（受压翼缘）或 1∶8（受拉翼缘）的斜坡过渡。

（5）翼缘与腹板的连接焊缝计算

计算时通常先按规范要求确定角焊缝最小尺寸，然后进行焊缝强度的验算。验算时首先需计算焊缝处荷载产生的水平剪力和最大竖向荷载 P 产生的竖向剪力，由此确定单位长度内翼缘焊缝承受的总剪力，以该总剪力不大于相应的焊缝承载能力为验算条件。

翼缘焊缝的高度通常由施焊工艺确定，往往在 6 ~ 8 mm（焊缝不宜太小，否则冷却过快，钢材可能变脆，容易产生裂缝）。

（6）梁的总体稳定

梁的总体稳定性（overall stability）一般采用近似的应力验算形式

$$\sigma = \frac{M}{W_m} \leqslant \varphi_2[\sigma] \tag{6.4}$$

式中 M——计算弯矩（上平纵联两相邻节点的中间 1/3 范围内的最大弯矩）；

W_m——毛截面抵抗矩；

φ_2——验算梁的总体稳定时采用的容许应力折减系数，其取值详见规范。

（7）主梁的局部稳定和腹板中加劲肋的布置

主梁的翼缘和腹板都是薄板，在外力作用下，如果设计不当，则在梁中最大应力尚未达到屈服强度、结构尚未丧失总体稳定之前，其上翼缘或腹板可能局部出现屈曲（buckling）而过早丧失稳定。对于受压翼缘板，其局部稳定性取决于翼缘伸出肢的宽度（自腹板中心算起）对厚度的比值。对焊接板梁，规范规定该比值不得大于 10。

对于腹板，为防止其在外力作用下丧失局部稳定，通常用加劲肋来增强其刚度。加劲肋分为竖向加劲肋和水平加劲肋。在板梁端部支承处和其他传递集中荷载处，设置成对的竖加劲肋，要求加劲肋的伸出肢应与梁的支承翼缘磨光顶紧，用以承受大大支座反力。对板梁腹板的中间竖向加劲肋和水平加劲肋的设置，则简化为按照腹板高厚比 h_f/δ_f（h_f 为腹板全高，δ_f 为腹板厚）的数值大小来确定。

当腹板高厚比 $h_f/\delta_f \leqslant 50$ 时，主梁高度较小，腹板本身的刚度已可保证其局部稳定，可不设竖向加劲肋；当 $50 < h_f/\delta_f \leqslant 140$，此时腹板的刚度较弱，应设置竖向加劲肋。考虑到构造上的需要及制造上的方便，竖向加劲肋常按等距离布置，一般不大于2m；当 $140 < h_f/\delta_f \leqslant 250$ 时，腹板高度较大而厚度相对较小，除设置竖向加劲肋外，还应在距受压翼缘 $[(1/4 \sim 1/5)h_f]$ 处加设水平加劲肋。

加劲肋本身应具有足够的刚度来支撑腹板，使其本身不发生翘曲。为保证加劲肋自身不丧失局部稳定，如同受压翼缘一样，对其伸出肢的宽厚比，应加以限制，除设置在梁端的竖向加劲肋外，其伸出肢的宽厚比应不大于 15。对端加劲肋，其伸出肢的宽厚比应不大于 12。

第三节 简支钢桁梁桥

一、简支钢桁梁桥的组成

简支钢桁梁桥（truss bridge）一般由以下五个部分组成：主桁、桥面系/桥面板、桥面、联结系和支座。图 6.14 所示为我国常用的铁路下承式简支钢桁梁桥的主要组成部分示意图。

对采用其他结构体系（如连续梁等）的钢桁梁结构，其基本组成部分是相同的。因此，涉及大跨度钢桁梁桥的一些新技术，也在本章一并介绍。

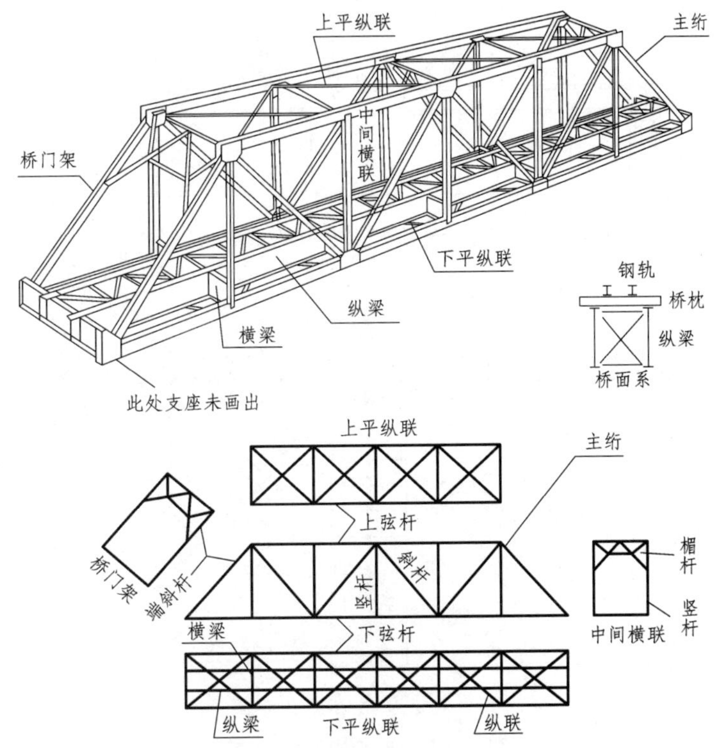

图 6.14　下承式简支桁架桥各组成部分

1. 主桁与节点

主桁是钢桁梁的主要承重结构，常规的单线铁路桁梁桥由两片主桁组成，每片主桁由上弦杆（chord）、下弦杆、腹杆（web member）及节点（node，joint）组成。倾斜的腹杆称为斜杆，竖直的腹杆称为竖杆。杆件交汇的地方称为节点，纵向两节点之间称为节间，用节点板（gusset plate）及高强螺栓连接各主桁杆件。

随着高铁和客专的发展，桥梁上的线路时常会达到 4 线甚至更多。常规的由两片主桁组成的钢桁梁结构，需要加以改进（参见图 6.17），或采用三片桁式结构（如武汉天兴洲大桥、南京大胜关大桥等）。

传统的节点构造图如 6.15 所示。这种普通的拼装式节点无需焊接，但节点散件多，螺栓用量多，现场工作量大。近 20 年来，基于杆件在节点外拼接的思路，发展了焊接整体节点。这种节点可提高工厂制造化程度，方便工地安装，但节点连接处焊缝多，刚度大，对结构受力有一定影响。整体节点的设计与主桁图式、杆件截面型式、桥面系构造等有关，因桥而异。图 6.16 所示为某一采用 N 形桁式的钢桁梁下弦杆的整体节点，其将弦杆连同一个节点焊接为一体，同时考虑了与桥面系中横梁的连接。

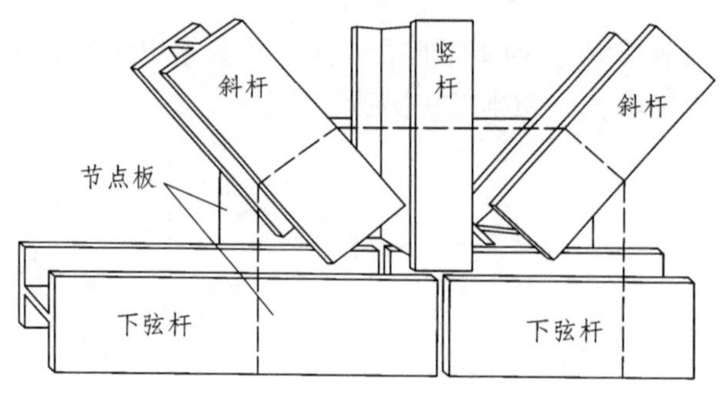

（a）下弦节点构造透视

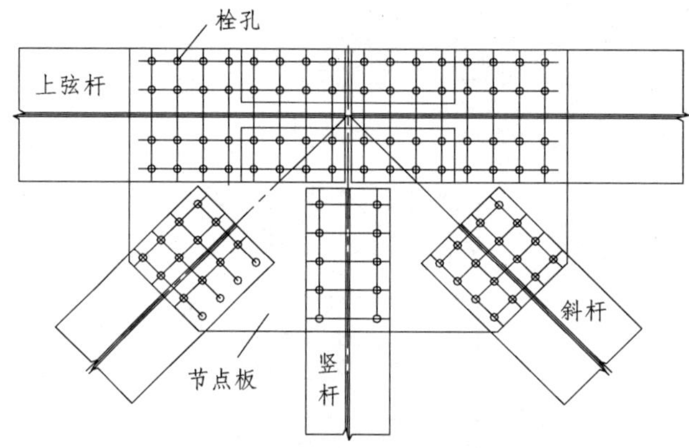

（b）上弦节点的栓孔布置

图 6.15　节点构造示意图

图 6.16　下弦杆整体节点构造示意

2. 桥面系

常规桁梁桥的桥面系由纵梁（stringer）、横梁（floor beam）及纵梁间的联结系组成，见图 6.13。纵梁可连接于横梁间（如图 6.13），也可搁置在横梁顶板上（对上承式桁梁桥）。联结系包括设置在纵梁上翼缘平面内的平纵联，以及设置在纵梁跨中的横联（由一对交叉杆组成，通过一吊杆与主桁的下平纵联相连）。桥面系的主要作用是将桥面传来的荷载传递给主桁节点。为减小横梁因与弦杆共同作用所承受的水平弯矩，在主桁跨度大于 80 m 时，必须在主桁中间的某一个节间内把纵梁断开，设置活动纵梁。

在高铁和客专线路中的桁梁桥中，把传统的桥面系改造为肋板式，发展了形式各异的桥面系/桥面板构造，形成不同的板桁组合结构。按桥面系/桥面板的主要构造特征，分为混凝土板和钢正交异性板。采用混凝土板的桥面系，由钢纵梁、钢横梁和混凝土板组成。通常，混凝土板与纵、横梁结合为一体，参与受力。采用钢正交异性板的桥面系，一种是由纵梁、横梁和正交异性板组成的体系，另一种是密横梁加正交异性板体系，形成正交异性整体钢桥面板。

采用混凝土板的桥面系，需注意混凝土板的开裂问题；采用钢正交异性板的桥面系，需要注意构造细节的疲劳问题。相比而言，在大跨度钢桁梁结构上，正交异性钢桥面板既能减小结构自重，又具有良好的耐久性，应用更为广泛。

图 6.17 所示为东新赣江特大桥采用的 4 线两片桁（带 K 撑）结构的断面示意。桥面系采用横梁+纵梁+正交异性板全焊体系。在每节间主桁节点处设置一片变高度倒 T 形横梁，在每线铁路下方设置两片倒 T 形纵梁，上盖的正交异性钢桥面板（配纵肋、横肋），与主桁箱形下弦杆伸出的水平板对焊。图 6.18 所示为南京大胜关大桥的钢桁梁（三片桁）节段构造，桥面系采用的是密横梁加正交异性板体系，即除在主桁节点处设置一片较刚劲的横梁外，还在每个节间设置三片尺寸较小的横梁；这样，就可减小在每线铁路下方设置的纵梁截面尺寸。

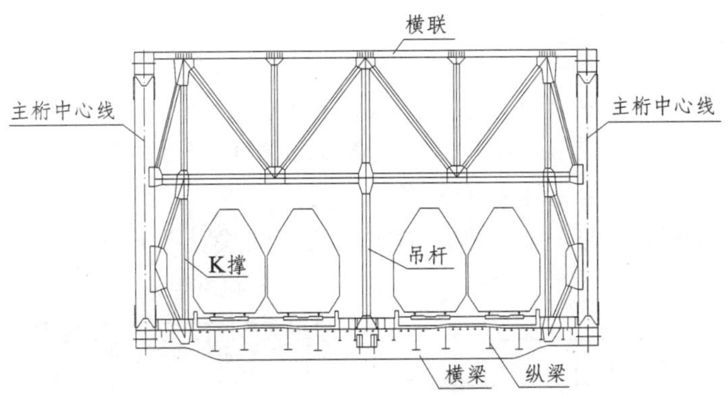

图 6.17　东新赣江特大桥主桁断面示意

图 6.18　南京大胜关大桥钢桁梁节段构造示意

3. 桥面

通常，传统的铁路钢桁梁桥采用明桥面，参见第四章。在近年来修建的高速铁路钢桁梁桥中，为满足高速列车对桥面结构刚度和轨道平顺的要求，或采用混凝土板的桥面系，配道砟桥面；或采用正交异性整体钢桥面板，面板上铺设（用抗剪栓钉相连）预制的道砟槽板，形成道砟桥面，见图 6.17 示意。

4. 联结系

传统钢桁梁桥的联结系主要由上平纵联、下平纵联、中间横联和桥门架（端部横向联结系，portal bracing）构成，见图 6.14。桥门架由两根端斜杆及其间的撑杆组成。联结系的作用主要是构成稳定的空间桁架结构，使主桁受力均匀；增强结构的整体刚度，提高其侧向稳定性。

对多线的大跨度铁路桁梁桥，由于活载大，桥面宽，需要更为强劲的横联，见图 6.17 和图 6.18。因桥面系与主桁连为一体，刚度足够，故通常无需再设置主桁的下平纵联。

5. 支座

传统的钢桁梁桥，多采用铸钢支座。有关桥梁支座的知识，参见第七章。

二、主桁的几何图式

主桁是桁梁桥的主要组成部分，它的图式选择是否合理，对桁梁桥的设计质量起着重要作用。在拟定主桁图式时，应根据结构受力分析以及桥位当地的具体情况，选择一个较为经济合理的方案，使其满足桥上运输及桥下净空，受力合理，节约钢材，便于制造、运输、安装和养护的要求，并适当考虑美观。常用的主桁几何图式见图 6.19。

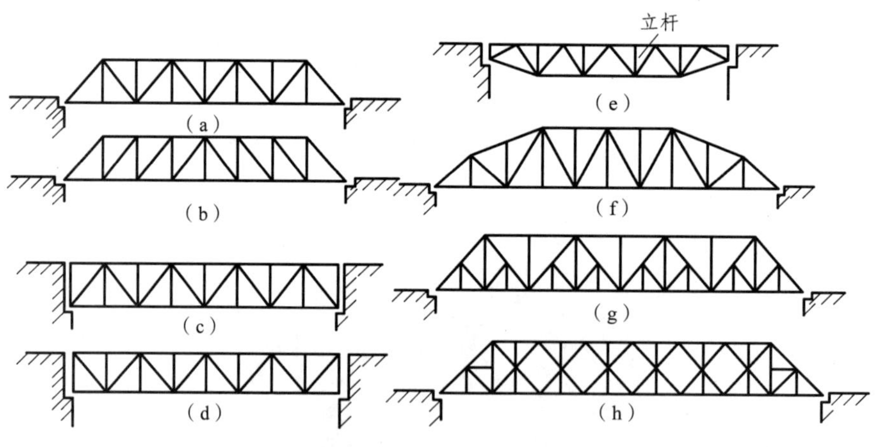

图 6.19 主桁的几何图式

图（a）表示的几何图式称为三角形腹杆体系，是在华仑桁架（Warren Truss，即该图中去掉所有竖杆后形成的桁架，也叫三角形桁架）的基础上再分形成的。具有这种图式的桁梁桥构造简单，部件类型较少，适应设计定型化，有利于制造与安装，是我国铁路下承式栓焊钢桁梁桥标准设计采用的主桁图式。当跨度为 48 m、64 m、80 m 时，不论是简支桁梁还是连续桁梁，其主桁图式均采用图（a）。图式更简单的三角桁架，在高铁桁梁桥中时常采用。

与图（a）相比，图（b）中斜杆的布置有所变化，均对称于跨中向下倾斜，这种桁架称为豪式（Howe）桁架。在自重作用下，竖杆受拉而斜杆受压。与图（a）相比，在竖向荷载作用下，图（b）的竖杆受力大，受压斜杆的数量也较多，而且弦杆内力在每个节间都有变化。若让图（b）中的斜杆对称于跨中向上倾斜，就是普拉特（Pratt）桁架，也叫 N 形桁架。在自重作用下，该桁架的竖杆受压而斜杆受拉，较适于特大跨度的桁梁结构。对这两种图式，若在每个节间再增加一根斜杆，就可组合成 K 形、X 形，Y 形和倒 Y 形。K 形图式在超大跨度桁梁中有所应用，X 形图式则多用于桁梁桥的联结系。

图（c）~ 图（e）为几种上承式简支桁梁的几何图式。对于中等跨度的上承式桁梁桥，其主桁图式常用图（c），较少采用图（d），这是因为图（d）的端竖杆要传递较大的支承反力，用料较多。对于小跨度的桁梁桥，也可做成图（e）所示的结构型式。由于上弦是压弯杆件，因此，增添了一些立杆，以减小上弦杆的长度，有利于节省上弦杆的钢料。它的下弦做成鱼腹形，为的是使桥面至支座底的高度与同跨度的钢筋混凝土梁一致，以便可以互换。

对于大跨度（跨度在 80 m 以上）的下承式铁路桁梁桥，为了节省钢料，曾经采用过上弦为折线形的主桁图式，见图（f）。由于这种图式的主桁高度的变化与主桁所承受的弯矩变化基本一致，因此，具有这种图式的桁梁，较平行弦的桁梁要节省钢料 2% ~ 3%。但由于上弦为折线形，杆件和节点的类型多，不利于制造与架设。因此，这种图式在我国应用较少。

在钢桥制造水平还相对较低的年代，对于特大跨度的桁梁，若仍采用图（a）所示的几何图式，可能会给设计和制造带来困难。我国中等跨度钢桁梁的标准设计，其节间长度通常为 8 m。桥梁工厂曾备有一套适应节间长为 8 m 的桁梁制造设备。在特大跨度（达 160 m 或更大）三角型腹杆体系的桁梁中，若也采用 8 m 节间，同时还保持斜杆适当的倾度，则桁高不够，难于满足桁梁桥的竖向刚度要求。为了兼顾当时桥梁工厂的设备情况，节间长度可仍采用 8 m，但须采用图（g）再分式桁架或图（h）米字型桁架的几何图式。这样，在保持斜杆具有适当倾度的情况下，可以增大桁高。因此，图（g）或图（h）就可用作大跨度或特大跨度桁梁的图式。随着钢桥制造水平的提高，这一问题已不复存在。

根据结构受力需求对不同的主桁图式进行组合运用的实例之一，是日本大阪的港大桥。该桥建于 1974 年，采用三跨悬臂钢桁梁结构，主跨 510 m，双层公路桥面。主跨中 2×162 m 长的悬臂段桁架，各由 5 个 K 形、3 个 N 形和一个 Y 形节间组成；长 186 m 的挂孔段桁架，由梁两端的 1 个倒 Y 形、中间的 8 个 N 形节间组成。

三、简支钢桁梁桥设计概要

简支钢桁梁桥的设计内容繁多。从设计对象上，包括主桁（含杆件拼接、节点板）、桥面系、联结系、连接件（高强螺栓）等；从设计内容上，包括杆件及连接件的受力分析、杆件的尺寸和截面选择，连接件的布置等；结构设计除满足规范的构造要求外，结构整体、杆件及其连接在强度、疲劳、刚度、整体及局部稳定性等方面还须通过规范的验算要求。

下面简要介绍主桁的主要尺寸及杆件截面形式。

1. 主桁的主要尺寸

主桁的主要尺寸是指：主桁高度（简称桁高）H、节间长度 L、斜杆倾度 θ 及两主桁的中心距 B。上述尺寸对于桁梁桥的受力性能和技术经济指标起决定作用。以某双线高速铁路三角桁架的钢桁梁桥为例，各尺寸如图 6.20 所示。

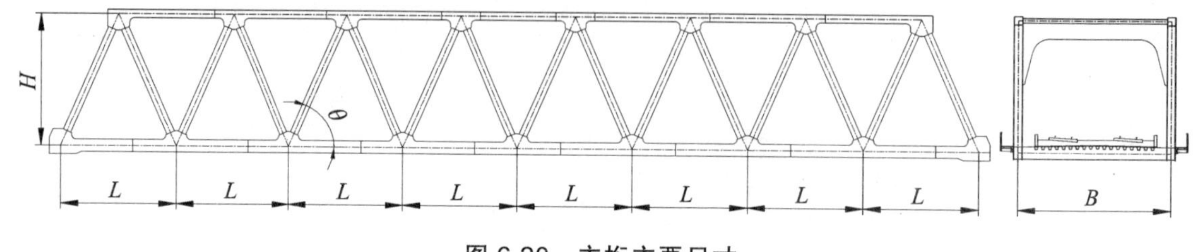

图 6.20 主桁主要尺寸

（1）桁高 H

桁高 H 较大时，弦杆受力较小，弦杆的用钢量可较省；但桁高增大导致腹杆增长，腹杆用钢量将有所增加。对于一定跨度的桁梁桥，对用钢量而言，将有某一桁高是较经济的，这个高度称之为经济高度。根据过去大量的设计资料，铁路下承式简支桁梁桥的经济高度一般约为跨长的 1/10 ~ 1/5。铁路桥列车荷载较大，且容许挠度较小，其高跨比宜取大些。在铁路桁架桥标准设计中，对于三角形腹杆体系桁架桥采用 11m 高（单线）；米字形腹杆体系桁架桥采用 16m 高（双线）。

桁高对桁梁桥的挠度影响很大。为了保证桥的竖向刚度，桁高的确定应使桁梁在竖向静活载作用下，其最大挠度不超过规范容许值。另外，对下承式桁梁而言，桁高必须满足建筑限界的要求，对于中承式桁梁而言，桁高还必须满足桥上净空的要求。

（2）节间长度 L

节间长度 L 是指水平弦杆两节点间的长度。节间长度对桁梁桥的用钢量有一定影响。节长较短，主桁腹杆也相应变短，但纵梁、横梁数量增多；但由于纵梁的跨度或外力减小，故梁的截面可小。因此，也有一个较为经济的节间长度。一般下承式桁梁节间长度为 5.5 ~ 12 m，或为桁高的 0.8 ~ 1.2 倍。标准设计中采用 8 m，非标准设计常采用 4 m、6 m、12 m、15 m。

（3）斜杆倾度 θ

斜杆倾度 θ 与桁高、节间长度有关，斜杆倾度的大小影响到节点构造。斜度设置不当，不仅会影响节点板的形状及尺寸，而且使斜杆位置难以布置在靠近节点中心处，以致削弱节点平面外刚度，增加节点平面内的刚度。根据以往设计经验，对有竖杆的桁梁，斜杆轴线与竖直线的交角以在 30° ~ 50°范围内为宜，无竖杆者可适当加大。

（4）主桁的中心距 B

主桁的中心距 B 与桁梁桥的横向刚度及稳定性，以及桥上净空（单线 6.4 m；双线 10.0 m）有关。主桁的中心矩与跨度之比称为宽跨比。为了保证桥梁的横向刚度，主桁的中心距不应小于跨长的 1/20；对连续桁梁，可放宽到 1/25。

对于下承式桁梁桥，主桁中心距还必须满足建筑限界的要求；对于上承式桁梁桥，主桁中心距与桁梁桥的横向倾覆的稳定性有关。在确定主桁中心距时，应考虑这一点。

总之，主桁的这几个主要尺寸，是相互关联的。不仅如此，它们还与主桁的几何图式有着密切的关系。因此，在拟定主桁的主要尺寸时，应当结合主桁的几何图式统一考虑。

我国单线铁路下承式钢桁梁的标准设计尺寸是：当跨度为 48 m、64 m、80 m 时，主桁采用三角形桁架，节间长度 8 m，桁高 11 m（对蒸汽机车而言，建筑限界的高度为 6 m；对电力机车则为 6.55 m。如果桁高不大于 9 m，则难满足桥面净空的要求；当跨度为 60 ~ 80 m 时，主桁经济高度约为 10 ~ 12 m，综合考虑后取 11 m），主桁中心距 5.75 m（该尺寸能满足建筑限界宽度 4.88 m 的要求和桥梁横向刚度的要求），各斜杆倾角在 30° ~ 50°的范围内。

对高速铁路桥梁，列车运行速度加快，活载模式发生变化，建筑限界有所调整，刚度控制要求严格，因此，高铁桁梁桥的主要尺寸选择，除参考常规铁路桥梁的要求外，还须根据现行的《高速铁路设计规范》规定办理。对图 6.19 所示的桁梁桥，当跨度为 80m 时，可取桁高 12.8m，节间长度 10m，中心距 15m；当跨度为 96m 时，取桁高 13.6m，节间长度 12m，中心距保持不变。

2. 主桁杆件截面形式的选择

主桁焊接杆件的截面形式主要有两类：H 形截面和箱形截面，见图 6.21。

H 形截面由两块竖板（翼板）和一块水平板（腹板）焊接而成，截面杆件的高度为 h，宽度为 b，见图 6.21（a）。这种截面的优点是构造简单，焊接容易，安装方便；不足的是截面对 $x—x$ 轴的回转半径比对 $y—y$ 轴的小很多，当采用 H 形杆件作压杆时，基本容许应力的折减相当大。因此，对内力不很大的杆件或长细比相对较小的压杆，适于采用 H 形截面。我国常规跨度的钢桁梁桥中，H 形杆件用得最多。

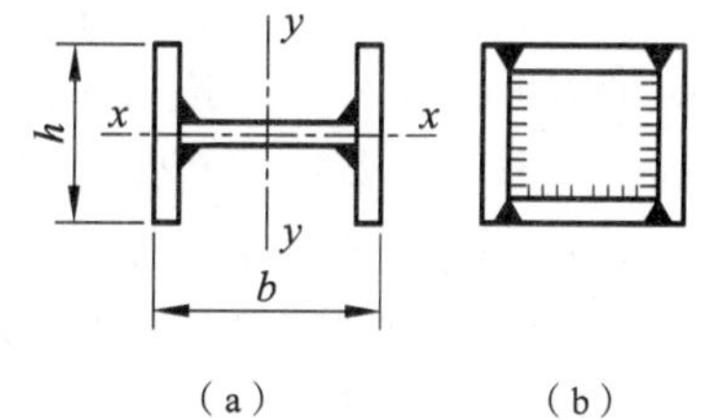

图 6.21 主桁杆件的截面形式

箱形截面由两块竖板和两块水平板焊接而成。由于箱形截面对两个主轴的回转半径相近，因此，它在承受压力方面优于 H 形杆件。但是箱形截面的杆件在工厂制造时比较费工，焊接变形也较难控制和修整。它通常只用于内力较大和长细比较大的压杆或拉—压杆件。常用的箱形截面形式见图 6.21（b）。它可用于主桁各主要杆件。传统的做法是：将箱形截面的杆件用于压杆及拉—压杆件时，为了保证竖板及水平板的局部稳定性，箱内必须设置横隔板，其间距一般不大于 3 m；靠近端部的隔板，其周边均与竖板和水平板焊连，以防外界潮气侵入箱内而引起钢材锈蚀。为便于工地安装螺栓，也可不设端隔板或在杆端预留出操作通道。目前，对承受特大压力的箱形杆件，还可在箱内垂直于各板中部焊接 4 条通长的内置纵肋。

进行主桁杆件尺寸设计时，应考虑制造、板件尺度和杆件刚度的要求。同一主桁架中所有杆件的宽度应相等，以保证节点构造简单合理且横梁长度一致；确定截面高度时，需考虑节点处螺栓的排布，尽量满足既能布置下足够的螺栓，又不致产生节点刚性引起的次应力；弦杆高度最好全跨相同或变化不大。此外，各板件的宽厚比应满足规范要求，以保证薄板的局部稳定性要求。杆件的长细比需适中，以防止过大的变形或振动。

在我国干线铁路钢桁梁桥设计中，常采用的主桁杆件宽度 b 有 460 mm、600 mm、720 mm 等几种，主桁杆件高度 h 有 260 mm、440 mm、460 mm、600 mm、760 mm、920 mm、1 100 mm 等几种。在下承式栓焊桁梁标准设计（48 m、64 m 和 80 m 三种跨度）中，主桁杆件宽度 b 一律用 460 mm。杆件高度 h 则根据其内力大小、杆件长短和栓孔线布置而采用不同的尺寸：弦

件 $h = 460 \sim 500$ mm，斜杆 $h = 440 \sim 620$ mm，竖杆 $h = 260$ mm。

四、简支钢桁梁的计算要点

在介绍钢桁梁的计算要点之前，先结合图 6.14 简要说明简支钢桁梁的荷载传力途径。

竖向荷载的传力途径是：荷载通过桥面传给纵梁，由纵梁传给横梁，再由横梁传给主桁节点，然后通过主桁传给支座，最后由支座传给墩台及基础。

除承受竖向荷载外，钢桁梁还承受横向水平荷载（风力、列车横向摇摆力等）。下平纵联与下弦杆组成的水平桁架的两端与支座相连，横向水平力可直接通过支座传给墩台；而上平纵联与上弦杆组成的水平桁架的两端则支承在桥门架顶端，横向水平力先传给桥门架，再经由桥门架传到支座和墩台。

此外，钢桁梁桥还承受纵向荷载（桥上列车变速引起的制动力或牵引力），在桥面系的中间横梁、纵梁及平纵联斜杆间设置四根附加短斜杆（为传递制动力而加设的杆件，称为制动撑杆），纵向荷载由制动撑杆传给平纵联斜杆，然后再由平纵联斜杆传给主桁节点，最后由主桁节点传给支座。

（1）桁梁桥内力分析的基本原理

桁梁桥本身为一空间杆系结构，各杆件之间相互刚性或半刚性连接。杆件的内力分析，目前可借助计算机程序进行精细的空间计算，也可采取惯用的简化计算方法。
简化计算方法的基本原理是：把较复杂的空间结构简化为较简单的平面结构，近似考虑各平面结构之间的相互作用，按平面结构进行内力计算。桁梁桥可分成以下若干个平面结构：主桁、平纵联、横向联结系、桥门架、纵梁、横梁等，将平面内各杆件轴线所形成的几何图形作为计算图式，并假定桁架各节点（刚性连接）均为铰结，各自承受面内荷载。

当同一杆件为两个平面结构所共有时（例如，主桁弦杆既是主桁平面内的杆件，又是平纵联桁架平面内的弦杆），计算时应先将它在各个平面桁架内的内力求出，然后叠加，以其代数和作为它的计算内力。

由于实际空间结构与简化平面结构之间的差异，按上述假定所算出来的内力必然会产生一定的误差。当误差的影响较大时，应进行必要的修正。误差主要表现在下列几个方面：

① 由于主桁弦杆变形所引起的平纵联杆件的内力。

② 桥面系的纵、横梁和主桁弦杆的共同作用。在竖向荷载作用下，主桁下弦将伸长，连接到下弦各节点的横梁也将随着节点的移动而移动，但却受到纵梁的牵制。因此，纵梁将因横梁的移动受拉，横梁则因纵梁的牵制而水平受弯，弦杆的变形也将因此而减小。这种共同作用通常应在计算中加以考虑，但若纵梁的连续长度不超过 80 m，可不考虑桥面系与主桁的共同作用。

③ 横向框架。横向框架由横梁、主桁竖杆和横向联结系的楣部杆件所构成。当横梁在竖向荷载作用下梁端发生转动时，竖杆的上端和下端均将产生力矩。在设计竖杆时，应考虑此力矩的影响。

④ 次应力。主桁各杆件是用高强度螺栓紧固在节点板上，相当于刚性连接，杆端难以自由转动。当主桁在荷载作用下发生变形而节点转动时，连接在同一节点的各杆件之间的夹角不能变化，迫使杆件发生弯曲，由此在主桁杆件内产生附加的弯曲应力，这就是次应力

(secondary stress)。规范规定，若杆件截面高度与其长度之比在连续桁梁中超过 1/15，简支桁梁中超过 1/10 时，应计算因节点刚性所生的次应力。计及因节点刚性所生的次应力时，容许应力可以提高。

（2）杆件内力计算要点

此处以主桁为例，介绍计算的整体思路，其他杆件计算思路和方法与主桁一致。如前所述，主桁杆件的内力按铰接桁架计算，其计算图式就是由主桁各杆件的轴线所围成的几何图式。作用在主桁的主力有恒载和列车竖向活载。作用在主桁架的附加力包括风力、列车横向摇摆力以及制动力或牵引力。《铁桥规》规定：桥梁设计时仅考虑主力与一个方向的附加力相组合。

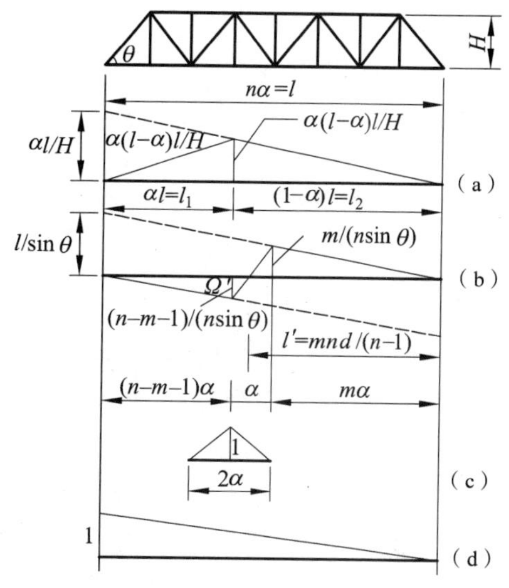

图 6.22　简支桁梁杆件内力影响线

杆件恒载内力（轴向力）的计算，可参照现有设计资料，先估算作用在桥跨结构上的恒载（主桁、桥面系和桥面的重力），然后分摊给平面桁架计算恒载内力。在计算活载内力之前，需先绘制各杆件的内力影响线并计算相应影响线面积。对平行弦三角形桁架，在竖向荷载作用下各杆件的内力影响线如图 6.22 所示，其中图（a）为上、下弦杆轴力影响线，图（b）为斜杆（包括端斜杆）轴力影响线，图（c）为挂杆轴力影响线，图（d）为支点反力影响线。其中，n 为节间总数，$d=l/n$，d 为节间长度，m 为部分节间数。

按各截面影响线顶点位置 α 及加载长度。从规范中查表求得中—活载的换算均布活载 k，并乘以相应动力系数（$1+\mu$）。活载内力为（$1+\mu$）k 与相应影响线面积的乘积。

五、连续钢桁梁桥的特点

大跨度桁梁桥通常采用连续梁形式。与简支桁梁桥相比，连续桁架桥具有下列优点：

① 便于采用伸臂法架设钢梁。这是连续桁梁桥的一个显著优点。在恒载和活载作用下，连续桁梁桥的杆件内力与其安装时的杆件内力较为接近，这就使得连续桁梁桥不会因采用伸臂法架梁而过多地加大截面或采用临时加固措施。

② 具有较大的竖向刚度和横向刚度。当采用高强度钢设计大跨度钢桁梁桥时，竖向刚度问题常成为一个突出的问题。这是因为：杆件截面应力值较低碳钢时为高，故各杆件的伸长量较大，因而钢梁的跨中挠度值将增大。连续钢桁梁因具有较大的竖向刚度，当其他条件相同时，它比简支桁梁较易满足刚度要求。另外，由于连续桁梁的挠度曲线比较匀顺，横向刚度也较大，故列车在桥上通过时较为平稳。

③ 用钢量较省。对大跨度连续桁梁桥，其用钢量可比同跨度的简支桁梁桥稍有节省。当跨度大于 100 m 时，大致可省钢 4% ~ 7%；对于中等跨度的连续桁架桥，其所能节省的钢料则有限。

④ 易于修复。从抢修要求出发，对大跨度桥梁，采用连续桁梁桥具有重要意义。当桁

梁遭到局部破坏时，其余部分不易坠毁，修复较易。

与简支桁梁桥相比，连续桁架桥的不足表现在：基础沉降会使杆件内力发生变化，但可用调整支座高度的方法来消除基础沉降的不利影响；连续桁梁桥的固定支座通常设在中间支点，使制动力集中在一个桥墩上，该桥墩的受力较大，桥墩及基础尺寸也因此而增大。

第四节　钢桥制造及架设

一、钢桥制造

在钢桥设计图纸完成以后，下一道程序就是钢桥制造（fabrication）。通常情况下，这部分工作应在具备完善设备和成熟工艺的钢结构制造工厂进行；特殊情况下，如抢修或配制施工临时辅助结构，制造也可在工地进行。

钢桥制造应以桥梁的技术设计图纸为依据，遵循相关的行业规定（如《铁路钢桥制造规范》等），绘制施工详图。在绘制施工详图、制订技术工艺过程时，除利用现有机具设备外，还应注意新技术的采用。随着现代管理理论和计算机技术的进步，计算机辅助制造（CAM-Computer Aided Manufacturing）和计算机集成制造系统（CIM-Computer Integrated Manufacturing）得到重视。在制造设备方面，以数字控制为核心的能自动划线、切割、制孔、焊接的各类数控机床已逐步付诸实用。目前工厂采用的数控钻床和数控多头切割机参见图6.23和图6.24，自动划线和焊接设备参见图6.25和图6.26。

图6.23　数控钻床

图6.24　数控多头切割机

图6.25　自动划线打号机

图6.26　焊接机器人

钢桥的常规制造包括下列工艺过程：作样、号料、切割、矫正、边缘加工、制孔、组焊、焊接、整形、检验、试装等。

作　样　根据施工图及工艺规定制作与桥梁的零、部件实物相同的样板，或与实物长短一样的样条，借以在钢料上进行实物划线，标出切割线及栓孔位置。制作样板或样条的工作，就叫做作样。

号　料　利用按实际形状和尺寸做成的样板及样条，在钢料上将切割线划出，叫做号料。号料的目的是把切割线、钉孔位置、材质、零件标志等转划到钢料上，以便于后续工序如切割、制孔、组装等。在划线作业自动化方面，已有电子照相划线法和数控划线机代替传统的作样和号料。

切　割　根据要求的精度，将号好的料加以切割，制成整备的零件。钢料的切割方法分焰切、剪切和锯切三种。普通的焰切（或称气割）一般用于低碳钢、低合金钢的切割；对于高合金钢，则采用粉末气割和电弧切割等。剪切和锯切则属于机械切割方法。对不规则的复杂图形，采用全自动仿型切割机或光电跟踪切割机、数控切割机等，可一次成型。自动化切割中的无余量切割技术，可提高工效，节省材料。

矫　正　钢材由于轧制、装卸运输、切割，可能产生变形，故需对钢料进行滚压整平，加工矫正。一般，钢料在切割后进行矫正；但若钢料变形较大，影响号料与切割时，则需在加工前进行初矫。目前的做法是，采用预处理工艺，在加工前对钢料进行机械整平、抛丸除锈和自动喷（底）漆。

边缘加工　钢料因焰切或剪切（精密切割者除外）而使边缘钢材组织受损，切口不平。因此，凡通过边缘的直接接触传递应力的零件，结构的主要部件以及电焊加工的边缘，均应按施工图纸的规定，进行边缘加工（刨、铣等）。边缘加工的目的是为了消除焰割产生的内应力，形成零件的焊接坡口，保证外观质量。

制　孔　对高强度螺栓连接的构件，需要根据图纸规定的栓孔位置，用覆盖式或立体式机器样板进行制孔。传统的覆盖式机器样板由母体和钻孔套组成。钻孔套是用硬金属做成的中空圆柱体。中空的位置就是钻孔位置。见图 6.27。将这样的样板覆盖在板束对齐的料件上，钻头透过钻孔套进行钻孔。若构件上的栓孔群位于不同平面，为了保证栓孔位置的准确，则制孔时需用到立体式机器样板。立体机器样板种类很多。其原理是根据构件的外形，设计一个能将构件固定的构架，并在其上安装所需要的若干块覆盖式机器样板。为方便钻孔，构件可以是固定不动的，也可以是转动的。

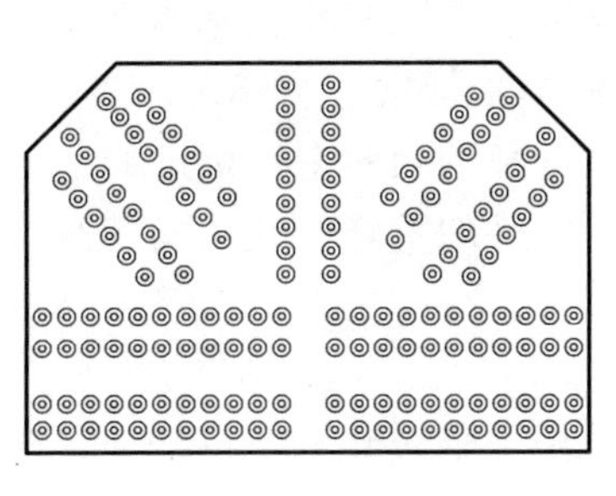

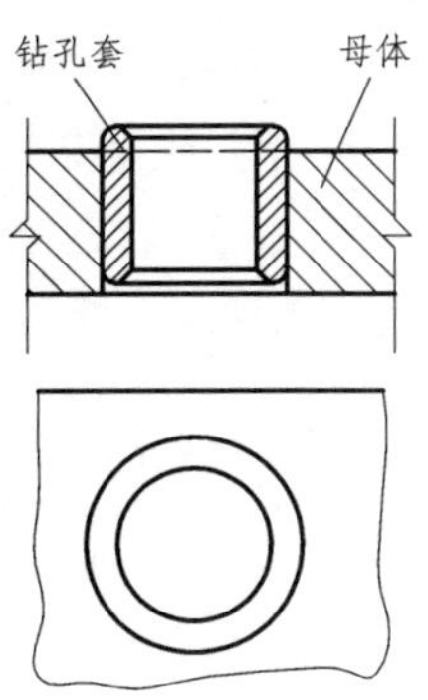

图 6.27　覆盖式机器样板

组　焊　为保证各部件的准确定位、提高组装效率，通常是采用一种称之为胎型的设备来进行杆件的组装。胎型由托架、底盘和定位挡具组成，分固定和转动两种型式。将整备好的零、部件在胎型内正确就位后，即可进行定位焊，即点焊。组焊完成的杆件，即可出胎进行后续焊接工序。

焊　接　对常规厚度的板件，按规定的焊接方法和工艺施焊。对厚板，因焊接时热输入量大，焊缝约束度高、焊接残余应力和变形大，施焊过程中易产生裂纹，应严格制订焊接工艺。反变形焊接技术的应用，可较显著地控制焊接变形，减少整形工作。

整　形　杆件在焊接过程中，因各种原因会产生变形，其主要部分为焊接残余变形。为了使杆件具有规定的外形尺寸以保证拼装的精确度，焊后的杆件需进行矫正。根据变形的情况，可用机械冷矫或用火焰热矫。

检　验　焊接部件可能存在各种缺陷，主要是：焊缝及附近基材的材质变硬、韧性降低，焊缝及附近基材中的裂纹，内部气孔，夹渣，未溶透，咬边等。因此，焊接完毕后，应仔细检查焊接质量。对桥梁的重要构件，焊缝须经 X 光检查、超声波探伤或磁粉探伤等。发现有缺陷的焊缝要返修重焊。

试　装　对于构造简单、有大量通用杆件的桥跨结构，在杆件出厂前，可对其中有代表性的部分结构进行试装，以验证制造工艺和装备是否精确可靠。对于新钢种、新型结构或非常复杂的结构（难以事先估计出其制造精度）、新设计的及改变工艺装备后制造的钢桥，更应进行较大规模的试装。先进的激光定位虚拟装配技术可取代实物试装。

上述各工序完成后，还需对杆件进行除锈、涂装，在杆件上标注编号，连同钢桥施工图、拼装简图、发送杆件表及工地连接螺栓（若有）等一并发送工地。

工厂制造的钢桥结构主要包括三大类：① 以 I 字形断面的板梁、H 形和箱形断面的构件组成的杆系结构，采用工厂焊接、工地栓接的制造架设方法，可制成钢板梁、钢桁梁和钢桁拱等；② 以带纵肋、横肋加劲的板单元组成的板系结构（或者开口/闭口箱段），采用工厂焊接、工地拼接（焊接或栓接）的制造架设方法，可制成钢箱梁、钢箱结合梁、钢箱塔等；③ 以管截面件组成的管系结构，采用工厂卷制焊接、工地拼接（焊接或栓接）的制造架设方法，可制成内灌混凝土的钢管拱、钢管墩柱等（参见第八章）。

二、.钢桥架设

钢桥构件由制造工厂运抵桥址以后，必须在结构架设（erection）就位、牢固支承连接、建造好桥面和其他必要设施后，才能行车。这部分施工工作，称为架设（或安装）。

钢桥常用的架设方法有悬（伸）臂法、拖拉法/顶推法、浮运法等。需要结合具体情况，选择合理有利的安装方法。影响钢梁架设方法选择的因素有：桥址的地形条件、气象条件和桥梁的技术条件（桥孔的多少、跨度的大小、构件的重量以及结构构造特征等）。

1. 悬臂法架设钢梁

悬臂法是指在桥位上拼装钢梁时，不借用桥下临时支墩，将杆件逐根（段）地依次拼装在平衡梁上或已拼好的部分钢梁上（称锚固梁），从墩台形成向桥孔中央逐渐增长的悬臂，直至下一个墩（台）上；这称为全悬臂拼装。若在悬臂拼装时，在桥孔中设置一个或多个临时支墩，借以减短悬臂长度，则称为半悬臂拼装。对多跨连续钢结构，桥跨的安装可从中间桥墩开始，同时向左右两跨中央对称延伸，这叫做平衡悬臂拼装。将悬臂梁段由墩（台）向中间拼装直至桥孔中央并互相连接，叫跨中合龙。图 6.28 为简支桁梁半悬臂安装示意图。

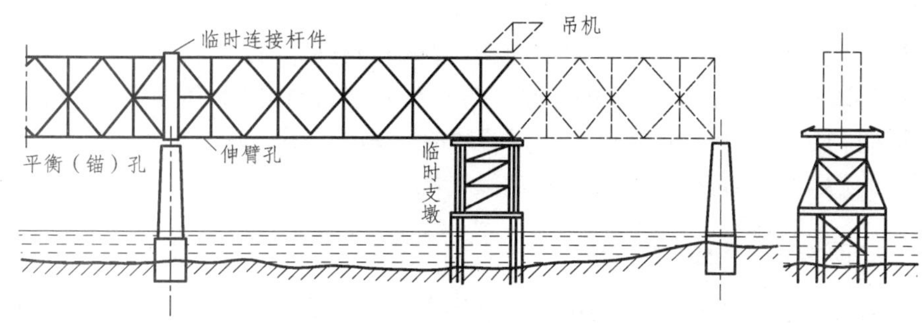

图 6.28　简支桁梁半悬臂安装示意

钢梁在悬臂安装过程中，随着悬臂长度的增加，悬臂端点的挠度和悬臂支承处附近的杆件内力将逐渐加大，有时大到超出容许范围。因此，降低钢梁安装应力和梁端挠度，减少悬臂孔的施工荷载，保证钢梁拼装时的安全，是悬臂安装的关键问题。几种常用的措施如下：

（1）临时加固悬臂支点附近的杆件或梁体（图 6.28）

对于杆件加固，虽可增大杆件的稳定性或强度，但对于多孔悬臂安装的钢梁，需加固的杆件较多，加固材料不易回收；对于梁体加固，可借用暂不拼装的钢梁杆件，但拼装和拆除杆件较费工费时。

（2）吊索塔架

它是钢梁架设的辅助结构，我国在架设大跨度钢梁时曾成功地使用吊索塔架来辅助施工。该措施是：在钢梁合适支点处设一临时塔架，在塔架顶用一对或多对钢索牵到塔架左右梁段的对称节点上。当钢梁伸臂到一定长度时，张拉钢索或起顶塔架，将钢梁悬出部分向上提拉，借助钢索的斜拉力，减小杆件内力和梁端挠度，使之安全地继续前拼。图 6.29 为采用双层辅助吊索架设九江长江大桥钢桁梁时的情形。

图 6.29　九江长江大桥吊索塔架架设钢桁梁

（3）墩旁托架

在悬臂拼装钢梁时，可在前方墩台的一侧，顺桥纵向预先安装一定长度的临时钢架，这就是墩旁托架。当钢梁悬臂拼装至托架顶部时，则可将梁端支承在托架上，以减小悬臂长度。另外，在从桥墩处平衡悬臂拼装结构时，为提供拼装平台，往往也需要设置墩旁托架。

（4）半悬臂拼装

在桥下条件允许时，可在桥孔中设置一个或几个临时支墩（见图 6.27 示意），使钢梁受力状态得以改善。在多孔钢梁悬臂拼装时，第一孔钢梁多用此法。

（5）中间合龙

随着伸臂长度的增大，为保证钢梁稳定所需的锚固梁的长度也将增大，支座附近处杆件的安装内力和梁端挠度也将增大。过大的悬臂长度，也将使钢梁的横向刚度减小，降低了架设过程中的横向稳定性。为了避免这些不利的情况，减小悬臂长度，可采用跨中合龙的措施，即由桥跨两旁的墩（台）向跨中同时拼装钢梁，在跨中进行梁部合龙。

2. 拖拉法/顶推法架设钢梁

拖拉法或顶推法的共同特征是：将岸边沿桥纵向已拼好的梁（段）沿纵向移动，前端悬臂而出，直至其前端达到前方的墩台。当纵移力是用绞车、滑轮组、钢丝绳提供时，称为拖拉法；当纵移力是用水平向千斤顶时，称为顶推法。

采用拖拉法架设钢梁是将钢梁在桥头路基或临时膺架上进行拼装，并在钢梁下缘安设“上滑道”，而在路基或膺架、墩台顶面安设“下滑道”，在上、下滑道间放置一定数量的滚轴，然后通过滑轮组、绞车等牵引设备，沿桥轴纵向拖拉钢梁至预定的桥孔。最后拆除拖拉设备，落梁就位。

拖拉法架梁的优点是，钢梁的现场拼装工作大部分是在岸边路基或工作平台上进行，工作条件好，容易保证质量，同时减少了高空作业。其次，钢梁的拼装工作可以与墩台基础的施工并列进行，可以缩短工期。但使用拖拉法需要有一定的拖拉牵引的设备，需要设置一定数量的滑道以及布置临时墩架等。更主要的是，拖拉法受建桥工点附近地形条件的限制。在拖拉过程中，有时需要在永久性墩、台之间设置临时性的中间墩架，以承托被拖拉的桥跨结构，这称为半悬臂拖拉；若无临时墩架，则称为全悬臂拖拉。为使伸臂端尽早到达前方墩台，可在梁端前加设导梁（也叫鼻梁）。为保证钢梁在拖拉过程中的纵向稳定性，有时尚需在平衡梁上采取压重等措施。对多孔等跨简支梁，拖拉前宜将其临时连接为连续梁。

图 6.30 为 1972 年建成的侯西线禹门口黄河桥（单孔 144 m 下承式简支钢桁梁）拖拉架设时的情形。

图 6.30　拖拉法架设钢桁梁

顶推法借用了拖拉法的施工原理，区别在于滑道设置和驱动方式。顶推法采用不锈钢板和聚四氟乙烯板形成滑道，改滚动为滑动；在墩台顶设置水平向-竖向千斤顶（或水平向千斤顶配拉杆），改拖拉为顶推。根据实际情况，可采用单点顶推或多点顶推，步距式顶推或连续顶推，单向顶推或相向顶推，滑道支承方式顶推或永久支承方式顶推等不同工艺。

图 6.31 为合肥铁路枢纽南环线的一座三跨钢桁梁柔性拱特大桥，带拱的主跨长 229.5m，自重达 1.35 万吨。该桥小角度跨越两条既有公路，故采用带拱顶推的多点顶推架设法。顶推所用的设备包括：钢桁梁拼装平台，两个辅助墩，102 m 长的钢桁导梁，铰接式滑块和不锈

钢滑道，水平顶推系统，竖向落梁系统，侧向纠偏装置等。该桥还首次在铁路桥正交异性桥面板中采用特种不锈钢面板。该钢板底层为 14 mm 的桥梁用钢板，面层为 3 mm 厚的特种不锈钢板，采用爆炸法一次叠合成型，具有抗高温高压，耐腐蚀性强的特点。

图 6.31 顶推法架设钢桁梁

3. 浮运法架设钢梁

传统的浮运架设法是指在桥位岸边，将钢梁拼装成整孔后，利用码头把钢梁滚移到浮船上，再浮运至预定架设的桥孔上落梁就位。

浮运法架梁对自然环境条件有一定要求，如要求桥孔中有适当水深，钢梁底面距施工水位净空不宜过高，浮运过程中风力与水流流速不大，架梁时水位较稳定，岸边有拼装钢梁的场地和修建码头的条件等。

浮运法架梁的主要优点在于：钢梁拼装可在岸上进行，且可与基础、墩台施工平行进行。架设多孔钢梁时，主要浮运设备如码头、浮船等可重复使用，节省投资。

图 6.32 为浮运法架设简支钢桁梁的示意图。

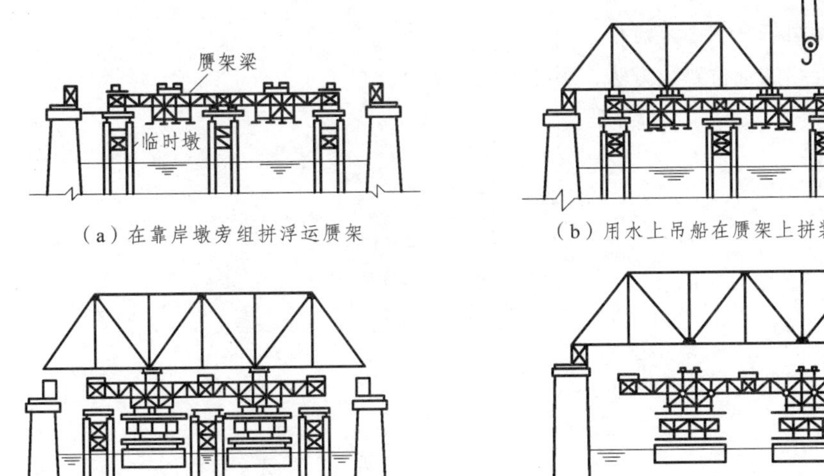

（a）在靠岸墩旁组拼浮运膺架

（b）用水上吊船在膺架上拼装主桁

（c）浮运船组进入拼装墩位浮起钢梁

（d）将钢梁运到要架设的桥孔就位后浮船组退出墩位

图 6.32 钢桁梁浮运架设示意

现代大型浮吊（floating crane）的起吊能力大，通常自带动力，这使得桥梁的大件或整孔的吊运及安装更为便利，因此在桥梁施工中具有广阔的应用前景，尤其适合于近海环境中采用预制吊装方法建造的长桥。图 6.33 为江苏崇启大桥连续钢箱梁浮运架设时的情形。该桥主跨 185 m，吊装长度 146.8 m，重量 1 668.9 t，采用两台浮吊联合架设。图 6.34 为英国采用起吊能力达 3 200 t 的浮吊整体架设跨越泰恩河的世纪眼人行拱桥。

图 6.33　江苏崇启大桥钢箱梁浮运架设

图 6.34　英国世纪眼人行桥整体吊装

思考题

一、钢板的薄厚与其力学性能有何关系？

二、简述钢桥连接的方式和栓焊钢桥的含义。

三、钢板梁桥的类型和构造特点有哪些？

四、什么是正交异性板？用在桥梁的何处？

五、钢桁梁桥的主要组成部分有哪些？

六、试述桁梁桥内力简化分析的基本原理。

七、试述钢桥制造的常规工艺流程。

八、除了本章介绍的钢桥架设方法，还有其他方法没有？

第七章　桥梁支座、墩台与基础

第一节　桥 梁 支 座

一、支座的作用和布置方式

支座（bearing）通常设置在梁端底面与墩台顶面之间，与上、下部结构牢固连接。它的作用是把上部结构的各种荷载传递到墩台上，并能够释放或约束由车辆活载、温度变化、混凝土收缩与徐变等因素所产生的变位（位移和转角），使上下部结构的实际受力情况符合设计的计算图式。

桥梁支座按其变位的可能性分为固定支座（fixed bearing）与活动支座（movable bearing）。固定支座传递竖向力和水平力，上部结构在支座处能自由转动但不能水平移动；活动支座则只传递竖向力，上部结构在支座处既能自由转动又能水平移动。活动支座又可分为单向活动支座（仅提供沿桥轴纵向的自由移动）和双向活动支座（纵向、横向均可自由移动）。

桥梁支座型式多样，性能各异。随着桥梁跨度及载重的不断增加和技术的进步，桥梁界业已发展出由不同材料做成的多种型式的支座，大致可分为简易支座、钢支座、钢筋混凝土支座、橡胶支座以及特种支座（如减震支座、拉力支座等）。支座型式和规格的选用，要考虑的因素包括桥梁跨径、支点反力（reaction）、对建筑高度的需求、适应单向和多向位移及其位移量的需求，以及结构抗震、减震的需求。

桥梁支座的布置方式，主要根据桥梁的结构型式及桥梁的宽度确定。

简支梁桥一端设固定支座，另一端设活动支座。铁路桥梁由于桥宽较小，支座横向变位很小，一般只需设置单向（纵向）活动支座，如图 7.1 所示（图中箭头所指表示支座活动方向，无箭头者表示不能活动）。公路 T 梁桥或板梁桥由于桥面较宽，因而要考虑支座横桥向移动的可能性，支座布置如图 7.2 所示。即在固定墩上设置一个固定支座，相邻的支座设置为横向可动、纵向固定的单向活动支座，而在活动墩上设置一个纵向活动支座（与固定支座相对应），其余均设置双向活动支座。

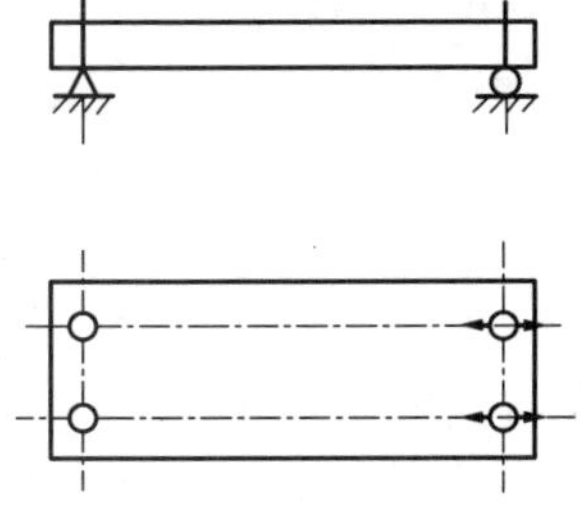

图 7.1　铁路简支梁桥支座布置

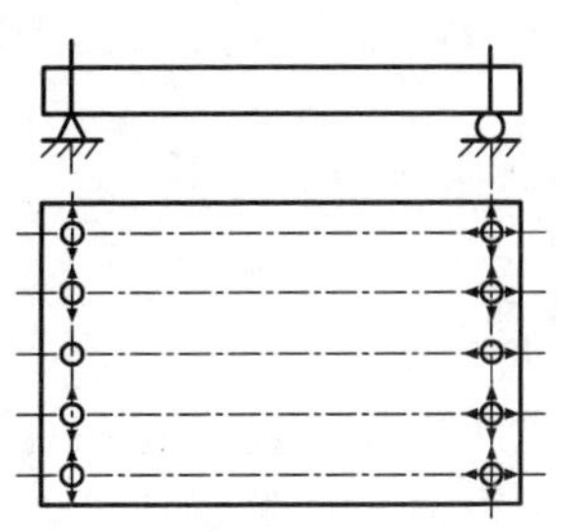

图 7.2　公路简支梁桥支座布置

连续梁桥每联（由两伸缩缝之间的若干跨组成）只设一个固定支座。为避免梁的活动端伸缩量过大，固定支座宜布置在每联长度的靠中间支点处。但若该处墩身较高，则应考虑避开，或采取特殊措施，以避免该墩墩顶承受过大的水平力（这会导致墩底弯矩过大）。其支座布置通常如图 7.3 所示。与简支梁桥的支座设置类似，若梁体较宽，需将横桥向一侧的支座改为横向活动支座（纵向固定）和双向活动支座。

曲线连续梁桥的支座布置会直接影响到梁的内力分布，同时，支座的布置应使其能充分适应曲梁的纵、横向自由转动和移动的可能性。通常，宜采用球面支座，且为多向活动支座。此外，曲线箱梁中间各墩上常设单支点支座，仅在一联范围内的梁的端部（或桥台上）设置双支座，以承受扭矩。有意将曲梁单支点向曲线外侧偏离，可调整曲梁恒载的扭矩分布。图 7.4 为曲梁支座布置的示意图。

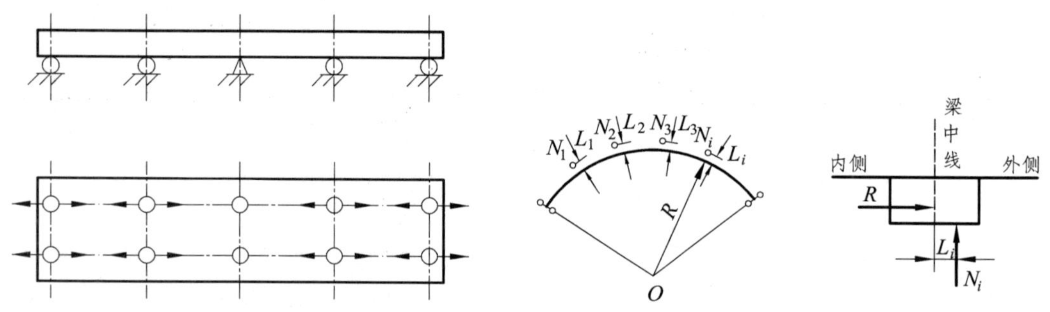

图 7.3　连续梁桥支座布置

图 7.4　曲线连续梁支座布置

梁桥支座的支承面一般是水平的。当桥梁位于坡道上时，固定支座应设在较低一端，以使梁体在竖向荷载沿坡道方向分力的作用下受压，以便能抵消一部分竖向荷载产生的梁下缘拉力；当桥梁位于平坡上时，固定支座宜设在主要行车方向的前端。

正确地确定支座所承受的荷载和活动支座的位移量是支座设计的基础。一般而言，固定支座除承受竖向压力外，还必须能承受水平力，其中包括可能产生的制动力、风力、摩阻力、主梁弹性挠曲对支座的拉力等。这些水平力通常偏大地取用。对于弯桥、斜桥和宽桥，支座的受力比较复杂，需要开展空间受力分析。

位移量的计算要考虑各种可能出现的工况，对温度产生的位移，要有足够的估计。桥梁的挠曲、基础的不均匀沉降都会产生纵向位移。对于高桥墩，墩顶位移可通过活动支座上的挡块加以限制。由于一些不可估计的因素，通常计算的位移量宜乘以 1.3 左右的安全系数。

桥梁的使用效果，与支座能否准确地发挥其功能有着密切的关系，因此在安放支座时，应使成桥后的上部结构的支点位置与下部结构的支座中线对中，但绝对的对中较为困难，因此要注意使可能的偏心在允许的范围内，不致影响支座的正常工作。

二、支座的类型与构造

1. 简易支座

简易支座也叫垫层支座，是指在梁底和墩台顶面之间设置垫层来支承上部结构。垫层可用油毛毡、石棉板或铅板等做成，利用这些材料比较柔软又具有一定强度的特性来适应梁端比较微小的转动与伸缩变形要求并承受支反力。固定的一端，加设套在铁管中的锚钉锚固。

锚钉预埋在墩台帽内。

简易支座仅适于跨度 10 m 以下的公路桥和 4 m 以下的铁路板桥。由于这种支座自由伸缩性差，为避免主梁端部和墩台顶部混凝土拉裂，宜在支座部位的梁端和墩台顶面布设钢筋网加强。

简易支座目前已很少使用。

2. 钢支座

钢支座是靠钢部件的滑动、摇动和滚动来实现支座的位移和转动功能的。钢支座常用的有铸钢支座和新型钢支座。铸钢支座是传统的支座型式，过去主要应用于铁路桥梁。

（1）铸钢支座

铸钢支座采用碳素钢或优质钢经过制模、翻砂、铸造、热处理、机械加工和表面处理制成，是一种传统型式的支座。视跨度与荷载的大小，铸钢支座有平板支座、弧形支座、摇轴支座、辊轴支座等几种型式。

各类支座基本上都由可以相对摆动的上、下摆组成。摇轴与辊轴支座还包括摇轴（可以看作下摆）、辊轴与底板（见图 7.5）。

① 平板支座。图 7.5（a）所示平板支座的上、下摆就是两块平板。固定支座的上、下平板间用钢销固定。活动支座只将上平板销孔改成长圆形。平板支座构造简单、加工容易，但反力不集中，梁端不能自由转动，伸缩时要克服较大的摩阻力，故只适用于小跨度的梁。

② 弧形支座。图 7.5（b）所示弧形支座是将平板支座上、下摆的平面接触改为弧面接触，其他完全一样。这样，反力便能集中传递，梁端也能自由转动。但伸缩时仍要克服较大的摩阻力，所以仍只适用于较小跨度（不大于 16 m）的梁桥，现多被板式橡胶支座取代。

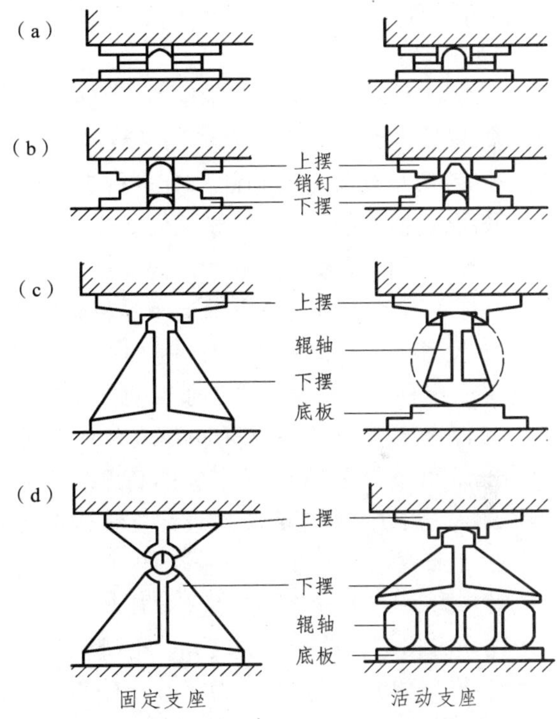

图 7.5　铸钢支座类型示意图

③ 摇轴支座。跨度大于 20 m 左右的梁，固定支座就得改用图 7.5（c）或（d）左边的式样，将下摆加高，做成类似钢轨的截面形式，两侧用肋加强。这样，下摆底部可以具有较大的面积，摆身有足够的刚性，可将较大的支承反力均匀分布于墩台顶面垫石上。活动支座应采用图 7.5（c）右边所示的摇轴支座，或图 7.5（d）右边所示的辊轴支座。摇轴支座由上摆、底板和两者之间的辊子组成。将圆辊多余部分削去成为扇形，就形成摇轴。摇轴支座能满足活动支座的各项要求。摇轴的直径可以加大，承载能力可以提高。但支承反力越大，相应地要求辊子（摇轴）的直径也越大，这就使支座高度变得很大。摇轴支座适用于跨度不大于 32 m 的梁桥，现多被盆式橡胶支座取代。

④ 辊轴支座。为了克服摇轴支座的缺点，对跨度更大的梁，可以采用辊轴支座。它的

活动支座相当于将图 7.5（c）左边的固定支座放在一些钢制辊子上，用水平连接板配连接螺栓把各个辊子连为一体，以保证辊子的联动（图中未示）。辊轴支座除了能很好地满足活动支座的各项要求外，由于反力是通过若干辊轴压在底板上的，因此辊子的直径可以随其个数的增多而减小，反力也可分散而均匀地分布到墩台垫石面上。辊轴支座适用于各种大型桥梁。辊轴的个数视承载力大小而定，一般为 2 ~ 10 个。在实际应用中，支座容易出现辊子偏位、螺栓剪断等病害。改进方法是：去掉辊轴部分，将下摆直接放置在由不锈钢板和聚四氟乙烯板（或改性超高分子量聚乙烯板）组成的平面滑动摩擦副上。这样的支座，称为铰轴滑板支座。

以上各式铸钢支座的承载能力强，能较好地适应不同跨度桥梁的要求；但支座构造相对复杂，用钢量大，大型辊轴支座可高达数米。当弧面半径很大时，若积有污垢，就转动不灵，需要定期养护。公路桥梁较少采用铸钢支座，铁路桥梁现也多采用橡胶支座以及其他新型钢支座代替铸钢支座。

（2）新型钢支座

新型钢支座主要有：不锈钢或合金钢支座，滑板钢支座，球型支座等。这些支座的特点是：① 采用不锈钢或高级合金钢材料制造，支座可封闭在油箱内，以防生锈并减少维护或免维护；② 对承受接触应力的部分进行表面硬化处理，以提高其容许承载力；③ 支座的转动部分采用钢制或黄铜制成的球冠体或带柱面的不规则柱体，在球冠或柱体的上、下层分别设置聚四氟乙烯板以减少摩阻力，构成球型（也叫球面）或柱面支座。

德国克劳茨·阿莫高级钢支座是将辊轴不锈钢表面硬化，提高辊轴的表面接触应力，从而减小支座的重量和高度。例如一个支座反力为 6 000 kN，位移为 ±45 mm 的普通辊轴支座高达 900 mm，重 2.88 t，而改为克劳茨·阿莫钢支座时支座高度仅为 490 mm，重量仅 1.55 t，即支座的高度和重量都减小了大约 50%。图 7.6 为克劳茨高级钢支座构造示意。

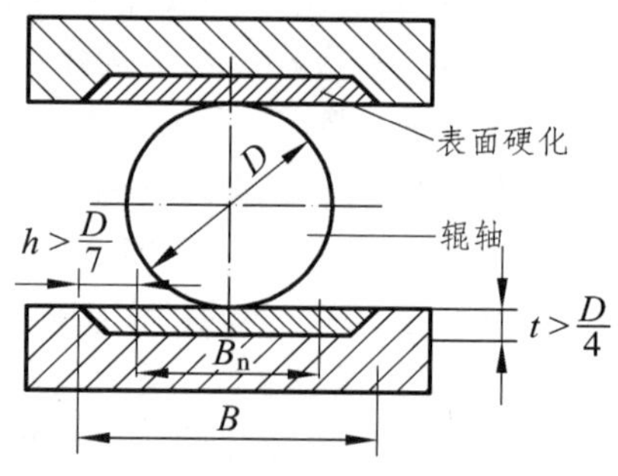

图 7.6 克劳茨高级钢支座示意

近年来我国铁路桥梁上采用的柱面支座是一种以面接触传力为特征的滑板钢支座，其利用上摆和滑块之间的柱体的相对转动来适应转角，用滑块与底板之间的平面滑动来适应水平位移。为了减小摩阻力，上摆与滑块之间和滑块与底板之间分别镶嵌了不锈钢板和聚四氟乙烯滑板。最大承载力为 2 800 kN，位移量 ± 50 mm，适于跨度 8 ~ 32 m 的预应力混凝土简支 T 梁桥。在此基础上发展的双柱面支座，竖向承载力达到 3 000 kN，纵向位移达到 ± 30 mm。

球型支座由高级锻钢或热处理的合金钢制作，梁端转动依靠光洁度高的接触面的滑动来完成，润滑后的滚动摩擦系数非常小。若要保持它的使用效果，通常将支座密封在油箱内。改进的滑动面由聚四氟乙烯板与不锈钢板或镀铬钢板的滑动来完成。球型支座的优点在于全向转动，并能预先调整支座上板的角度，适于梁端转角较大的桥梁；承载能力大，可达到万吨以上。按工作性能，球型支座可分为固定支座、单向活动支座和多向活动支座。图 7.7 所示为球型支座的一种构造。

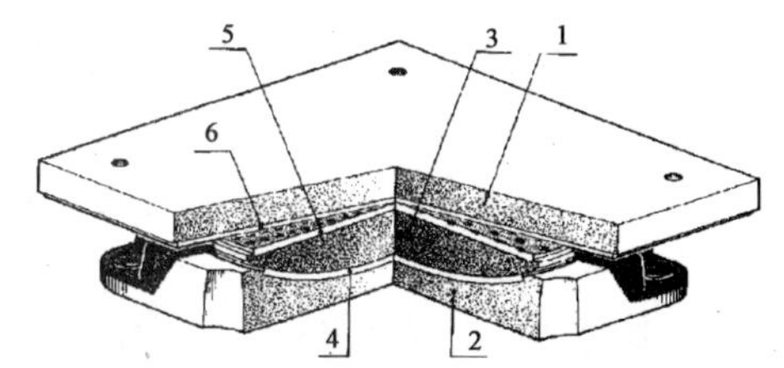

图 7.7 球面支座

1—上支座板；2—下支座板；3—球冠钢衬板；4—球面聚四氟乙烯板；5—平面聚四氟乙烯板；6—不锈钢板

采用铸钢材料制作的球型支座，除具备球型支座的优势外，还具有冶金制造灵活、支座设计方便、结构整体强度高和满足尺度要求的特点，近年来在特大跨度桥梁中得到应用。例如，南京大胜关大桥（钢桁拱）的铸钢球型支座，水平位移量达 450 mm，承载力为 180 MN 。需要注意的是，在桁架结构上应用球型支座时，球冠需倒置，避免因钢桥支点的反力中心与支座的转动中心不重合而引起钢桥结点处的次弯矩。

3. 钢筋混凝土支座

（1）摆柱式支座

钢筋混凝土摆柱式支座可用于跨径大于或等于 20 m 的公路梁桥，或跨径大于 13 m 的公路悬臂梁桥的挂孔。它的水平位移量较大，承载力为 5 500 kN 左右，摩阻系数为 0.05。

钢筋混凝土摆柱放在梁底与支承垫石之间，它的上下两端各放置一个弧形固定钢支座。摆柱由 C40 或 C50 号混凝土制成，柱体内一般按配筋率约为 0.5% 左右配置竖向钢筋，同时要配置水平钢筋网，以承受支座受竖向压力时所产生的横向拉力。摆柱的平面尺寸根据柱体混凝土强度计算确定。摆柱高度取用圆弧形钢板半径的 2 倍，以使圆弧的圆心与摆柱的对称中心点重合，这样易于摆动。与摆柱式支座接触的梁底及墩台上的支承垫石内需用钢筋网加强，以提高局部受压强度（图 7.8）。钢筋混凝土摆柱要制作准确，安装精细，避免出现在横桥向受压不均匀的现象。在常年平均气温时，摆柱应直立。因支座占用高度较大，其应用极少。

（2）混凝土铰

混凝土铰是最简单、最廉价的中心可转动的支座。混凝土铰有各种类型，桥梁上常用弗莱西奈铰，见图 7.9（a），它是利用颈缩部分混凝土的双向或三向应力状态而使其承压能力提高，并可沿铰竖向轴线作小量转动。另一种混凝土铰是线接触的圆柱形铰，见图 7.9（b），其受压面抗压承载力和横向抗拉承载力的计算，可按现行公路桥梁设计规范办理。

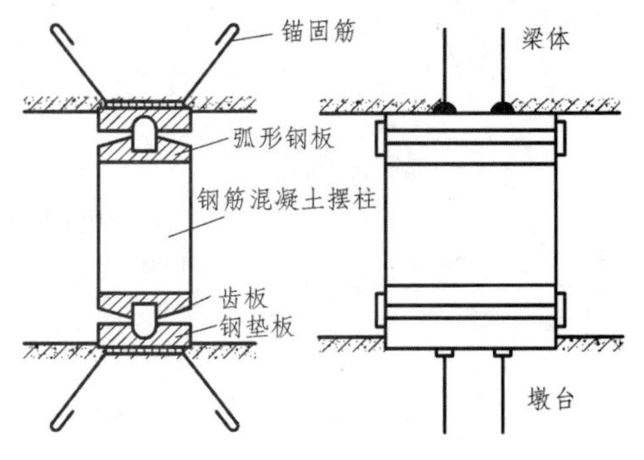

图 7.8 混凝土摆柱式支座

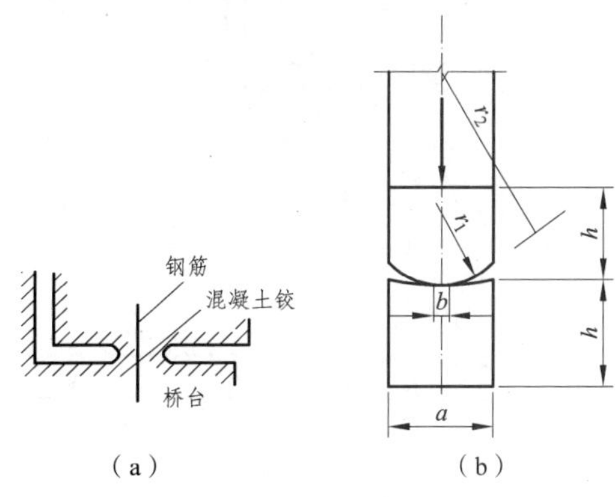

图 7.9 混凝土铰

弗莱西奈铰需要在铰颈上下设置足以抵抗横向拉应力的钢筋，铰颈高度为铰颈宽度的1/3～1/2。铰颈部分应做成顺滑的抛物线形，铰颈两旁可用玛𤧛脂或沥青材料填塞。圆柱形铰高宽比（h/a）大致为0.80～1.25，铰内需按抗拉要求布置横向（宽度方向）钢筋，其侧向（铰的长度方向）钢筋可按横向钢筋截面面积的0.4倍配置。

混凝土铰的支承反力可达10 000 kN，其优点是支座高度小，构造简单，用钢量少；缺点是不能抵抗拉力，不能调整高度，转动量小，不便于更换和修理。

钢筋混凝土支座在桥梁中的应用十分有限。

4. 橡胶支座

随着合成橡胶和塑料工业的发展，工程橡胶及塑料也在桥梁支座上得到应用。20世纪40年代末，在法国最早出现橡胶支座（elastomeric bearing）。由于它的优越性能和价格优势，50年代在国外已很普及。我国自60年代开始发展橡胶支座，并很快得到推广。

橡胶支座与钢支座相比，具有构造简单、加工方便、节省钢材、造价低、结构高度小、安装方便等一系列优点。此外，橡胶支座能方便地适应任意方向的变形，故对于宽桥、曲线桥和斜桥均具有较好的适应性。橡胶的弹性还能消减上下部结构所受的动力作用，这对于抗震也十分有利。

在桥梁工程中使用的橡胶支座大体上可分为两类，即板式橡胶支座和盆式橡胶支座。

（1）板式橡胶支座

普通板式橡胶支座是仅用一块矩形（或圆形，或带球冠圆形，或坡形）橡胶板做成的适用于中、小跨度桥梁的一种简单橡胶支座。矩形构造最为简单，使用广泛。圆形和球冠圆形在平面上各向同性，圆形板上的球冠可调节受力状况，既适用于一般桥梁，也适用于各种变位较复杂的立交桥及高架桥。坡形的顶面呈斜面，适宜于纵横坡较大的公路桥。

普通板式橡胶支座的活动机理是：利用橡胶的不均匀弹性压缩实现转角，利用其剪切变形实现水平位移，见图7.10（c）。因橡胶与钢或混凝土之间有足够大的摩阻力（摩擦系数0.25～0.40），橡胶板与梁底和墩台顶之间一般无需固定连接。在墩台顶部，铺设一层砂浆，以保证支座放置平稳（图7.10（a））。采用橡胶支座时可以不设固定支座，水平力由各支座分担，必要时也可采用不等高的橡胶板来调整各支座传递的水平力。

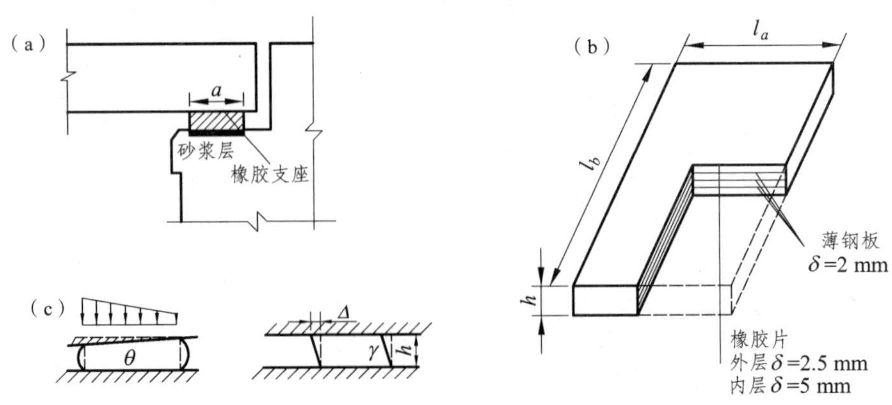

图7.10　加劲板式橡胶支座

无加劲层的纯橡胶支座，由于其容许压应力小（约为 3 MPa），故只适合于小跨径桥梁。常用的板式橡胶支座都采用几层薄钢板或钢丝网作为加劲层（见图 7.10（b））。橡胶片之间的加劲层能起到阻止橡胶板受压侧向膨胀的作用，可显著提高橡胶支座的抗压刚度（抗压容许应力可提高到 8 ~ 10 MPa），而加劲层对橡胶板的转动变形和剪切变形几乎没有影响。加劲板式橡胶支座的承载能力可达 2 000 ~ 8 000 kN，目前已广泛用于中、小跨度的公路桥。对跨度不大于 20 m 的铁路桥梁，现多采用板式橡胶支座，但须设置横向限位装置，避免因梁体横向位移较大而导致支座剪切破坏。

制造橡胶支座的材料以氯丁橡胶为主，也可采用天然橡胶。氯丁橡胶的使用温度不低于 – 25 °C，天然橡胶不低于 – 40 °C。板式橡胶支座的基本设计参数（抗压弹性模量 E_e、剪变模量 G_e、压应力限值 σ_c、容许剪切角的正切值$[\tan\alpha]$）及技术要求等，应符合《铁路桥梁板式橡胶支座》（TB/T1893 – 2006）和《公路桥梁板式橡胶支座》（JT/T4 – 2004）的要求。根据试验分析，抗压弹性模量、压应力限值和容许剪切角的值，均与支座的形状系数有关。对矩形支座，形状系数 S（用来表示支座的形状特征，取值范围 5 ~ 12）为

$$S = \frac{l_{0a} l_{0b}}{2t_{es}(l_{0a} + l_{0b})}$$

式中 l_{0a}——矩形支座加劲钢板短边长度；

l_{0b}——矩形支座加劲钢板长边长度；

t_{es}——支座中间层单层橡胶厚度。

当活动支座的位移量较大时，要使橡胶支座产生相应较大的剪切变形，就必须增加橡胶板的厚度。这样一则多耗材料，再则支座稳定性变差，而且相邻支座厚度可能不一，车辆驶过时会产生高差，行车不顺。为克服这一缺点，可在用作活动支座的橡胶板顶面贴一片聚四氟乙烯（PTFE）板，再在聚四氟乙烯板与梁底之间垫上一块不锈钢薄板。由于聚四氟乙烯板与不锈钢板之间的摩阻力极小（摩擦系数小于 0.04），故可利用它们之间的滑动来满足活动支座位移的需要（图 7.11）。这样的支座称为四氟板式橡胶支座，其可制成矩形、圆形和球冠圆形。

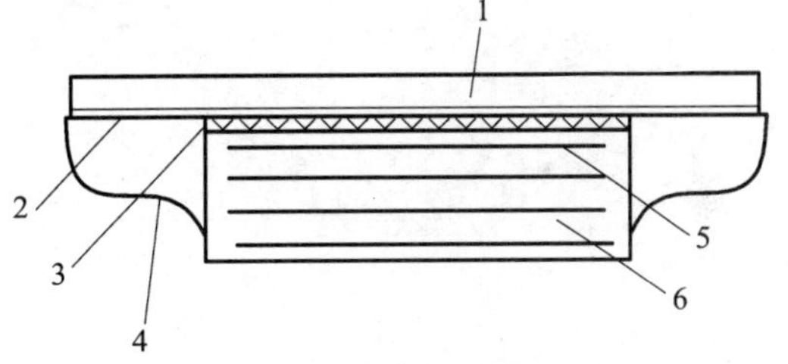

图 7.11　聚四氟板式橡胶支座

1—上支座板；2—不锈钢板；3—聚四氟乙烯板；4—防护罩；5—薄钢板；6—橡胶

（2）盆式橡胶支座

盆式橡胶支座（pot bearing）是在板式橡胶支座的基础上，将钢部件与橡胶部件组合而成的一种橡胶支座。基本构造是将一块素橡胶圆板置于半封闭钢制盆腔内，橡胶在受压后的变形由于受到钢盆的约束，处于三向受压状态，只要钢盆不破坏，橡胶就不会丧失承载力。于是，橡胶的抗压强度可以大幅度提高。其工作原理是：利用橡胶块在三向受力状态下具有流体的性质（适度不均匀压缩）来实现转动；依靠聚四氟乙烯板与不锈钢板之间的低摩擦系数来实现水平位移。

盆式橡胶支座能满足较大的支承反力（最大约 65 000 kN）和纵向水平位移（最大约 ± 300 mm）的要求，可做成固定支座（代号 GD），也可做成单向活动支座（代号 DX）和双向

活动支座（代号 SX）。常用盆式橡胶支座的构造如图 7.12 所示。它是由上支座板、不锈钢板、聚四氟乙烯板、圆钢盆、橡胶板、紧箍圈、防水圈和下支座板等组成。

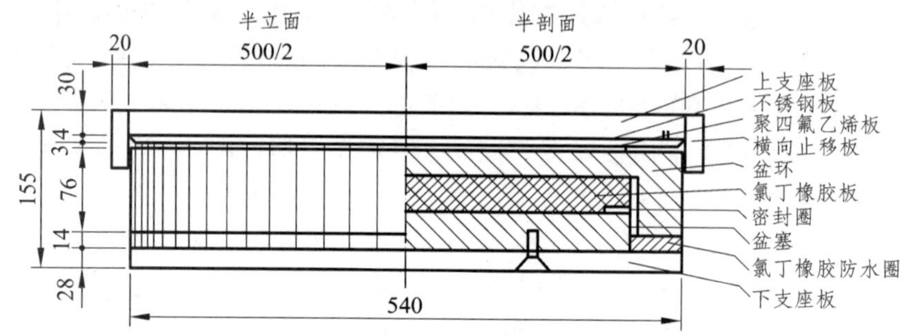

图 7.12　盆式橡胶支座的一般构造（尺寸单位：mm）

盆式橡胶支座具有很大的承载能力，且水平位移量大，摩擦系数小，支座建筑高度低，节省钢材。在同样的载重下，它的体积（高度）和重量不到钢支座的 1/10；而且，它在纵向及横向均可转动和适量移动，在功能上优于钢支座，能满足宽桥对支座横向也要能转动及伸缩的要求。因此，盆式橡胶支座在大跨度铁路及公路桥上均已得到广泛应用。我国目前已能生产系列化的盆式橡胶支座产品，如铁路桥常用的 TPZ 系列和公路桥常用的 GPZ 系列（图 7.13）。

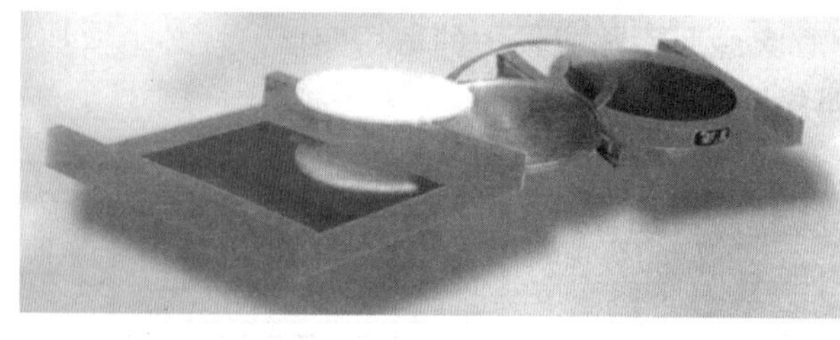

（a）GPZ 支座

（b）TPZ 支座

图 7.13　GPZ 和 TPZ 盆式橡胶支座

除上述常规支座外，还有一些适合于特殊用途的支座，如拉力支座、铅芯橡胶支座、测力及调高支座等。拉力支座除可正常转动和滑动外，还可承受垂直方向的拉力（负反力）。铅芯橡胶支座是在普通板式橡胶支座中设置圆柱形铅芯，以改善支座的阻尼特性，减小地震对桥梁墩台的作用。在抗震型盆式橡胶支座中，通过增设减震橡胶条也能达到一定的减震隔震效果。测力支座除具有普通盆式橡胶支座的所有功能外，还能测定支座反力。在基础可能发生大的沉陷或支座受力不均时，可采用调高支座在一定范围内对支座高度进行调整。

三、支座的设计与计算

1. 支座受力与变位分析

在进行桥梁支座的设计时，首先必须求得每个支座上所承受的竖向力和水平力以及需适应的位移和转角。然后，据此选定支座的各部尺寸并进行强度、稳定等各项验算。

（1）受力分析

作用于支座上的竖向力有结构重力产生的反力、活载的支点反力及其他影响力。在计算活载的支点反力时，要按照最不利位置加载，并计入冲击效应。当支座可能会出现上拔力（负反力）时，应分别计算支座的最大竖向力和最大上拔力。例如，当连续梁边跨较小而中跨较大时，或桥跨结构承受较大的横向风力时，支座锚栓会受到负反力作用。

作用于支座上的水平力包括纵向水平力和横向水平力。正交桥的支座，一般仅需计算纵向水平力。对斜桥和弯桥，需要计算相应的横向水平力；对铁路桥梁，需要考虑由列车横向摇摆力所产生的横向水平力。

支座上的纵向水平力，包括由列车或汽车荷载的制动力（牵引力）、风力、支座摩阻力或温度变化、支座变形所引起的水平力以及其他原因（如桥梁纵坡）产生的水平力。列车或汽车的制动力（牵引力）应分别按照相应规范的要求确定，制动力在各支座上的分配亦应按各自规范计算。

位于地震区的桥梁支座的设计计算，应根据设防烈度，按铁路或公路抗震设计规范的规定进行。

（2）位移分析

支座的水平位移包括纵向位移和横向位移。支座纵向位移有温度伸缩位移、混凝土收缩徐变变位、活载作用下梁体下翼缘伸长、下部结构的位移等；支座横向位移有温度变位、混凝土收缩徐变变位、下部结构横向位移、斜桥和弯桥荷载引起的横向变位等。

支座沿纵向的转角有结构重力和活载产生的梁端转角、混凝土收缩徐变产生的梁端转角、因下部结构变位产生的梁端转角等。

把以上各项支座反力和变位的计算结果按规定进行组合，就可作为支座设计的计算依据。下面仅以钢支座和矩形板式橡胶支座为例，对其设计和计算作一简要说明。需要说明的是，桥梁的支座产品较为完备，在一般情况下，没有必要自行设计支座，只需根据计算结果选配合适者。

2. 钢支座的设计与计算

钢支座的设计主要包括确定支座的平面尺寸 a 和 b，支座上下板的厚度 h，以及圆弧面（弧型、摇轴及辊轴）的曲面半径，固定支座还要验算销钉及锚栓等的抗剪强度。下面以弧型支座为例说明钢支座的设计计算方法。

图 7.14 为弧型支座的计算图式。其设计步骤如下：

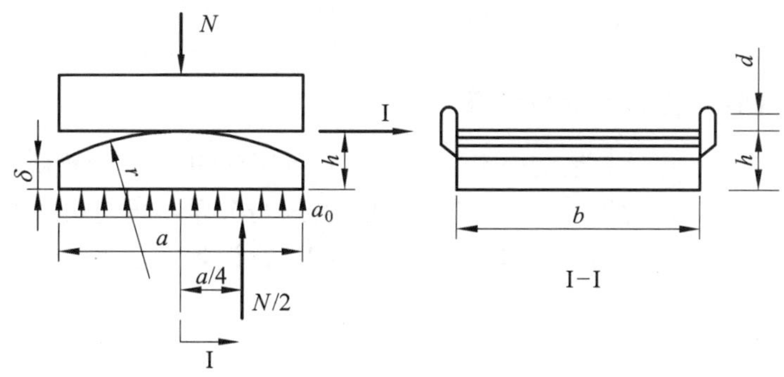

图 7.14　弧型支座计算图式

（1）确定平面尺寸 a 和 b

平面尺寸 a 和 b 根据梁底和墩台顶面混凝土的局部承压强度要求而定。

（2）确定垫板高度 h

把垫板作为承受均布荷载的悬臂梁，由梁的最大弯矩按容许应力法确定 h。即

$$\sigma_a = \frac{\frac{1}{8}Na}{\frac{1}{6}bh^2} = \frac{3Na}{4bh^2} \leqslant [\sigma_w] \tag{7.1}$$

得

$$h \geqslant \sqrt{\frac{3Na}{4[\sigma_w]b}} \tag{7.2}$$

式中 N——由桥上全部恒载与活载（包括冲击力）所产生的支承反力；

$[\sigma_w]$——铸钢材料的容许弯曲应力。

活动支座要考虑由于温度变化等因素，上垫板有一个允许的最大水平位移 Δ，它会引起附加弯矩，因此公式变为

$$h \geqslant \sqrt{\frac{3Na}{4[\sigma_w]b}}\left(1+\frac{2\Delta}{a}\right) \tag{7.3}$$

（3）确定圆弧曲面半径 r

根据赫兹接触应力公式确定 r

$$\sigma_{\max} = 0.423\sqrt{\frac{NE}{b_1 r}} \leqslant [\sigma_c] \tag{7.4}$$

式中 E——铸钢的弹性模量；

b_1——上下垫板之间的接触线长度；

$[\sigma_c]$——铸钢自由接触时的容许局部承压应力。

（4）验算销钉抗剪强度

$$\tau = \frac{T_1}{\pi d^2/4} \leqslant [\tau] \tag{7.5}$$

式中 T_1——支座摩阻力或制动力；

d——销钉直径；

$[\tau]$——销钉容许剪应力。

3. 矩形板式橡胶支座的设计与计算

矩形板式橡胶支座的设计，包括确定支座的有效承压面积 A_e，验算剪切变形、受压稳定性、竖向平均压缩变形、抗滑稳定性等。现行铁路桥规与公路桥规对板式橡胶支座的计算规定有所不同，应根据桥梁的使用情况采用相应的规范进行设计。公路矩形板式橡胶支座的主要设计及验算内容如下。

（1）确定有效承压面积 A_e

根据橡胶支座与支承垫石混凝土的压应力不超过它们的容许承压应力，确定支座面积。

一般，由橡胶支座控制设计

$$A_e = \frac{R_{ck}}{\sigma_c} \tag{7.6}$$

式中 R_{ck}——运营阶段由桥上全部恒载与活载（包括冲击力）所产生的最大支点反力。

按橡胶支座内加劲钢板与支座边缘的最小距离不小于 5mm，就可基本确定支座短边长度 l_a、长边长度 l_b 及毛面积 A_g。

（2）确定厚度 h

确定支座厚度 h 必须先求橡胶片的总厚度 t_e，它是由梁产生纵向位移时，支座的受剪状态决定的，即由剪切变形来换取线位移。从满足剪切变形考虑，t_e 应满足下式

$$\tan\alpha = \frac{\Delta_l}{t_e} \leqslant [\tan\alpha] \tag{7.7}$$

即

$$t_e \geqslant \frac{\Delta_l}{[\tan\alpha]} \tag{7.8}$$

式中 $[\tan\alpha]$——橡胶支座剪切角正切值限制，当计入制动力，取 0.7；当不计入制动力，取 0.5。

Δ_l——各种作用引起的支座剪切变形。

确定 t_e 后，再加上加劲薄钢板的总厚度 t_s，即为橡胶支座厚度 h。从满足受压稳定考虑，还要求 $l_a/10 \leqslant t_e \leqslant l_a/5$。

（3）计算竖向平均压缩变形

主梁受荷挠曲，梁截面将出现转动，支座竖向平均压缩变形 $\delta_{c,m}$ 应满足下式，以确保支座与梁底可靠接触，不致脱空而导致过大的局部承压问题

$$\theta \cdot \frac{l_a}{2} \leqslant \delta_{c,m} \leqslant 0.07t_e \tag{7.9}$$

式中 θ——由上部结构挠曲在支座顶面引起的倾角（rad）；$\delta_{c,m}$ 按下式计算

$$\delta_{c,m} = \frac{R_{ck}t_e}{A_eE_e} + \frac{R_{ck}t_e}{A_eE_b} \tag{7.10}$$

式中 E_e——支座抗压弹性模量（MPa），取 $5.4G_eS^2$；

G_e——支座剪切模量，取 1.0 MPa；

S——支座形状系数；

E_b——橡胶弹性体体积模量，取 2 000 MPa。

（4）验算支座的抗滑稳定性

橡胶支座一般直接搁置在墩台与梁底之间，当它受到水平力 H 后，应保证支座不致滑动，即应满足下式

$$\mu R_{Gk} \geqslant 1.4G_eA_g\frac{\Delta_l}{t_e} \quad \text{（不计制动力时）} \tag{7.11a}$$

$$\mu R_{ck} \geqslant 1.4G_eA_g\frac{\Delta_l}{t_e} + F_{bk} \quad \text{（计入制动力时）} \tag{7.11b}$$

式中 R_{Gk}——由结构重力产生的支座反力；

R_{ck}——由结构重力和 1/2 汽车荷载（计入冲击系数）产生的支座反力；

Δ_l ——各种作用（不包括汽车制动力）引起的支座剪切变形；

F_{bk}——由汽车荷载引起的制动力；

μ ——橡胶板与墩台底或梁底间的摩擦系数，与混凝土接触时，$\mu = 0.3$；与钢接触时，$\mu = 0.2$。

第二节 桥墩和桥台

一、墩台的作用与要求

桥墩（pier）、桥台（abutment）为桥梁的下部结构，是桥梁的重要组成部分之一。桥梁墩台的主要作用是承受上部结构传来的荷载，并将其及自身重力传给基础。桥墩支承相邻的两孔桥跨，居于桥梁的中间部位。桥台居于全桥的两端，它的前端支承桥跨，后端与路堤衔接，起着支挡台后路基填土并把桥跨与路连接起来的作用。桥梁墩台除承受上部结构的作用力外，桥墩还受到风力、流水压力及可能发生的冰压力、船只和漂流物的撞击力，桥台还需承受台背填土及填土上车辆荷载产生的附加侧压力。因此，桥梁墩台不仅本身应具有足够的强度、刚度和稳定性，而且对地基的承载能力、沉降量、地基与基础之间的摩阻力等也都提出一定的要求。

桥梁墩台的结构型式多种多样。随着桥梁建设事业的发展，特别是高等级公路桥梁和城市桥梁的兴起，出现了许多造型新颖、轻巧美观的桥墩结构型式，见图 7.15。优秀的桥梁设计，往往注重展现下部结构的功能和造型，使上、下部结构造型协调一致，互为协调，达到良好的整体效果。

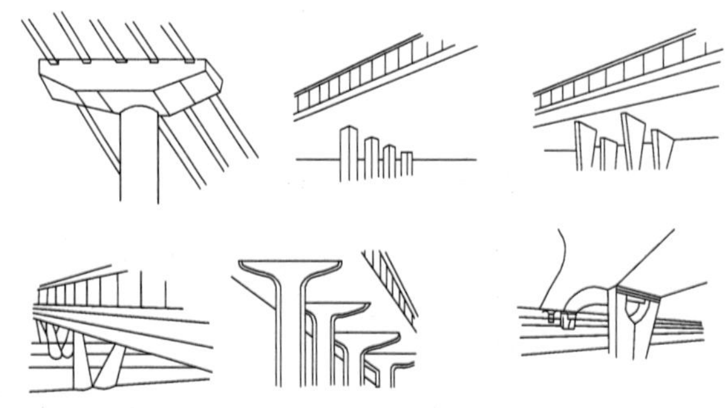

图 7.15 各种轻型桥墩形式

桥墩的常见型式有重力式墩、空心式墩、柔性墩、桩（柱）式墩、薄壁墩等。桥台的常见型式有重力式桥台、轻型桥台、框架式桥台、组合式桥台等。

桥梁下部结构的选型应遵循安全耐久，满足交通要求，造价低，养护维修量少，预制施工方便，工期短，与周围环境协调，造型美观等原则。桥梁的墩台设计与结构受力有关，与水文、流速及河床性质有关，也与地质条件有关。桥梁墩台要置于稳定可靠的地基上，并通过设计和计算确定基础形式和埋置深度。

桥梁是一个整体，上、下部结构共同工作、互相影响，在某种情况下，桥梁的下部结构很难与上部结构截然分开，因此，要重视下部结构与上部结构的合理构成。对墩梁固结的刚架桥、预应力混凝土连续刚构桥等，尤其如此。同时，还要求桥梁下部结构的造型与周围的地形、地物条件密切相关，使桥梁整体达到与环境和谐一致的效果。

墩台的施工方法与结构型式有关，桥梁墩台的施工主要有在桥位处就地施工与预制装配两种。就桥墩来说，目前较多的采用滑动模板连续浇筑施工，它适用于高桥墩、薄壁直墩和无横隔板的空心墩。而装配式墩可在带有横隔板的空心墩、V 形墩、Y 形墩等形式中采用。在跨海桥中，为尽量减少海上混凝土作业，采用预制装配式桥墩是合理的选择。在墩台施工中，应从实际情况出发，因地制宜地提高机械化程度，大力采用工业化、自动化和施加预应力的施工工艺，提高工程质量，加快施工速度。

二、桥墩的类型与构造

1. 重力式桥墩

重力式（gravity type）桥墩也称实体式桥墩，它主要靠自身的重力来平衡外力而保持其稳定，因此墩身比较厚实，可以不配钢筋，而用天然石材或片石混凝土砌筑。重力式桥墩取材方便，施工简易，养护工作量小，对抵抗外界不利因素如撞击、侵蚀的能力较强，在早期的铁路桥梁中常被采用。它的缺点是工程量大、自重大，对地基承载力的要求较高，基础工程量也往往较大。

按墩身（pier shaft）水平横截面形式的不同，常见的重力式桥墩可分为矩形墩、圆端形墩、圆形墩等。图 7.16 为铁路重力式墩的常用形式。

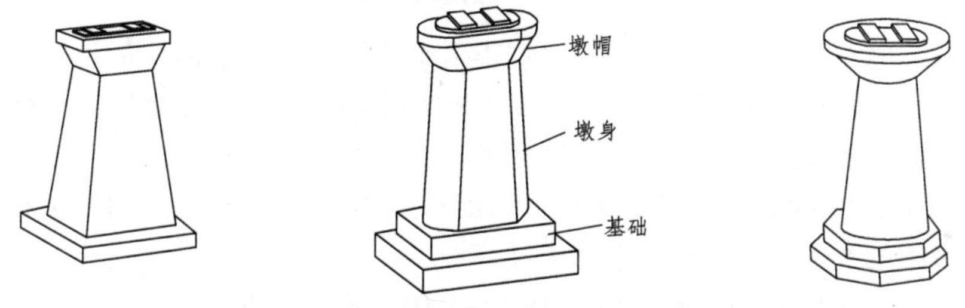

图 7.16 铁路重力式墩的常用形式

① 矩形墩。它的外形简单、施工方便。但对水流的阻力很大，引起的基础局部冲刷较大。一般用于无水或静水处。在水流影响小或不通航河流上的桥墩，或靠近河岸的桥墩，可采用这种形式。

② 圆端形墩。它的截面是矩形长边的两端各接一个半圆，施工稍麻烦，但较适合水流通过，可减少局部冲刷。一般用于水流斜交角小于 15°的桥梁，是水中桥墩广泛采用的一种形式。

③ 圆形墩。其截面为圆形，材料用量较多，模板制作较麻烦，但其流水特性较前两种形式好。一般用于河流急弯、流向不固定或与水流斜交角大于 15° 的桥梁。

重力式墩由墩帽、墩身和基础三部分组成（见图 7.16）。

墩帽（coping）位于桥墩顶部，其构造见图 7.17，它的主要作用是把桥梁支座传来的相当大的较为集中的力，分散均匀地传给墩身，因此要求墩帽具有一定的厚度和较高的强度，且在尺寸上要满足桥梁支座布置的需要。墩帽与支座直接接触的部分称为支承垫石，其承受的应力更集中，需具有更高的强度。此外，墩帽要为施工架梁和养护维修提供必要的工作面，故其平面尺寸与墩身相比较大。通常当两者尺寸相近时，可仅在墩帽下设置 10 ~ 20 cm 的檐口。但当两者尺寸相差较大时，则需在墩帽下设置托盘过渡，称为托盘式墩帽（图 7.17）;

或者让墩帽横向挑出墩身一定长度，称为挑臂式墩帽（图 7.18）。铁路桥墩常用托盘式墩帽，公路桥墩当桥面较宽时，为节省墩身及基础材料，常采用钢筋混凝土挑臂式墩帽。

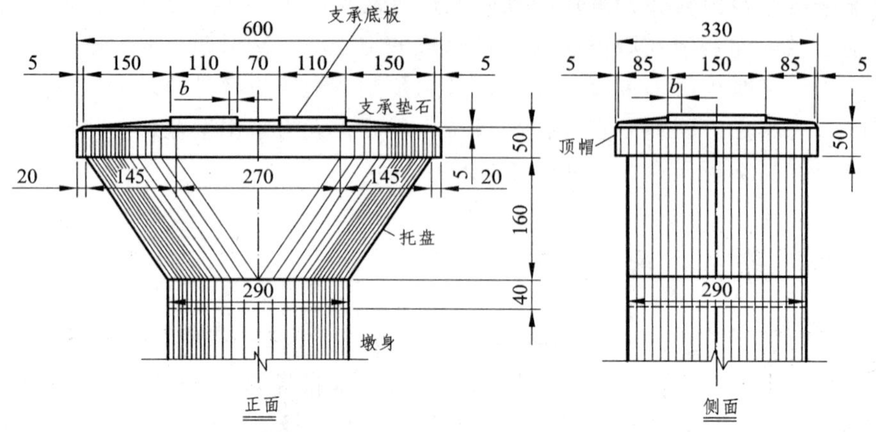

图 7.17 铁路圆形墩墩帽构造（尺寸单位：cm）

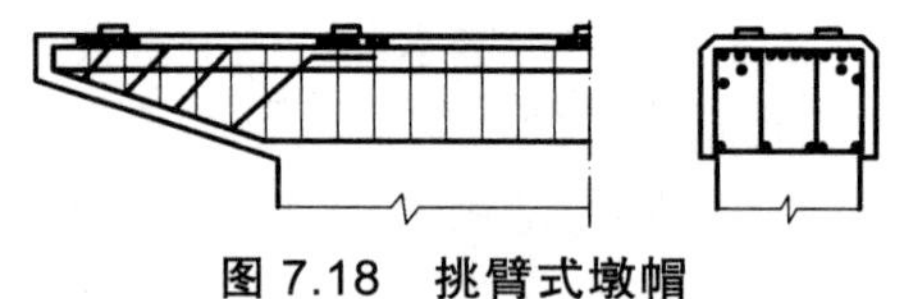

图 7.18 挑臂式墩帽

墩帽的厚度一般不小于 30 ~ 40 cm。为防止雨水侵蚀，墩帽表面一般设不小于 3% 的排水坡，但支承垫石顶面应高出排水坡上棱。墩帽的平面尺寸根据支座布置要求和架梁与养护时移梁和顶梁的要求确定。铁路和公路桥规对墩帽的尺寸均有具体的规定。

墩帽一般采用 C20 以上的混凝土做成，加配构造钢筋。支承垫石部位加配一层或多层钢筋网。挑臂式墩帽的受力钢筋需经计算确定。

根据《公路圬工桥涵设计规范》（JTG D61—2005）规定，重力式桥墩的墩身材料一般用不小于 C20 的片石混凝土或 M7.5 以上的水泥砂浆砌片石或块石，也可以用混凝土预制块砌筑。墩身的主要尺寸包括墩高、墩顶面、底面的平面尺寸及墩身侧坡。墩身的侧坡一般采用 20∶1 ~ 30∶1。当桥梁跨度较小且墩高不大时，桥墩可做成直坡；高度很大的桥墩，可按某一曲线上收，也可分节段做成阶梯状。

2. 空心式桥墩

空心式桥墩（hollow pier）是实体墩向轻型化发展的一种较好的结构型式，尤其适用于高桥墩。空心式桥墩可以充分利用材料的强度，因此可节省材料，减轻自重，进而也能减少基础工程量。一般高度的空心墩比实体墩节省材料用量 20% ~ 30% 左右，钢筋混凝土空心墩可节省 50% 左右。空心式桥墩可采用钢滑动模板施工，也可采用翻动模板施工，其施工速度快，质量好，节省模板支架。

按建筑材料的不同，空心式桥墩可分为混凝土空心墩和钢筋混凝土空心墩两类。混凝土空心墩可在高度小于 50 m 的桥墩中使用。钢筋混凝土空心墩受力性能优于混凝土墩，可用于更高的桥墩。空心墩的壁厚应根据设计和施工的要求来选定，一般壁厚不小于 30 cm。考虑到温度应力等的影响，墩身一般均应加设护面钢筋。此外，为减少墩壁内外温差，在离地面一定高度处的墩身周围，应设置直径 20 cm 左右的通风孔。

桥墩的截面形式有空心圆形、圆端形、矩形等数种，如图 7.19 所示。其中圆形及圆端形的截面形式便于滑模施工。桥墩的立面布置可采用直坡式、侧坡式和阶梯式等，直坡式和侧坡式便于滑模施工。

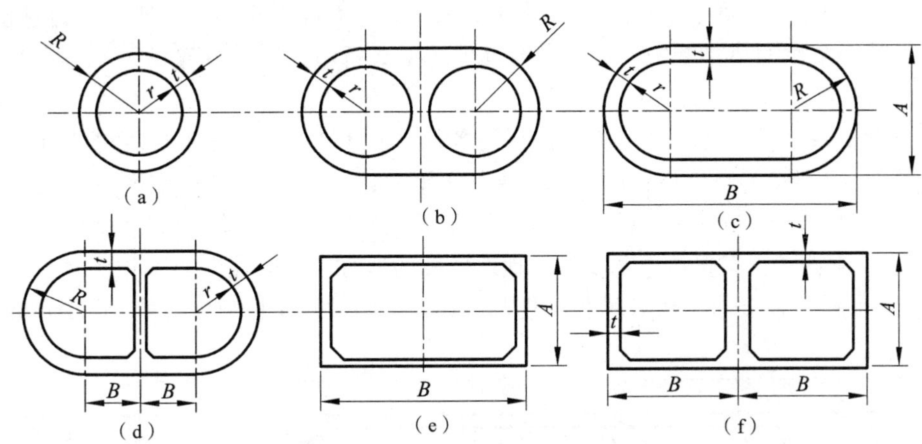

图 7.19 空心式桥墩的截面形式

早期空心墩仿照竹节构造，每隔一定高度设置一道横隔板。横隔板有利于空心结构的抗扭，对薄壁的稳定也有帮助。但内力分析和模型试验证明，一般空心墩所受扭矩不大，薄壁的局部稳定一般不控制设计。不设或少设横隔板，对桥墩施工更为方便。空心式桥墩的顶部需设置实体段，以便布置支座，均匀传力并减少对空心墩壁的冲击。实体段的高度取 1 ~ 2 m。墩身与底部或顶面交界处，为改善应力集中，应采用墩壁局部加厚或设置实体段的措施。图 7.20 为南昆线清水河大桥（连续刚构）100 m 空心高墩的构造图。

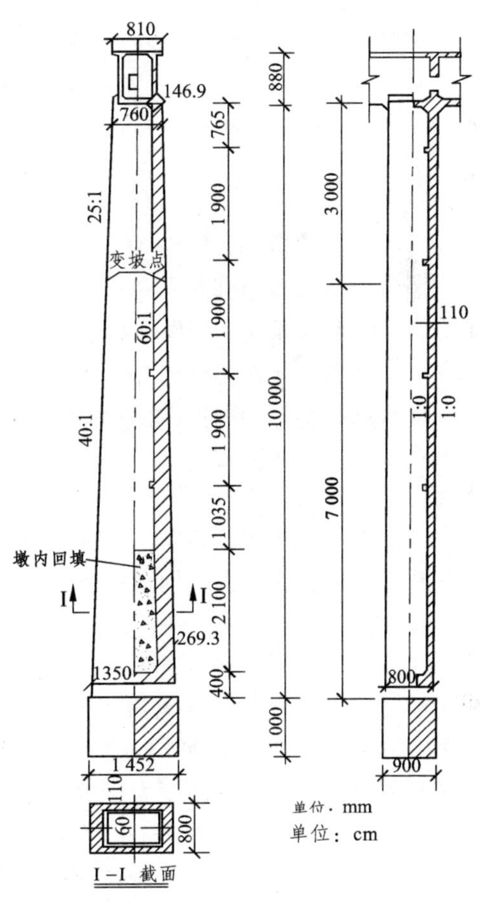

图 7.20 清水河大桥空心高墩构造

在流速大并夹有大量泥砂石的河流，以及在可能有船只、冰和漂流物撞击的河流中，采用薄壁空心墩时，应采取有效防护措施（如设计水位以下的墩身改用实体段）。

3. 柔性墩

简支梁一端设置固定支座，另一端设置活动支座，这是传统方式。在顺桥方向，桥梁墩台之间的水平联系被完全隔断，各桥墩均需按照其单独承担梁上传来的水平力（制动力或牵引力）设计。为抵抗强大的水平力作用，桥墩截面尺寸较大，造型欠佳。

为充分发挥桥墩的承载（受压）能力，可让各墩（台）具有不同的抗推刚度，并通过支座及梁体使各墩台联系起来，共同抵抗水平力。对多跨桥，可在其两端设置刚性较大的桥台，中间各墩则采用柔性墩（flexible pier，其顺桥方向的墩身尺寸较小，抗推刚度较小）；同时，全桥除在一个中墩上设置一活动支座外，其余墩台上均采用固定支座。理论分析和实验表明：作用在桥梁上的水平力将按各墩台的抗推刚度大小进行分配；因此，作用在各柔性墩上的水平力极小，绝大部分水平力由刚性桥台承担。这样，桥墩就可以采用柔性的单排桩墩、柱式墩或其他薄壁式桥墩，达到节省材料、使桥墩轻型化的目的。

由于只设了一个活动支座，当桥梁孔数较多时，柔性墩的墩顶水平位移可能过大，活动支座的位移量要求也要大，刚性桥台的支座所受的水平力也大。因此，多跨长桥采用柔性墩时宜分成若干联。两个活动支座之间或刚性台与第一个活动支座间称为一联，见图 7.21。每联设置一个刚性墩（台），刚性墩宜布置在地基较好和地形较高的地方。一联长度的划分视地形、构造和受力情况确定。具体技术要求，可参见相关规范，如《铁路柔性墩桥技术规范》（TB10052—97）。

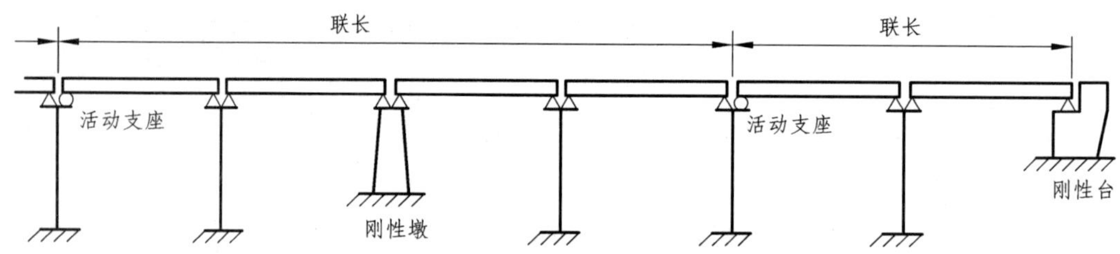

图 7.21　多跨柔性墩的布置

△—固定支座；○—活动支座

4. 桩（柱）式墩

（1）排架桩墩

桩式桥墩是将钻孔桩基础（见本章第三节）向上延伸作为桥墩的墩身，在桩顶浇筑盖梁而形成。桩式墩在墩位的横向可以是一根、两根或数根。在一个墩或台沿纵向设置一排桩时，称为单排桩墩，设置两排时称为双排桩墩。

排架桩墩采用钢筋混凝土结构，盖梁横截面可用矩形或 T 形，等高度或变高度。单排桩墩一般适用于墩高不超过 4 ~ 5 m 的中小跨梁桥。双排桩墩的承载能力和稳定性都较强，但墩身高度不宜大于 10 m。

排架桩墩材料用量经济，施工简单，适合在平原地区建桥使用，一般跨度不大于 13 m。在有漂流物和流速过大的河道，桩墩容易受到冲击和磨损，不宜采用。

（2）柱式墩

柱式墩是目前公路桥梁中广泛采用的桥墩形式，特别是在较宽的城市桥和立交桥中，采用这种桥墩既能减轻墩身重量，节约材料，又较美观。柱式桥墩的墩身沿桥横向常由 1 ~ 4 根立柱组成，柱身截面为 0.6 ~ 1.5 m 的大直径圆柱、矩形、多边形等形式，使墩身具有较大的强度和刚度。当墩身高度大于 6 ~ 7 m 时，可设横系梁以加强柱身间横向联系。

柱式桥墩一般由基础之上的承台、柱式墩身和盖梁组成。双车道桥常用的形式有单柱式、双柱式和哑铃式以及混合双柱式四种，见图 7.22 所示。单桩式墩适用于斜交角大于 15° 的桥梁、流向不固定河流上的桥梁和立交桥上使用。双柱式墩在公路桥上用得较多，哑铃式和混合双柱式墩对有较多漂流物和流冰的河道较为适用。

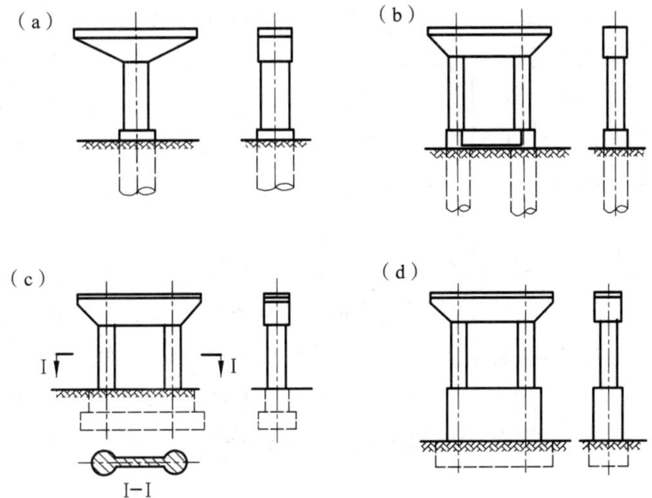

图 7.22 柱式桥墩的类型

5. 薄壁墩

(1)钢筋混凝土薄壁墩

钢筋混凝土薄壁(或板壁)墩的截面形式有板壁形、I 形、箱形等，可作为柔性墩。圆形的薄壁空心墩也是钢筋混凝土薄壁墩的类型之一。板壁形的薄壁墩构造简单、轻巧、材料用量少，适用于地基承载力较弱的地区。薄壁墩的高度一般不大于 7 m，由于墩身受压受弯，因此要配有适量的受力钢筋和构造钢筋。图 7.23 为我国已建成的薄壁墩的实例。该桥桥墩中距 14.1 m，墩高 4.8 m，墩厚 0.35 m，墩厚为高度的 1/13.7。与排架桩墩比较，薄壁墩的材料用量多，但更适于抵抗漂流物或流冰的撞击。薄壁墩在墩位的横向也可做成 V 形、Y 形或其他形状，参见图 7.15。

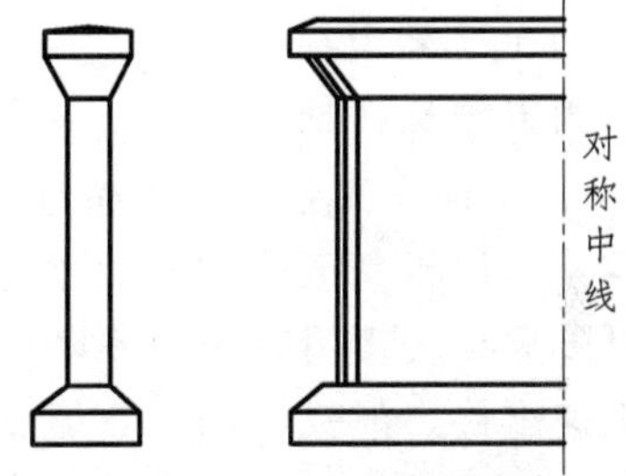

图 7.23 板壁型薄壁墩构造

(2)双薄壁墩

双薄壁墩是在墩位上有两个相互平行的墩壁(可采用实心或空心截面)与主梁刚结(或铰结)的桥墩。钢筋混凝土双薄壁墩可增加桥梁刚度，减少主梁支点负弯矩，增加桥梁美观。图 7.24 为虎门大桥辅航道桥，是 150 + 270 + 150 m 的三跨预应力混凝土连续刚构桥，两个江中墩采用双薄壁墩。墩高约 30 m，箱形截面，箱壁与梁内横隔板联为一体，见图 7.25。

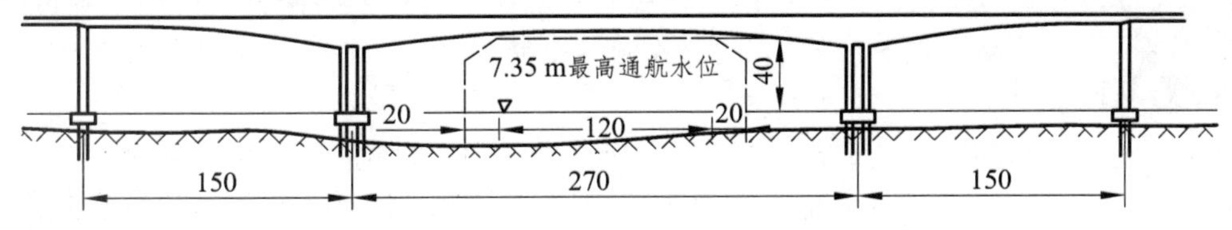

图 7.24 虎门大桥辅航道桥(尺寸单位：m)

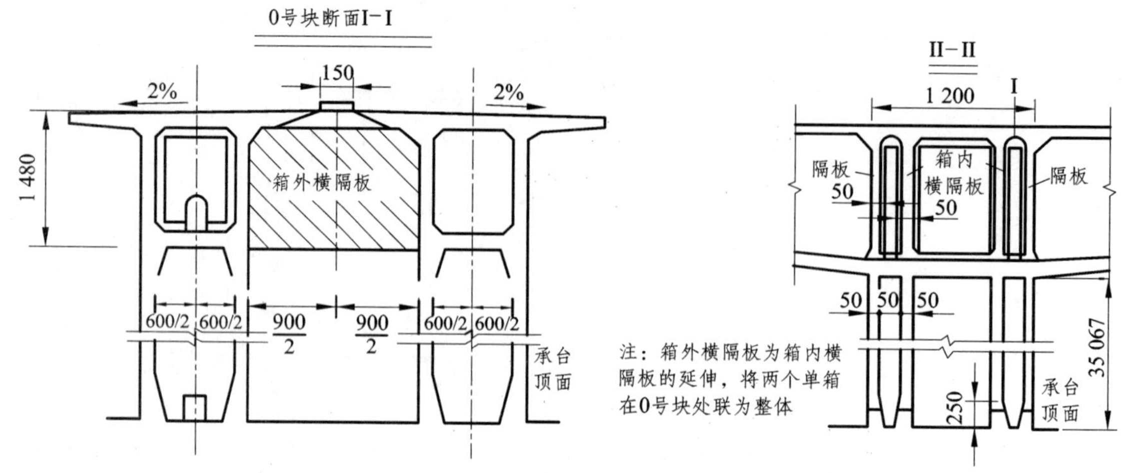

图 7.25　虎门大桥辅航道桥墩梁连接构造（尺寸单位：cm）

三、空心高墩的施工

空心高墩的施工，若采用搭设支架的方法，费工费料，甚至难以实现。在桥梁工程实践中，发展了一些适于高墩施工的方法，如滑升模板、爬升模板、翻升模板等。这些施工方法的共同特点是：模板依附于已浇筑完成的墩壁上，并随着墩身的逐步加高而向上升高。现对其工作原理简介如下。

（1）滑升模板

滑升模板（简称滑模）一般由内外两圈模板构成，在其间浇筑墩壁混凝土。模板高 1～1.5 m，安置在支架上。支架连接到埋于墩壁混凝土中的顶杆上。顶杆与支架间设有千斤顶。利用千斤顶将支架连同模板顶起。滑升模板以墩身为支架，不需搭设落地支架。混凝土的浇筑可随模板缓慢滑升连续不断地进行。一般情况下，混凝土的浇筑及模板滑升速度在 0.2 m/h，施工速度快。滑模可用于直坡墩身，也可用于斜坡墩身。其构造示意见图 7.26。

（2）爬升模板

爬升模板（简称爬模）分为无架体爬模和有架体爬模。无架体爬模与滑模相似，不同的是支架通过千斤顶支于预埋在墩壁中的预埋件上。浇筑好的墩身混凝土达到一定强度后，将模板松开，千斤顶上顶，将支架连同模板升到新的位置，模板就位，再灌筑墩身混凝土。有架体爬模由爬架系统、模板系统、限位系统和顶升动力系统四部分组成。工艺原理是：导轨和爬架互不关联，两者均可依附或脱离墩（塔）身。通过液压千斤顶对导轨与爬架的交替顶升，就可实现模板系统的逐节爬升。参见图 7.27。该系统集工作平台、支架、模板于一身，无需吊升设备，无需为模板而另行搭设工作平台，应用十分广泛。该方法可用于斜坡墩（塔）身，每次混凝土浇筑高度在 5 m 左右，5～6 天一个循环。

（3）翻升模板

翻升模板（简称翻模）一般由三层钢模板组成一个基本单元，并配有随模板升高的混凝土接料平台（工作平台）。当浇筑完上层模板的混凝土后，将最下层模板拆除翻上来并成为第四层模板。以此类推，循环施工。采用该方法，每次混凝土浇筑高度在 4～6m，约 5～6 天一个循环。翻模也能够用于有坡度的桥墩桥塔，应用较多，见图 7.28。

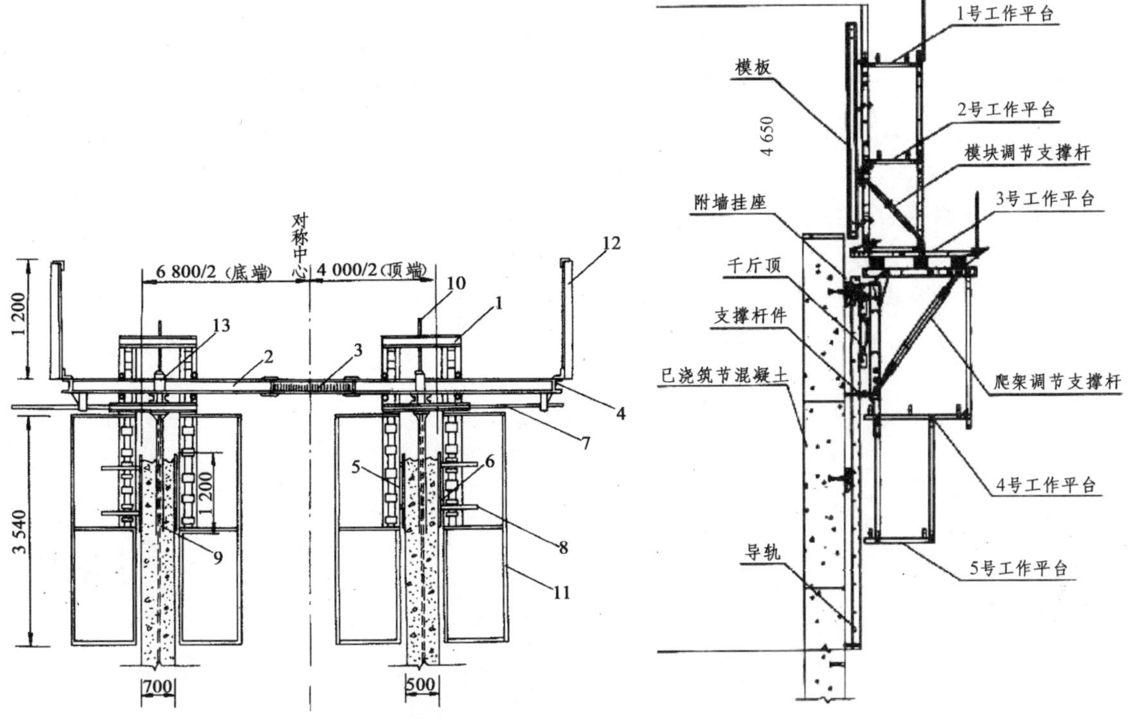

图 7.26　滑升模板构造示意

1—顶架；2—辐射梁；3—内围圈；4—外围圈；5—内模板；6—外模板；7—调径螺丝杆；8—调模螺丝杆；9—行程套管；10—顶杆；11—吊篮；12—栏杆；13—液压千斤顶

图 7.27　爬升模板构造示意

（湛江海湾大桥，左侧未示）

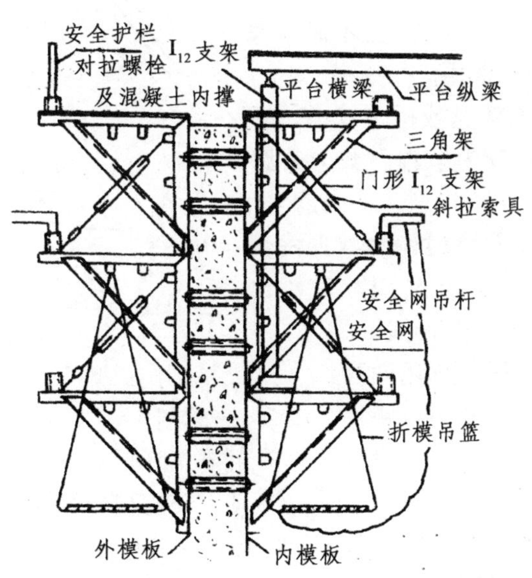

图 7.28　翻升模板构造示意

四、桥台的类型与构造

1. 重力式桥台

重力式桥台也称实体式桥台，它主要靠自身重力来平衡台后的土压力。桥台台身多用石砌、片石混凝土或砌体材料建造，并采用就地建造施工方法，适合于石料来源丰富的桥梁工点选用。

按截面形状或构造特征，重力式桥台的常用类型有 T 形桥台、矩形桥台、U 形桥台、埋式桥台、耳墙式桥台等。其中矩形桥台和 T 形桥台主要用于铁路桥梁。图 7.29 分别为矩形、U 形、埋式和耳墙式桥台的一般构造，T 形桥台参见图 7.30。

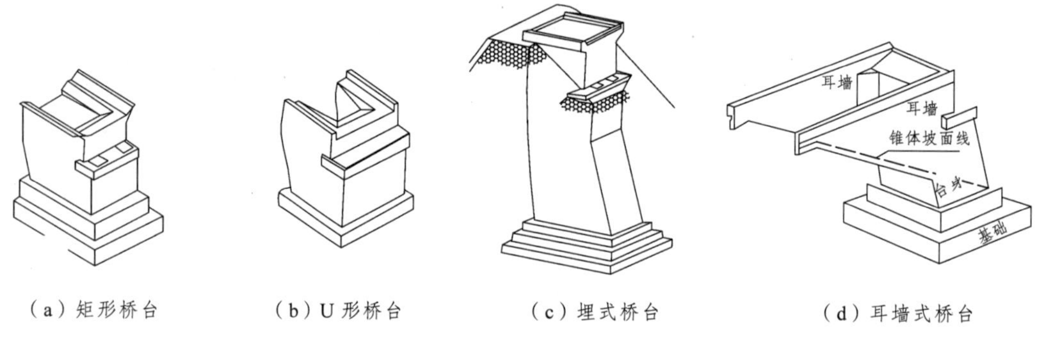

（a）矩形桥台　（b）U 形桥台　（c）埋式桥台　（d）耳墙式桥台

图 7.29　重力式桥台一般构造

① T 形桥台。主要用于铁路桥，工程量较小，使用广泛，尤其适用于较大的桥跨和较高的路堤。

② 矩形桥台。它的形状简单，施工方便，但工程量大，目前已较少采用。当填土不高、桥跨较小且桥面不宽时可考虑采用。

③ U 形桥台。当桥面较宽或桥跨较小，填土较低时，采用 U 形桥台较为节省。其为公路桥常用形式。

④ 埋式桥台。当填土较高时，为减少桥台长度节省材料用量，可将桥台前缘后退，使桥台埋入锥体填土中而成的一种桥台形式。

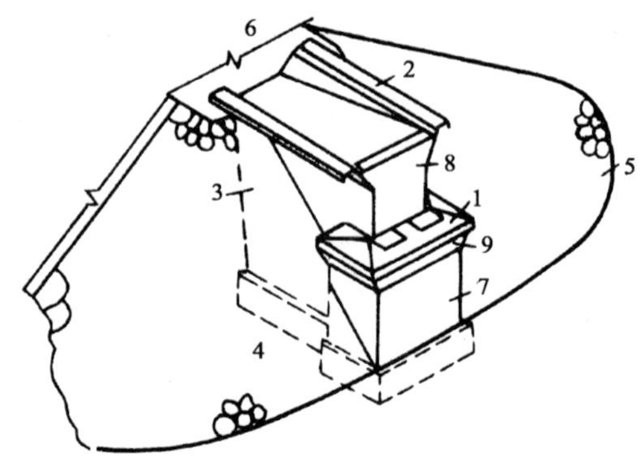

图 7.30　T 形桥台及锥体填土示意

1—台帽；2—道砟槽；3—后墙；4—基础；5—锥体；6—路堤；7—前墙；8—胸墙；9—托盘

⑤ 耳墙式桥台。在台尾上部用两片钢筋混凝土耳墙代替实体台身并与路堤连接，借以节省材料。这种桥台也可设计成埋入式。

按结构型式，桥台还可分为带翼墙和不带翼墙两大类。翼墙位于桥台两侧，多采用八字形和一字形，见图 7.31。翼墙的作用是：挡住桥台两侧的路基填土，保证

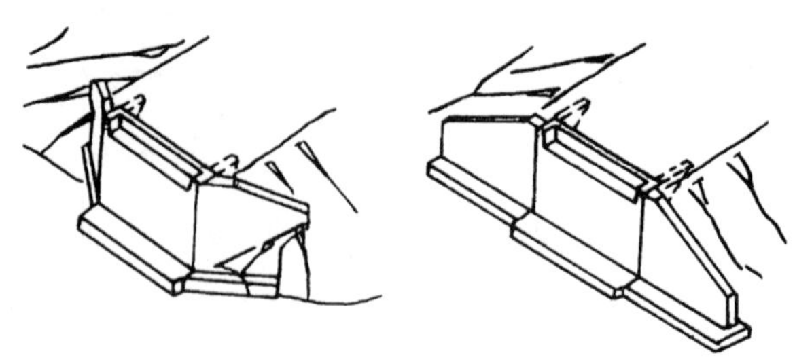

图 7.31　带翼墙的桥台

桥头路基稳定，并引导水流顺畅地进入桥孔。带翼墙的桥台主要用于公路桥。

重力式桥台一般由台帽、台身（前墙、胸墙和后墙）及基础等组成，如图 7.30 所示。台帽支承桥跨，其上设有支承垫石和排水坡，常用钢筋混凝土材料；台身承托着台帽，并支挡路堤填土，它一般用石材或片石混凝土做成。此外，桥台上部应伸入路堤一定深度，以保证桥台和路堤的可靠连接。在路堤前端的填土应按一定坡度做成锥形，称为锥体护坡。桥台的主要尺寸有桥台全长、填土高度、埋置深度及台身平面尺寸等。台帽的主要尺寸要求与桥墩墩帽类似。

2. 轻型桥台

轻型桥台的形式很多，其主要特点是利用结构本身的抗弯能力来减少结构尺寸和材料用量而使桥台轻型化。轻型桥台所用材料大多以钢筋混凝土或少量配筋的混凝土为主。轻型桥台主要用于公路桥梁。

（1）薄壁轻型桥台

薄壁轻型桥台常用的形式有悬臂式、扶壁式、撑墙式及箱式等，见图 7.32。在一般情况下，悬臂式桥台的混凝土数量和配筋量较高，撑墙式与箱式的模板用量较高。薄壁轻型桥台的优点与薄壁墩类同，可依据桥台高度，地基强度和土质等因素选定。

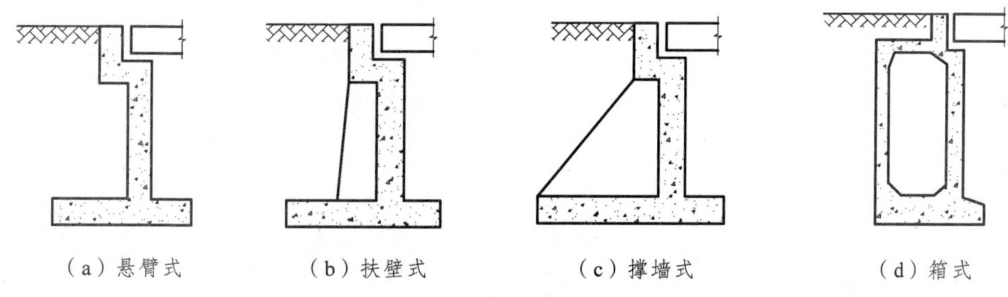
（a）悬臂式　（b）扶壁式　（c）撑墙式　（d）箱式

图 7.32　薄壁轻型桥台

（2）支撑梁轻型桥台

单跨或孔跨不多的小跨径桥，在条件许可的情况下，可在轻型桥台之间或台与墩间，设置 3 ~ 5 根支撑梁。支撑梁设在冲刷线或河床铺砌线以下。梁与桥台设置锚固栓钉，使上部结构与支撑梁共同支撑桥台承受台后土压力。此时桥台与支撑梁及上部结构形成四铰框架来受力。

轻型桥台可采用八字式和一字式翼墙挡土，如地形许可，也可做成耳墙，形成埋置式轻型桥台并设置溜坡。

3. 框架式桥台

框架式桥台是一种在横桥向呈框架式结构的桩基础轻型桥台，它所受的土压力较小，适用于地基承载力较低、台身较高、跨径较大的梁桥。其构造形式有双柱式、多柱式、墙式、半重力式和双排架式、板凳式等。

双柱式桥台见图 7.33，一般用于填土高度小于 5 m 的情况。当桥较宽时，可采用多柱式。为了减少桥台水平位移，也可先填土后钻孔。当填土高度大于 5 m 时，可采用墙式，见图 7.34。墙厚一般为 0.4 ~ 0.8 m，设少量钢筋。台帽可做成悬臂式或简支式，需要配置受力钢筋。当柱式桥台采用钻孔桩基础并向上延伸形成台身时，可不设承台，如图 7.33 所示；对于柱式和墙式桥台一般在基础之上设置承台。

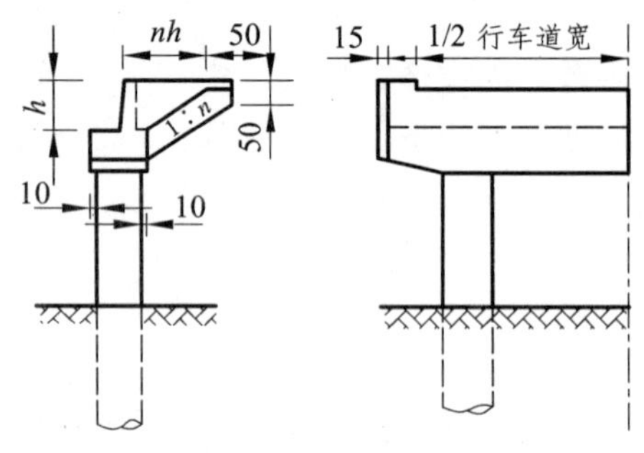

图 7.33　双柱式桥台（尺寸单位：cm）

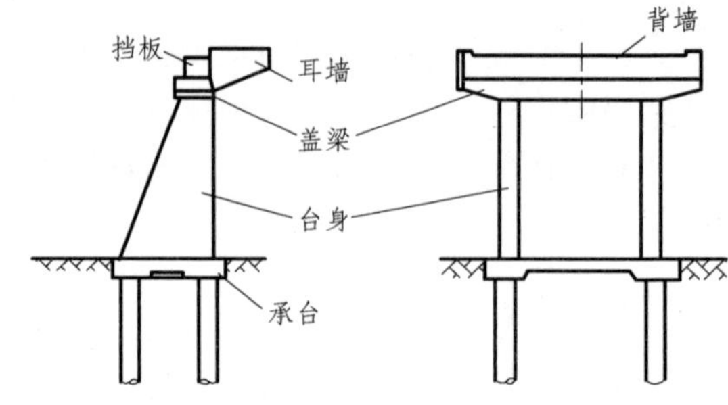

图 7.34　墙式桥台

框架式桥台均采用埋置式，台前设置溜坡。为满足桥台与路的连接，在台帽上部设置耳墙，必要时在台帽上方两侧设置挡板。

4. 组合式桥台

为使桥台轻型化，桥台本身主要承受桥跨结构传来的竖向力和水平力，而台的土压力由其他结构来承受，形成组合式桥台。组合的方式很多，如桥台与锚定板组合，桥台与挡土墙组合，桥台与梁及挡土墙组合，框架式的组合，桥台与重力式后座组合等。

图 7.35 所示为锚定板式桥台。它有分离式和结合式两种形式。

分离式是台身与锚定板、挡土结构分开，台身主要承受上部结构传来的竖向力和水平力，锚定板结构承受土压力。锚定板结构由锚定板、立柱、拉杆和挡土板组成，见图 7.35（a）。桥台与锚定板结构之间预留空隙，上端设伸缩装置；桥台与锚定板结构的基础分离，互不影响，使受力明确，但结构复杂，施工不方便。

结合式锚定板式桥台的构造见图 7.35（b），它的锚定板结构与台身结合在一起，台身兼做立柱或挡土板。作用在台身的所有水平力假定均由锚定板的抗拔力来平衡，台身仅承受竖向荷载。结合式结构简单、施工方便，工程量较省，但受力不很明确，若台顶位移量计算不准，可能会影响施工和运营。锚定板可用混凝土或钢筋混凝土制作。立柱和挡土板通常采用钢筋混凝土。

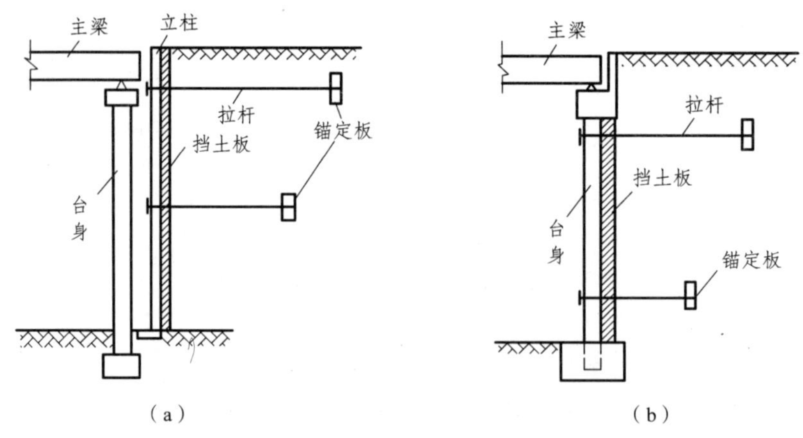

图 7.35　锚定板式桥台构造

五、墩台的设计与计算

1. 墩台的设计荷载及其组合

在进行墩台设计时，首先应确定作用在墩台上的荷载，详见第三章。

各荷载和外力的计算值，应采用墩台在正常情况下结构上有可能出现的最大荷载值，可依据桥规和有关资料计算。土压力计算一般采用库伦主动土压力公式，活载土侧压力的计算，铁路桥台要考虑其沿横桥向的分布宽度，而公路桥台则按横桥向全宽均匀分布处理。

墩台所受的各项荷载中，除恒载外，其他各项荷载的数值是变化的且不一定同时发生。因此在设计墩台时，就需要针对不同的验算项目，确定各种可能的最不利荷载组合，对墩台加以验算，确保设计安全。在荷载组合当中，车辆活载起着支配作用。

重力式桥墩计算中，一般需验算墩身截面的强度、墩身截面的合力偏心距及桥墩的纵向及横向稳定性。为此，可拟订如下几种可能的荷载组合：

① 按在桥墩各截面上可能产生的最大竖向力的情况进行组合。它用来验算墩身强度和基底最大应力。因此，应在相邻两跨满布活载的一种或几种，以使墩身或基底产生最大压应力。活载布置分别见图 7.36（a）（铁路桥，称双孔重载）和图 7.37（a）（公路桥）。

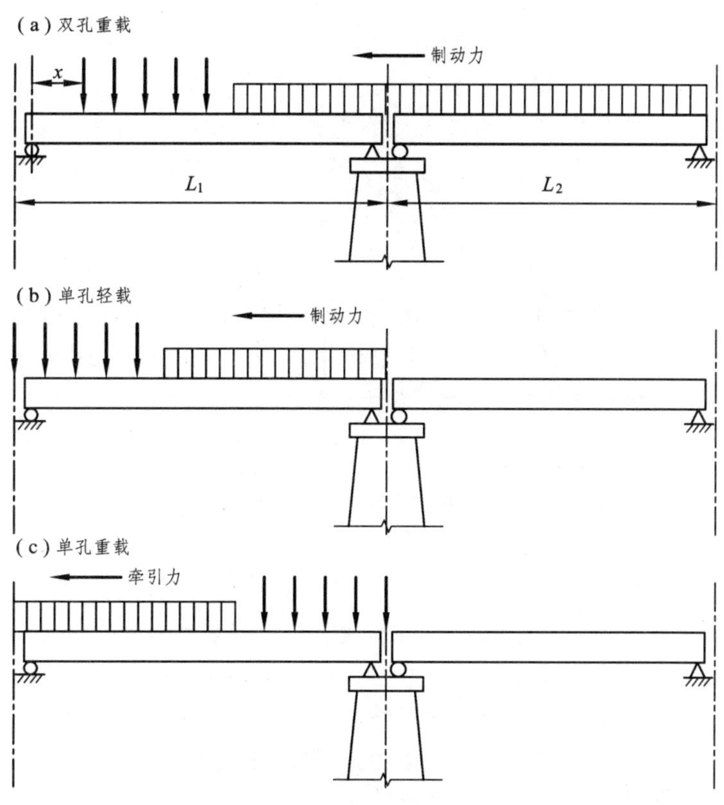

图 7.36 铁路桥墩活载布置图式

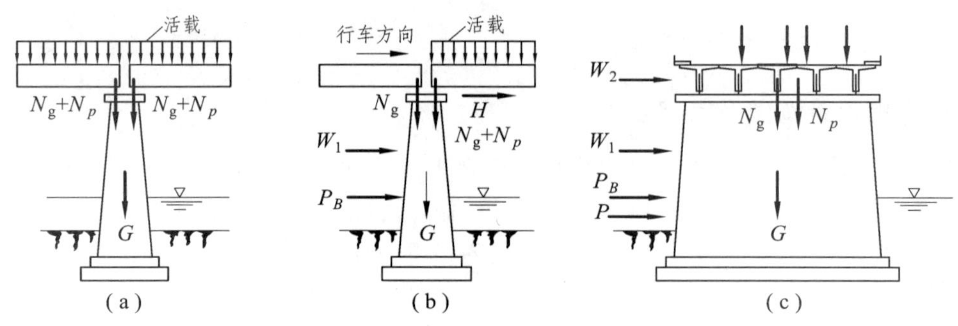

图 7.37　公路桥墩活载布置图式

② 按桥墩各截面在顺桥向可能产生的最大偏心和最大弯矩的情况进行组合。它是用来验算墩身强度，基底应力、偏心及桥墩的稳定性。因此，应在跨径较大的一孔上布置活载的一种或几种，以及可能产生的制动力、纵向风力、支座摩阻力等。活载布置见图 7.36（b）、（c）（铁路桥，分别称单孔轻载、单孔重载）和图 7.37（b）（公路桥）。

③ 按桥墩各截面在横桥向可能产生最大偏心和最大弯矩的情况进行组合。它是用来验算横桥向的墩身强度、基底应力、偏心及桥墩的稳定性。因此，对于铁路桥墩，应在相邻两跨布置空车以产生横向摇摆力，而竖向力又不大，称为双孔轻载（也称双孔空车）；对于公路桥墩应注意将活载偏于桥面的一侧布置，此外还应考虑其他荷载如横向风力、流水压力等，如图 7.37（c）所示。

桥台的荷载组合也和桥墩一样，依据不同的验算项目进行各种可能的荷载组合。由于活载既可布置在桥跨结构上，也可布置在台后，在确定荷载最不利组合时，通常按台后布置活载而桥上无活载（最大水平力和最大后端弯矩组合），桥上满布活载（最大前端弯矩），桥上、台后同时布置活载（最大竖向力组合）等几种不利情况，分别进行组合与验算，见图 7.38 示意。

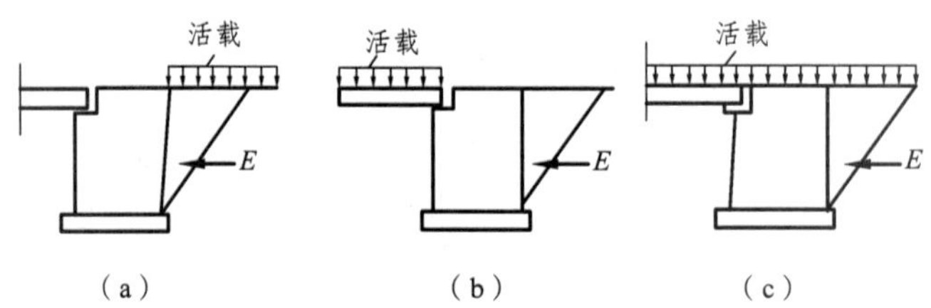

图 7.38　桥台活载布置图式

2. 墩台的验算内容

桥梁墩台的设计过程是，首先选定墩台形式及拟订各部分尺寸，然后确定各项外力并进行最不利荷载组合；选取验算截面和验算内容，计算各截面的内力，进行配筋和验算。

墩台验算的目的在于确定经济合理的尺寸，并保证其在施工和使用阶段的安全。就重力式墩台来说，应满足两方面的要求：一是墩台本身有足够的强度和稳定性，并且不出现过大的开裂，为此，应进行强度验算、稳定性验算及偏心验算。二是桥墩或桥台作为一个整体，不致发生不容许的变位，为此，就扩大基础（见本章第三节）而言，应进行基底应力验算、整体稳定性验算（包括倾覆稳定性和滑动稳定性）。第二个方面的验算属于墩台的基础部分。

此外，对于较高的桥墩，需验算墩顶弹性水平位移；对超静定桥梁结构，应验算基底沉降量；对钢筋混凝土墩台，要进行配筋设计和验算。以下简要介绍重力式墩台的验算内容，凡验算式中的荷载值（竖向力，弯矩）均指最不利荷载组合值。

砌体（或圬工）结构的设计理论主要有容许应力法和极限状态法。目前铁路桥规采用容许应力法，公路桥规采用极限状态法。容许应力法的验算式表现为应力的形式，极限状态法的验算式表现为荷载效应的形式。墩台身一般按偏心受压构件验算。现仅简介铁路桥规（《铁路桥涵混凝土和砌体结构设计规范》）的验算方法，公路桥规的验算方法，见《公路圬工桥涵设计规范》（JTG D61—2005）。

（1）截面强度验算

验算截面通常选在墩台身的底面与截面突变处。当桥墩较高时，由于最不利截面不一定在墩底，需沿墩身每隔 2 ~ 3 m 选取一个验算截面。

容许应力法验算式为

$$\sigma_{\min}^{\max}=\frac{N}{A}\pm\frac{M_x\cdot y}{I_x}\pm\frac{M_y\cdot x}{I_y}\leqslant[\sigma] \tag{7.12}$$

式中 N——截面的竖向压力；

A——截面的面积；

M_x、M_y——对截面主轴的计算弯矩；

I_x、I_y——对截面主轴的惯性矩；

x、y——应力点至主轴的距离；

$[\sigma]$——中心及偏心受压容许应力，其值按桥规取用，若荷载组合中包含附加荷载，$[\sigma]$ 值可适当提高。

如果由式（7.12）算得的 $\sigma_{\min}$ 为负值，则说明截面的一部分已处于受拉状态，应视其退出工作。此时需按照只有部分截面承受压力的原则，重新确定受压区范围，以求最大压应力，也即进行应力重分布计算。

应力重分布计算根据三项基本条件进行，即平截面假定（截面应变按线性分布）、弹性体假定（应力、应变关系符合胡克定律，但受拉区不参加工作）、力的平衡条件。对于单向偏心受压的矩形截面，重分布以后的最大压应力如图 7.39 所示。

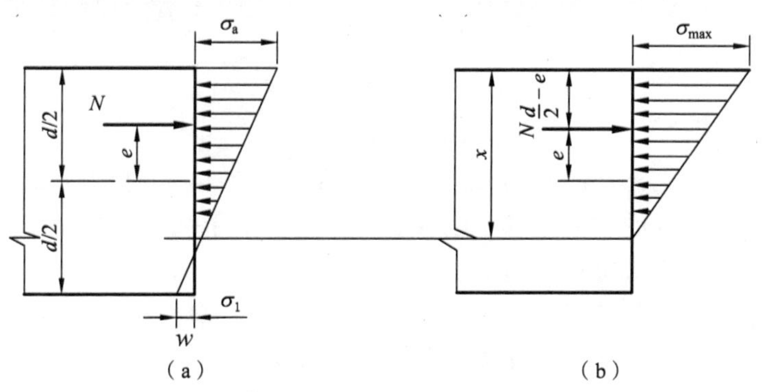

图 7.39　矩形截面应力重分布

$$\sigma_{\max}=\frac{N}{bx/2}=\frac{2N}{\left(\frac{d}{2}-e\right)b}\leqslant[\sigma] \tag{7.13}$$

或

$$\sigma_{\max}=\frac{L}{3\left(\frac{1}{2}-\frac{e}{d}\right)b}\cdot\frac{N}{bd}=\lambda\cdot\frac{N}{A}\leqslant[\sigma] \tag{7.14}$$

式中　b——截面宽度；$\lambda=\frac{2}{3(1/2-e/d)}$，称为应力重分布系数，它与外力的偏心率$\frac{e}{d}$有关。

对于其他形状的截面，特别是各种截面在双向偏心（斜偏心）下受压的情况，验算较为繁杂但计算原理相同，通常可查用已有计算图表，或利用相应的计算机程序计算。

（2）截面合力偏心距验算

为防止圬工结构裂缝开展过大而影响耐久性，并保证结构有足够的稳定性，应进行本项验算。

容许应力法验算式为

$$e_0=\frac{M}{N}\leqslant[e_0] \tag{7.15}$$

式中　$[e_0]$——容许偏心距，按铁路桥规取用，一般有$[e_0]=\alpha\cdot y$, $\alpha=0.5\sim0.7$，y为截面形心至最大压应力边缘的距离。

其他符号意义同前。

（3）纵向挠曲稳定性验算

挠曲稳定性验算通常简化为常规的强度验算形式，而引入弯矩增大系数或弯曲系数。验算式为

$$\sigma_{\max}=\frac{N}{A}+\frac{M_x\eta_y y}{I_x}+\frac{M_y\eta_x x}{I_y}\leqslant[\sigma] \tag{7.16}$$

式中　η_x，η_y——弯矩M_y，M_x的增大系数，其值按规范相应公式计算。

（4）墩台顶弹性水平位移验算

对较高的墩台为保证其具有足够的刚度，应按下式验算墩台顶顺桥向或横桥向的弹性位移

$$\varDelta\leqslant5\cdot\sqrt{L} \tag{7.17}$$

式中　L——相邻墩台间的最小跨径，以 m 计：铁路桥$L<24$ m 时仍以 24 m 计。

$\varDelta$——墩台帽顶面处的水平位移，以 mm 计，包括由于墩台身和基础的弹性变形，以及基底土不均匀沉降的影响。

墩台身的弹性变形引起的墩台顶水平位移，可把墩台身作为一固定在基础顶面的悬臂梁，不考虑上部结构对墩台顶位移的约束作用，可依材料力学或结构力学公式计算。基础变位引起的墩台顶水平位移应根据基础类型采用相应的计算方法确定。

重力式墩台的墩台帽一般可不进行验算，而按构造要求配筋。采用挑臂式墩台帽的重力式墩台，需要配置受力钢筋，挑臂部分按悬臂梁计算。

第三节　桥梁基础

一、基础的作用与要求

基础（foundation）指桥梁结构物直接与地基接触的部分，是桥梁下部结构的重要组成部分。承受基础传来的荷载的那一部分地层（岩层或土层）则称为地基（subsoil）。地基与基础受到各种荷载后，其本身将产生应力和变形。为了保证桥梁的正常使用和安全，地基和基础必须具有足够的强度和稳定性，变形也应在容许范围之内。根据地基土的土层变化情况、上部结构的要求和荷载特点，桥梁基础可采用各种类型。

基础类型的选定主要取决于地质土层的工程性质与水文地质条件、荷载特性、桥梁结构型式及使用要求，以及材料的供应和施工技术等因素。选择的原则是：力争做到使用上安全可靠、施工上简便可行、经济上节约合理。因此，必要时应作不同方案的比较，从中得出较为适宜与合理的设计和施工方案。

众多工程实例表明，桥梁基础的设计与施工质量的好坏，是关系到整座桥梁质量的根本问题。因为基础工程是隐蔽工程，如有缺陷，较难发现，也较难弥补或修复，而这些缺陷往往直接影响整座桥梁的使用甚至安危。基础工程施工的进度，经常控制全桥施工进度。下部工程的造价，尤其是在复杂地质条件下或深水基础，通常占全桥相当大的比重。因此，从事这项工作必须做到精心设计，精心施工，确保万无一失。

桥梁结构是一个整体，上下部结构和地基是共同工作，相互影响的。地基的任何变形都必然引起上下部结构的相应位移，上下部结构的受力行为也必然关系到地基的强度和稳定条件。所以，桥梁基础的设计、施工都应紧密结合桥梁结构的特点和要求，全面分析，综合考虑。

本节简要介绍浅置基础、桩及管柱基础和沉井基础。

二、基础的类型与构造

桥梁基础根据埋置深度分为浅置基础和深置基础两类，它们的施工方法不同，设计计算原理不同。浅置基础是在墩台处直接修建的埋深较浅的基础（一般小于 5 m）。由于浅层土质不良，有时需把基础埋置于较深的良好地层上，这样的基础称为深置基础（一般埋深大于 5 m）。基础埋置在土层内深度虽较浅，但在水下部分较深，如深水中的桥墩基础，称为深水基础。浅置基础最为简单，也最常用；当需要设置深基础时，则常采用桩基础或沉井基础，特殊桥位也可能采用其他大型或组合形式的基础。桥梁基础的分类见表 7.1。

表 7.1　桥梁基础的类型

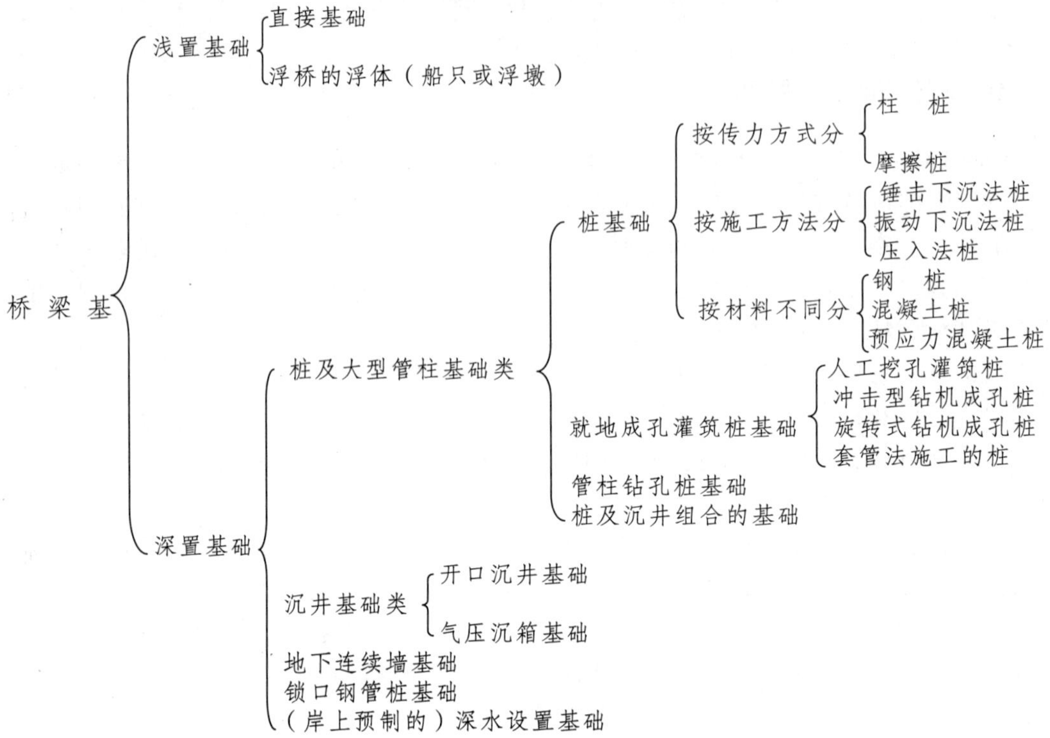

1. 浅置基础

浅置基础也称明挖扩大基础（spread foundation），其构造参见图 7.40。浅置基础是直接在墩台处开挖基坑修建而成的实体基础，适合于在岸上或水流冲刷影响不大的浅水处，且浅表地基承载力合适的地层。它构造简单，施工方便，最为常见。

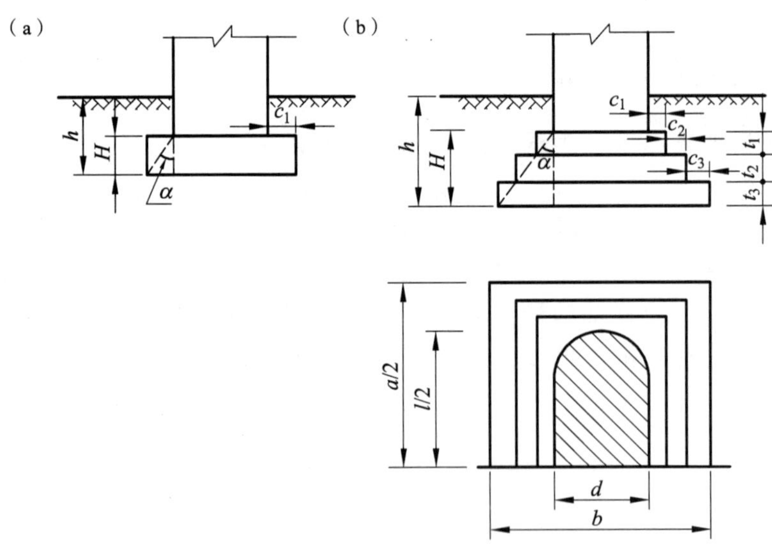

图 7.40　明挖扩大基础平面、立面图

明挖扩大基础的平面形状常为矩形，也有其他形式（视墩台身底面的形状而定）；立面形状可为单层或多层台阶扩大形式，其与地基承载力及上部荷载大小等有关。如图 7.40 所示，自墩台身底边缘至基顶边缘的距离 c_1 以及台阶宽度 c_2、c_3 称为襟边，其作用一方面是扩大基底面积以增加基础承载力，另一方面便于对基础施工时在平面尺寸上可能发生的误差进行调整，同时也为了支立墩台身模板的需要。襟边的最小值为 20 ~ 50 cm。基础每层台阶的高度通常为 50 ~ 100 cm，且一般情况下各层台阶宜采取相同厚度。基础的各级台阶的坡线与竖直线所成夹角 α 称为刚性角，其值不应超过某一限值 α_{max}，以防基础开裂破坏。α_{max} 与基础材料有关，混凝土基础为 40° ~ 45°，石砌基础为 30° ~ 35°。

根据《公路圬工桥涵设计规范》（JTG D61—2005）规定，明挖扩大基础的常用材料有混凝土、片石混凝土、浆砌片石等。混凝土强度等级一般采用 C20 ~ 25，浆砌片石一般用 M5 以上水泥砂浆，MU30 以上石料。

明挖扩大基础的特点是稳定性好、施工简便、取材容易、能承受较大的荷载，所以只要地基承载力能满足要求，它是桥梁的首选基础形式。但其缺点是自重大，并且在持力层为软弱土时，由于基础面积不能无限制扩大，需要对地基进行处理或加固后才能采用。所以对于荷载较大，上部结构对沉降变形较为敏感，持力层的土质较差且较厚的情况，不宜采用明挖扩大基础。

2. 桩及大型管柱基础

当墩台所处位置的覆盖层很厚，适于承载的地基很深，或同时河水也较深时，往往需要采用深基础，桩基础就是一种常用的深基础。

桩基础由若干根桩（pile）和承台（footing slab）两部分组成，桩在平面上可排列为一排或几排，所有桩的顶部由承台连成一个整体。在承台上再修筑桥墩或桥台及上部结构，如图 7.41。桩身可全部或部分埋入地基土中，当桩身外露在地面上较高时，在桩间应加横系梁以加强各桩的横向联系。

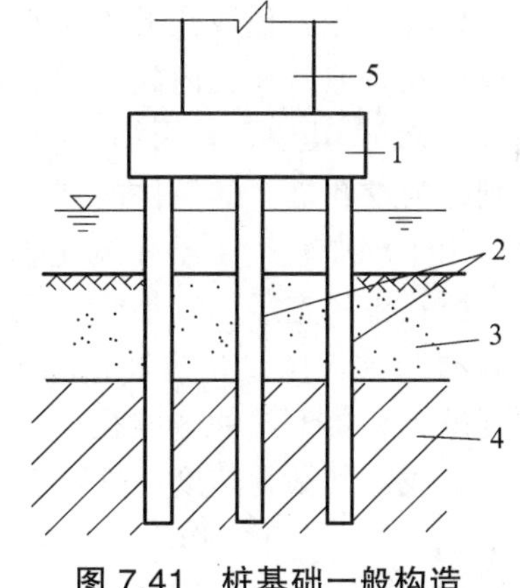

图 7.41　桩基础一般构造

1—承台；2—基础；3—松软土层；4—持力层；5—墩身

桥梁桩基础大多采用钢筋混凝土桩、预应力混凝土桩和钢桩，混凝土标号一般为 C20 ~ C40。混凝土桩的截面形式有圆形、环形、矩形、六角形等，钢桩的截面形式有圆形、H 形等。在桩轴方向，分竖直桩和斜桩，后者通常用于拱桥墩台基础。

随着桥梁建设的发展和工程技术的进步，在桥梁工程实践中已形成了各种形式的桩基础，它们在自身构造和桩土相互作用性能上都具有各自的特点，分别简述如下。

（1）按承台位置分类

按承台位置的不同，桩基础可分为高桩承台基础和低桩承台基础（图 7.42）。高桩承台的承台底面位于地面（或冲刷线）以上，低桩承台的承台底面则位于地面（或冲刷线）以下。高桩承台的桩身外露部分称为桩的自由长度，而低桩承台桩的自由长度为零。高桩承台由于承台位置较高或设在施工水位以上，可减少墩台的材料用量，避免或减少水下作业，施工较为方便。然而由于承台和基桩外露部分无侧边土层来共同承受水平外力，对基桩受力较为不利，桩身内力和位移都将大于在同样水平力作用下的低桩承台，稳定性亦较低桩承台差。近年来由于大直径钻孔灌筑桩的采用，桩的刚度、强度都较大，因而高桩承台也多有采用。

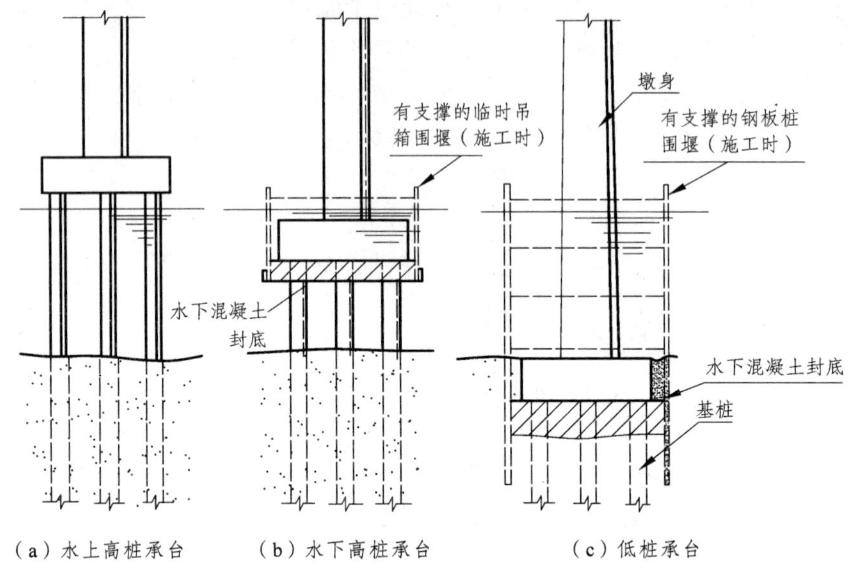

图 7.42　高桩和低桩承台

（2）按施工方法分类

按施工方法的不同，桩基础可分为钻（挖）孔灌筑桩和沉入桩。

灌筑桩是采用就地成孔的方法来完成的一种深基础。其施工方法是：先用机械或人工在土中做成桩孔，然后在孔内放入钢筋笼架，再灌筑桩身混凝土而形成桩身，最后在桩顶浇筑承台（或系梁）。其中，若用钻（冲）孔机成孔，称为钻孔桩（drilled shaft）；若用人工开挖桩孔，则称为挖孔桩。灌筑桩的特点是施工设备简单，操作方便，适用于各种砂性土、黏性土，也适用于碎卵石类土层和风化岩层。钻孔桩的直径一般为 0.8 ~ 3.0 m，其长度可由几米至百米。挖孔桩的直径不宜小于 1.2 m，长度不宜大于 20 m，以便于人工挖土。

钻孔灌筑桩常用设备为冲击型钻机或旋转式钻机。前者采用卷扬机带动重力式冲击钻头，往复吊起和落下，冲击成孔；后者由钻机机身、钻杆和钻头（配备不同形式，以对付不同土层）组成，其钻孔速度比冲击型钻机要快得多。在成孔过程中，需要向孔内灌入一种特制的泥浆（由一种特殊的膨胀土加化学制剂用水调制而成），其能起到保护钻好的孔壁不致坍塌的作用。为排除坍孔的危险，还可采用套管法施工桩基础。该方法适于施工深度不大于 40 m 的情况。其特点是：采用一套常备式钢套管，用重锤式抓斗在套管内抓土，同时在地面上用一套特殊设备不断晃动套管，使其随之下沉。在套管达到设计高程后，即可清基并进行后续工序。在灌筑混凝土的过程中，仍需不断地向上晃动套管，并逐节拔除。

沉入桩（driven pile）是通过汽锤（或柴油锤）或振动打桩机等方法将各种预先制好的桩（主要是钢筋混凝土实心桩或管桩，也有钢桩或木桩）沉入或打入地基中所需深度。这种施工方法适用于桩径较小（一般直径在 0.6 ~ 1.5 m），地基土质为砂性土、塑性土、粉土、细砂以及松散的不含大卵石或漂石的碎卵石类土的情况。

（3）按基础传力方式分类

按基础的传力方式，桩基础可分为柱桩与摩擦桩。柱桩是将桩尖通过软弱的覆盖层以后再嵌入坚硬的岩面，荷载由桩尖直接传到基岩中，桩像柱子一样受力（图 7.43（a））。摩擦桩是当基岩埋藏很深，桩尖不可能达到时，荷载通过位于覆盖层中的桩壁与土壤间的摩阻力和桩底端部的支承力共同承受的桩基础，见图 7.43（b）。柱桩承载力较大，较安全可靠，基础沉降也小，但若持力岩层埋置很深，就需要采用摩擦桩。由于柱桩和摩擦桩在土中的工作条件不同，它们与土共同作用的特点也就不一样，因此在设计计算时所采用的方法和有关参数也不一样。

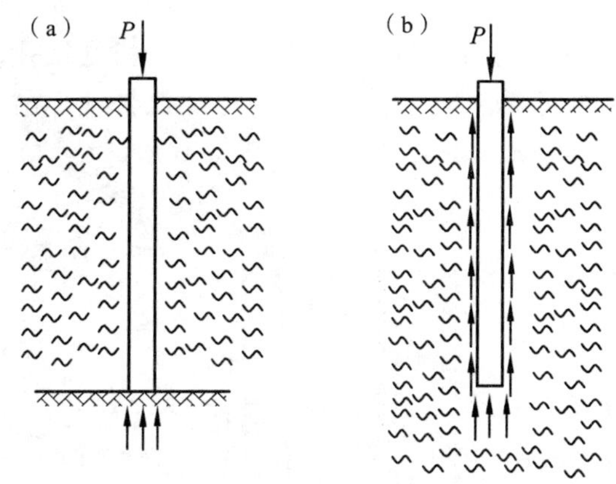

图 7.43　柱桩和摩擦桩

桩基础内基桩的布置应根据荷载大小、地基土质、基桩承载力等决定。采用大直径钻孔灌筑桩的公路中小跨度的桥梁常用单排式（横向），在大型桥梁基础中，或桩承受的水平力较大时，则采用多排式。如图 7.44 所示，（a）为行列式，（b）为梅花式。考虑桩与桩侧土的共同工作条件和施工条件的需要，桩与桩间的中心距不得小于桩径的某一倍数，一般为 2.0 ~ 2.5 倍桩径，参见桥规的规定。此外，为避免承台边缘距桩身过近而发生破裂，边桩外侧到承台边缘的距离，亦不能太小，一般要求不小于 0.3 ~ 0.5 倍桩径。

桩基础承台的平面尺寸和形状，应根据其上墩台身底面尺寸和形状以及桩的平面布置而定，一般采用矩形和圆端形。承台厚度应保证承台有足够的强度和刚度。一般采用钢筋混凝土刚性承台，承台厚度一般不宜小于 1.5 m，混凝土标号不宜低于 C20。承台底部需布置一层钢筋网，确保承台受力均匀，避免在桩顶荷载作用下开裂或破碎。承台与桩之间的连接，靠将桩顶主筋伸入承台来实现，桩身一般亦需伸入承台 15 ~ 20 cm，如图 7.45 所示。

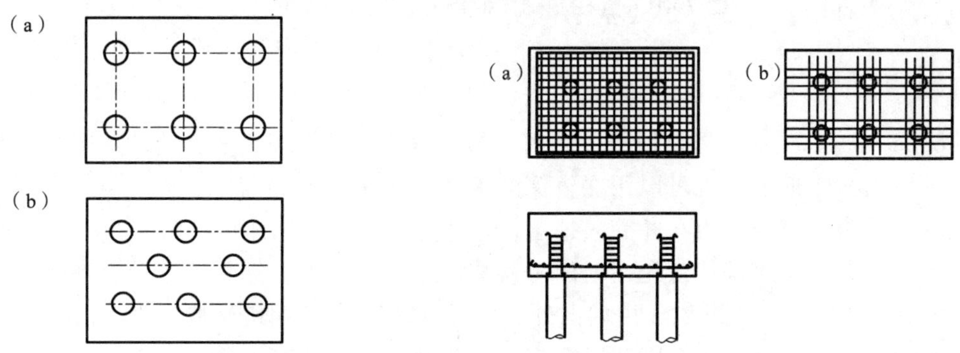

图 7.44　桩的平面布置　　**图 7.45　承台底面钢筋网及桩与承台的连接**

总之，桩基础是深基础方案的首选形式，它耗用材料少，施工简便，适应性强。但当上层软弱土层很厚，桩底不能达到坚实土层时，就需使用较多、较长的桩来传递荷载，这时桩基础的稳定性稍差，沉降量也较大；当覆盖层很薄时，桩的稳定性也可能会存在问题。

管柱基础（tubular column foundation）是一种大直径桩基础，适用于深水、有潮汐影响以及岩面起伏不平的河床。它是将预制的大直径（直径 1.5 ~ 5.8 m，壁厚 10 ~ 14 cm）钢筋混凝土或预应力混凝土管柱，用大型的振动沉桩锤沿导向结构将桩竖向振动下沉到基岩，然后以管壁作护筒，用冲击式钻机进行凿岩钻孔，再吊入钢筋笼架并灌筑混凝土，将管柱与基岩牢固连接。管柱施工需要有振动沉桩锤、凿岩机、起重设备等大型机具，动力要求也高，一般用于大型桥梁基础（见图 7.46）。

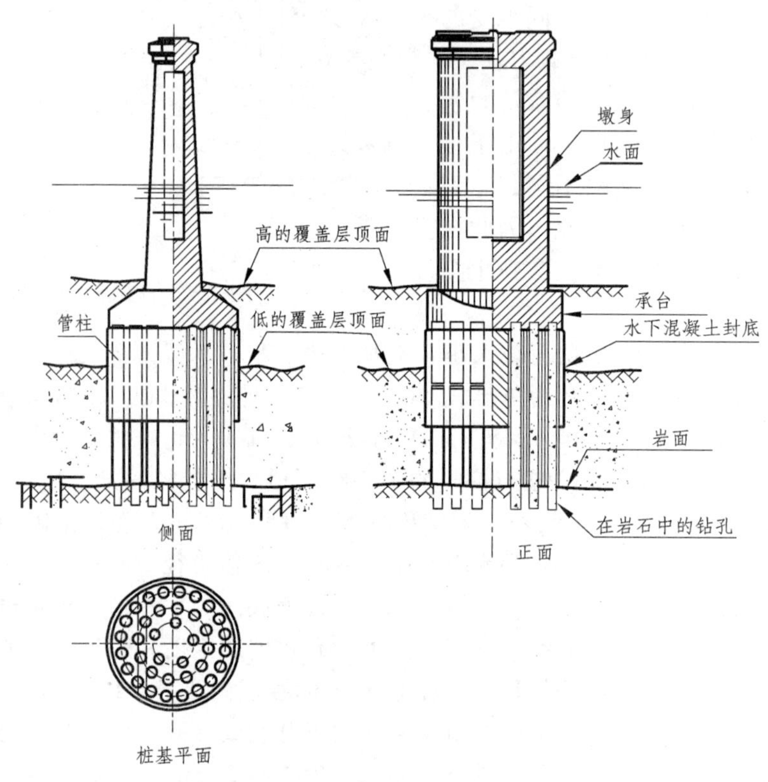

图 7.46　管柱基础（武汉长江大桥）

3. 沉井及沉箱基础

沉井（open caisson）基础是一种历史悠久的施工方法，适用于地基表层较差而深部较好的地层，既可以用在陆地上，也可以用在较深的水中。所谓沉井基础，就是用一个事先筑好的充当基础的混凝土井筒，一边在井筒内挖土，一边靠其自身重力不断下沉至设计高程的方法来完成的。基本施工工序是：首先在地面（若在浅水中则先人工筑岛）上做成钢筋混凝土沉井底节，底节足部的内侧井壁做成由内向外斜的“刃脚”；然后用机械或人工方法挖掘与清除井底土壤，使之不断下沉，沉井底节以上随之逐节接高；沉井下沉到设计高程后，再以混凝土封底，并浇筑沉井顶盖，沉井基础便告完成。最后再在沉井顶盖上修建墩身。沉井基础的施工步骤如图 7.47 所示。下沉时，为了减少沉井侧壁和土壤之间的摩阻力，可以采用泥浆护套、空气幕或塑料布膜衬壁等方法。

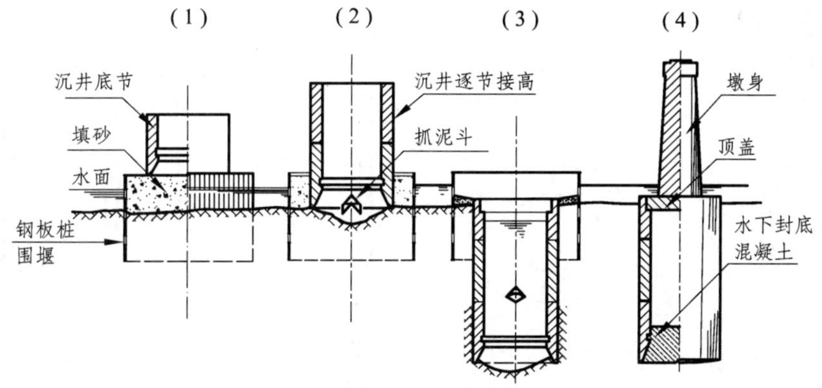

图 7.47　沉井基础施工步骤图

（1）沉井底节在人工筑岛上浇筑；（2）沉井开始下沉及接高；
（3）沉井已下沉至设计位置；（4）进行封底及墩身工作

沉井基础是桥梁工程中一种较常见的基础形式。我国南京长江大桥 1 号墩就是采用的钢筋混凝土沉井基础。江阴长江大桥北锚碇的沉井基础的平面尺寸达 69 m × 51 m。沉井的优点是埋置深度可以很大，整体性强，稳定性好，能承受较大的垂直荷载和水平荷载；沉井既是基础，又是施工时的挡土和挡水围堰（cofferdam）结构物，施工工艺也不复杂。其不足是工期较长；对细砂及粉砂类土在井内抽水易发生流砂现象，造成沉井倾斜；沉井下沉过程中遇到大孤石、树干或井底岩层表面倾斜过大，均会给施工带来一定困难。

按下沉方式，沉井基础可分为就地建造下沉的沉井和浮运就位下沉的沉井。按建筑材料，沉井基础可分为混凝土沉井，钢筋混凝土沉井等。桥梁上常用的是钢筋混凝土沉井，它的抗拉及抗压能力较好，下沉深度可达几十米。当下沉深度不大时，沉井壁大部分用混凝土，下部（刃脚）用钢筋混凝土。

沉井依外观形状的分类，在平面上可分为圆形、矩形及圆端沉井（图 7.48）等。圆形沉井（图 7.48（c)、(d)）受力好，适用于河水主流方向易变的河流；矩形沉井制作方便，但四角处的土不易挖除；圆端形沉井（图 7.48（a)）兼有前两类的特点。沉井基础的平面形状常取决于墩（台）底部的形状。对矩形墩或圆端形墩，可采用相应形状的矩形和圆端形沉井。采用矩形沉井（图 7.48（b)）时为了保证下沉的稳定性，沉井的长边和短边之比不宜大于 3。当墩的长度和宽度较为接近时，可采用圆形沉井或方沉井。

沉井竖直剖面外形主要有竖直式、倾斜式及阶梯式（图 7.49）等。采用形式主要视沉井需要通过的土层性质和下沉深度而定。外壁竖直形式的沉井，在下沉过程中不易倾斜，井壁接长较简单，模板可重复使用，故当土质较松软、沉井下沉深度不大时，可以采用这种形式。倾斜式及阶梯式井壁可以减少土与井壁的摩阻力，其缺点是施工较复杂，消耗模板多，同时沉井下沉过程中容易发生倾斜，故在土质较密实、沉井下沉深度大、要求在不太增加沉井本身重量的情况下，可采用这类沉井。倾斜式的沉井井壁坡度一般为 1/40 ~ 1/20，阶梯形井壁的台阶宽度约为 100 ~ 200 mm。

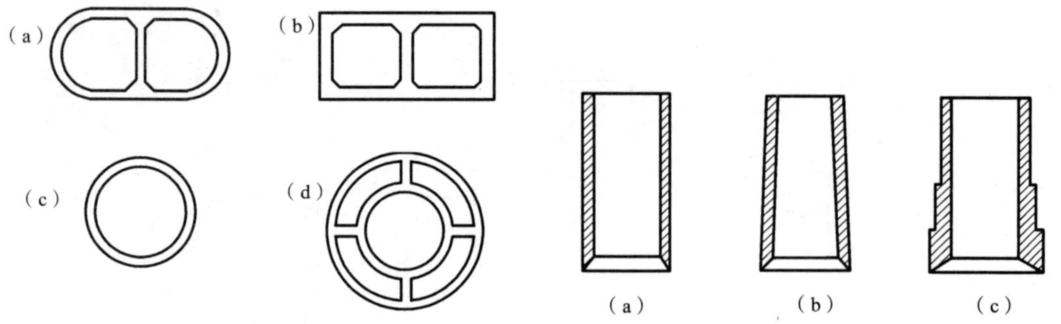

图 7.48　沉井平面形式　　　　**图 7.49　沉井竖剖面形式**

沉井基础虽有多种形式，但构造基本相同。它由刃脚、井壁、隔墙、井孔、凹槽、射水管或探测管、封底、顶盖（或承台）等组成，如图 7.50 所示。刃脚位于井壁的下端，其作用是切割土层。井壁是沉井的外壳，在下沉过程中起防水挡土作用；当沉至设计位置后，井壁则成为基础的组成部分。设置凹槽是为了满足传递封底混凝土底的基底反力至井壁，并增强封底混凝土和井壁的连接。顶盖用于承托其上的墩台身，一般为钢筋混凝土。

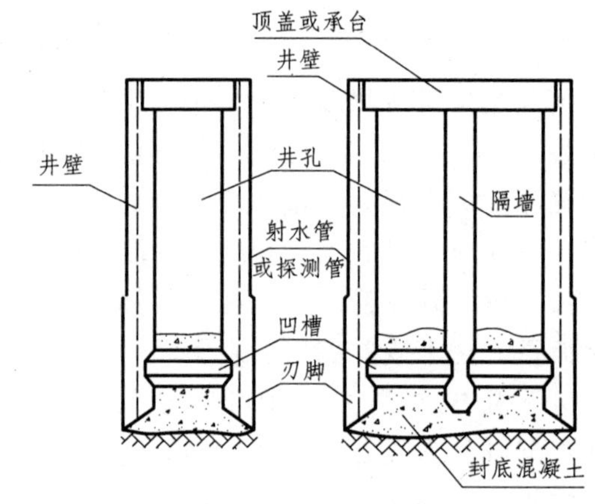

图 7.50　沉井构造

历史上，气压沉箱（caisson）是最早采用的大型深水基础。它类似于沉井，其不同之处是在沉井刃脚以上适当高度处设置一层密封的顶盖板。顶盖板以下为工作室，以上构造与沉井类似。顶盖板中开有空洞，安置升降井筒伸出水面，井筒上端为气闸。将压缩空气经气闸和井筒输入工作室，当空气的压力相当于刃脚处水头时，工作室内积水被排出，施工人员就可以进入工作室，在高气压（2 ~ 3 个大气压，视沉箱下沉深度而定）下进行挖土。挖出的土通过井筒提升，经气闸运出。这样，沉箱就可以利用其自重下沉到设计标高。沉箱的主要缺点是对施工人员的身体有害（易得沉箱病），工效很低。

4. 复式基础

复式基础（complex foundation）指由一些常见基础通过组合而形成的深水基础结构。例如沉井加管柱基础（可用于水下软弱覆盖层很厚的情况）、沉井加钻挖桩基础（当土层中含有大颗粒的卵石，沉井不易穿透时，可先将沉井下沉到最大可能深度，然后在井壁的预留孔内，钻挖成桩，直至持力深层）、双壁钢围堰加钻孔灌筑桩基础（钢围堰逐段接高下沉，在水中形成无水的工作空间，然后钻孔）等。图 7.51 所示为我国九江大桥正桥基础中采用的双壁钢围堰加钻孔灌筑桩基础形式。

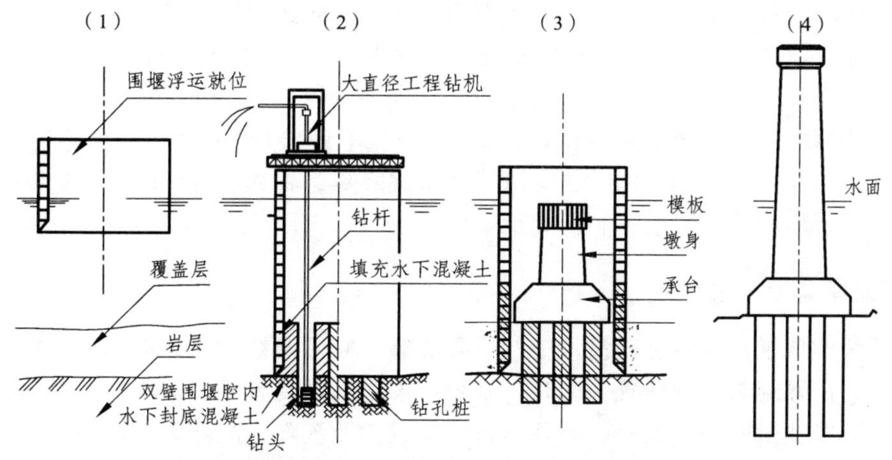

图 7.51　双壁钢围堰加钻孔灌筑桩基础施工步骤（九江长江大桥）

（1）围堰浮运就位；（2）封底钻孔；（3）抽水后灌筑承台和墩身；（4）水下切除部分围堰

锁口钢管（板）桩是指由焊接钢管（板）相互扣接形成的桩壁，其可用于港口内壁或防波堤，也用于建筑基础工程或桥梁基础。见图 7.52，钢管（板）之间的扣接方式多样，可在水中形成环形或矩形空间，抽干该空间内的水，就可着手基础施工。施工完成后，还可通过水下切割，回收一部分桩壁材料。这种辅助基础施工的主要特点有：设计经济合理，对水平和垂直荷载的支撑强度高，适用大部分地基情况，容易调整桩壁高度，易于施工和缩短工期，阻水效果好等。

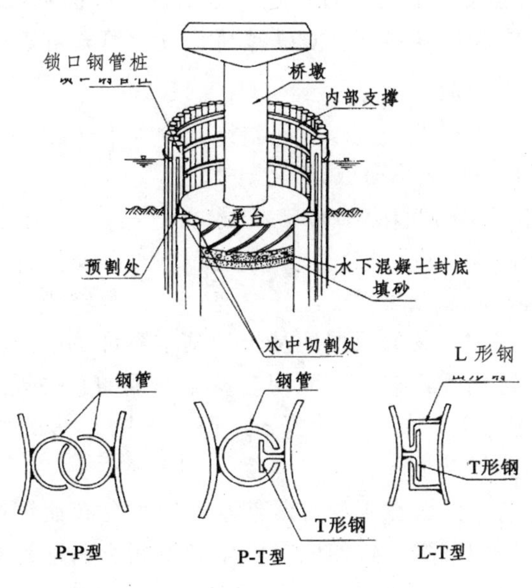

图 7.52　锁口钢管（板）桩基础示意

三、明挖扩大基础的设计与计算

基础的设计与计算方法与基础形式有很大关系，浅置基础与深置基础的计算原理明显不同，深置基础的计算较为复杂。以下仅介绍明挖扩大基础的设计计算方法。

明挖扩大基础的设计过程是，首先确定基础的埋置深度；其次拟订基础尺寸，包括基础厚度、平面尺寸和立面分层尺寸；然后进行地基和基础各项验算。

基础的验算内容包括地基强度验算，基底合力偏心距验算，基础的整体稳定性（抗倾覆、滑动）验算。对超静定桥梁结构，还应进行地基沉降量，相邻基础沉降差，地基不均匀沉降等验算。验算所用荷载应取最不利荷载组合值。

1. 基础埋置深度的确定

确定基础的埋置深度是基础设计中的重要步骤，它涉及结构物建成后的牢固、稳定及正常使用问题。在确定基础的埋置深度时，必须考虑把基础设置在变形小而强度又较高的持力层上，以保证地基强度满足要求，而且不致产生过大的沉降或沉降差。此外还要使基础有足够的埋置深度，以保证基础的稳定性，确保基础的安全。确定基础的埋置深度时，必须综合考虑地基的地质、地形条件，河流的冲刷程度，当地的冻结深度，上部结构型式，以及保证持力层稳定所需的最小埋深和施工技术条件等因素。对于某一具体工程来说，往往是其中一、两项因素起决定性作用，所以设计时，必须从实际出发，抓住主要因素进行分析研究，确定合理的埋置深度。铁路和公路桥规均对埋置深度有具体规定。

2. 基础的验算内容

（1）地基强度验算

地基强度验算应保证基底发生的应力不超过地基持力层的强度（地基容许应力），对持力层下的软弱下卧层，也应验算其强度。对铁路桥，其验算式可表达为

$$\sigma_{\min}^{\max}=\frac{N}{A}\pm\frac{M}{W}\leqslant[\sigma] \tag{7.18}$$

式中　N——基础底面以上的竖向总荷载；

M——基底以上外力对基底形心轴的总力矩；

A——基础底面积；

W——基础底面的截面模量；

$[\sigma]$——地基容许承载力，其值根据地基土的基本容许承载力$[\sigma_0]$，再叠加基础宽度深度修正值（称为宽深修正）而得。参见桥规的有关规定。

当$\sigma_{\min}<0$时，应按应力重分布重新计算$\sigma_{\max}$值，参见上一节墩台的设计计算部分。

（2）基底合力偏心距验算

限制基底合力偏心距的目的，在于尽可能使基底应力分布比较均匀，避免应力分布相差过大和基础产生较大的不均匀沉降，致使墩台发生倾斜而影响正常使用。其验算式可表达为

$$e_0=\frac{M}{N}\leqslant[e_0] \tag{7.19}$$

式中　e_0——基底合力偏心距；

$[e_0]$——基底容许偏心距，$e_0=\alpha\cdot\rho$，其中ρ为基底截面核心半径，α为一系数，α荷载条件（恒载作用或恒活载作用），地基条件（土质地基、岩石地基、坚质岩

地基等）有关，取值 0.1 ~ 1.5，见桥规的具体规定。

其他符号意义同前。

为便于计算，式（7.19）可改写为下式

$$\frac{e_0}{\rho}=1-\frac{\sigma_{\min}}{\frac{N}{A}}\leqslant\frac{[e_0]}{\rho}=\alpha \tag{7.20}$$

（3）基础倾覆稳定性验算（以桥台基础为例）

基础的倾覆稳定性可按下式计算

$$k_0=\frac{M_{稳}}{M_{倾}}\geqslant[k_0] \tag{7.21}$$

式中 $M_{稳}$——稳定力矩，见图 7.53，取 $M_{稳}=y_1\sum P_i$；

$\sum P_i$——作用在墩台上的竖向力组合；

y_1——桥台基底形心至最大受压边缘（A）的距离；

$M_{倾}$——倾覆力矩，见图 7.52，取

$$M_{倾}=\sum P_i e_i+\sum T_i h_i$$

e_i——各竖向力到基底形心的距离；

h_i——各水平力到基底的力臂；

T_i——作用在墩台上的水平力（图 7.52 中为 T、E_A、E_C）；

$[k_0]$——倾覆稳定系数容许值，对不同的荷载组合，其值在 1.2 ~ 1.5，按桥规采用。

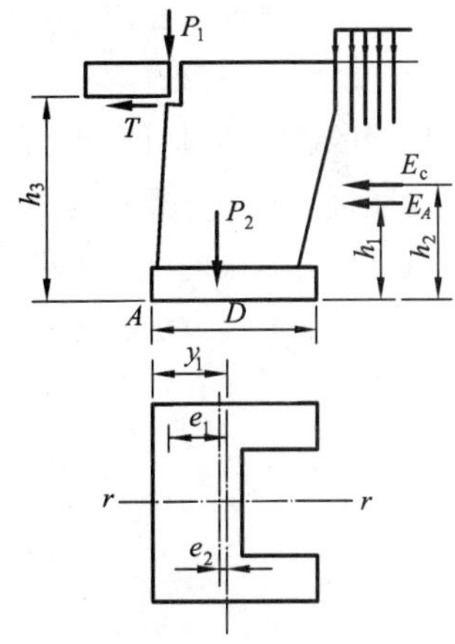

图 7.53 重力式桥台的倾覆稳定性验算

式（7.24）可转化为 $k_0=\dfrac{y}{e_0}\geqslant[k_0]$ 的形式，式中 e_0 为所有外力的合力的竖向分力对基底形心轴的偏心距。

（4）滑动稳定性验算

基础的滑动稳定性可按下式计算

$$k_c=\frac{f\sum P_i}{\sum T_i}\geqslant[k_c] \tag{7.22}$$

式中 f——基础底面与地基土间的摩擦系数；

$[k_c]$——滑动稳定系数容许值，其值为 1.3，对施工临时荷载取 1.2。

（5）基础的沉降量验算

对于超静定桥梁结构，当有必要时，应验算基础沉降量。其验算式为

$$\begin{cases}\text{均匀沉降量} & \varDelta \leqslant 20\sqrt{L} \\ \text{相邻墩台沉降差} & \varDelta \leqslant 10\sqrt{L}\end{cases}$$

式中　$\varDelta$——沉降量或沉降差计算值，以 mm 计，按土力学原理计算；

L——相邻跨中较短跨度，以 m 计。

超静定桥梁结构应考虑由于基础不均匀沉降引起的附加内力。

思考题

一、简述公路简支梁桥和连续梁桥支座的一般布置方式。

二、为什么不宜在高桥墩处设置固定支座？

三、试述常用支座类型和板式、盆式橡胶支座的工作原理。

四、重力式桥墩和轻型桥墩的主要区别是什么？

五、概述柔性墩的工作原理及其作用。

六、常用的桥台类型有哪些？

七、墩台的验算项目有哪些？

八、简述桩基础的分类及其适用范围。

九、概述沉井基础的施工过程。沉井与沉箱的区别在哪里？

十、可以采用哪些方法在水中形成一个无水的工作空间，以便基础施工？

第八章 其他桥型

第一节 预应力混凝土连续梁（刚构）桥

连续梁结构体系最早应用于钢桥。20 世纪初，开始建造小跨度的钢筋混凝土连续梁桥；到 30 ~ 40 年代，预应力混凝土的材料及工艺得到发展，逐步应用于桥梁工程；至 50 年代，出现预应力混凝土连续梁桥；到 70 年代，出现预应力混凝土连续刚构桥。近几十年来，伴随着平衡悬臂施工技术的进步，预应力混凝土梁桥表现出强大的生命力，发展迅猛。例如，在我国近 10 余年来所建的中等和大跨度公路桥梁中，预应力混凝土连续梁（刚构）桥占到总数的 75% 左右。在世界范围内，预应力混凝土连续梁桥的跨度已接近 200 m，而预应力混凝土连续刚构桥的跨度已达 300 m。

预应力混凝土连续梁（刚构）桥的主要优点表现在：能充分发挥高强材料的特性，具有可靠的强度、刚度和抗裂性能；技术成熟，投资较少；耐久性强，养护维修工作量少，在运营中产生的噪声小；材料可塑性强，便于建筑艺术处理，也容易满足桥梁曲线和坡度的要求。但与钢桥相比，预应力混凝土结构的重力大，跨越能力有限；采用就地浇筑时，混凝土的质量比较难于控制。

本节简要介绍预应力混凝土（实腹式）连续梁桥以及连续刚构桥的基本构造特点、施工方法、设计概要和结构受力特征。

一、总体布置和构造特点

1. 平面布置

桥梁的平面布置方式通常有正交、斜交、单向曲线和反向曲线等几种，见图 2.4。

连续梁由若干梁跨（通常为 3 ~ 8 跨）组成一联，每联两端留出伸缩缝并设置伸缩装置，整座桥梁可由一联或多联组成。每联跨数的增加对结构受力和行车有利，但会增加桥梁设计和施工的难度，也对伸缩装置提出了更高的要求。英国奥韦尔连续梁桥采用 18 跨一联，连续长度 1 286 m；我国钱塘江二桥的 18 跨一联，连续长度达 1 340 m。

2. 立面布置

立面布置包括结构体系、结构分跨、梁高选择以及相应的下部结构和基础型式确定等。现按等高连续梁、变截面连续梁和连续刚构体系等分述如下。

（1）等高连续梁

“等高”指梁高保持不变，大部分梁段采用相同截面，在支点处的截面尺寸通常会有所调整。连续梁桥采用等高布置，具有构造、制造和施工简便的特点。等高连续梁适用于中等跨度（40 ~ 60 m 左右）的、一联较长的桥梁。梁段（跨）施工可采用预制装配或就地浇筑。从施工的角度讲，对中等跨度的长大桥梁，无论采用预制装配还是就地浇筑的施工方法，均可使用建桥设备（如架桥机、移动支架、移动模架等）逐跨完成全桥的施工。这样，就可以取得良好的经济效益。

国内外采用等高连续梁结构的公路桥例较多。例如，美国 1980 年建成的长礁（Long Key）公路桥，全长 3 701 m（35.6 m + 36 × 101 m + 35.6 m），跨度 36 m，梁高 2.1 m，单箱单室截面，采用逐跨拼装的方法施工；我国 1991 年建成的厦门高集海峡（公路）大桥，全长 2 070 m（8 × 45 m + 8 × 45 m + 12 × 45 m + 10 × 45 m + 8×45 m），跨度 45 m，箱形截面，采用逐跨现浇的移动模架（movable formwork）法施工。另外，国外常从桥梁美观（线条简洁）和施工简便的要求出发，设计较大跨度（100 m 以上）的等高连续梁桥跨越宽深的山谷。例如，德国的科查塔（Kochertal）桥，主跨布置为 81 m + 7 × 138 m + 81 m，采用悬臂浇筑及拼装方法施工，见图 8.1。

图 8.1 德国科查塔（Kochertal）桥

我国高速铁路桥梁中，为提高整体刚度，有利于高速运营，采用了多种规格的中小跨度等高连续梁标准设计，包括 3 × 20 m、2 × 24 m、3 × 24 m、2 × 32 m、3 × 32 m、4 × 32 m、2 × 40 m、32+48+32 m、32+40+32 m、40+50+40 m、40+56+40 m 等，后三种为连续结合梁，其余为预应力混凝土梁。

等高连续梁的分跨可按等跨或不等跨布置。通常对大部分孔跨采用等跨布置，以简化构造，统一模式。跨度大小主要取决于经济孔径和施工条件。当标准跨度不能满足通航或桥下交通要求而需加大个别孔跨的跨度时，常采用保持梁高不变而调整支点处截面尺寸和增加预应力钢筋的方式解决。这样可使桥梁的立面仍协调一致，也减少了构件及模板的规格。当标准跨度较大时，为减少边跨正弯矩，可将边跨跨度适当减小，边跨与中跨的跨度比在 0.6 ~ 0.8 左右。

梁高的选择与跨度有关。通常，等高公路连续梁桥的高（度）与跨（度）之比 h/L 在 1/25 ~ 1/15 之间。当采用顶推法施工时，还需要考虑顶推法施工时对结构的附加受力要求，此时高跨比 h/L 选 1/15 ~ 1/12 为宜。对干线铁路桥，h/L 为 1/18 ~ 1/16。

（2）变截面连续梁

对梁高按某一规律变化的连续梁，习惯上称其为变截面连续梁。当桥跨增大时，在荷载作用下，连续梁桥的中间支点截面处将承受较大的负弯矩。从绝对值来看，支点负弯矩远大于跨中正弯矩。这样，采用变截面梁（支点处梁高增大，跨中处梁高减小，其间按曲线或折线过渡）更能适应结构的内力分布规律。另一方面，大跨连续梁常采用悬臂法施工，而变截面梁成桥时的恒载受力状态又与其悬臂施工时的内力状态基本吻合。因此，大跨度预应力混凝土连续梁桥多采用变截面布置。从统计资料看，我国跨度大于 100 m 的公路混凝土连续梁桥，90% 以上选用变截面；跨度大于 64 m 的干线铁路（包括高速铁路）混凝土连续梁桥，基本上采用变截面形式。

变截面梁的梁高变化规律可以是斜（直）线、圆弧线或二次抛物线。因二次抛物线的变化规律与连续梁的弯矩变化规律基本相近，故常用。在边跨端部的梁段，常采用直线布置。除梁高变化外，对箱形截面，还可将其底板、腹板和顶板做成变厚度，以适应梁内各截面的不同受力要求。

公路变截面梁的高跨比 h/L，中跨跨中截面可取 1/30 ~ 1/50，中支点截面可取 1/25 ~ 1/16，支点截面与跨中截面高度之比在 2.0 ~ 3.0；铁路桥梁宜取较大的比值，支点截面可取 1/16 ~ 1/12，支点截面与跨中截面高度之比在 1.5 ~ 2.0。边跨与中跨的跨度比在 0.5 ~ 0.8 内变化，采用悬臂法施工时宜取较小值。比值过大，会导致边跨正弯矩分布不合理；而比值过小（0.5 以下），梁端支点可能发生负反力，需要设置构造复杂的拉力支座。

现举两桥例如下。我国云南六库怒江公路桥为三跨预应力混凝土箱形截面连续梁桥，跨度 85 m + 154 m + 85 m；支点截面梁高 8.5 m，跨中截面梁高 2.8 m，梁底按二次抛物线布置；腹板厚度保持为 0.44 m，底板厚度从支点处的 1.2 m 减小到跨中的 0.3 m，顶板厚度从支点处的 0.43 m 减小到跨中的 0.18 m。山西翼城侯月线海子沟铁路桥为四跨预应力混凝土箱形截面连续梁桥，跨度 63 m + 2×84 m + 63 m；支点截面梁高 6.5 m，跨中截面梁高 3.8 m，梁底按二次抛物线布置；腹板根部厚度为 0.8 m，分段渐变至跨中的 0.45 m，底板厚度从支点处的 1.4 m，分段渐变至跨中的 0.45 m，顶板厚度保持 0.35 m 不变。

尽管变截面梁在构造和施工上要复杂一些，但其外形流畅、节省材料并可增大桥下净空，常常是较大跨度混凝土梁桥的优选方案。

（3）连续刚构体系

连续刚构体系在构造上分为跨内梁部设铰和梁部连续两种类型。目前的连续刚构体系基本上采用后者。连续刚构体系也可称为具有墩梁固结的连续梁桥。桥梁中的墩梁固结部分通常在需要布置大跨、高墩处采用。从结构适应位移的角度看，连续刚构体系利用高墩的柔度来适应结构由预加力、混凝土收缩徐变和温度变化等引起的纵向位移，即把高墩视为一种可摆动的支承体系。边跨桥墩因墩高较矮，相对刚度增大，当其不能起到摆动作用时，需在桥墩的顶部或底部设铰，以适应纵向位移。

若桥梁的连续长度过大，桥端的几个桥墩会因温度影响产生较大的水平位移，桥墩受力不利。此时可在中间区段采用连续刚构，两边区段采用连续梁，同时保持梁部连续。这样，连续刚构体系演变成刚构—连续梁的混合体系。具体的桥例包括重庆黄花园大桥、东明黄河大桥等。

连续刚构体系的主要特点表现在以下几方面：

① 墩梁固结有利于悬臂施工，且可减少大型支座及其养护维修和更换。

② 在受力方面，上部结构仍表现出连续梁特点，但必须计入由于桥墩受力及混凝土收缩徐变和温度变化引起的变形对上部结构的影响；因桥墩具有一定柔度，与 T 形刚构桥相比，其根部所受弯矩很小，而在墩梁结合处仍有刚架受力特点。

③ 在构造方面，主梁常采用变截面箱形梁，桥墩多采用矩形和箱形截面的柱式墩或双薄壁墩；在连续刚构两端设置的伸缩装置应能适应结构纵向位移的需要，同时，端部需设置控制水平位移的挡块，以保证结构的水平稳定性。

澳大利亚门道（Gateway）桥全长 1 627 m，主桥为三跨预应力混凝土连续刚构体系，中跨 260 m，见图 8.2。主梁为变高度单箱单室截面，桥墩处梁高 15 m，跨中处梁高 5.2 m，腹板和底板为变厚度；主墩采用双薄壁式墩，两壁中距 11 m，每壁厚 2 m；边跨在离引桥墩 15 m

处与引桥铰结，并在铰结处设置伸缩缝；采用悬臂浇筑法施工。

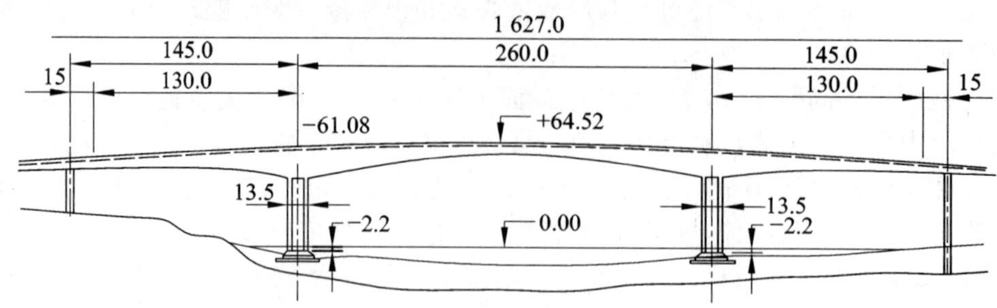

图 8.2 澳大利亚门道桥的总体布置（尺寸单位：m）

我国南昆线清水河桥（图 8.3）的主跨布置为 72 m+128 m+72 m 预应力混凝土连续刚构，主跨 128 m。梁体为单箱单室变截面箱梁，桥墩处梁高 8.8 m，跨中处梁高 4.4 m。梁体下缘除中跨中部 34 m 和边跨端部各 25.7 m 为等高直线段外，其余为 $R = 212.314$ m 的圆曲线。箱梁顶板宽 8.1 m，箱宽 6.1 m；腹板厚度 0.4 ~ 0.7 m，底板厚度 0.4 ~ 0.9 m，顶板厚度 0.5 m。梁体采用 C50 预应力混凝土，按三向预应力设计，悬臂浇筑法施工。

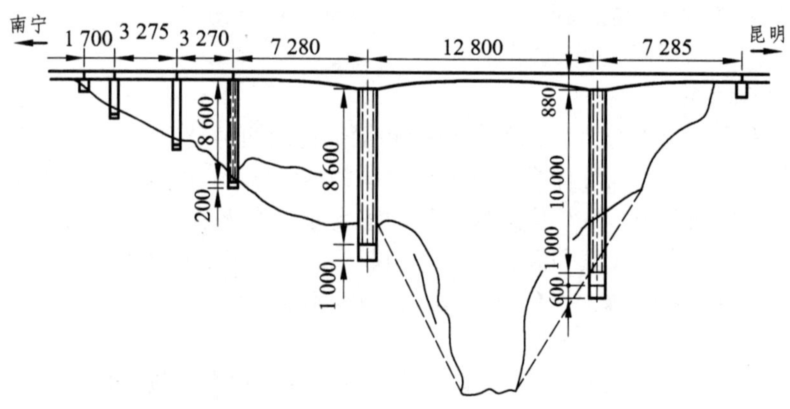

图 8.3 南昆线清水河大桥的总体布置（尺寸单位：cm）

连续刚构体系的基本受力特点可归纳为：

① 随着墩高的增加，连续刚构的墩顶以及跨中梁部弯矩趋近连续梁者；

② 墩的轴向力和墩底弯矩随墩高的增加急剧减少；

③ 两墩之间的梁部所受到的轴向力随墩高的增加而急剧减少。

因此，连续刚构的梁的高跨比 h/L 等设计参数可参照连续梁桥取值（适当偏小）。对带双薄壁墩的连续刚构体系，其梁部弯矩与双薄壁的截面尺寸和间距有较大关系，梁高选择时应考虑到这一因素。

（4）带 V 形墩或 V 形支撑的连续梁体系

为适当增加连续梁的跨越能力、节省材料，还建造过一些带 V 形墩或 V 形支撑的连续梁。与连续刚构体系中的双薄壁式墩类似，其力学作用在于削减墩顶的负弯矩（在连续梁中间支点处沿桥纵向布置两排支座，也可起到削减墩顶的负弯矩的作用），在外观上也显得轻巧别致。这样的桥例有桂林雉山漓江公路桥（主跨 95 m，V 形墩）和南昆线南盘江桥（V 形支撑，建于桥墩之上）等。

3. 横截面布置

预应力混凝土连续梁桥可选用的横截面形式较多，一般应依据桥梁的跨度、宽度、梁高、支承体系、施工方法等确定。

（1）板、肋式截面

图 8.4 所示为板、肋式截面形式。空心板截面常用于 15 ~ 30 m 的连续梁桥，板式截面多采用混凝土现浇施工方法。肋式截面的常用跨度也在 15 ~ 30 m，常采用预制架设施工，并在梁段安装完成之后，经体系转换形成连续梁。

板、肋式截面的特点是构造简单，施工方便，适用于中、小跨度的连续梁桥。

（2）箱形截面

箱形截面（box section）具有良好的抗弯和抗扭性能，是预应力混凝土连续梁桥的主要截面形式。箱形截面习惯上用箱数和室数来进行划分。一个“单箱”指的是由顶板、底板和两侧腹板组成的闭合框架；若在单箱中增设一腹板，就把单箱分割成两个“单室”。图 8.5 示意几种常用的箱形截面形式，从上到下，分别为单箱单室截面、单箱双室截面和单箱多室截面。除此之外，还有双箱单室、双箱双室、多箱单室、多箱多室等形式。每一类截面形式都大致有其梁高和桥宽的适当取值范围。一般而言，箱数和室数越多，适应的桥面宽度越宽。

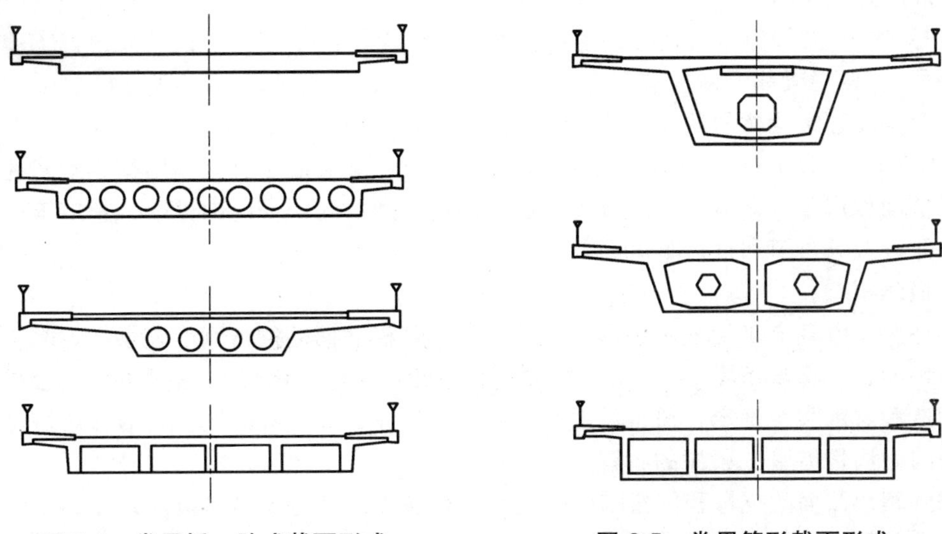

图 8.4　常用板、肋式截面形式　　　图 8.5　常用箱形截面形式

箱形截面的顶板和底板是结构提供抗弯能力的主要部位。当采用悬臂施工方法时，梁的底板（特别是靠近中间支点处者）将承受很大的压应力。为适应受压要求，底板设计成变厚度。根部厚，通常取墩顶梁高的 1/12 ~ 1/10；跨中薄，其尺寸受跨中布置的预应力钢筋和普通钢筋的控制，一般在 0.2 ~ 0.3 m。箱梁顶板由于受车辆荷载的直接作用，其厚度的取值要考虑两个因素：一是要满足桥面板横向抗弯的要求，二是要满足纵向力筋布置的要求。一般，当两腹板间距增大时，顶板厚度也要相应增大，一般不小于跨径的 1/30。箱梁腹板主要承受结构的弯曲剪应力以及扭转剪应力引起的主拉应力。对大跨度连续梁，腹板厚度一般在跨中较薄，在支点处较宽（以承受梁部支点处较大的剪力）。除满足抗剪要求外，腹板的最小厚度还

应考虑钢束管道布置（包括锚固尺寸）以及混凝土浇筑的要求。

在箱梁腹板与顶、底板结合处需要设置梗腋（或称承托，倒角）。梗腋布置的方式不一，视具体情况确定。梗腋的作用在于：加强各板之间的联系，提高截面的抗扭和抗弯刚度，减少扭转剪应力和畸变应力；使力线缓和过渡，减少次应力；提供一定空间来布置预应力钢筋；减少顶、底板的横向宽度以便适当减薄顶、底板厚度。

为方便纵向预应力张拉锚固，还需要在顶、底板设置用于将预应力钢筋引出梁体的混凝土锯齿块。锯齿块的设置依预应力钢筋的布置而定。

图 8.6 所示为几座桥梁的横截面。其中，图（a）为我国茅岭江铁路桥（单线，48 m + 80 m + 48 m 连续梁）的梁部截面（较低部分表示一半跨中截面，较高部分表示一半根部截面，其余同）；图（b）为日本锦町铁路桥（双线，44 m + 88 m + 44 m 连续梁）者；对铁路桥梁，桥宽有限，多为单箱单室，各部尺寸的取值较公路桥者为大，是其特点。

图（c）和（d）分别取自广东洛溪大桥（65 m + 125 m + 180 m + 110 m，连续刚构，两箱梁并列）和美国休斯敦运河桥（114 m + 229 m + 114 m，连续刚构）。对公路桥，桥宽大致在 15 ~ 20 m 范围内，可采用单箱单室或单箱双室截面。另外，斜置的腹板可减小底板的横向宽度，也相应减小了桥墩及基础尺寸。图（e）取自丹麦瓦埃勒湾（Vejle Fjord）公路桥（跨度为 110 m 的多跨连续梁），主梁为单箱单室，但为适应桥宽需要且增加桥面刚性，在箱梁顶板及悬臂板下每隔 6.88 m 设一厚 0.5 m 的横向加劲肋。图（f）取自德国的科查塔（Kochertal）桥（主跨布置为 81 m + 7×138 m + 81 m，等高度连续梁），其截面由单箱、斜撑和悬臂板组成，形成宽度达 30 m 的桥面。对宽桥，还可将两个（甚至多个）箱梁平行并列布置（称为分离式箱形截面），两箱梁邻近顶板端部可设置分车带等构造。图（g）为主跨 137.2 m 的美国松谷河公路等高度连续梁桥的截面布置。图（h）所示的奥地利新帝国公铁两用桥（主跨布置为 87.9 m + 169.4 m + 150.0 m + 60.4 m + 60.4 m 连续梁）主梁截面是充分利用箱梁空间的一个例子。该桥桥面设汽车 6 车道，箱内设置地铁，两箱之间的间隔带内铺设缆索管道等设施，箱体下部外侧设置人行道和自行车道。

（3）横隔板

前已述及，由多个 T 形或工字形组成的截面，其横截面的抗扭刚度较小，为增加桥梁的整体工作性能，一般需沿梁长设置一定数量的横隔板（或称横隔梁）。横隔板的数目和位置依主梁的构造和跨度大小确定，通常设置在支点处、跨中和 1/4 跨径处，见第五章。对连续梁桥，早期的做法是借鉴 T 梁桥的布置方式，见图 8.7。

考虑到箱形截面的抗弯和抗扭刚度较大，除在各支点处设置横隔板外，没必要设置中间横隔板。目前的趋势是少设或不设中间横隔板，以减少其施工的麻烦。例如，我国云南怒江大桥只在两中间支点处各设置一道横隔板。对于多箱截面，为加强桥面板与各箱间的联系，常在箱间沿纵向间断设置横隔板。对采用双薄壁式桥墩的连续刚构，其梁内在墩顶的横隔板布置应与双薄壁式桥墩一一对应，参见图 7.25。

为便于箱内施工和检查工作，需要在横隔板上开孔。因此，多数情况下横隔板不是一块实心板，而是与箱梁四壁连为一体的横向框架。横隔板的厚度一般按工程经验取值。

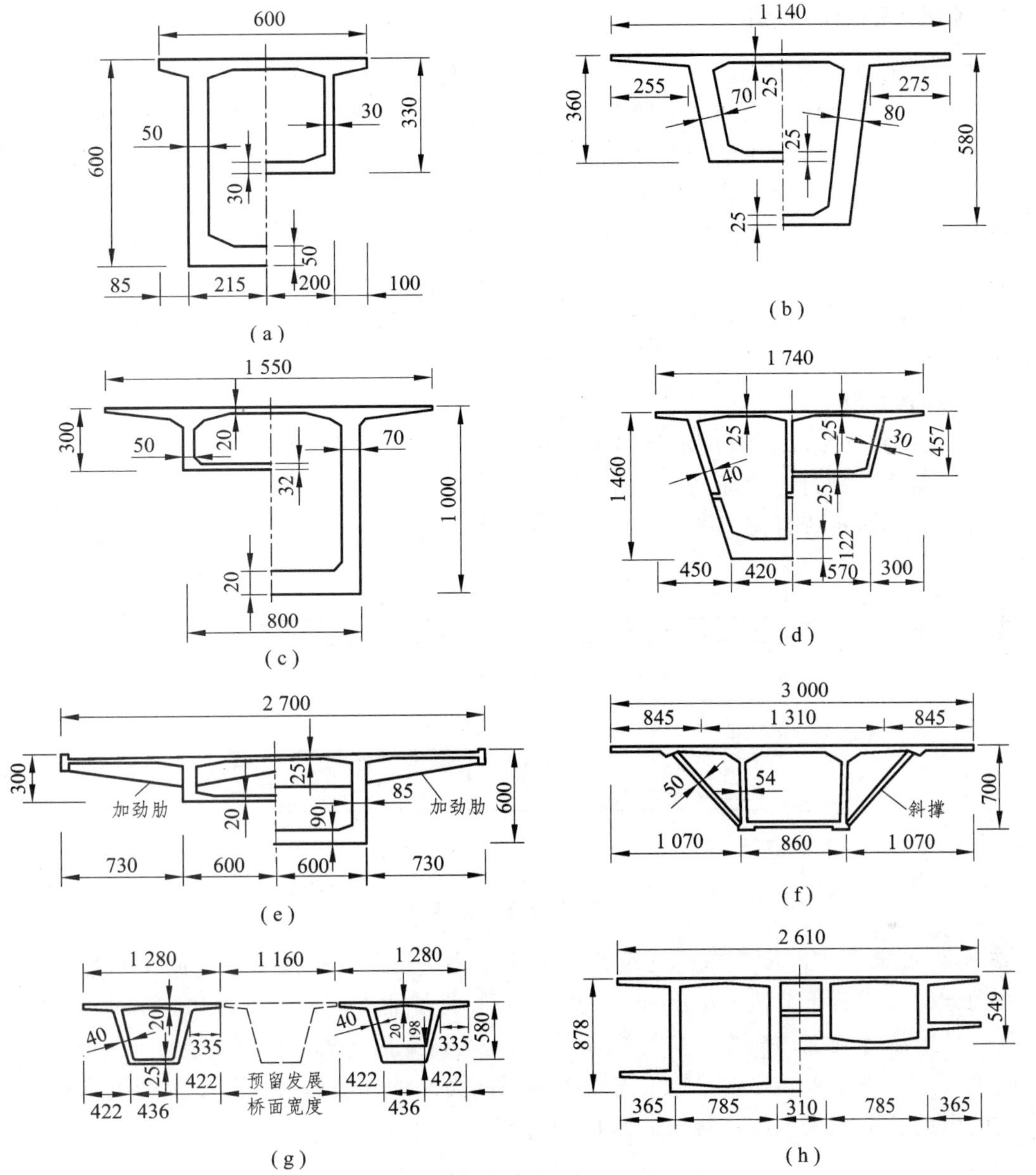

(a) (b) (c) (d) (e) (f) (g) (h)

图 8.6　实桥箱梁截面（尺寸单位：cm）

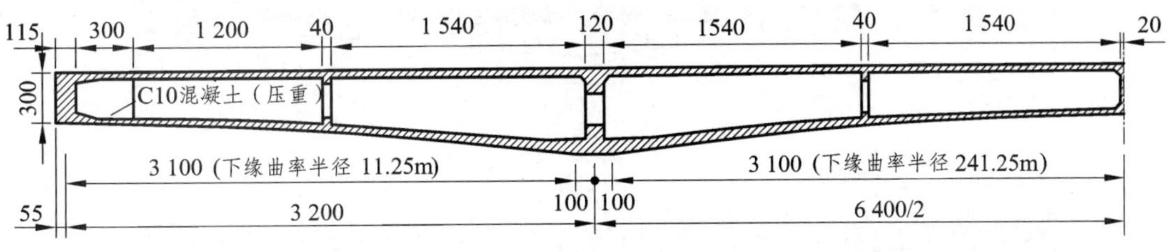

图 8.7　横隔板一般布置（尺寸单位：cm）

4. 预应力钢筋的布置

连续梁桥的预应力钢筋的分类，大致有以下几种。按力筋（strand）布置的走向，分为纵向力筋、横向力筋和竖向力筋。大跨度混凝土连续梁桥通常按此三向预应力设计。沿桥跨方向布置的纵向力筋也称为主筋，其数量和布筋位置要根据结构的受力状态确定。力筋按其空间位置，分为顶板筋、底板筋、腹板筋、平面筋、空间筋等；按其形状，分为直筋、弯筋；按其受力特性，分为正弯矩筋、负弯矩筋、抗剪筋等；按其使用时间长短，分为永久性筋和临时筋（为满足结构在施工阶段的受力要求而临时布置的力筋，在梁体内要预留其孔洞位置，施工完成后拆除）；按其布置在混凝土体内或体外，分为体内筋和体外筋；按其与混凝土是否存在黏结，分为有黏结筋和无黏结筋，绝大部分体内筋为有黏结筋，体外筋为无黏结筋。

（1）纵向力筋的布置

① 连续配筋。对采用就地浇筑施工的中小跨度等高连续梁桥，其纵向力筋可按照结构各部位的受力要求进行连续配筋。通常，力筋的重心线为二次抛物线组合而成的轨迹（图 8.8（a））。力筋的具体布置可参考图 8.8（b）所示，即力筋在支点附近分别由负弯矩区转向正弯矩区。

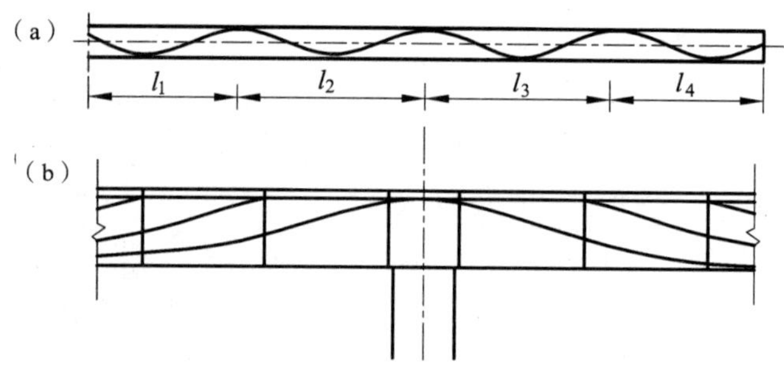

图 8.8　等高连续梁的连续配筋

② 分段配筋。大跨度变截面连续梁桥通常采用平衡悬臂施工方法。施工从墩顶开始，向左右两方向分成若干节段（segment）对称进行。为了能支承梁体重力和施工荷载，需在每节段就位后对梁体施加预应力（负弯矩筋）；在一跨合龙后（称为体系转换），再张拉正弯矩筋和其他力筋。图 8.9 示意悬臂施工连续梁桥纵向力筋的一般构造，其中上图表示悬臂施工时张拉的力筋，下图表示体系转换后张拉的力筋。

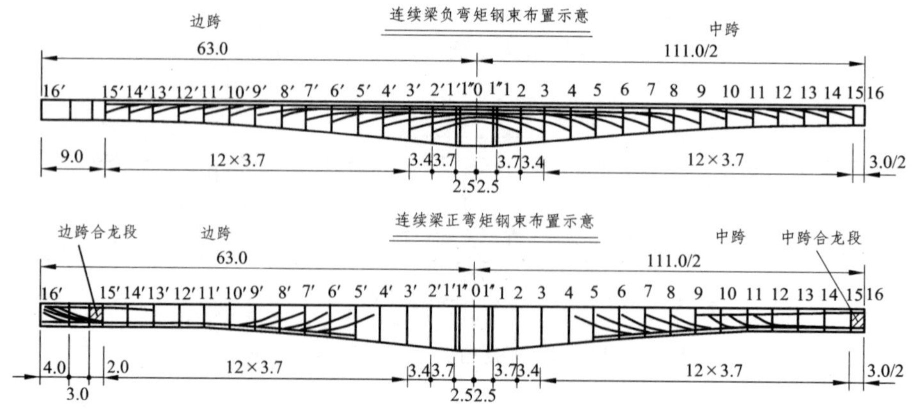

图 8.9　连续梁桥的分段配筋（尺寸单位：m）

一般，力筋在截面上应横向对称布置，尽量靠近顶、底板外缘；在支点和跨中截面处，力筋数量较多，可分层布置。为满足截面的抗剪要求和锚固方便，有些力筋需要下弯或上弯，并锚固于腹板或顶板。对锚固于顶、底板的力筋，有时需通过锯齿块引出。力筋的布置方式宜简洁明了，以便于设计和施工。

③ 逐段加长力筋。由于力筋供料长度、施工方法和结构受力等方面的原因，有时需要采用连接器把主筋对接或逐段加长。对逐孔施工的连续梁桥，其纵向主筋往往采用逐段接长力筋。接头的位置通常设置在离支点约 1/5 跨度附近弯矩较小的部位，见图 8.10 所示（图中数字表示力筋编号）。逐段加长力筋的方式也用于顶推法施工的连续梁桥和分段悬臂施工的混凝土斜拉桥梁部中。

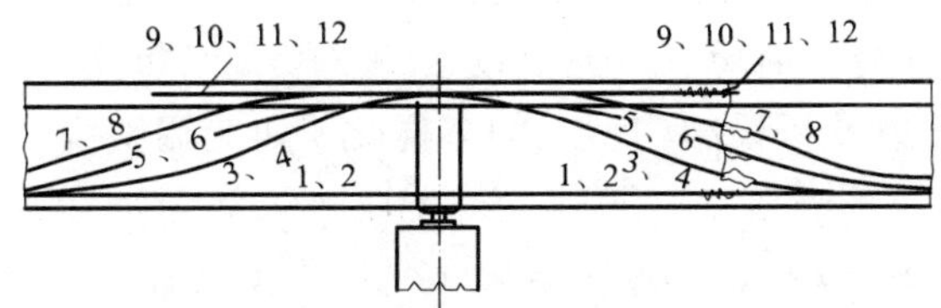

图 8.10　逐段施工连续梁桥的主筋接长

④ 体外布筋。体外布筋指把力筋布置在主梁截面以外的箱内，配以横隔板、转向块等构造，对梁体施加预应力。与常规的体内布筋相比，体外布筋无需预留孔道，减少了孔道压浆（grouting）等工序，提高了混凝土浇筑质量，施工方便迅速；减小了截面尺寸，由此减轻了结构重力并增加了跨越能力；钢束便于更换，钢束线形容易调整，减小了预应力损失；但对力筋防护和结构构造等的要求较高，抗腐蚀、耐疲劳性能有待提高。国外从 20 世纪 20 年代开始尝试体外预应力，在桥梁工程中应用较多（如美国的长礁桥和科威特的巴比延桥）。近年来，我国在既有桥梁加固和新桥设计方面逐步应用体外筋。

（2）横向和竖向布筋

在箱梁结构中，若两腹板间距过大或悬臂板外挑过长，仅靠布置普通钢筋难以满足受力要求，就需要对箱梁顶板施加横向预应力，见图 8.11。横向力筋可加强结构的横向联系，增加悬臂板的抗弯能力。另外，当腹板混凝土、普通钢筋、纵向下弯力筋等不足以抵抗荷载剪力时，就需要在腹板内布置竖向力筋。竖向力筋一方面可以提高截面的抗剪能力，另一方面也可以与悬臂施工配合，作为挂篮（见后）的后锚。横向力筋多采用钢绞线，竖向力筋多采用高强度螺纹钢筋，在预留孔道内按后张法工艺施工。

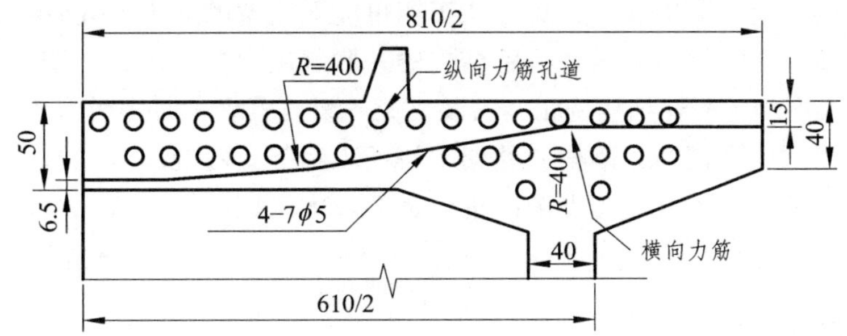

图 8.11　箱梁顶板的横向力筋（清水河铁路桥）（尺寸单位：cm）

二、施工方法

预应力混凝土连续梁桥有许多不同的施工方法，每一种施工方法都各具特点，需要结合具体情况做出适当选择。这里只介绍有支架就地浇筑施工方法和采用挂篮、吊机设备的悬臂施工法。

1. 有支架就地浇筑施工

有支架就地浇筑施工，指在支架（falsework）上架立模板、绑扎钢筋、浇筑混凝土的施工方法。这是一传统的施工方法，多用于中、小跨度的连续梁桥。该法的主要特点是桥梁整体性好，施工简便可靠，对机具和起重能力要求不高；若一联在支架上现浇，则施工中不存在体系转换（见后），设计较为简单，但需要较多的支架，工期较长。近年来，随着钢支架的应用、支架构件的常备化以及桥梁结构型式的多样化（如变宽度桥、弯桥等），有支架施工方法仍时常采用。

支架按其构造可分为立柱式（满堂支架）、梁式和梁柱式，见图 8.12。立柱式支架现多采用密布的碗扣式钢管脚手架（scaffolding，通常意义上的脚手架不支承结构，仅供工人使用），其构造简单，用于陆地或无通航要求的河道以及桥墩不高的小跨度梁桥；梁式支架可根据跨度大小采用工字钢、钢板梁或制式万能杆件或贝雷桁架拼装的钢梁；梁柱式支架的梁部支承在桥梁墩台或若干临时立柱上，形成连续支架，可用于跨度较大的梁桥。

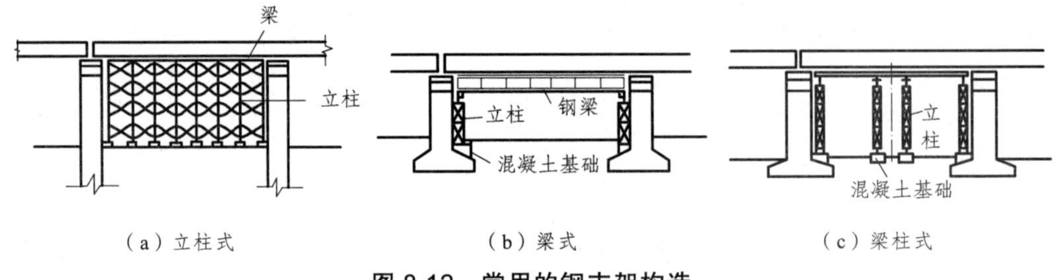

（a）立柱式　　（b）梁式　　（c）梁柱式

图 8.12　常用的钢支架构造

支架虽是临时结构，但它在施工中要承受结构恒载和施工临时荷载，因此必须满足强度、刚度和稳定性要求。支架在承受荷载后会发生变形和挠度，应通过计算确定预拱度（precamber），在安装支架时予以设置，以保证支架拆除后主梁线形符合设计要求。跨越公路或城市道路的支架，应采取措施，避免过往车辆可能对支架的撞击而导致严重后果。

通常，有支架就地浇筑施工需在桥跨结构的一联长度内搭设支架，按一定次序完成全桥施工工作。主要工序为：下部结构施工，安装支架，架立模板，绑扎钢筋和布置预应力管道，浇筑混凝土，张拉预应力钢筋，落架和移架，桥面工程等。对混凝土浇筑，小跨度板梁桥可采用从一端向另一端、先梁身后支点依次进行；对较大跨度的箱梁桥，可视情况采取纵向分段、竖向分层的方法进行。

2. 悬臂施工法

20 世纪 50 年代，钢桥安装的悬臂施工技术逐步应用于混凝土桥。这大大推动了预应力混凝土连续梁桥的发展。悬臂施工法的优点是：施工支架和临时设备少，施工时不影响桥下通航、通车，也不受季节、河道水位的影响，并能在大跨度桥上采用。因此，该方法得到广泛应用。

用于预应力混凝土连续梁桥建造的平衡悬臂施工法（balanced cantilever construction），指梁部施工从桥中间墩处开始，按对称方式逐步接长，悬出梁段直至合龙的施工方法。按混凝土是现浇还是预制，悬臂施工法分为悬臂浇筑法（cantilever concreting）和悬臂拼装法（cantilever precasting）。前者的接长方式是采用挂篮等设备，在桥位处就地浇筑混凝土，待混凝土达到一定强度后，张拉力筋，前移挂篮，继续下一梁段的施工。后者的接长方式是采用安装在桥面的吊机等设备，吊装预先制成的梁段块件就位后，张拉力筋，前移吊机，继续下一梁段的施工。采用悬臂施工法时需对梁体进行分段，每节段的长短与挂篮或吊机的承载能力有关，一般为 2 ~ 5 m。

（1）悬臂施工的程序

采用悬臂方法施工预应力混凝土连续梁桥的基本程序有两步：一是形成 T 构（指墩梁临时固结组成的结构立面形状）；二是各 T 构及边跨端部梁段之间的合龙。不过，由于跨数的不同，以及各 T 构及边跨端部梁段之间的合龙次序不同，悬臂施工的程序也不尽不同。现以最简单的三跨连续梁为例，来说明悬臂施工的一般程序和相关事项。

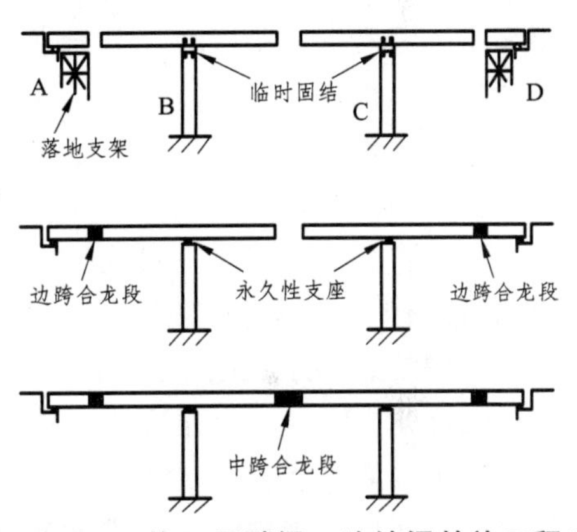

图 8.13　T 构—悬臂梁—连续梁的施工程序

结合图 8.13 所示的三跨连续梁，在完成桥梁基础及墩台施工、开始梁部悬臂施工前，先在 B、C 墩顶上施工一合适长度的梁段，这一梁段包括 $0^{\#}$ 块乃至 $0^{\#}$ 块附近的梁段（梁段编号参考图 8.14（b）），其长度能基本满足在梁顶布设挂篮或吊机的要求。通常，需在墩顶两侧设置托架来辅助该梁段的施工。对连续梁，还需要采用锚杆、楔块等手段，把墩梁临时固结起来，以保证后续悬臂施工时的结构稳定性（对连续刚构体系，则无需设置临时固结）。然后，梁部施工可按下列步骤进行。

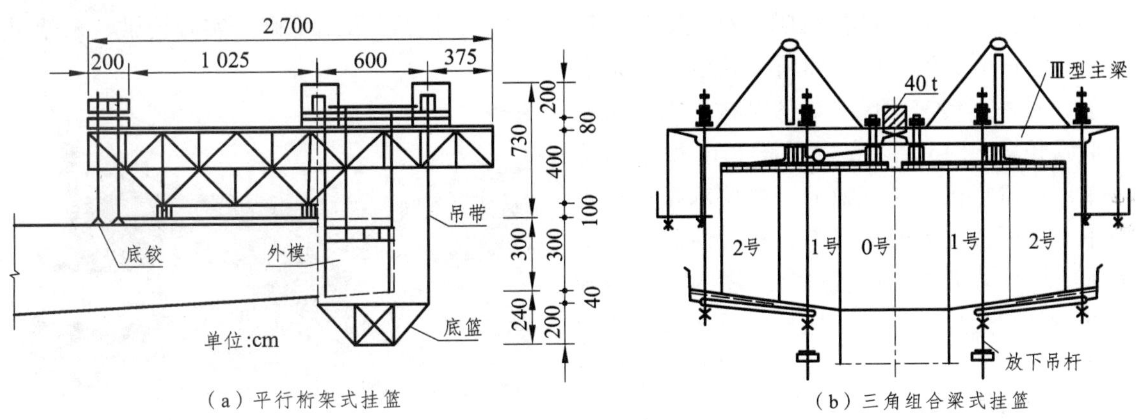

（a）平行桁架式挂篮　　（b）三角组合梁式挂篮

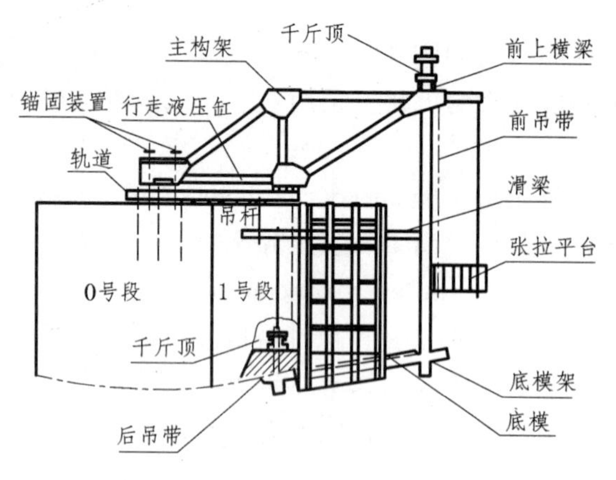

（c）菱形挂篮

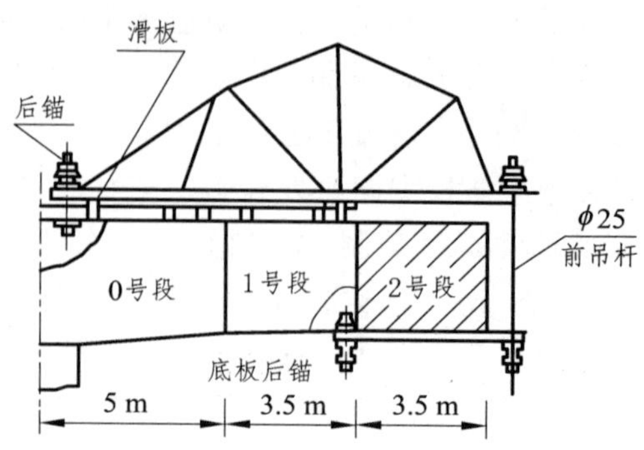

（d）弓弦式挂篮

图 8.14 几种常用挂篮示意

第 1 步　从 B 墩开始进行对称悬臂施工直至合龙位置。在该 T 构完成之前，需完成边跨端部梁段的施工。在地形条件允许时，边跨端部梁段可采用有支架方法施工（通常如此）；若不允许，则只有采取在中跨合龙后继续向桥两端悬臂施工的办法。

第 2 步　边跨端部梁段与 T 构合龙，释放 B 墩顶的临时固结，形成单悬臂梁。

第 3 步　C 墩进行对称悬臂施工直至合龙位置，形成另一个 T 构。

第 4 步　边跨端部梁段与 T 构合龙，释放 C 墩顶的临时固结，形成单悬臂梁。

第 5 步　中跨合龙，形成三跨连续梁结构。

上述施工步骤至少需要一对施工设备（挂篮或吊机）。若设备足够，可全桥对称施工（即同时施工两 T 构），以缩短工期。

需要强调的是，混凝土连续梁桥的恒载内力与施工方法（包括合龙次序）有关。对图 8.13 情况，若先合龙中跨，再合龙边跨，则恒载内力会有所变化。

（2）采用挂篮的悬臂浇筑法

悬臂浇筑法可采用挂篮、桁式吊等设备进行，常用者为挂篮（formwork traveler）。简单地讲，挂篮就是一个可移动的钢支架，它为悬臂浇筑提供了架设模板、绑扎钢筋、浇筑混凝土、张拉预应力筋等作业的一个工作平台。挂篮通常由承重梁、悬吊模板、锚固装置、行走系统、张拉平台等几部分组成。承重梁是挂篮的主要构件，可采用型钢、实腹钢梁、桁架梁等形式。它承受施工设备和新浇筑梁段混凝土的重力并将其传递到已完成的结构上去。挂篮的形式较多，构造各异，参见图 8.14 所示的几种常用挂篮形式。对挂篮的一般要求是：构造简单、使用方便、安全可靠、稳定性好、承载力大、拆移方便等。挂篮自身所用的材料重量与其所能承受的荷载重量之比，是衡量挂篮设计优劣的主要技术指标。该比值越低，挂篮的使用效率越高，其值一般不大于 0.5。图 8.15 所示为某桥悬臂施工时的情形。

图 8.15 挂篮对称悬臂施工

（3）采用吊机的悬臂拼装法

悬臂拼装法包含梁的节段预制和悬臂拼装施工两方面的内容。

节段预制指按吊机的起吊能力把梁沿纵向分成节段，在工厂或桥位附近进行预制。常用的预制方法有长线法和短线法。长线法是在按梁部底缘曲线（通常取一跨的一半）制作的固定底模上分段浇筑梁体。此法需要较长的预制场地，通常在施工现场进行，适用于各跨梁底曲线相同的多跨桥（可提高预制设备的使用效率）。短线法是在配有可调整底模的台车上进行，每次预制新的节段前按前一节段来确定其相对位置并调整模板，以保证节段在安装时的相互吻合。该法适合于工厂生产，设备可周转使用。

无论采用长线法或短线法，节段的拼装面需做成企口缝，以控制和调整节段的高程和水平位置，并提高梁的抗剪能力。参见图 5.12（c）。

悬臂拼装法可采用移动式吊机、架桥机、桁式吊等设备进行。常用的移动式吊机的外形与挂篮类似，由承重梁、横梁、锚固装置、起吊装置、行走系统、张拉平台等几部分组成，见图 8.16 示意。架桥机实际上是一种大型桁式梁移动支架，其配备有走行和起吊系统，近年来在我国得到应用。1996 年，曾采用架桥机完成了石长线湘江铁路桥（62 m + 7 × 96 m + 62 m）的拼装施工。基本施工步骤是：① 架桥机的拼装及就位；② 对称悬臂拼装 T 构至合龙位置；③ 现浇两 T 构合龙段；④ 架桥机前移就位，重复②、③。节段的运输方式视具体情况确定，如可采用桥下轨道平车或驳船等运至桥位，再由吊机起吊就位。

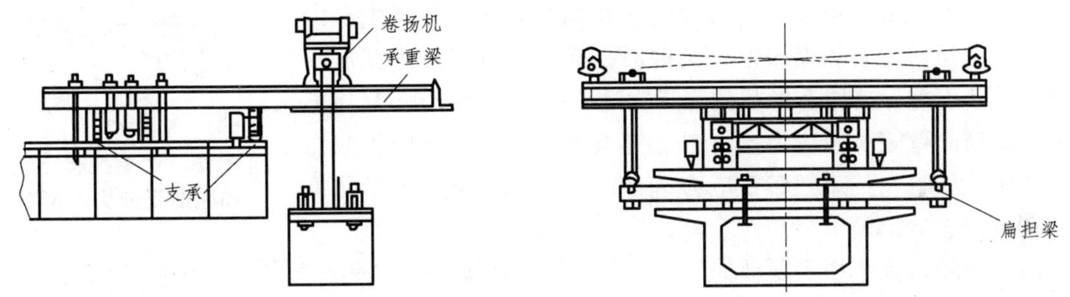

图 8.16　移动式吊机悬臂施工示意

悬臂拼装的 $0^{\#}$ 块，大多采用就地浇筑，也有采用预制装配的。各节段之间的接缝可采用湿接缝、胶接缝和干接缝。湿接缝宽 100 ~ 200 mm，缝间就地浇筑高标号砂浆或小石子混凝土，常在就地浇筑的 $0^{\#}$ 块与 $1^{\#}$ 节段间使用，用以调整后续拼装工作的起点位置。用环氧树脂加水泥等制成的胶状物在节段接触面上涂一薄层（厚 0.8 mm 左右），就形成胶接缝。它在施工中起到润滑作用，使接缝密贴，完工后可提高结构的抗剪能力、整体刚度和不透水性。干接缝指节段接缝间无任何填充料，只靠企口缝和预应力钢筋来承受剪力。因担心接缝不密贴，可能会导致钢筋锈蚀，这种接缝方式相对用得较少。

三、设计概要

1. 箱梁截面的变形和应力特征

作用在箱梁桥上的主要荷载是恒载和车辆活载。恒载一般是对称作用的，使箱梁发生弯曲；车辆活载一般是偏心作用的，使箱梁发生扭转（torsion）。另外，风力、列车横向摇摆力及基础不均匀沉降等也会使箱梁发生扭转。对曲线桥，即便是对称作用的荷载，也会导致箱梁扭转。因此，结构所受到的外力可综合表示为一偏心作用的荷载，见图 8.17 示意。

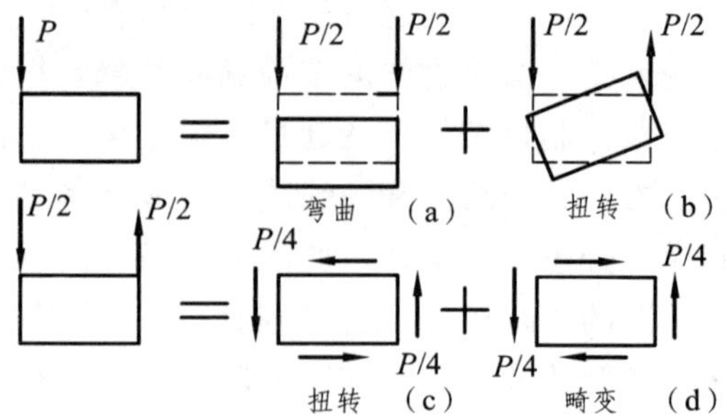

图 8.17　偏心荷载作用下箱形截面的受力分解

从结构分析的角度讲，这一偏心作用的荷载，可等效地分解成一对数值相等、作用方向相同的对称荷载（图 a）和一对数值相等、但作用方向相反的反对称荷载（图 b）。在对称荷载作用下，结构（如同梁一样）发生垂直方向的挠度，截面上产生弯曲正应力 σ_M 和剪应力 τ_M。

反对称荷载还可进一步等效分解为扭转荷载（图 c）和畸变荷载（图 d）。按截面受扭时纵向变形是否受到约束，扭转分成自由扭转和约束扭转。自由扭转时截面保持原有形状作刚体运动，截面四壁产生抵抗扭矩的环向扭转剪应力 τ_K；截面虽有翘曲，但不产生正应力。截面纵向变形受到约束而不能自由翘曲时的扭转为约束扭转，实际情况往往如此。此时，截面上产生约束扭转正应力 σ_W 和约束扭转剪应力 τ_W。若箱壁厚度较大，可假定其在偏心荷载下只产生自由扭转或约束扭转；若箱壁较薄，则截面在横向还可能发生变形。这种使截面不能保持原有形状的变形为畸变（distortion）。它除了产生截面横向弯矩（及应力 σ_{dt}）外，还会产生纵向的翘曲正应力 σ_{dW} 和剪应力 τ_{dW}。约束扭转正应力 σ_W 和翘曲正应力 σ_{dW} 的形状见图 8.18 示意。

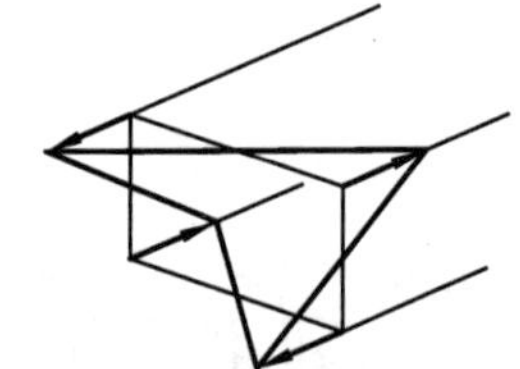

图 8.18　约束扭转正应力和翘曲正应力的形状

由于实际荷载作用于顶板的某一位置，因此还要考虑由此产生的局部横向弯曲应力 σ_C。截面上总的应力组合如下。

横截面纵向正应力：　$\sigma_Z = \sigma_M + \sigma_W + \sigma_{dW}$

横截面剪应力：　$\tau = \tau_M + \tau_K + \tau_W + \tau_{dW}$　（8.1）

纵截面横向弯曲应力：$\sigma_S = \sigma_{dt} + \sigma_C$　（8.2）

箱形截面内力及应力分析可采用解析法（如约束扭转理论）或数值法（如有限元理论）。因截面扭转产生的正应力在总的应力中所占比例不大，混凝土箱梁的扭转问题也没有钢箱梁者突出，实际设计中往往采用一些简化方法。例如，把设计活载乘上一个大于 1（如 1.05 ~ 1.15）的系数以粗略考虑扭转效应，就是简化方法之一。详细分析方法可参阅有关书籍。

2. 连续梁恒载、活载内力计算

对在施工中存在体系转换的预应力混凝土桥梁，设计与施工密不可分。所谓体系转换，是指桥梁结构在最终形成之前，曾经历过以不同的结构体系（如简支、悬臂、连续等）承受当时作用在其上的恒载（指结构重力、混凝土收缩徐变、预应力张拉等）的各个施工阶段。若施工中存在体系转换，则按最终成桥体系计算得到的结构恒载内力和变形，就不同于按各个阶段的体系计算得到的恒载内力和变形的叠加值。也就是说，施工方法不同，结构各施工阶段的恒载内力和变形也会有所不同。因此，设计时必须考虑施工方法，而施工方法的选择应符合设计意图和要求，以形成设计与施工相互配合和相互促进的关系。

预应力混凝土连续梁桥在施工中常常出现体系转换，因此各施工阶段的内力和变形必须在结构设计时就预先予以考虑。

（1）恒载内力计算

预应力混凝土连续梁桥的恒载内力与桥梁的施工方法有密切关系。对存在体系转换的桥梁，其最终恒载内力是各个施工阶段的恒载内力之和。现以一座三跨连续梁为例（全桥悬臂对称施工，从边跨向中跨逐步合龙，见图 8.19 示意），来说明恒载弯矩计算的特点。

第 1 步　在 2、3 号墩顶安装临时固结（图中未示出），悬臂施工至合龙前位置，形成 T 构。此时的恒载为 T 构重力，恒载弯矩如图 8.19（a）所示。挂篮或吊机等施工荷载产生的内力在施工验算中需要计及，但因其在结构形成后可拆除，故对最终内力的影响有限。

第 2 步　将 2、3 号 T 构与预先在支架上施工完毕的边跨端部梁段合龙。这里分两种情况：一是当现浇的边跨合龙段混凝土还未凝固受力前，合龙段及模板等重力之和将由悬臂梁和边跨支架分担（图 8.19（b）），其中作用在边跨直梁段上的集中力对结构无影响；二是在合龙段混凝土已凝固并张拉边跨力筋（梁体脱架）后，形成带悬臂的一端铰结、一端固定的梁式结构（图 8.1.19b′），边跨梁段和合龙段重力则由该结构体系承担。在体系转换中，结构自重不能重复计算，因此还需要在该结构上反向施加一集中力，其大小按阶段（b）取值。

第 3 步　拆除 2、3 号墩顶的临时固结，设置永久性支座，形成带悬臂的简支梁。这一工序相当于把固结释放成铰结。因此，需要把前几步计算得到的固端弯矩之和反向施加在 2、3 号墩顶梁部，得到的弯矩如图 8.19（c）所示。

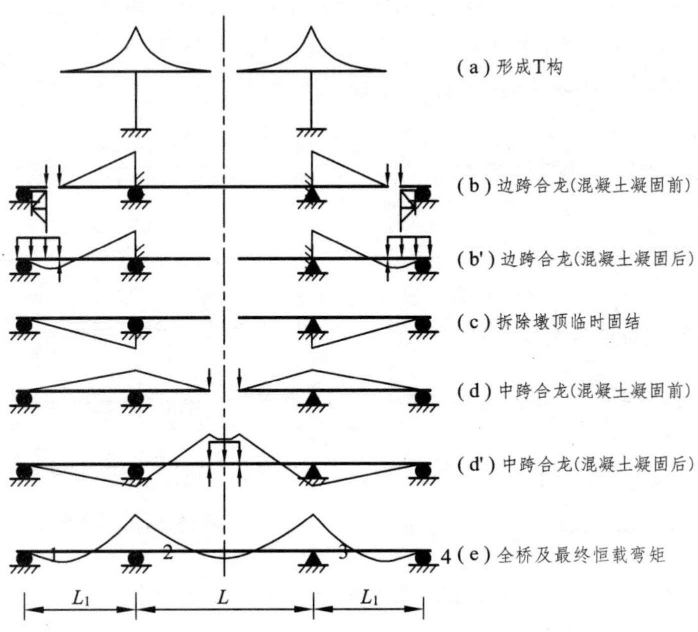

图 8.19　三跨连续梁施工程序及恒载弯矩计算

第 4 步　中跨合龙。如同第 2 步进行，见图 8.19（d）示意。在中跨合龙段混凝土未凝固前，合龙段及模板等重力之和将由两个带悬臂的简支梁分担；在合龙段混凝土凝固后，形成三跨连续梁，合龙段自重等则由最终结构（三跨连续梁）承担。在该结构上反向施加两集中力，以抵消恒载重复计算的影响。

第 5 步　对上述各阶段恒载弯矩求和，得到最终恒载弯矩图，见图 8.19（e）。

对具有体系转换的恒载内力计算需要说明以下几点：

① 无论体系如何转换，结构恒载不重复计算；

② 计算步骤并非一成不变，可按力学等效原则进行合并简化；

③ 尽管图 8.19 只给出了梁部弯矩的计算，但对梁部剪力，可照此办理；

④ 对连续刚构体系，不存在墩梁临时固结和拆除工序，计算时应同时考虑梁部轴力和主跨内桥墩的内力；

⑤ 对预应力混凝土梁，需同时考虑混凝土收缩徐变影响以及预应力张拉产生的次内力。

对桥面构造（习称为附加恒载或二期恒载）所产生的内力，可借助最终结构的内力影响线加载求得。

（2）活载内力计算

就计算步骤讲，连续梁活载内力计算与简支梁者是基本相同的。内力分析时仍需要先绘制内力影响线，然后进行活载加载，求得各截面最大活载内力。

等截面连续梁的内力影响线与截面刚度无关，手算相对简单，一般可查阅有关计算手册中公式、图表确定；变截面连续梁的内力影响线与截面刚度有关，手算较为繁琐，现多借助桥梁专业程序直接计算。图 8.20 给出了连续梁若干截面的弯矩、剪力影响线。从图中可以看出，连续梁大多数截面的弯矩、剪力影响线是变符号的。对公路桥，把活载（车辆、人群等）分别按最不利原则布置在同号影响线区段内进行加载，就可得到最大最小活载内力；对铁路桥，因列车活载连续，其加载计算需要按照铁路桥规有关规定进行。车辆活载的加载可采用换算均布荷载法，也可采用轮轴荷载直接加载。

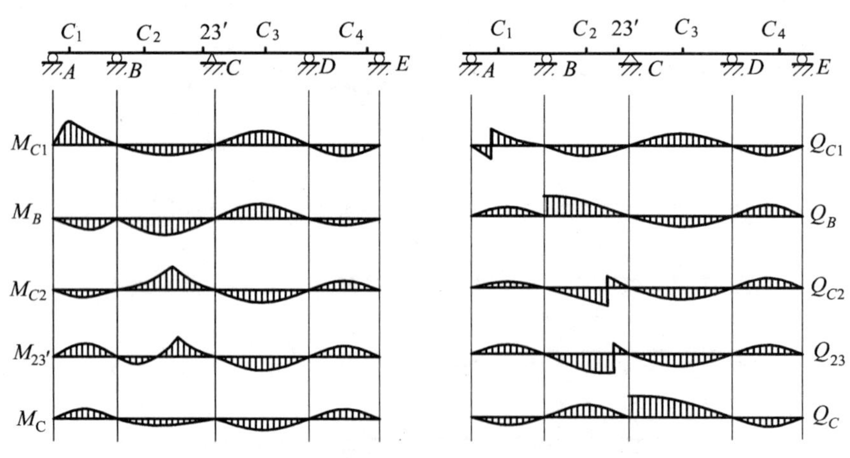

图 8.20　连续梁的内力影响线

将连续梁的最大、最小活载内力与恒载内力按荷载组合规定进行叠加，就可以得到结构的内力包络图（其中还应包括各项次内力，见下述）。图 8.21 示意 4 跨连续梁的弯矩、剪力包络图，由此可以了解内力包络图的一般特征。

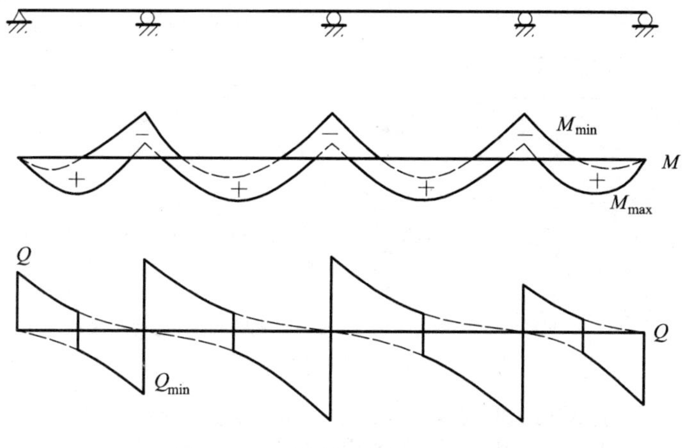

图 8.21　连续梁的内力包络图

3. 预应力混凝土连续梁的次内力

恒载和活载内力计算是桥梁结构分析的主要内容。除此之外，还需要结合具体情况，分析桥梁在其他各种荷载（见第三章）作用下的内力和变形。对预应力混凝土连续梁，需要计算预加力和混凝土收缩徐变等引起的内力。相对于恒载和活载内力，这些内力称为次内力。另外，结构体系转换也影响次内力的计算。限于篇幅，这里只介绍预加力次内力和混凝土徐变次内力的基本概念，详细计算方法可参阅有关书籍。

（1）预加力引起的次内力

在静定结构中，可根据力筋的布置形状和预加力的大小，确定截面上由施加预应力引起的内力，如弯矩等。这样计算得到的预加力对截面重心轴产生的弯矩称为初预矩 M^0。在超静定结构中，预加力除产生初预矩 M^0 外，还因结构的超静定特性产生次内力，如次力矩 M'。在图 8.22（a）示意的简支梁中，由于预加力的偏心作用，梁体将自由上拱（图 8.22（b））。初预矩 M^0 如图 8.22（d）所示。但若在简支梁中部增加一个支点，形成两跨连续梁（图 8.22（c）），则在张拉预应力钢筋时，由于支点 B 的存在，必然产生一个向下的反力 R_B 拽住梁体，约束其自由上拱变形。显然，这一反力导致简支梁两端支点产生了次反力 R_A 和 R_C（若两跨连续梁跨度相同、梁体惯性矩相等，则次反力为 $R_A = R_C = R_B/2$）并引起结构的内力变化，产生如图 8.22（e）所示的次力矩 M'。预加力引起的总的弯矩（称为总预矩）等于初预矩 M^0 和次力矩 M' 之和，见图 8.22（f）。

尽管实际桥梁结构的型式以及预应力布置更为复杂，但基本概念和原理是一样的。目前常采用等效荷载法来求解预加力的总预矩。预应力混凝土结构是一种预加力与混凝土压力相互作用的自平衡体系，因此可以把预应力筋和混凝土视为相互独立的脱离体，把预加力对混凝土的作用以外加荷载的形式等效替代。例如，对图 8.22（a）中布置的偏心直筋，就可用两个水平力（各指向梁体，作用在锚固点处，大小为扣除相应阶段预应力损失后的预加力）替代。只要求得不同配筋情况下的等效荷载，就可采用结构力学方法求出由预加力产生的内力。需要注意的是，用等效荷载法求出的弯矩中已经包括了预加力引起的次力矩，因此求得的弯矩就是总预矩。

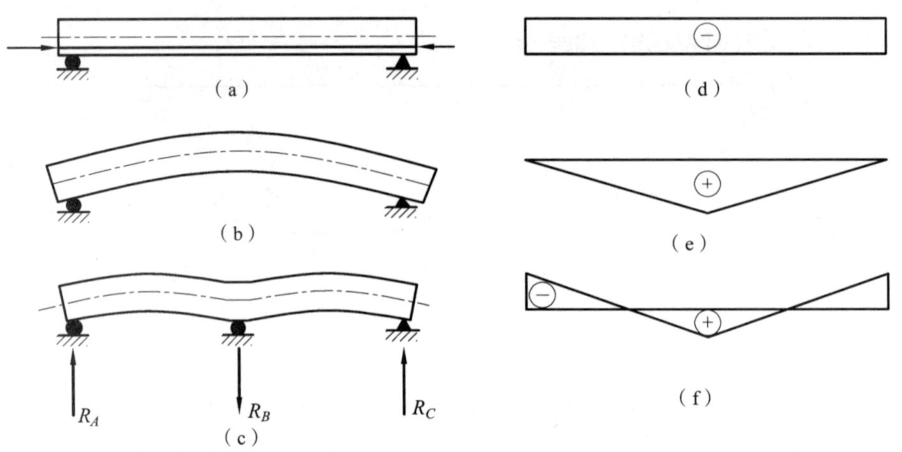

图 8.22　两跨连续梁的初预矩、次力矩和总预矩

（2）混凝土徐变引起的次内力

混凝土徐变是指混凝土作为黏弹性体的与时间有关的变形性质。在持续、长期荷载（如结构重力、预加力等）作用下，混凝土会发生徐变变形，其在初期增长较快，以后逐步缓慢，一般在几年后趋于停止。结构徐变变形的累计总值可达到同样应力作用下弹性变形的 1.5 ~ 3.0 倍或更大。

混凝土徐变对结构的内力分布和截面的应力分布都会产生影响，如导致结构挠度的增加、预应力损失、组合截面上的应力重分布、超静定结构的内力重分布（即混凝土徐变引起的次内力）等。

在计算混凝土徐变引起的结构次内力时，需要用到徐变系数 φ。它表示混凝土徐变应变 ε_c 与瞬时弹性应变 ε_e 之间的线性关系，即 $\varepsilon_c = \varphi\,\varepsilon_e$。式中 φ 为徐变系数，其与众多因素有关，如环境条件、构件尺寸、混凝土强度等。目前计算徐变系数的方法很多，主要是依据试验结果整理的经验公式。徐变系数 φ 也随时间变化，通常，在计算中所需要的是从加载龄期 τ 到计算龄期 t 的徐变系数，表示为 $\varphi(t,\ \tau)$。

混凝土徐变引起的结构次内力计算与结构施工方法有关。预应力混凝土连续梁桥多采用悬臂方法施工，结构随着施工的进展而不断转换体系，逐步形成最后的桥梁结构。因此，不仅结构在其重力作用下的内力分析需要分阶段计算，由混凝土徐变引起的次内力同样需要分阶段计算。但由于客观因素过于复杂，精确计算徐变次内力十分困难（也无必要）。因而需要引入一些计算假定（如不考虑截面内配筋的影响，不计混凝土弹性模量随时间变化等）和简化。

现以我国公路桥规（JTG D62—2004）中所列的公式为例，简要说明因混凝土徐变而导致弯矩重分配的计算。假定先期结构（如同时浇筑的多跨简支梁或其他结构体系）在同一时间 τ 时连接成后期结构（即连续梁），由于混凝土徐变的影响，后期结构中的弯矩在不断发生变化（即弯矩重分配），至 t 时的弯矩可按下列公式计算

$$M_{g1} = M_{1g} + (M_{2g} - M_{1g})\,(1 - \mathrm{e}^{\varphi(t,\tau)}) \tag{8.3}$$

式中　M_{1g}——在先期结构上的结构重力按先期结构体系计算的弯矩；

M_{2g}——在先期结构上的结构重力按后期结构体系计算的弯矩；

$\varphi(t,\ \tau)$——从加载龄期 τ 到计算龄期 t 的徐变系数，采用规范附录 F 的规定或其他可靠数据。

对图 8.19 所示情况，可将各施工阶段的弯矩叠加作为 M_{1g}，把按三跨连续梁计算得到的恒载弯矩作为 M_{2g}，加载龄期 τ 取各梁段从形成到全桥合龙时止的时间的平均值，计算龄期 t 按规范要求取值。

对预加力引起的弯矩重分配，可按类似于式（8.3）的公式计算。

4. 配筋估算

按桥规规定，预应力混凝土梁应满足正常使用极限状态下的应力要求和承载极限状态下的强度要求。在组合得到与各极限状态对应的弯矩包络图后，就可依据应力或强度验算公式，推算梁部各截面所需要的预应力钢筋数量。这就是习称的“估束”。通常做法是，按在使用荷载作用下梁截面上、下缘混凝土不出现拉应力作为推算配筋公式的条件。（一般，“梁截面上、下缘混凝土不出现大于容许压应力的情况”不作为控制条件。）求出各截面预应力钢筋数量后，再结合悬臂施工等因素进行适当调整，就可确定最终值。

梁截面上下缘混凝土不出现拉应力的条件是

上缘应力：
$$\sigma_{y\text{上}}+\frac{M_{\min}}{W_{\text{上}}}\geqslant 0 \tag{8.4}$$

下缘应力：
$$\sigma_{y\text{下}}+\frac{M_{\max}}{W_{\text{下}}}\geqslant 0 \tag{8.5}$$

式中 $\sigma_{y\text{上}}$、$\sigma_{y\text{下}}$——由预加力在截面上、下缘产生的应力；

$M_{\max}$、$M_{\min}$——最大、最小荷载弯矩（正弯矩时取正值，负弯矩时取负值）；

$W_{\text{上}}$、$W_{\text{下}}$——截面上、下缘的抗弯模量。

设截面上下缘均配有力筋，其预压力分别为 $N_{\text{上}}$、$N_{\text{下}}$，它们在截面上、下缘产生的应力分别为

$$\sigma_{y\text{上}}=\frac{N_{\text{上}}}{A}+\frac{N_{\text{上}}e_{\text{上}}}{W_{\text{上}}}+\frac{N_{\text{下}}}{A}-\frac{N_{\text{下}}e_{\text{下}}}{W_{\text{下}}} \tag{8.6}$$

$$\sigma_{y\text{下}}=\frac{N_{\text{上}}}{A}+\frac{N_{\text{上}}e_{\text{上}}}{W_{\text{下}}}+\frac{N_{\text{下}}}{A}-\frac{N_{\text{下}}e_{\text{下}}}{W_{\text{下}}} \tag{8.7}$$

式中 A——混凝土截面积，可取全截面计算；

$e_{\text{上}}$、$e_{\text{下}}$——分别为上、下缘力筋重心至截面重心的距离。

将式（8.6）、（8.7）代入前两式，并令 $N_{\text{上}}=n_{\text{上}}f_a\sigma_a$，$N_{\text{下}}=n_{\text{下}}f_a\sigma_a$，推导得

$$n_{\text{上}}=\frac{M_{\max}(e_{\text{下}}-K_{\text{下}})-M_{\max}(K_{\text{上}}+e_{\text{下}})}{(K_{\text{上}}+K_{\text{下}})(e_{\text{上}}+e_{\text{下}})}\cdot\frac{1}{f_a\sigma_a} \tag{8.8}$$

$$n_{\text{下}}=\frac{M_{\max}(e_{\text{上}}-K_{\text{下}})-M_{\max}(K_{\text{上}}-e_{\text{下}})}{(K_{\text{上}}+K_{\text{下}})(e_{\text{上}}+e_{\text{下}})}\cdot\frac{1}{f_a\sigma_a} \tag{8.9}$$

式中　$n_上$、$n_下$——上、下缘预应力筋的数量（束）；

f_a——每束预应力筋的面积；

σ_a——预应力筋的永存应力（扣除相应阶段的损失）；

$K_上$、$K_下$——截面的上、下核心距。

当截面只需在梁下缘布筋时（由上缘不出现拉应力控制），可推导出

$$n_下 = \frac{M_{\min}}{e_下 - K_下} \cdot \frac{1}{f_a \sigma_a} \tag{8.10}$$

当截面只需在梁上缘布筋时（由下缘不出现拉应力控制），可推导出

$$n_上 = \frac{M_{\max}}{K_下 - e_下} \cdot \frac{1}{f_a \sigma_a} \tag{8.11}$$

上述公式适用于全预应力混凝土连续梁。对部分预应力混凝土梁，不等式（8.4）和（8.5）右边的“零”当用合适值代替；对连续刚构桥，还应该考虑梁部轴力对估束的影响。

由于预应力钢筋的数量和布置方式与结构最终内力有关，而估束时可用的弯矩包络图不可能包括预加力作用，因此，有必要适当调整弯矩包络图（如放大 1.05 ~ 1.1 倍以粗略考虑次内力影响）用于估束。待估束完成后，再进行与预加力有关的内力分析，并组合得到最终的内力包络图用于结构验算。

第二节　拱　　桥

一、概　述

拱桥是一种常用的桥梁形式。拱桥与梁桥不仅在外形上不同，而且在受力性能上两者有本质差别。在竖向荷载作用下，拱的两端支承处除有竖向反力外，还有水平推力（thrust）。正是由于这个水平推力的作用，使拱内弯矩大大减小。如果拱的形状设计得合理，可以使拱主要承受压力，而弯矩、剪力较小。例如，对于承受均布荷载的三铰拱，若拱轴线若设计成二次抛物线形状，则拱内任何截面的弯矩均为零，拱只承受轴向压力。注意到简支梁在均布荷载作用下，梁内弯矩与荷载集度成正比，这就限制了简支梁跨度的增加。相比之下，由于拱的受力特性，其跨越能力比梁的要大。

由于拱是主要承受压力的结构，因而，可以充分利用抗拉性能较差而抗压性能较好的砌体材料（石料、混凝土、砖等）来建造拱桥，这种由砌体材料建造的拱桥，习称为圬工拱桥。它具有就地取材、节省钢材和水泥，构造简单、有利于普及，承载潜力大、养护费用少等优点，在我国修建得较多。但其也存在需要搭设及拆除拱架、劳力较多，施工时间较长等不足。

为了减小拱的截面尺寸，减轻拱的重量，在混凝土拱中可配置受力钢筋。这样的拱桥称为钢筋混凝土拱桥。在钢筋混凝土拱桥中，截面的拉应力主要由钢筋承受。这样，主拱的截面尺寸可以减小，自重减轻，墩台和基础的工程数量都相应减少。这有效地提高了拱桥的经济性能，扩大了拱桥的适用范围。

修建大跨度钢筋混凝土拱桥的关键是施工方法。过去长期采用的是有支架或拱架施工法，随着悬臂施工、转体施工、劲性骨架施工等无支架施工技术的发展，扩大了拱桥的适用

范围，提高了它在大跨度桥梁中的竞争能力。

近 10 多年来，采用型钢（特别是采用钢管混凝土）作为劲性骨架的技术在我国得到了长足的发展，它促进了混凝土拱桥的技术革新，并使混凝土拱桥成为特大跨度范围内有较强竞争力的桥型之一。这类拱桥可以直接用钢管混凝土作为拱圈，也可以采用置于拱圈内的钢管混凝土劲性骨架作为施工承重的拱架，并成为拱圈的组成部分。它具有提高混凝土承压能力、使缆索吊装节段的重量较轻、且浇筑混凝土方便等优点。万州长江大桥是一座采用钢管混凝土作劲性骨架的特大跨钢筋混凝土拱桥，主跨达 420 m；巫峡长江大桥采用钢管混凝土拱，其跨度达 460 m。

除了砌体拱桥、钢筋混凝土拱桥外，还可采用钢材来修建钢箱或钢桁拱桥，从而进一步减轻拱的重量，并大大提高拱的跨越能力。钢拱桥的典型代表有：澳大利亚悉尼港桥、美国新河谷桥、我国上海卢浦大桥、重庆朝天门大桥等。

二、拱桥的基本组成及分类

拱桥和其他桥梁一样，也是由桥跨结构（上部结构）和下部结构两部分组成。

根据行车道的位置，拱桥的桥跨结构可以做成上承式、中承式和下承式三种类型，如图 8.23 所示。就构造来讲，上承式拱桥较为简单，广为采用，其上部结构是由主拱圈（拱肋或拱箱，简称主拱）及拱上建筑（又称拱上结构）所组成。主拱圈（arch ring）是主要承重构件，承受桥上的全部荷载，并通过它把荷载传递给墩台及基础。由于主拱圈是曲线形，车辆无法直接在其上行驶，所以对实腹拱桥，需在水平桥面与主拱圈之间布置填充物（见图 8.24）；对空腹拱桥，需在桥面位置设置行车道系（梁系结构），在行车道系与主拱圈之间布置传力构件。这些主拱圈以上的行车道系和传力构件或填充物统称为拱上建筑。

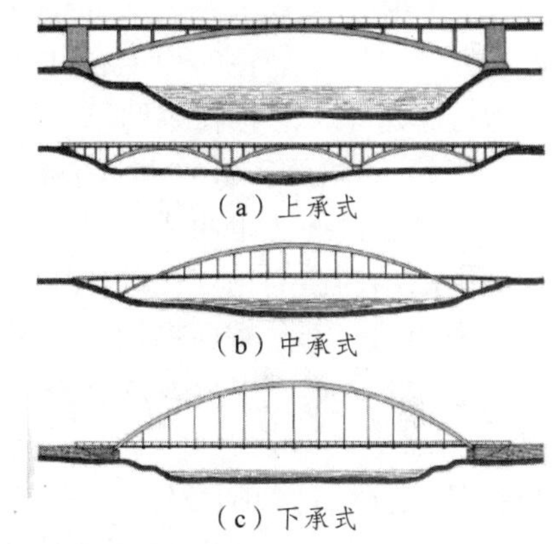

图 8.23　上承、中承及下承式拱桥图式

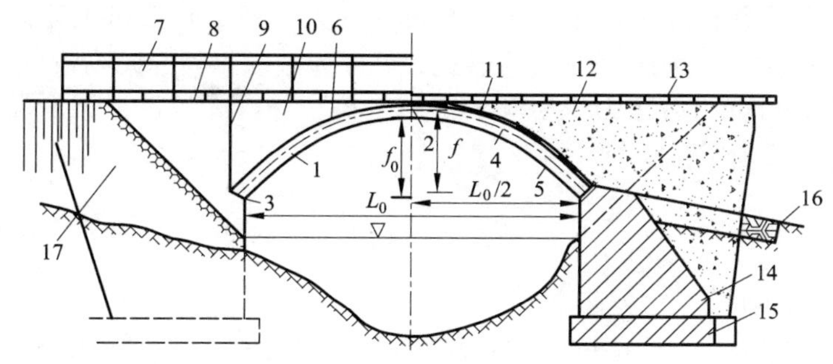

图 8.24　实腹拱桥

1—主拱圈；2—拱顶；3—拱脚；4—拱轴线；5—拱腹；6—拱背；7—栏杆；8—人行道块石；9—伸缩缝；10—侧墙；11—防水层；12—填料；13—桥面；14—桥台；15—基础；16—盲沟；17—锥坡；L_0—净跨径；L—计算跨径；f_0—净矢高；f—计算矢高；f/L—矢跨比

拱上建筑可做成图 8.24 所示的实腹式（solid spandrel）或图 8.25 所示的空腹式（open spandrel），相应地称之为实腹拱桥或空腹拱桥。实腹拱桥为传统形式，其构造简单，自重大，适用于小跨度；空腹拱桥结构合理，自重较小，利于泄洪，是大、中跨度拱桥的常用形式。对于圬工拱桥，拱上建筑可取实体侧墙、两侧墙间填土，也可以在主拱上再布置小拱，以减少实腹面积。对于钢筋混凝土拱桥，拱上建筑一般采用立柱和行车道系，布置成空腹。图 8.24 和图 8.25 示出了拱桥的组成部分、主要尺寸和名称。

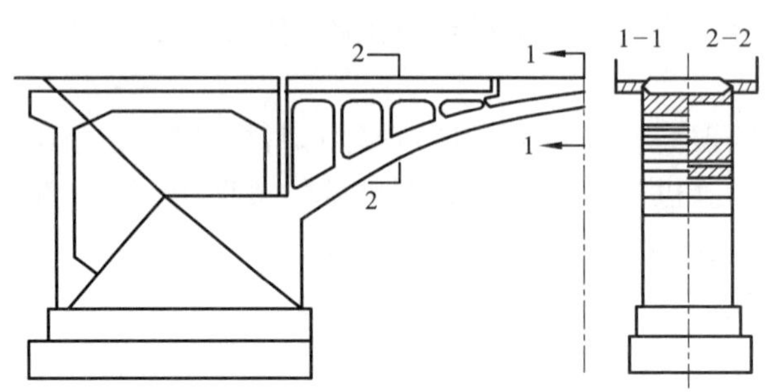

图 8.25　铁路空腹板拱桥

下承式拱桥必须布置吊杆（suspender），以吊住桥面，其桥跨结构是由拱肋及其横撑、悬吊结构组成。由于车辆在两片（有时多于两片）拱肋之间行驶，所以，需要用吊杆将纵、横梁系统（即行车道系）悬挂在拱肋下，纵、横梁系统用来支承车道板，组成桥面系（行车道，人行道，栏杆等），桥面系和这些传力构件统称为悬吊结构。通常情况下，在拱肋横向之间，需设置一道或多道横撑（也叫风撑），横撑可布置成一字形、X 形、K 形等，主要起到增强结构整体性和提高结构横向稳定性的作用。中承式拱桥的行车平面位于肋拱矢高的中间部位，这样，位于拱跨中间的一部分桥面系用吊杆悬挂在拱肋下，位于拱跨两端的一部分桥面系则用立柱支撑在拱肋上。下承式或中承式拱桥一般是在桥梁建筑高度受到限制时采用，其拱圈只能采用拱肋形式。

拱桥的下部结构包括桥墩、桥台和基础，是用以支承桥跨结构，将桥跨结构的全部荷载传至地基。桥台还起与两岸路堤相连接的作用，使路桥形成一个协调的整体。

拱桥的形式多种多样，构造各有差异，可以按照不同的方式来进行分类。例如，按照主拱圈（肋、箱）所使用的建筑材料，可以分为砌体拱桥、钢筋混凝土拱桥、钢拱桥等；按照桥面的位置，可分为上承式拱桥、下承式拱桥和中承式拱桥；按照拱上建筑的形式，可分为实腹式拱桥及空腹式拱桥；按照拱轴线的形式，可分为圆弧拱桥、抛物线拱桥、悬链线拱桥；按照有无水平推力，可分为有推力拱桥和无推力拱桥；等等。现仅根据下面两种分类方式对拱桥的主要类型作一些介绍。

1. 按照结构体系分类

（1）简单体系的拱桥

在简单体系的拱桥中，上、中承式拱桥的拱上建筑或中、下承式拱桥的拱下悬吊结构，不参与主拱一起承受荷载。桥上的全部荷载由主拱单独承受，它是桥跨结构的主要承重构件。拱的水平推力直接由墩台或基础承受。

按照主拱的受力特点，简单体系的拱桥又可以分成如下的三种，见图 8.26。

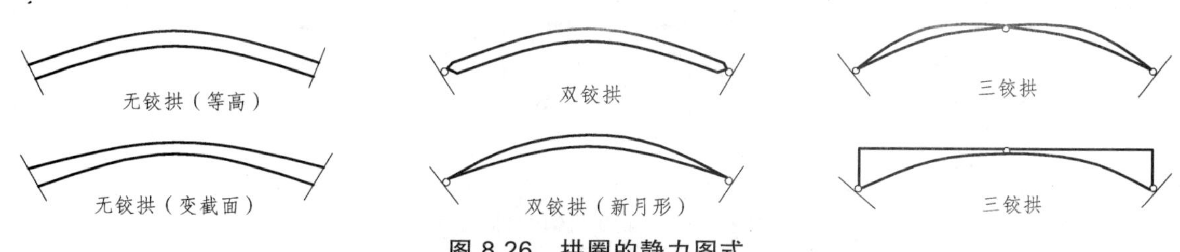

图 8.26　拱圈的静力图式

① 三铰拱。属外部静定结构。由于温度变化、支座变位等原因引起的变形不会在拱内产生附加内力，当地质条件不良，又需要采用拱式结构时，可以考虑采用三铰拱。但是，铰的构造复杂，施工困难，维护费用高；而且，为了使铰能够转动，桥面必须在铰处设伸缩缝，这样，桥面纵坡在伸缩缝处就会产生转折角，对行车造成颠簸。而且，只有钢拱桥才较易设铰。所以，三铰钢拱桥只是在历史上有过一些，现已基本不用。

② 两铰拱。属外部一次超静定结构。由于取消了拱顶铰，使结构整体刚度较三铰拱大。在墩台基础可能发生位移的情况下或坦拱中采用，较之无铰拱可以减小基础位移、温度变化、混凝土收缩和徐变等引起的附加内力。由于设铰较方便，两铰拱在钢拱桥中的使用已相当普遍，如悉尼港拱桥和新河谷拱桥均为钢桁架两铰拱结构。

③ 无铰拱。也叫固端拱，属外部三次超静定结构。在自重及外荷载作用下，拱内的弯矩分布比两铰拱均匀，材料用量省。由于不设铰，结构的整体刚度大，构造简单，施工方便，维护费用少；且随着跨度的增大，由温度、混凝土收缩和徐变产生的附加内力的影响会相对地减小。因此，无铰拱广泛用于石拱桥和大跨度钢筋混凝土和钢管混凝土拱桥。

（2）组合体系的拱桥

在拱式桥跨结构中，若考虑行车道系结构与拱圈共同受力，称为组合体系的拱桥。

由于行车道系与主拱的组合方式不同，其静力图式也不同。组合拱可分为无推力的和有推力的两类。同样，也可以做成上承式或下承式。常用的有以下几种形式。

① 无推力的组合体系拱桥　为拱端提供水平推力，主要依靠地基坚实。当地基不够坚实时，可以在同一拱的两拱脚之间加一拉杆（称为系杆），这样的拱桥叫系杆拱（tied arch）。拱的推力由系杆承受，墩台不承受推力，因此，系杆拱可在地质条件不好的地区采用。根据拱肋和系杆的相对刚度大小及吊杆的布置形式可以分为：柔性系杆刚性拱（系杆拱，图 8.27（a））；刚性系杆柔性拱（也称蓝格尔拱，图 8.27（b））；刚性系杆刚性拱（也称洛泽拱，图 8.27（c））。以上三种拱，当用斜吊杆来代替竖直吊杆时，则称为尼尔森拱。

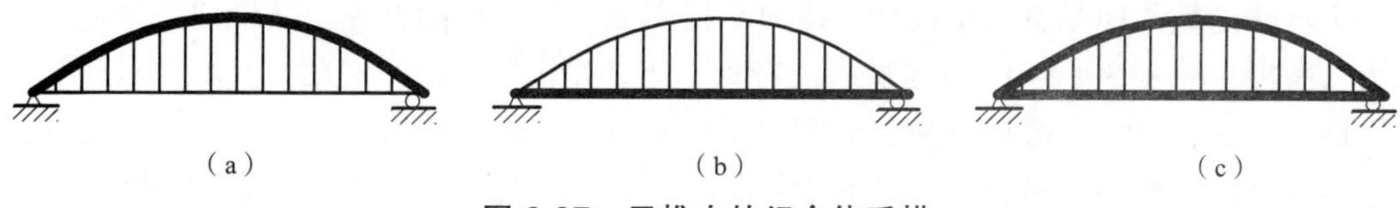

图 8.27　无推力的组合体系拱

② 有推力的组合体系拱桥。此种组合体系拱中不设系杆，但考虑行车道梁和立柱与拱的共同受力，拱的推力仍由墩台承受。图 8.28（a）所示为刚性梁柔性拱（也称倒蓝格尔拱）；图 8.28（b）为刚性梁刚性拱（也称倒洛泽拱）。

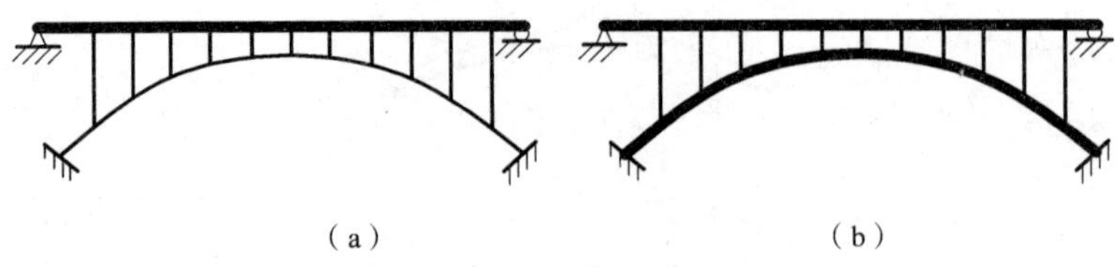

图 8.28 有推力的组合体系拱

近年来发展的刚架系杆拱桥结构，属于无推力的新型组合体系，适用于中、下承式拱桥。该类桥梁的结构和受力特点是：主拱与桥墩固结，墩顶不设支座；桥面系仅承受桥面荷载，不参与结构整体受力；荷载产生的竖向分力由桥墩传递至基础，水平分力则由独立于桥面系之外的、布置在桥墩之间的系杆力平衡。刚架系杆拱桥的桥面建筑高度小，对不良地质条件适应性好，有较大的跨越能力。

2. 按照主拱的截面形式分类

拱桥的主拱圈沿拱轴线可以做成等截面或变截面形式，参见图 8.26。等截面拱构造简单，施工方便，使用普遍。

主拱的横截面形式很多，常见者为以下几种（图 8.29）。

如果主拱圈的横截面采用整块的实体矩形截面，就称为板拱（图 8.29（a））。其特点是构造简单，施工方便，但截面抗弯惯性矩不大，适用于中、小跨度的砌体拱桥。

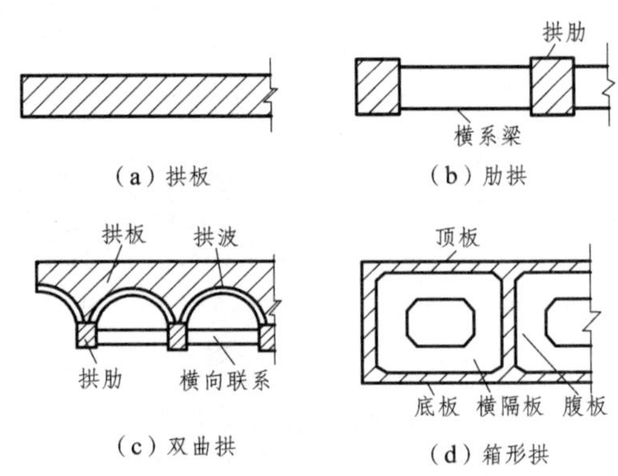

图 8.29　拱的横截面形式

为了节省材料，减轻结构自重，可将整块的矩形实体截面划分为两条（或多条）分离式的肋，以加大拱圈高度，提高截面的抵抗矩，这样就形成了由几条肋组成的拱桥，称为肋拱桥（图 8.29（b））。肋拱桥的材料用量一般较板拱桥经济，多用于较大跨度的拱桥。因拱肋是受压构件，这就需要考虑其稳定问题。当两拱肋都是位于竖向平面时，可以在两肋之间沿拱纵向间隔设置横向联结系。对中、下承式拱桥，当两拱肋分别位于向内倾斜的面内时，两拱肋的拱顶部分相互靠近，使联结系更易设置，对增进稳定有益，这时，因拱肋很像提篮的把手，故习称其为提篮拱或 X 形拱。

若主拱圈的横截面是由一个或数个横向小拱组成，使主拱圈在纵向及横向均呈拱形，则称之为双曲拱（图 8.29（c））。双曲拱桥的特点在于，先预制重量很轻的、只配少量钢筋乃至不配钢筋的拱肋和拱波，然后使用起吊能力很小的吊机（乃至用人力抬运）进行拼装，最后用灰浆填塞拱波之间的砌缝，并在拱波之上现浇一层工地混凝土，形成拱圈。运营经验表明：在受力方面，由于其各组成部分的收缩与温度应力不同，极易产生应力集中与开裂。在构造方面，由于构件多，相互联系弱，结构整体性和耐久性较差。在用料方面，钢筋虽能节省，但混凝土用量增加颇多。就施工讲，虽然不用起吊能力大的机具，但颇费人工。目前这种横截面形式已弃用。

若拱圈为箱形截面（外观如同板拱），则称之为箱形拱（图 8.29（d））。由于截面挖空，使箱形拱的截面抗弯惯性矩远大于相同截面面积的板拱者，从而能大大减小弯曲应力并节省材料。另外，闭口箱形截面的抗扭刚度大，结构的整体性和稳定性均较好。它是国内外大跨度钢筋混凝土拱桥主拱圈截面的基本形式。

三、拱桥设计简介

拱桥的设计包括拱桥的总体布置、拱轴线选择和内力计算等主要内容。拱桥的总体布置指确定桥梁长度、分跨（多跨拱称为连拱）、桥面高程、主拱矢跨比和墩台尺寸等。有关桥梁孔径和分跨布置、确定桥梁长度等方面的内容与梁桥基本相同，这里仅就确定拱桥各部分高程（如桥面高程、拱顶底面高程、起拱线高程、基础底面高程）、主拱矢跨比和拱轴线等作一简述。

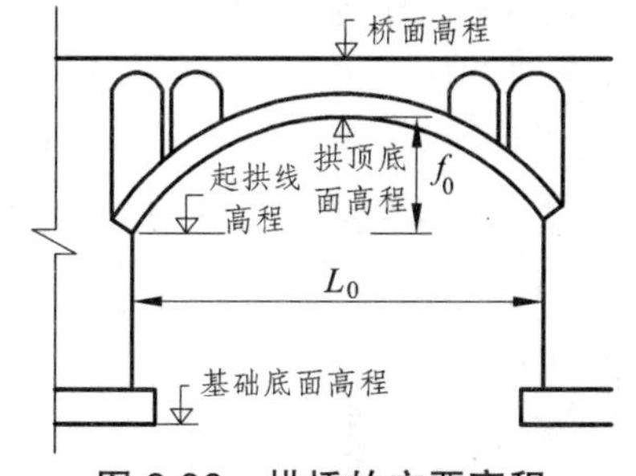

图 8.30　拱桥的主要高程

拱桥桥面高程应由线路设计与拱桥总体布置及设计综合研究决定。从拱桥布置方面考虑，桥面高程与拱顶底面高程之间，应满足拱顶最小填料厚度和主拱拱顶截面高度的要求，而在拱顶底面高程以下应满足通航净空要求和泄洪能力的要求。根据拱顶底面高程和桥下净空要求可拟定起拱线高程，从而确定拱脚（或称拱趾，spring）高程。根据拱顶与拱脚的高程即可确定矢跨比 f_0/L_0（rise-span ratio）。见图 8.30。

拱的水平推力同矢跨比成反比。因此，矢跨比的合理选择，除必须满足泄洪和通航要求外，还应从结构受力、经济、施工等方面综合分析比较确定。从泄洪方面考虑，以拱脚不被洪水淹没为宜。从减小拱桥墩台基础底面弯矩、节省墩台材料数量方面考虑，用较大的矢跨比、较低的起拱线较为有利。从结构受力方面考虑，采用较小的矢跨比除使墩台受水平力增大外，由弹性压缩、温度变化、混凝土收缩等引起主拱的附加力也增大，但在恒载和活载作用下主拱将有较大的轴向力，有利于减小主拱各截面由于活载作用引起的偏心，拱上结构的体积也减小。我国已建成的铁路拱桥矢跨比多为 1/4～1/3，而公路拱桥则平坦得多。公路石、混凝土板拱桥的矢跨比为 1/8～1/4，钢筋混凝土箱形拱桥的矢跨比为 1/10～1/6。一般，拱桥的矢跨比不宜小于 1/12。通常，将矢跨比大于或等于 1/4 的拱桥称为陡拱，矢跨比小于 1/4 的称为坦拱。

对于多孔拱桥（连拱），最好选用等跨分孔的方案。在受地形、地质、通航等条件限制的情况下，也可作不等跨分孔处理。此时由于相邻孔的恒载推力不相等，会使桥墩和基础受恒载产生的不平衡推力的作用。为减小这一不平衡的推力并改善基础受力状况，可采取相应措施。例如，利用矢跨比与推力成反比的关系，在相邻两孔中，大跨用较陡的拱，而小跨则用较坦的拱；还可对较大跨度的拱采用空腹拱上结构，较小跨度的拱则用实腹结构，并在小跨拱顶处将填充厚度酌量增大；另一个平衡相邻两拱推力影响的措施是，将小跨的拱脚布置的较大跨拱脚高一些，见图 8.31。需要指出，这些结构措施会减小相邻孔跨的不平衡推力，但桥梁美学效果却往往不尽如人意。

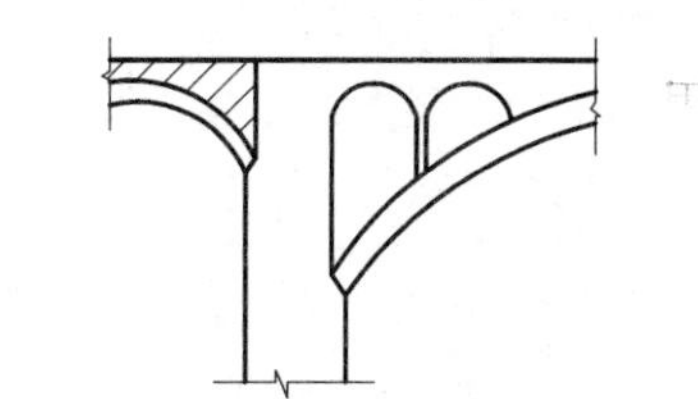
图 8.31　大跨与小跨的拱脚高程及拱上建筑布置

拱轴线的形状直接影响主拱截面内力的分布与大小。最理想的拱轴线是与拱上各种荷载的压力线相吻合，这时主拱截面只承受轴向压力，而无弯矩及剪力作用，应力最均匀，材料强度能得到充分利用。这样的拱轴线，称之为合理拱轴线。但事实上，理想的拱轴线是不可能得到的，因为主拱不仅受到恒载作用，也承受活载、温度变化和材料的收缩徐变等作用。即使恒载作用下拱轴线可与压力线吻合，但在活载等作用下，其拱轴线就将偏离压力线。因此，选择拱轴线的基本原则，就是使它尽量接近荷载的压力线。

根据公路混凝土拱桥恒载比重大的特点，在实用中一般采用恒载压力线作为拱轴线，恒载作用越大，这样的选择就越合理。对于活载较大的铁路混凝土拱桥，则可考虑采用“恒载+1/2 活载（全桥均布）”的压力线作为拱轴线。在确定拱轴线时，除了考虑主拱受力外，还应该考虑外形美观、施工简便等因素。

目前拱桥常用的拱轴线有以下几种：

（1）圆弧线 圆弧线拱的线形简单，易于掌握，施工放样方便，广泛用于公路桥。但在一般情况下，圆弧线拱轴线与恒载压力线偏离较大，使拱圈各截面受力不均匀。因此，圆弧线常用于 15 ~ 20 m 以下的小跨径拱桥。对于大跨径的预制装配式钢筋混凝土拱桥，有时为了简化施工，也有采用圆弧形拱轴线的情况。

（2）抛物线 在竖向均布荷载作用下，可推导出拱的合理拱轴线是二次抛物线。对于恒载强度比较接近均布的拱桥，例如矢跨比较小的空腹式钢筋混凝土拱桥和中、下承式拱桥，往往可以采用二次抛物线作为拱轴线。近年来广泛采用的钢筋混凝土桁架拱和刚架拱等轻型拱上结构的拱桥，由于恒载分布较均匀，因此用二次抛物线作为这类轻型拱桥的拱轴线也是适宜的。在某些大跨径拱桥中，为了使拱轴线尽可能与恒载压力线相吻合，也有采用高次抛物线（如三次、四次抛物线）作为拱轴线的。

（3）悬链线 对实腹式拱桥，若其沿桥纵向的恒载集度是由拱顶（crown）向拱脚连续分布、逐渐增大，则可推导出其恒载压力线为一条（倒）悬链线。因此，一般认为悬链线是实腹拱桥的合理拱轴线。对空腹式拱桥，其恒载从拱顶到拱脚不再是连续分布，它既承受拱圈自重的分布恒载，又承受拱上立柱（或横墙）传来的集中恒载，其压力线是一不平滑的曲线。可直接采用此压力线作为拱轴线，但该曲线计算麻烦。目前最普遍的方法是，在采用悬链线作为空腹拱的拱轴线的同时，保证拱轴线与恒载压力线在拱顶、1/4 跨径和拱脚五个截面相重合(称为“五点重合法”)。这样，就可利用现成的完整的悬链线拱计算用表来计算各项内力；而且采用悬链线拱轴对空腹拱主拱的受力是有利的。因此，悬链线是目前大、中跨径拱桥采用最普遍的拱轴线形。

四、其他类型的拱桥

1. 钢管混凝土拱桥

近 20 年来，我国兴建了不少钢管混凝土（concrete-filled tube）拱桥。它是指以内灌混凝土的钢管作为拱肋的拱桥。所谓钢管混凝土，就是在薄壁钢管内填充混凝土，形成钢管与混凝土两者共同工作的一种组合构件。钢管混凝土的基本力学特征是，管内混凝土受到钢管的约束，在承受大的轴向压力时发生的侧向膨胀受到限制而处于三向受压状态，从而具有比普通钢筋混凝土大得多的承载能力和变形能力。同时，因混凝土填满钢管，分担绝大部分轴向压力，较薄的钢管壁就不会出现局部失稳。

钢管混凝土拱桥的特点，在于先架设以钢管（包括各钢管之间的缀板、横撑等）为主的拱肋，再用泵送混凝土填满于钢管内，待混凝土凝固后，钢管与混凝土共同承受荷载。钢管既可看作是混凝土中的受力钢筋，又可起到浇筑混凝土时的模板及支架作用。

目前，国内采用的钢管混凝土拱桥的拱肋形式有单肢、双肢哑铃形、三肢或四肢格构式、四肢双哑铃形等，分别见图 8.32（a）~（d）。哑铃形可竖向、横向布置，三肢格构式也可竖向、横向或三角形状布置。

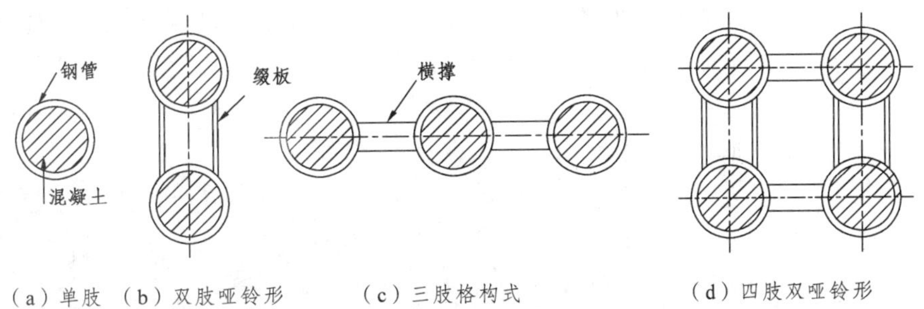

图 8.32　钢管混凝土拱的横截面形式

钢管混凝土在土木工程中的应用较早。早在 20 世纪 30 年代，钢管混凝土就开始应用于建筑结构。在桥梁工程方面，国外只有极少数用钢管或钢管混凝土作为拱圈的公路拱桥。1960 年，瑞典建成阿斯克勒海峡（Askerö Fjord）桥，该桥拱肋为水平哑铃状的两钢管，跨度 288 m，已在 1980 年 1 月的一次大雾之中被船撞毁。另一座钢管拱桥是日本的松岛（Matsushima）大桥，该桥建于 1966 年，跨度 126 m，采用直径 1.8 m 的两钢管作为主拱圈，钢管水平布置，其间设横向联结。法国的 Antrena 桥（1994 年）是一座上承式钢管混凝土拱桥，采用单根钢管作为拱肋，其上布置斜撑及桥面板，桥长 86 m，主跨 56 m，桥宽为 11 m。美国芝加哥的 Dampen Avenue 桥（中承式，1999 年）的拱肋采用直径 1.2 m、壁厚 25 mm 的钢管，拱脚段灌有混凝土；桥长 94 m，主跨 74 m，桥宽为 21.9 m，拱肋中心间距为 16.3 m；采用整体吊装方法施工拱肋。

钢管混凝土在我国桥梁工程中的应用，始于 1990 年四川旺苍东河大桥。该桥为跨度 115 m 双车道下承式预应力系杆钢管混凝土拱桥（见图 8.33）；每道拱肋包含两根钢管（直径 0.8 m，壁厚 10 mm），上下设置（两管间垂直中距 1.2 m），用两块钢板作腹板，将其上、下缘焊于钢管，呈哑铃状，总高 2 m。在钢管及钢腹板之间，均填 C30 混凝土。两肋间用直径 0.8 m 的钢管作横撑，以保持拱肋的横向稳定。2000 年广州市在其环城高速公路上修建了跨越珠江的丫髻沙桥，其为三跨连续自锚中承式钢管混凝土系杆拱桥，分跨为 76 m + 360 m + 76 m。主跨拱有拱肋两条，每拱肋包含 6 根 ϕ0.75 m 钢管，每 3 根钢管用平联钢板组成一宽 3.45 m 的弦杆，用 ϕ0.45 m 及 ϕ0.35 m 钢管作腹杆，所组成的桁架式拱肋为变高度（以管中心计的高度自拱顶处的 4 m 变至拱趾处的 8 m），拱的矢跨比是 1∶4.5；边跨拱为双肋

图 8.33　四川旺苍东河大桥

上承式，每肋用 4 根 ϕ0.6 m 钢管为劲性骨架，外包混凝土；桥上行驶 6 线汽车，主跨拱肋按外缘计的宽度为 39.4 m。2009 年建成的支井河大桥，为跨度 430m 的上承式钢管混凝土公路拱桥。矢跨比为 1/5.5，主拱圈断面采用钢管混凝土与空钢管组成的桁架式断面，断面高度从拱顶 6.5m 变化到拱脚 13.0m，钢管采用 Q345c 钢材，外径 1 200mm，管壁厚度 24 ~ 35mm，管内填充 C50 高强混凝土。

钢管混凝土构件既可以作为拱桥的拱肋，也具有良好的劲性骨架性能。因此，在大跨度钢筋混凝土拱桥（如万州长江大桥）的设计中，常把钢管混凝土作为劲性骨架的一部分。图 8.34 所示为广西邕宁邕江桥（1996 年，跨度 312 m）立面图，图 8.35 为其拱肋截面图。邕江桥是中承式拱，每道拱肋外轮廓尺寸是 3 m × 5 m（宽 × 高），顶板、底板各厚 0.36 m，腹板厚 0.26 m；在其四角各置一钢管，钢管内填注混凝土；采用劲性骨架法施工。

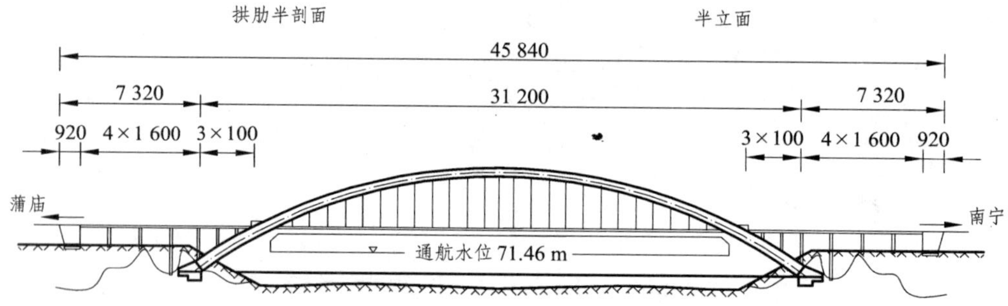

图 8.34 广西邕宁邕江桥（尺寸单位：cm）

对于将钢管混凝土用作劲性骨架的钢筋混凝土拱桥，因其由钢筋混凝土所提供的受力截面积及截面惯性矩都比由钢管混凝土所提供者为大，桥的承载能力将决定于前者，故可将其视为钢筋混凝土拱桥。对于不填混凝土的钢管拱桥，则可视其为钢拱桥的一种，为保持钢管的稳定性，其用钢量不会少。

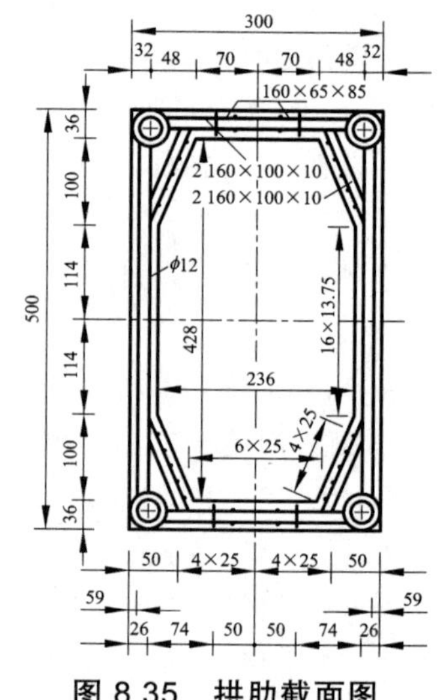

图 8.35 拱肋截面图

（尺寸单位：cm）

2. 桁架拱桥

一般，把承重结构为桁架式的拱桥称为桁架拱桥（称为 trussed arch）。由于钢材的抗拉、压性能良好，这一形式在钢拱桥中早有应用（如悉尼港桥，美国新河谷桥等），近年来在我国特大跨铁路、公路桥中也得到应用（如宜万铁路万州长江大桥，京沪高速南京大胜关桥，重庆朝天门桥等）。将钢拱桥的拱圈从实腹式改为桁架式，是为了增加结构刚度，加大跨度并节省材料。

钢筋混凝土桁架拱桥则主要指把常规拱桥的传力构件（拱上建筑）与承重构件（主拱圈）联成整体桁架、共同承载的拱桥。这种拱桥的结构刚度较大，整体性能较好，自重较小，适合于软土地基。通常，钢筋混凝土桁架拱桥的上部结构由桁架拱片、横向联结系和桥面三部分组成，见图 8.36。根据桁间杆件的布置，桁架分为斜杆式和竖杆式（指桁间均布置竖杆）两类。斜杆式中包括三角形式、带竖杆的三角形式、斜压杆式、斜拉杆式（见图 8.36）和其他组合形式。

钢筋混凝土桁架拱桥的大部分构件可预制安装，对吊装能力的要求也不高。上部结构预制和下部结构施工可平行进行，工期可相应缩短。不足之处是：制作构件的模板较复杂；在一些受拉、受弯杆件上和刚性节点处，仍难免产生裂缝，导致结构的耐久性不足。

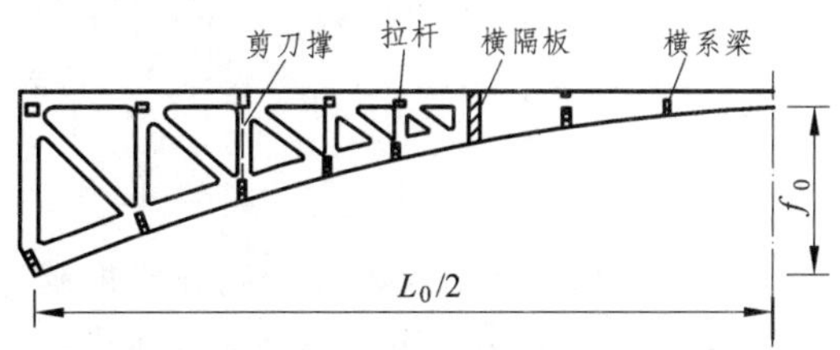

图 8.36　桁架拱桥的主要组成部分

1995 年建成的位于贵州瓮安县、跨越乌江的江界河桥，跨度 330 m，是目前跨度最大的桁架式拱桥，见图 8.37。该桥的中段是一桁架拱，两端各有一段锚于岸坡岩体的悬臂桁架。这种悬臂桁架与拱串联的桥型的主要特点是，上弦在墩顶和拱顶之间的适当位置断开，在该处形成桥面伸缩缝，并使上弦预应力在该处放松（以调整各杆件的内力），结构受力更为合理。悬臂桁架在其伸臂端承受中段拱的反力，其下弦是中段桁架拱下弦的延续，其上弦的拉力靠预应力钢筋承受，力筋通过设在拱外的斜杆锚固于坚实岩层。

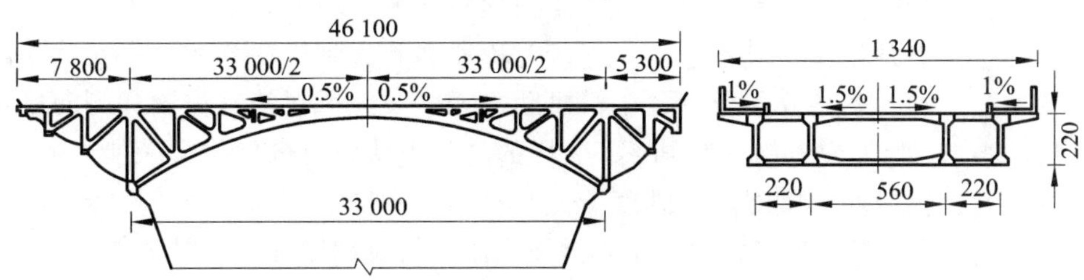

图 8.37　江界河桁架拱桥（单位：cm）

五、拱桥施工

拱桥的施工方法主要有：就地浇筑或砌筑（有支架施工法）、悬臂施工法、转体法和劲性骨架法等。

就地浇筑方法是指：采用各种构件（如型钢、万能杆件等）在主拱设计位置下面建造支撑主拱的满布式支架（呈拱状），在其上就地浇筑或砌筑主拱。这种支架施工的费用较高，安装和拆除支架费工费料，施工工序多，工期长，在需通航之处不宜使用，只适用于跨度不大的砌体拱桥。

前已提及，实现大跨度钢筋混凝土拱桥的关键问题在于施工。施工所需解决的问题，是如何承担尚未成拱的拱圈（肋）的材料重力。按采用支架施工的老办法难以解决问题。新办法则是两条：一是增加拉索（斜索、力筋），使拱圈（或其一部分，比如劲性骨架）能够悬拼；二是及早让部分材料成拱，使其具有承受随后增加的材料重力的能力。

悬臂施工法是安装钢拱桥所最常用的方法。早在 1874 年建成的美国圣路易 Eads 桥为三跨钢拱，最大跨为 158 m，便是采用悬臂施工的第一座拱桥；1932 年建成的澳大利亚悉尼港桥，也是用悬臂拼装法；1979 年建成的南斯拉夫 Krk 桥为上承式箱形截面钢筋混凝土拱桥，施工方法是将箱形的板件分段（每段长 5 m）预制，用缆索吊机吊运就位，拼成箱形截面，再加设临时拉杆，让拱从两岸拱趾处悬臂伸出，直至合龙，如图 8.38 所示。这样的方法，也称为悬臂桁架法。

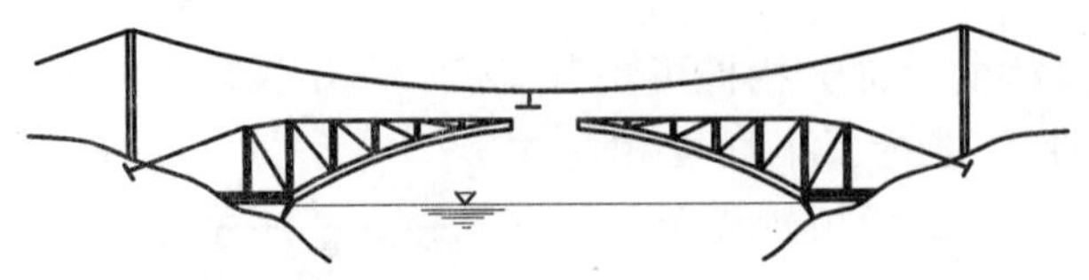

图 8.38　克尔克桥施工

从 20 世纪 70 年代中期开始，借助缆索吊装技术，无支架悬臂施工方法在我国公路拱桥中得到采用。对当时设计的箱形截面拱，该方法的特点实质上是采用悬臂法让几条较轻的预制拱圈先合龙，形成结构，再在合龙的（可承重的）拱圈上填筑其余的混凝土截面。见图 8.39 示意。先合龙的较轻拱圈，一般也取箱形截面，包含一室的底板、两侧减薄的腹板以及减薄的顶板，为使起吊重量较轻，可以让一拱分成三段、五段或七段。各段用缆索吊机起吊，从两岸拱趾悬拼伸出，并用斜索扣住其悬出端，直至合龙。随后，就在减薄的腹板之间，以及在减薄的顶板之上，填筑工地混凝土，完成整个箱形截面拱。对拱肋，仍是将其分成若干段，逐段对称安装，直到拱肋合龙。每安装一段，用扣索将其临时固定。拱肋若是分条合龙，单根拱肋靠扣索及缆风保持其位置和侧向稳定性。拱肋合龙条数增多后，随即安设横向联结系。这样的施工方法可有效解决吊装能力不足的问题，但从使用效果看，也暴露出拱圈整体刚度（尤其是横向刚度）较弱、耐久性较差的不足。

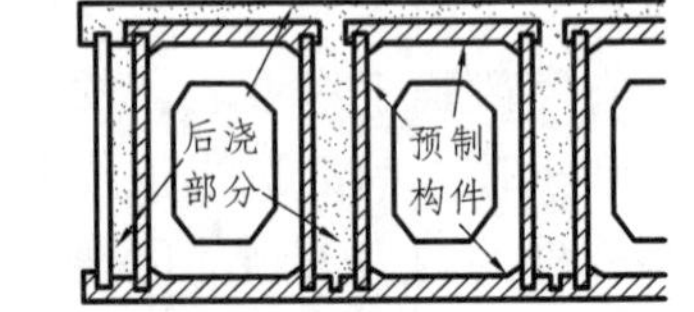

图 8.39　拱圈在预制时的分块示意

目前采用的无支架悬臂施工方法，主要是缆索吊装斜拉扣挂法。采用该方法，需要设计一套扣挂体系，包括扣塔、扣锚索和千斤顶张拉调整设备。通常，扣塔与缆索吊装体系中的索塔合二为一，多布置在拱脚靠岸侧或交界墩上；扣索和锚索采用钢绞线，可通长布置（绕过扣塔）或分段布置；布置在扣塔靠河心侧的称为扣索，靠岸侧的称为锚索。通过缆索吊机，将主拱（或钢管，或劲性骨架）分片分段起吊，就位后通过一对扣锚索，将重力转移到已吊装就位的拱段上。如此循环，直至拱圈合龙。对钢筋混凝土拱桥，配备挂篮，也可采用这样的方法悬臂浇筑主拱圈。

转体（overall rotation）施工是近 20 年来发展起来的施工方法。先以半拱为单元，分别在两岸预制，随后，可以让半拱绕拱趾水平线竖转，也可以绕拱端竖直线平转，让半拱在拱顶合龙。与吊装方法相比，可省去不少高空作业，减少施工设备，但地形必须合适，才能节省支架（图 8.40）。

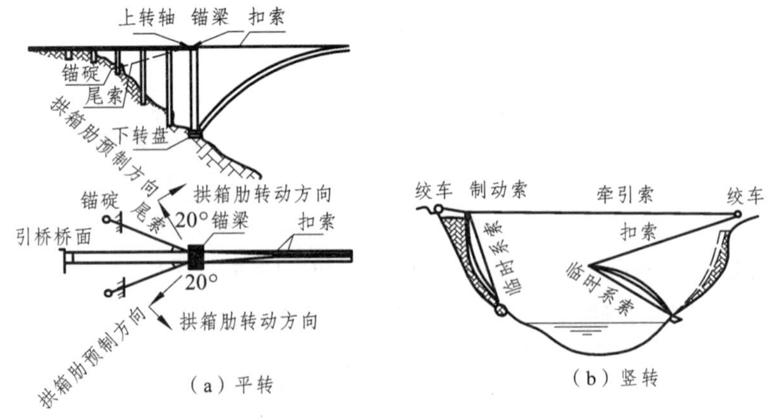

图 8.40　转体施工示意图

1989 年在四川涪陵建成的乌江桥，跨度 200 m，采用平转方法合龙。为减轻转体的重量，曾在合龙前将半拱内的一些部件减薄，转体时扣索拉力达 4 000kN。2000 年在广州所建成的丫髻沙珠江桥，主跨 360 m，是三跨连续自锚中承式钢管混凝土系杆拱桥。该桥在施工中采用了先竖转、次平转的方法进行合龙。竖转之前，先在两岸拱座处，顺河堤搭设支架，在支架上拼装主拱拱肋钢筋及边跨（并浇筑混凝土），在拱座上设索塔；然后，在主跨半拱上设一撑架，用扣索从边跨、过塔顶鞍及撑架顶、连到主跨，再张拉扣索，主跨半拱（其重量为 19 600 kN 强）即可竖转。平转之前，在左右拱座之间设连接横梁，在横梁中点设中心转轴；在下转盘顶面设环道；用千斤顶及牵引索为平转的动力；平转结构总重大约 137 200 kN。

转体法除用于拱桥外，在特殊情况下，也可用于梁桥和斜拉桥。

劲性骨架法在拱桥中早有使用。1942 年，西班牙在建造 Esla 铁路钢筋混凝土拱桥（跨度 210 m）时就采用此法。所谓劲性骨架施工，指的是采用劲性钢材（如角钢、槽钢等型钢等）作为拱圈（箱形截面或拱肋）的受力钢材，在施工过程中，先把这些骨架拼装成拱（并作为施工拱架使用），然后在其下挂模板，现浇混凝土，把这些骨架埋入拱圈混凝土中，形成钢筋混凝土拱。若采用钢管作为劲性骨架，则是先将空钢管（包括其他劲性钢材）斜拉扣挂法分段拼装就位直至骨架合龙，然后压注钢管混凝土，最后现浇外包混凝土成拱。因此，劲性骨架施工方法是斜拉扣挂法与支架法的合用。

图 8.41　劲性骨架吊装

跨度 420 m 的万州长江公路大桥的钢管（ϕ400 mm）骨架在工厂加工成全宽桁段（钢管为弦杆，角钢组合为腹杆），全桥共分 36 段，每个桁段长 13.0 m，宽 15.6 m，高 6.85 m，平均重 598 kN。桁段由船运至桥下，用缆索吊机逐段安装（图 8.41），并用高强钢丝束扣挂桁段，直至合龙。之后，按照施工程序，先压注钢管混凝土，使拱架刚度提高；次浇筑中室混凝土，形成稳定的单室结构；再浇筑两边室混凝土。特点是：让先浇的混凝土获得强度，与拱架共同承担后浇混凝土重量，逐步形成单箱三室钢筋混凝土箱形拱（图 8.42，其中序号表示混凝土浇筑顺序，对称进行）。最后施工拱上建筑，直至成桥。

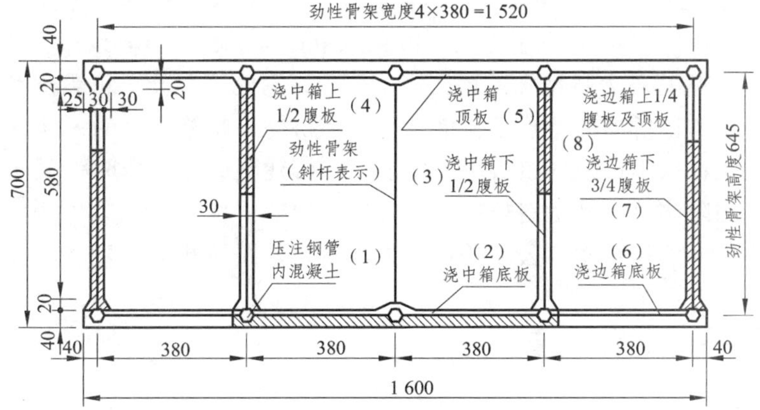

图 8.42　万州长江大桥横截面及混凝土浇筑次序（尺寸单位：cm）

第三节 斜 拉 桥

一、概 述

斜拉桥指用锚固在塔、梁上的若干斜向拉索（cable）吊住梁跨结构的桥，也叫斜张桥。其主要组成部分为主梁、拉索和索塔。与一般梁式桥相比，主梁除支承于墩身和塔身上外，还支承在由索塔引出的拉索上。图 8.43 为两种典型的斜拉桥简图。从图中可以看出，斜拉桥的特点是从索塔上用若干拉索将梁吊起，相当于使主梁在跨内增加了若干弹性支点，从而大大减少了梁内弯矩，使梁高降低并减轻重量，提高了梁的跨越能力。当然，拉索对梁的这种弹性支撑作用，只有在拉索处于张紧状态时才能得到充分发挥。因此必须在桥梁承受活载之前对拉索进行张拉。这种体系的优点是：梁体尺寸较小，使桥梁的跨越能力增大；受桥下净空和桥面高程的限制少；抗风稳定性比悬索桥好；不需悬索桥那样的大体积锚碇构造；便于采用悬臂施工等。另外，由于它是多次超静定结构，设计计算复杂；索与梁或塔的连接构造比较复杂；施工中高空作业较多，且施工控制技术等要求严格。

用拉索从索塔上斜拉主梁的桥梁构思由来已久。但因受到当时科学技术水平等历史条件的限制，缺乏高强度材料，拉索易于松弛，对复杂的超静定结构缺乏计算手段，早期修建的斜拉桥往往建成不久就因为整个体系松弛，造成很大变形和破坏，未能得到发展。随着高强度材料的使用，设计理论和技术手段的进步，以及施工方法的发展，从 20 世纪 50 年代起，这种造型新颖、形式多样的桥式开始得到很快的发展，在大跨度（300 ~ 1 000 m）范围内具有较强的竞争力。

按主梁所用材料，斜拉桥可分为钢斜拉桥、混凝土斜拉桥、结合梁（或称叠合梁）斜拉桥与混合梁（边跨混凝土梁与主跨钢梁连接）斜拉桥四类。我国苏通大桥（主跨 1088 m）是目前已建成的跨度最大的钢斜拉桥（居各类斜拉桥的跨度之首），混凝土斜拉桥的最大跨度目前为挪威的斯卡尔桑德桥的 530 m 所保持，结合梁斜拉桥的最大跨度为主跨 616 m 的中国武汉二七长江大桥（三塔斜拉桥），混合梁斜拉桥的最大跨度为香港昂船洲大桥（主跨 1 018 m）。

近 10 多年来，在混凝土斜拉桥与混凝土箱梁桥两种桥型之间出现了一种新的桥梁结构型式，这就是“矮塔斜拉桥”，也称“部分斜拉桥”。其涵义是指其“部分”表现出斜拉桥的特性。在国外，这种桥型称为 Extradosed Prestressing Concrete Bridge，即超配量体外索 PC 桥，简称 EPC 桥。从其受力特性和适用跨度范围看，它处于混凝土箱梁桥和斜拉桥之间，更多偏向于箱梁桥。这种桥型的特点是：借助不高的桥塔，将箱梁桥的一部分体内或体外预应力移到桥面以上。在采用传统斜拉桥不太经济，或修建混凝土梁桥时跨度偏大，或由于某些原因桥塔高度受到限制时，矮塔斜拉桥则表现出其独特的优势。

在迄今已建成的斜拉桥中，公路桥占绝大多数，铁路桥相对较少。

二、斜拉桥的总体布置

1. 孔跨布置

斜拉桥最典型的孔跨布置形式为双塔三跨式（图 8.43（a））与独塔双跨式（图 8.43（b））。

在特殊情况下，斜拉桥也可以布置成独塔单跨式及多塔多跨式等。

双塔三跨式是一种最常见的斜拉桥孔跨布置方式。由于它的主孔跨度较大，一般可适用于跨越较宽的河流。在跨越河流时，可用主孔一跨跨越，将两个桥塔设在河滩浅水处，两个边跨设在靠岸边；也可以将两个桥塔设在河中，用三孔来跨越整个河道或主航道。

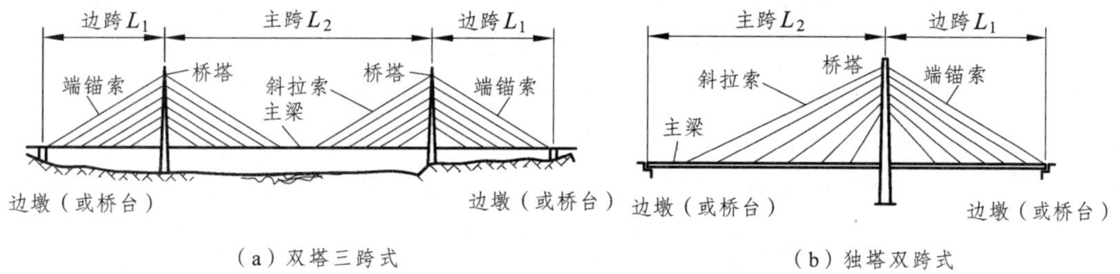

图 8.43　斜拉桥简图

双塔三跨式斜拉桥可以布置成两个边跨跨度相等的对称形式，也可以布置成两个边跨跨度不等的非对称形式，且可根据需要在两边跨内布置数量相等或不等的中间辅助墩，以提高结构体系的刚度。图 8.44 为南京长江二桥的孔跨布置。

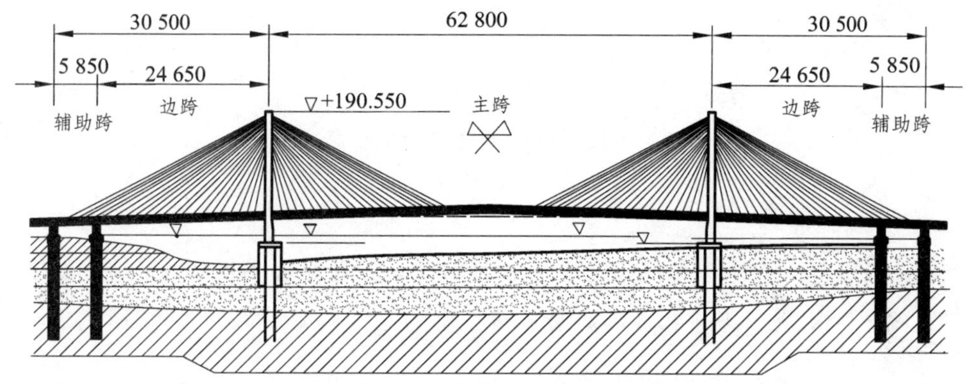

图 8.44　南京长江二桥的孔跨布置（单位：cm）

双塔三跨式斜拉桥的主跨跨度 L_2 和边跨跨度 L_1（见图 8.43（a））的比例关系，根据国外斜拉桥的统计资料为：

钢斜拉桥：　　　　（L_2/L_1）=2.2 ~ 2.5

包括各类斜拉桥：（L_2/L_1）=2.0 ~ 3.0

独塔双跨式斜拉桥也是一种较为常见的孔跨布置方式，由于它的主孔跨径一般比双塔三跨式的主孔跨径小，故特别适用于跨越中等宽度的河流、谷地及交通道路。当采用双塔不经济时，可采用独塔跨越较宽河流的主航道部分，例如美国东亨丁顿桥、四川宜宾金沙江中坝大桥等。采用独塔双跨式时，根据河道情况，可以用两跨跨越河流，将桥塔设在河道中适当位置；也可以用主跨跨越河流，将桥塔及边跨设在靠岸边。

独塔双跨式斜拉桥可以布置成两跨不对称的形式，即分为主跨与边跨；也可以布置成两跨对称，即等跨形式。其中以两跨不对称的形式较多，也较合理。

独塔双跨式斜拉桥的主跨 L_2 和边跨 L_1（见图 8.43（b））的比值，根据国外斜拉桥的统计资料为

$$(L_2/L_1)=1.2\sim2.0$$

多数接近 1.5。

为增加主跨跨度，可将独塔双跨式斜拉桥的主跨梁端与连续刚构相连，形成带协作体系的混凝土斜拉桥，如广东西江金马大桥。另外，在适宜的地形条件下，有时也可采用独塔单跨式斜拉桥，此时边跨跨度很小甚至没有边跨，靠岸边的拉索（背索）直接锚固在地面锚碇上。

在跨越宽阔水面或谷地时，由于桥梁长度大，必要时也可采用 3 塔或多塔斜拉桥，如宜昌夷陵长江大桥（3 塔）、香港汀九大桥（3 塔，塔高不同）、希腊 Rion-Antirion 桥（4 塔）和法国 Millau 高架桥（7 塔，其总体布置见图 8.45）等。由于中间桥塔没有端锚索（参见图 8.43）来有效地限制塔顶的水平变位，多塔斜拉桥的结构柔性会有所增大。

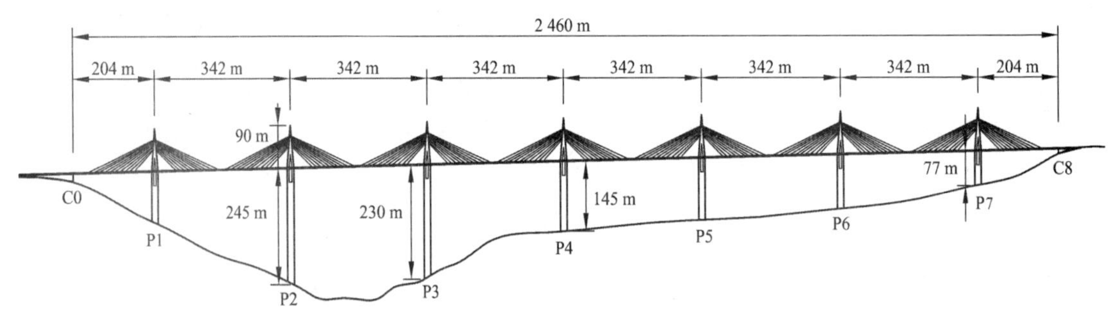

图 8.45　多塔斜拉桥（法国 Millau 高架桥）

2. 主梁的支承体系

斜拉桥在索塔处及墩（含辅助墩）处的支承形式对主梁的受力行为及结构的使用性能影响较大。图 8.46 为双塔三跨式和独塔双跨式斜拉桥的几种典型支承形式示意。

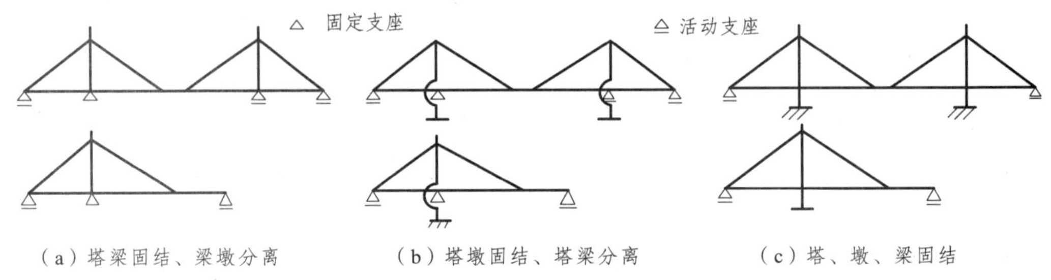

图 8.46　主梁支承条件示意

按支承条件不同，主梁可分为连续梁和连续刚架等。连续梁式如图 8.46（a）、（b）所示，这类构造往往在墩台支承处仅用一个固定铰支座，其余为活动支座，梁的温度变位、水平变位等则由拉索予以约束。主梁采用连续梁式可以获得连续梁桥的主要优点，如行车顺畅，伸缩缝少，便于采用连续梁桥的各种施工方法等。图 8.46（a）在早期钢斜拉桥中应用较多，图（b）是目前广泛采用的形式，称为半漂浮体系。若将中间支点的支承改为吊索，就形成漂浮体系，它可以减少索塔支点处梁的负弯矩，但梁的横向变位应加以约束。图 8.46（c）则为连续刚架式，它与一般刚架不同之处在于，梁、墩与塔在支点处连成整体，形成十字固结，此处要抵抗很大的负弯矩，因此主梁截面要足够强劲，构造也较复杂。这类形式有利于简化平衡对称施工，且抵抗中跨变形的刚度较大。

除上述主梁采用连续梁体系外，曾有个别斜拉桥采用在跨中无索区段插入一段挂梁的形式，其不利于于结构的整体性和桥面的连续性，现已很少采用。此外，也有在主梁跨中设铰的布置，它可以起到缓解温度应力的作用，但同样对行车不利，加之剪力铰可能增加在设计、施工及养护等方面的难度，故一般很少采用。

3. 拉索的布置

（1）拉索的索面位置

拉索按其所组成的平面，通常分为单索面和双索面，而双索面又可分为双平行索面和双斜索面。

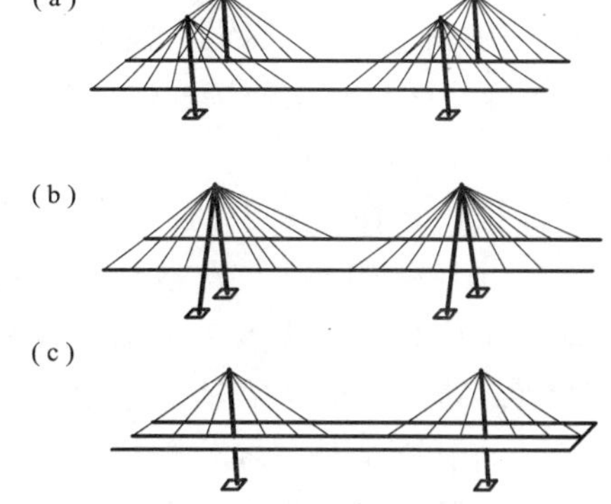

图 8.47　索面布置形式

结合桥面布置，可将双平行索面（图 8.47（a））对两索面布置在桥面外缘，或者布置在桥面宽度之内（如人行道内侧）。

当索塔在横向为 A 形、钻石形等时，就可能需要双斜索面（图 8.47（b））与之配合。双斜索面的拉索可以提高梁的抗扭能力，抗风动力性能较好。

单平面拉索（图 8.47（c））设置在桥梁纵轴线上，这对于设置分车带的桥梁特别合适，基本上不需要增加桥面宽度，具有最小的桥塔尺寸和简洁的视觉效果。但是，单平面拉索只能支承竖向荷载，由于竖向不对称活载或横向荷载（如风力）的作用而使主梁受扭，主梁横截面宜配合采用闭合箱梁。

对特殊情况，可能采用三索面，如武汉天兴洲公铁两用桥。为突出桥梁造型，可能只在主跨内布置拉索，而取消边跨内或岸侧的拉索。具有这样索面布置的斜拉桥称为“无背索斜拉桥”，多在向岸侧倾斜的独塔斜拉桥中采用，工程造价高。

对有景观要求的桥梁（如讲究桥梁造型的城市桥梁和人行桥等），也有采用曲面形（索面形成空间曲面状）的实例。

（2）拉索的索面形状

根据在索面内的布置形状，拉索主要有图 8.48 所示的三种形式。

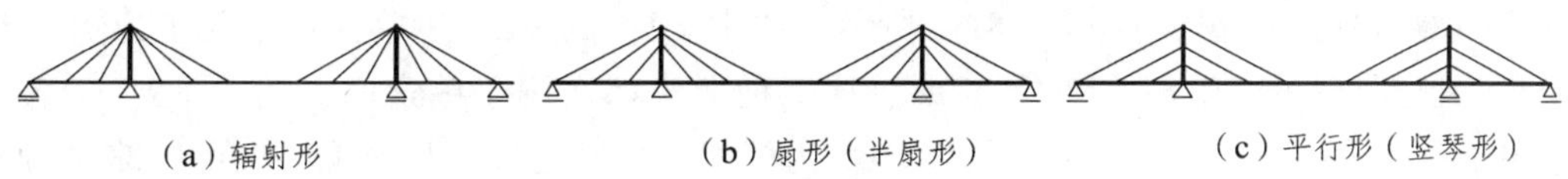

图 8.48　索面形状

① 辐射形。这种布置方法是将全部拉索汇集到塔顶，使各根拉索都具有可能的最大倾角。由于索力主要由其垂直分力的需要而定，因此索的拉力及截面可较小；而且辐射索使结构形成几何不变体系，对变形及内力分布都有利。这种做法的不足是：有较多数量的拉索汇集到塔顶，将使该处锚头拥挤，构造处理较困难；塔身从顶到底都受到最大压力，自由长度较大，

塔身刚度需保证压曲稳定的要求。

② 平行形。这种形式中各拉索彼此平行，各索倾角相同。各对拉索分别锚固在塔的不同高度上，索与塔的连接构造易于处理；由于倾角相同，各索的锚固构造相同，塔中压力逐段向下加大，有利于塔的稳定性。但是索的用钢量较大；由于各对索力的差别，将在塔身各段产生较大的弯矩，对内力及变形的分布较不利，不过可以在边跨内设置辅助墩的办法来加以改善。

③ 扇形。扇形是介于辐射形和平行形之间的形式，一般在塔上和梁上分别按不同的等间距布置，兼顾了以上两种形式的优点而弥补了其不足，因此应用广泛。

除此以外，还有星形（索在塔上分散锚固，在梁上汇集于一处）、混合形（中跨为扇形，边跨为平行形或其他形状，多配合独塔斜拉桥采用）等。

一般情况下，所有拉索的下端均锚固于梁体，上端锚固于塔身。特殊情况下，也可将边跨靠外的部分长索（锚索）锚固于地面。对矮塔斜拉桥，为了减小塔底截面尺寸，可在塔身设置鞍座构造，让索连续通过塔身，两端均锚于梁体。

（3）索距的选择

根据拉索在主梁上的间距，有稀索（对于钢梁，间距大约为 30 ~ 60 m，对于混凝土梁，约为 15 ~ 30 m）与密索（约 6 ~ 8 m）之分。早期斜拉桥多采用稀索，目前则多用密索。密索斜拉桥有下述优点：索间距较短，主梁弯矩可减小；每索的拉力较小，锚固点的构造简单；悬臂施工时所需辅助支撑较少，甚至可以不要；每根拉索的截面及受力较小，易于更换。对钢斜拉桥，将若干根（4 根或 6 根）索集中在一起形成“索组”，适当加大索距，可起到有利于简化钢梁的制造、加快架设速度的效果。

4. 索塔的布置

斜拉桥索塔的布置形式分为沿桥纵向的布置形式和沿桥横向的布置形式，其中后者又因索面的布置不同而有所差异。索塔的纵向形式一般为单柱形（图 8.49（a））。若需索塔的纵向刚度较大，或者需要有 2 或 4 根塔柱来分散索塔的内力时，常常做成如图 8.49（b）和图 8.49（c）所示的倒 V 形、倒 Y 形或宝塔形等。倒 V 形也可增设一道中间横梁（图 b 中虚线所示）变为 A 形。

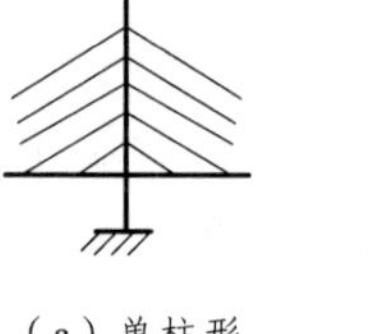
（a）单柱形

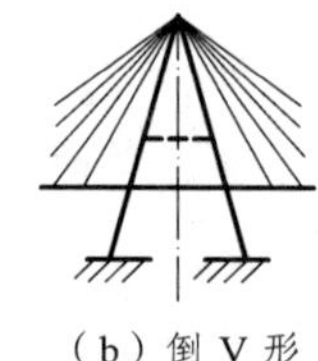
（b）倒 V 形

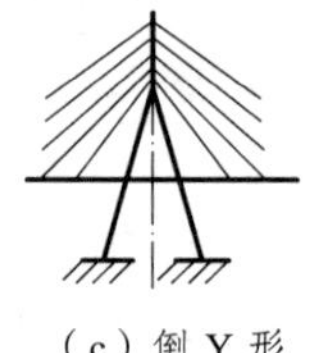
（c）倒 Y 形

图 8.49　桥塔的纵向形式

索塔的部分横向结构型式如图 8.50 所示。图中（1）的（a）为单柱形，（b）为倒 V 形或 A 形（增设中间横杆时），（c）为倒 Y 形。这三种形式都适用于单索面。图中（2）的各种形式都适用于双索面，其中（a）为双柱式，（b）为门式（两根塔柱可以竖直，也可以略带倾斜），（c）为 H 形（两根塔柱可以是如图所示的折线形，也可以布置成竖直形或倾斜形），（d）是倒 V 形，与（1）中的（b）基本相同，用于斜向双索面，（e）是倒 Y 形，与（1）中的（c）基本相同，也用于斜向双索面。

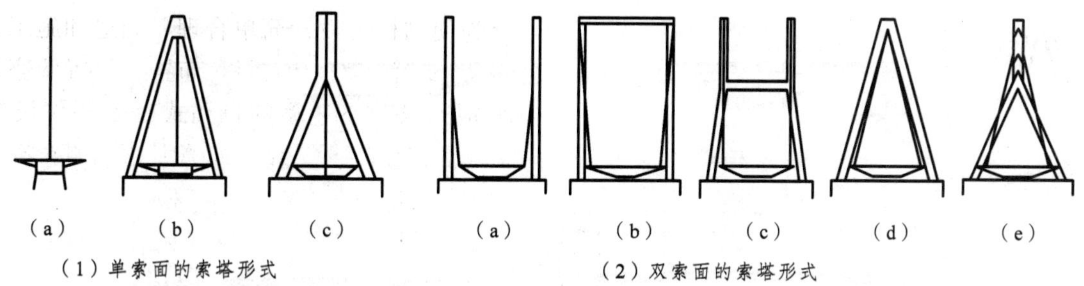

图 8.50 索塔的横向形式

在斜拉桥的总体布置中，索塔高度与拉索的倾角有关，故其选取也是涉及工程技术经济指标的一个重要参数。塔的有效高度 H 一般从桥面以上算起。桥塔越高，拉索的倾角可越大，拉索垂直分力对主梁的支承效果也越好，但桥塔与拉索的材料用量也要增加。因此，桥塔的适宜高度 H 要由经济比较来决定。根据实桥资料分析，对于双塔斜拉桥，塔高与主跨之比约为 1/7 ~ 1/4，其中钢斜拉桥多为 1/5；对于独塔斜拉桥，该值约为 1/4.7 ~ 1/2.7。

三、斜拉桥的构造特点

1. 主梁截面

斜拉桥的主梁截面形式根据所用材料（混凝土、钢或两者）及索面的布置方式有所不同。一般而言，在主梁的横截面形式方面，梁式桥主梁的不少横截面形式都可用于斜拉桥，但需注意到由于梁在跨间支承在一排或两排拉索支点上，因此要求横截面的抗扭刚度比较好，而且便于拉索与主梁的连接。因此一般不用 T 形截面。

混凝土主梁的常用横截面形式如图 8.51 所示，图（a）为板式截面，结构最简单，为了锚固拉索，板边时常需要加厚。它的建筑高度小，在索距较密而桥宽不大的情况下，尚能满足一定的抗扭能力要求，因此在条件适合时可采用。图（b）是经过风洞试验分析得到的一种风动力性能良好的半封闭箱形截面。此截面两侧为三角形封闭箱，端部加厚以锚固拉索。两三角形间为整体桥面板，除个别需要的梁段外，不设底板。此种截面在满足抗弯、抗扭刚度的要求下，有良好的抗风动力性能，适合于索距较密的宽桥。图（c）为板式边主梁截面，为常用双主梁截面的一种改进形式。双主梁可靠边布置，也可向里布置（外侧形成人行道悬臂板）；视桥面宽度，可设（或不设）横梁以及两主梁之间的小纵梁。这种截面形式构造简单，施工方便，用料较省。图（d）的闭合箱形截面有极大的抗弯和抗扭能力，尤其适用于拉索为单平面布置的斜拉桥。将外侧腹板做成倾斜式，既可改善风动力性能，又可减小墩台宽度。其缺点是节段重量较大，若采用悬臂浇筑，内模装拆较麻烦。图（e）为较典型的单索面单室箱形截面，箱室内沿纵向设置一对预应力加劲斜杆，借以将索力有效地传至整个截面。将中间腹板改为斜撑并增设横撑，可以减轻梁体重量。图（f）为挪威的斯卡尔桑德桥（主跨 530 m）的主梁截面，其为倒三角形，对抗风特别有利。图（g）表示两个索面靠近桥中央而两侧伸出较长悬臂肋板的截面形式。图（h）为利用三角形构架将两个箱梁连接在一起，加大桥面宽度的一种截面设计。

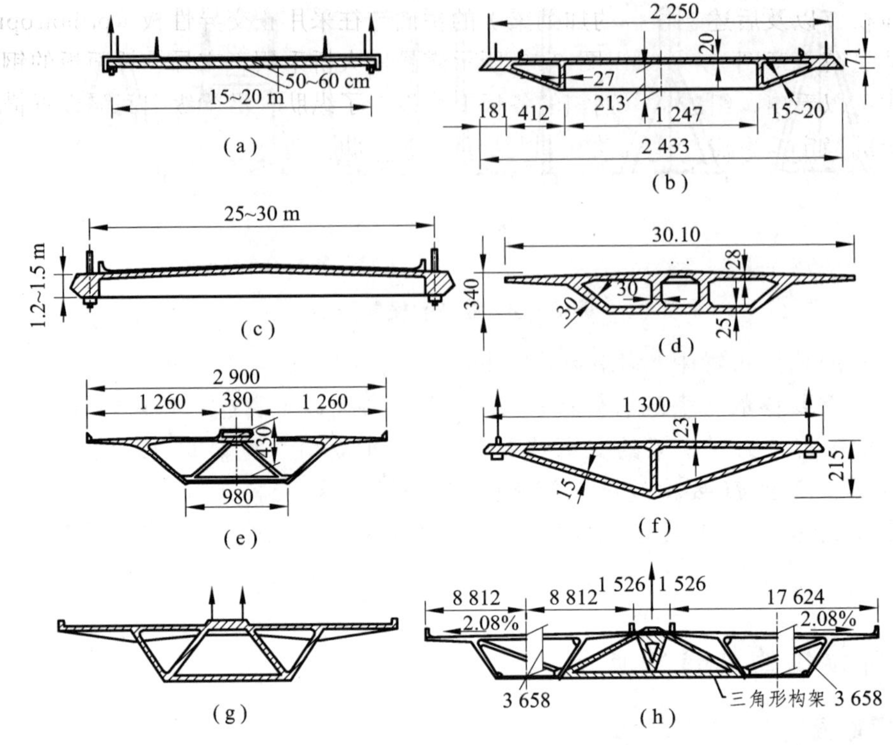

图 8.51　混凝土主梁常用截面形式

钢梁的常用横截面形式主要有双主梁、钢箱梁、桁架梁等。双主梁一般采用两根工字形钢主梁或钢箱梁，上置钢桥面板，主梁之间用钢横梁连接。钢箱梁截面的形式多样，有单箱单室、多箱单室、多箱多室等布置；为提高抗风稳定性，大跨度钢斜拉桥往往采用扁平钢箱梁。斜拉桥采用钢桁梁则主要是为了满足布置双层桥面（公铁两用）的需要。图 8.52 给出了几座实桥的截面形式。

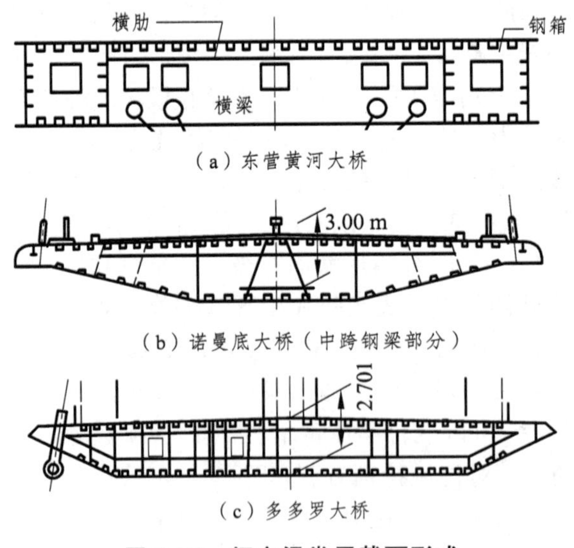

图 8.52　钢主梁常用截面形式

钢斜拉桥（以及后述悬索桥的加劲梁）的桥面往往采用正交异性板（orthotropic plate），其一般构造见第六章图 6.8（a）。图 8.53 所示诺曼底大桥采用正交异性桥面板的钢箱梁透视图。从图中可以看出，组成扁平钢箱的各板上均设置了纵肋，沿梁纵向间隔设置横隔板。为保证横隔板的稳定，也需在板上设置水平及竖向加劲肋。

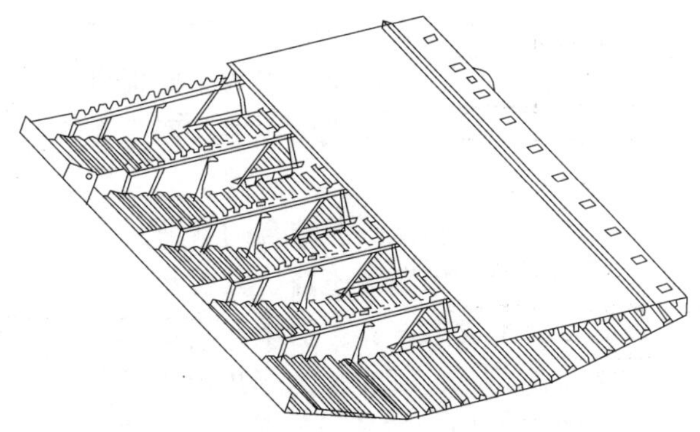

图 8.53 钢箱梁透视图（诺曼底大桥）

结合梁（钢梁与混凝土桥面板）斜拉桥在 20 世纪 80 年代才得到发展。与混凝土主梁相比，结合梁自重较小、施工方便；与正交异性钢桥面板相比，混凝土桥面板耐磨耗、造价低。由于构件的工厂制造化程度较高、易于组装，结合梁斜拉桥的建造费用较低。

图 8.54（a）所示为加拿大阿克列福拉瑟斜拉桥的主梁截面。拉索锚于两片钢主梁上，钢主梁之间设钢横梁，钢主梁外设人行道钢悬臂梁，梁顶铺设预制混凝土桥面板。图 8.54（b）为上海杨浦大桥的主梁截面。主梁采用两个钢制边箱梁与混凝土板叠合的结合梁体系。钢箱梁内设锚箱，两主梁之间设工字钢横梁（纵向间距 4.5 m）及一根小纵梁，外设人行道挑梁。各纵横梁的顶面焊有抗剪栓钉与混凝土桥面板连成整体。

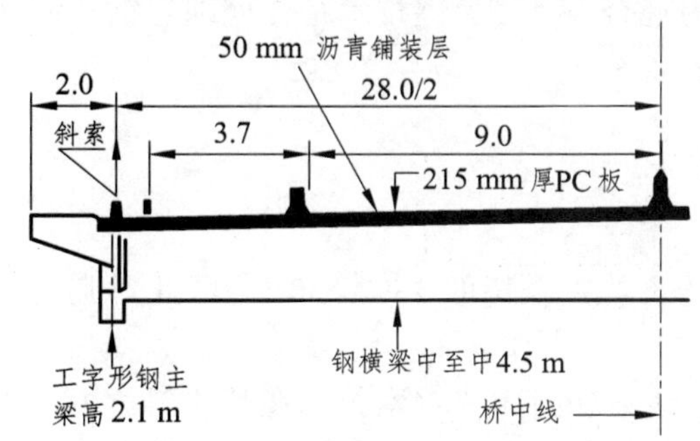

（a）阿克列福拉瑟桥的主梁截面（单位：m）

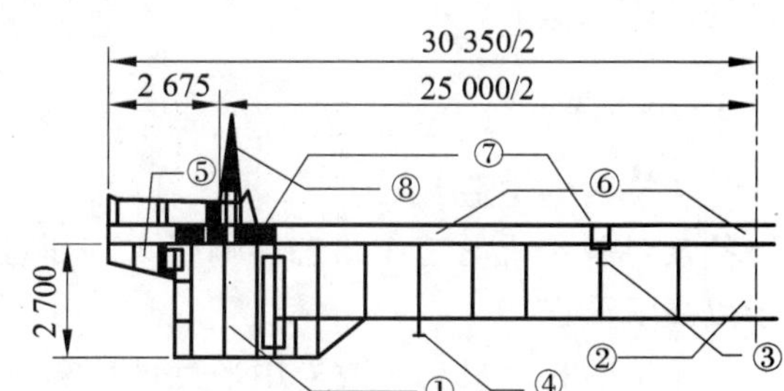

（b）上海杨浦大桥的主梁截面（单位：mm）

①—钢主梁；②—钢横梁；③—小纵梁；④—行车轨道梁；
⑤—人行道挑梁；⑥—预制桥面板；
⑦—现浇桥面板；⑧—拉索

图 8.54 斜拉桥结合梁示例

斜拉桥主梁与梁桥的主梁的不同之处，还在于必须仔细考虑拉索在主梁上锚固部位的构造。限于篇幅，这里不作赘述。

2. 索 塔

斜拉桥索塔的主要构件是以承受压力为主的塔柱。如图 8.50 所示，塔柱可竖直或倾斜布置，可取单根或多根。当采用多根时，各塔柱之间需布置横梁。图 8.55 为混凝土斜拉桥常用的花瓶形索塔，整个塔柱由上、中、下三段组成；为简化设计和施工，拉索锚固区可集中布置在上塔柱内。主梁的中间支座布置在下横梁上，该横梁不仅为主梁提供支承，还得承受塔柱因转折而产生的拉力。上横梁主要起联系作用，有必要时，也可在塔顶增设横梁。

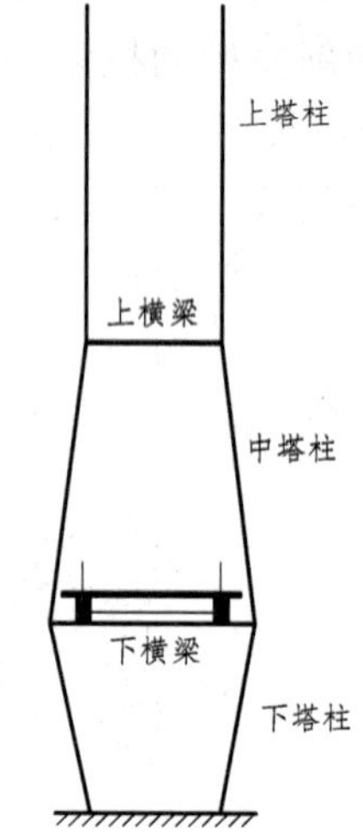

图 8.55　索塔组成示意

根据材料划分，有混凝土塔、钢塔和钢—混结合的索塔。

混凝土斜拉桥和一部分钢斜拉桥采用混凝土塔，其优点表现在：塔身刚度较大，造价较低，易于成形，养护简单。索塔或塔柱的基本截面形状是矩形，在此基础上，可变化为五角形（矩形靠桥外侧的一边形成转折）、六角形（矩形靠桥上、下游侧的两边均形成转折）、八角形（去掉矩形的四个角）等。对中小跨度的斜拉桥，多采用实心截面；对大跨度斜拉桥，宜采用空心截面。当塔柱为空心截面时，横梁也多如此。沿塔柱高度，可保持截面不变（对中小跨度）或有所变化（尤其对下塔柱）。另外，在拉索锚固区，应水平设置井字形或双 U 形预应力钢筋，以保证传力可靠，避免混凝土受拉而沿塔柱竖向开裂。

钢斜拉桥可采用钢塔。钢塔柱的基本截面是带竖向加劲肋和水平横隔板的箱形。国外（如日本、德国等）采用钢索塔的实例较多，近年来，我国也开始尝试。

钢—混结合的索塔指出于某种需要（如防撞、防混凝土开裂等），让索塔的下塔柱采用混凝土，其余为钢（如南京长江三桥）；或让拉索锚固区为钢，其余为混凝土（如苏通长江大桥）。比照混合梁斜拉桥的定义，可将这类索塔称为混合塔。其关键技术是要处理好钢—混结合段的设计与施工。

3. 拉 索

（1）拉索的构造

拉索对斜拉桥的工作状态影响很大，而且其造价约占全桥的 25% ~ 30%，因此对其构造要予以高度重视。

斜拉桥的拉索材料一般采用平行钢丝索、钢绞线索和封闭式钢索等，在某些斜拉桥上也用过高强钢筋和型钢。我国斜拉桥常用 $\phi5$ ~ $\phi7$ mm 高强钢丝组成的平行钢丝索或 $\phi15$ mm 钢绞线组成的平行钢绞线索。

平行钢丝股索（Parallel Wire Strand，简称 PWS）是将一定根数（19，37，61，91，127，…）的（镀锌）钢丝平行地捆扎成股，钢丝顺直无扭转，截面为六边形。在大多数情况下，每根拉索由若干股 PWS 组成。一根 PWS 的截面如图 8.56（a）所示。平行钢丝索（Parallel Wire Cable，PWC）的截面如图 8.56（b）所示，它由若干平行钢丝组成，截面不要求是六边形，钢丝根数可按受力要求选定。对较长的拉索，为满足运输要求（可缠绕在卷筒上），需要使拉索具有一定的扭角；而为了维持拉索的物理性能，扭角不能大（一般小于 4°）。这样的 PWS 和 PWC 就称为新型 PWS 和螺旋形 PWC。

若将 7 丝钢绞线按 PWS 的排列方法布置成六角形截面，即为传统的平行钢绞线索（Parallel Strand Cable，PSC），见图 8.56（c）。用 7 根钢绞线（每根包含 7 丝，或 19 丝，或 37 丝等）在工厂扭结而成的钢绞线索称为螺旋形钢绞线索（Spiral Strand Cable，SSC），也可用于斜拉桥的拉索。目前采用的钢绞线拉索体系则以群锚（夹片锚）为基础，拉索由多股 7 丝钢绞线组成，其排列方式与锚板孔位一致，无需彼此密贴。

封闭式拉索（见图 8.56（d））最早由德国生产，并用于悬索桥和斜拉桥中。封闭式拉索的中心有一些圆钢丝，外面则由几层楔形和 Z 形的异形钢丝组成。这种拉索的材料密度达到 90%，由于其构造紧密，表面封闭，因此运输、安装和防锈蚀都较简便。虽然其刚度大，但做成螺旋形后，也具有一定的柔软性。

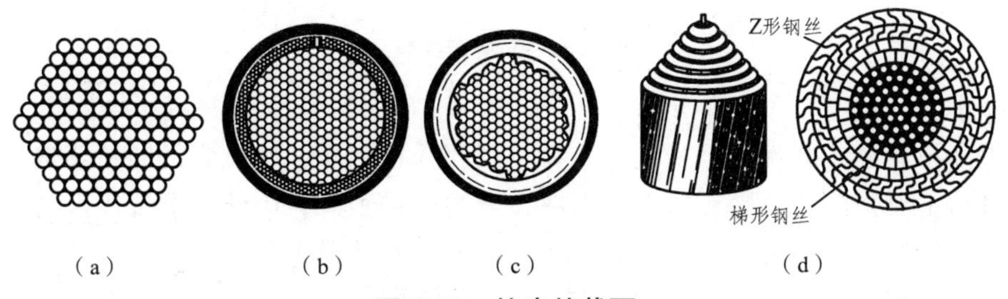

图 8.56 拉索的截面

用平行排列的粗钢筋作为拉索，在少数斜拉桥中有过成功的运用。粗钢筋抗锈蚀能力好，便于锚固是其优点，但强度较低，材料长度较短（有时需要接长），运用有一定困难，故在斜拉桥中用得较少。

平行钢丝索在工厂制造，通常配合具有良好抗疲劳性能的冷铸镦头锚使用。它是先在锚板上钻孔（孔径稍大于钢丝直径），然后穿过钢丝，使用镦头机在每根钢丝的端头镦头，最后进行整体张拉锚固，镦头就被支承在锚板上。图 8.57（a）为冷铸镦头锚示意图。平行钢绞线索在工厂制成半成品（指对每股钢绞线均进行了防护处理），在现场装配成整索，需配合夹片锚使用。拉索用夹片锚为群锚体系，挂索张拉时，需先对每股钢绞线单独施锚，并采取措施保证各股钢绞线受力均匀、保证夹片在低应力状态下不松脱，然后按要求进行整体张拉。图 8.57（b）为平行钢绞线拉索体系示意图。

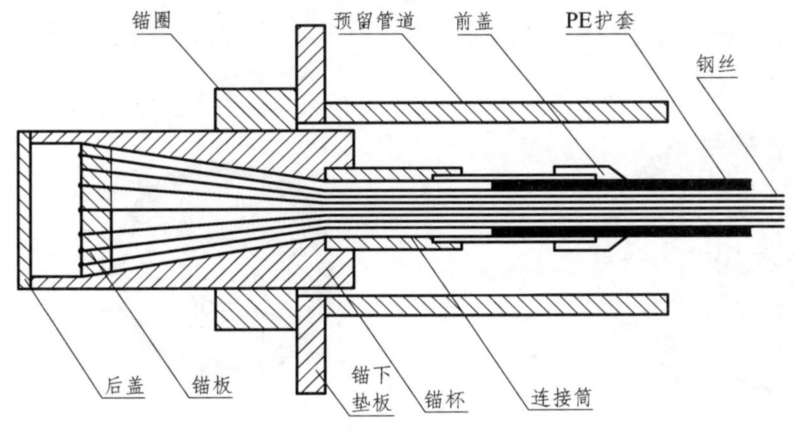

（a）平行钢丝拉索体系（冷铸镦头锚）

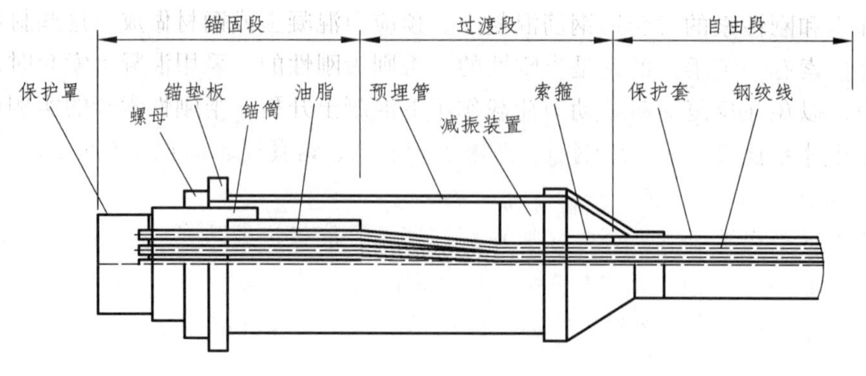

（b）平行钢绞线拉索体系（夹片锚）

图 8.57　拉索锚具体系

（2）拉索的防护

为了提高拉索的耐久性，延长使用寿命，减少养护工作，对拉索的防护要倍加重视。防护工作的目的主要是防止拉索锈蚀，重点在拉索两端锚固区，为此要求锚固区防护体系的构造合理，防护层有足够强度而不致开裂，有良好的附着性而不脱落，有良好的耐久性以延长使用寿命。由于拉索的构造不同，防护方法也有所不同。

防护分为钢丝的防护和拉索（索体及锚固区）的防护。钢丝的防护主要采用镀锌或环氧涂层的办法，以便在制造过程中钢丝不致锈蚀。注意在防护前应将表面油脂及锈迹去掉，但不要用喷砂或抛丸的办法，以防损伤钢材表面形成应力集中，也不要用酸洗的方法以免发生氢脆。

索体的外层防护分柔性索套、半刚性索套和刚性索套三种。

柔性索套是用得最多的一种，用复合材料做成。其可分为压浆和非压浆拉索。早期斜拉桥采用过压浆拉索。一般做法是：在拉索外层用沥青或树脂材料涂抹，然后用玻璃丝布和树脂（环氧树脂、丙烯酸树脂或环氧—聚硫橡胶等）缠涂三层，最后外套聚氯乙烯套管（简称 PE 套管，其与拉索间留有空隙），并在管内压入水泥浆或树脂。目前采用的拉索为非压浆拉索。对平行钢丝索而言，其防护体系在工厂制造时就已完成。一般先用防腐卷带（玻璃丝布等）将排列成六角形的镀锌钢丝包扎定型，然后在外热挤 PE 护套，形成如图 8.58（a）所示的圆形截面。对平行钢绞线索，先在工厂对各股镀锌或环氧钢绞线挤涂油脂并热挤 PE 护套（图 8.58（b）），再在工地安装钢绞线索的 PE 外护管。上述防护方法使索仍能有较大的横向变位，因此称为柔性索套。

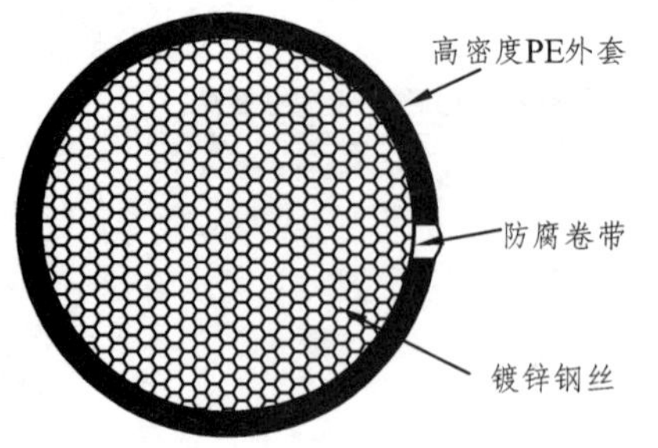

（a）平行钢丝索的 PE 外护套防护

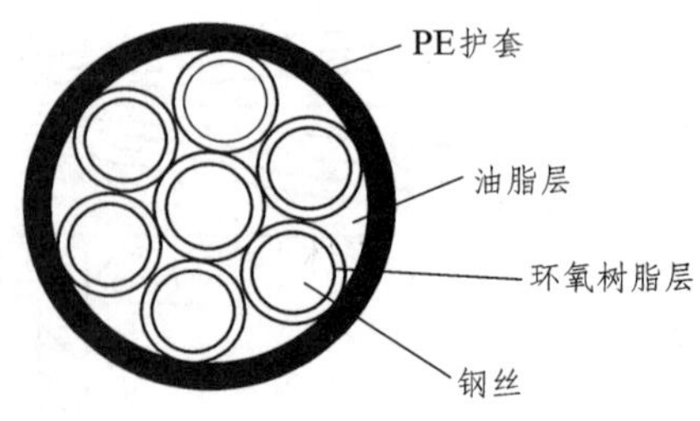

（b）7 丝钢绞线的多层防护

图 8.58　拉索的防护

半刚性索和刚性索的索套用钢筋混凝土、预应力混凝土或钢材做成。这些材料做成的套管，若容许拉索有一定柔性的则是半刚性的，否则为刚性的。采用混凝土索套时，需要对其施加预应力，以免在反复荷载或动力荷载作用下混凝土开裂。半刚性索套的实例极少，刚性索套可以减小体系挠度，节省用钢量，但施工较复杂，索套迎风面积大（对抗风不利），曾用于矮塔斜拉桥中。

拉索锚固区应设置密封装置，装置内灌注防腐油脂等进行防腐。

四、斜拉桥的计算分析要点

计算机技术的进步对斜拉桥的发展起到了重要的促进作用。由于斜拉桥（特别是密索斜拉桥）为高次超静定结构，无论是方案比较，还是技术设计，其结构计算都需要采用有限元法并借助于电子计算机程序来进行。现对斜拉桥的计算图式、非线性分析、恒载内力计算等问题简要论述如下。

斜拉桥是一个空间结构，其受力分析相当复杂，通常在计算中需要根据斜拉桥的结构特性来简化计算图式。例如，在竖向荷载作用下，可以将双索面斜拉桥简化为两片平面结构，而将荷载在两片平面结构间分配。这种作法略去了活载偏心作用下结构的扭转效应，而用横向分布系数来粗略计入空间影响。另外，由于拉索的恒载索力足以抵消活载作用下对索产生的压力，拉索始终处于张紧状态，因此，即使对于柔性索，计算中仍将可其作为受拉杆单元对待；对于主梁和索塔，则作为梁单元处理。尽管目前已有商用软件可对斜拉桥结构进行精细的空间分析，但一些采用有限元法编制的实用电算程序中，仍将斜拉桥作为平面杆系结构来处理。

无论计算图式是否简化，在对斜拉桥进行结构分析时，应注意到这是一个非线性结构体系。结构非线性主要表现在：梁部刚度较小，变形较大，在竖向荷载和拉索水平分力（轴向压力）共同作用下会产生梁柱效应；索塔及主梁中有弯矩与轴向压力的相互影响，考虑非线性影响时弯矩有增大趋势；拉索自重垂度引起的索力与变形之间的非线性变化影响等。对常规跨度的斜拉桥，前两种非线性影响并不十分重要，甚至可略去不计，但拉索的非线性影响是必须考虑的。由于拉索存在一定的重力垂度，故其弹性模量也存在一定的下降或损失。在大跨度斜拉桥中，为考虑拉索的非线性影响，一般采用下面的 Ernst 公式来计算有效（或修正）弹性模量：

$$E_e = \frac{E_0}{1 + \dfrac{\gamma^2 l^2}{12\sigma_0^3} \cdot E_0}$$

式中 E_e——Ernst 修正的有效（或修正）弹性模量；

E_0——不考虑拉索垂度影响的弹性模量，也就是拉索钢材的 E 值；

γ——拉索的单位体积重量；

σ_0——拉索的初应力；

l——拉索的水平投影长度。

与梁桥一样，斜拉桥的结构内力分析分为恒载内力计算和活载内力计算两部分。但与梁桥相比，斜拉桥的恒载内力计算更为复杂。一方面，斜拉桥的施工往往不是一次完成的，而是随着施工的进展，体系逐渐变化，最终形成整个结构。因此，恒载内力计算应按施工程序分阶段进行（这往往需要采用桥梁专用结构分析程序），并将各阶段的内力和变形逐次累加，以得到最终的恒载内力和变形。另一方面，由于拉索的拉力大小直接影响结构的内力，且拉力可在一定范围内调整，因此有条件使结构（尤其是主梁）的恒载内力得到更合理的分布，从而优化设计，取得更好的经济效益，这就是斜拉桥的内力调整。在图 8.59 所示的两跨斜拉桥简图中，图（a）为无拉索的结构图式及相应的主梁恒载弯矩图，图（b）为张拉一对拉索时在梁内引起的弯矩，图（c）则为两种弯矩图叠加后的总弯矩图。若总弯矩图不尽合理，就可调整索力大小，重新分析。在多跨多拉索的情况下，分析就不这么简单了。原则上，成桥后的主梁及索塔的恒载弯矩和变形应尽可能分布均匀合理。

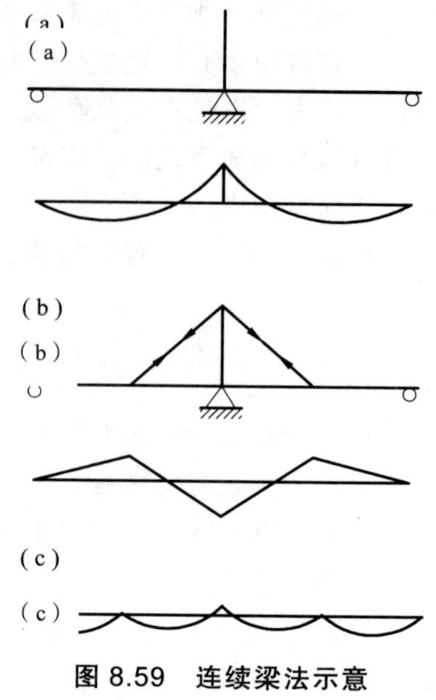

图 8.59　连续梁法示意

此外，恒载计算中还要考虑混凝土主梁的收缩、徐变、预加力等的影响。

拉索初始张拉力（指挂索施工时张拉的索力）的确定是恒载内力计算中的关键性问题。它与施工方法有关（视恒载加载情况，初始张拉力可一次或几次张拉到位），且往往要通过反复试算才可得到较理想的数值。目前，通常采用计算机程序来（正向或反向）模拟施工全过程，从中确定与较合理的主梁（也包括索塔）内力及挠度值对应的初始张拉力。一种简单的方法称为连续梁法。该法视各拉索锚固点为主梁的刚性（或弹性）支承，计算恒载作用下各支承的反力，以其在拉索方向的分力作为初始张拉力。

初始张拉力不仅能改善主梁的设计弯矩，还能改善索塔的设计弯矩。图 8.60 为通过调整拉索初始张拉力来改善主梁与索塔设计弯矩的一个实例。图中（A）为全部恒载 D（为结构自重 D_1 和桥面铺装 D_2 之和）作用时的弯矩分布图；（B）为拉索初始张拉力 PS 所产生的弯矩，它与（A）所产生者基本反向；（C）为 D_1 与 PS 产生的弯矩之和；（D）为 D 与 PS 产生的弯矩之和；（E）为 $D+L$（车辆活载，包括冲击力）$+PS$ 所产生的弯矩分布包络图，即设计弯矩。

按平面分析斜拉桥时，其活载内力计算仍是先求出内力及挠度影响线，然后进行影响线加载，并以计入横向分布系数的办法来考虑空间影响。横向分布系数的计算，可根据结构构造的特点采用合适的方法。

对公路斜拉桥，由于活载内力占总内力的比重较小，而活载作用时拉索已有相当大的拉力，因此计算活载内力时可不考虑斜索的非线性影响；对混凝土斜拉桥，活载对徐变的影响也可不予考虑。因此，活载内力计算可按一般线性结构的分析方法计算。

对大跨度斜拉桥，还需考虑风和地震荷载对结构的影响，参见第九章。

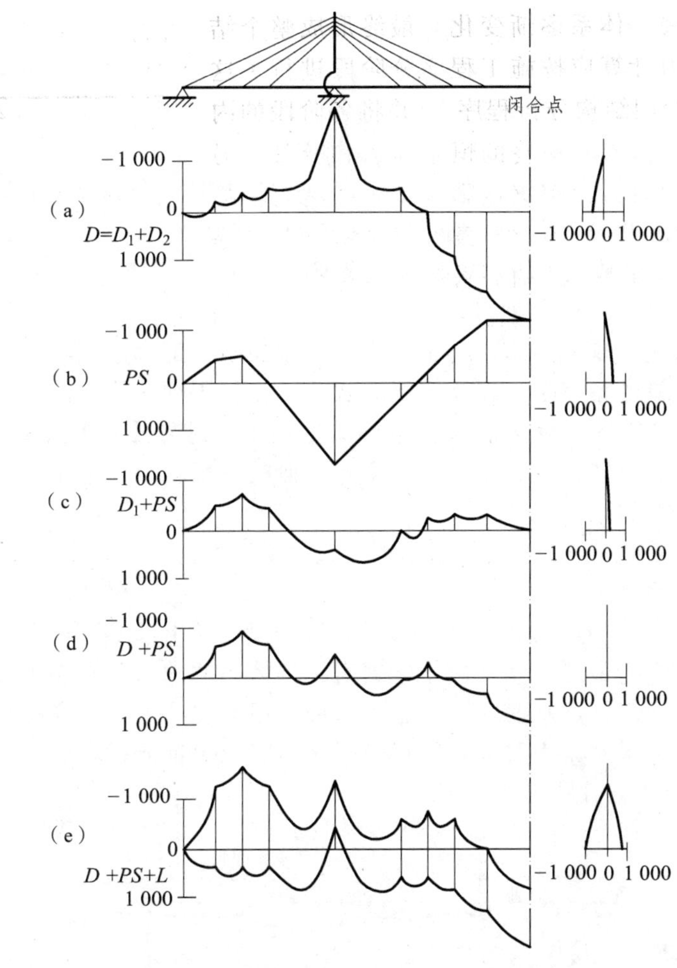

图 8.60 拉索初始张拉力对结构内力的改善

五、斜拉桥施工方法简介

一般而言，梁桥施工中可采用的任一方法，如支架上拼装或现浇，悬臂拼装或浇筑，顶推法和平转法等，都有可能在斜拉桥施工中加以采用。由于斜拉桥梁体尺寸较小，各节段间有拉索，索塔还可以用来架设辅助钢索，因此对各种无支架施工方法更为有利。采用何种施工方法，要根据桥梁的构造特点、施工技术及设备、现场环境条件等因素，由设计部门研究决定。

在支架或临时支墩（墩间设托架）上修建的方法最简单方便，但这类方法只有当桥面不高、桥下容许搭设支架或支墩时才有可能。混凝土斜拉桥边跨端部一定长度的梁段，因需要配重而无法悬臂施工，多采用支架施工方法。

顶推法施工只适用于塔梁固结、梁墩分离的斜拉桥体系。可分为纵移和横移两种情况。纵移与连续梁所用顶推法大致相同。横移指在平行于桥轴线的桥位一侧修建上部结构，然后横向顶推到桥轴位置。因为能使交通中断时间减少，这种方法最适用于替换旧桥。

平转法与拱桥中所采用的转体法相似，即：将上部结构分为两半，分别沿两岸顺河流方向的较矮支架上预制，然后以索塔为圆心旋转到桥位合龙。采用此法修建的斜拉桥不多，跨径也不大，如我国四川金川曾达桥（跨度 71 m + 40 m，在岸边脚手架上采用预制与现浇并用的方法制造，然后竖起，再平转就位，1980 年）、法国 Meylan 桥（23.35 m + 79.0 m + 23.35 m 人行斜拉桥，平转，1982 年）和北京五环路跨石景山铁路编组站转体斜拉桥（独塔单索面、平转，转体部分长 166.7 m，重 14 000 t，2003 年）。

悬臂施工法是斜拉桥普遍采用的方法。它可以是在支架（或支墩）上建造边跨，然后中跨采用悬臂施工的单悬臂法，也可以是对称平衡施工的双悬臂法。悬臂施工法的工序大致分为：修建索塔；吊装主梁节段（悬臂拼装法）或现浇混凝土主梁节段（悬臂浇筑法）；安装并张拉斜索；两者交替进行直至合龙。

悬臂浇筑法可采用常规挂篮施工，也可充分利用拉索，配合牵索式挂篮（也称为前支点挂篮）施工。这种挂篮的特点是，在浇筑梁段之前，将位于这一梁段内的拉索预先与挂篮前端相连并张拉，作为挂篮的“前支点”。随着恒载的增加，视情况分次张拉拉索；梁段施工完成后，再将索力从挂篮上转移到梁段上。牵索式挂篮的重量较小，适于施工阶段对梁的混凝土应力变化要求较严的斜拉桥。

索塔需在梁部施工前完成，塔柱可采用翻模或滑膜技术施工，对横梁，则只能在支架上现浇施工。

在施工过程中，拉索的索力和主梁线形需要根据设计要求和实际情况随时进行调整，且一般需在全桥合龙后进行最终调整。由于索力对结构体系的内力分布有很大影响，因此施工中应保证其符合设计要求，这就要求对各施工阶段节段的安装或立模高程及索力进行实时监测控制，并根据监控结果对索力及高程进行及时调整，以保证成桥状态满足设计要求。

图 8.61 为某斜拉桥悬臂施工的示意图。

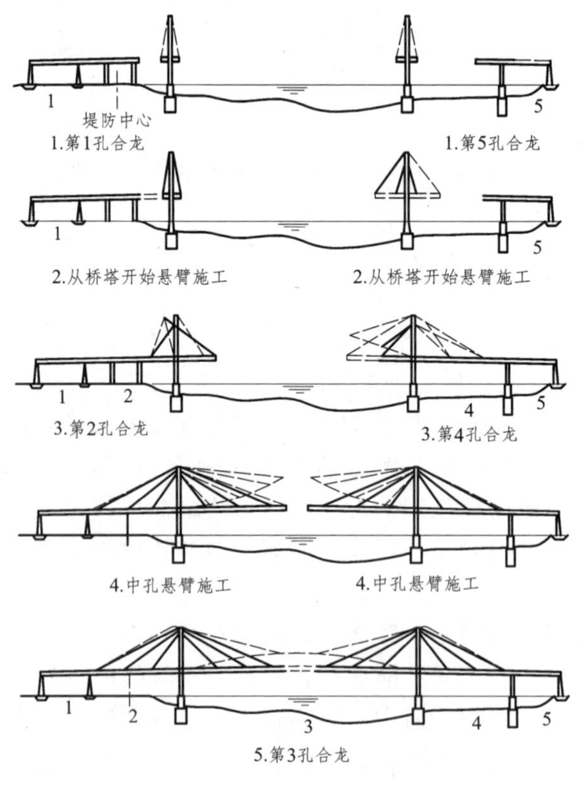

图 8.61　斜拉桥悬臂施工示意

第四节　悬 索 桥

一、概　述

悬索桥是一种适合于特大跨度的桥型。它以大缆（或叫主缆、主索）、锚碇和塔为主要承重构件，以加劲梁（或叫刚性梁）、吊索、鞍座等为辅助构件。悬索桥各部分名称及结构简图如图 8.62 所示。

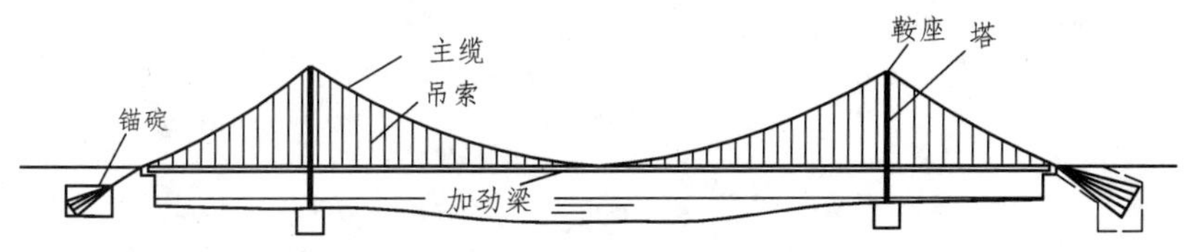

图 8.62　悬索桥结构简图

同其他桥型相比，跨度越大，悬索桥的优势越明显。

优势之一是在材料用量和截面设计方面，其他各种桥型的主要承重构件的截面积，总是随着跨度的增加而增加，致使材料用量增加很快。但大跨悬索桥的加劲梁（就工程数量讲，加劲梁在悬索桥中要占相当大的比例）却不是主要承重构件，其截面积并不需要随着跨度而增加。

优势之二是在构件设计方面。许多构件截面积的增大是容易受到客观条件制约的，例如梁的高度、杆件的外廓尺寸、钢材的供料规格等，但悬索桥的大缆、锚碇和塔这三项主要承重构件在扩充其截面积或承载能力方面所遇到的困难则较小。

优势之三是作为主要承重构件的大缆具有非常合理的受力形式。众所周知，对于拉、压构件，其应力在截面上分布是比较均匀的，而对受弯构件，在弹性范围内，其应力分布呈三角形，一部分材料潜力难以发挥出来。就充分发挥材料的承载能力来说，拉、压的受力方式较受弯合理，而受压构件还需要考虑稳定性问题，因此，受拉就成为最合理的受力方式。由于大缆受拉，且其截面设计较容易，因此悬索桥的跨越能力是目前所有桥型中最大的。跨度超过 1200 m 的桥型，无一例外地选择悬索桥。

优势之四是在施工方面。悬索桥的施工总是先将大缆架好，这样，大缆就成为一个现成的悬吊式支架。在架梁过程中，加劲梁段可以挂在大缆之下，为了防御强风在这时的袭击，虽然也必须采取防范措施，但同其他桥所用的悬臂施工方法相比，风险较小。

悬索桥由于跨越能力大，常可因地制宜地选择一跨跨越江河或海峡主航道的布置方案，这样可以避免修建深水桥墩，满足通航要求。由于跨度大，相对来讲，悬索桥的构件就显得特别柔细，外形美观，因此，大跨度悬索桥的所在地几乎都成为重要的旅游景点。

悬索桥也有一些缺点：由于悬索是柔性结构，刚度较小，当活载作用时，悬索会改变几何形状，引起桥跨结构产生较大的挠曲变形；在风荷载、车辆冲击荷载等动荷载作用下容易产生振动。历史上悬索桥发生破坏的事故较多，但自从 1940 年后开展桥梁抗风稳定性研究以来，风毁桥梁的事故已可避免，但对于其动力响应（车振响应，风振及地震响应）方面则应继续开展研究。

图 8.63 给出了 100 多年来，世界各国悬索桥的发展情况，图中只列出跨度超过 400 m 的

一部分悬索桥。

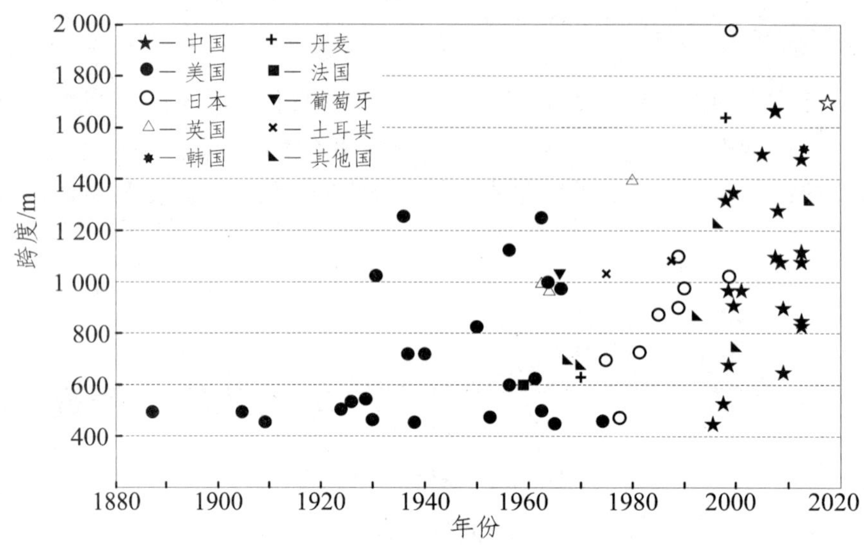

图 8.63 世界各国悬索桥发展情况

比较悬索桥和斜拉桥，有助于了解悬索桥的结构特点。

悬索桥与斜拉桥的相同之处表现在：两者的缆索（大缆或斜拉索）都采用高强材料，受力合理，比较经济；两桥式均适于大跨度（斜拉桥的经济跨度在 200 m 以上，而悬索桥的跨度超过 600 m）；两桥式的柔度和变形均较大，其抗风及振动问题都必须予以重视。

悬索桥与斜拉桥也有许多不同之处，具体表现在以下几方面：

① 结构受力方面。悬索桥主要靠大缆承受荷载，通过大缆将拉力传给锚固体系，加劲梁仅仅起到局部承受和传递荷载的作用；采用地锚体系时，加劲梁中不受轴向力，由加劲梁重力引起的梁内恒载内力较小。斜拉桥则由拉索与主梁共同承受荷载，主梁中一般存在较大的轴向力，恒载内力将占很大的比重。悬索桥只有通过调整矢跨比才能改变主缆的恒载内力，而斜拉桥直接通过张拉拉索就能调整索的恒载内力。

② 材料方面。已建成的大跨度悬索桥加劲梁绝大部分采用钢材，因其自重轻，可减少大缆的截面积；斜拉桥的主梁可以是钢梁，也可以是混凝土梁，还可以是结合梁或混合梁。

③ 刚度方面。悬索桥的竖向刚度主要由大缆提供，因其刚度比较小，调整其竖向刚度的方法主要靠调整大缆的恒载拉力；而斜拉桥的竖向刚度由拉索与主梁共同提供，主梁刚度的大小对结构整体刚度有较大影响，可通过改变结构的布置形式的办法来调整其竖向刚度。

④ 施工方面。悬索桥的施工顺序是锚碇、桥塔、大缆、吊索、加劲梁，施工需要的机械、技术和工艺都不复杂，结构的线形主要由大缆线形和吊索长度控制，施工控制主要是测量与质量的控制。在斜拉桥的施工中，拉索及主梁交替悬臂伸出，施工时结构体系发生多次转换，需要严格控制结构的线形和拉索的拉力，施工技术难度相对悬索桥来说要大一些，特别是混凝土斜拉桥，由于受混凝土收缩徐变的影响，结构线形的控制是施工的关键。

二、悬索桥总体布置和构造特点

1. 大　缆

缆、索、链、绳都是指柔性大的构件，对独立的、直径较大的，称为缆（cable）。其特点是抗弯刚度很小，而抗拉刚度可以很大，故只适合于受拉。

绝大部分悬索桥在全桥设有两根大缆，平行布置。有极少数悬索桥（如美国的维拉扎诺桥和乔治·华盛顿桥，广东佛山平胜大桥等）在全桥设有 4 根平行的大缆。日本的此花大桥（主跨 300 m 的自锚式悬索桥，1987 年）只在桥中线布置单根大缆，韩国的 Yeongjong 大桥（主跨 300 m 的自锚式悬索桥，公铁两用，2000 年）、广州猎德大桥（主跨 219m 的自锚式悬索桥，2009 年）则将两根大缆布置成在塔顶靠拢、在跨中分开，形成空间缆。

通常，大缆在跨度范围内通过吊索与加劲梁相连。但有的悬索桥（如丹麦大贝耳特东桥）为减小竖向变位和增大扭转刚度，在主跨跨中将大缆与加劲梁直接连在一起，形成缆结。

在历史上，大缆的材料有藤索、竹索、铁索、链杆等。在 1820 年前后，法国工程师采用钢丝制作悬索桥的大缆。到 1883 年美国修建布鲁克林桥时，跨度就达到 486 m，从此开始了大跨度悬索桥的建设。钢丝强度的不断提高，使建成悬索桥的跨度现已接近 2 000 m。目前国内外都在研究可用作大缆的新型材料，如碳纤维等。大缆材料和构造的进步必将促进悬索桥向更大跨度发展。

（1）大缆的类型及基本要求

悬索桥的大缆可采用钢丝绳和平行钢丝束两种形式，前者一般用于小跨度的悬索桥，后者则适用于大跨度悬索桥。用于悬索桥的钢丝绳根据其规模大小可分别采用螺旋钢丝绳及绳股钢丝绳。平行钢丝束根据其架设方法分为空中送丝法（AS 法）和预制平行丝股法（PS 法）。前者是在施工现场通过移动的纺轮在空中逐丝编制而成，后者是预先在工厂按规定的钢丝根数及长度制作成丝股，并做好锚头，绕在丝股盘上，然后运到现场通过牵引系统架设到设计位置。

① 钢丝绳。用于作悬索桥大缆的钢丝绳，必须具有以下特性：（a）大缆钢丝绳不许采用麻芯绳；（b）除封闭式钢丝绳外，对钢丝必须镀锌；（c）为了消除结构的非弹性延伸，必须对钢丝绳全部预施拉力，预施拉力的荷载应为破断力的 1/2，并持续 2 h；（d）要保证钢丝绳的回扭性小。

钢丝绳由钢丝捻成股，然后再由股捻成绳。作为大缆的钢丝绳一般都是 7 股绳。每股的丝数可分为 7、19、37 和 61 等，各丝捻成股的捻向与各股捻成绳的捻向相反（如图 8.64（a）所示），捻角在 18° 左右。钢丝绳的弹性模量低，股的弹性模量是丝的模量的 0.85 倍左右，绳的模量又是股的 0.85 倍左右，单位有效截面积的拉力强度及截面密度均小，在第一次张拉时非弹性变形量大，下料前必须按规定预张拉。防止钢丝锈蚀的方法，除了采用镀锌钢丝外，还可以采用在钢丝绳的空隙中填以红铅油、地沥青等，也可在钢丝绳外加一层柔性或刚性索套。

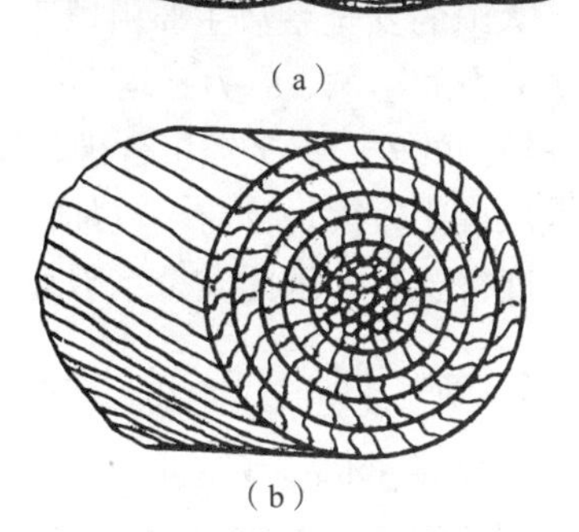

（a）

（b）

图 8.64　钢丝绳截面

闭合型钢丝绳的截面呈梯形、Z 形，绳面光滑，防水性能好，截面密实，但价格较贵。见图 8.64（b）。

总之，用钢丝绳制作大缆时，受吊运限制，绳的截面不能够大，而将若干绳扎成缆时，密实性不高，弹性模量低。因此钢丝绳一般只用于作为小跨度悬索桥的主缆。

② 平行钢丝束。对于大跨度悬索桥，其索力大，所要求的钢丝数目很多，为了减小大缆直径并提高其弹性模量，常采用平行钢丝（多采用ϕ5 mm 左右的镀锌冷拔低碳钢丝）组成丝股，再由若干丝股组成密实的大缆。这样制成的大缆的各丝股受力较为均匀。平行丝股大缆可制作成正六边形、圆形等形状，通过施工工艺，可将其架设成密实和理想的截面。

平行丝股大缆具有以下优点：（a）主跨在 500 m 以上时，工费比其他形式便宜；（b）大缆的弹性模量大，一般与单根钢丝的相当；（c）大缆的延伸率小，因此加劲梁的挠度和弯矩也较小；（d）大缆截面内的应力分布非常均匀；（e）单位有效截面积的拉力强度与其他形式相比为最大，疲劳强度也高；（f）索夹（见下）的设计相对容易。

丝股的架设截面形式一般是正六边形，以便于丝股保持稳定和相对密实。由丝股排列成大缆的截面外形有平顶型和尖顶型两种，如图 8.65。平行钢丝大缆的丝股按设计排列架设完成后，将外层丝股的定型带去掉，将丝股打散，然后进行初整形；在初整形后，用紧缆机进行最终整形，将主缆紧固到要求的截面大小时，用软钢带将其捆扎，使其保持要求的形状和尺寸，如图 8.66。全部紧缆完成后，再进行后续工序。

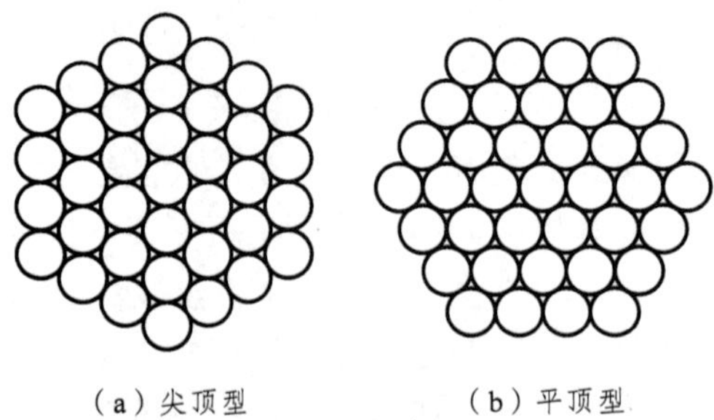

图 8.65 主缆内丝股的排列

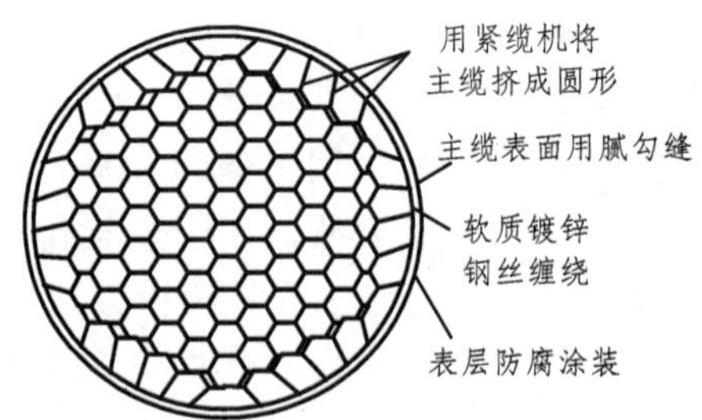

图 8.66 紧缆后丝股的截面变形状态

（2）大缆的矢跨比和安全系数

大缆的矢高与跨度之比称为矢跨比。矢跨比越小，大缆中的恒载内力就越大，其刚度也就越大。通常，恒载小的桥所用的矢跨比小。采用桁式加劲梁的悬索桥矢跨比用得较大，而采用扁平钢箱加劲梁的矢跨比用得较小，一般在 1/12 ~ 1/9 之间。例如，大贝尔特东桥采用 1/9 的矢跨比，我国的几座悬索桥的矢跨比大都在 1/10.5 左右。矢跨比的选择主要是从结构布置、经济合理、美观和结构抗风稳定性等多方面综合考虑的。

大缆的安全系数主要由以下因素决定：大缆的构造、计算精度、恒载应力与活载应力之比、二次应力的影响、应力不均匀的程度、结构物的重要性等。选取适当的大缆的安全系数，做到既保证结构的安全，又经济合理，是降低悬索桥大缆材料用量的关键。国外早期悬索桥大缆的安全系数取得比较大。目前一般都在 2.5 左右，对特大跨度桥，由于二次应力、施工误差等的影响比小跨度桥要小，因此安全系数可取得小一些，如日本明石海峡大桥的取为 2.3 左右。

2. 桥 塔

桥塔（pylon，tower）的作用是支承大缆。悬索桥的桥塔按其材料可分为砌体桥塔、钢桥塔和钢筋混凝土桥塔。早期的悬索桥多采用由石料砌筑的门架形桥塔结构。在 20 世纪修建的大部分悬索桥（特别是美国和日本的）的桥塔采用钢结构。钢桥塔在桥梁横向的结构型式可分为带斜腹杆的桁架式、只带横杆的刚构式和以上两者的混合式（见图 8.67）。一般说来，桁架式桥塔无论在塔顶横向水平位移、用钢量、功能性及经济性方面均较有利。但在外观上不如刚构式简洁明快。近 20 多年来，随着混凝土技术的发展，特别是爬升模板问世以来，大跨度悬索桥塔开始采用混凝土结构。混凝土塔多采用带横杆的刚构形式。

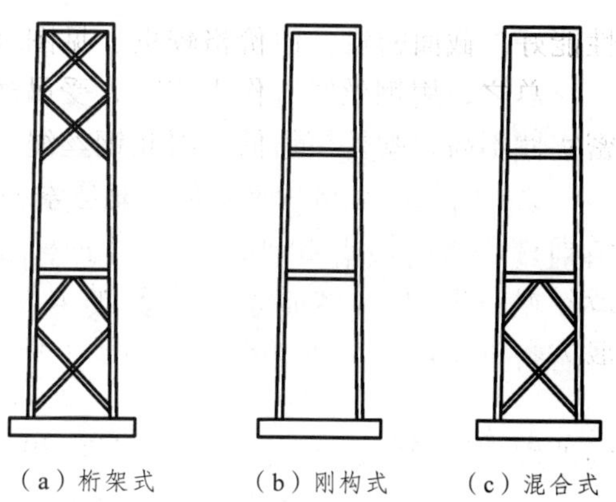

图 8.67　悬索桥桥塔的形式（横向）

桥塔按结构受力分为刚性、柔性和摆柱式三种。悬索桥建成后，由于活载作用及温度变化，且位于塔顶的主鞍座（见下）与大缆之间不允许出现相对滑移，主鞍座就需要沿桥轴线方向发生线位移。若采用刚性塔，则需要在主鞍座下设辊轴，使主鞍座能够沿纵向移动。若采用柔性塔，主鞍座就固定于塔顶，由塔的弹性变形来适应线位移。后一种方式构造简单，维修保养容易。在悬索桥发展的早期，有些小跨度悬索桥中曾采用摆柱式塔，这种塔在塔底设铰，可大大减小塔所受的弯矩，但施工困难，结构复杂，现已不再使用。

大跨度悬索桥的桥塔通常采用柔性塔，塔顶主鞍座固定在塔上，桥塔可挠曲，以受压为主。桥塔截面以矩形为基本形状，为美观和抗风等需要，可对截面适当调整。图 8.68 为丹麦大贝耳特桥（混凝土塔）的桥塔布置，图 8.89 为日本明石海峡大桥的桥塔（钢塔）布置。

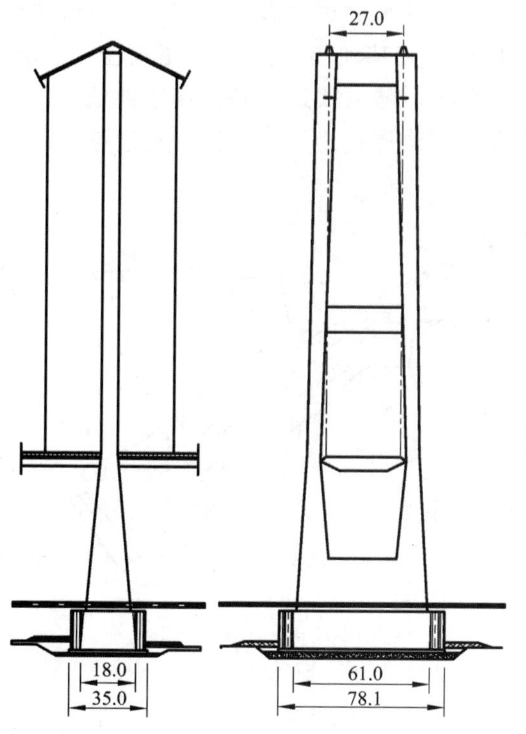

图 8.68　大贝耳特桥的塔（单位：m）

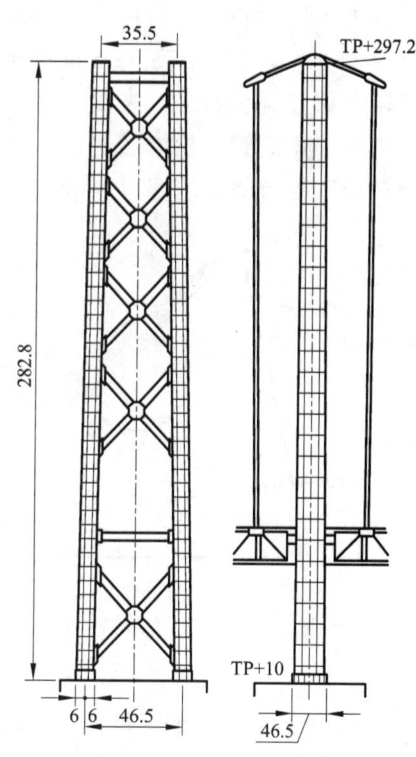

图 8.69　明石海峡大桥的塔（单位：m）

为使结构的设计简单合理、制造和施工方便，悬索桥一般沿跨中左右对称布置，设置两座桥塔。但个别追求建筑造型的自锚式悬索桥仅设置一座塔。美国旧金山—奥克兰海湾大桥东侧新桥就是采用别具一格的独塔自锚式非对称悬索体系，主跨 385 m，大缆从独塔顶分 4 条降下，通过斜吊杆与桥面两边缘相连，见图 8.70。

图 8.70　独塔悬索体系

3. 锚　碇

锚碇（anchorage）是对锚块基础（有扩大基础、地下连续墙、沉井基础、桩基础等多种形式）、锚块、大缆锚固系统及防护结构等的总称。它是固定大缆端头、防止其走动的巨大构件。悬索桥大缆两端的锚固方式有地锚（锚碇设在两岸上）与自锚（将大缆锚固于加劲梁端部）两种形式。绝大部分悬索桥采用地锚。自锚不需要修建大体积的锚碇，但应用情况较少，且只限于小跨度，这是因为大跨度悬索桥的大缆内力值的水平分量远远超过其加劲梁的承受能力。从施工方面讲，自锚悬索桥需先架设加劲梁，后架设大缆，这使得施工尤其困难。因此，只在小跨度的城市桥中，若因两岸建筑物密集，无场地或无良好地质条件可用作地锚时，才考虑自锚式悬索桥体系。

地锚分重力式和隧洞式（或岩洞式）两种，如图 8.71 所示。重力式地锚是凭借混凝土锚块的重量（再加上锚碇内的土重或配重）来固定大缆的两端。由于锚碇承受的竖向（向上）分力和水平（向河心）分力很大，所需要的重力式锚块尺寸也很大。例如，明石海峡大桥采用外直径 85 m、厚 2.2 m、高 75.5 m 的地下连续墙作锚碇基础，墙内填碾压混凝土 260 000 m^3；再在基础上修建锚碇身部，混凝土用量为 230 000 m^3。隧洞式地锚是先在锚碇处开挖隧洞，留出所需的锚固套管和检修通道后，再回填混凝土与岩层连为一体，其工程数量较小，但前提则是在锚碇处有坚实岩层可供利用。

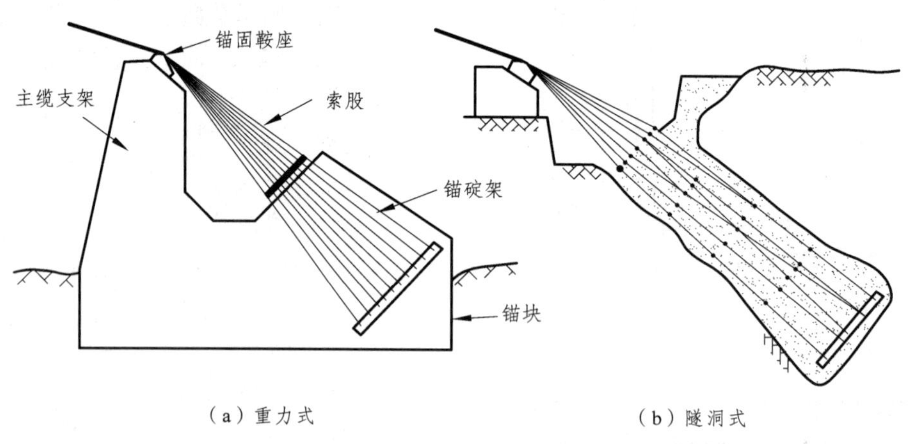

（a）重力式　　（b）隧洞式

图 8.71　锚碇的形式

见图 8.71 示意，在锚碇范围内，大缆的丝股从缠紧状态变为散开，其拉力通过锚碇的锚固传力系统分散到锚块内。若大缆是采用空中送丝法制作的，其丝股在散开的终端应套在靴根（它是专为空中送丝法大缆设置的构造，其位置参见图 8.83）；各丝股所传的拉力经由靴根及销钉（或螺杆等）传给埋在混凝土锚块中的锚杆。靴根可采用铸钢或低碳钢制作，作用是传力和调整丝股长度。过去的锚杆用钢眼杆，现在则常用预应力粗圆钢。

若大缆采用预制平行丝股制作，则靴根当用锚头铸钢件（常简称为锚板）代替。这时，丝股的锚头传力于锚板，用螺杆穿过铸钢件与前锚板相连，凭借螺母来调节铸钢件位置，使丝股长度趋于一致，这种方式叫“前锚”；也可以让丝股穿过预埋在混凝土锚块中的套管，到达混凝土锚块的后锚面，让丝股力通过后锚面传给锚块，这种方式叫“后锚”。

图 8.72 为英国塞文桥的靴根构造。

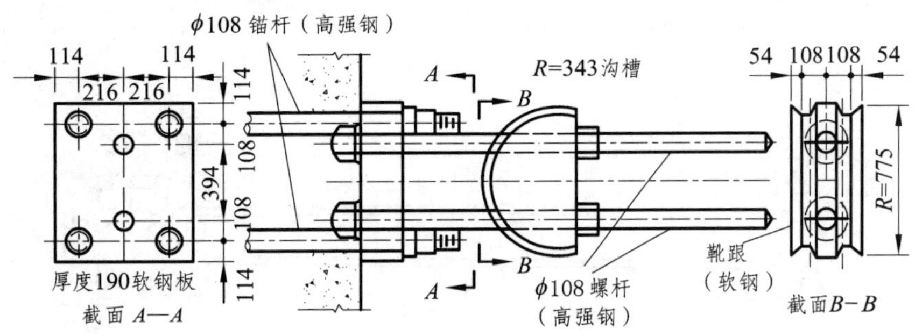

图 8.72　塞文桥靴根构造

当大缆在锚碇前墙处需要展开成丝股并改变方向时，则需设置大缆支架。大缆支架可以设置在锚碇之外，也可以设置在锚碇之内。大缆支架主要有三种形式：钢筋混凝土刚性支架、钢制柔性支架及钢制摇杆支架，如图 8.73 所示。当采用刚性支架时，其底部必须设置辊筒，以适应大缆的伸缩。

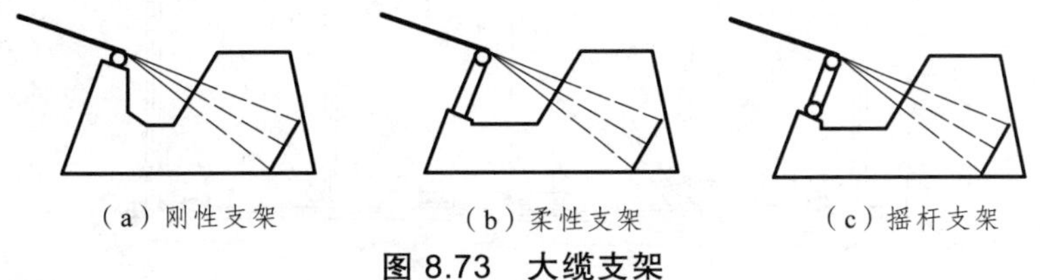

图 8.73　大缆支架

4. 加劲梁

悬索桥加劲梁（stiffening girder）的作用不像斜拉桥的主梁那样大，它主要起支承和传递荷载的作用。现已建成的悬索桥的加劲梁大都采用钢结构，沿桥纵向等高度，一般采用桁架梁或扁平钢箱梁。扁平钢箱加劲梁的优点是：建筑高度小，自重较桁架梁轻，用钢量省，结构抗风性能好（风的阻力系数仅为桁架梁的 1/2 ~ 1/4）。典型的扁平钢箱梁的截面如图 8.74 所示，其由带加劲肋的钢板焊接而成，在箱内还设有横隔板或由杆件组成的横撑，桥面通常采用正交异性钢桥面板（参见图 6.8（a））。

钢桁架式加劲梁在双层桥面的适应性方面远较钢箱梁优越，因此适合于交通量较大的或公铁两用的悬索桥。桁架式加劲梁的立面布置多采用有竖杆的简单三角形形式，其横向布置当根据是否设双层桥面而定，桥面常采用钢筋混凝土板或正交异性钢桥面板。图 8.75（a）为明石海峡大桥加劲梁横截面（双层桥面，公路钢桥面板），图 8.75（b）为美国纽波特大桥加劲梁横截面（单层桥面，混凝土桥面板）。

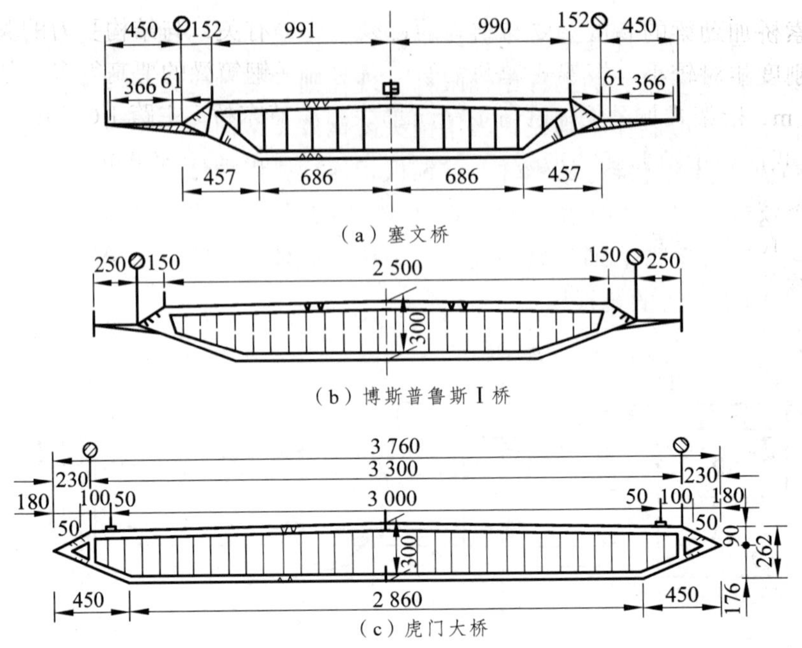

（a）塞文桥

（b）博斯普鲁斯Ⅰ桥

（c）虎门大桥

图 8.74　梭形扁平钢箱加劲梁截面（单位：cm）

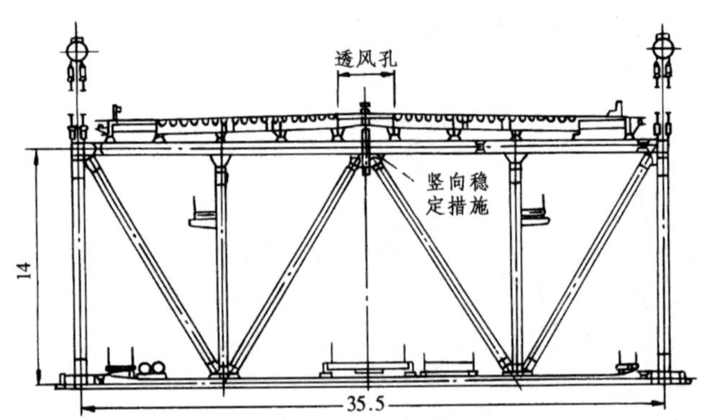

（a）明石海峡大桥（单位：m）

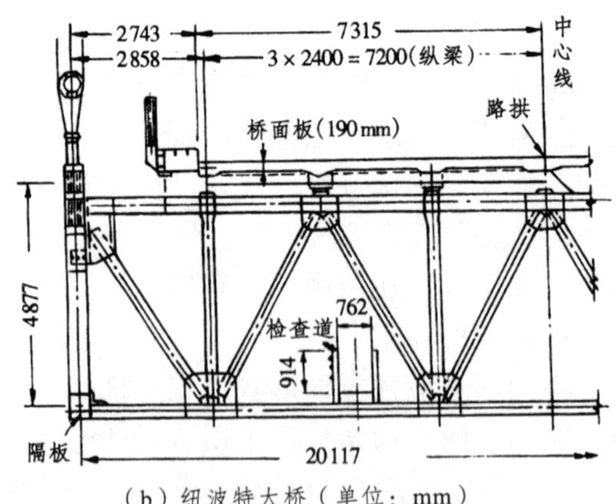

（b）纽波特大桥（单位：mm）

图 8.75　桁架式钢加劲梁截面

大跨度悬索桥加劲梁的高度主要与结构的抗风性能等有关，与结构受力的关系不大，由于桁架的抗扭刚度相对较小，桁架式加劲梁的梁高比扁平钢箱梁的要高得多，如明石海峡大桥（主跨 1 991 m，桁架式加劲梁）梁高 14 m，而大贝耳特东桥（主跨 1 624 m，扁平钢箱梁）梁高仅 4.0 m，我国目前所修建的大跨度钢箱加劲梁的梁高大都在 3.0 m 左右。

根据加劲梁的立面布置，悬索桥可以分成单跨两铰式、三跨两铰式或三跨连续式。对三跨两铰悬索桥，在加劲梁跨度两端设有断缝，在荷载作用下，断缝处的变形（竖向及横向角位移）及纵向线位移较大，相邻结构可能会发生碰撞，需要采用构造措施加以处理。对三跨连续悬索桥，加劲梁断缝只在梁的两端；由于超静定次数增多，结构变形有所减少。较多的大跨悬索桥采用两铰式。

对加劲梁下的支座，一是要求其能将加劲梁支点反力传到塔或下部结构，二是要求其能满足结构变形。在两铰悬索桥中，由竖向及横向荷载产生的加劲梁端部的位移较大，特别是在一般桥梁中不予考虑的横桥向的位移较大，因此所设计的支座必须能满足加劲梁在其端部能绕竖直轴自由转动的要求。为了满足这种功能要求，加劲梁一般在竖向与横向分别设置支座。在立面上，加劲梁两端常用吊杆或摆柱作为其支承。

5. 索夹及吊索

作用于悬索桥加劲梁上的恒载及活载通过吊索（hanger）传给大缆。为保证传力途径的安全可靠，需在大缆上安装索夹（band）。索夹由铸钢制作，分成左、右两半或上、下两半，安装之后，用高强螺杆将两半拉紧，使索夹内壁对大缆产生压力并由此产生摩擦力，防止索夹沿大缆向低处滑动。

吊索可用钢丝绳、平行钢丝束或钢绞线等材料制作。吊索的下端与加劲梁连接，上端连接有两种方式，一种方式是采用销钉连接，在索夹（此时为上、下两半）下一半的下垂板（又称吊耳）上设置销钉孔眼，吊索上端设开口套筒，两者通过销钉相连，见图 8.76（博斯普鲁斯 I 桥）；这类吊索可采用钢丝绳或平行钢丝束。另一种方式是让吊索绕过索夹（此时为左右两半），让吊索骑挂在索夹上，如图 8.77 所示（韦拉扎诺桥），这类吊索常用钢丝绳制作，为避免过大直径钢丝绳绕过索夹会导致钢丝绳破断力降低太多，在每一索夹处常用两对直径较小的吊索。目前销钉连接方式用得较多。

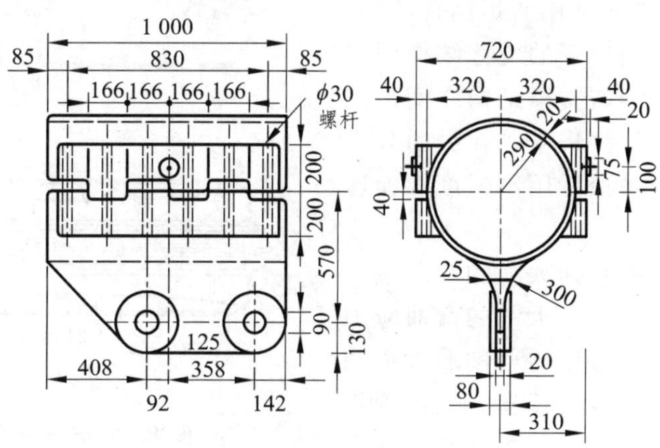

图 8.76　销钉连接示例（单位：mm）

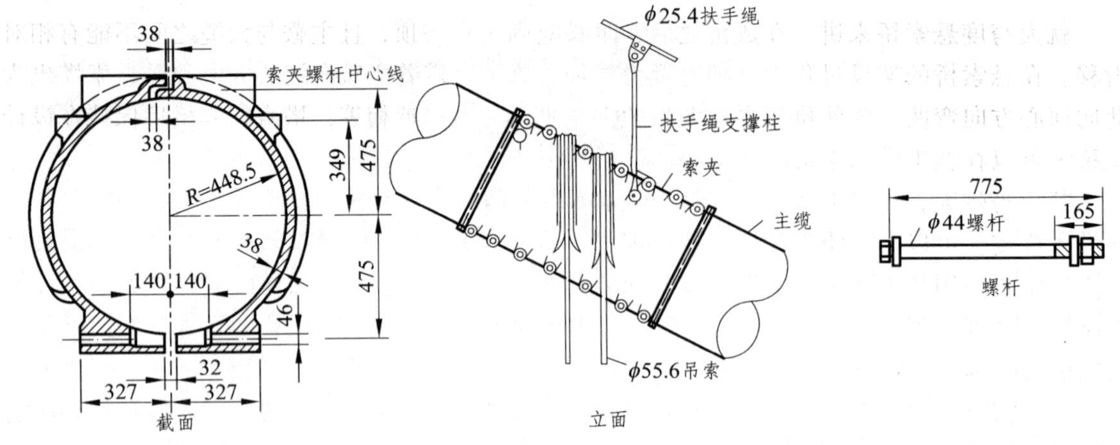

图 8.77　骑挂式连接示例（单位：mm）

传统悬索桥的吊索都是垂直的，但从英国的塞文桥开始尝试使用斜吊索。至今，大跨度悬索桥采用斜吊索的仅有塞文桥、博斯普鲁斯 I 桥和恒比尔桥三座。将吊索设计成斜索的目的，是为了提高采用较轻的扁平钢箱梁大跨度悬索桥振动时的结构阻尼值。斜吊索与垂直吊索相比，索力较大，因此可以提高振动能量的衰减率。对于小跨度悬索桥，斜吊索还能较显著地增大悬索桥的竖向刚度。另外，吊索也可考虑采用竖吊索与斜吊索混合使用，即在跨中部分使用斜吊索，在其余部分使用竖吊索。

吊索的安全系数要比大缆高出很多，这主要考虑到吊索的疲劳（风与车辆引起的振动）、设计制作及安装误差等的影响。国内外对吊索的安全系数一般取 3.0 ~ 4.5。

6. 鞍　座

鞍座（saddle）是直接支承大缆并传递荷载的装置，分主鞍座、副鞍座和展束鞍座。一座悬索桥中必须设有主鞍座。设在塔顶的鞍座叫主鞍座（简称主鞍），用作大缆跨过塔顶的支承，承受大缆产生的巨大压力并传递给桥塔。见图 8.78 示例。

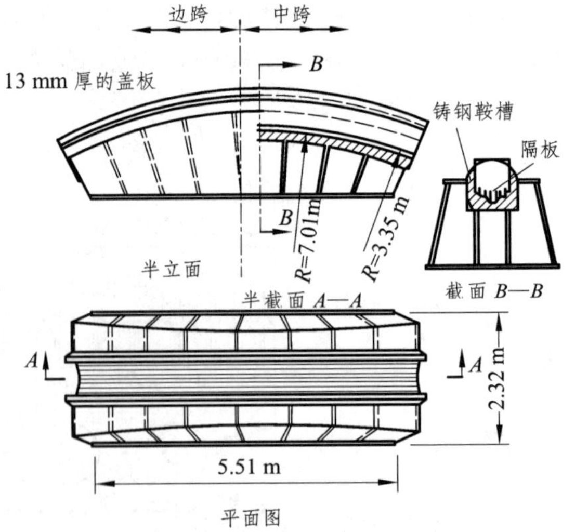

主鞍一般由铸钢件构成，随着焊接技术的发展，目前的鞍座大多采用铸焊结合结构，即鞍槽采用铸钢件，鞍槽下的支撑结构用厚钢板的焊接结构，鞍槽与支撑结构之间也用焊接。为方便吊装，往往将主鞍在纵向分为两段或三段，吊装到塔顶后用高强度螺栓连接成一体。

图 8.78　英国福思桥主鞍座

鞍座的弯曲半径关系到大缆的弯曲应力和大缆与鞍座的接触压力。大缆的弯曲应力与弯曲半径成反比，接触压力会削弱大缆的拉力强度，也与弯曲半径成反比，因此确定鞍座的半径时必须对这些因素加以充分考虑。一般悬索桥的主鞍半径是大缆直径的 8 ~ 12 倍。

就大跨度悬索桥来讲，在成桥之后，主鞍应固定在塔顶，且主鞍与大缆之间不能有相对滑移。在悬索桥的架设过程中，随着缆力增加，大缆要带着主鞍向河心方向移动，索塔也为此向河心方向弯曲。为使位于主鞍两边的大缆水平分力接近相等，塔身在成桥后保持在设计位置，可以在施工中向岸边拉动塔身，形成预偏。

若边跨较大，致使大缆在边跨靠岸端的坡度平缓，为了使大缆对水平线的倾角变陡，以便进入锚碇，可以在边跨靠岸端的墩或钢排架顶上设置一鞍座，称为副鞍。见图 8.79 示例。副鞍的主要作用是可改变大缆在竖直平面内的方向，因此仅在需要改变大缆方向的桥上才设置副鞍。从副鞍到锚块混凝土前锚面，大缆还有相当长度。随着缆力的增加，副鞍将发生向河的纵移，为此，需把副鞍设置在摇轴、摆柱或辊轴上，以适应成桥后副鞍的（因活载所生的）纵移需要。而在施工过程中，则需要让副鞍预先有一靠岸的纵移量，以使它在成桥时能进入设计位置。

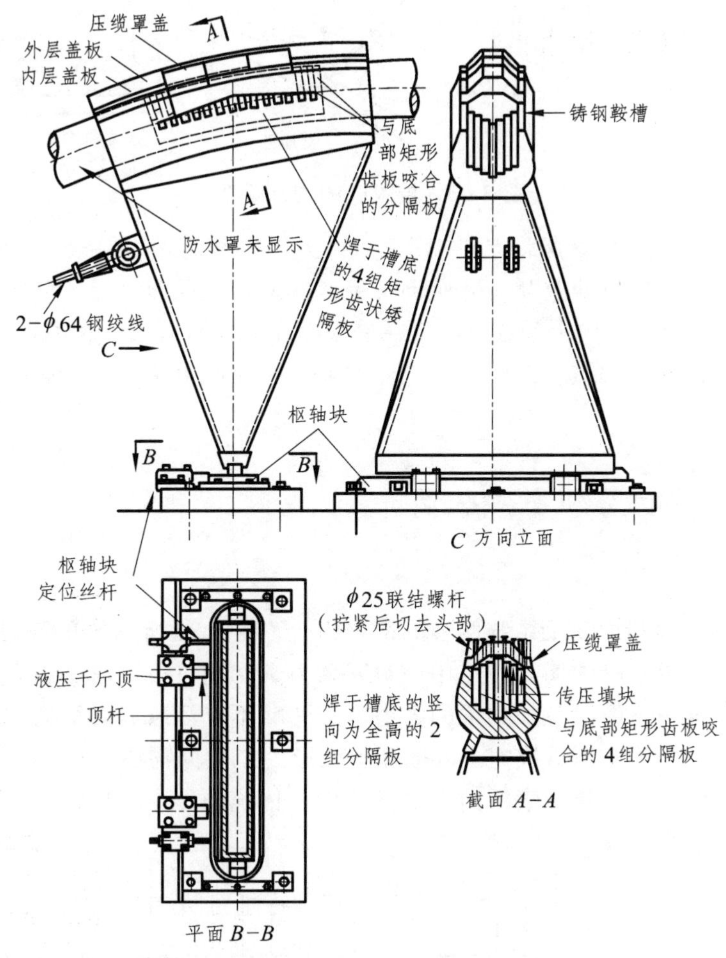

图 8.79　英国福思桥副鞍

在锚碇前墙处（或在锚碇之内支架处），大缆需要散开成丝股，当缆在散开的同时还有一向下的转折角时，就需要在这里设置展索鞍（或散索鞍），见图 8.80 示意。其功能一是改变缆索的方向，二是把大缆的丝股在水平和竖直方向分散开，然后将丝股引入各自的锚固位置。在展索鞍之下，也应该设置摇轴、摆柱或辊轴。展束鞍的形状较复杂：在大缆进口端应有圆槽，以便与大缆的圆截面相适应；在丝股出口处，应让外层各丝股的上端交汇于一点，下端指向锚块混凝土前锚面的指定丝股位置。

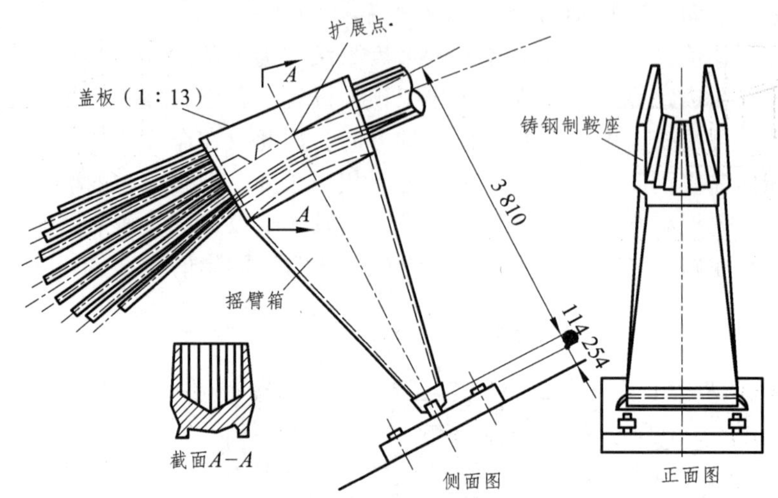

图 8.80　展束鞍的构造示意

如果大缆在展索时不改变其总方向，则无需设置展索鞍而采用展索套。展索套呈漏斗状，大缆从其小口进入，在大口处散开。为便于安装，展索套做成两个半圆形铸件，然后用螺杆连接。为防止展束套沿大缆向上滑移，需要在展束套小口之外设置“挡圈”。挡圈的构造与索夹相似，分为两半，套住大缆后，用高强螺杆拧紧，由此产生摩擦力，凭摩擦力阻挡展束套的向上移动。

三、悬索桥内力分析与施工简介

1. 分析理论

悬索桥是大缆系统和加劲梁系统两者的简单组合。图 8.81 所示的单跨两铰悬索桥，为一次超静定结构。将大缆从跨中切开，作用一对冗余力 H，则可按力法（以大缆切口两面相对位移是零为条件）分析大缆以及加劲梁的内力。若忽略不计活载 p 对结构变形的影响，即假定大缆几何形状由满跨均布恒载决定（可推算其线形为二次抛物线），且这一线形不因活载 p 作用而发生改变，则由此分析悬索桥内力的方法就是传统的“弹性理论”。

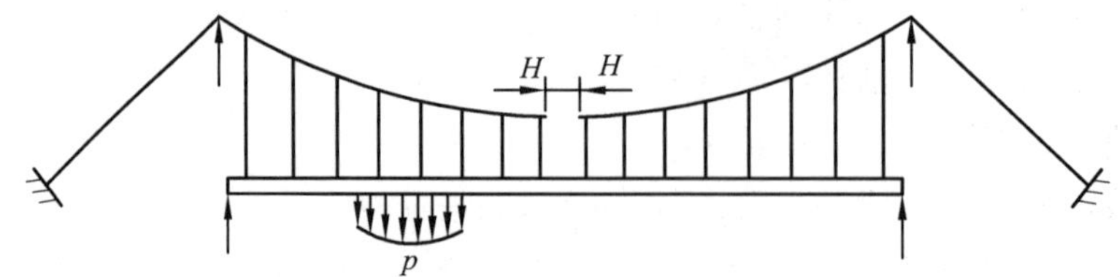

图 8.81　单跨两铰悬索桥内力分析

求出 H 后，将 H 作用在基本体系上，就可以求出加劲梁的弯矩 M

$$M = M_0 - Hy \tag{8.12}$$

式中 M_0——简支梁弯矩，即活载使基本体系产生的弯矩；

y——大缆在承受活载之前的纵标取值，参见图 8.83。

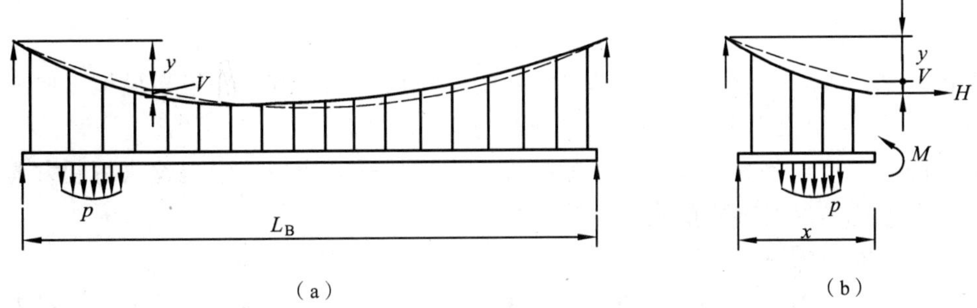

图 8.82 “挠度理论”特点示意

实际上，大缆是柔性受拉构件。“弹性理论”假定它的几何形状及长度都不因活载而改变，这是一个很大的缺点。早在 1888 年建立的“挠度理论”就纠正了这一缺点。“挠度理论”的主要特点是：大缆在恒载下取得平衡的几何形状（二次抛物线）将因活载的介入而改变，大缆因活载作用引起的拉伸量也需考虑。因此，应采用位移法，并计及结构的几何非线性，来分析悬索桥内力。见图 8.82，大缆在恒载下的平衡位置（虚线）因活载作用而有所改变（实线）。按右图的分离体，可求得加劲梁的 M 为

$$M = M_0 - H_q v - H_p (y + v) \tag{8.13}$$

式中，v 代表纵标增值，H_q 和 H_p 分别表示按“挠度理论”计算的恒载缆力和活载缆力。将上两式加以比较，可知后式中的 $H_p y$ 与前式中的 Hy 相当，但后式中增加了$[-(H_q + H_p)v]$项。虽然 v 值并不会大，但 H_q 往往很大。考虑 $[-(H_q + H_p)v]$ 这一项的效应，正是“挠度理论”的重要特征。

对加劲梁很柔的悬索桥，还可以先让加劲梁的抗弯刚度是零，也就是叫它先退出工作，取大缆做基本体系，并且让基本体系用改变其几何线形的方式来承担活荷载。在缆的线形改变量或挠度（从只受恒载变到承受恒载加活载）求得后，可以就每一吊索上端的位置推算位于吊索下端的梁的挠度，再凭梁的挠度的各阶导数推算梁的弯矩及其所分担的活载集度。从给定的活载集度中将梁所分担的集度扣除，余下者就是经由吊索传给大缆，让大缆所分担的活载集度。按吊索传来的活载重新计算大缆挠度，将上述计算重复迭代几次，就能取得使人满意的结果。

这种分析方法就叫做重力刚度法。所谓重力刚度，指原本柔性的大缆因承受（巨大恒载所生）重力而产生的抵抗（活载所致）变形的刚度。该方法抓住了大跨悬索桥的两大特点：一是较大恒载使缆的线形稳定（即其挠度不因活载而发生大的变化）；二是柔性很大的加劲梁所能分担的活载份额必然很小。这样，所需的最终结果也就同该法在迭代开始时所假定的情况很相近了。将重力刚度概念及其在内力计算中的应用较为明确地提出，这是美国乔治·华盛顿桥设计者的贡献。在悬索桥初步设计阶段，重力刚度法是有使用价值的。

从 20 世纪 60 年代以来，随着计算机、计算数学和计算力学的发展，借助于计算机，可对悬索桥进行非线性有限元分析。对于竖向作用力（对称于桥轴的作用）来讲，非线性有限

元理论是指将悬索桥当作非线性平面框架结构，按非线性杆系有限元求严密解的理论。由于杆系有限元方法可求得精度很高的数值解，而悬索桥按杆系有限元离散又在客观上代表了其实际模型，所以，在悬索桥的所有分析方法中，该法是最精确的。

2. 施　工

悬索桥的基本施工步骤是先修建基础、锚碇、桥塔，然后利用桥塔架设施工便道（称为猫道），利用猫道来架设大缆，随后安装吊索并拼装加劲梁。

悬索桥施工的重点是大缆和加劲梁的架设。大缆架设分为用空中送丝法编制大缆和预制平行丝股架设大缆，加劲梁架设则采用梁段提升法。分述如下。

（1）空中送丝法编制大缆

空中送丝法是美国人 J·A·罗伯林在 1844 年提出的。其工作原理如下：沿着大缆设计位置，从锚到锚，布置一根无端牵引绳（即长绳圈），将送丝轮扣牢在牵引绳某处。从卷筒抽出一钢丝头，套过送丝轮，并暂时固定在某靴根（可编号为 A）处。用动力机驱动牵引绳，送丝轮就带着钢丝套圈送至对岸，取下套圈，将其套在对应的靴根（可编号为 A′）上。随着牵引绳的驱动，送丝轮就被带回这岸。在将钢丝绕过编号为 A 的靴根后，就可继续抽送钢丝，形成下一个套圈。如此反复进行，当套在两岸对应靴根（A、A′）上的丝数达到一根丝股的设计数目时，将钢丝剪断，用钢丝连接器将其两端头连起来。这样，一根丝股的空中编制就完成了。图 8.83 是美国韦拉扎诺桥的送丝工艺示意。

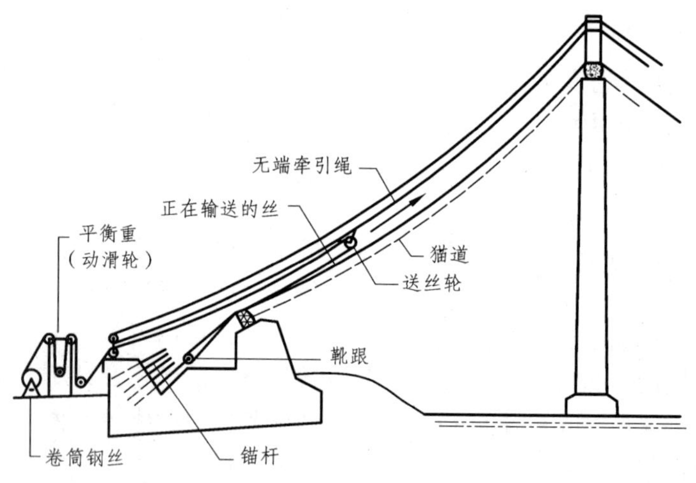

图 8.83　韦拉扎诺桥的送丝工艺示意

根据上述工作原理，实际施工中可采取多种措施来提高工效。例如，在对岸也放置卷筒钢丝，这样，送丝轮在返程中就不必放空，而是另带一钢丝套圈到这岸来，在另一对靴根（可编号为 B、B′）之间进行编股。再比如，在牵引绳上设置两个送丝轮，为节省时间，其间距布置成：当一轮从这岸开始驶向对岸时，另一轮正开始从对岸驶向这岸来。这样，两个送丝轮就可以在两对靴根（如 A – A′、C – C′）之间分别编制两丝股。若对岸设置有卷筒钢丝，还可以利用两轮的返程在另两对靴根（如 B – B′、D – D′）之间另编制两丝股。还有，在固定送丝轮的那点上，可以设多个送丝轮，而每轮所设的绕丝槽路也可以不止一道。

为实现空中送丝，必须设置猫道和送丝设备。所谓猫道，就是指位于大缆之下（大约是 1 m 多），沿着大缆设置，让进行大缆作业（包括送丝、调丝、调股、紧缆、装索夹、装吊索、缠缆等工序）的工人有立足之处的脚手架。猫道一般设两条，宽度 3 m 左右，分设在两根大缆之下，用悬吊在塔和塔、塔和锚之间的几根平行承重绳加上铺面层组成。面层多用镀锌钢丝网（但横梁及栏柱时常还用有防火涂料的木材），其自重较轻，所受到的风的静压较小，且对防火也更有利。

由于猫道宽度不大，为防止被风吹翻，同时也为左、右两猫道能互相交通，一般要在两猫道之间设“横道”，在主跨范围内，横道可设 3 或 5 道；在边跨范围，可设 1 或 2 道。由于猫道自重小，一般还应在其下方设抗风索，在立面上，抗风索可呈向上凸出的抛物线形。抗风索两端是扣在塔和锚碇的下方。在猫道承重绳和抗风素之间，设若干根竖向（或布置成 V 形的）细绳。用拉力将上述绳索绷紧，这就能形成一抗风体系，帮助猫道抗风。这样设置的抗风索势必侵入航运净空，故其设置必须得到航运部门同意。

猫道承重绳安装的常用办法是：将成卷的绳装在船上，绳的一头扣在一岸的塔边，而后将船开到对岸去，一面行船，一面将绳放落水底，然后，封锁航道，在两岸同时用绞车或塔顶起重机将绳提升，直至安放在塔顶。若希望钢丝绳不要沾水，可以将装有卷筒（作猫道承重绳用的）钢丝绳的船抛锚在一塔之旁，将该绳的一端引到塔顶滑轮后再落到这船；在对岸的塔旁设一绞车，从该绞车引出一较细的牵引绳，让细牵引绳通过另塔塔顶滑轮后再引到这船来，将它同这船上的承重绳头相连接。随后开动另塔之旁的绞车，则细牵引绳就能将猫道承重绳牵引到另塔塔顶了。为使各钢丝绳（包括牵引绳）都不沾水，则需要利用先锋绳（又叫先导索）。先锋绳与牵引绳相连，可借助长臂吊船来帮助先锋绳越过水面（日本南备赞桥），或用直升机来运送（日本明石海峡大桥），或用飞艇牵送（贵州坝陵河特大桥），或用火箭抛送（湖北四渡河特大桥）。

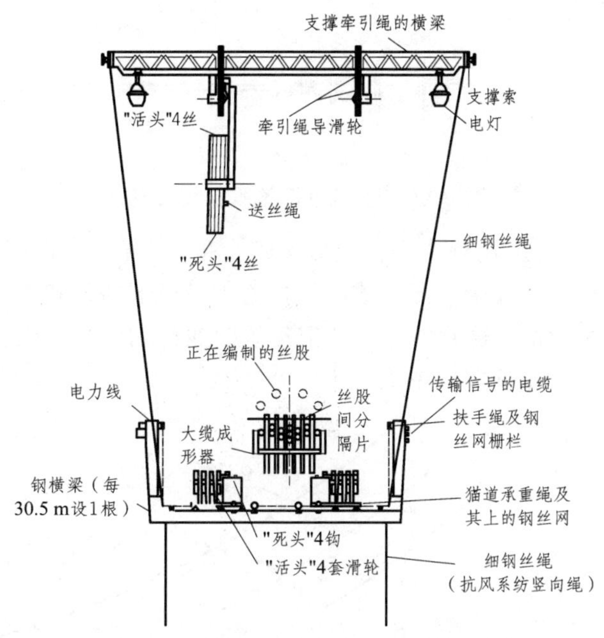

图 8.84　猫道、牵引索和支承索示例

前述无端牵引绳还需要若干个支承点将它架在空中。现常用两根独立的支承索，及架在这两索之间的若干根横梁。图 8.84 为英国福思桥所用猫道、牵引绳和支承索布置。支承索直径 35 mm，牵引绳直径 25 mm。横梁间距 60 m，在设横梁处，都用细钢丝绳将支承索与下面的猫道相连。送丝轮用刚性臂扣牢在牵引绳上，每一送丝轮各设槽路 4 道。猫道承重绳 8 根，面层采用直径约 5 mm 的钢丝编结成的网。

为使大缆各钢丝受力均匀，必须对钢丝长度和丝股长度分别进行调整，这就叫调丝和调股。调丝的目的是使同一丝股内的各丝长度相等，而调股是为了使每根丝股的计算长度符合设计要求。

为使大缆有妥善的防护，还应及时进行紧缆和缠缆等工序。紧缆指在大缆各丝股全部落位之后，立即用紧缆机将大缆截面挤压成圆形。紧缆机能沿大缆移动。继压紧之后，为避免丝股松散，要立即用钢丝或扁钢每隔 0.7 ~ 0.9 m 捆扎一道。随后，就可以安装索夹和吊索。大缆会因其拉应力的增加而使横截面收缩，为了将大缆缠紧，应当在恒载的大部分已作用于大缆之后，再进行缠缆。缠缆就是指用缠丝机将软钢丝紧紧缠在大缆之外。缠丝之前，应清洗大缆表面，并涂防锈材料（常用锌粉膏等）。缠丝过程中，应随时清除被挤出的膏。最后在缠丝之外进行油漆。

（2）预制平行丝股的制造及架设

① 平行丝股的制造。预制平行丝股大缆的构造是：大缆由若干两端带锚头的丝股组成，每丝股含钢丝若干。美国纽波特桥是第一座采用预制平行丝股大缆的悬索桥，在跨度范围内，每缆 76 股，每股 61 丝，丝径 5.16 mm。大缆的含股数由计算确定，每股含丝数最多为 127 丝。

图 8.85 为预制平行丝股制造工艺示意。钢丝从丝盘放出，通过导向网格，在成型机上向右移动，每隔一定距离用捆扎机捆扎一道，然后卷在卷筒上。同时，要给丝股两端装上锚头。图 8.86 表示一丝股的横截面（丝数 127）。它是正六边形，在其一角是基准丝，其他各丝的长度都是以它为基准来确定的。另一角设有一带颜色的丝，这是为了便于检查安装在缆中的丝股是否扭曲。

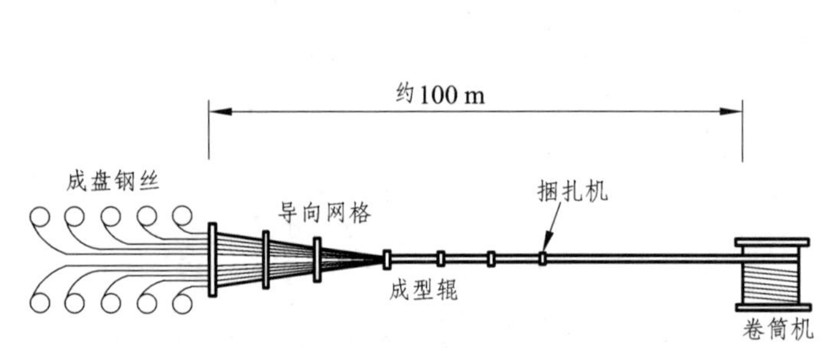

图 8.85 预制平行丝股制造工艺示意

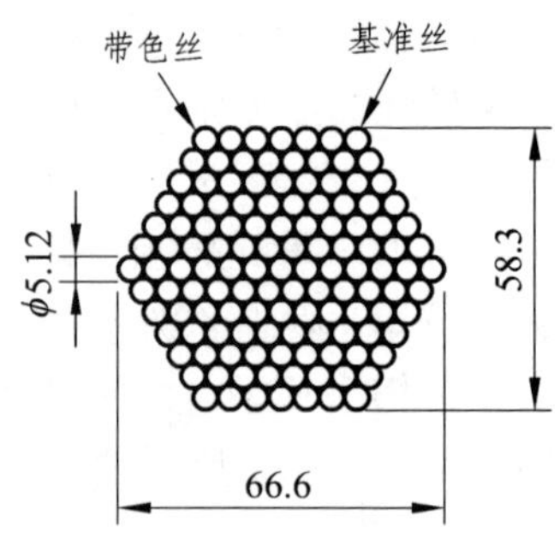

图 8.86 基准丝和带色丝

② 用预制平行丝股架缆。采用预制平行丝股架成大缆时，也需要先架设导索和猫道，也设无端牵引绳（或叫拽拉索）及丝股输放机。但在猫道之上，要设置若干导向滚轮，以支承丝股。这套拽拉系统把各丝股拽拉到位，丝股两端分别联结于锚杆。图 8.87 为汕头海湾大桥所用的拽拉系统。

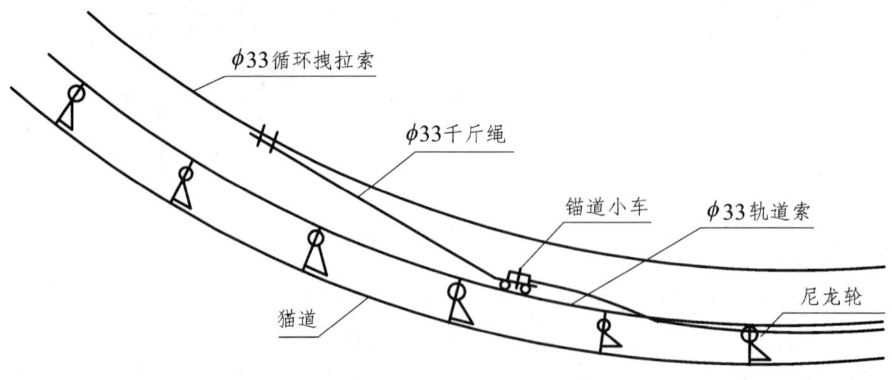

图 8.87 汕头海湾大桥拽拉系统

（3）加劲梁架设

在完成大缆架设并调整好大缆线形后，就可安装索夹和吊索，开始加劲梁的架设工作了。

见图 8.88 示意（汕头海湾大桥）。当加劲梁是桁架式时，以往常采用的方法类似于桁架梁桥的悬臂安装法，即利用能沿着桁架上弦行走的吊机作为架梁机具；所不同的是，将架设好的梁段立即与对应的吊索相连，把梁段自重传给大缆，这样，先架设的梁段并不承受后架设梁段的自重。在旧金山海湾桥施工中，第一次采用梁段提升法架梁。先将加劲梁预制成梁段，浮运到桥下，利用可行驶于大缆上的起重台车，借助滑轮组及钢丝绳，将梁段提升到位。对扁平钢箱加劲梁，合理的架梁方法也是梁段提升法。目前，提升的梁段重量一般是 3.9 ~ 4.9 MN，较先进的设备是液压连续提升千斤顶配钢绞线。

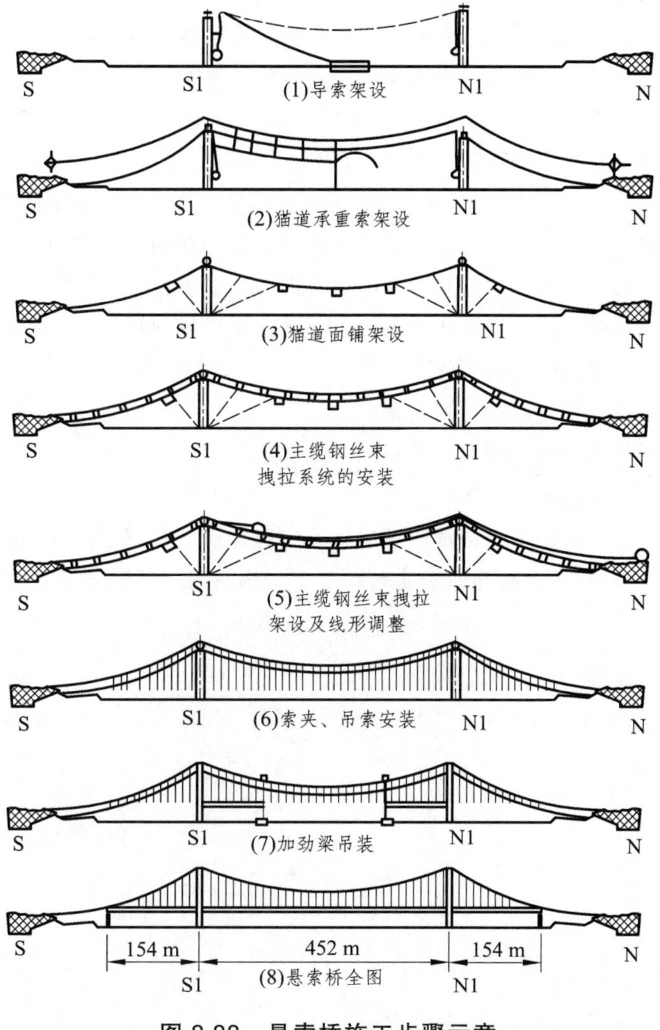

图 8.88　悬索桥施工步骤示意

在梁段架设中，大缆被用作一悬吊脚手架，但是，这脚手架是柔性的，它的几何形状会随着梁段的逐渐增加而不断改变。这一情况对加劲梁架设的影响是：当只有少数梁段架设到位时，这些梁段在上弦（或上翼缘板）处当互相挤压，而在下弦（或下翼缘板）处当互相分离。若强制将下弦（或下翼缘板）过早地闭合，结构或连接有可能因强度不足而破坏。较为合理的做法是：从架梁开始到大部分梁段到位，只是让各梁段的上弦（或上翼缘板）形成“铰”状的临时连接，对于下弦（或下翼缘板）则让其张开。待到绝大部分梁段到位，梁段之间下面的张口就会趋向闭合，这时，才开始梁段之间的工地永久性连接。

思考题

一、预应力混凝土连续梁（刚构）桥的主要优点是什么？

二、常用变截面预应力混凝土连续梁桥的主要构造特征有哪些？

三、简述箱形截面的受力特征。

四、简述预应力混凝土连续梁桥悬臂施工的基本工序。

五、混凝土连续梁（刚构）桥的施工方法与恒载内力计算有什么关系？

六、预应力钢筋的布置为什么要尽可能靠近顶、底板外侧？

七、拱桥有哪些主要类型？

八、拱桥矢跨比与拱脚水平推力的关系是什么？

九、大跨度拱桥为什么要采用无支架施工方法？这些方法的共同特点是什么？

十、试述斜拉桥的索、梁、塔的基本类型，讨论三者之间在构造上的相互关系。

十一、为什么斜拉索的初始张拉力对结构的恒载内力有影响？

十二、为什么要进行施工控制？简述有哪些主要因素会导致斜拉桥的成桥状态偏离于设计状态。

十三、悬索桥的基本组成部分有哪些？

十四、为什么悬索桥的跨度可以名列前茅？

十五、分析悬索桥加劲梁的类型及扁平钢箱加劲梁的优点。

十六、简述悬索桥的一般施工工序。

十七、查找可用的地形断面图，根据所学的桥梁工程知识，在图上设计不同的桥型方案（参见图 2.6），并描述方案的桥型特点、分跨布置和主跨跨度、结构所用材料和施工方法等。

第九章 桥梁抗震与抗风

震灾与风灾是自然界两大自然灾害，如果桥梁结构抗震能力或抗风性能不足，其就会发生震害或风致灾害。近年来，由强地震或强风作用下而引发的桥梁结构损坏现象时有发生。历史资料证明，在各种自然灾害中，地震作用对各种桥梁结构的破坏最为严重。另外，由于对强风作用机理的认识不足或处理不当，也造成了一些风致桥梁事故。因此，对桥梁结构进行专门的抗震和抗风设计，是十分必要的。

第一节 桥 梁 抗 震

地震是一种自然现象，至今尚不能科学地定量、定时和定点预测。地震灾害是人类所面临的主要自然灾害之一。对桥梁而言，地震所带来的破坏，无论从数量上，还是从程度上，都大大超过其他自然灾害。严重的桥梁震害不但直接影响交通，而且经常引发次生灾害（影响抗震救灾工作的进行等），从而加剧地震灾害损失。对于修建在人口密集地区和繁忙干线上的桥梁，影响更是如此。为了减轻地震所造成的损失，要求地震区桥梁在抗震减灾方面要坚持以预防为主的方针。因此，对新建的桥梁要从设计上采取措施，对既有桥梁要做好抗震加固工作，从而满足抗震防灾的要求。

一、地震特性与地震烈度

全世界的地震主要发生在地球表面各板块的接触地带，那里是组成地壳的许多单独的板块交界区。由于板块一直在缓慢地运动（每年 1 ~ 10cm），使相互间挤压产生地应力。当地壳中心应变能积累至一定程度后，就会使板块在比较薄弱的地方发生断裂、错动或滑移。此时，应变能转化为动能，以波的形式向地表传播，引起地面的强烈振动，这就是地震。全世界每年发生的地震约 500 万次左右，能被人们察觉到的地震约占其总数的 1%。

地壳内部发生地震的地方称为震源，震源垂直投影至地表的地方称为震中，震源至震中的垂直距离则为震源深度。通常把震源深度在 60 km 以内的地震称为浅源地震。全世界 95% 以上的地震为浅源地震，其震源深度大约在 5 ~ 20 km 左右。一般而言，对于同样大小的地震，当震源较浅时，波及范围较小，但破坏程度较大。

地震动以波的方式从震源向四周传播。按传播方式，地震波（seismic wave）分为三种类型：纵波、横波（两者合称为体波）和面波。纵波（P 波）传播速度最快，为压缩波，使介质沿传播方向发生压缩拉伸；横波（S 波）紧随纵波传播，为剪切波，其振动方向垂直于波的前进方向；主要的面波是L 波，其类似于 S 波，但振动只发生在水平方向上，是造成地表建筑破坏的主要因素。可采用地震仪、检波器来纪录地震波。通常，可用于工程抗震设计的为两个水平、一个竖向的加速度时程曲线。

衡量地震规模的大小，一般采用震级（magnitude）和烈度（intensity）。震级 M 表征某次地震所释放的能量大小，是某次地震的固有值，即一次地震只有一个震级。震级越大，地震的波及范围越广，破坏性越大。目前世界上统一采用里氏（Richter）分级，至今记录到的最高震级为 8.9 级。地震烈度 I 表示一次地震引起的地面运动及其对各种地表工程设施的破坏程度，它与距震中的距离、震源深浅、地形地质条件等有关。一次地震可有若干个烈度。目前大多数国家都采用麦氏（Mercalli）烈度表，它根据房屋及构筑物的损坏程度和人们对摇晃程度的感觉来划分烈度大小，共 12 度，7 度以上为破坏性地震。

对于浅源地震，震级（M）与其震中烈度（I_0）大致成线性关系

$$M = 0.58\, I_0 + 1.5$$

桥梁抗震设计所采用的地震烈度，称为设防烈度。它取决于建桥地区的基本烈度、桥梁的重要性、遭破坏后进行修复的难易程度等。基本烈度指桥梁结构在设计基准期内和一般场地条件下，以某一概率水平发生的最大地震烈度，其可按国家地震局颁布的地震烈度区划图确定。设防烈度则是在该烈度的基础上加以修正。依照重要性和抗震要求，目前我国公路与铁路规范均对桥梁结构物进行分类。对于重要的桥梁，适当提高设防烈度；对于一般桥梁，可适当降低设防烈度。对此，铁路抗震设计规范采用重要性系数来加以调整，公路抗震规范则根据桥梁的重要性及修复难易程度，将桥梁分为 A、B、C、D 四个抗震设防类别，分别对应不同的抗震设防标准和设防目标，设置不同的抗震重要性系数，对地震作用进行修正。

我国现行规范要求，对于设计烈度高于 7 度或有特殊抗震要求的桥梁结构，一般应进行专门研究和设计；对于设计烈度为 6 度的桥梁需进行构造设计，对于设计烈度小于 6 度的桥梁结构，在设计中可以不予考虑。

二、地震作用与桥梁抗震设计分析方法

1. 地震作用计算理论

地震作用计算理论主要研究地震时地面运动对结构物产生的动态响应。在地震波激励下，结构物产生随机的强迫振动，精确求解结构地震响应是相当复杂的。回顾历史，结构地震作用理论大致经历了静力理论、反应谱理论和动态时程分析理论这三个阶段。它们不但是地震产生的结构响应的评价方法，也是由地震产生的结构惯性力的计算方法。

（1）静力理论

20 世纪初，人们已经开始在结构抗震设计中采用一些经验法则。1900 年，日本的大森房吉教授提出了所谓的静力理论。该理论不考虑建筑物的动力特性，假设结构物为绝对刚性，地震时建筑物的运动与地面运动完全一致，建筑物的最大加速度等于地面运动的最大加速度，这样，建筑物所受的最大地震荷载 F 等于其质量 m 与地面最大加速度 $\ddot{\delta}_{g\max}$ 的乘积，或者，等于水平地震系数 k_h 与结构物重量 W 的乘积，即

$$F = m\ddot{\delta}_{g\max} = \frac{W}{g}\ddot{\delta}_{g\max} = k_h W \tag{9.1}$$

式中 k_h——地面最大加速度与重力加速度的比值，称为水平地震系数。

在设计中，把地震烈度、水平地震系数和地面运动的最大加速度联系起来，且通常根据地面最大水平加速度的统计平均值与重力加速度 g 的比值对水平地震系数加以划分，我国公路、铁路工程抗震规范的规定见表 9.1。

由于这种方法比较简单，而且用这种方法设计的建筑物大多也经受住了一般地震的考验，所以，这一方法至今仍被某些国家的抗震设计规范所沿用。显然，该法完全忽略了结构本身动力特性的影响。因为只有在结构的基本固有周期比地面运动卓越周期小很多时，结构在地震时才有可能不产生变形而被视为刚体，所以，静力理论只适合于低矮的、刚性较大的建筑如路基、挡土墙和重力式桥台等。

（2）反应谱理论

由于静力理论忽略了刚性、柔性结构在地震中的反应差别（即结构的振动特性），因此，它往往不能解释许多高柔结构（如大桥的高塔、轻型高墩）的震害现象。在逐步认识结构的动力特性后，美国学者在 20 世纪 40 年代提出了计算地震力的反应谱理论。反应谱理论也叫动力法，它既考虑了地震时地面运动的特性，也考虑了结构物自身的动力特性，是当前工程设计中应用最为广泛的抗震设计方法。

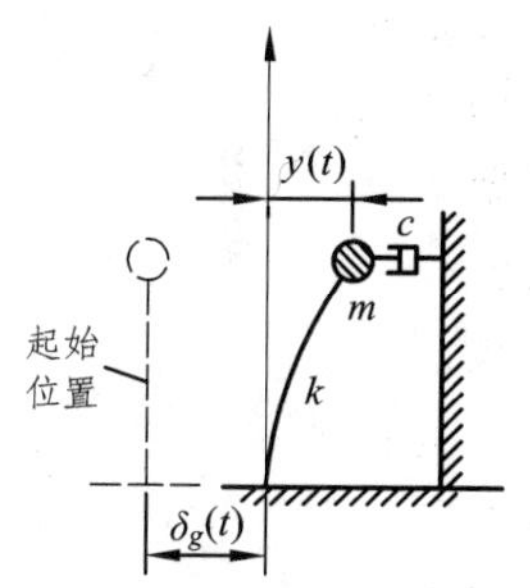

图 9.1 单质点振动体系

反应谱理论以单质点（或称单自由度）弹性体系为研究对象，这是因为任何弹性体系对于地震的反应都可以当作若干单质点体系反应的叠加。对图 9.1 所示的单质点体系，其振动方程为

$$m(\ddot{\delta}_g + \ddot{y}) + c\dot{y} + k\,y = 0 \tag{9.2}$$

表 9.1 水平地震系数 k_h

设计烈度	7	8	9
水平地震系数	0.1（0.15）	0.2（0.3）	0.4

求解上式，可得到单质点相对位移 y 的杜哈梅积分式，将积分式分别微分一次、二次，可得相对速度 $\dot{y}$ 和相对加速度 $\ddot{y}$ 的积分式。因地震波具有随机性，所以无法预测某一地区今后可能地震时的地面最大水平加速度 $\ddot{y}_{g,\max}$。因此，只能根据每一次地震时用地震仪采集到的地面加速度记录，对不同的单质点体系（不同的自振周期 T，不同的阻尼比 $\xi(=c/2\sqrt{km})$），运用前述各积分式，得出一系列相对位移、相对速度和绝对加速度 $\ddot{\delta}_g + \ddot{y}$（绝对加速度与单质点质量 m 的乘积，就是地震力）的反应时程曲线，并找到它们的最大值，即 $y_{\max}$，$\dot{y}_{\max}$ 和 $\left|\ddot{\delta}_g + \ddot{y}\right|_{\max}$。以 T_i 为横坐标，以 $y_{\max}$，$\dot{y}_{\max}$ 或 $\left|\ddot{\delta}_g + \ddot{y}\right|_{\max}$ 为纵坐标，以 ξ 为参数绘制的曲线，就称为反应谱，它是单质点弹性体系在地震记录下的最大相对位移、最大相对速度和最大绝对加速度与单质点自振周期 T 的关系曲线。图 9.2 所示为根据美国 1940 年埃尔森特罗（El-Centro）地震加速度记录资料求得的 $\dot{y}_{\max}$ 反应谱。

对上述单质点体系，最大地震作用的一般计算式为

$$P = m\left|\ddot{\delta}_g + \ddot{y}\right|_{\max} = mg\left(\frac{\left|\ddot{\delta}_g\right|_{\max}}{g}\right) \cdot \left(\frac{\left|\ddot{\delta}_g + \ddot{y}\right|_{\max}}{\left|\ddot{\delta}_g\right|_{\max}}\right) = k_h \beta W \tag{9.3}$$

式中　k_h——定义同前；

β——动力放大系数，表示单质点弹性体系在地震作用下的绝对水平加速度与地面最大水平加速度的比值，即以地面最大水平加速度为单位的加速度反应谱值。

在实际应用时，一是需要确定 k_h，见前表 9.1；二是需要确定 β 曲线。对某一特定的地震波而言，绝对加速度反应谱是呈锯齿状，在积累了大量的各种地震波的加速度反应谱曲线后，才可以借助数理统计方法整理出平滑的平均反应谱。另外，结构物所处的场地土的特性不相同，而不同场地土对平均地震 β 反应谱有明显影响。因此，β 的取值必须考虑场地土的影响。图 9.3 为我国《铁路工程抗震设计规范》GB50111-2006 所采用的标准 β 谱曲线（注：在《公路桥梁抗震设计细则》（JTG/T B02-01-2008）中所规定者类似），图中的 T_g 代表地震动反应谱特征周期，其根据场地类别（分为坚硬场地,、中硬场地、中软场地和软弱场地，共四类）和地震动参数区划（共分为三个区）来确定。

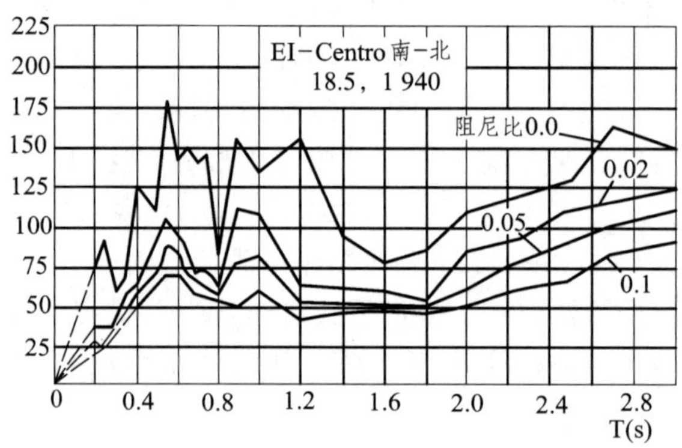

图 9.2　El-Centro 的最大速度反应谱

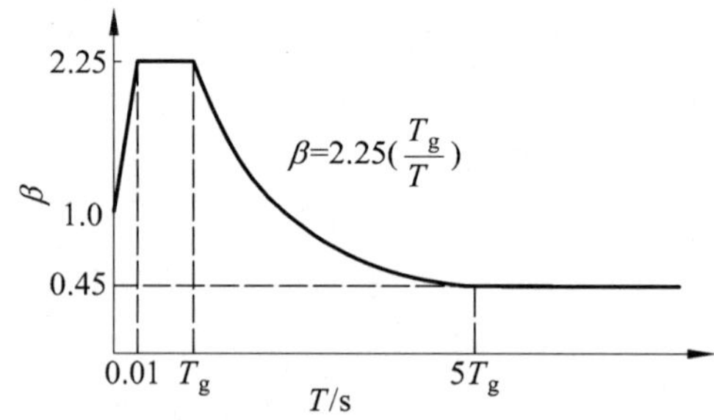

图 9.3　动力放大系数 β

在式 9.3 的右边乘上结构重要性系数，用以修正不同重要性的桥梁的设计地震烈度 ，从而得到计算地震作用的一般表达式。计算出地震作用后，即可根据常规方法计算结构内力并进行结构验算。

对多质点弹性体系，可建立类似于式（9.2）、用矩阵式表达的振动方程，仍采用单质点体系的标准 β 谱曲线计算地震力，但需引入基本振型参与系数，以考虑多质点多振型的影响。

（3）动态时程分析

尽管反应谱分析方法在结构抗震计算中得到广泛应用，但在分析多质点体系时，反应谱仅能给出结构各振型反应的最大值，而丢失了与最大值和振型组合有关的重要信息，使得难以正确地进行各振型最大值组合。另外，在分析大跨柔性结构（如悬索桥）时，由于非线性因素的影响，反应谱方法的计算误差较大。20 世纪 60 年代后，由于强震时地面和建筑物的振动记录不断地积累，特别是电子计算机的广泛应用，对重要的建筑物、大跨度桥梁和其他特殊结构物，开始采用多节点、多自由度的有限元动力计算图式，把地震强迫振动的地震加速度时程直接输入，对结构进行地震反应时程分析。这便统称为动态时程分析。

动态时程分析法可以较好地考虑结构、场地和基础的相互作用，以及地震波相位差和不同地震波多分量多点输入等因素；同时，也可以考虑结构几何和物理非线性影响以及各种减震、隔震装置（如桥梁特种橡胶支座、特种阻尼装置等）的非线性性质。目前，我国铁路、公路工程抗震设计规范只适合于跨度不大的梁桥和拱桥，对大跨度斜拉桥和悬索桥，至今尚未有专门的规范。因此，对重要的大跨度桥梁，应采用动态时程分析。

2. 结构抗震设防思想

当有了计算手段进行结构物的抗震设计（earthquake-resistant design）时，还需要预先确定地震区结构物的抗震设防标准。设防标准过高，会增加投资，且并不能绝对保证安全；设防标准低，会节约投资，一旦大地震来临，将可能会发生惨重的灾害，导致巨大的人员伤亡和财产损失。

目前，桥梁的抗震设防标准可按分类设防的抗震设计思想进行，即“小震不坏，中震可修，大震不倒”。由于小地震发生的频率高，可能性大，为了不使结构因累积损伤而影响其使用功能，故要求在常发地震时，结构处于弹性范围内工作，以强度破坏为准则。在中震情况下，容许结构有轻度的并且不在结构要害部位的损坏，震后易于修复并可继续使用。这需要对结构的强度和变形进行双重检验。大地震在结构使用寿命内发生的概率极小，是一种突发的特殊荷载，要求结构弹性地抵抗它，既不经济也不现实。因此，应充分利用结构的延性，以结构的延性作为破坏准则，允许结构产生塑性变形和有限度的损伤，但仍不丧失平衡，以达到保护人的生命安全、提供逃生机会的目的。

抗震设计思想是在总结国内外工程震害经验的基础上提出来的。对于桥梁工程，应根据这一设计思想，针对桥梁在地震中暴露出来的薄弱环节，通过桥位的慎重选择，并以较少的费用对结构的薄弱部位予以局部加强，来提高桥梁的抗震能力。国内外多次地震经验证明，只要桥梁能满足场地有利、结构合理、整体性强、施工质量良好和措施得当，一般均能提高桥梁结构的抗震防灾能力。

三、桥梁震害

如上所述，地震烈度是依据地震所造成的地表影响和地面建筑物的破坏程度而定的，因此，桥梁震害与地震烈度有着直接关系，即烈度高时震害严重，烈度低时震害较轻。事实上，地震对桥梁的危害与结构型式（包含动力特性因素）、体系布置以及抗震构造等也有着很大关系。另外，桥梁的震害在很大程度上还取决于震区的地形、地质条件以及桥址处的地基条件。

桥梁的震害主要表现为下部结构的损伤、变位和断裂，由此造成上部结构的落梁和倾覆。对那些“头重脚轻”的城市高架桥、立交桥和大桥的引桥，尤其如此。另外，支座的震害也较为严重。就地基条件讲，一般而言，地基较差的四类场地土上的桥梁要比地基比较稳定的一类、二类场地土上的桥梁受到的震害严重。

1. 桥台的震害

若地下的饱和松散粉细砂层相当厚，且土质松软，地下水位高，则在地震作用下，就会有一部分砂层进入液化状态，地表产生严重的裂缝，喷砂、冒水现象。处于易液化的松软地基上的桥梁，其桥头路面及两岸土体容易在地震力作用下失稳，向河心滑移，同时推动桥台也向河心移动，并伴有沉陷与倾斜。这轻则导致支座倾斜，桥长缩短；重则导致支座被剪断，梁体沿纵向挤压。若一端桥台断裂坍塌，就会造成边跨落梁等严重灾害。在我国海城（1975年2月4日，M7.3，震中烈度9度）、唐山（1976年7月28日，M7.8，震中烈度11度）两次地震中，桥梁遭受这类破坏的较多，对河岸坡度大、桥头高填土处的桥梁尤其如此。图9.4为唐山地震中陡河铁路桥桥台断裂的情形。

图 9.4　陡河铁路桥桥台断裂

2. 桥墩的震害

震害调查结果显示，处于软弱地基上或砂土液化地段的桥墩，因地震造成地基承载力减弱，大多会发生下沉、水平位移和墩身倾斜。其后果是：有时剪断支座，造成落梁；有时墩身剪断或出现环向裂缝；有时上述两种情况都出现。若基础埋深较浅，则震害更为严重。

由石砌或素混凝土修建的桥墩，多从施工缝处开始断裂直至墩身被剪断。此外，位于斜坡上的桥墩因受斜向土压力的作用会在墩身与锥坡交界处被水平剪断。图9.5为汶川地震（2008年5月12日，M 8.0，震中烈度11度）中绵竹市汉旺镇绝缘大桥素混凝土桥墩剪断的情形。

对城市高架桥、立交桥，因桥墩破坏而导致落梁的震害较为普遍。在美国洛马·普里埃塔地震（1989年10月17日，M 7.0，震中烈度8度）中，最严重的震害是一座长800 m的双层高架桥的上层公路桥面因墩柱断裂而塌落在下层桥面上；在美国诺斯雷奇地震（1994年1月17日，M 6.7，震中烈度9度）中，有7座桥梁（包括一座立交枢纽）遭到严重震害，其中立交枢纽因短柱剪切破坏而导致落梁；在日本阪神地震（1995年1月17日，M 7.2，按日本烈度表划分，震中烈度7度）中，城市公路、铁路高架桥遭到非常严重的破坏。震害主要表现在桥墩剪切或弯曲破坏、桥面垮塌、桥梁横向错位和不均匀沉降引起的桥面不平顺等。图9.6为位于神户市内的高架桥因桥墩破坏导致落梁和桥的倾覆（共有18根独柱墩被剪断，长500 m左右的梁部倾覆）。

图 9.5 绝缘大桥桥墩断裂

图 9.6 神户市高架桥的墩断梁倒

3. 支座的震害

桥梁支座的震害极为普遍。在地震惯性力作用下，破坏形式主要表现为支座锚栓被拔出剪断、活动支座脱落、支座错动引起的破坏等。在海城、唐山地震中，多座桥梁的支座锚栓均被剪断。在阪神地震中，各种铸钢支座都遭到不同程度的破坏。在汶川地震中，一部分板式和盆式橡胶支座因挤压和错动破坏。支座破坏的主要原因是原支座设计没有充分考虑其抗震要求，连接与支挡等构造措施不力，某些支座形式和材料上的缺陷等。由于支座震害可能导致落梁，故对支座的抗震十分重要。

4. 落 梁

在落梁震害中，以纵向落梁者居多。顺桥向落梁的原因大多因岸坡滑移、地基失效使桥跨变大或使梁错位，以及桥墩折断、倾斜倒塌等所致。对曲梁、斜梁而言，因结构构造及其受力更为复杂，更应防范落梁。在海城和唐山地震中，发生了较多的落梁事故，其中仅在唐山地震中，就有 18 座公路桥倒塌，落梁 88 孔。在汶川地震中，映秀百花大桥的第五联位于曲线上，在地震中因高桥墩断裂而彻底垮塌，见图 9.7。

图 9.7 映秀百花大桥落梁

就震害损失而言，落梁是最严重的，它不但导致结构本身的破坏，而且导致交通中断，进而阻碍救援、恢复工作的进行，成为引发次生灾害的重大因素。因此，努力防止落梁事故的发生，具有极其重要的作用。

四、桥梁抗震措施和结构振动控制

1. 桥梁抗震措施

为了防止或减轻震害，对桥梁结构物所作的改善和加强处理都称为桥梁抗震措施。根据震害经验，在抗震设计时，一般应考虑以下几点因素：

① 桥渡位置应选在地基良好和稳定的河岸地段；若必须在软弱场地土的河段通过时，

则采用桥渡与河流正交，并适当增加桥长，将桥台放在稳定的河岸上。

② 桥梁墩台基础设置应避开断裂带，当断裂带很宽而不能采用大跨跨越时，应避开破碎带。当无法避开破碎带时，可采用小跨度简支梁桥通过，并加强防止落梁的构造措施。

③ 桥墩不宜设在主河槽与河滩分界的地形突变处，也不宜设在河岸斜坡处，否则应采取抗滑和加固措施，避免桥墩滑移或被剪断；在地基软弱、地震时地基易于液化失效的地方，桥墩基础宜采用深基础。另外，为防止土壤液化，还可采用挤密砂桩等加固措施。

④ 混凝土墩台应尽量减少施工缝；在墩身与承台和墩帽连接处采取局部加强的构造措施，以保证接缝处混凝土的整体性。

⑤ 在地震山区，宜以桥代替陡坡填方，避开不良地质区段。

⑥ 为了防止落梁，应加强梁部结构与墩台的连接，保证支座部件和支座与梁、墩台顶帽连接锚栓的强度。

对于新建桥梁的抗震设计和既有桥梁的抗震加固，还可以增设梁端连接和支挡构造等防止落梁的抗震装置（如图 9.8 所示），从而以较少的工程费用，就可取得一定的抗震效果。很显然，图 9.8（a）~（e）装置均以防止落梁为直接目的，其中图 9.8（a）、（b）为限制支座变位或提供支座位移空间，图 9.8（c）、（d）为加强结构各部位的整体连接，图 9.8（e）为在梁端处设置缓冲防撞挡块。

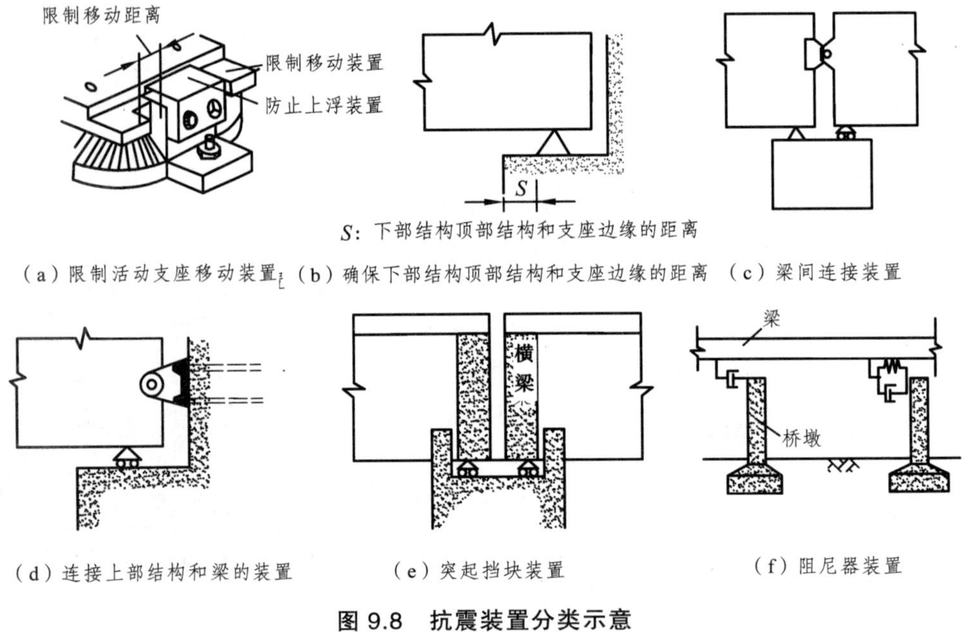

（a）限制活动支座移动装置　（b）确保下部结构顶部结构和支座边缘的距离　（c）梁间连接装置

（d）连接上部结构和梁的装置　（e）突起挡块装置　（f）阻尼器装置

图 9.8　抗震装置分类示意

2. 桥梁结构振动控制

自 20 世纪 60 年代以来，利用结构振动控制理论来减小地震力的工程抗震技术，已越来越多地用于新桥的抗震设计和既有桥梁的抗震改造和加固中。同传统抗震设计方法（强度、延性设计方法）不同，结构控制方法可通过减震、隔震装置来消耗地震能量，同时阻止振动在结构上的传播；或者，对结构施加外部能量以抵消或消耗地震作用。一般，前者称为结构被动控制（passive vibration control），应用较为广泛；后者称为结构主动控制（active vibration control），理论上更为有效。

被动控制以隔震耗能为目的。对普通梁式桥，一般采用各种特殊支座（如叠层橡胶支座，铅芯叠层橡胶支座，螺旋弹簧支座等）作为隔震器；对大跨度桥梁，往往设置各种阻尼器（如弹塑性阻尼器，黏性阻尼器，油压阻尼器等）以及调谐质量阻尼器（Tuned Mass Damper，简称 TMD）作为耗能装置，参见图 9.8（f）示意。

铅芯橡胶支座是在普通板式叠层橡胶支座中部竖向灌入铅棒（屈服强度较低，抗疲劳性能较好）而形成，见图 9.9。其主要是利用铅芯的弹塑性变形来取得耗能效果。由于铅芯橡胶支座构造简单，能够提供较大的阻尼性能，可以单独地在隔震体系中使用，所以该类支座已被包括我国在内的不少国家采用。

黏性阻尼器也是一种使用比较广泛的减震、隔震设备，见图 9.10 示意。它由不锈钢活塞、压缩黏性液体（有机硅树脂）、积液室等组成。在活塞上有小孔，使活塞两侧的液体压力保持平衡。在正常荷载作用下，黏性液体可通过小孔左右缓慢流动，以满足结构变位的要求；在地震荷载作用下，黏性液体流动不及，产生较大黏性阻尼，这样，就可消耗部分地震能量。

调谐质量阻尼器的减震机理是：在主振动系统（结构本身）上附加一个动力消振系统，通过调谐使两个系统产生强烈的耦合振动，从而把主振动系统的振动能量最大限度地转移到附加的消振系统上去，达到减低或消除主振动系统的振动的目的。在附加系统中，设置有阻尼装置，其可对转移来的振动能量加以耗散与控制。

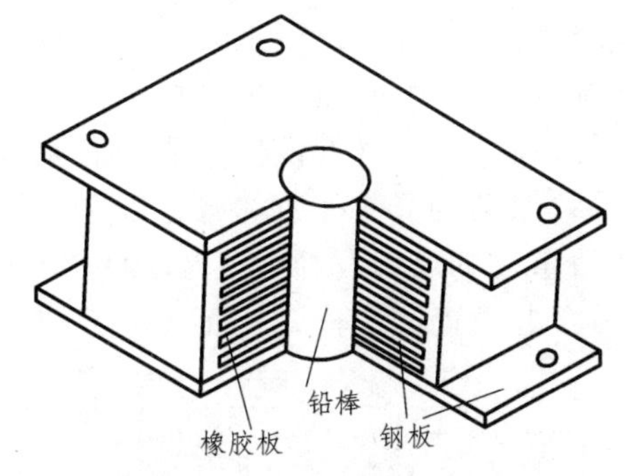

图 9.9　铅芯橡胶支座

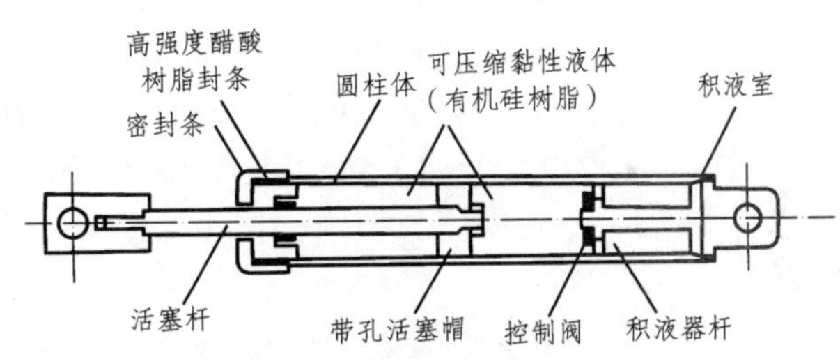

图 9.10　被动黏性阻尼器

对各种桥梁结构，除进行抗震分析计算外，必要时还可以进行模拟地震荷载作用下的结构足尺或缩尺试验。试验在地震模拟振动台上进行。振动台试验的基本原理是：将结构模型置于一个足够刚性的台面上，通过电液伺服作动器等动力加载设备，使台面再现地震波运动，并使结构模型随之产生类似地震作用下的振动。

第二节　桥 梁 抗 风

空气的流动就是风。在气象学上，将风的强弱按 10 min 时距的平均风速（在平地上离地 10m 处测得）的大小分为 13 个等级，即 0 ~ 12 级，其中 0 级风为静风，12 级为台风或飓风，其平均风速高达 33 m/s 左右；12 级以上的风，还有 6 个等级，一般发生在海洋上，陆地上较为少见。

对工程结构抗风设计具有意义的强风有下列几种：热带气旋，在北太平洋西部和我国南海的热带气旋称为台风，在我国沿海的广东、福建、浙江及海南等地，每年夏天几乎均要受到台风的袭击；生成于大西洋、加勒比海以及北太平洋东部的热带气旋称为飓风；在热带气旋登陆地区，风速通常在 12 级以上。内陆风暴，在我国由西伯利亚寒流引起的内陆大风，对北方和西北地区影响较大。龙卷风，它是一种形成迅速、尺度较小、持续时间不长、风速高达 100 m/s 以上的剧烈涡旋，但这里所说的桥梁抗风尚未包括它的影响。

强风对桥梁结构的危害多种多样。从受害程度上说，有结构局部构件破损的轻微灾害，也有导致整个结构坍塌的巨大灾害。灾害的表现形式有风压引起的结构变形或倾覆以及由风引起的结构振动破坏。对于跨度较小、刚度大、自重大的结构物，一般可只考虑静风压的作用；而对于大跨柔细的桥梁结构物，则风致振动破坏的危险性更大。

历史上，桥梁因风压作用而引起损坏的例子有苏格兰泰河桥（Tay Bridge）的坠落事故。泰河桥是一座铁路单线桥，1878 年 3 月建成，全长约 3.2 km，在通车一年半后，于 1879 年 12 月 28 日，因遭受暴风袭击，其主航道上的 13 孔跨长 70 m 的锻铁桁架梁，连同正行驶于其上的列车一道坠入河中，75 人丧生。在事故调查中，发现对风压的设计值取得太低。该桥的惨重事故说明，在桥梁设计中必须慎重考虑风荷载的作用。

大跨度柔性桥梁因风致振动而引起灾害事故的事例也较多，其中最著名的是美国塔科马海峡桥（Tacoma Narrows Bridge）的风毁事故。该桥是一座主跨 853 m 的悬索桥，其两片加劲梁为 11.9 m 宽、2.44 m 高的钢板梁，在建成并通车约四个月后，于 1940 年 11 月 7 日在 19 m/s 左右风速作用下坠毁。见图 9.11。破坏前加劲梁发生了剧烈的扭转振动，其扭转角约达 45°。幸亏该桥在破坏前关闭了交通，才避免了人员伤亡。尽管该桥所取的静风压设计值很高（对于 53 m/s 的风速都是安全的），然而对风致振动则几乎未加考虑。以这一事故为契机，工程界由此开展了对桥梁抗风的研究。10 年后重建的塔科马桥（以及 2007 年建造的塔科马新桥），均采用桁架结构作为加劲梁，并在桥面上设置透风槽，从而解决了其风振问题。

（a）英国泰河桥（绘画）

（b）美国塔科马桥

图 9.11　桥梁风毁实例

桥梁风工程（Wind Engineering）理论与技术的进步，避免了再发生类似于塔科马桥风毁那样的事故，但几十年来，较轻微的桥梁风害时有发生。例如在我国，在广东某斜拉桥的施工过程中，吊机被大风吹倒，砸坏主梁；江西某桥的柔性拱的吊杆，在风的作用下产生涡激共振；上海某斜拉桥的斜索产生的涡振和雨振导致索套损坏，浙江某悬索桥的抖振导致行车不适等。对大跨度斜拉桥和悬索桥等较柔细结构，其风振问题必须引起足够重视。

下面仅就与桥梁抗风设计有关的一些基本知识简介如下。

一、自然风的特性

自然风的速度和方向受以下几种作用力支配：基于大气压差的气压梯度力，地球自转引起的偏转力，伴随曲线运动的向心力以及地表面的摩擦力。在离开地表面 500 ~ 1 000 m 以上的大气层中，几乎不受地表面摩擦力的影响，故将那里的空气运动近似作为理想流来处理，称该层为自由大气层，而从自由大气层到地表面的空气层称为大气边界层。大气边界层中的风随着向地表面靠近，由于吹过凹凸不平的地表面时产生的表面摩擦力作用而被扰乱，形成随时间和空间变化的紊流。由于风速是随时间变化的，因此，常取用某一时间段（如 10 min）内风速的平均值作为衡量风速的大小。此外，风速还与地表的粗糙度和离地高度有很大关系，一般越靠近地表面风速越低。

为研究方便，常把一定时间长度内的风速分为两部分，即不随时间变化的平均风速和随时间变化的脉动风速。在桥梁抗风设计中，一般首先要确定桥梁所在地区的一个风速基准，即所谓的设计基本风速 V_{10}。它通常以当地平坦空旷地面、离地 10 m 高、100 年重现期的 10 min 平均年最大风速为标准。当桥址地区具有足够的风速观测记录时，可采用极值 I 型的统计分析方法求得，当缺乏足够风速观测记录时，则可根据公路或铁路桥规中的全国基本风压分布图取值。在得到基本风速之后，还需要根据桥位处的具体地形、地表粗糙度条件和桥面离地面（或水面）的高度，推算用于桥梁设计计算等的设计基准风速 V_d，进而确定作用于结构上的风荷载。详见第三章。

除风速大小外，紊流风的脉动强弱（即紊流度）等对桥梁结构的作用也有影响。对施工双悬臂状态的斜拉桥和 T 构而言，来流风向的不同也有一定影响。关于风的脉动特性和风向特性，在此不一一阐述。

二、风对桥梁结构的作用

风对桥梁结构的作用，可分为不随时间变化的平均风所引起的静力作用和随时间变化的脉动风引起的动力作用两大类。

1. 风的静力作用

在平均风的作用下，若假定结构保持静止不动，则作用在其上的空气力不随时间变化。由于桥梁的主梁是一水平的细长结构（即跨高比较大），故可将风吹过梁时的绕流形态在全桥长范围内视作相同的。这样，作用在主梁单位长度上的静力风荷载可分解为顺风向的阻力和横风向的升力，以及由升力引起的升力矩三个分量（图 9.12（a））。为了方便起见，三分力通常还按体轴坐标系（图 9.12（b）所示坐标系，沿截面形心主轴建立）给出

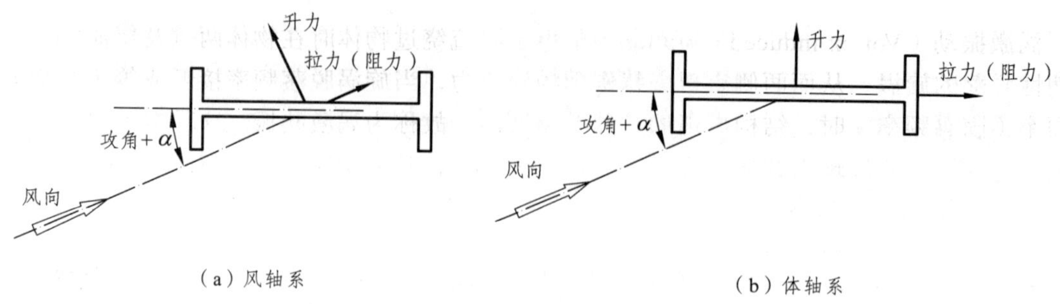

图 9.12　作用在主梁上的三分力

阻力：　　$D=\frac{1}{2}\rho V^2 C_D H$

升力：　　$L=\frac{1}{2}\rho V^2 C_L B$

升矩：　　$M=\frac{1}{2}\rho V^2 C_M B^2$

式中　ρ——空气密度，一般取 $\rho = 1.225\ \text{kg/m}^3$；

V——设计风速；

H、B——主梁的侧向投影高度和宽度；

C_D、C_L、C_M——阻力系数、升力系数或力矩系数，一般可通过主梁节段模型的风洞模型试验给出。

静风作用主要引起桥梁的强度破坏、变形过大或静力失稳。在我国现行公路和铁路桥梁设计规范中，风荷载仅指阻力分量，而不包括升力和力矩。近年来，随着我国交通事业的发展，公路桥均较宽，这时，升力效益将更明显。此外，对于施工阶段的 T 构，阻力和升力的共同作用对结构控制截面的内力影响会更大。对风荷载作用下的静风设计，除考虑桥梁的强度和变形外，对于长大跨度的悬索桥和斜拉桥，有时还需检验主梁的静力稳定性等问题。

2. 风的动力作用

对大跨度桥梁而言，除考虑上述风的静力作用外，还必须考虑风引起的结构振动。桥梁的风致振动包括两大类：一类是当自然风达到某一临界值时，桥梁振幅不断增大直至结构毁坏的自激振动，它是一种发散振动，包括桥梁的颤振和矩形断面等钝体结构的弛振；另一类是限幅振动，它所引起结构的振幅有限，不会发散，但在低风速下经常发生，包括涡激共振和抖振。

对桥梁危害最大的就是自激发散振动。所谓自激发散振动，就是指桥梁在风力作用下被激振动后，在一定的振动频率和相位下，可以不断地从风力作用中获取能量，以抵消结构本身的阻尼对振动的衰减作用，从而使振幅不断增大，直至破坏。若桥梁产生扭转形式或扭转与竖向弯曲振动相耦合的形式的发散振动，则称其为颤振（flutter，前述塔科马桥的风毁就是一例）；若产生以竖向弯曲形式的发散振动，则称其为驰振（galloping）。

涡激振动（Vortex induced vibration）是由于气流绕过物体时在物体两侧及尾流中产生了周期性脱落的旋涡，从而两侧出现交替作用的涡激力，当旋涡脱落频率接近或等于结构的自振频率（固有频率）时，结构出现的一种限幅振动，故称为涡激共振。这种振动仅在某一风速范围内发生，并呈现出共振的性质。对于主梁而言，其振动形态有竖向涡振或扭转涡振，对于施工阶段的独塔和拱桥的吊杆等桥梁构件，也可能出现涡激共振。抖振（buffeting）则是一种由大气中紊流成分所激发的不规则的强迫振动，它随着风速的增大而逐渐增大。涡振和抖振均属于限幅振动，虽然不具备破坏性，但它们发生时的风速低，容易使结构产生疲劳或影响桥梁正常使用。

各类振动引起的振幅与风速的关系见图 9.13 示意。

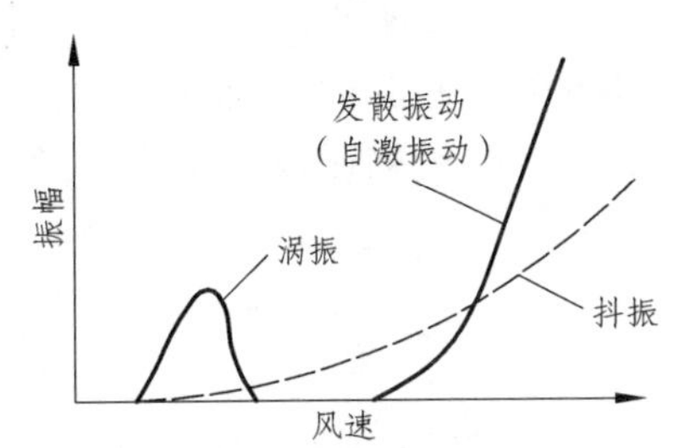

图 9.13　风致振动的种类

除上面介绍的桥梁风致振动外，对于斜拉桥，其拉索还可能出现多种形式的风致振动，其中危害最大的是：当索面中两排拉索横桥向并列布置时（参见第八章图 8.51g），背风侧拉索由迎风侧拉索的尾流引起尾流弛振。下雨时，风（风速约为 5 ~ 15 m/s）使雨水在拉索表面驻留并形成“上、下水路”时，拉索可能会出现雨—风激励振动，简称雨振。由于拉索风振的振幅较大，可能引起索端疲劳，并引起行人不安，有时甚至引起索与索相碰，从而导致拉索护套的损坏等。因此，它已越来越受到工程界的重视。

风对桥梁结构的静力和动力作用除与风速大小等风的特性有关外，还与桥式、桥跨体系布置、桥梁所用材料以及主梁的几何外形等有着重要关系。

三、抗风设计、风洞试验及抗风措施

桥梁抗风设计的目的，在于保证结构在施工和运营阶段能够做到：

① 对于可能出现的最大静风荷载，桥梁不会发生强度破坏、变形破坏和静力失稳；

② 为了确保桥梁的抗风安全性，桥梁发生自激发散振动（如颤振）的临界风速必须高于桥梁的设计风速，并具有一定的安全储备；即：临界风速 > 安全系数 × 设计风速。对于颤振验算，安全系数通常取为 1.2。

③ 对于限幅振动，尽管其振幅有限，但因其发生的频率高，可能会引起结构的疲劳损伤或影响结构正常使用，使行人感到不适以及影响施工的顺利进行等，所以也应将桥梁可能发生的限幅振动的振幅减小到可以接受的程度，即：最大响应≤容许值。

桥梁抗风设计大体可分为结构设计和结构抗风性能检验两个阶段。

（1）结构设计阶段

这一阶段的工作内容包括对桥位处风速资料的收集，风观测，风的特性参数选取等。根据全国基本风压分布图，并考虑桥址处的地形地貌情况、桥梁高度和桥跨长度、自然风的特征等因素，确定桥梁的设计风速、设计风荷载和自激振动检验风速。设计内容是提出抗风设计对结构设计的多项要求，作为确定桥梁结构体系，各构件的材料、形状、尺寸等的参考。其中最重要的是结构体系的抗风性能设计和结构断面形状的气动选型。

（2）结构抗风性能检验阶段

该阶段包括静力抗风性能和动力抗风性能检验两部分。静力抗风检验包括根据规范或通过风洞试验确定结构断面的静力气动力系数，计算出作用在桥梁各个部分的静风荷载，进而计算出在静风荷载作用下的结构内力、变形，检验结构的静力稳定性。动力抗风检验包括桥梁在施工及运营状态时的颤振特性、涡激共振特性、抖振特性检验。采用风洞试验或半试验半理论的方法给出桥梁的颤振临界风速和形态，涡激共振的发生风速和振幅估计，抖振振幅及其产生的惯性力。

对于颤振临界风速的确定，目前还没有完善通用的计算公式，各国规范所采用的计算式也均是基于经验的，下面列出的是 Van Der Put 基于平板理论与风洞模型试验成果提出的近似公式。在桥梁初步设计阶段，通常可采用下式估算临界风速 U

$$U=\eta\left[1+(\varepsilon-0.5)\sqrt{\left(\frac{r}{b}\right)0.72\mu}\right]\omega_b b$$

式中 η——主梁截面几何形状折减系数，对于目前用于悬索桥或斜拉桥的流线型扁平箱梁，该值约为 0.7 ~ 0.9；对于截面较钝的混凝土箱梁，该值约为 0.3 ~ 0.5；

ε——桥梁的扭转频率与竖弯频率之比；

r——主梁截面的惯性半径；

μ——主梁单位长度等效质量与空气的质量比；

ω_b——竖弯频率；

b——半桥宽。

从上式大致可以看出，主梁截面越扁平，流线型越好，临界风速越高；桥梁的刚度越大，固有频率越高，临界风速越高；主梁越重，临界风速越高。因此同样截面的混凝土主梁比钢主梁对抗风更为有利。

在确定风引起的桥梁响应时，通常可采用已有的理论分析和风洞模型试验等方法。但由于桥梁断面形状复杂多样，用纯理论分析方法求解作用在桥梁上的空气力及风致振动响应相当困难。因此，采用风洞模型试验仍是目前抗风设计最有效和最可靠的手段。

所谓风洞（wind tunnel），通常指一个可产生气流的管道。风洞的种类很多，一般可依照不同的用途分类，或根据试验段风速大小来划分，也有根据其试验段流动特性来区分。用于进行桥梁空气动力学研究的风洞，在早期都是利用低速航空风洞，目前已逐步采用专门用于结构风工程研究的大气边界层风洞。大气边界层风洞具有较长的、并可以模拟大气边界层内自然风特性的试验段。试验段的截面积从几平方米至几十平方米不等，试验风速可以从很低的风速（一般为 1 ~ 2 m/s）到每秒数十米。图 9.14 是一个常用的回流式大气边界层风洞的轮廓图，图 9.15 为西南交通大学风工程试验中心的 1 号风洞（XNJD-1），该风洞为单回流串联双试验段工业风洞，第一试验段断面为 3.6 m（宽）× 3.0 m（高），第二试验段断面为 2.4 m（宽）× 2.0 m（高）的矩形，最大来流风速为 45 m/s，最小来流风速为 0.5 m/s。

根据试验的目的，桥梁风洞模型试验分为主梁节段模型静力试验、动力试验和全桥气动弹性模型试验等。

节段模型静力试验是将主梁（成桥状态时还包括栏杆）按一定的几何比例做成模型，然后支撑在风洞中进行试验，以测定静力三分力系数（C_D、C_L 和 C_M）等。

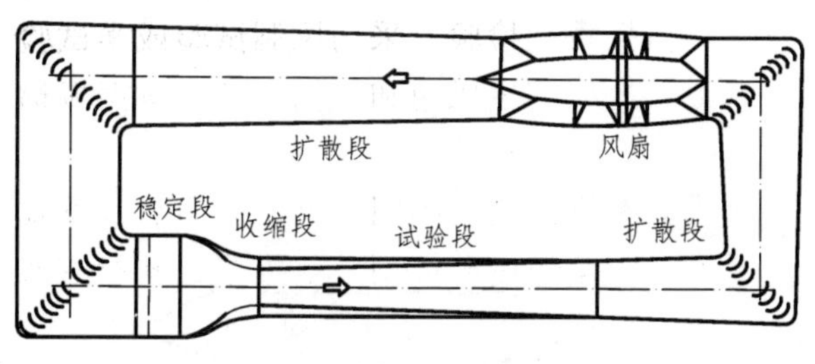

图 9.14　大气边界层风洞轮廓图

图 9.15　风洞实物（XNJD-1）

动力试验是用弹簧（模拟桥梁其余部分对主梁节段的弹性约束作用）将节段模型悬挂在风洞中进行试验，弹簧常数由相似条件决定。这种试验可以直接给出桥梁颤振临界风速的二维近似试验结果。因试验模型制作容易，费用少，时间省，这种试验得到广泛应用。

全桥气动弹性模型则是将各部分构件的几何外形、质量和刚度按相似关系做成全桥模型，以使模型的固有振动特性与实桥相似，试验的目的是全面测定桥梁的临界风速、涡激振动和紊流引起的抖振等的振幅。这种试验具有制作复杂，周期较长，费用昂贵，但真实可靠等特点。

当所确定的颤振临界风速不够高，或风致限幅度振动的振幅过大时，在设计中，还可通过多种措施对结构的振动进行抑制，以使桥梁具有足够的抗风能力。

桥梁结构及构件的抗风措施大体上可分为两大类：一是以改善结构的振动特性为目的的结构措施；二是以改善结构的空气动力特性为目的的气动措施。

结构措施有增加质量（可减小振幅）、提高刚度（可提高固有频率，增大临界风速，同时减小变形）、增大阻尼（减小振幅）等。例如，在工程实践中采取的措施有：桥梁构造上采用扭转刚度较大的桁架梁或箱梁作为悬索桥等的主梁，在空心构件中充填混凝土及砂砾（增加质量），用钢缆或辅助构件加固结构（增加刚度），设置各种阻尼器等。但要注意的是，增加质量会导致恒载增加，因而不经济；拉设钢缆会影响美观和功能，阻尼器则需要长期维护等。

气动措施也称为空气动力学措施，本质上就是采用流线型好、抗风性能好的断面形状，从根本上提高桥梁的颤振临界风速，并减小风致振动的振幅。图 9.16 为加拿大龙溪桥主梁采用不同断面形状时涡激振动的风洞试验结果。可以看出，因截面形状的改变并在截面两侧增加风嘴，可使结构振幅大为降低。图 9.17 为流线型扁平箱梁的几种气动措施，其作用在于尽量减小风吹过截面时产生的紊流。

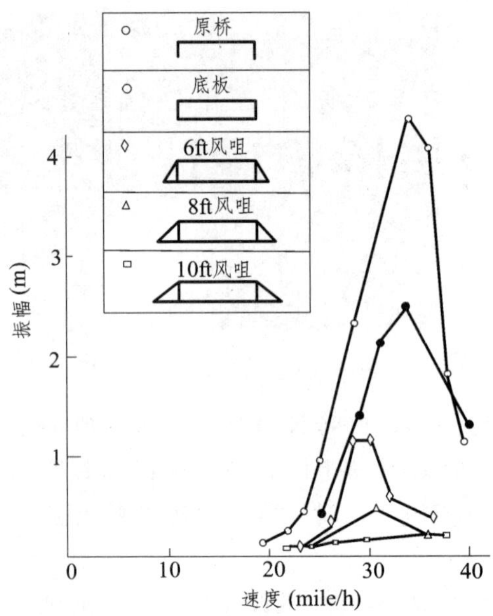

图 9.16　龙溪桥的竖向涡激振动

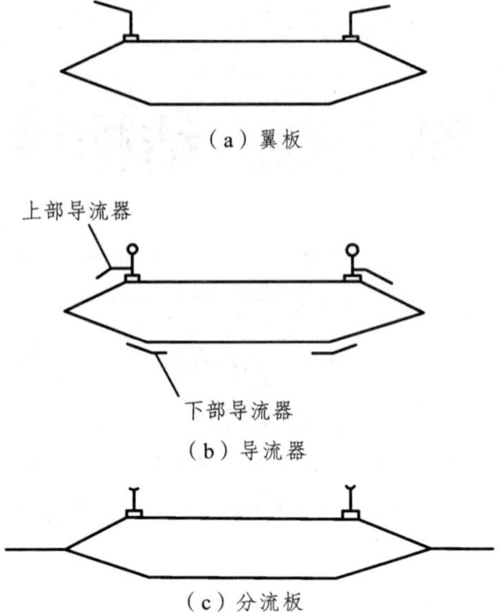

图 9.17　扁平箱梁的气动措施

思考题

一、比较抗震设计中静力理论和反应谱理论的不同之处。

二、桥梁震害的主要表现形式有哪些?

三、解释分类设防的抗震设计思想及其相应的技术要求。

四、风的静力作用和动力作用的特征是什么?

五、简述桥梁风振的主要类型及其与振幅、风速的关系。

六、提高桥梁抗风性能的措施有哪些?

第十章　结构设计理论与桥梁设计规范

桥梁是一种工程结构。工程结构都必须承担人为荷载和自然界可能发生的破坏作用。若结构能抵抗这些荷载和作用，结构就安全和适用；否则就被破坏或不适用。桥梁设计规范（以下简称“桥规”）是一种标准，而这个标准是专门用来判别各具体桥梁结构是否安全和适用的。

由于具体桥梁是由不同材料、不同施工方法建造而成，有不同的桥式和不同的几何关系，它们的各个部分（杆件、连接之类）在桥梁承受荷载和作用时表现出不一样的破坏状态和不适用状态；而且，用什么指标来表示安全和适用，也需要不断研究与改进。因此，桥规并不是一成不变的，它需要随着建桥材料的发展及桥梁设计与施工水平的提高而时常修订。

本章结合桥梁工程，介绍结构设计方法的演进、极限状态设计和结构可靠性理论的要点。在此基础上，简要阐述桥规的一般特征和内容，并对国内外有关的桥规作一简单介绍，期望能对读者在正确理解和使用规范方面有所帮助。

第一节　结构设计方法的演进

一、结构的功能要求和设计内容

1. 结构的功能要求

由各种材料建造的桥梁是一种人工构筑物。它们在自然环境中，在相当长的一段时间内，需要安全地承受车辆、人群等使用荷载，经受风、日照、地震等自然作用，并提供令人满意的工作状态。桥梁设计的目的，就是借助科学合理的技术手段，设计出能满足下列功能要求的结构：

① 能承受正常施工和使用时可能出现的各种荷载的作用，这是对结构安全性的要求；

② 在正常使用期间（或设计基准期）内具有良好的工作性能，如抵抗过大变形和开裂的能力，这是对结构适用性的要求；

③ 具有足够的耐久性，即在使用期间内材料不发生严重的损伤（腐蚀和老化等），这是对材料耐久性的要求；

④ 在偶然事件（撞击、爆炸、地震等）发生时，能保持必要的稳定性而不至于彻底破坏，这是对结构在特殊情况下的安全性要求。

结构安全性（safety）、适用性（serviceability）和耐久性（durability）统称为结构的可靠性（reliability）。衡量结构可靠性的指标称为可靠度。因安全性涉及人身安全和财产损失，故一直是结构可靠性的主要内容。衡量结构安全性的指标称为安全度。在我国的桥规中，对上述功能①和②，均给出了明确的规定和验算公式；对功能③的要求，则反映在对材料、构造、质量控制、施工管理和养护维修等要求中（例如，对混凝土桥，规定了保护层厚度和构造钢筋的配置；对钢桥，规定了油漆防锈的措施）；对功能④，还需要开展更多的研究工作。

2. 结构设计的基本内容

结构设计的内容大体上可分成以下三部分：

① 作用与作用效应。指确定施加于结构上的各种作用，并按力学（如结构力学、弹性力学、结构动力学等）原理分析结构的作用效应（指内力、变形、应力、应变等），这就是结构分析（structure analysis）。

② 材料与抗力设计。指根据材料特性和结构分析的结果，进行构件的截面设计和连接设计（对混凝土，还包括截面的配筋），这就是构件的抗力（resistance）设计。

③ 结构可靠性分析。指以安全、经济的途径来满足结构的功能要求，且使结构在设计基准期内具有期望的可靠性。它与结构分析（荷载取值）和抗力设计（材料强度和截面尺寸取值）紧密相关。可靠性分析反映在桥规中，就是各种验算式及相关的安全系数。在不同的历史阶段，有不同的可靠性（安全性）分析方法，详见下述。过去，可靠性分析主要涉及安全问题；目前，可靠性分析着重于结构的安全、适用方面；今后，其发展趋势则要覆盖结构规划、施工、使用和维护等环节，贯穿结构的全过程。

上述三者之间的基本关系见图 10.1。

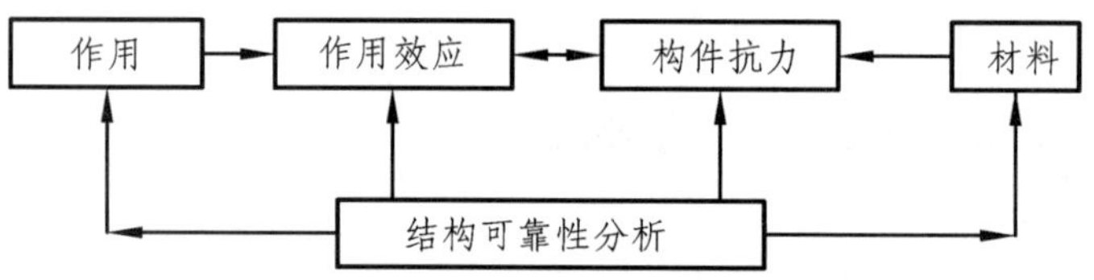

图 10.1　结构设计的内容及其关系

二、结构设计方法的演进

1. 基于试验和经验的方法

在 19 世纪中叶之前，结构分析方法还处于萌芽阶段。应力和应变还不具有今天所赋予的定义，荷载和重力还时常混称。建造一般的桥梁，主要基于过去试验成果形成的经验公式；对于新型大跨桥，主要是采用结构模型和实物（结构的局部）试验来决定结构设计尺寸。

1826 年，英国成功地建成了梅奈悬索桥。该桥采用锻铁链杆作为悬索。对每根链杆，都进行了验收试验，要求试验值达到容许值的两倍以上。在安装之前，将实物链杆悬索拼装成形，借以测量杆力。还按 1 : 4 制造模型，用以决定沿桥各吊杆的长度。另一个著名例子是英国 1850 年用锻铁建造的铁路管箱桥。该桥最初用小比例模型来比选截面形式。通过试验，发现薄壁锻铁梁的破坏形式和铸铁梁不一样。后者为受拉缘的断裂，而前者为受压翼缘起皱（即板件局部失稳）。这样，决定在梁的受压部分增添加劲肋。再按 1 : 6 制造一模型，经试验满意后，才将实物梁制成。在其一个跨度安装之前，还试加荷载以测量挠度。后来当列车重量增长为其设计值的10倍时，它仍然能胜任。只可惜该桥在1970年毁于人为事故。

采用试验的方法，可以回答构件在破坏时的荷载安全系数K_1，即

$$K_1 = \frac{\text{破坏荷载}}{\text{工作荷载}} \tag{10.1}$$

从而对结构或构件的承载能力做到心中有数。但是，由于历史条件和认识上的局限，不可能采用试验方法解决所有可能出现的各种不同性质的问题。1847年英国地河桥（Dee Bridge）事故（铸铁梁的断裂破坏），1879年英国泰河桥事故（因抗风桁架的强度不足，风将13孔锻铁桁架桥连同列车刮到桥下），1850～1890年间，欧洲、北美有多座铁路桥曾因各种原因发生事故，这真实地反映出那个时代的桥梁设计水平。

2. 容许应力法

容许应力法（allowable stress design）是一种传统的设计方法，它早在1826年就已提出，随着结构分析理论和工程实践的发展，逐步得到重视和应用并沿用至今。容许应力法将材料视为理想弹性体，用线弹性理论方法，算出结构在使用荷载下的应力，要求构件任一截面上任一点的应力σ，不超过材料的容许应力$[\sigma]$，即

$$\sigma \leqslant [\sigma] \tag{10.2}$$

材料的容许应力$[\sigma]$，是由钢材的屈服强度σ_y，或混凝土极限强度σ_b除以安全系数K（$K>1$）而得，即

$$[\sigma] = \frac{\sigma_y}{K}\text{；}\quad \text{或} \quad [\sigma] = \frac{\sigma_b}{K} \tag{10.3}$$

容许应力法为促进桥梁工程的发展做出了巨大贡献。1890年在英国建成的主跨达521 m的福思双线铁路悬臂钢桁架梁桥，标志着采用结构力学分析（不仅仅靠结构试验）和容许应力设计方法在桥梁工程界的巨大成功。其他的例子有，加拿大魁北克悬臂梁桥、澳大利亚悉尼港钢拱桥、美国金门悬索桥等。

容许应力法主要基于结构分析理论（结构的内力计算和应力验算）、材料及构件试验成果（制订材料、构件及连接的容许应力）以及荷载测试（如对风荷载的观测）。安全性方面的考虑，则取决于安全系数K的取值。随着科技水平的不断提高和人们对桥梁工程认识的不断加深，安全系数也逐步从粗糙取值向精细取值。尽管如此，由于影响结构安全性的因素众多，在缺乏更合理的方法来深入分析结构安全性时，仍只能凭过去经验和主观判断笼统地加以考虑。

通过多年的实践，人们逐步发现容许应力法存在着以下几点不足：

① 仅用容许应力的形式难以防止桥梁其他破坏状态的出现。当初只想到结构对于荷载的静效应造成的强度破坏要有一个较大的富余，并且决定用应力安全系数K来实现这一富余。从以后的结构试验、桥梁运营经验以及桥梁事故（如20世纪30年代比利时几座钢桥的脆断，1940年美国塔科马桥因风振致毁，1967年美国一座悬索桥发生疲劳腐蚀事故，1969～1971年世界上4座大型钢箱梁桥因板件失稳而出事）看，结构除在强度上要满足容许应力的要求外，还需要防止其他破坏状态的出现。

② 用单一的安全系数来考虑不同性质的荷载是不合适的，用其来笼统考虑作用（荷载）效应和抗力也是不合理的。例如，桥梁的恒载和车辆活载的变异性有较大区别，而在容许应力验算中，对恒载和活载取为同一安全系数。这意味着，当桥跨较大、恒载占总的荷载的比重较大时，所可能导致的材料增加不可忽视。又如，在结构抗倾覆的验算中，有一部分恒载是抗力，但在容许应力法中，将该部分恒载仍机械地乘以安全系数，这实际上是降低了结构的稳定安全性。

③ 安全系数的大小主要是凭经验和判断确定的，故难以用此安全系数来统一描述同一类结构（如桥梁）的安全性。也就是说，用同一或不同材料建造的不同形式的桥梁，其安全性没有可比性。K 值大并不一定说明其安全性高。

3. 破坏阶段法

破坏阶段法是 20 世纪 30 年代由前苏联学者提出来的。设计原则是：结构构件达到破坏阶段时的设计承载能力 R，不低于荷载产生的构件内力 S 乘以安全系数 K，即

$$KS \leqslant R \tag{10.4}$$

该方法以截面内力（而不是以截面应力）为分析对象，考虑了材料的塑性性质及构件的极限强度，仅凭借计算就可以确定式（10.1）所定义的荷载安全系数。对粗壮的钢梁，可按其变形达到塑性铰状态时的抗力进行破坏阶段设计；对混凝土梁，可按受压区混凝土应力分布呈矩形（或接近于矩形）、其外缘最大值达到混凝土计算强度、而受拉区钢筋达到屈服（或计算强度）来进行抗力计算。与 19 世纪相比，仅凭计算（而不必在每次设计时进行试验）就可合理推出构件的承载能力，这是一个很大的进步。

不过，这种方法只具有补充性质。它从来没有能够自成体系，也未能解决容许应力法中存在的不足。在极限状态设计法得到发展之后，它已经可以更合理地被包含在其中了。

4. 极限状态法

（1）极限状态的定义和分类

极限状态（limit state）这一概念是前苏联学者 20 世纪 50 年代初提出的，现已被广泛接受和采用。极限状态表征结构某项功能的界限和标志，并以此来判定功能的有效或无效。若整个结构或结构的一部分超过某一特定状态，就不能满足设计规定的某一功能要求，则此特定状态称为该功能的极限状态。

一般将极限状态分为两类：承载能力（或破坏，或强度）极限状态和正常使用（或运营，或使用）极限状态。还有一类极限状态可称为“破坏—安全极限状态”或“条件极限状态”，目前仍处于发展和应用之中。

所谓承载能力极限状态（ultimate limit state），是指结构或构件达到最大承载能力或出现不适于继续承载的变形，包括：

• 结构或其一部分作为刚体失去平衡（倾覆、滑移）；

• 构件或其连接因材料强度不足而破坏（包括疲劳破坏），或因过度的塑性变形而不适于继续承载；

• 结构转变为机动机构；

- 结构或其构件丧失稳定（压溃）。

这一状态（与前述功能“①”相对应）的发生将可能导致严重的人员伤亡和财产损失，造成不利的社会和经济影响，故安全度要求较高。

所谓正常使用极限状态（serviceability limit state），是指结构或其构件达到正常使用的某个限值，包括：

- 影响正常使用或外观的变形；
- 影响正常使用或材料耐久性能的局部破坏（包括混凝土开裂）；
- 影响正常使用的振动；
- 影响正常使用的其他特定状态。

该状态（与前述功能“②”相对应）对结构安全的危害较小或不直接，故可降低可靠度要求。但仍应给予足够重视。例如，钢筋混凝土中过大的裂缝可能会导致钢筋锈蚀，进而影响结构的耐久性和强度；钢结构中的微小裂纹会加剧疲劳损伤，最终导致脆断等。

所谓破坏—安全极限状态，指结构因偶然事故（地震、爆炸、撞击等）发生局部破坏时的最大承载能力，包括：

- 局部破坏使结构转变为机动体系；
- 局部破坏结构的关键部位的材料强度超限；
- 局部破坏结构的构件，丧失弹性平衡的稳定性，或作为刚体失稳；
- 局部破坏构件的一部分或整体，丧失刚体平衡的稳定性。

该极限状态（与前述功能“④”相对应）所要防止的是由于结构局部破坏而导致结构整体破坏的情况。发生这种情况的桥梁事故并不少见。例如，1980 年，美国日光高架公路桁架桥因货轮撞断一根引桥桥墩，导致一段主跨（长 186 m）及两个引跨（分别长 110 m 和 80 m）在几秒钟内坠入海中。又如我国川陕公路王家渡桥，在 1981 年的一次洪水中，因一岸桥台冲刷和引道冲毁引起桥台变位，最终导致 4 孔各 55 m 长的混凝土拱（连拱）在几秒钟内连续倒塌。

按破坏—安全极限状态的设计原则是：可容许结构发生局部破坏，但要限制结构因偶然事故而造成破坏的范围，使剩余部分在一段时间内不致发生灾难性的连续破坏。这样可避免生命财产的重大损失，并为修复提供条件。

该极限状态还未列入我国桥规，在国外桥梁和结构设计规范中已有所考虑。

材料耐久性（与前述功能“③”相对应）既与材料有关，也与结构有关，通常作为材料专题问题进行研究。对结构的耐久性，也还没有制订明确对应的极限状态。

（2）极限状态法

与容许应力法相比，极限状态法在认识和实践上均有较大突破。在认识上，第一次明确提出结构“极限状态”的概念，并规定了各种极限状态及其内涵；在实践中，将单一的安全系数转化成多个（一般为 3 个）安全系数，分别用于考虑作用、作用组合和材料等的不定性影响。另外，还在设计参数（如材料设计强度）的取值上引入概率和数理统计的方法。

例如，我国现行《公路钢筋混凝土及预应力混凝土桥涵设计规范》就是采用的多系数极限状态设计法。其持久状况下承载能力验算的一般表达式为

$$\gamma_0 S \leqslant R \tag{10.5a}$$

$$R = R(f_d, a_d) \tag{10.5b}$$

式中 γ_0——桥梁结构的重要性系数，按公路桥涵设计安全等级，一级、二级、三级分别取用 1.1、1.0、0.9；

S——作用（荷载）效应的组合设计值（含作用分项安全系数）；

R——构件承载力设计值；

$R(\cdot)$——构件承载力函数；

$f_{\rm d}$——材料强度设计值（含材料分项安全系数）；

$a_{\rm d}$——几何参数设计值。

对正常使用极限状态，其验算式可表达为

$$\Delta_d \leqslant \Delta_L \tag{10.6}$$

式中 Δ_d——应力，或变形，或混凝土裂缝宽度的计算值；

Δ_L——应力，或变形，或混凝土裂缝宽度的极限值。

极限状态法对结构可能出现的各种极限状态进行分类，并按照具体情况采取不同形式的验算公式。例如，在处理承载能力极限状态时，验算公式形如式（10.5）；在处理正常使用极限状态时，验算公式形如式（10.6）。这样，既吸收了容许应力法和破坏阶段法的优点以及过去积累的工程经验，又克服了容许应力法的第①点不足。在可靠度问题的处理上也有了质的变化。这表现在用多个系数取代单一系数，从而避免了单一系数笼统含混的缺点，克服了容许应力法的第②点不足。不过，对于容许应力法的第③点不足，极限状态法还无法对结构安全度的统一衡量（定义和计算方法）给予明确回答。

5. 概率（极限状态）设计法

概率（极限状态）设计法是基于概率论和结构可靠性理论之上的。早在 20 世纪 20～30 年代，德国和前苏联学者就曾提出过将概率论用于阐述结构安全性的建议。40 年代，美国学者提出了结构失效概率（probability of failure）这一概念。50 年代，苏联提出了以极限状态法为特征的结构设计规范。70 年代，国际标准化组织（ISO）和国际结构安全度联合委员会（JCSS）各自发表了基于结构可靠性理论的设计原则。从 70 年代末起，世界上许多国家均采用结构可靠性理论来指导新一轮结构设计规范的修订。可以说，概率（极限状态）设计法代表着结构设计理论的发展趋势和当代水平。

为了提高设计水平，与国际发展趋势相适应，从 70 年代后期起，我国土木工程界也逐步开始了结构可靠性理论研究和设计规范修订工作。1984 年，完成了《建筑结构设计统一标准》；港工工程、铁道工程和公路工程的设计统一标准业已先后完成；在各行业工作的基础上，1992 年发布了更具普遍性的《工程结构可靠度设计统一标准》*。

以极限状态作为结构的设计状态，以概率论方法处理结构的可靠性问题，是该法的特征。设计准则是：对于规定的极限状态，荷载效应大于抗力的概率（称为失效概率 P_F）不应超过规定的限值$[P_F]$，即

* 习惯上按规范的适用范围来划分层次。该标准属于国家标准，故称为第一层次的标准；而行业（如建筑、铁道工程等）的统一标准属于第二层次；行业内的各具体标准（如铁路桥涵设计规范、铁路线路设计规范、铁路工程抗震设计规范等）则属于第三层次。

$$P_F < [P_F] \quad (10.7)$$

为便于运算，引入描述结构可靠度的指标 β 来代替失效概率 P_F（P_F 与 β 有一一对应关系，当 P_F 变小时，β 就增大，故称 β 为可靠指标）。这样，就要求所设计结构的可靠指标 β 应大于目标可靠指标 $[\beta]$，即

$$\beta > [\beta] \quad (10.8)$$

由于采用了统一的、建立在概率论基础上的指标（P_F 或 β）来描述结构的安全水平，就从理论上使得按同一规范设计的结构的可靠水平具有可比性，从而可在一定程度上解决容许应力法的第③点不足。

目标可靠指标 $[\beta]$ 的制定，与社会的、经济的和技术的众多因素有关。需要强调的是，从实用角度看，目标可靠指标以及对应的失效概率限值仅仅是形式上或名义上的，它主要被用来发展一套协调一致的设计规范，而不能被看作是结构真实的失效概率。在规范修订中应用结构可靠性理论时，要把可靠指标看作是一把衡量结构可靠水平的“尺子”：在需要时，有一把“尺子”总比没有“尺子”好（在容许应力法中就缺乏这样的尺子）。但也应看到，这把“尺子”的刻度还不准，精度还不够，还需要不断完善。这应看作是目前理解和应用结构可靠性理论的基本准则。

根据应用概率程度的高低，概率设计法又可分为以下三个水准。

水准Ⅰ——半概率法。特点是：对影响结构可靠性的某些参数（如荷载、材料强度等）的取值进行数理统计分析，也按工程经验确定部分参数。在进行统计分析时，对每一基本随机变量只取一个值（均值），所对应的分项安全系数也是定值。对结构的可靠指标或可靠概率，还不能做出定量估计。简单、实用，符合工程习惯，容易在工程界推广，是半概率法的优点。

水准Ⅱ——近似概率法。特点是：用结构失效概率 P_F 或可靠指标 β 来度量结构的可靠度，用数理统计方法确定各基本变量的概率分布及其参数（均值和方差）；对以往设计的工作性能良好的结构的可靠度进行校准（并综合考虑其他因素）以确定目标可靠指标 $[\beta]$；因在可靠度计算中引入了一些近似、假定和简化，故称之为近似概率法。在制订各类属于第二层次的《统一标准》时，采用的就是这一方法。

目前这一方法已逐步进入实用阶段。对房屋建筑、桥梁等土木工程结构，近似概率法的应用可分为两种情况。一是在确定出目标可靠指标 $[\beta]$ 后，据此推算式（10.5）中包含的分项安全系数（为与以往的设计方法相衔接，仍采用分项系数的设计表达式），这样，就可基本保证设计结构的可靠度满足式（10.8）的要求。此时，设计规范表面上具有分项系数（而不是可靠度指标）验算的形式，但实质上却包含近似概率设计的内涵。这也是对第三层次的设计规范修订的要求。另一种情况是，直接采用式（10.8）进行设计（即所谓可靠度设计）。从目前情况看，在短期内达到这一步并非易事。

水准Ⅲ——全概率法。特点是：对基本变量采用随机变量或随机过程描述，采用精确的概率分析，求得结构的最优失效概率作为可靠度的直接度量。所设计的结构应满足式（10.7）的要求。但限于对影响结构可靠性的因素和规律的掌握还不够充分，对基本变量的统计信息掌握还不够充足，目前全概率法离实用还有相当距离。

第二节　结构可靠性理论要点

结构可靠性理论萌芽于20世纪20年代，在40年代形成雏形，在60年代进入实用阶段。在70～80年代得到快速发展，使得该理论在结构设计规范的修订中得到广泛应用。进入90年代后，其研究和应用领域仍在不断拓展。当前，以概率论和统计学为基础的结构可靠性理论，已逐步渗透到与工程设计相关的各个方面，给工程力学的发展注入了新的活力，在结构设计理论的发展中起到越来越重要的作用。

本节主要介绍结构可靠性理论的入门知识。对该理论在规范修订中的应用，也作一简要评述。

一、结构可靠性定义与基本概念

结构可靠性理论与概率统计学密不可分。在结构设计中引入概率统计的理由是：结构设计中的各种参数（如荷载、材料强度、结构尺寸等）本身都具有或大或小的变异性（或称不定性）。例如，在一批标准混凝土试件的抗压强度试验中，各试件的强度有所不同，但大量的试验结果会表现出一定的规律。对这种变化的且具有分布规律的量，概率论上称之为随机变量。

另外，人们通过多年的工程实践，逐步认识到安全的相对性问题。尽管人们运用工程经验，权衡安全和经济，选择尽可能大的安全系数进行结构设计，但仍不能保证结构的绝对安全可靠。也就是说，结构安全与否是相对而言的。联系到设计变量的随机性，而概率是处理随机问题的数学方法之一，因此，用概率的手段来定量地描述结构可靠性问题当是科学合理的。

结构可靠性定义为：结构物（体系或构件）在规定的时间内，在规定的条件下，完成预定功能的能力。“规定的时间”，是指结构设计所取用的设计基准期 T；“规定的条件”，是指结构正常设计、施工、使用和维修等条件；“完成预定功能”，是指结构应具备的各种功能的总和。

对结构可靠性的度量是结构可靠度。它的定义为：结构物（体系或构件）在规定的时间内，在规定的条件下，完成预定功能的概率（或称可靠概率）。反过来讲，结构不能完成预定功能的概率，称为失效概率。可靠概率与失效概率是互补的，即总和为1。

如前所述，安全性是结构可靠性分析中的最重要的内容。度量安全性的概率指标就是安全度。

设计基准期 T 是指一假定的时间段。在这段时间内，结构只需日常维护而无需大修就可发挥其设计功能。另外，作用在结构上的一些荷载（风、洪水、车辆等）是时间的函数。对这些荷载，常采用随机过程或极值统计（统计学中的一个分支）来加以描述。时间越长，出现大的荷载的可能性就越大。因此，有必要在可靠性分析中规定一个时间参数。这就是设计基准期。它主要被用来确定荷载参数，也在一定程度上反映出人们对结构使用时间长短的一种期望。对桥梁结构，T 通常取为80～120年。注意，不能简单地将设计基准期与结构的实际使用寿命等同起来。

结构可靠性分析中的另一个重要概念是不定性（uncertainty）。不定性可分为物理不定性、统计不定性、模型不定性和人为误差等。物理不定性指各物理量（如荷载、材料强度、结构尺寸等）的客观变异性，可采用随机变量或随机过程描述。统计不定性是在进行数理统计时因缺乏足够的信息资料而造成的。数理统计是对某一物理量收集一定的实测数据（观测样本），选择适当的概率模型并对其分布类型进行检验，求得其统计参数。这些统计参数的可信度与所收集的样本数有关，故也是随机变量。模型不定性反映结构分析结果与实际情况的差异。在结构分析中，总要对实际结构加以模型化（简化）。这样，计算结果与实际情况就有一定出入。这一不定性就是模型不定性（或计算模型不定性）。该不定性可通过精确计算或试验方法确定。另外，在结构的设计、施工、使用和维修过程中，不可避免地存在着人为的主、客观的错误或失误，这就是人为误差。研究表明，这种不定性表现出离散型随机变量的特征，目前还未完全反映在可靠度分析中。

不定性的表达形式采用了概率论中的方法。若假设一随机变量 X 的（统计）均值是 μ_X，标准差是 σ_X，则用变异系数 $\delta_X=\sigma_X/\mu_X$ 表征不定性。它表示随机变量对其均值的变异。

获取不定性的方法就是对试验和观测的样本进行统计分析和计算。由于结构设计所涉及的基本变量很多，加上荷载、构件以及材料等的类型多，数据的收集和统计是一项浩繁的基础性工作。

二、结构可靠性基本理论

1. 极限状态方程

设 S 表示构件截面上的作用（荷载）效应，R 表示构件抗力，则

$$Z=R-S \tag{10.9}$$

表示结构的功能状态，Z 称为“功能函数”。

Z 值可能出现以下三种情况：

$Z=R-S>0$，表示结构处于可靠状态；

$Z=R-S<0$，表示结构处于失效状态；

$Z=R-S=0$，表示结构处于极限状态。

若有 n 个影响结构功能的基本变量 X_i（$i=1, 2, \cdots, n$），则功能函数的一般表达式为

$$Z=g(X_1, X_2, \cdots, X_n) \tag{10.10}$$

且 Z 也是一个随机变量。令功能函数等于零，就是极限状态方程，即

$$Z=g(X_1, X_2, \cdots, X_n)=0 \tag{10.11}$$

上述三种状态的出现不是绝对的，只能以一定的概率发生。这样，就把结构在规定的时间和条件下，完成预定功能（事件 $Z\geqslant 0$）的概率（可靠概率）定义为

$$P_S=P(Z\geqslant 0) \tag{10.12}$$

相应地，失效概率定义为

$$P_F=P(Z<0) \tag{10.13}$$

由于事件（$Z\geqslant 0$）和事件（$Z<0$）是互不相容的，它们的和为必然事件，有

$$P_S + P_F = 1$$

按上述基本公式来推算结构的失效概率，就是可靠度分析；按规定的失效概率或可靠概率来确定构件的截面尺寸，就是可靠度设计。不过，在具体进行可靠度分析和设计之前，还需要解决以下两个问题：一是在概率统计方面，要处理基本变量（其分布类型和参数）以及各变量之间的关系（独立或相关）；二是在建立结构失效模型和数值分析方面，要针对不同的极限状态建立相应的功能函数和极限状态方程，进而采用某种适当方法计算结构的 P_F（或 β）。

2. 结构失效概率的计算

现以两个综合变量 R（抗力）、S（荷载效应）的简单情况来推导 P_S 和 P_F 的计算公式，并给出可靠指标 β 的概念。称 R、S 为综合变量，是因为它们可能是其他变量的函数。例如，梁所受到的荷载弯矩 S 是由恒载、活载和其他荷载等随机变量产生的，而梁的抗弯能力 R 是材料强度、截面尺寸等随机变量的函数。

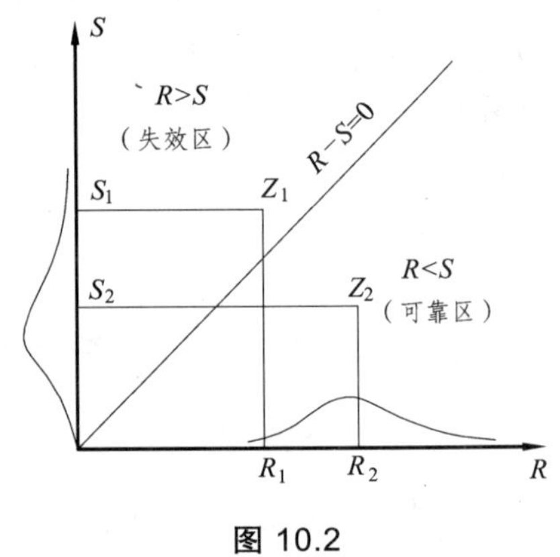

图 10.2

假定 R 的概率密度为 $f_R(r)$，分布函数为 $F_R(r)$；S 的相应函数为 $f_S(s)$ 和 $F_S(s)$；R、S 是互相独立的。从图 10.2 中可以看出，在 R、S 平面上，极限状态方程 $R-S=0$ 是与 R、S 轴均呈 45°夹角的直线。图中 Z_1 点所在的区域（$R_1<S_1$）表示结构失效区，而 Z_2 点所在的区域（$R_2>S_2$）则表示结构可靠区。这样，结构失效概率 P_F 就是对 R、S 的概率密度处于失效区内的部分进行体积积分，即

$$P_F = P(Z<0) = P(R-S<0) = \iint\limits_{r-s<0} f_R(r) f_S(s) \mathrm{d}r\mathrm{d}s \tag{10.14}$$

由于 R、S 独立，在积分域内（$r-s<0$），可先对 r 积分（从 $r=0$ 到 $r=s$），再对 s 积分（从 $s=0$ 到 $s=\infty$），得

$$P_F = \int_0^\infty \mathrm{d}s \int_0^s f_R(r) f_S(s) \mathrm{d}r = \int_0^\infty \left[\int_0^s f_R(r)\mathrm{d}r\right] f_S(s)\mathrm{d}s = \int_0^\infty F_R(s) f_S(s)\mathrm{d}s \tag{10.15}$$

对 P_F 含义的解释见图 10.3。图中将 R、S 的概率密度画在同一平面内。荷载效应 S 在（s，$s+\mathrm{d}s$）之上的概率为 $f_S(s)\mathrm{d}s$，则 $F_R(s)$ 就是 $R\leqslant S$ 的概率，即 $F_R(s)=P(R\leqslant S)$。当 R、S 互相独立时，两事件（荷载效应等于某一特定值及其大于抗力）同时出现的概率为这两事件概率的乘积，有

$$P = P(Z<0) = P(R\leqslant S) = P(R\leqslant S)\cdot P(S=s) = F_R(s)\cdot f_S(s)\mathrm{d}s$$

将此概率在 S 的全域内积分，即得式（10.15）。

若 R、S 不独立，需用图 10.4 所示的 R、S 的联合概率密度 $f_{R,S}(r,s)$。相应的失效概率为

$$P_F = \iint\limits_{r-s=0} f_{R,S}(r,s)\mathrm{d}r\mathrm{d}s \tag{10.16}$$

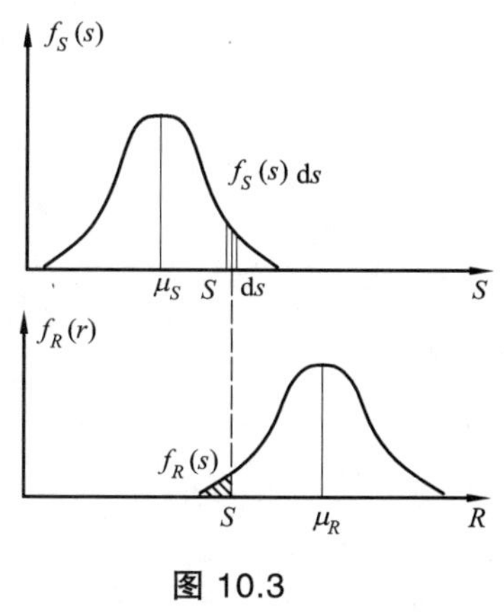

图 10.3

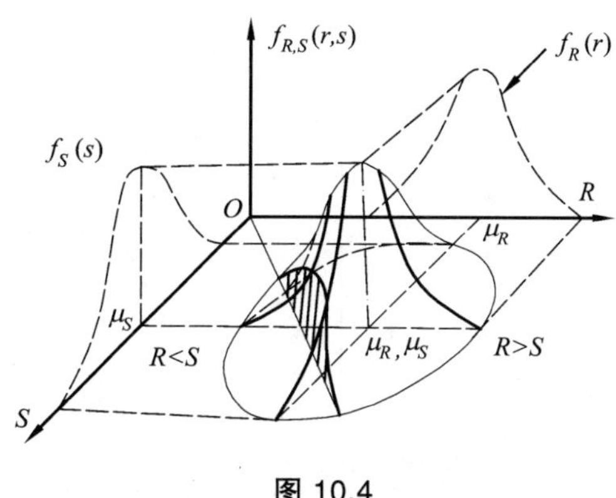

图 10.4

对于由式（10.10）表示的更一般的情况，若已知功能函数 Z 的概率密度 $f_Z(z)$、分布函数 $F_Z(z)$ 及其统计参数，其失效概率从理论上说也是可以求出的，即

$$P_F = P(Z<0) = F_Z(0) = \int_{-\infty}^{0} f_z(z)\mathrm{d}z \tag{10.17}$$

由于 Z 是 n 个基本变量的函数，故 Z 为 n 维向量，其积分在 $n-1$ 维空间进行。

从前述讨论可以看出，一般地讲，极限状态方程就是 n 维空间的一个 $n-1$ 维曲面，P_F 的计算实际上就是空间域上的多重概率积分问题。针对 P_F 的计算，发展了很多方法。大致可分为精确方法（数值积分和蒙特卡罗模拟）和近似方法（二阶矩方法等）。

3. 二阶矩方法与可靠指标 β

在实际结构中，影响结构可靠性的变量很多，很难精确掌握变量的分布规律；另外，多重积分也非易事。因此，直接采用式（10.17）来计算失效概率存在着很大困难。这就需要寻求简化的模式来进行可靠度分析。二阶矩模型就是其中之一。

二阶矩方法的特点是：给定随机变量的分布（如正态分布）；仅用随机变量的平均值（一阶矩）和标准差（二阶矩）来近似描述分布特征。这样，既可避免进行精确计算的困难，又可保持基于概率论可靠度分析的主要优点；而且，计算表达式简单可行，对指导规范的制订也具有足够的精度。因此，二阶矩方法现已得到广泛应用。

现仍讨论 R、S 两个变量的简单情况。假定 R、S 均服从正态分布且相互独立，则功能函数 $Z=R-S$ 也服从正态分布，其概率密度函数为 $f_Z(z)$，分布函数为 $F_Z(z)$，见图 10.5。结构失效概率 P_F 当如式（10.17）所示。若已知 R、S 的均值和标准差 μ_R、μ_S 和 σ_R、σ_S，则 Z 的均值、标准差和变异系数为

$$\mu_Z = \mu_R - \mu_S\text{；}\quad \sigma_Z = \sqrt{\sigma_R^2 + \sigma_S^2}\text{；}\quad \delta_Z = \frac{\sigma_Z}{\mu_Z} = \frac{\sqrt{\sigma_R^2 + \sigma_S^2}}{\mu_R - \mu_S}$$

从图 10.5 可以看出，Z 的均值 μ_Z 到原点的距离可表示成标准差 σ_Z 的 β 倍。若 Z 的概率密度向右侧移动，失效概率（图中阴影部分的面积）就变小，而 β 则变大。这样，就可把 β 看作是描述可靠水平的一种指标。现根据 $\mu_Z = \beta\,\sigma_R$，定义变异系数 δ_Z 的倒数为度量结构可靠度的尺度，并称之为可靠指标 β，即

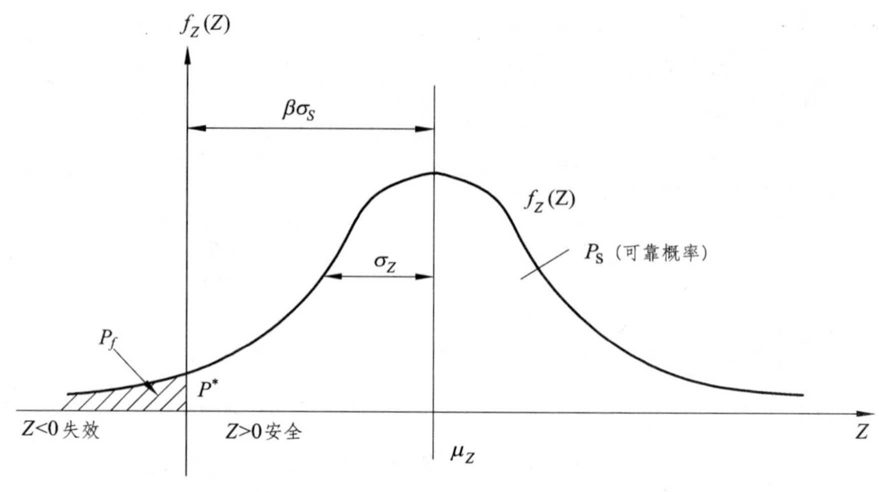

图 10.5

$$\beta = \frac{1}{\delta_Z} = \frac{\mu_Z}{\sigma_Z} = \frac{\mu_R - \mu_S}{\sqrt{\sigma_R^2 + \sigma_S^2}} \tag{10.18}$$

β 的物理意义是，Z 的均值 μ_Z 到原点的以标准差 σ_Z 为测量单位的距离。也需提及，上述对 β 的定义仅对二阶矩方法适用。

若极限状态方程为线性（一次），R、S 服从正态或对数正态分布，则式（10.18）给出精确值。若极限状态方程为非线性，就需要对极限状态方程进行线性化处理；若 R、S 不服从正态分布，就需要对 R、S 进行“当量正态化”处理。这就是所谓的“一次二阶矩法”的基本特点。

根据对随机变量分布类型的处理，一次二阶矩法可分为两种情况：

① 不考虑基本变量的实际分布，直接假定其为正态（或对数正态分布），推导出可靠指标 β 的解析表达式；对非线性的极限状态方程，采用泰勒级数把非线性方程近似转化为线性方程。由于极限状态方程是在均值点（中心点）处展开的，故简称这样的一次二阶矩法为中心点法。计算简单，基本实用，是该方法的特点。

② 考虑基本变量的实际分布类型，将非正态变量当量化为正态变量；对非线性的极限状态方程，仍采用泰勒级数把非线性方程近似转化为线性方程。由于极限状态方程是在设计点（或验算点）处展开的，故简称这样的一次二阶矩法为验算点法。需通过对一组方程进行迭代求算 β，这时的 β 定义为在标准正态坐标系中验算点至坐标原点的最短距离。该方法得到国际安全度联合委员会的采用和推荐，是目前广泛应用的一种方法。

以下针对最简单情况，说明可靠指标 β 与失效概率的关系。

假定 R、S 均服从正态分布且相互独立，则功能函数 $Z = R - S$ 也服从正态分布，即 $Z \sim N(\mu_Z,\ \sigma_Z^2)$；将 Z 的密度函数代入式（10.17），有

$$P_F = \int_{-\infty}^{0} f_Z(z)\mathrm{d}z = \int_{-\infty}^{0} \frac{1}{\sqrt{2\pi}\sigma_Z} \mathrm{e}^{-\frac{1}{2}\left(\frac{z-\mu_Z}{\sigma_Z}\right)^2} \mathrm{d}z \tag{10.19}$$

引入标准化变量

$$t = \frac{z - \mu_Z}{\sigma_Z}, \quad \mathrm{d}z = \sigma_Z \mathrm{d}t$$

上式可改写成

$$P_F=\frac{1}{\sqrt{2\pi}}\int_{-\infty}^{-\frac{\mu_Z}{\sigma_Z}}\mathrm{e}^{-\frac{t^2}{2}}\mathrm{d}t=\phi\left(-\frac{\mu_Z}{\sigma_Z}\right)=\phi\ (-\beta)=1-\phi\ (\beta) \tag{10.20}$$

式中 ϕ（·）——标准正态分布函数，可查表求值。

从式（10.20）和图（10.7）可以看出，P_F与β有一一对应的关系。β大，P_F则小；反之亦然。例如，当 $\beta=3.0$ 时，可查表求得 $P_F=1.36\times10^{-3}$；$\beta=4.0$ 时，$P_F=3.16\times10^{-5}$。

三、新一代结构设计规范的制订

1. 确定目标可靠指标[β]的方法

所谓目标可靠指标[β]（或采用目标失效概率[P_F]表示），就是设计预期达到的结构可靠度。它是制订第三层次的设计规范的依据，也可在近似概率法或全概率法中直接应用。对不同类型的结构及其不同的极限状态，需要规定相应的目标值。这一问题涉及社会、经济和技术诸方面。目前可采用的方法有以下两种。

（1）类比法

该法参照人们在日常生活中所可能经历的各种风险，确定出一个公众在心理上可以接受的失效概率（及可靠指标）。例如，一些统计资料表明，因赛车失事而造成的年死亡率是 5×10^{-3}，汽车失事者为 1×10^{-5}，遭受电击者为 6×10^{-6} 等。这样，就可比照这些风险率，给出工程结构的目标失效概率。类比法注重的是社会因素和心理因素。

（2）校准法

该法以使用质量令人满意的既有工程结构为对象，通过对现行规范安全度的校核，求出隐含在既有结构内的可靠指标，经综合分析和调整，取其均值（或加权平均值）为目标可靠指标，作为新一代设计规范修订的依据。这样做的目的是：使按新一代规范设计的结构的可靠度不逊于其按现行规范设计者。这是目前较为通用的方法。它注重工程经验，继承了既有结构的可靠度水准，因此从总体上讲是合理的和可以接受的。

另外，注重经济因素，建立目标失效概率[P_F]与工程造价、维修费用以及投资风险之间的关系，也是方法之一。本节只对校准法作简要介绍。

2. 校准法的基本过程

校准（calibration）过程大致可分为以下几个方面。

（1）明确规范的适用范围

适用范围指规范所覆盖的各种设计工况（或称校准点），它是按极限状态、荷载组合、所用材料、结构型式等加以区分的一系列离散工况。

（2）选择目标可靠指标[β]

[β]的选择涉及如下工作：① 选择有代表性的校准点，即选择在决定结构的截面尺寸上起控制作用的设计工况；② 对所选择的校准点，按现行规范设计构件或决定构件的抗力模型；③ 确定各基本变量的概率分布及其统计参数；④ 选择极限状态表达式；⑤ 按结构可靠度理论（通常为验算点法）计算各校准点的β_i（或 P_{Fi}）；⑥ 取各β_i 的平均值（或加权值）作为[β]。

（3）选择新的验算式

新的验算式（或设计表达式）采用分项安全系数表达的形式。系数个数的选取，应在理论与实践之间取得折中。较多的系数有可能在可靠水准的一致性方面取得较为满意的结果，但实践往往不能提供那么多的统计数据来支撑这一良好愿望。较少的系数可以同较少的统计数据相适应，并且使设计相对简单，容易推广。

（4）确定校准目标

按新规范设计的结构的可靠指标，不低于前述[β]，这就是校准目标。这一目标的建立使得以极限状态和概率论为特征的新规范与以往的良好工程实践相关联。在实际校准中，为使验算式及分项安全系数简明起见，也可容忍可靠指标适当低于[β]的情况。

（5）推算分项安全系数 γ_i

以满足校准目标为前提，与前述步骤 2 类同，可推算出新规范验算式中的各个分项系数。系数的选择当主要借助于“优化”，也需考虑以下因素：① 先制订出各活载的安全系数，让它们不随结构材料而变化，这应是符合客观规律的；② 若将最终确定的各分项系数转化为单一安全系数的形式，其值宜与旧版规范中的单一安全系数相近；③ 抗力分项系数的选择应与材料的质量控制和制造工艺水平联系起来考虑；④ 结合工程设计经验，按变异性的大小事先确定 $n-1$ 个分项系数，然后优化出最后一个系数，这往往是简单可行的。

上述校准过程参见图 10.6。

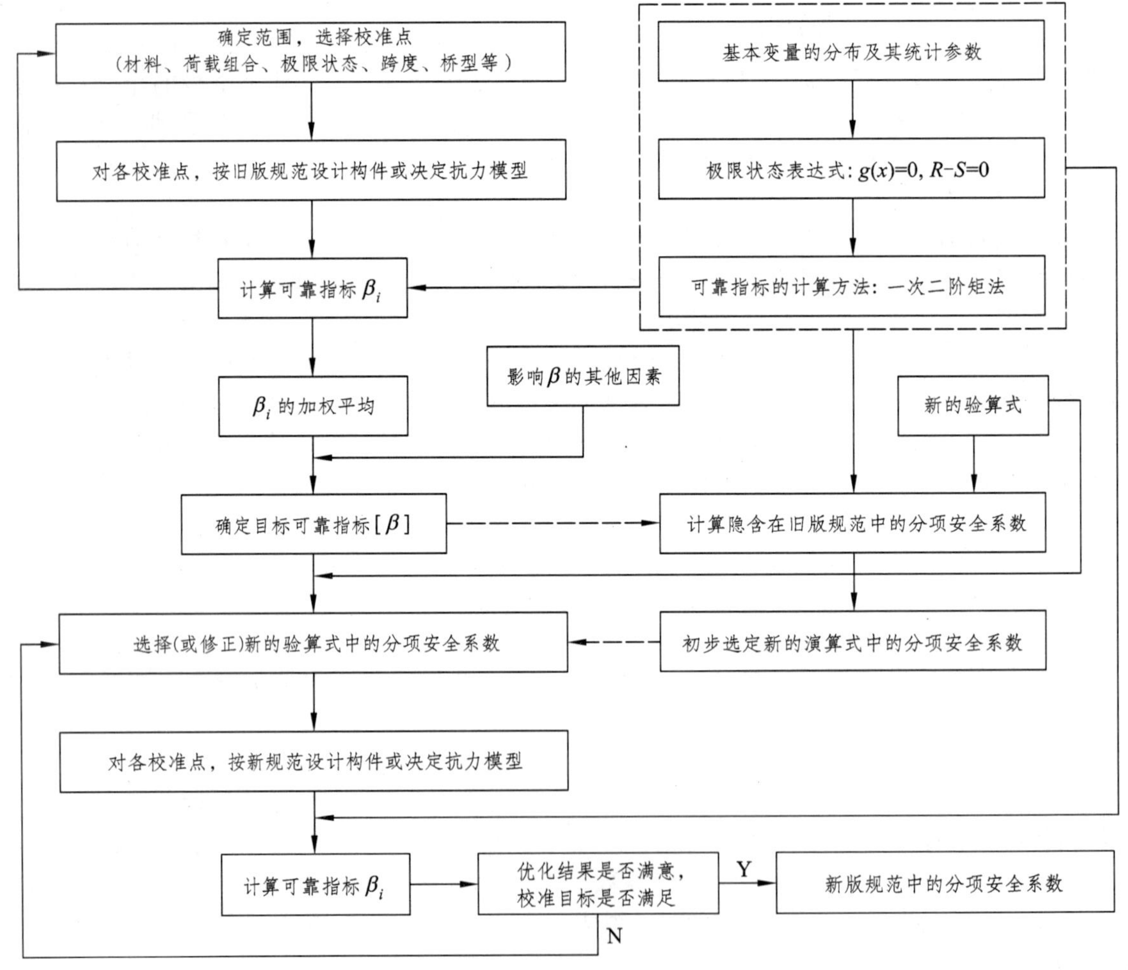

图 10.6　结构设计规范的校准（示意）

第三节　桥梁设计规范的一般特点和内容

桥规是指导桥梁设计的标准。这一标准基于结构分析与设计理论、荷载与材料试验成果和工程经验，且不断充实和完善。本节先介绍桥规的基本特点，再对国内外公路、铁路桥规的基本内容作一简要论述。

一、桥规的基本特点

在历史上，总是先有各种具体的桥梁，以及能设计和修建这些桥梁的人，而后才有适用于这些桥梁的设计规范。可以认为：所有的桥规都是具体的。所谓具体，指的是桥梁的荷载、材料、施工技术、构造、设计原则和方法等都是特定的。因此，规范的内容是与人的认识和经验分不开的。

由于规范的具体性，规范的适用范围也就有其局限性。例如，在我国，对铁路桥梁，最常用的桥式是跨度不超过 20 m 的钢筋混凝土简支梁桥，跨度不超过 40 m 的预应力混凝土简支梁桥，跨度不超过 40 m 的钢板梁桥和跨度不超过 200 m 的钢桁架梁桥。对于新型结构和材料，需要相当一段时间的理论分析、试验研究和工程实践后，才能逐步将成熟的理论和经验成果反映到规范中去。

随着科技的进步和桥梁工程的发展，桥规中的设计方法也在不断发展和更新。这样，才能推动工程进步，提高桥梁设计水平，取得良好的经济效益。近 10 多年来，以极限状态和结构可靠性理论为指导来修订桥规，就说明了这一点。

为适应桥梁工程的发展，桥规的适用对象和内容，也需要适时拓展更新。例如，为适应公路斜拉桥的快速发展，交通运输部在 2007 年颁布了推荐性规范《公路斜拉桥设计细则》；为规范大跨度桥梁的抗风设计，交通运输部在 2004 年颁布了《公路桥梁抗风设计规范》；为满足高铁桥梁的建设需求，原铁道部在 2009 年颁布了《高速铁路设计规范(试行)》。

桥规的条文，是在总结已有成熟经验（包括理论和试验成果）的基础上，进行简化并提炼出来的。因是成熟经验，就不可能将缺乏足够经验的事物包括进去；由于简化和提炼，也不可能把一些道理和理论背景知识包括进去。因此，了解和掌握与规范条文相关的理论知识以及其他技术标准和文件，是正确理解和使用规范的前提。

设计规范是一种标准。它一经批准颁布执行，就成为政府文件，必须严肃对待。在国内规范中，凡条文用“必须”或“严禁”字样者，就表示具有强制性；凡条文用“应”或“不应”、“不得”字样者，则表示在正常情况下均须执行规范条文；凡条文用“宜”、“可”或“不宜”字样者，则表示在条件许可时首先须执行规范条文。

二、桥规的基本内容

桥规的主要任务，是帮助桥梁设计者正确决定结构（杆件和连接）的各主要尺寸，尤其是截面的主要尺寸。对混凝土结构，还包括配筋数量及布置。“正确”一词，意味着所设计的结构应服从安全、适用、经济和美观的原则。

制订桥规的原理仍如图 10.1 所示。借助于结构分析，可以将各种桥梁结构的杆件和连接在各种荷载组合之下的效应算出。凭借材料和工艺，以及杆件和连接暂定的尺寸，可以将其抗力算出。按荷载效应不大于抗力，且保持所需安全储备为条件，可以最终决定杆件和连接的尺寸。另外，还需要根据工程经验或理论，制订出某些构造规定。按这样的原理形成的桥规就能达到设计目的。

桥规所包含的基本内容有：荷载及荷载组合，结构内力分析方法，材料和工艺，杆件及连接的抗力，杆件及连接的验算方法，构造规定等。

三、桥规简介

1. 铁路桥涵设计规范

《铁路桥涵设计规范》(以下简称为《铁桥规》)曾有三次大的修订。第一次修订（1971—1974 年）的成果是从 1975 年开始试行的《铁路工程技术规范・第二篇・桥涵》; 第二次修订（1979—1983 年）的成果是从 1985 年正式使用的《铁路桥涵设计规范（TBJ2—85)》; 第三次修订（从 1985 年起）以极限状态和结构可靠性理论为指导，目前已有征求意见版本。

《铁桥规》(TBJ2—85）由 1—总则、2—桥涵布置、3—设计荷载、4—钢结构、5—钢筋混凝土结构、6—预应力混凝土结构、7—混凝土和石结构、8—墩台、9—拱桥、10—涵洞、11—既有线顶进桥涵、12—地基和基础等 12 章和 21 个附录组成。

在"总则"一章中，对桥规的适用对象、铁路等级和行车速度、桥涵设计要求、建桥材料的采用、水文和地质资料的应用等进行了原则性说明。在"桥涵布置"一章中，结合铁路桥涵的特点，提出桥涵在孔径、构造、桥头引线和桥上线路、养护设施等方面的布置要求。在"设计荷载"一章中，规定了各种荷载的取值及其组合方式。可以认为，这三章的内容是不随桥型、结构类型和建桥材料的不同而改变的，因此对其他各章均具有指导意义。

从第 4 章到第 12 章,《铁桥规》或按建桥材料（钢结构、钢筋混凝土结构、预应力混凝土结构、混凝土和石结构)，或按桥型和结构类型（墩台、拱桥、涵洞、既有线顶进桥涵、地基和基础）分别制订设计细则。

在按建桥材料分类的各章中，均给出了材料（及工艺）要求、计算方法（分析和验算公式）和构造规定。

① 对钢结构，建桥材料包括钢板材、铆钉、高强螺栓、铸件等，要求这些材料的性能指标和工艺水平应满足相应配套的技术标准。计算方法按容许应力法，因此，需对不同的荷载组合和不同的构件受力行为给出相应的容许应力值$[\sigma]$。构造方面则按连接（钉、栓、焊接)、桥面系和联结系、板梁和桁架梁等分别规定。

② 对钢筋混凝土结构，建桥材料主要是混凝土和普通钢筋，仍按容许应力法进行计算和设计，其构造要求按钢筋、板、梁、支座等分别给出。

③ 在预应力混凝土结构中，增加了对预应力钢筋（高强钢丝、钢绞线和粗钢筋等）的材料要求。在分析方面，规定了预应力损失的计算。强度验算采用破坏阶段法，故需列出材料的计算强度和安全系数 K; 抗裂性验算和运营阶段验算仍采用容许应力的形式。与钢筋混凝土结构相比，构造方面增加了与预应力相关的内容。另外，在结构型式方面，增加了技术上较为成熟的连续梁和箱梁(包括温度影响)。需要指出的是，尽管采用了破坏阶段法，但仍按线弹性方法分析结构内力。这样做的目的是为了简化设计，也可在荷载组合时使叠加原理

继续有效。

④ 混凝土和石结构一章中的材料是指片石砌体、块石砌体、粗料石砌体和混凝土砌体等，这些材料是与水泥砂浆或小石子混凝土配合使用的，主要用于桥梁墩台、基础、涵洞、拱桥的拱圈等。在计算方面，强度验算采用容许应力法，受压构件的整体稳定性验算则采用破坏阶段法。构造方面的规定相对不多。

因对材料（及工艺）的要求已在前述几章中加以规定，在按桥型和结构类型分类的各章中（除地基和基础一章外），只有关于计算方法和构造规定的条款。而在地基和基础一章里，则分别按基础类型（明挖基础、桩基础、管柱基础和沉井基础等）和地基类型（湿陷性黄土地基、软土地基和多年冻土地基等）给出各类地基的基本承载力（应力）以及各类基础的设计计算、承载力验算和构造规定。

《铁桥规》所列附录较多。内容涉及荷载（如土压力计算、列车活载的加载规定、风压分布图等）、温度计算、内力计算、应力分析和验算等。

1996 年，《铁桥规》进行了局部修订。2000 年 1 月，出版了一套 5 本的新的铁路桥涵设计规范。它们是：

① 铁路桥涵设计基本规范（TB10002.1—99）

② 铁路桥涵钢结构设计规范（TB10002.2—99）

③ 铁路桥涵钢筋混凝土和预应力混凝土结构设计规范（TB10002.3—99）

④ 铁路桥涵混凝土和砌体结构设计规范（TB10002.4—99）

⑤ 铁路桥涵地基和基础设计规范（TB10002.5—99）

上述各本规范均是在《铁桥规》（TBJ2—85，含 1996 年局部修订版的相关章节及附录的基础上修订而成）。与 TBJ2—85 相比，新的规范在形式上有较大变动，在内容上也修订较多，但设计方法没有改变。主要修订内容有：

• 适用范围改为旅客列车最高行车速为 140 km/h 的新建、改建标准轨距铁路桥涵的设计；

• 将梁式桥跨结构的竖向挠度容许值和横向刚度控制值等重要指标列成条文；

• 对桥梁钢结构，增列了材质 15MnVNg、MnNbg，修订了疲劳计算内容等；

• 对钢筋混凝土和预应力混凝土桥梁结构，修改了由于混凝土收缩徐变引起的预应力损失的计算公式，增加了加强梁体横向刚度的规定，增列了结构体系转换后弯矩重分布的计算方法等；

• 对原规范中不合理的条文作了修订。

2. 公路桥涵设计规范

公路桥涵设计规范（以下简称为《公桥规》）在 20 世纪 70 年代和 80 年代有过两次大的修订工作。后一次修订按照前述的极限状态设计理论进行，成果是由下列 5 本规范（1985—1989 年先后颁布执行）组成的规范合订本：

（1）公路桥涵设计通用规范（JTJ021—89）

（2）公路砖石及混凝土桥涵设计规范（JTJ022—85）

（3）公路钢筋混凝土和预应力混凝土桥涵设计规范（JTJ023—85）

（4）公路桥涵地基与基础设计规范（JTJ024—85）；以及

（5）公路桥涵钢结构及木结构设计规范（JTJ025—86）

其他与桥梁设计、施工、养护等相关的规范，如《公路桥涵施工技术规范》、《公路工程抗震设计规范》、《公路桥梁抗风设计规范》等，予以单列。《铁桥规》也是这样处理的。

《公桥规》(1）主要规定了桥涵设计的一般原则（布置、分孔、跨径、净空、线形、桥面、养护等）和设计荷载。这与《铁桥规》(TB10002.1—99）的内容是相似的。

《公桥规》(2）中的材料主要是低标号混凝土、石料、砖材和砌筑砂浆，适用对象是拱桥、墩台、涵洞、挡土墙等类结构。这与《铁桥规》(TB10002.4—99）的内容相近。构件强度验算采用分项系数形式，一般表达式为

$$S_d(\gamma_{S0}\psi\sum\gamma_{s1}Q)\leqslant R_d\left(\frac{R^j}{\gamma_m,a_k}\right) \tag{10.21}$$

式中 Q——荷载效应；

R^j——材料或砌体的（抗压、抗拉、抗剪）极限强度；

γ_{S1}——荷载安全系数，视情况取值；

γ_m——材料或砌体的安全系数；

γ_{S0}——结构重要性系数，随计算跨径的增加而增大；

S_d、R_d——分别为荷载效应和结构抗力函数；

ψ——荷载组合系数；

a_k——结构的几何尺寸。

《公桥规》(3）是合订本中的一本重要的、内容繁多的规范，其内容与《铁桥规》(TB10002.3—99）类似。该规范中的主要内容是：材料（混凝土和钢筋）的取值；荷载组合；板、梁、拱、墩台、铰与支座等的分析计算；对钢筋混凝土构件和预应力混凝土构件，分别按承载能力极限状态和正常使用极限状态给出验算公式，其一般表达式类似于式（10.5）和（10.6）；结构或构件的构造要求等。

《公桥规》(4）的内容与《铁桥规》(TB10002.5—99）基本一致。对地基和基础，仍采用容许应力法，其中包括：地基容许承载力（应力）；基础的埋置深度和沉降、稳定性计算；桩基础、人工基础、沉井基础等的计算与构造规定等。

《公桥规》(5）分为钢结构和木结构两章，对应于《铁桥规》(TB10002.2—99)，计算理论仍采用容许应力法。每章均包括材料规定、杆件和连接的计算方法及验算公式、构造要求等。总体上讲，与《铁桥规》相比，《公桥规》(5）中关于钢结构的内容较少；而《铁桥规》中却没有木结构方面的内容。这是与桥梁特性、经济因素和我国公路、铁路桥梁的发展历史有关的。

2004 年，在《公桥规》1985—1989 年版合订本的基础上，应用结构可靠性研究与设计成果，结合桥梁工程的发展，先行颁布了新一代《公路桥涵设计通用规范》(JTG D60—2004）和《公路钢筋混凝土和预应力混凝土桥涵设计规范》(JTG D62—2004)。2005 年底，颁布了新一代《公路圬工桥涵设计规范》(JTG D61—2005)。

在《公路桥涵设计通用规范》(JTG D60—2004）中，主要修订内容包括：

• 明确了承载能力和正常使用极限状态设计，并引入了结构设计的持久、短暂和偶然三个设计状况；

• 修改了作用效应的组合方式及其组合系数，引入了作用的短期效应组合及频遇值系数，

长期效应组合及准永久值系数；

• 引入了公路桥涵设计的安全等级及相应的重要性系数；

• 取消了原标准汽车荷载等级，改用新的标准汽车荷载，并采用以结构基频为基础的汽车冲击系数计算方法；

• 调整了人群荷载、风荷载取值，补充了冰压力、海轮船舶撞击作用，增加了汽车撞击荷载，完善了温度作用。

在《公路钢筋混凝土和预应力混凝土桥涵设计规范》（JTG D62—2004）中，主要修订内容包括：

• 采用以概率论为基础的极限状态设计方法；

• 改变了强度的取值原则（强度值本身包含了用于抗力的分项安全系数），调整了钢筋品种，将混凝土强度等级提高到 C80；

• 全面改进和补充了各种混凝土受力构件的正截面和受弯构件斜截面的承载力计算内容；

• 改善了预应力混凝土受弯构件的抗裂限值、裂缝宽度和构件刚度的计算方法，修订了松弛、混凝土收缩徐变等引起的预应力损失的计算方法；

• 增加了有关混凝土构件耐久性的规定，补充和完善了结构构造方面的规定。

3. 英国桥规 BS5400

BS5400（BS—British Standard，钢桥、混凝土桥及结合桥）是世界上有代表性的一本桥规。这套文件包括（公路或铁路的）钢桥、混凝土桥及结合桥设计和构造的实用规则、荷载、材料和工艺的规范。整套文件由下列各篇组成：

第一篇　总则（1978 年公布）

第二篇　荷载规范（1978 年公布）

第三篇　钢桥设计实用规则（1982 年公布）

第四篇　混凝土桥设计实用规则（1978 年公布，1984 年第 2 版）

第五篇　结合桥设计实用规则（1979 年公布）

第六篇　钢材及工艺规范（1980 年公布，1999 年修订）

第七篇　混凝土、钢筋及预应力筋材料及工艺规范（1978 年公布）

第八篇　关于混凝土、钢筋及预应力筋材料及工艺的意见（1978 年公布）

第九篇　桥梁支座（1983 年公布）

第十篇　疲劳设计实用规则（1980 年公布，1999 年修订）

BS5400 是以极限状态设计为根据的。验算式中的一部分分项系数是根据近似概率法对老一版规范进行校准优化后确定的。现只对第一篇中的主要内容（设计荷载、设计抗力、结构验算等）介绍如下。

设计荷载 Q^* 按下式求得：

$$Q^* = \gamma_{fL} \cdot Q_K = \gamma_{f1}\gamma_{f2}Q_k$$

式中　Q_k——额定荷载（人为确定的荷载标准值）；

γ_{fL}——荷载分项安全系数，为 γ_{f1} 和 γ_{f2} 之乘积；γ_{f1} 考虑荷载本身的变异性，γ_{f2} 用于荷载组合时对额定荷载的折减。这些系数均列在第二篇。设计荷载效应 S^* 按下式求得：

$$S^* = \gamma_{f3}(Q^*\text{的效应}) = \gamma_{f3}(\gamma_{fL} \cdot Q^*\text{的效应})$$

式中 γ_{f3}——在考虑（因计算模型误差、施工尺寸误差引起的）计算荷载效应不精确时引入的系数，分列于第三至第五篇。

设计抗力 R^*的表达式为

$$R^* = \text{函数}\left(\frac{f_k}{\gamma_m}\right)$$

对 γ_m 可以单列的情况，则

$$R^* = \frac{\text{函数}(f_k)}{\gamma_m}$$

式中 f_k——材料的特征强度（按统计数据推算的保证率为 95% 的强度值）或额定强度；

γ_m——材料分项安全系数。$\gamma_m = \gamma_{m1} \cdot \gamma_{m2}$，其中 γ_{m1} 表示同材料变异性有关的系数，γ_{m2} 表示材料强度以外的其他因素的影响。γ_m 或 f_k / γ_m 的值列于第三篇至第五篇。

结构验算要求是

$$R^* \geqslant S^* \tag{10.22}$$

即

$$\text{函数}\left(\frac{f_k}{\gamma_m}\right) \geqslant \gamma_{f3}(\gamma_{fL} \cdot Q_k\text{的效应}) \tag{10.23}$$

4. 美国公路桥规

美国公路桥规在世界范围内颇具影响，得到广泛采用和参考。美国各州公路和运输工作者协会（American Association of State Highway and Transportation Officials，简称 AASHTO）是该规范的制订者。AASHTO 规范 1931 年初版，以后大约每隔 4 年修订一次。

该规范从开始使用直至 20 世纪 70 年代，采用的是容许应力法，称之为 WSD（Working Stress Design）。从 70 年代初起，AASHTO 引入荷载系数对 WSD 进行了修正，以考虑某些荷载（如汽车荷载、风力等）的变异性，因此，这种设计方法被称之为 LFD（Load Factor Design）。从 80 年代后期，开始采用结构可靠性和极限状态设计理论，制订 LRFD（Load and Resistance Factor Design，荷载与抗力系数设计）桥梁设计规范。在新一代规范中，以类似于考虑荷载变异性的方法来考虑材料和结构抗力的变异性，其中的系数是根据统计学，按结构可靠性理论推算出来的。1994 年，第 1 版基于 LRFD 原理的规范出版，2012 年出版至第 6 版。

该规范通常包括以下各章内容：1—概述；2—总体设计和桥位特征；3—荷载及荷载系数；4—结构分析及评价；5—混凝土结构；6—钢结构；7—铝结构；8—木结构；9—桥面和桥面系；10—基础；11—桥台、桥墩和挡土墙；12—埋置式结构和隧道衬砌；13—栏杆；14—接缝和支座。现只对其中第一章的内容作简要介绍。

在 AASHTO 规范中，规定了四种极限状态。除了强度极限状态和使用极限状态外，还包括：

① 疲劳和断裂极限状态：前者应看作是对产生预期的应力作用次数的单车所引起的应

力幅值的限制，后者则是对材料延性的要求；

② 极端事件极限状态（即前述破坏—安全极限状态）：确保在桥梁基础有可能受到冲刷的情况下，并遭到强烈地震或洪水，或船只、车辆的撞击，或流冰的撞击时，结构仍能保持完好。

要求所有极限状态均应满足下列方程

$$\sum \eta_i \gamma_i Q_i \leqslant \phi R_n = R_r \tag{10.24}$$

其中

$$\eta_{\mathrm{i}} = \eta_D \eta_R \eta_I > 0.95 \tag{10.25}$$

式中 γ_i——荷载系数，乘到荷载效应 Q_i 上的一个基于统计的乘数；

ϕ ——抗力系数，乘到公称抗力 R_n 上的一个基于统计的乘数；

η_{i}——与结构延性、结构冗余度和运营重要性相关的荷载修正系数；其中 η_D 与延性有关的系数，η_R 与结构冗余度有关，η_I 与运营重要性有关。

5. 欧洲结构规范

早在 20 世纪 70 年代初期，欧共体委员会（1993 年后为欧盟委员会）就认识到欧洲各国在建筑和土木工程方面各自为政，互不一致，这可能会导致各成员国在工程界形成人为障碍，不利于技术的共同进步和欧洲工程市场的发展。因此，欧共体建议制订一套工程结构方面的欧洲规范（Structural EuroCodes），使其在一段时间内与各国规范平行使用，在若干年后逐步取代各国规范。初步设想是：利用国际结构安全度联合委员会（JCSS）的结构规范草案，在增添其他内容的基础上，形成欧洲规范的基本框架。

1975 年，开始了规范的编制工作。1990 年，欧洲规范的后续工作（进一步发展，修订完善和翻译出版等）转交给欧洲标准委员会（CEN）。CEN 拥有众多的负责标准工作的技术委员会。仅在建筑和土木工程方面，就有 46 个委员会，其中 CEN/TC250 委员会负责欧洲规范的制订工作。在产品和服务方面，CEN 主要提供 ENs 和 ENVs 两种类型的标准。ENs（European Standards）为正式标准，需成员国家的 71% 以上同意后才能颁布执行；ENVs（European Prestandards）为试行标准，无需投票通过。

通过约 30 年的工作，规范各部分的（英语）正式版本陆续面市。2002 年，第一本欧洲结构规范（EN1990）出版，2006 年，所有的欧洲结构规范出版完成，共计 10 篇 58 册。2006 – 2010 年，规定为欧洲规范与成员国规范的共用期。从 2010 年起，正式执行欧洲结构规范，同时撤销与该规范相抵触的各成员国规范。

最终定稿的欧洲结构规范共计 10 篇（每篇划分成若干部分），分别是：

EN1990 EUROCODE ——结构设计基础（Basis of Structural Design）

EN1991 EUROCODE 1——结构上的作用（Actions on Structures）

EN1992 EUROCODE 2——混凝土结构设计（Design of Concrete Structures）

EN1993 EUROCODE 3——钢结构设计（Design of Steel Structures）

EN1994 EUROCODE 4——钢—混凝土组合结构设计（Design of Composite Steel and Concrete Structures）

EN1995 EUROCODE 5——木结构设计（Design of Timber Structures）

EN1996 EUROCODE 6——圬工（砌体）结构设计（Design of Masonry Structures）

EN1997 EUROCODE 7——土工设计（Geotechnical Design）

EN1998 EUROCODE 8——结构抗震设计规定（Design Provisions for Earthquake Resistance of Structures）

EN1999 EUROCODE 9——铝结构设计（Design of Aluminium Structures）

这套规范体系完整，内容丰富，基于极限状态法，采用分项系数表达式，代表着建筑与土木工程结构设计规范的当代水平。规范适用于采用不同材料（钢，混凝土，铝，木，砌体）建造的各种建筑结构和土木工程结构（桥梁，筒体，管道，塔桅等） 。对桥梁而言，可用于公路桥、铁路桥（含高铁桥梁）、人行及自行车桥的设计。

欧洲结构规范各篇之间的内在联系表现为：EN1990 是基础，用来指导其余各篇的应用；EN1991 涉及荷载作用，与其余各篇配套使用；EN1992—EN1996 以及 EN1999 是基于工程材料划分的具体设计规范，相互独立成篇；对与岩土、抗震有关的设计规定，则分列在 EN1997 和 EN1998。根据不同的工程对象及工程材料，可从规范体系中提取出对应的规范包（EN Package）。例如，对混凝土桥，对应的规范包组成为：EN1990，EN1991（第 1、3-7 部分，第 2 部分），EN1992（第 1、2 部分）、EN1997（第 1 部分）和 EN1998（第 1、2、5 部分）。对钢桥，对应的规范包组成为：EN1990，EN1991（第 1、3-7 部分，第 2 部分），EN1993（第 1、2 部分）、EN1997（第 1 部分）和 EN1998（第 1、3、5 部分）。

现仅就 EN1990 中关于极限状态、设计状况、设计工作寿命分类、可靠指标制订等简要介绍如下。

极限状态仍然分为承载极限状态和使用极限状态两大类。在承载极限状态中，分为 EQU（刚体失稳）、STR（过度变形，强度破坏，结构失稳等）、FAT（疲劳破坏）、GEO（场地失效或过度变形）四种情况。对使用极限状态，分为可逆的（Reversible）和不可逆的（Irreversible）两种情况。当引起结构达到使用极限状态的作用移走后，该极限状态仍永久保持，则称这种使用极限状态为不可逆的，反之亦然。另外，对前述“破坏—安全极限状态”的情况，在 EN1990 中也明确作为一条设计原则提出。这条设计原则要求结构不因偶然事件（火灾、爆炸、撞击、人为事故等）导致由局部或初始破坏向严重或全部破坏发展。因此，在结构设计时应考虑到：

- 避免、消除或减少结构可能会遭遇的风险（上述偶然事件）；
- 选择对风险不太敏感的结构型式；
- 选择的结构型式可以在其单个构件或有限部分偶然移走后，结构仍能保持适当的稳定性和强度，或只受到局部损伤；
- 尽可能避免结构体系在无先兆的情况下倒塌；
- 处理好结构或构件之间的连接。

设计状况分为四类，包括：持久状况（指正常运营情况），短暂状况（指结构是处于暂时状态，例如，在其施工或修缮过程之中），偶然状况（指结构处于异常状态，例如，遭遇火灾、爆炸、撞击或局部损坏状态）和地震状况（指结构应按遭遇地震来设计）。偶然状况与地震状况不同时考虑。不同的设计状况对应不同的极限状态、荷载组合和分项系数。

所谓设计工作寿命，是指在正常养护条件下（无需修复），结构整体或构件期望的使用寿命。根据结构的类型及性质，EN1990 对不同结构的设计工作寿命进行划分，见表 10.1。

表 10.1　设计工作寿命

分类	设计工作寿命（年）	例　子
1	10	临时结构
2	10-15	可替换的结构部件，如支座
3	15-30	农业结构或类似结构
4	50	建筑结构和其它普通结构
5	100	具有纪念意义的建筑结构、桥梁和其它土木工程结构

对不同的极限状态，对结构的失效后果进行分级，据此来制订不同的可靠度水平。选择可靠度水平时需要考虑：（1）可能的原因，达到极限状态的方式；（2）失效的可能后果（人员死伤，对经济、社会、环境的影响程度）；（3）公众对失效的认同程度，特定场所的社会环境条件；（4）为减少失效风险所需的投入。在 EN1990 中，把失效后果分为三级，从低到高分别为 CC1，CC2 和 CC3。对应地，把可靠度水平的等级（用可靠度指标 β 描述），也列为三类，从低到高分别为 RC1，RC2 和 RC3。

EN1990 中所采用的调控可靠度水平的方法包括：（1）直接调整可靠度指标 β；（2）用一个与可靠度水平等级相关的系数（0.9-1.1）与荷载分项系数 γ 相乘；（3）制订三级程度不一的设计和施工监理水平，使其与可靠度水平的等级相关；（4）制订三级程度不一的施工检查水平，使其与可靠度水平的等级相关。

EN1990 给出了不同可靠度级别下的可靠指标 β 最低值。对承载能力极限状态，见表 10.2。

表 10.2　建议的 β 最低值

可靠度级别	最低 β 值	
	参照期为 1 年	参照期为 50 年
RC3	5.2	4.3
RC2	4.7	3.8
RC1	4.2	3.3

从总体上讲，欧洲结构规范的理论框架基于极限状态设计概念。各种验算表达式中的分项系数的确定，由于缺乏足够的数据支撑，大部分采用定值法，即基于过去成功的工程设计和实践经验进行校准，小部分借用了简化的结构可靠度分析。因此，欧洲规范的制订者明确强调：所建议的目标可靠度指标以及对应的失效概率（按正态分布换算）仅仅是形式上或名义上的，它主要被用来发展一套协调一致的设计规则，而决不能看作是结构真实的失效概率。

思考题

一、工程结构的基本功能要求有哪些？

二、简要分析结构分析与结构设计的联系和区别。

三、简述各种结构设计方法的主要特点。

四、极限状态的含义是什么？

五、试述桥规的基本特点和内容。

附录 各类桥梁的跨度排名（前10名）*

预应力混凝土连续梁桥

桥　名	桥　址	国　家	建成年份	主跨/m
Beška 桥	Beška	塞尔维亚	1975	210
莫赛尔桥		瑞士	1974	192
Orwell 桥	Orwell	英国	1982	190
乐自高速公路岷江特大桥	四川乐山	中国	2013	180
舟山长松大桥	浙江	中国	2007	170
宜宾向家坝金沙江大桥	四川	中国	2007	170
新帝国大桥	维也纳	奥地利	1980	169
新邕宁邕江特大桥（铁路桥）	广西南宁	中国	在建	168
广州海怡大桥	广东	中国	2010	166
南京长江二桥北汊桥	南京	中国	2001	165
怒江六库大桥	云南	中国	1990	154

预应力混凝土连续刚构桥

桥　名	桥　址	国　家	建成年份	主跨/m
石板坡桥①	重庆	中国	2006	330
Stolmasundet 桥	Austevoll	挪威	1998	301
Raftsundet 桥	Lofoten	挪威	1998	298
Sundøy 桥	Mosjöen	挪威	2003	298
虎门大桥辅航道桥	广东虎门	中国	1997	270
苏通大桥辅航道桥	江苏南通－常熟	中国	2008	268
红河大桥	云南元江	中国	2003	265
门道桥②	布里斯班	澳大利亚	1986	260
Varodd 桥	Kristiansand	挪威	1993	260
下白石大桥	福建福宁	中国	2003	260

注：① 混合梁结构，主跨跨中设置 103 m 长的钢箱梁；② 2011 年紧邻旧桥再建了一座同样跨度的新桥。

悬臂钢桁架梁桥

桥　名	桥　址	国　家	建成年份	主跨/m
Quebec 桥	魁北克	加拿大	1917	549
Forth 桥	爱丁堡	英国	1890	521
港大桥	大阪	日本	1973	510
Commodore Barry 桥	宾夕法尼亚，切斯特	美国	1974	501
新奥尔良 I 桥	路易斯安那，新奥尔良	美国	1958	480
新奥尔良 II 桥	路易斯安那，新奥尔良	美国	1988	480
Howrah 桥	加尔各答	印度	1943	457
Veterans Memorial 桥	格拉梅西，路易斯安那	美国	1995	445
Tokyo Gate 桥	东京	日本	2012	440
Transbay 桥	加利福尼亚，旧金山	美国	1936	427
Horace Wilkinson 桥	巴吞鲁日，路易斯安那	美国	1968	376

* 根据截止 2013 年的不完全统计资料排序。

连续钢桁梁桥

桥　名	桥　址	国　家	建成年份	主跨/m
Ikitsuki Ohashi 桥	长崎	日本	1991	400
Astoria–Megler 桥	俄勒冈	美国	1967	376
Francis Scott Key 桥	马里兰，巴尔的摩港	美国	1977	366
Oshima Ohashi 桥	山口	日本	1976	325
芜湖长江大桥[①]	安徽芜湖	**中国**	2000	312
Tenmon 桥	Amakusa	日本	1966	300
Kuronoseto 桥	Kagashima	日本	1974	300
Ravenswood 桥	Ravenswood	美国	1980	270
东江南特大桥	广东东莞	中国	2013	264
Central 桥	辛辛那提	美国	1995	259

注：① 公铁两用桥，带低塔斜索加劲。

钢 箱 梁 桥

桥　名	桥　址	国　家	建成年份	主跨/m
里约－尼泰罗伊桥	里约热内卢	巴西	1973	300
Neckar 桥[①]	Weitingen	德国	1978	263
萨瓦河 Brankov 桥	贝尔格莱德	塞尔维亚	1956	261
维多利亚 III 号桥	Espirito Santo	巴西	1989	260
动物园桥	科隆	德国	1966	259
萨瓦河 Gazela 桥	贝尔格莱德	塞尔维亚	1970	250
Kaita 桥	广岛	日本	1991	250
Namihaya(Shirinashi)桥	大阪	日本	1994	250
奥克兰港大桥	奥克兰	新西兰	1969	244
东京湾海上通道桥	东京	日本	1997	240

注：① 其中两个边跨下设撑杆与拉索。

钢　拱　桥

桥　名	桥　址	国　家	建成年份	主跨/m
朝天门大桥	**重庆**	**中国**	2009	552
卢浦大桥[①]	**上海**	**中国**	2003	550
傍花大桥	**汉城**	**韩国**	2000	540
新河谷桥	**西弗吉尼亚**	**美国**	1977	518
贝永桥	**纽约**	**美国**	1931	504
悉尼港大桥	**悉尼**	**澳大利亚**	1932	503
Chenab 河铁路桥	Katra	**印度**	**在建**	460
明州大桥[①]	**浙江宁波**	**中国**	2011	450
南广铁路肇庆西江特大桥[①]	**广东肇庆**	**中国**	2012	450
新光大桥[②]	**广州**	**中国**	2006	428

注：① 钢箱拱；② 带混凝土倒三角刚架。

钢管混凝土拱桥

桥　名	桥　址	国　家	建成年份	主跨/m
合江长江一桥	四川合江	中国	2013	530
巫峡长江大桥	重庆巫山	中国	2005	460
支井河大桥	湖北巴东	中国	2009	430
丫髻沙大桥	广州	中国	1997	360
准朔铁路黄河特大桥	山西	中国	在建	360
茅草街大桥	湖南益阳	中国	2007	356
永和大桥	广西南宁	中国	2004	338
太平湖大桥	安徽黄山	中国	2004	336
淳安南浦大桥	浙江	中国	2002	308
重庆奉节梅溪河桥	重庆	中国	2001	288

钢筋混凝土拱桥

桥　名	桥　址	国　家	建成年份	主跨/m
沪昆客专北盘江特大桥	贵州	中国	在建	445
万州长江大桥	重庆万州	中国	1996	420
云桂铁路南盘江特大桥	云南	中国	在建	416
克尔克Ⅱ号桥	克尔克岛	克罗地亚	1980	390
昭化嘉陵江大桥	四川广元	中国	2012	364
大瑞铁路澜沧江特大桥	云南	中国	在建	342
江界河大桥	贵州	中国	1995	330
科罗拉多河桥	布莱克峡谷	美国	2010	320
邕宁邕江大桥	广西	中国	1996	312
Gladesville 桥	Sydney	澳大利亚	1964	305

钢斜拉桥

桥　名	桥　址	国　家	建成年份	主跨/m
俄罗斯岛大桥	海参崴	俄罗斯	2012	1104
沪通长江大桥(公铁两用)	江苏南通	中国	在建	1092
苏通大桥	江苏南通	中国	2008	1088
昂船洲大桥①	香港	中国	2009	1018
鄂东长江大桥①	湖北	中国	2010	926
多多罗大桥①	广岛－爱媛	日本	1999	890
诺曼底大桥①	勒阿弗尔	法国	1995	856
九江长江公路大桥	江西九江	中国	2013	818
荆岳长江大桥①	湖北监利－湖南岳阳	中国	2010	816
第二仁川桥	仁川	韩国	2009	800
厦漳大桥北汊桥	福建厦门－龙海	中国	2013	780

注：① 混合梁

混凝土斜拉桥

桥　名	桥　址	国　家	建成年份	主跨/m
Skarnsundet 桥	Trondheim 海峡	挪威	1991	530
荆州长江大桥	湖北	中国	2002	500
鄂黄长江大桥	湖北	中国	2002	480
忠县长江大桥	重庆	中国	2008	460
宜宾长江大桥	四川	中国	2008	460
长寿长江大桥	重庆	中国	2009	460
大佛寺桥	重庆	中国	2002	450
重庆长江二桥	重庆	中国	1996	444
Luna 桥	卡斯蒂利亚	西班牙	1983	440
新白城桥	下龙湾	越南	2004	435

悬　索　桥

桥　名	桥　址	国　家	建成年份	主跨/m
明石海峡大桥	神户	日本	1998	1991
西堠门大桥	舟山群岛	中国	2009	1650
大贝耳特东桥	Korsor	丹麦	1998	1624
李舜臣大桥	全南道	韩国	2012	1545
润杨（南汉）桥	扬江—镇江	中国	2005	1490
南京长江第四大桥	南京	中国	2013	1418
亨伯桥	Kingston-upon-Hull	英国	1981	1410
江阴大桥	江苏	中国	1999	1385
青马大桥	香港	中国	1997	1377
哈当厄尔大桥	于伦斯旺 – 于尔维克	挪威	2013	1310

跨海（湾）长桥

桥　名	桥　址	国　家	建成年份	长度/km
青岛海湾大桥	青岛	中国	2011	36.5
杭州湾跨海大桥	杭州湾	中国	2008	36.0
东海大桥	上海 – 小洋山岛	中国	2005	32.5
金塘大桥	宁波—舟山	中国	2009	26.5
沙特 – 巴林堤道桥	巴林湾	沙特 – 巴林	1986	26.0
切萨皮克湾大桥	切萨皮克湾	美国	1973	24.0
槟城桥	槟城	马来西亚	1985	13.5
里约 – 尼泰罗伊桥	Guanabara 海湾	巴西	1974	13.3
联邦大桥	诺森伯兰海峡	加拿大	1997	12.9
仁川桥	仁川	韩国	2009	12.3

参考文献

[1] 钱冬生. 钱冬生桥梁与教育文选. 北京：中国铁道出版社，1998
[2] 何广汉，车惠民，谢幼藩编. 铁路钢筋混凝土桥. 北京：中国铁道出版社，1986
[3] 范立础主编. 桥梁工程. 北京：人民交通出版社，1988
[4] 万明坤，程庆国，项海帆，等主编. 桥梁漫笔. 北京：中国铁道出版社，1997
[5] 中国铁路桥梁史编辑委员会. 中国铁路桥梁史. 北京：中国铁道出版社，1987
[6] 中国铁道百科全书编辑部. 中国铁道百科全书（工程与工务）. 北京：中国铁道出版社，2004
[7] 强士中主编. 桥梁工程(上、下册). 北京：高等教育出版社，2004 年
[8] 王序森，唐寰澄编著. 桥梁工程. 北京：中国铁道出版社，1995
[9] 姚玲森主编. 桥梁工程. 北京：人民交通出版社，1990
[10] 钱冬生，陈仁福. 大跨悬索桥的设计与施工（修订版）. 成都：西南交通大学出版社，1999
[11] 李富文，伏魁先，刘学信编. 钢桥. 北京：中国铁道出版社，1992
[12] 范立础主编. 预应力混凝土连续梁桥. 北京：人民交通出版社，1988
[13] 严国敏编著. 现代斜拉桥. 成都：西南交通大学出版社，1996
[14] 唐寰澄编著. 桥. 北京：中国铁道出版社，1981
[15] L.F. Troyano. Bridge Engineering - A Global Perspective. Thomas Telford，2003
[16] W.F. Chen & L. Duan. Bridges Engineering Handbook. CRC Press，1999
[17] Hans Wittfoht. Building Bridges. Beton-Verlag GmbH, Dusseldorf，1984
[18] Fritz Leonhardt. Bridges. The MIT Press, Cambridge, Massachusetts, 1984
[19] 铁道部第三勘测设计院. 桥梁设计通用资料. 北京：中国铁道出版社，1994
[20] 刘效尧，朱新实主编. 预应力技术及材料设备. 北京：人民交通出版社，1998
[21] 常大民，江克斌编著. 桥梁结构可靠性分析与设计. 北京：中国铁道出版社，1995
[22] 李亚东. 结构可靠性理论及其在铁路桥梁中的应用：[博士论文]. 成都：西南交通大学，1992
[23] 李扬海等编著. 公路桥梁伸缩装置. 北京：人民交通出版社，1998
[24] 交通部. JTG D60—2004 公路桥涵设计通用规范. 北京：人民交通出版社，2004
[25] 交通部. JTG D62—2004 公路钢筋混凝土及预应力混凝土桥涵设计规范. 北京：人民交通出版社，2004
[26] （原）铁道部. TB 10002.1—2005 铁路桥涵设计基本规范. 北京：中国铁道出版社，2005
[27] （原）铁道部. TB 10002.2—2005 铁路桥梁钢结构设计规范. 北京：中国铁道出版社，2005
[28] （原）铁道部. TB 10002.3—2005 铁路桥涵钢筋混凝土及预应力混凝土结构设计规范. 北京：中国铁道出版社，2005
[29] （原）铁道部. TB 10621—2009 高速铁路设计规范（试行）. 北京：中国铁道出版社，2010
[30] [美]美国各州公路和运输工作者协会（AASHTO）制订. 美国公路桥梁设计规范——荷载与抗力系数设计法（SI 单位）. 辛济平等译. 劳远昌校. 北京：人民交通出版社，1998
[31] [英]英国标准协会（BSI）制订. 钢桥、混凝土桥及结合桥（中译本）. 成都：西南交通大学出版社，1987
[32] BSi. BS EN1990:2002. Eurocode - Basis of structural design, 1990